Bretthauer · Collin · Egidy · Spiecker gen. Döhmann

40 Klausuren aus dem Verwaltungsrecht

40 Klausuren aus dem Verwaltungsrecht

Von

Dr. Sebastian Bretthauer

Goethe-Universität Frankfurt a.M.

PD Dr. Peter Collin

Goethe-Universität Frankfurt a.M./Max-Planck-Institut für Europäische Rechtsgeschichte, Frankfurt a.M.

Dr. Stefanie Egidy, LL.M. (Yale)

Max-Planck-Institut zur Erforschung von Gemeinschaftsgütern, Bonn

Prof. Dr. Indra Spiecker gen. Döhmann, LL.M. (Georgetown Univ.)

Goethe-Universität Frankfurt a.M.

12., neu bearbeitete Auflage 2020

Verlag Franz Vahlen

Zitiervorschlag: *Bretthauer/Collin/Egidy/Spiecker gen. Döhmann* Klausuren VerwR

www.vahlen.de

ISBN 978 3 8006 6217 3

Wilhelmstraße 9, 80801 München
Druck: Druckerei C.H.Beck, Nördlingen

Satz: R. John + W. John GbR, Köln
Umschlaggestaltung: Martina Busch, Grafikdesign, Homburg Saar

vahlen.de/nachhaltig

Gedruckt auf säurefreiem, alterungsbeständigem Papier
(hergestellt aus chlorfrei gebleichtem Zellstoff)

Vorwort

Die »40 Klausuren im Verwaltungsrecht« begleiten nun schon in der 12. Auflage Studierende der Rechtswissenschaft und benachbarter Fächer. Sie ermöglichen eine kontinuierliche Anwendung und Begleitung des Lernstoffs in der Vorbereitung auf Große Übungen, Abschlussklausuren im Verwaltungsrecht und vor allem Examensklausuren. Daher haben wir Autorinnen und Autoren Wert darauf gelegt, insbesondere Klausuren zu integrieren, die entweder als Examensklausur (zB in Hessen) oder als Abschlussklausur des Pflichtfachstudiums für fortgeschrittene Juristinnen und Juristen erprobt worden sind.

Gleichwohl gilt, dass mit den 40 Klausuren nicht alle Probleme des Verwaltungsrechts vollumfänglich angesprochen und prüfungsrelevant aufbereitet sein können. Die Studierenden sollen die Klausuren zur Ergänzung und Vertiefung heranziehen, um insbesondere die Bearbeitung im Fallaufbau zu erproben und Sicherheit bei der Verortung abstrakter Probleme im konkreten Fall zu erlangen. Gleichzeitig können Wissens- und Verständnislücken für das weitere Studium identifiziert werden.

Wie schon in den Vorauflagen sind die Lösungsskizzen keine »Musterlösungen«, für die Verbindlichkeit beansprucht wird. Sofern die Aufgaben von der Rechtsprechung entschiedenen Fällen nachgebildet sind, empfiehlt es sich, die Entscheidungen hinzuzuziehen. Auf diese Weise mag den Kandidat/innen zusätzlich bewusst werden, wie groß das Spektrum möglicher Lösungen und auch Fallaufbauten sein kann. Gleichwohl sollte man bei der Bearbeitung zunächst um einen eigenen Lösungsgang bemüht sein, denn in der Prüfung selbst stehen bekanntlich Hilfsmittel dieser Art nicht zur Verfügung. Wichtig ist dabei nicht so sehr, die konkrete richterliche Entscheidung genau zu treffen und zu wiederholen, sondern vielmehr die Probleme richtig zu erkennen, zu beschreiben und davon ausgehend Argumente zur Problemlösung zu entwickeln. Gerade in der verwaltungsrechtlichen Prüfung ist eine korrekte Verortung von Fragestellungen und eine systematische, auch andere verwaltungsrechtliche Gebiete einbeziehende Entwicklung von Lösungen mit gleichzeitiger Berücksichtigung der besonderen Stellung der Verwaltung im Staatsgefüge sowie im Verhältnis zum Bürger von besonderer Bedeutung.

Für die 12. Auflage wurden fünf Fälle (Klausuren 5, 10, 12, 17 und 29) neu aufgenommen, einige Fälle umfangreich ergänzt (vor allem Klausuren 16, 19 und 40) und alle übrigen auf der Grundlage des Gesetzesstandes von Februar 2020 überarbeitet. Wie auch in den Vorauflagen zeichnet sich das Werk dadurch aus, dass es sämtliche (!) landesrechtliche Regelungen aufgreift und somit für Studierende in allen Bundesländern unmittelbar anwendbar ist. Landesrechtliche Besonderheiten werden angesprochen und aufgegriffen.

Zum Autorenteam von *Peter Collin* und *Indra Spiecker gen. Döhmann* sind dankenswerterweise *Sebastian Bretthauer* und *Stefanie Egidy* hinzugetreten; dafür ist *Erk Volkmar Heyen* nun nach vielen Jahren endgültig ausgeschieden – wir bedanken uns für sein Vertrauen und dafür, dass wir darauf aufbauen können, was er in langjähriger Arbeit geschaffen hat.

Begleitende Recherche, insbesondere die Überprüfung des Landesrechts, und einen präzisen Blick auf Sprache, Format und Fußnoten sowie sonstige Unterstützung verdanken wir den Mitarbeiter/innen am Lehrstuhl für Öffentliches Recht, Informationsrecht, Umweltrecht und Verwaltungswissenschaft von *Indra Spiecker gen. Döhmann*, namentlich erwähnt seien *Jubin Dejam*, *Christian Luh*, *Isabella Mehl*, *Dirk Müllmann*, *Loïc Reissner*, *Carola Schué*, *Caroline von Küster*, *Mona Winau* und *Sascha Winkler*.

Frankfurt a.M., im März 2020
Sebastian Bretthauer *Peter Collin* *Stefanie Egidy* *Indra Spiecker gen. Döhmann*

Inhaltsverzeichnis

Abkürzungsverzeichnis

aA . . . . andere/r Ansicht
AbfBodG . . . . Abfall- und Bodenschutzgesetz
AbfG . . . . Abfallgesetz/Abfallwirtschaftsgesetz
AbfWG/AWG . . . . . . Abfallwirtschaftgesetz
Abs. . . . . Absatz
abw. . . . . abweichend
aE . . . . am Ende
AEUV . . . . Vertrag über die Arbeitsweise der Europäischen Union
AG/A . . . . Ausführungsgesetz
Alt. . . . . Alternative
Anl. . . . . Anlage
AO . . . . Abgabenordnung
arg. . . . . argumentum
Art. . . . . Artikel
ASOG . . . . Allgemeines Sicherheits- und Ordnungsgesetz
Aufl. . . . . Auflage
AV . . . . Allgemeinverfügung

BauGB . . . . Baugesetzbuch
BauNVO . . . . Baunutzungsverordnung
BauO/BO . . . . Bauordnung/en
BauR . . . . Baurecht (Zeitschrift für das gesamte öffentliche und private Baurecht)
BayObLG . . . . Bayerisches Oberstes Landesgericht
BayVBl . . . . Bayerische Verwaltungsblätter
BayVerfGH . . . . Bayerischer Verfassungsgerichtshof
BB . . . . Betriebs-Berater
BBesG . . . . Bundesbesoldungsgesetz
BBG . . . . Bundesbeamtengesetz
BBodSchG . . . . Gesetz zum Schutz vor schädlichen Bodenveränderungen und zur Sanierung von Altlasten (Bundes-Bodenschutzgesetz)
Bd. . . . . Band
BDSG . . . . Bundesdatenschutzgesetz
Beschl. . . . . Beschluss
BFH . . . . Bundesfinanzhof
BGB . . . . Bürgerliches Gesetzbuch
BGH . . . . Bundesgerichtshof
BGHZ . . . . Entscheidungen des Bundesgerichtshofs in Zivilsachen
BImSchG . . . . Gesetz zum Schutz vor schädlichen Umwelteinwirkungen durch Luftverunreinigungen, Geräusche, Erschütterungen und ähnliche Vorgänge (Bundes-Immissionsschutzgesetz)
BImSchV . . . . Verordnung zum Bundes-Immissionsschutzgesetz
BKAG . . . . Gesetz über das Bundeskriminalamt und die Zusammenarbeit des Bundes und der Länder in kriminalpolizeilichen Angelegenheiten (Bundeskriminalamtgesetz)
BNatSchG . . . . Gesetz über Naturschutz und Landschaftspflege (Bundesnaturschutzgesetz)
BodSchG . . . . Bodenschutzgesetz
BPolG . . . . Gesetz über die Bundespolizei (Bundespolizeigesetz)
BRS . . . . Baurechtsammlung
BStBl. . . . . Bundessteuerblatt
BT-Drs. . . . . Bundestagsdrucksache
BtM . . . . Betäubungsmittel

BtMG . . . . Gesetz über den Verkehr mit Betäubungsmitteln (Betäubungsmittelgesetz)
BV . . . . Verfassung des Freistaates Bayern
BVerfG . . . . Bundesverfassungsgericht
BVerfGE . . . . Entscheidungen des Bundesverfassungsgerichts
BVerwG . . . . Bundesverwaltungsgericht
BVerwGE . . . . Entscheidungen des Bundesverwaltungsgerichts
BWGZ . . . . Zeitschrift für die Städte und Gemeinden, Stadträte, Gemeinderäte und Ortschaftsräte, Organ des Gemeindetags Baden-Württemberg
bzw. . . . . beziehungsweise

CR . . . . Computer und Recht

dB . . . . dezibel
dh . . . . das heißt
DÖV . . . . Die Öffentliche Verwaltung
DSGVO . . . . Europäische Datenschutzgrundverordnung
DVBl . . . . Deutsches Verwaltungsblatt
DVP . . . . Deutsche Verwaltungspraxis

eA . . . . eine/r Ansicht
EEG . . . . Gesetz für den Ausbau erneuerbarer Energien (Erneuerbare-Energien-Gesetz)
EGGVG . . . . Einführungsgesetz zum Gerichtsverfassungsgesetz
EL . . . . Ergänzungslieferung
EntSchG LSA . . . . . . Entschädigungsansprüchegesetz Sachsen-Anhalt
EnWG . . . . Gesetz über die Elektrizitäts- und Gasversorgung (Energiewirtschaftsgesetz)
etc . . . . et cetera
EU . . . . Europäische Union
EuGH . . . . Europäischer Gerichtshof
EUR . . . . Euro
EuZW . . . . Europäische Zeitschrift für Wirtschaftsrecht
e.V. . . . . eingetragener Verein
EV . . . . Einigungsvertrag

f. . . . . folgende
FamRZ . . . . Zeitschrift für das gesamte Familienrecht
ff. . . . . fortfolgende
FlBauVwV . . . . Verwaltungsvorschrift über Ausführungsgenehmigungen für Fliegende Bauten und deren Gebrauchsabnahmen

GA . . . . Goltdammer's Archiv für Strafrecht
GastG . . . . Gaststättengesetz
gem. . . . . gemäß
GemO/GO . . . . Gemeindeordnung
GStrukG . . . . Gerichtsstrukturgesetz
GewArch . . . . Gewerbearchiv
GewO . . . . Gewerbeordnung
GG . . . . Grundgesetz
GK . . . . Gemeinschaftskommentar
GlüStV . . . . Staatsvertrag zum Glücksspielwesen in Deutschland (Glücksspielstaatsvertrag)
GmbH . . . . Gesellschaft mit beschränkter Haftung
GrundVA . . . . Grundverwaltungsakt
GVG . . . . Gerichtsverfassungsgesetz

HGZ . . . . Hessische Städte- und Gemeindezeitung

hL .... herrschende Lehre
hM .... herrschende Meinung
Hrsg. .... Herausgeber
Hs. .... Halbsatz
HSOG .... Hessisches Gesetz über die öffentliche Sicherheit und Ordnung
HV .... Verfassung des Landes Hessen
HwO .... Gesetz zur Ordnung des Handwerks (Handwerksordnung)

idF .... in der Fassung
idR .... in der Regel
iF .... im Folgenden
IFG .... Gesetz zur Regelung des Zugangs zu Informationen des Bundes (Informationsfreiheitsgesetz)
iHv .... in Höhe von
iSd .... im Sinne des
iSv .... im Sinne von
ITR .... IT-Recht
iVm .... in Verbindung mit

JA .... Juristische Arbeitsblätter
JG/JustG .... Justizgesetz
jM .... juris – Die Monatszeitschrift
JuSchG .... Jugendschutzgesetz
JURA .... Juristische Ausbildung
JuS .... Juristische Schulung
JZ .... Juristenzeitung

KAG .... Kommunalabgabengesetz
KG .... Kammergericht
KJ .... Kritische Justiz
KO .... Kommunalordnung
KommJur .... KommunalJurist
KrWBodSchG ...... Kreislaufwirtschafts- und Bodenschutzgesetz
krit. .... kritisch
KrWG .... Gesetz zur Förderung der Kreislaufwirtschaft und Sicherung der umweltverträglichen Bewirtschaftung von Abfällen (Kreislaufwirtschaftsgesetz)
KSVG .... Kommunalselbstverwaltungsgesetz
KVerf/KomV .... Kommunalverfassung
KVG .... Kommunalverfassungsgesetz
kWh .... Kilowattstunde

LAbfG .... Landesabfallgesetz
LBO .... Landesbauordnung
LG .... Landgericht
LGlüG .... Landesglücksspielgesetz
lit. .... littera
Lit. .... Literatur
LKRZ .... Zeitschrift für Landes- und Kommunalrecht Hessen, Rheinland-Pfalz, Saarland
LKV .... Landes- und Kommunalverwaltung
LNatSchG .... Landesnaturschutzgesetz
LStrG .... Landesstraßengesetz
LStVG .... Landesstraf- und Verordnungsgesetz
LV .... Landesverfassung
LVwVfG .... Landesverwaltungsverfahrensgesetz
LVwVG .... Landesverwaltungsvollstreckungsgesetz
LVwG .... Landesverwaltungsgesetz

LWG .... Landeswassergesetz

MWh .... Megawattstunde

NatSchG.......... Naturschutzgesetz
NdsVBl .... Niedersächsische Verwaltungsblätter
nF .... neue Fassung
NJW .... Neue Juristische Wochenschrift
NordÖR .... Zeitschrift für öffentliches Recht in Norddeutschland
Nr. .... Nummer
NuR .... Natur und Recht
NV .... Niedersächsische Verfassung
NVwZ .... Neue Zeitschrift für Verwaltungsrecht
NVwZ-RR .... NVwZ-Rechtsprechungs-Report
NWVBl .... Nordrhein-Westfälische Verwaltungsblätter

OBG .... Gesetz über Aufbau und Befugnisse der Ordnungsbehörden (Ordnungsbehördengesetz)
OdW .... Ordnung der Wissenschaft
OK .... Online-Kommentar
ÖPNV .... Öffentlicher Personen- und Nahverkehr
OLG .... Oberlandesgericht
OVG .... Oberverwaltungsgericht
OVGE .... Entscheidungen der Oberverwaltungsgerichte

PAG .... Polizeiaufgabengesetz
Pkw .... Personenkraftwagen
POG .... Polizeiorganisationsgesetz
PolDVG .... Gesetz über die Datenverarbeitung der Polizei
PolG .... Polizeigesetz
PR .... PraxisReport

rip .... reformatio in peius
Rn. .... Randnummer
Rspr. .... Rechtsprechung

S. .... Satz, Seite
s. .... siehe
Sächs .... sächsische/r/s
SächsVBl .... Sächsische Verwaltungsblätter
sog. .... sogenannte(n, r, s)
SOG .... Gesetz über die öffentliche Sicherheit und Ordnung
SpielhG/SpielhallenG Spielhallengesetz
StGB .... Strafgesetzbuch
StHG-DDR .... Staatshaftungsgesetz DDR
StPO .... Strafprozessordnung
str. .... streitig
StrG .... Straßengesetz
stRspr .... ständige Rechtsprechung
StrWG .... Straßen- und Wegegesetz
StVO .... Straßenverkehrsordnung
SVR .... Straßenverkehrsrecht (Zeitschrift für die Praxis des Verkehrsjuristen)

TA-Lärm .... Technische Anleitung zum Schutz gegen Lärm
ThürEBBG .... Thüringer Gesetz über das Verfahren bei Einwohnerantrag, Bürgerbegehren und Bürgerentscheid
ThürVBl .... Thüringische Verwaltungsblätter
TKG .... Telekommunikationsgesetz

UmwRG .... Gesetz über ergänzende Vorschriften zu Rechtsbehelfen in Umweltangelegenheiten nach der EG-Richtlinie 2003/35/EG (Umwelt-Rechtsbehelfsgesetz)
Urt. .... Urteil
usw .... und so weiter
UPR .... Umwelt- und Planungsrecht
UVPG .... Gesetz über die Umweltverträglichkeitsprüfung
UZwG .... Gesetz über den unmittelbaren Zwang bei Ausübung öffentlicher Gewalt durch Vollzugsbeamte des Bundes

v. .... vom
VA .... Verwaltungsakt/e
Var. .... Variante
VBlBW .... Verwaltungsblätter Baden-Württemberg
Verf .... Verfassung
VereinsG .... Gesetz zur Regelung des Vereinsrechts (Vereinsgesetz)
VersammlG .... Gesetz über Versammlungen und Aufzüge (Versammlungsgesetz)
VersR .... Versicherungsrecht
Verw .... Die Verwaltung (Zeitschrift für Verwaltungsrecht und Verwaltungswissenschaften)
VerwArch .... Verwaltungsarchiv
VerwRspr .... Verwaltungsrechtsprechung
VG .... Verwaltungsgericht/e
VGH .... Verwaltungsgerichtshof
vgl. .... vergleiche
VO .... Verordnung
VR .... Verwaltungsrundschau
VwGG .... Verwaltungsgerichtsgesetz
VwGO .... Verwaltungsgerichtsordnung
VwVfG .... Verwaltungsverfahrensgesetz
VwVfZG .... Verwaltungsverfahrens- und Verwaltungszustellungsgesetz
VwVG .... Verwaltungsvollstreckungsgesetz
VwZG .... Verwaltungszustellungsgesetz
VwZVG .... Verwaltungszustellungs- und Vollstreckungsgesetz

WaG/WG .... Wassergesetz
WHG .... Gesetz zur Ordnung des Wasserhaushalts (Wasserhaushaltsgesetz)

zB .... zum Beispiel
ZD .... Zeitschrift für Datenschutz
ZfBR .... Zeitschrift für deutsches und internationales Baurecht
ZHR .... Zeitschrift für das gesamte Handels- und Wirtschaftsrecht
ZJS .... Zeitschrift für das Juristische Studium
ZPO .... Zivilprozessordnung
ZRP .... Zeitschrift für Rechtspolitik
zT .... zum Teil
ZUR .... Zeitschrift für Umweltrecht

Problemverzeichnis

Teil A nennt verwaltungsprozessuale Probleme. Angegeben sind nur die bedeutungsvolleren Fundstellen. Die Teile B bis G nennen die materiell-rechtlichen Probleme in den thematischen Schwerpunktfeldern des Buches. Die fettgedruckten Ziffern beziehen sich auf die Nummer der Klausur, die übrigen Ziffern auf den Gliederungspunkt innerhalb der Lösung.

C. Kommunalrecht

D. Polizeirecht

Teil 1: Aufgaben

A. Allgemeines Verwaltungsrecht

1. Klausur: Grüne Subventionen

Durch den stetig wachsenden Fernbusverkehr sieht die Regierung des Landes L ihre Pläne zur Verringerung der Luftverschmutzung gefährdet. Daher beschließt sie im Jahre 2016, den umweltschonend arbeitenden Fernbusunternehmen finanziell unter die Arme zu greifen. Eine Richtlinie des Wirtschaftsministeriums enthält folgende Vorgaben: Für jeden neu angeschafften Reisebus kann ein einmaliger Betrag von 10.000 EUR gewährt werden, sofern 1. der Bus aufgrund einer bestimmten, im Programm näher beschriebenen, technischen Ausstattung eine vorbildliche Reduktion des Schadstoffausstoßes aufweist und 2. der Bus mit einem grün gespritzten Streifen versehen wird, dessen nähere Ausführung ebenfalls in dem Programm beschrieben ist. Ferner ist eine Rückzahlungsverpflichtung für den Fall vorgesehen, dass die beiden genannten Voraussetzungen vor Ablauf eines Jahres nach Bewilligung des Zuschusses entfallen sollten. Die Umsetzung des Förderprogramms liegt beim Wirtschaftsministerium.

Weil ihr Taxiunternehmen nur schleppend läuft, steigt auch Unternehmerin A in der Hoffnung auf den großen Durchbruch in das Fernreisegeschäft ein. Auf ihren Antrag beim Wirtschaftsministerium hin erhält A am 13.1.2017 einen Subventionsbescheid über 50.000 EUR für ihre fünf neuen Reisebusse, die alle der Richtlinie des Ministeriums entsprechen. Das Geld wird alsbald auf ihr Girokonto überwiesen.

Ende 2017 stellt die EU-Kommission fest, dass die Beihilfen der Landesregierung an Fernbusunternehmen den europäischen Wettbewerb verfälschen (insbesondere hinsichtlich der international agierenden Unternehmen). Zudem war es versäumt worden, die Beihilfevorhaben der EU-Kommission vorzulegen, weshalb auch keine Genehmigung der Beihilfen nach Art. 108 AEUV erfolgt war. Per Beschluss vom 14.12.2017 weist die EU-Kommission das Wirtschaftsministerium an, die bereits erteilten Subventionsbescheide zurückzunehmen und die Rückzahlung der Beihilfen zu veranlassen.

Der zuständige Beamte im Wirtschaftsministerium vergisst den Beschluss der EU-Kommission jedoch zunächst. Erst am 15.1.2019 nimmt er, nach ordnungsgemäßer Anhörung der A, den erteilten Subventionsbescheid zurück und fordert die Rückzahlung der 50.000 EUR. Als Begründung führt er den Beschluss der EU-Kommission an.

Mit Schreiben vom 30.1.2019 erwidert A, dass sie die Begründung nicht anerkennen könne und sie zur Rückzahlung keinesfalls bereit sei. Dass die Landesregierung europarechtswidrige Beihilfen beschlossen und sich nicht um die Genehmigung der EU-Kommission bemüht habe, könne nicht zu ihren Lasten gehen. Vielmehr habe sie auf die Bestandskraft des Bescheides vertraut und die 50.000 EUR bereits in den weiteren Ausbau ihres Fernbusunternehmens investiert.

Weil das Wirtschaftsministerium auf das Schreiben nicht reagiert, erhebt A am 12.2.2019 schriftlich Klage beim zuständigen VG auf Feststellung der Rechtswidrigkeit des Entzugs des Subventionsbescheids sowie der Aufforderung zur Rückzahlung der 50.000 EUR.

Hat die Klage Aussicht auf Erfolg?

Bearbeitungsvermerk:

Haushaltsrechtliche Vorschriften bleiben außer Betracht. Die Klausur ist nach Bundesrecht zu lösen.

2. Klausur: Schaden bei Sicherstellung

Bei einer Routinekontrolle von Autofahrern und Fahrzeugen am 21.12.2018 erkennt die Polizei in dem Fahrer eines fast zwanzig Jahre alten Pkw den strafverdächtigen G. Da gegen ihn ein gültiger Haftbefehl besteht, wird er an Ort und Stelle festgenommen, mit einem Polizeiwagen zum örtlichen Gerichtsgefängnis abtransportiert und der zuständigen Haftrichterin vorgeführt. Das dem G gehörende Fahrzeug nimmt die Polizei nach Abschluss der Kontrollaktion zu ihrer Dienststelle mit, stellt es auf dem dortigen Hof ab und lässt dem G eine auf die Dauer seiner Inhaftierung begrenzte Sicherstellungsanordnung zugehen.

Als G am 18.1.2019 aus der Untersuchungshaft entlassen wird, begibt er sich sogleich zu der Polizeidienststelle, um sein Fahrzeug abzuholen. Bei der vorsorglichen Untersuchung des Fahrzeugs stellt er jedoch fest, dass bei dem noch wassergekühlten Wagen das Kühlwasser durch einen Riss im Zylinderblock ausläuft; der Riss ist offensichtlich durch den Frost in den Weihnachtstagen entstanden. G verlangt von der Polizeistelle sofort ein Ersatzpflichtanerkenntnis, das ihm jedoch mit dem Hinweis verweigert wird, die Polizei trage an der Beschädigung kein Verschulden, weil sie davon hätte ausgehen können, dass jedes wassergekühlte Auto im Winter mit einem Frostschutzmittel geschützt sei. G hält dem entgegen, er habe es nicht nötig gehabt, dem Kühlwasser ein Mittel gegen Gefrieren beizusetzen, da er zuhause eine geheizte Garage besitze. Ferner habe die Polizei das Fahrzeug im Winter überhaupt nicht im Freien abstellen dürfen. G fragt, ob er Ersatz erhalten könne.

Fertigen Sie ein Gutachten an.

3. Klausur: Störaktion im Sozialamt

Beim Sozialamt eines Landkreises bemühen sich die Bewohner einer Neubausiedlung seit geraumer Zeit um Geldmittel für die Errichtung einer Kinderkrippe. Entsprechende Anträge wurden bereits mehrfach abgelehnt, da die für solche Zwecke vorhandenen Finanzmittel zur Förderung von zwei zentral gelegenen Kindergärten eingesetzt würden. Um ihrer Forderung Nachdruck zu verleihen, beschließen die Familien der Neubausiedlung, dass die beteiligten Väter eine Woche lang mit ihren Kindern während der nachmittäglichen Besuchszeiten auf den Gängen des Sozialamtes demonstrieren sollen.

Drei Tage lang stört diese Aktion den Betrieb des Sozialamtes, das in dem zentralen Gebäude der Kreisverwaltung untergebracht ist. Spielende Kleinkinder lärmen und Säuglinge schreien auf den Fluren. Kinderwagen und diskutierende Väter verstellen die Durchgänge. Am vierten Tag der Aktion entsendet die Lokalpresse Reporter, um von den Geschehnissen zu berichten und die Beteiligten zu interviewen. Einige Verkaufsvertreter bemühen sich dazu noch, mit dem Sozialamt über die Abnahme von Krippenausstattung zu verhandeln. Ein geordnetes Arbeiten in den Diensträumen ist unmöglich.

Jetzt entschließt sich der Kreisvorsteher (Landrat/Oberkreisdirektor) einzuschreiten. Unter Berufung auf seine Befugnisse als Behördenleiter und die Störung der Verwaltungsarbeit verweist er nach vorheriger Anhörung alle Besucher aus dem Sozialamt. Für den Fall, dass sie nicht innerhalb von fünfzehn Minuten das Gebäude verlassen haben, droht er ihnen die zwangsweise Hinausschaffung an. Die demonstrierenden Väter, der Verkaufsvertreter V und die Reporterin R fühlen sich durch die Maßnahme in ihren Rechten verletzt und befürchten dies auch für die weiteren geplanten Aktionen.

Frage 1: Hat der Landrat/Oberkreisdirektor rechtmäßig gehandelt?

Frage 2: Wie können die Betroffenen die Rechtmäßigkeit gerichtlich nachprüfen lassen?

Bearbeitungsvermerk:

Die Klausur ist nach Bundesrecht zu lösen.

4. Klausur: Wanderndes Halteverbot

Der rüstige Rentner R wohnt in der im Landkreis LK gelegenen Gemeinde G. Auf Einladung seiner Schwester, sie in den USA zu besuchen, bucht R im Oktober 2018 in der nächst größeren Stadt S Hin- und Rückflug für den 25.2. bzw. 1.6.2019. Er untersucht die Bahnhofsgegend in S hinsichtlich geeigneter Parkplätze, weil er beabsichtigt, mit der Bahn zum Flughafen zu fahren und sein Auto in der Nähe des Bahnhofs zu parken. In der Schmalstraße wird er fündig: Hier sind unter Anwendung des Schildes Nr. 314 der Anlage 3 zu § 42 II StVO Parkflächen ausgewiesen.

Am 25.2.2019 fliegt R in die USA. Sein Auto hat er wie geplant geparkt. An der Innenseite der Frontscheibe hat er gut sichtbar einen Zettel mit folgendem Inhalt angebracht: »Bei Problemen mit dem Wagen – immer meinen Bruder fragen.«. Auf dem Zettel sind Name, Geschäftsadresse, Festnetz- und Handynummer des Diensttelefons des Bruders des R angegeben. Dieser arbeitet als stellvertretender Filialleiter in einem Supermarkt in der Breiten Straße, 15 Minuten Fußweg vom Standort des Wagens entfernt, und ist im Besitz der Autoschlüssel. Am 7.3.2019 stellt die zuständige Behörde ein Verkehrszeichen Nr. 283 der Anlage 2 zu § 41 I StVO (absolutes Halteverbot) mit dem Hinweis »Vom 12. März bis 15. März 2019: Tiefbauarbeiten« auf. Gleichzeitig wird das Schild Nr. 314 verdeckt. Von diesem Tag an kontrollieren Mitarbeiter des Ordnungsamtes täglich die Belegung der Parkplätze. Dabei fällt ihnen auf, dass der Pkw des R nicht bewegt wird. Weil der Wagen am Morgen des 14.3.2019 immer noch in der Schmalstraße steht, ordnet der Bürgermeister B an, das Fahrzeug wegzuschleppen, um die seit langem geplanten Arbeiten an der Hauptwasserleitung zu ermöglichen. Die Leitung versorgt unter anderem die beiden größten ortsansässigen Industrieunternehmen mit dem produktionsnotwendigen Wasser. Diese haben für den betreffenden Zeitraum Betriebsferien angeordnet. Der Zettel an der Innenseite der Frontscheibe wird ignoriert. Abschleppunternehmer A führt die Anordnung aus und stellt den Wagen auf seinem Werkstatthof ab, weil in der Nähe der Schmalstraße kein geeigneter Stellplatz zu finden ist.

Mit dem letzten Zug kommt R am 1.6.2019 wieder in S an und vermisst seinen Pkw. Zu Hause findet er in der Post einen Kostenbescheid des dafür zuständigen B vom 22.3.2019. In diesem wird R in rechtmäßiger Anwendung kostenrechtlicher Vorschriften aufgefordert, 75 EUR auf ein näher bezeichnetes Konto einzuzahlen. Gegen Vorlage des Einzahlungsbelegs könne er sein Auto bei A abholen. R zahlt und löst seinen Wagen bei A aus. Gegen den Kostenbescheid legt er jedoch Widerspruch ein. Er trägt darin vor, sein Bruder hätte ohne Weiteres das Wegfahren des Wagens veranlassen können. Der Landrat L als zuständige Widerspruchsbehörde hebt daraufhin den Kostenbescheid am 2.8.2019 auf.

B empfindet die Entscheidung als »herben Rückschlag« im Kampf gegen Falschparker. Er möchte daher wissen, ob der Landrat rechtmäßig gehandelt hat.

Bearbeitungsvermerk:

Es ist davon auszugehen, dass B Straßenverkehrsbehörde iSd § 45 III StVO ist. Die Klausur ist verfahrens- und vollstreckungsrechtlich unter Zugrundelegung nicht des eigentlich anzuwendenden Landesrechts, sondern der entsprechenden bundesrechtlichen Vorschriften zu lösen.

5. Klausur: Zwischenprüfung

S studiert Rechtswissenschaft an der Universität U. Nach der universitären Studien- und Prüfungsordnung erfordert das Bestehen der Zwischenprüfung als Voraussetzung des Eintritts vom Grund- in das Hauptstudium die Bewertung von drei der vier Klausuren (Grundlagenfach, Zivilrecht, Öffentliches Recht, Strafrecht) mit mindestens 4 Notenpunkten (»ausreichend«). Sie gestattet eine einmalige Wiederholung jeder Klausur. Im Erstversuch bestand S lediglich die Klausur im Grundlagenfach. Daher nimmt sie im Februar 2019 erneut an den Klausuren zum Zivilrecht, Öffentlichen Recht und Strafrecht teil. Im Zweitversuch beurteilen Erst- und Zweitgutachter die schriftlichen Prüfungsleistungen in allen drei Klausuren jeweils übereinstimmend mit der Note »mangelhaft« (3 Punkte). Daher übersendet die Universität U der S einen Bescheid vom 23.9.2019 über das endgültige Nichtbestehen der Zwischenprüfung.

Hiergegen legt S Widerspruch ein. S beantragt, ihre Klausurleistungen in allen drei Fächern unter Aufhebung der bisherigen Bewertung jeweils mindestens mit der Note »ausreichend« (4 Punkte) neu zu bewerten und sie zum Hauptstudium zuzulassen. Sie begründet dies mit verschiedenen Fehlern im Prüfungs- und Bewertungsverfahren.

In Bezug auf die Klausur Zivilrecht bemängelt S bereits die Klausurauswahl. Die besagte Klausur diente in den vorlesungsbegleitenden freiwilligen Tutorien wortgleich als Probeklausur. S besuchte die Tutorien nur sporadisch und hatte keine Kenntnis vom Inhalt der Klausur. Sie hält dies für eine ungerechtfertigte Bevorzugung der Tutoriumsteilnehmer. Zudem begründe diese Praxis einen faktischen Zwang zum Tutoriumsbesuch, der gegen die Wissenschaftsfreiheit des Art. 5 GG verstoße. Zwar seien Sachverhalt und Lösung im Intranet auch für sie zugänglich gewesen. Die Dozentin der Vorlesung habe allerdings nicht ausdrücklich auf die Relevanz der Probeklausur hingewiesen. Außerdem habe die Klausur Spezialkenntnisse der Nautik vorausgesetzt. Laut Sachverhalt übereignete eine Großmutter ihre Segeljolle am Tegernsee an ihre Enkelin zum Erwerb eines Segelscheins. Da S den Begriff der Segeljolle nicht kannte, habe sie eine Übereignung nach § 929a BGB bejaht. Schon aufgrund der Größe des Tegernsees sei es aus ihrer Sicht naheliegend, eine Segeljolle als »Seeschiff« einzuordnen. Der Erstprüfer habe ihre Ausführung zu Unrecht als »abwägig« bezeichnet – wobei schon der Rechtschreibfehler Indiz für die mangelnde Befähigung des Prüfers sei. Jedenfalls dürfe sie nicht deshalb durchfallen.

Die Korrektur der Klausur Öffentliches Recht hält S für zu streng. Unwiderlegbares Indiz für den fehlerhaften Bewertungs- und Beurteilungsmaßstab sei die Durchfallquote von 40 Prozent im Vergleich zu 20 Prozent in Vorsemestern. Dies verstoße gegen den Grundsatz der Chancengleichheit aus Art. 3 I GG. Außerdem sei ihre Klausurbewertung nicht hinreichend und widerspruchsfrei begründet. Die Randbemerkungen spezifizierten nicht, ob es sich jeweils um leichte, mittlere oder schwere Fehler handele. Ihre Bearbeitung sei mit zehn Anmerkungen auf den insgesamt sieben Seiten versehen. Da ihr sicherlich nicht mehr als ein Notenpunkt pro Anmerkung abgezogen werden könne, müsse die Arbeit bei strengster Bewertung noch acht Punkte erhalten. In dem der Klausur beigefügten Votum habe der Erstkorrektor zwar einen Erwartungshorizont formuliert, ihre Lösung entsprechend bewertet und dabei auf konkrete Fehler hingewiesen. Er habe aber zusätzliche Punkte abgezogen, indem er das schwammige Argumentationsniveau, den Aufbau und die Schwerpunktsetzung kritisierte. Dies sei intransparent und willkürlich. Der Korrektor müsse schon nach § 39 LVwVfG und Art. 19 IV GG eine genaue Notenberechnung vornehmen. Es sei anzunehmen, dass ihre

Lösung ohne den zusätzlichen Abzug noch mit »ausreichend« hätte bewertet werden müssen. Soweit der Korrektor zudem die geringe Seitenzahl ihrer Bearbeitung bemängelt, müsse S entgegenhalten, dass ihre Prägnanz gerade positiv zu bewerten sei.

Die Klausur Strafrecht verstoße schließlich gegen den Gleichheitsgrundsatz (Art. 3 I GG). Da zu der für die Vorlesung Strafrecht vorgesehenen Zeit der große Vorlesungssaal bereits belegt war, seien die Studierenden in zwei Gruppen nach Anfangsbuchstaben der Nachnamen getrennt unterrichtet worden. Mangels rechtzeitiger Koordination der zwei Dozentinnen erhielten die beiden Gruppen unterschiedliche Klausuren. Die eine Gruppe habe eine Klausur mit Fragen erhalten, die bereits in identischer Form in den Materialien zur Vorlesungsnachbereitung auftauchten. Die Gruppe der S habe hingegen einen Fall lösen müssen, der hauptsächlich Delikte des Sexualstrafrechts und Details des Strafprozessrechts behandelte. Diese Bereiche seien in der Vorlesung nur am Rande, im Rahmen der aktuellen »MeToo«-Debatte, erwähnt worden und auch nicht Gegenstand des Lehrbuchs oder weiterer Ergänzungsmaterialien gewesen. Die Klausur sei wohl auch deshalb schlechter ausgefallen als die der anderen Gruppe. Zudem habe ihre Klausurbearbeitung den Erstgutachter offensichtlich in besonderer Weise emotional betroffen, sodass es ihm an der nötigen Objektivität fehlte. Er bezeichnete ihre Ausführungen als »Unsinn« und »abenteuerlich«. Im Votum bereitete er – wie S findet pedantisch – zahlreiche Mängel der Klausur auf und legte dar, warum die Bearbeitung »nicht brauchbar« sei. Außerdem weise die im Schriftbild des Erstkorrektors sichtbare Graphomotorik auf eine besondere Aggressivität beim Anfertigen der Korrekturanmerkungen hin. Damit hätte er als befangen abgelehnt werden müssen. Der Zweitkorrektor habe diesen Umstand ignoriert und sich dem Erstvotum lapidar mit »Ich stimme zu.« angeschlossen.

Im Rahmen des Widerspruchsverfahrens führt das Prüfungsamt der Universität U ein Nachprüfungsverfahren durch. Die jeweiligen Erst- und Zweitgutachter der Klausuren Öffentliches Recht und Strafrecht nehmen zu den Kritikpunkten detailliert Stellung. Im Ergebnis halten sie aufgrund der bereits angemerkten vielzähligen Mängel an ihren Bewertungen fest. Für die Klausur Zivilrecht beschließt die Studiendekanin als Zivilrechtsprofessorin aus Gründen der Beschleunigung und Verwaltungseffektivität, anstelle der zwei Gutachter die Klausur selbst nachzuprüfen. Damit gebe sie S zudem eine echte zweite Chance. Eine weitere Stellungnahme holt sie auf dem kurzen Dienstweg von der Dozentin der Vorlesung ein, die diese Klausur entworfen hat. Beide schließen sich der ursprünglichen Bewertung des Erst- und Zweitgutachters an.

Auf dieser Grundlage weist die Universität U den Widerspruch der S mit Bescheid vom 23.10.2019 als unbegründet zurück. Ohne das tatsächliche Vorbringen der S im Einzelnen zu bestreiten, verweist sie auf die Unabhängigkeit der Klausurerstellerinnen und der Prüfer. Die Rügen hinsichtlich der Klausurauswahl könne S zudem nicht erst nach Erhalt der Benotung erheben.

S hält an ihren Einwänden fest. Zudem bemängelt sie das Nachprüfungsverfahren in Bezug auf die Klausur Zivilrecht, da die beiden ursprünglichen Gutachter keine Gelegenheit erhalten hätten, ihre Bewertung selbst abzuändern. § 13 der Studien- und Prüfungsordnung der Universität U bestimmt, dass die Studiendekanin für die Durchführung der Zwischenprüfung zuständig sei, die für jede Klausur einen Erst- und einen Zweitkorrektor mit der Bewertung beauftragen müsse. Zudem regelt § 14, dass die Einwendungen im Nachprüfungsverfahren zunächst den jeweiligen Prüfern zur Überprüfung ihrer Bewertung zugeleitet werden müssen. Zuletzt kritisiert S, dass die Prüfer der Klausur Öffentliches Recht – schon als Teil der Korrektur, spätestens aber im Nachprüfungsverfahren – die zugrunde gelegten Bewertungsbögen mitsamt einer nachvollziehbaren Formel für die Notenberechnung hätten offenlegen müssen.

S erhebt form- und fristgerecht Klage zum zuständigen VG und beantragt, den Bescheid der Universität U über das Nichtbestehen der Prüfung aufzuheben und sie zu verpflichten, die Prüfung für bestanden zu erklären.

Wird die Klage der S Erfolg haben?

Bearbeitungsvermerk:

Landesrechtliche Vorschriften des Prüfungsrechts bleiben außer Betracht.

6. Klausur: Ärger mit dem Dienstherrn

S und T waren bis Ende Juli 2015 als Informationstechniker bei einer oberen Bundesbehörde angestellt. Zum 1.8.2015 werden sie unter Berufung in das Beamtenverhältnis auf Probe zu Beamten des mittleren Dienstes zur Anstellung (Besoldungsgruppe A 5) ernannt. Weil die monatlichen Nettobezüge nach der Berufung in das Beamtenverhältnis geringer sind als zuvor, wird auf der Grundlage von § 75 BBesG eine Übergangszahlung iHv 1.500 EUR ausgezahlt.

Vom 1.9.2015 bis 1.8.2016 wird S antragsgemäß ohne Dienstbezüge beurlaubt, um ein Maschinenbaustudium aufnehmen zu können. Mit Ablauf des 31.8.2016 wird S auf seinen Antrag hin aus dem Beamtenverhältnis entlassen, weil er sein Maschinenbaustudium fortsetzen möchte. Mit Bescheid vom 11.10.2019 fordert die zuständige Behörde die gewährte Übergangszahlung unter Hinweis auf § 75 BBesG zurück.

Der von S fristgerecht erhobene Widerspruch wird durch Widerspruchsbescheid vom 1.11.2019 als unbegründet zurückgewiesen. Der von der Widerspruchsbehörde am Montag, dem 4.11.2019, als Einschreiben (ohne Rückschein) zur Post aufgegebene Widerspruchsbescheid geht bei S am 5.11.2019 ein. S erhebt am Freitag, dem 6.12.2019, Klage vor dem zuständigen VG.

Frage 1: Wie sind die Erfolgsaussichten der Klage des S?

Abwandlung:

T ist nach Ablauf der Probezeit im Beamtenverhältnis verblieben. Der von ihm seit 2015 besetzte Dienstposten (Besoldungsgruppe A 5) wird Mitte 2019 ohne Änderung des Tätigkeitsbereichs zu einem Dienstposten der Besoldungsgruppe A 6 höhergestuft und ausgeschrieben. T und der Mitbewerber U bewerben sich als einzige. T rechnet sich gute Chancen aus, da zuvor in gleichen Fällen die bisherigen Stelleninhaber aufgrund ihrer Erfahrung hinsichtlich der auszuübenden Tätigkeit befördert wurden. Als T am 8.12.2019 von einer vierwöchigen Auslandsreise zurückkehrt, findet er im Briefkasten einen Brief der Behörde vom 11.11.2019. Darin wird ihm mitgeteilt, dass nicht ihm, sondern U das Amt zusammen mit der Einweisung in die Planstelle verliehen werden wird, da dieser über ein höheres Dienstalter verfüge. Am 9.12.2019 – 20 Tage nach Zustellung – wird U die Planstelle zugewiesen. Am 10.12.2019 wird dem T mitgeteilt, dass die Stelle mit U nunmehr endgültig besetzt worden ist.

Noch am 10.12.2019 legt T durch eine unsignierte E-Mail mit PDF-Dateianhang, der ein vor dem Einscannen unterzeichnetes Widerspruchsschreiben enthält, Widerspruch bei der zuständigen Behörde ein. Er begehrt die Übertragung der mit U besetzten Stelle. Schließlich habe er nicht nur die bessere Beurteilung erhalten, sondern auch seine Eignung für die Stelle bereits unter Beweis gestellt. Er sei daher der einzig in Betracht kommende Bewerber gewesen. Demgegenüber weise U keinerlei Erfahrungen für den mit der Stelle verbundenen Tätigkeitsbereich auf.

Die Behörde ist der Auffassung, dass der Widerspruch nicht nur unzulässig, sondern auch unbegründet sei. Die Übertragung der Stelle könne weder mit einem Anfechtungs- noch mit einem Verpflichtungswiderspruch erreicht werden, da die Stelle mit U endgültig besetzt sei.

Frage 2: Wie sind die Erfolgsaussichten des Widerspruchs des T?

Bearbeitungsvermerk:

Sollten Sie die Zulässigkeit eines der Rechtsbehelfe verneinen, so ist die Begründetheit in einem Hilfsgutachten zu prüfen. Die Einlassungen der Beteiligten sind als zutreffend zu unterstellen.

7. Klausur: Abgabensparvertrag

Die kreisfreie Stadt G im Bundesland X plant den Bau eines Freizeitzentrums auf dem Ackerberg am Rande der Stadt. Das Zentrum soll ein neues Großraumkino, ein Spaß- und Freizeitbad sowie eine Turnhalle beherbergen. Nach den Vorstellungen der Oberbürgermeisterin O soll darüber hinaus auch der Neubau der Stadthalle dort untergebracht werden. Dank üppiger Zuschüsse des Landes ist die Finanzierung gesichert. Eine Umsetzung scheitert aber an der Größe der kommunalen Grundstücksflächen am Ackerberg. Das Grundstück der Stadt wird westlich von einer Eisenbahnlinie begrenzt, nördlich befindet sich eine Umgehungsstraße und im Süden schließt sich Wohnbebauung an. Lediglich im Osten befindet sich eine mögliche Erweiterungsfläche. Diese steht im Eigentum des B. Auf einem Teil dieser Fläche betreibt B einen Gebrauchtwagenhandel. Den anderen – an das Grundstück der G schließenden – Teil möchte O kaufen.

Erste Kontakte mit B verlaufen wenig erfolgversprechend. Dieser steht dem Bau des Freizeitzentrums ablehnend gegenüber. Denn nach den bereits bekannten Planungen soll die bereits vorhandene Zufahrtsstraße, an der das Freizeitzentrum gebaut werden soll, mit Parkstreifen versehen werden. Diese Straße führt auch am Grundstück des B vorbei. Durch die Anlage von Parkstreifen würde B eigener Einstellplätze verlustig gehen. Außerdem sieht B nicht ein, dass er für diesen Fall noch Straßenbaubeiträge für die Parkstreifen zahlen soll. O bietet B daraufhin an, einen Grundstückskaufvertrag zu schließen, der eine Überlassung des Grundstücks für 120.000 EUR vorsieht und unter anderem folgende Bestimmungen enthält:

»§ 5: Die Käuferin versichert, dass für die Erschließungsanlage B-Straße Straßenbaubeiträge nicht mehr erhoben werden.

§ 6: In Anbetracht der Schwierigkeiten bei der Ermittlung der Höhe des voraussichtlich entstehenden Straßenbaubeitrages für den in § X beschriebenen Straßenabschnitt wird einvernehmlich festgelegt, dass sich dieser auf 1.200 EUR beläuft.«

Der Vertrag wird darauf mit diesen Regelungen abgeschlossen und notariell beurkundet. Der Verkaufspreis für das Grundstück iHv 120.000 EUR wird von Sachverständigen als »angemessen« eingeschätzt. Der auf 1.200 EUR veranschlagte Betrag für den Straßenbaubeitrag ist realistisch.

Frage 1: Beurteilen Sie die Rechtmäßigkeit der in §§ 5 und 6 getroffenen Vereinbarungen.

Abwandlung:

Zusätzlich enthält der Vertrag folgende Bestimmung:

»§ 7: Für die Überlassung des Grundstücks erlässt G dem B die Gewerbesteuer für die nächsten zwei Jahre bis zu einem Höchstbetrag von je 25.000 EUR.«

Frage 2: Beurteilen Sie die Wirksamkeit dieser Bestimmung.

Bearbeitungsvermerk:

Unterstellen Sie die Anwendbarkeit des VwVfG sowie die Wahrung der Zuständigkeiten.

§ 12 KAG des Landes X lautet: Auf Kommunalabgaben sind die folgenden Bestimmungen der Abgabenordnung in der jeweiligen Fassung entsprechend anzuwenden: [...§ 227...]

§ 227 Abgabenordnung (AO) lautet: Die Finanzbehörden können Ansprüche aus dem Steuerschuldverhältnis ganz oder zum Teil erlassen, wenn deren Einziehung nach Lage des einzelnen Falles unbillig wäre; unter den gleichen Voraussetzungen können bereits entrichtete Beträge erstattet oder angerechnet werden.

B. Kommunalrecht

8. Klausur: Turbulente Gemeinderatssitzung

Im Gemeinderat der Gemeinde G im Bundesland B soll 2018 die Erweiterung des Anschluss- und Benutzungszwangs für die öffentliche Wasserversorgung auf die sechs Straßenzüge umfassende Kleingartenanlage K beschlossen werden. Obwohl der entsprechende Satzungsentwurf zahlreiche Befreiungstatbestände vorsieht, herrscht unter den Kleingärtnern, die ihr Wasser bis dahin über eigene Pumpen und Regensammelbehälter bezogen haben, Empörung darüber, dass sie nun – gebührenpflichtig – an die allgemeine Wasserversorgung angeschlossen werden sollen. Gemeindevertreterin A, der der Satzungsentwurf vorliegt, will die Einwände der Kleingärtner auf der nächsten Sitzung des Gemeinderats, auf der auch die Satzung beschlossen werden soll, zur Sprache bringen. Zuvor schon hatte sie mit der Gemeindeverwaltung den Satzungsentwurf ausführlich, aber letztlich erfolglos diskutiert. Allerdings war es aufgrund eines Büroversehens unterlassen worden, A eine Ladung sowie die Beschlussunterlagen (Satzungsentwurf mit Karte des in den Anschluss- und Benutzungszwang einzubeziehenden Gemeindeteils, der Kleingartenanlage K) zur Sitzung zukommen zu lassen. A, die den Termin kennt, erscheint jedoch.

Gleich zu Beginn der Sitzung wird darauf aufmerksam gemacht, dass die aufgeladene Stimmung unter den Kleingärtnern – von denen viele ihr Kommen angekündigt hatten – eine sachliche Auseinandersetzung unmöglich mache. Daher wird beschlossen, die Sitzung nicht – wie ursprünglich geplant – im großen Ratssaal stattfinden zu lassen, sondern in einem kleineren Besprechungsraum, in dem lediglich eine Bankreihe aus vier Sitzen für Zuschauer zur Verfügung steht. Dort wird die Satzung entsprechend dem Inhalt des Entwurfs beschlossen.

A will sich mit diesem Ergebnis nicht abfinden. In der nächsten Sitzung des Gemeinderats macht A ihrem Ärger Luft, indem sie den Umzug in den kleineren Raum und die fehlende Ladung und Übersendung der Beschlussunterlagen rügt. Außerdem hatte sie im Nachhinein erfahren, dass über die Erweiterung des Anschluss- und Benutzungszwangs schon auf einer vorhergehenden Sitzung der Mehrheitsfraktion F gesprochen worden war. Unter Mitwirkung von nicht der Gemeindevertretung angehörigen Parteifunktionären war ein Fraktionsbeschluss getroffen worden, in dem man sich für die Ausweitung des Anschluss- und Benutzungszwangs aussprach. Mit ihren Argumenten dringt A allerdings nicht durch. Die materiell-rechtlich beanstandungsfreie Satzung wird ausgefertigt, ordnungsgemäß angezeigt und im Juni 2018 auf kommunalrechtlich vorgeschriebenem Publikationsweg und unter Hinweis auf die in einigen Ländern festgelegten Rügeerfordernisse bekanntgemacht.

Nachdem im August 2019 die Anschlussarbeiten beginnen, fragt sich Kleingärtnerin D, von A über das Zustandekommen der Satzung informiert, ob sie auf ihrer Grundlage rechtmäßig verpflichtet werden könne, auf ihrem Grundstück die Voraussetzungen für den Anschluss an die Wasserversorgung zu schaffen.

9. Klausur: Streit um eine Tiefgarage

In der kreisfreien Stadt S (100.000 Einwohner) herrscht ständige Parkplatznot. Die Firma F plant daher die Errichtung einer Tiefgarage. Sie will auch die Stadt für dieses Projekt gewinnen. Diese hat bisher noch keine Entscheidung getroffen, in der Stadtvertretung mehren sich jedoch die Stimmen für eine Unterstützung des Vorhabens. In Teilen der Einwohnerschaft ist das Projekt dagegen umstritten. Von Umweltschützern wird die unzureichende Verkehrsplanung der Stadt angegriffen. Die Mitglieder des Vereins der »Freunde und Freundinnen der Altstadt« befürchten, dass Teile der historischen Innenstadt in Mitleidenschaft gezogen werden.

Sie initiieren daher ein Bürgerbegehren zur Durchführung eines Bürgerentscheids, der die Beteiligung der Stadt an dem Vorhaben verhindern soll. Nachdem nach reger Beteiligung von Einwohnern wie von Touristen 23.000 Unterschriften zusammengekommen sind, wird der Antrag zusammen mit einer Begründung bei der zuständigen Behörde eingereicht. Ein Vertreter ist nicht ausdrücklich genannt, lediglich der Altstadtverein wird als Initiator des Begehrens auf den Unterschriftenlisten aufgeführt. Diese enthalten neben der mit »Ja« oder »Nein« zu beantwortenden Frage und Erläuterungen zum Ziel des Bürgerbegehrens die Vor- und Zunamen sowie die Unterschriften der Beteiligten.

Die Behörde lehnt die Zulassung des Bürgerentscheids ohne Begründung ab. Auch das ordnungsgemäß durchgeführte Widerspruchsverfahren bleibt erfolglos.

Frage 1: A, einer der ersten Unterzeichner und Vertreter des Bürgerbegehrens, möchte wissen, ob er die erforderliche Zulassung des Bürgerentscheids mittels einer Klage vor dem zuständigen VG erreichen kann.

Abwandlung:

Letztlich findet ein den formellen und materiellen Anforderungen entsprechender Bürgerentscheid aufgrund einer dahingehenden Entscheidung der Behörde statt. Das Projekt wird darin mit dem erforderlichen Quorum von der Mehrheit der Einwohner abgelehnt. Zahlreiche Mitglieder der Stadtvertretung wollen diese Entscheidung aber nicht hinnehmen. Eine Tiefgarage erhöhe die Attraktivität der Stadt erheblich, der Bau komme aber ohne die Unterstützung der Stadt nicht zustande. Wegen der überragenden Bedeutung für die Stadtentwicklung sei die durch die Bürger getroffene Entscheidung völlig unzweckmäßig.

Nach hitziger Debatte wollen die Gemeindevertreter schließlich über das Projekt abstimmen. Gemeindevertreter B, über diese wie er meint undemokratische Verhaltensweise empört, wird gegen seinen Protest nach Anhörung von der Abstimmung ausgeschlossen, nachdem er von einem der Stadtvertreter als Eigentümer eines Grundstücks in unmittelbarer Nähe der geplanten Tiefgarage »enttarnt« worden ist. Die übrigen Gemeindevertreter fassen mehrheitlich einen Beschluss, in dem die Beteiligung der Stadt an dem Vorhaben trotz entgegenstehenden Entscheides der Bürger festgelegt wird.

Frage 2: Wäre eine Klage des B vor dem zuständigen VG gegen den Beschluss über seinen Ausschluss zulässig und begründet?

10. Klausur: Wirtschaftliche Betätigung der Gemeinde

Die 700 Einwohner zählende kreisangehörige Gemeinde G in Bundesland L befindet sich in wirtschaftlich schweren Zeiten. Die Insolvenz des letzten örtlichen Industriebetriebes hat die Gewerbesteuereinnahmen endgültig einbrechen lassen, sodass der Gemeindehaushalt inzwischen bei einem Gesamtvolumen von einer halben Million Euro einen Fehlbetrag in sechsstelliger Höhe ausweist. In der Gemeindevertretung wird schon länger über Wege diskutiert, die örtliche Wirtschaft zu stärken und den Gemeindehaushalt zu sanieren. Ins Zentrum der Diskussion rückt dabei zusehends die Nutzung sehr weitläufiger unbebauter Grundstücke in Hanglage, deren Eigentümerin die G ist. Als eine Begehung der Flächen durch den Gemeindevorstand wegen zu starken Windes abgebrochen werden muss, hat die Bürgermeisterin eine Idee: Wenn sich schon keine Firma auf den Geländen ansiedeln möchte, dann muss eben aus den vorhandenen natürlichen Gegebenheiten Profit geschlagen und der dauerhaft böige Wind genutzt werden.

Bei der nächsten Sitzung stellt sie ihren Plan in der Gemeindevertretung vor und stößt auf ungeteilte Zustimmung. Man ist sich einig, dass die Bebauung des Areals mit zehn Windrädern, die jährlich je etwa 4.800 MWh Strom erzeugen, durch eine dafür zu gründende gemeindeeigene GmbH nur Vorteile bringen werde. Je nach Größe verbraucht ein durchschnittlicher deutscher Haushalt etwa 2.300 bis 5.000 kWh im Jahr. Dank der im EEG gesetzlich festgeschriebenen Einspeisevergütung und der Pflicht des überörtlichen Netzbetreibers, den erzeugten Strom abzunehmen, müsse man sich um Kunden und Rentabilität der Anlagen keine Sorgen machen. Außerdem könne man sich die Markterkundung dank dieser gesetzlichen Grundlage sparen. Die Bürger könnten sich als Gesellschafter an der GmbH beteiligen, was angesichts aktuell niedriger Zinsen sicher auf Gegenliebe stoßen und zugleich die Akzeptanz der Anlagen im Ort erhöhen werde. Bau- und planungsrechtliche Hindernisse bestünden nicht, was korrekt ist.

Bereits in der nächsten Sitzung der Gemeindevertretung wird einstimmig der Beschluss zur Gründung einer »Bürgerwindpark GmbH« gefasst, die den Bau und den Betrieb der Windkraftanlagen verantworten soll. Die Ausstattung der Gesellschaft mit Finanzmitteln soll über zinsgünstige KfW-Kredite erfolgen. Die Anschaffungskosten eines Windrads belaufen sich dabei auf etwa 2,7 Mio. EUR bei einer Lebensdauer von etwa 20 Jahren. Im Gesellschaftsvertrag soll sichergestellt werden, dass, trotz einer eventuellen Bürgerbeteiligung, der Gemeinde immer die Mehrheit des Stimmrechts in der Gesellschaft zustehen wird. Der formell ordnungsgemäß ergangene Beschluss wird der zuständigen kommunalen Aufsichtsbehörde im Landkreis B, in dessen Gebiet die Gemeinde G liegt, zugeleitet.

Bei ihr stößt das Vorhaben der G auf starke Ablehnung. Sie ist der Auffassung, die Pläne seien völlig überdimensioniert und überstiegen die finanziellen Möglichkeiten der Gemeinde. Zudem dienten sie keinem öffentlichen Zweck der örtlichen Gemeinschaft in G, sondern verfolgten nur Profitzwecke. Sie teilt der Gemeinde G schriftlich ihre Bedenken und ihre Absicht mit, den Beschluss zu beanstanden und fordert G auf, hierzu Stellung zu nehmen. Dort kann man die Bedenken der B nicht nachvollziehen. Die G teilt der B schriftlich mit, dass die Energieerzeugung doch einen wesentlichen Bereich der Daseinsvorsorge darstelle. Zudem solle, sobald das Projekt sich etabliert habe, die Möglichkeit der Direktversorgung der Gemeinde mit der erzeugten Energie geschaffen werden. Darüber hinaus erlaube die Gemeindeordnung auch eine überregionale Tätigkeit von Gemeinden. Abgesehen davon werde mit der Produktion von Strom aus Wind vor Ort auch ein wesentlicher Beitrag zum

Umweltschutz geleistet und man helfe bei der Umsetzung des Ziels der Energiewende; beides seien wesentliche öffentliche Ziele. Die B überzeugt das Vorbringen der G nicht. Sie beanstandet mit einem ordnungsgemäß begründeten Bescheid den Gemeinderatsbeschluss und verlangt, dass er von G binnen einer angemessenen Frist aufgehoben wird. Auch der von G hiergegen umgehend eingelegte Widerspruch wird mit Schreiben, das am 29.3.2019 als Übergabeeinschreiben zur Post gegeben wird und eine ordnungsgemäße Rechtsbehelfsbelehrung enthält, abgewiesen. Am 2.5.2019 erhebt G auf Beschluss der Gemeindevertretung vor dem zuständigen VG Klage gegen den Bescheid der B und begehrt dessen Aufhebung.

Hat die Klage der G Aussicht auf Erfolg?

11. Klausur: Kanalisationsanschluss

L hat sich in der Gemeinde W im Jahre 2019 ein Einfamilienhaus gebaut. Schon vor Beginn des Rohbaus wurde Ls Grundstück entsprechend den Bestimmungen der Ortssatzung, die einen Anschlusszwang regelt, an die gemeindliche Kanalisation angeschlossen. Die für den Anschluss notwendige Verbindung zwischen dem Abwasserkanal und dem Prüfschacht auf dem Grundstück des L wurde von dem Tiefbauunternehmer T im Auftrag der Gemeinde W hergestellt.

Nach Fertigstellung des Hauses treten wegen Rückstaus in der Abwasserleitung mehrfach Wasserschäden auf. Es stellt sich heraus, dass der Anschlusskanal wegen einer Unachtsamkeit des T kein ausreichendes Gefälle aufweist und vom zuständigen Gemeindebeamten B auch in leicht fahrlässiger Weise nicht abgenommen worden ist. Erst als ein neuer Anschlusskanal gelegt wird, ist das Problem behoben.

L verlangt von der Gemeinde Ersatz des ihm entstandenen Schadens. Die Gemeinde lehnt unter Hinweis auf die Haftungsbeschränkung in der Ortssatzung jede Haftung ab.

Die entsprechenden Bestimmungen der – formell ordnungsgemäßen – Satzung lauten:

§ 4: Für Schäden, die durch Rückstau aus dem Abwasserkanal entstehen, haftet die Gemeinde nur im Rahmen von grober Fahrlässigkeit und Vorsatz.

§ 9: Bei Betriebsstörungen der Abwasseranlage, die durch Rückstau infolge von Naturereignissen wie Hochwasser, Wolkenbruch oder Schneeschmelze entstehen, hat der Anschlussnehmer keinen Anspruch auf Schadensersatz.

T ist mangels Aufträgen insolvent geworden. Hat L Ansprüche gegen die Gemeinde W?

12. Klausur: Foodtrucks

F möchte sich eine Existenz in der Gastronomie aufbauen. Sie besitzt drei Foodtrucks. Der Truck »Grüne Wiese« bietet vegane, aus regionalen Bio-Produkten hergestellte Speisen in nachhaltigen Verpackungen an. Das Sortiment des »Sushi-Trucks« besteht aus japanischen Fischröllchen, hergestellt aus rohem, geräuchertem oder gebratenem Fisch. Der »Brutzel-Truck« bietet verschiedene Bratwürste mit Brötchen oder Kartoffelsalat an. Dazu gibt es jeweils ein Getränkesortiment von Limonaden und Säften. Bisher betrieb F ihre Foodtrucks abwechselnd auf dem Parkplatz eines Einkaufszentrums aufgrund einer privatrechtlichen Absprache mit dessen Betreiberin. Sie verfügt über alle für den Betrieb notwendigen Formalitäten. Bislang gab es nie Beschwerden.

Nun möchte F ihr Geschäft beleben. Die Stadt A, in der F wohnt, bittet im Frühjahr jedes Jahres um neue Bewerbungen für die zehn Foodtruck-Standplätze auf dem täglich stattfindenden »Streetfood Mittagsmarkt« am Hafenplatz. Die erfolgreichen Bewerber nehmen die Plätze jeweils im Januar des Folgejahres ein. Um den Hafenplatz befinden sich zahlreiche großflächige Bürogebäude verschiedener Konzerne, deren Beschäftigte sich in der Mittagspause gerne vor Ort versorgen. Eine Richtlinie der Stadt A regelt die Standgebühren, nicht aber die Auswahlkriterien. Ihre Präambel betont, im Einklang mit dem Nutzungskonzept der Stadt, die große Bedeutung eines hochwertigen Angebots gesunder Speisen. Nachhaltigkeit sei Kern des Konzeptes. F bewirbt sich im Frühjahr 2020 mit ihrem Foodtruck »Grüne Wiese« neben 49 anderen Foodtrucks um einen Platz. Sie rechnet sich gute Chancen aus, weil ihre Konkurrenz überwiegend aus konventionellen Burger-, Pizza- und Bratwursttrucks besteht. Aufgrund des Bewerberansturms führt die Stadt A aus Gerechtigkeitsgründen ein Losverfahren durch, in dem F nicht erfolgreich ist. Die Stadt A erteilt F daher im März 2020 eine Absage.

Auch in der Nachbarstadt B hat F kein Glück mit der Bewerbung ihres »Sushi-Trucks«. Die Stadt B rief alle Betreiber von Foodtrucks aus B und dem Umland zur Bewerbung auf neun Standplätze für Foodtrucks am Museumsplatz zur Versorgung der Beschäftigten der umliegenden Firmen auf. Das Hauptauswahlkriterium sei die Attraktivität des Angebots. Unter den Beschäftigten einer privaten Beratungsfirma bildet sich unaufgefordert schnell eine kleine Gruppe besonders an kulinarischen Belangen Interessierter. Sie wollen die Qualität ihrer Versorgung in der Mittagspause selbst sicherstellen und nicht »der Bürokratie« überlassen. Um nach außen sichtbarer zu werden, geben sie sich den Namen »Imbiss-Kommission«. Die Mitglieder der »Imbiss-Kommission« sind sich einig, dass nur die Beschäftigten am Museumsplatz selbst über die notwendige Expertise vor Ort verfügen. Deshalb beschließen sie, deren Wünsche bei der Auswahl der Foodtrucks maßgeblich zu berücksichtigen. Sie führen eine Umfrage unter einer Handvoll befreundeter Kolleginnen und Kollegen durch, weil diese den »guten Geschmack« der Kommissionsmitglieder teilen. Die meisten Befragten wünschen sich, wie erwartet, zum Mittagessen etwas Gehaltvolles, um mit vielen Kalorien den großen Mittagshunger zu stillen. Zudem sind sie »neumodischen« Angeboten gegenüber skeptisch eingestellt. Die »Imbiss-Kommission« entscheidet sich deshalb für die Bildung von drei Foodtruck-Gruppen, innerhalb derer sie die Bewerbungen mit einem Punktesystem bewertet und jeweils drei auswählt: Die »Fastfood-Gruppe« umfasst Angebote wie Bratwurst, Currywurst und Pommes. Sie erhält acht Bewerbungen. Die »Hausmannskost-Gruppe« umfasst Speisen wie Gulasch, Speckknödel und Eintöpfe. Auf sie entfallen fünf Bewerbungen. Die »internationale Gruppe« umfasst Speisen, die ursprünglich aus anderen Ländern stammen, wie Burger, Pizza, Tacos, Curries und Sushi. Ihr Anteil umfasst zwanzig Bewerbungen. Innerhalb dieser Gruppe spricht die »Imbiss-Kommission« eine Empfehlung für zwei Burgertrucks und einen Pizzatruck aus, weil Pizza und Burger bekanntermaßen sehr sättigend seien. Die Bewerbung von F ist nicht erfolgreich. Das Ergebnis ihrer Vorarbeiten übersendet die »Imbiss-Kommission« unter Hinweis auf die durchgeführte Umfrage – ohne weitere Informationen über den Umfang oder die Auswahl der Beteiligten – der Stadt B.

Die Stadt B freut sich über die Arbeitsersparnis aufgrund der so umfangreichen Vorarbeiten und des detaillierten Bewertungsverfahrens. Sie folgt der Empfehlung der »Imbiss-Kommission« vollständig. Damit lehnt sie die Bewerbung der F in der »internationalen Gruppe« ab. In ihrem Ablehnungsbescheid begründet sie die Entscheidung mit der mangelnden Attraktivität des »Sushi-Trucks«, die »eine repräsentative Umfrage empirisch festgestellt« habe. Außerdem äußert sie für die Sommermonate hygienische Bedenken hinsichtlich des rohen Fisches. F wendet ein, dass die Ablehnung schon deshalb unrechtmäßig sei, weil offensichtlich keiner der verantwortlichen Entscheidungsträger Sushi je probiert habe. Vor allem sei niemand ihrer im Bewerbungsanschreiben ausgesprochenen Einladung zum Probeessen gefolgt.

Frage 1: Beurteilen Sie die Erfolgsaussichten eines förmlichen Rechtsbehelfs der F gegen die Entscheidung der Stadt A im April 2020. Ein gegebenenfalls notwendiges Vorverfahren wurde erfolglos durchgeführt.

Frage 2: Ist die Entscheidung der Stadt B rechtmäßig?

Abwandlung:

Auf der Suche nach einem geeigneten Standort für den »Brutzel-Truck« fällt F auf, dass sich in der Nähe des Rathauses der Stadt A nur hochpreisige Restaurants befinden. Sie freut sich, eine so große Zahl potenzieller Kunden gefunden zu haben. F meint, als Standort biete sich die kleine Grünfläche inmitten des öffentlichen Parkplatzes vor dem Rathaus optimal an. Hier wäre ausreichend Platz für ihren Foodtruck, ohne dass dieser zum Hindernis würde. Außerdem sei die Stadt A, schon aufgrund ihrer beamtenrechtlichen Fürsorgepflicht für ihre Beschäftigten, verpflichtet, für ausreichend Verpflegungsmöglichkeiten zu sorgen. Zudem haben alle angesprochenen Beschäftigten ihr gegenüber großes Interesse an einer Bratwurst in der Mittagspause bekundet.

Frage 3: Hat F einen Anspruch auf Zulassung des Foodtrucks?

13. Klausur: Schließung einer Recyclinganlage

In den letzten Jahren haben einige Städte im Bundesland L kommunale Bauschuttrecyclinganlagen errichtet, für die ein Benutzungszwang angeordnet wurde. Nicht immer wurde bei der Planung jedoch dem Verhältnis von Kapazität und Bedarf in angemessenem Umfang Rechnung getragen. Besonders die kreisfreie Stadt S hat insoweit eine unrühmliche Vorreiterrolle übernommen. In den Randbereichen ihres Stadtgebietes befinden sich seit 2005 gleich fünf derartige als Regiebetrieb geführte Anlagen, obwohl selbst langfristig nur mit einer Auslastung von höchstens zwei zu rechnen ist. Immerhin sind sie mit Rücksicht auf die erwartete Bildung lokaler Gewerbe- und Industriegebiete projektiert worden und daher von dem jeweiligen »Industriekern« gut zu erreichen.

Nicht zuletzt die seit Jahren angespannte Haushaltslage führt im Jahre 2018 zur Einleitung einer freiwilligen Wirtschaftlichkeitsprüfung in S. In diesem Zusammenhang weist die interne Revisionsabteilung Anfang 2019 auf die Untragbarkeit des Zustandes hin und drängt auf eine Entscheidung hinsichtlich der drei unwirtschaftlichsten Standorte 1, 2 und 5, deren Aufrechterhaltung in den letzten Jahren nur unter größter Anstrengung mithilfe von anderweitig dringender benötigten Zuschüssen aus dem Gemeindehaushalt möglich gewesen war. Die Stadtvertretung von S beschließt daraufhin im August 2019 nach einer heftigen Debatte über die Standortwahl, den Hauptverwaltungsbeamten (Oberbürgermeister) mit der Schließung dieser Recyclingplätze zu beauftragen. Am Montag, dem 26.8.2019, veröffentlicht das städtische Umweltamt im Amtsblatt von S eine »Bekanntmachung«, welcher zufolge die Anlagen 1, 2 und 5 zum 1.10.2019 geschlossen werden. Die bisherigen Nutzer werden gebeten, auf die verbleibenden Anlagen auszuweichen.

Für den in unmittelbarer Nähe des Recyclingplatzes 2 ansässigen Bauunternehmer U verlängert sich dadurch der Anfahrtsweg zur nächstgelegenen Recyclinganlage 4, die sich am anderen Ende der Stadt S befindet, beträchtlich. U ist nunmehr gezwungen, mit seinen Fahrzeugen bis zu einer Stunde pro Fahrt mehr aufzuwenden. Früher hatte er nur eine fünfminütige Wegstrecke zu überwinden. Hinzu kommt, dass die Anlage 4 jetzt auch von mehreren anderen ursprünglich den Anlagen 2 und 5 zugeordneten Unternehmen genutzt wird, wodurch sie nun voll ausgelastet ist. Infolgedessen staut sich bereits an den ersten Tagen des Monats Oktober 2019 der Zu- und Abgangsverkehr vor dieser Anlage. U kann seine Industrieabfälle dadurch nicht mehr in der kurzen Zeitspanne wie früher abliefern, sondern muss sie zT kostenintensiv zwischenlagern.

U ist über das seiner Ansicht nach »willkürliche Verhalten« der städtischen Organe empört und erhebt am Mittwoch, dem 9.10.2019, schriftlich Widerspruch beim Umweltamt. Die Stadt S habe eine öffentliche Verpflichtung, für ein angemessen dichtes Netz an Recyclinganlagen zu sorgen. Nur eine vertretbare Erreichbarkeit des Standortes garantiere die Erfüllung des Staatszieles Umweltschutz (Art. 20a GG). Gebe es mithin ein fortbestehendes dringendes öffentliches Bedürfnis, so könne eine einmal geschaffene Anstalt von ihrem Träger nicht endgültig geschlossen werden. Aus dem bisherigen Recht auf Benutzung hinsichtlich dieses Recyclingplatzes folge letztlich, dass dieser auch erhalten bleiben müsse. Der Benutzungszwang sei nämlich nicht wirksam aufgehoben worden, da er – durch Satzung angeordnet – auch nur durch eine Satzung hätte beseitigt werden können. Neben den Kosten für die staubedingte Lagerhaltung bedeute für ihn auch der zeitliche Mehraufwand zugleich eine erhebliche finanzielle Einbuße, die zu tragen er weder fähig noch bereit sei. Auch habe er 2006 seinen Unternehmenssitz extra mit Rücksicht auf die seinerzeit bereits bestehende Anlage 2 gewählt. Die Schließung dieser Anlage verletze ihn daher in seinen Grundrechten.

Hat der Rechtsbehelf des U Aussicht auf Erfolg? Wie wird ihn der Oberbürgermeister verbescheiden?

Bearbeitungsvermerk:

Es ist davon auszugehen, dass die Erhebung eines Widerspruchs nicht durch landesrechtliche Vorschriften ausgeschlossen ist.

14. Klausur: Die kommunale Waschanlage

Die kreisfreie Stadt K unterhält seit langem unter anderem die »Stadtwerke GmbH« in eigener Trägerschaft. Neben Unternehmen der Energie- und Wasserversorgung zählen dazu die städtischen Verkehrsbetriebe. Zu diesen gehören Fahrzeuge (Busse und Straßenbahnen), Reparatur- und Wartungsstätten sowie mehrere Waschanlagen.

Im Zuge der vielfach geforderten Verwaltungsmodernisierung und zur Verbesserung der Haushaltslage der Gemeinde beschloss die Stadtverwaltung die teilweise Öffnung der Stadtwerke auch für Private. So können nunmehr die – gerade für Busse geeigneten – Waschanlagen des Verkehrsbetriebes auch von Reiseunternehmen genutzt werden. Auch die speziellen Fähigkeiten des Reparatur- und Wartungsservices wurden allgemein zugänglich gemacht. Die vorhandenen Kapazitäten wurden dazu nicht erweitert. Die Maßnahmen haben vielmehr den erwarteten positiven Effekt, dass die bestehenden Kapazitäten jetzt voll ausgelastet werden. Der Anteil der Privatnutzung beträgt ca. 10 Prozent.

Die städtische Reiseunternehmerin X ist begeistert. Sie profitiert von preisgünstigen Angeboten und der – nach ihrer Auffassung – erheblichen Belebung des Marktes. Anders A, der Eigentümer einer Waschanlage für Großfahrzeuge ist. Er musste einige Umsatzeinbußen hinnehmen und erblickt in der erweiterten Betätigung der Stadtwerke eine unzulässige Einmischung der Stadt in die Angelegenheiten der freien Wirtschaft und eine Wettbewerbsverzerrung.

Frage 1: Hat eine Klage des A vor dem zuständigen VG wegen der erweiterten Betätigung der Stadtwerke gegen die Gemeinde Aussicht auf Erfolg?

Frage 2: Könnte A die Aufsichtsbehörde zu einem Einschreiten gegen die Stadt veranlassen?

Bearbeitungsvermerk:

Die Zulässigkeit der wirtschaftlichen Betätigung der Stadt im Rahmen des ÖPNV ist zu unterstellen.

15. Klausur: Die Stadt und der Müll

In der kreisfreien Stadt S werden die Abfallentsorgungsarbeiten durch deren Eigenbetrieb E ausgeführt. E führt die Restabfälle der Anlage der G-GmbH zu, wo sie verbrannt werden. Am Stammkapital der G-GmbH ist S zu 10 Prozent beteiligt. 90 Prozent des Stammkapitals hält die E-GmbH, deren Alleingesellschafterin wiederum die S ist. Für die mit der Vernichtung des Restmülls verbundenen Arbeiten zahlt S der G-GmbH die vertraglich vereinbarten Verbrennungsentgelte. 2019 kam es zu einer Erhöhung der Verbrennungsentgelte um 50 Prozent. Hintergrund waren Investitionen der G-GmbH, mit deren Hilfe die Anlage ausgebaut wurde, um auch Restmüllaufkommen außerhalb des Entsorgungsgebietes der S verbrennen zu können. Das Ziel, auch diese Entsorgungsgebiete einzubeziehen, ist im Gesellschaftervertrag der G-GmbH fixiert.

Mit einer Mitte 2019 verfahrensrechtlich ordnungsgemäß durch die Gemeindevertretung beschlossenen Satzungsänderung erhöhte S in § 5 der Satzung die Gebühren um 50 Prozent. Begründet wurde die Erhöhung mit dem Hinweis auf die Erhöhung der Verbrennungsentgelte. Weiter wurde in § 10 der neuen Satzung ein unterschiedlicher Gebührenansatz für Abfall aus privaten Haushalten und »sonstigen Entsorgungsbereichen« festgesetzt. Für Privathaushalte wurde der Gebührenbetrag nunmehr aus einer »Grundgebühr privat« und aus einer »Leistungsgebühr privat« gebildet. Für die Grundgebühr wurde ein fixer Jahresbetrag gebildet. Dessen Höhe richtete sich nach der Zahl der für eine selbstständige Haushaltung geeigneten Räume. Danach wurde für kleine Wohnungen eine Grundgebühreneinheit festgelegt, mit wachsender Größe der Wohnungen wuchs die Zahl der Grundgebühreneinheiten. Eine ähnliche Struktur galt für die sonstigen Entsorgungsbereiche. So richtete sich die Höhe der Grundgebühr für Gewerberäume nach der Nutzfläche. Eine Gewerbefläche bis 40 qm entsprach einer Grundgebühreneinheit, mit wachsender Nutzfläche kamen weitere Einheiten hinzu. Die Bemessung der Leistungsgebühr entsprach der für Privathaushalte: in beiden Fällen richtete sie sich nach der zu entsorgenden Abfallmenge. Pro Grundgebühreneinheit musste eine Müllnormtonne mit einem Fassungsvermögen von 80 l bereitgehalten werden. Die Grundgebühr pro Grundgebühreneinheit für Privathaushalte entsprach dem doppelten Betrag einer entsprechenden Grundgebühr für sonstige Entsorgungsbereiche. Zur Begründung wurde darauf verwiesen, dass bei Privathaushalten nach den bisherigen Erfahrungen wesentlich mehr Müll anfällt als im gewerblichen Bereich.

A ist Eigentümerin eines Wohngrundstücks in S. Sie meint, die für die Verbrennungsanlage getätigten Investitionen würden die Gebührenerhöhung nicht rechtfertigen. Außerdem ist sie mit den unterschiedlichen Gebührenansätzen für Privathaushalte und sonstige Gebührenpflichtige nicht einverstanden. S weist dagegen darauf hin, dass die Stadt bei der Gebührenfestlegung einen umfassenden Gestaltungsspielraum in Anspruch nehmen könne. Auch sei zu berücksichtigen, dass die Abfallentsorgung vom Eigenbetrieb E wahrgenommen werde, für den betriebswirtschaftliche Erwägungen leitend sein müssten. Engagiere sich die Kommune aber wirtschaftlich, stünden die Erzielung von – dem Kommunalhaushalt zugutekommenden – Gewinnen und die Vertragstreue gegenüber anderen Unternehmen im Vordergrund.

Beurteilen Sie die Rechtmäßigkeit der §§ 5 und 10 der Gebührensatzung.

Bearbeitungsvermerk:

Gehen Sie davon aus, dass die rechnerischen Ansätze für die investitionsbedingte Gebührenerhöhung zutreffend sind.

Legen Sie der Beurteilung folgende Vorschriften eines Ausführungsgesetzes des Landes X zum KrWG (KrW-AG) zugrunde. (Weitere abfallrechtliche Vorschriften der Länder bleiben außer Betracht.)

»§ 4 I: Öffentlich-rechtliche Entsorgungsträger im Sinne des § 17 I 1 des Kreislaufwirtschafts- und Abfallgesetzes sind die kreisangehörigen Gemeinden, die kreisfreien Städte und die Landkreise.

§ 8: Die Entsorgungsträger können zur Deckung der Kosten der Abfallentsorgung nach den Vorschriften des Gesetzes über kommunale Abgaben vom (...) Gebühren erheben.«

C. Polizeirecht

16. Klausur: Häusliche Auseinandersetzungen

An einem Freitagabend wird die zuständige Polizeibehörde per Notruf darüber informiert, dass es in einer Wohnung in einem Mehrfamilienhaus in G mal wieder zu einer lautstarken Auseinandersetzung gekommen ist. Daraufhin werden zwei Polizeibeamte an den Ort des Geschehens beordert. Dort stellen sie folgenden Sachverhalt fest: In der Wohnung wohnen die Eheleute M und F, die den Polizeibeamten aufgrund ähnlicher Vorfälle schon bekannt sind. M ist am frühen Abend aus der Kneipe gekommen, wo er fünf Glas Bier (je 0,5 l) und mehrere Schnäpse getrunken hat. Aus einem nicht näher feststellbaren Anlass ist ein Streit zwischen M und F ausgebrochen, in dessen Verlauf M die F wild beschimpft, geschlagen und ihr mit einer zerbrochenen Bierflasche eine klaffende Schnittwunde über dem linken Auge zugefügt hat.

Von den Polizeibeamten zur Rede gestellt, erklärt der offensichtlich betrunkene und erregte M, er könne in seiner Wohnung machen, was er wolle. Und dass er seine Frau geschlagen habe, sei auch mal wieder notwendig gewesen. F gibt zunächst an, es habe schon öfter Streit und diverse Auseinandersetzungen gegeben. Besonders schlimm sei es aber, wenn M getrunken habe, was häufiger, aber nicht immer, Freitagabend der Fall sei; dann werde er nämlich auch noch handgreiflich. Das sei jedoch alles nicht so schlimm und sie verzeihe ihm auch.

Nach erfolgter Anhörung des M, verweisen die Polizeibeamten ihn trotzdem daraufhin für die kommenden zwölf Stunden der Wohnung und verbieten ihm, vor Ablauf von zehn Tagen in die Wohnung zurückzukehren. Ausgelöst durch M, kommt es dabei zu einem geringfügigen Handgemenge zwischen ihm und den Polizeibeamten, in deren Folge das wertvolle Designerhemd des M im Wert von 500 EUR kaputt geht. Ein Verschulden trifft die Beamten nicht.

M händigt nun der F seine Wohnungsschlüssel aus, zieht sich ein neues Hemd an, packt einige persönliche Sachen ein und verlässt mit den Polizisten erbost die Wohnung. Beim Hinausgehen aus der Wohnung merkt er noch an, dass er bald wiederkommen werde. Als F nunmehr die Wohnungsverweisung für M realisiert, widerspricht sie aus Angst vor weiteren Repressalien durch M lautstark: M habe sie gar nicht angegriffen oder angefasst. Sie verstehe sowieso nicht, warum sich die Beamten einmischen, wenn sie bloß die Treppe heruntergefallen sei und sich dabei verletzt habe. Alles andere stimme doch nicht so wirklich, wie sie zunächst vorgegeben habe. Die Beamten interessiert das jedoch nicht. Sie tragen dem M zudem auf, sich jeden zweiten Tag um 18.00 Uhr bei der für ihn zuständigen Polizeidienststelle zu melden, um die Einhaltung der getroffenen Maßnahmen zu überprüfen.

Am letzten Tag der zehntägigen Frist entschließt sich F plötzlich, zu ihrer Freundin zu ziehen. Am folgenden Tag lässt sie M den Schlüssel zur Wohnung zukommen, und M kehrt wieder in die Wohnung zurück. Er ist aber weiterhin wegen der polizeilichen Maßnahme verbittert. Als er zwei Tage später mit einem Freund darüber spricht, meint dieser, es könne doch nicht sein, dass M wie ein »Asozialer« behandelt und einfach für zehn Tage »auf die Straße geworfen« werde. Der Freund rät ihm, durch Klage feststellen zu lassen, dass die getroffenen

Maßnahmen rechtswidrig gewesen seien. So habe er wenigstens die Genugtuung, dass ihm im Nachhinein sein Recht zugesprochen werde. M schließt sich den Argumenten seines Freundes an und meint, dies sei wohl der richtige Weg. Eine Woche nach Auszug der F reicht er beim sachlich und örtlich zuständigen VG eine den Vorschriften der §§ 81, 82 VwGO genügende Klageschrift ein und beantragt festzustellen, dass die Wohnungsverweisung, das Betretungsverbot sowie die Meldeauflage rechtswidrig waren.

Frage 1: Prüfen Sie die Rechtmäßigkeit der Wohnungsverweisung und des Betretungsverbots.

Frage 2: Prüfen Sie die Rechtmäßigkeit der Meldeauflage.

Frage 3: Hat M einen Ersatzanspruch aufgrund des kaputt gegangenen Hemdes?

Frage 4: Prüfen Sie die Zulässigkeit der Klage des M.

17. Klausur: Polizeiliche Spätschicht

Die Polizeibeamten A und B werden gegen 23.30 Uhr anlässlich lautstarken Gegröhles auf den L-Platz in das Bahnhofs- und Rotlichtviertel der Stadt K gerufen. Als die Beamten vor Ort eintreffen, stellt sich die Situation wie folgt dar:

Ca. zehn leicht bis stark alkoholisierte Personen hören extrem laute Musik über eine mitgebrachte HiFi-Anlage, die Y gehört. Aufgrund ähnlicher Vorkommnisse in der vergangenen Zeit, hatten die Beamten schon häufiger mit dieser Gruppe zu tun. Dabei unterhalten sich die Personen der Gruppe lautstark, konsumieren verschiedene alkoholische Getränke und werfen die leeren Flaschen auf den Boden, sodass sich an einigen Stellen bereits größere Flächen voller Glasscherben befinden. Ferner werden Passanten lautstark angepöbelt, beleidigt und bedrängt. Außerdem kam es bereits zu Sachbeschädigungen. Besonders heben sich dabei aus dieser Gruppe der X und die Y hervor, die die Gruppendynamik maßgeblich beeinflussen. Da die Polizeibeamten A und B zunächst deeskalierend wirken möchten, versuchen sie mit X und Y ins Gespräch zu kommen. Deshalb stellt Y die Musik zunächst auch leise.

Sodann fordern die Polizeibeamten X und Y auf, ihre Ausweispapiere vorzuzeigen. Nachdem sich X und Y entsprechend ausgewiesen haben, untersagen die Polizeibeamten A und B sämtlichen Personen der Gruppe den weiteren Genuss alkoholischer Getränke an diesem Ort. Dabei verweisen sie auf § 1 Alkoholverbotsverordnung, die es untersagt, auf bestimmten öffentlich zugänglichen Flächen, unter anderem auch dem L-Platz, in der Zeit von 22.00 bis 6.00 Uhr außerhalb konzessionierter Freisitzflächen alkoholische Getränke jeglicher Art zu konsumieren. Ein Verstoß hiergegen kann als Ordnungswidrigkeit geahndet werden (§ 2 Alkoholverbotsverordnung). K erließ die Alkoholverbotsverordnung, nachdem es in den letzten Jahren in dem betroffenen Areal vermehrt zu Gewaltdelikten und vielfachen Beeinträchtigungen durch öffentliches Urinieren, Erbrechen, Lärmbelästigungen und Verunreinigungen des Bodens kam. Dies alles ließ sich nachweislich auf Alkoholkonsum zurückführen.

In der Zwischenzeit hat Y die Musik wieder laut aufgedreht, sodass sich die Beamten entscheiden, die HiFi-Anlage mitzunehmen, nachdem Y einer Aufforderung, die Musik wieder leiser zu stellen, nicht nachkommt. Y wird hierüber eine entsprechende Bescheinigung ausgestellt. Um gleichfalls für mehr Ruhe zu sorgen, wird sämtlichen Personen nunmehr verboten, sich auf dem L-Platz weiterhin aufzuhalten und es wird ihnen untersagt, in den kommenden vier Wochen erneut diesen Ort zu betreten. Nach einigen Diskussionen entfernt sich die Gruppe. Nur X weigert sich standhaft, den L-Platz zu verlassen. Daraufhin nehmen die Polizeibeamten X mit zum Polizeirevier. Nach einigen ermahnenden Worten besinnt sich X und die Polizeibeamten lassen ihn nach kurzer Dauer wieder gehen. Ein richterlicher Bereitschaftsdienst war zu dieser Uhrzeit nicht mehr eingerichtet und erreichbar.

Waren die getroffenen Maßnahmen der Polizei rechtmäßig?

Bearbeitungsvermerk:

Die formelle Rechtmäßigkeit der Alkoholverbotsverordnung ist zu unterstellen.

18. Klausur: Gewahrsam bei Gefahr der Selbsttötung

Die Lebensgefährtin des A rief die Polizei telefonisch zu Hilfe, da A sie körperlich misshandelt hatte. Beim Eintreffen der Polizeistreife verließ A mit einem Strick in der Hand das Haus und kündigte seine Selbsttötung wegen der Trennungsabsichten seiner Lebensgefährtin an. Daraufhin erklärte die Polizei dem A, dass sie ihn in Gewahrsam nehmen müsse, was A auch ohne Widerstand geschehen ließ. Inzwischen in der Arrestzelle untergebracht, deutete A auf seine Hosentasche und teilte dem anwesenden Polizisten P mit, er werde schon eine Möglichkeit finden, sich in der Zelle umzubringen. Sofort wurde A durchsucht und ein in seiner Hosentasche befindlicher Schraubenzieher sichergestellt. Kurze Zeit später gelang es A, aus einem von ihm zu diesem Zweck zerrissenen Unterhemd eine Schlinge zu fertigen, die er ostentativ und provozierend hochhielt, wobei er erneut bekundete, dass er sich umbringen werde. Nachdem A durch P aufgefordert worden war, sein selbstgefährdendes Verhalten einzustellen, begann er die Schlinge am Fenstergitter zu befestigen. Dies nahm die Polizei zum Anlass, ihn unter Erneuerung der Aufforderung mit Handschellen zu fesseln. Da sich das Geschehen in einer Nacht vom Samstag zum Sonntag zwischen 23.00 und 6.00 Uhr ereignete, gelang es der Polizei nicht, einen diensthabenden Richter zu erreichen.

Am nächsten Morgen kam die Polizeiärztin nach einem längeren Gespräch mit A zu der Überzeugung, dass dieser nicht mehr selbsttötungsgefährdet sei. Daraufhin wurde A aus dem Gewahrsam entlassen.

Wie ist die Rechtmäßigkeit des polizeilichen Handelns zu beurteilen?

19. Klausur: Versammlungsauflösung nach Gegendemonstration

Der »Bürgerverein für abendländische Freiheit – gegen Islamisierung« hat seine Mitglieder zu einer Veranstaltung in die Kleinstadt X, Großer Saal des Hotels »Deutsches Haus«, eingeladen.

Am Begrüßungsabend hat die örtliche Polizeibehörde vorsichtshalber zwei Beamte abgestellt, die vor dem Hotel patrouillieren sollen. Innerhalb kurzer Zeit findet sich eine große Menge verschiedener Gegner der vom Verein verfolgten Ziele ein. Sie zeigen sich entschlossen, die Abhaltung der Veranstaltung nicht zu dulden. Die beiden Polizisten versuchen, die Menge zu besänftigen. Sie erklären, die Versammlung des Vereins müsse als rechtmäßig angesehen werden, weil sie ordnungsgemäß angemeldet sei. Wenn sie gestört werde, müsse Polizeiverstärkung herangeholt werden, die »mit der ganzen Schärfe des Gesetzes« gegen die Demonstranten vorginge.

Als die Menge darauf noch erregter reagiert und versucht, in das Hotel einzudringen, fordern die Polizisten in ihrer Not die Vereinsmitglieder auf, die Versammlung zu beenden. Dieser Auflösungsverfügung wird widerstandslos Folge geleistet. Dadurch unterbleiben weitere Gewalttätigkeiten und Ordnungsstörungen.

Das Vereinsmitglied M fühlt sich in seinen Rechten verletzt. Er will das nicht hinnehmen und erbittet ein Gutachten über die materielle sowie prozessuale Rechtslage.

Abwandlung:

Die ordnungsgemäß angemeldete Veranstaltung soll nunmehr auf dem Festplatz der Kleinstadt X abgehalten werden. Entsprechend haben sich bereits im Vorfeld diverse Gegner angekündigt. Unter ihnen befindet sich auch der gewaltbereite S, der der Polizei bereits aufgrund zahlreicher gewalttätiger Auseinandersetzungen bei vergleichbaren Veranstaltungen bekannt ist. Die Polizei sucht deshalb den S unmittelbar vor Veranstaltungsbeginn daheim auf und legt ihm nahe, nicht an der Versammlung teilzunehmen oder dort zumindest keine Straftaten oder Ordnungswidrigkeiten zu begehen. S zeigt sich hiervon beeindruckt und will nun nicht mehr zum Veranstaltungsort gehen.

Ist die Maßnahme der Polizei rechtmäßig?

Bearbeitungsvermerk:

Für versammlungsrechtliche Ausführungen ist das VersammlG des Bundes heranzuziehen.

20. Klausur: Videoüberwachung am Bahnhof

In der Stadt S bereitet der vor dem Hauptbahnhof gelegene P-Platz den Behörden seit einiger Zeit Kopfzerbrechen. Schon am Morgen haben Mitglieder der rechtsradikalen A-Partei dort einen Stand aufgestellt und verteilen Handzettel vor allem an Pendler, die morgens den Platz passieren; oft kommt es dabei zu verbalen Auseinandersetzungen mit Passanten. Viele Bürger haben sich schon über die Präsenz der A-Partei beschwert und die Verwaltung zum Eingreifen aufgefordert. Außerdem versammeln sich in der Regel in aller Frühe dort einige Obdachlose zum »Frühschoppen«, wobei erhebliche Mengen Alkohol konsumiert werden. Ab der Mittagszeit sind bis in die späten Nachmittagsstunden Taschendiebstähle an der Tagesordnung. Zwischen 22.00 und 1.00 Uhr bieten dort Prostituierte ihre Dienste an, wobei sie von Zuhältern überwacht werden und in regelmäßigen Abständen bei diesen ihre Einnahmen abliefern müssen.

Allerdings haben die bisher angewandten Mittel versagt, um diese Zustände zu verbessern. Die Überwachung des Platzes durch Polizeibeamte ist nur sporadisch möglich, da eine dauernde Präsenz von Polizeistreifen auf dem Platz wegen der angespannten Personalsituation nicht realisierbar ist. Daher beschließt die Leiterin der zuständigen Behörde X/die Innenministerin des Landes, den Platz durch eine Videokamera überwachen zu lassen. Diese ist – mit Einverständnis der Deutschen Bahn – am Bahnhofseingang angebracht und ermöglicht einen Rundumblick über das gesamte Gelände des P-Platzes. Die Kamera lässt sich von einer Einsatzzentrale aus schwenken und besitzt eine Zoom-Funktion. Außerdem lässt sie sich auf eine Nachtsichtfunktion umstellen, sodass auch bei Dunkelheit verwertbare Bilder gewonnen werden können. Aufzeichnungen werden zu folgenden Zeiten angefertigt: zwischen 7.30 und 9.00 Uhr, wenn die A-Partei ihren Stand aufgebaut hat und sich Obdachlose auf dem Platz aufhalten, zwischen 15.00 und 17.00 Uhr, wenn wegen des Pendlerverkehrs mit besonders vielen Taschendiebstählen zu rechnen ist, sowie zwischen 22.00 und 1.00 Uhr, wenn die Prostituierten ihre Dienste anbieten. Behördlicherseits hofft man, mit der Anbringung einer Videokamera potenzielle Täter abschrecken, durch Beamte einer herbeigerufenen Streife schnell eingreifen und mit der Aufzeichnung die Beweislage für eventuell durchzuführende Strafverfahren verbessern zu können.

A wohnt in der Nachbarstadt H und fährt mit dem Zug regelmäßig nach S zur Arbeit. Er kommt zwischen 7.30 und 9.00 Uhr am Hauptbahnhof an und verlässt die Stadt zwischen 15.00 und 17.00 Uhr, wobei er jedes Mal den P-Platz überquert. Beim Passieren des Platzes entdeckt A ein Schild am Bahnhofseingang mit der Aufschrift: »Dieser Platz wird videoüberwacht. Die Bilder werden aufgezeichnet.« A, der sich hiervon sehr gestört fühlt, wird noch ärgerlicher, als er von einem bei der Behörde X arbeitenden Bekannten erfährt, es gebe vom P-Platz Videoaufzeichnungen, auf denen A – er ist 1,97 m groß und trägt immer eine Prinz-Heinrich-Mütze – erkennbar sei.

Nachdem A sich erfolglos an die Behörde X gewendet hat, beantragt er beim zuständigen VG im Wege des einstweiligen Rechtsschutzes, den Verwaltungsträger der Behörde X zu verpflichten, die Aufzeichnung von Bildern einzustellen. Hat dies Aussicht auf Erfolg?

21. Klausur: Weihnachtlicher Straßenhandel

Der körperlich schwerbehinderte K hat von der zuständigen Behörde eine Reisegewerbekarte erhalten und verkauft in der Kreisstadt selbstgemalte Postkarten. Er stellt sich in der Vorweihnachtszeit in der nur für den Fußgängerverkehr freigegebenen Marktstraße auf und bietet aus einem umgehängten Kasten (»Bauchladen«) seine selbstgemalten Weihnachtskarten an, auf die er mit markigen und launigen wie skurrilen Sprüchen aufmerksam zu machen sucht, um mehr von den Karten zu verkaufen. Um ihn herum entsteht dabei eine größere Ansammlung, die den um diese Zeit sehr erheblichen Fußgängerverkehr stark beeinträchtigt. Es kommt zu Engpässen und Stauungen.

Die in der Marktstraße diensthabende Polizeibeamtin P fordert den K auf, sein Anpreisungsverhalten zu unterlassen. K weigert sich und erklärt, er könne die Straße auch in der Weise benutzen, wie er es tue. Die Ausübung seines Gewerbebetriebes dürfe die Polizei ohnehin nicht hindern. Im Übrigen sei nicht er der Störer des Fußgängerverkehrs, sondern allenfalls seien es die zahlreichen Neugierigen, die ohne Grund die Ansammlung nur vergrößerten und den wirklich Kaufinteressierten den Weg verstellten. Aufgrund der lautstark geführten Auseinandersetzung zwischen K und P verstärkt sich der Auflauf noch, und es gibt überhaupt kein Durchkommen mehr. P ist stark beunruhigt und erklärt daraufhin dem K: »Wenn Sie nicht sofort verschwinden, werde ich Sie dazu zwingen.« Als K darauf nicht reagiert, drängt ihn P behutsam, aber nachdrücklich in eine Nebenstraße.

Frage 1: Ist das Vorgehen der P rechtmäßig?

Frage 2: Kann P dem K aufgeben, künftig jedenfalls zu den Zeiten des großen Fußgängerverkehrs, keine Postkarten mehr in der Marktstraße feilzubieten?

Frage 3: Wäre Ks Klage gegen die Aufforderung der P zum Verlassen der Straße vor dem zuständigen VG zulässig?

22. Klausur: Polizeiliche Informationsmaßnahmen

A, der in der Stadt S mehrere Diskotheken betreibt, ist nach der polizeilichen Kriminalakte mehrfach vorbestraft. Da der Polizei bekannte Tatsachen den konkreten Verdacht begründen, dass der hoch verschuldete A in das organisierte Rauschgiftgeschäft einsteigen will, wird dieser mangels anderer Aufklärungsmöglichkeiten von der Polizei auf der Grundlage einer formgerechten Anordnung der zuständigen Stelle über zehn Tage verdeckt beobachtet. Aufgrund richterlicher Anordnung wird außerdem die Wohnung, in der A mit seiner Familie lebt, mittels eines durch Verwaltungsvorschrift des Innenministeriums zugelassenen Richtmikrofons rund um die Uhr abgehört, dabei erfolgt eine automatische Aufzeichnung. Als weitere Maßnahme wird von der zuständigen Stelle die Beobachtung einer der von A betriebenen Diskotheken angeordnet, weil die Polizei Anhaltspunkte dafür hat, dass die Diskothek von Personen aus der Drogenszene besucht wird, die mit Haftbefehl gesucht werden. Die polizeilichen Ermittlungen führen schließlich zur Einleitung eines strafrechtlichen Ermittlungsverfahrens gegen A, wobei von einer Unterrichtung des A über die Maßnahmen abgesehen wurde, da anderenfalls der Zweck des Ermittlungsverfahrens gefährdet wäre.

Als sich die zuständige Ordnungsbehörde mit einem Auskunftsersuchen an die Polizei wendet, weil sie über den Antrag des A auf Erteilung einer gaststättenrechtlichen Erlaubnis für eine weitere Diskothek zu entscheiden hat, teilt die Polizei der Behörde ihre aus den gerade durchgeführten Observationsmaßnahmen gewonnenen Erkenntnisse mit.

A ist empört, als er schließlich von den polizeilichen Maßnahmen erfährt. Die Polizei sei nicht befugt gewesen, ihn zu bespitzeln; ein heimliches Eindringen in seine Privatsphäre, gleich auf welche Art, könne ja wohl nicht erlaubt sein. Auch für die Überwachung seiner Diskothek gebe es keine Ermächtigung. Die Polizei sei auch nicht befugt gewesen, der Ordnungsbehörde Auskunft zu erteilen.

War das Handeln der Polizei rechtmäßig?

23. Klausur: Polizeikosten eines Rock-Festivals

Konzertagentin K will in S, einer Kleinstadt im Bundesland L, auf einem für diesen Zweck angemieteten Wiesengelände ein »Open-Air-Rock-Festival« veranstalten. K rechnet mit mindestens 50.000 Besuchern. Sie wendet sich an die zuständige Polizeibehörde und weist darauf hin, dass es im Zusammenhang mit dem Festival zu Verkehrsstauungen auf den Zufahrtsstraßen kommen könne, denen die örtliche Polizei möglicherweise nicht gewachsen sei.

K erhält daraufhin von der zuständigen Polizeibehörde die Mitteilung, angesichts der Größe der Veranstaltung sei eine Verstärkung der örtlichen Polizei durch Bereitschaftspolizei unumgänglich. Der Transport von insgesamt 200 Beamten von ihrem Standort nach S sowie ihre Verpflegung und Unterbringung während des Einsatzes werden Kosten iHv 10.000 EUR verursachen. K wird aufgefordert, den Betrag einzuzahlen. Anderenfalls werde die Durchführung des Konzerts verboten. Das Schreiben ist mit einer Rechtsbehelfsbelehrung versehen.

K erhebt gegen die Zahlungsaufforderung Widerspruch und beruft sich darauf, dass es für sie keine Rechtsgrundlage gebe. Sie sei für die auftretenden Verkehrsprobleme im Gefolge der Veranstaltung nicht verantwortlich. Auf dem Festival-Gelände selbst würden von ihr gestellte Ordner für Ordnung sorgen.

Frage 1: Wie ist über den Widerspruch der K zu entscheiden? Gehen Sie davon aus, dass im Land L im vorliegenden Fall ein Widerspruchsverfahren erforderlich ist.

Frage 2: Wie wäre die Rechtslage, wenn in das in L geltende einschlägige Gebührengesetz noch vor der Veranstaltung ein § X mit folgendem Inhalt eingefügt würde:

»Für die Kosten polizeilicher Maßnahmen bei privaten Veranstaltungen kann von dem Veranstalter Ersatz verlangt werden, soweit sie dadurch entstehen, dass weitere als die im üblichen örtlichen Dienst eingesetzten Polizeibeamten herangezogen werden müssen. Die zuständige Behörde kann diesen Ersatz von dem Pflichtigen auch als Vorauszahlung verlangen.«

Frage 3: Wie wäre Frage 2 zu entscheiden, wenn es sich nicht um ein »Rock-Festival«, sondern um eine politische Demonstration handelte, bei der die Bereitschaftspolizei für die erforderlichen Verkehrsumleitungen und zur Sicherung des Demonstrationszuges eingesetzt werden müsste?

D. Baurecht

24. Klausur: Bebauungsplan für Hubschrauberlandeplatz

Die in einer landschaftlich reizvollen Gegend befindliche Gemeinde G möchte im Außenbereich einen großflächigen Landeplatz für Hubschrauber errichten. Vorwiegend sollen von hier aus ganzjährig Rundflüge für Touristen stattfinden, aber auch Hubschrauber für die Landwirtschaft sowie die ständigen Einsatzhubschrauber der Seenotrettung sollen hier starten und landen können. Der Gemeinderat beschließt die Aufstellung eines entsprechenden Bebauungsplans für den Ortsteil K, welcher als Standort für geeignet gehalten wird, und macht diesen Beschluss ortsüblich bekannt. Im Flächennutzungsplan war K als Verkehrsfläche iSd § 5 II Nr. 3 Alt. 1 BauGB ausgewiesen.

Um den Bürgern frühzeitig Gelegenheit für Anregungen und Kritik zu geben, lädt der Gemeinderat im Juli 2019 zur öffentlichen Erörterung des Planentwurfs ein. Dieser wird – nach ortsüblicher Bekanntmachung und mit dem Hinweis darauf, dass Anregungen während der Auslegungszeit vorgebracht werden können – vom 29.11.2019 an für die Dauer von drei Wochen öffentlich ausgelegt. Die Bekanntmachung sowie die Unterlagen werden zudem in das Internet eingestellt und über ein zentrales Internetportal des Landes zugänglich gemacht.

A, die im Ortsteil K wohnt, hat Bedenken und wendet sich während der Auslegung an G. Ihre Einwände werden vom Gemeinderat behandelt, aber unter Benachrichtigung der A zurückgewiesen. Der für den Erlass des Bebauungsplans zuständige Gemeinderat beschließt in seiner Sitzung am 18.1.2020 den Bebauungsplan, der anschließend ausgefertigt und ortsüblich bekanntgegeben wird.

A wendet sich erneut mit ihren Bedenken an G. Sie trägt vor, dass sie den Bebauungsplan für unwirksam halte. Zum einen seien Verfahrensvorschriften nicht beachtet worden, zum anderen sei die Rechtmäßigkeit auch sonst zweifelhaft. So weist sie zutreffend darauf hin, dass ein Sachverständigengutachten unberücksichtigt geblieben sei, aus dem hervorgehe, dass bei einer alternativen Errichtung im Ortsteil L die Auswirkungen auf die vorhandene Landschaft in L nicht so erheblich gewesen wären wie im beplanten Gebiet K. Bei der Entscheidung für den Standort im Ortsteil K sei – wie A weiter zutreffend ausführt – nicht beachtet worden, dass bei einer Planung des Hubschrauberlandeplatzes im Ortsteil L ein wesentlich größerer Abstand des Landeplatzes zur Wohnbebauung hätte erreicht werden können. Zwar wisse A, dass sich die Erschließungskosten bei der Alternativfläche im Ortsteil L wesentlich erhöhen würden; durch den relativ geringen Abstand des Landeplatzes zur Wohnbebauung im Ortsteil K (ca. 400 m) werde es aber wegen der zu erwartenden Lärmemissionen und Luftverunreinigungen zu einer erheblichen Beeinträchtigung der Wohnqualität kommen. Die Erhaltung der Gesundheit der Einwohner sei wohl – entgegen den Ausführungen des Gemeinderates in der Planungsbegründung – höher einzuschätzen als eine Senkung der Erschließungskosten. Daran ändere sich auch nichts durch den – in der Planungsbegründung so betonten – zu erwartenden wirtschaftlichen Aufschwung für den Ortsteil K.

G weist die Bedenken der A zurück, sodass sich diese gezwungen sieht, im Juli 2020 gerichtlich gegen den Bebauungsplan vorzugehen. Wird sie hiermit Erfolg haben?

Bearbeitungsvermerk:

Gehen Sie davon aus, dass die Beteiligung anderer Träger öffentlicher Belange in jeder Hinsicht ordnungsgemäß stattgefunden hat.

Das Gesetz zum Schutz gegen Fluglärm soll unberücksichtigt bleiben.

25. Klausur: Ersetzung einer Scheune

E ist Eigentümer eines Grundstücks, auf welchem früher Landwirtschaft betrieben wurde. Das auf dem Hof befindliche Landhaus fügt sich in eine Ansammlung von drei weiteren Wohnhäusern ein, die von der übrigen Bebauung des Ortsteils M der Gemeinde X aber deutlich abgesetzt sind. Auf dem Grundstück befindet sich seit alters her ein Wohnhaus, das aufgrund einer im Jahr 1990 erteilten Baugenehmigung nachträglich erweitert wurde. Früher war – in 15 m Entfernung zum Wohnhaus – noch eine Scheune vorhanden, an die Anfang der 1960er Jahre mit bauaufsichtsrechtlicher Genehmigung ein Raum für die Unterbringung von landwirtschaftlichen Maschinen angebaut wurde. Dieser Teil des Bauwerks wurde nach der Einstellung des landwirtschaftlichen Betriebs als Garage genutzt. Im Jahr 2019 wurde das Scheunengebäude insgesamt durch Sturmeinwirkung so stark beschädigt, dass es abgerissen werden musste.

Anfang 2020 stellt E einen Antrag auf Erteilung einer Baugenehmigung für den Bau einer Doppelgarage auf dem Fundament des ehemaligen Scheunengebäudes. Dieser Antrag wird mit der Begründung abgelehnt, dass das nichtprivilegierte Außenbereichsvorhaben öffentliche Belange beeinträchtige. E legt daraufhin erfolglos Widerspruch ein.

Frage 1: Wird eine Klage vor dem zuständigen VG Erfolg haben?

Abwandlung:

E möchte das Grundstück nun doch wieder landwirtschaftlich nutzen. Zu diesem Zweck will er auf dem Fundament des ehemaligen Gebäudes eine neue Scheune sowie einen Abstellraum für die erforderlichen landwirtschaftlichen Maschinen bauen. Auf Antrag erhält er eine formell rechtmäßige Baugenehmigung. Dieser ist jedoch die »Bedingung« beigefügt, dass E vor Baubeginn nachweisen muss, dass die wegemäßige Erschließung gesichert ist. Wegen des zu erwartenden Verkehrs mit schwerem landwirtschaftlichen Gerät und der durch die Hanglage bedingten Erosionsgefahr sei dafür erforderlich, dass der vorhandene Kiesweg befestigt und verbreitert wird.

E sieht sich außerstande, den Weg wie verlangt auszubauen. Die dafür benötigte Fläche stehe wegen Mauern und Weidezäunen überhaupt nicht zur Verfügung. Er legt gegen diese – wie er meint – »Auflage« der Baugenehmigung Widerspruch ein, der jedoch als unbegründet zurückgewiesen wird.

Frage 2: Wie sind die Erfolgsaussichten einer Klage vor dem zuständigen VG? Die Auffassung der Behörde, dass der Weg in seiner aktuellen Form zu schmal und unsicher ist, um dauerhaft Sicherheit zu gewährleisten, ist als richtig zu unterstellen.

26. Klausur: Spielhalle im Bahnhof

A hat sich mit der Deutschen Bahn AG geeinigt, in den Räumen der ehemaligen Bahnhofsgaststätte eine Spielhalle zu betreiben. Der Bahnhof liegt im unbeplanten Innenbereich der Innenstadt, der den Charakter eines Kerngebietes hat. In der Gemeindevertretung wird erörtert, für dieses Gebiet möglichst rasch einen Bebauungsplan zu entwickeln, um nicht zuletzt aus Gründen des Jugendschutzes die Zahl der Vergnügungsstätten in der Nähe des Bahnhofs einzuschränken. Da es in der Innenstadt mehrere weiterführende Schulen gibt, zu deren Besuch Schüler aus der Umgebung mit der Bahn anreisen, besteht die begründete Befürchtung, dass insbesondere diese Schüler durch den Spielhallenbetrieb zu einer unerwünschten Zeit- und Geldverschwendung verführt werden können.

Frage 1: Wie sind die für das Vorhaben erforderlichen Genehmigungen zu bescheiden?

Frage 2: Angenommen, die Gemeindevertretung beschließt die Aufstellung eines entsprechenden Bebauungsplans, welche Möglichkeiten hat dann die Gemeinde, die Erteilung der Baugenehmigung zu verhindern?

Bearbeitungsvermerk:

Das Allgemeine Eisenbahngesetz ist außer Betracht zu lassen.

27. Klausur: Nachbar gegen Hundezwinger

A ist Eigentümer eines Grundstücks, das in einem durch qualifizierten Bebauungsplan als allgemeines Wohngebiet festgesetzten Stadtteil liegt. Als er aus einem Kurzurlaub zurückkehrt, bemerkt er, dass sein Nachbar B auf der seinem Grundstück zugewandten Seite einen Hundezwinger (umbauter Raum: 76 m^3) errichtet hat. Er erfährt, dass dem B durch die zuständige Baugenehmigungsbehörde eine Baugenehmigung für die Errichtung des Zwingers zur Haltung von fünf Schäferhunden zum Zwecke der Züchtung erteilt worden ist.

A befürchtet Lärmbelästigungen und ist der Auffassung, dass das Vorhaben in einem Wohngebiet nicht hätte genehmigt werden dürfen. Nach erfolglosem Widerspruch erhebt er Klage.

Frage 1: Wie sind die Erfolgsaussichten der Klage zu beurteilen?

Abwandlung 1:

A ist Mieter des auf dem Grundstück gelegenen Hauses und möchte, sofort nachdem er vom Beginn des Baus erfahren hat, auf gerichtlichem Weg die vorläufige Einstellung des Bauvorhabens des B erreichen.

Frage 2: Wäre ein entsprechender Antrag zulässig?

Abwandlung 2:

A war im Ausgangssachverhalt mit seiner Anfechtungsklage erfolgreich. Nunmehr möchte er die Beseitigung des errichteten, aber bisher ungenutzten Zwingers gegen die Baugenehmigungsbehörde durchsetzen. Nachdem diese seinen Antrag auf Erlass einer Beseitigungsverfügung nicht beschieden hat, erhebt er vier Monate nach Antragstellung Klage vor dem zuständigen VG. B hat inzwischen einen Antrag auf Erteilung einer nachträglichen Baugenehmigung für die bauliche Anlage als Geräteschuppen gestellt.

Frage 3: Wie sind die Erfolgsaussichten dieser Klage zu beurteilen?

28. Klausur: Eilige Bauinvestition

B beginnt am 1.2.2019 mit dem Bau eines Wohn- und Geschäftshauses in der kreisfreien Stadt G. Am 19.2.2019 vormittags entdecken Mitarbeiter des zuständigen Bauordnungsamtes bei einer Routinekontrolle die Baustelle und verlangen von der anwesenden B, die Baugenehmigung zu sehen. Eine solche war B nicht erteilt worden. Nach kurzer Besprechung der Lage ordnet einer der Beamten mündlich die Stilllegung der Baustelle an und erklärt die Anordnung mit entsprechender Begründung für sofort vollziehbar. B murrt, weist aber die Arbeiter an, die Arbeiten einzustellen. Die Empörung der B über die städtische Verwaltung wächst, als sie ein »Knöllchen« an ihrem auf dem Gehweg geparkten Pkw entdeckt. Sie will sich das alles nicht länger gefallen lassen und ruft die Leiterin des Bauordnungsamtes L an. Sie erklärt L ihren Ärger über das »Investitionshemmnis«. Das Telefonat wird von B sehr erregt geführt. L bemüht sich um eine Erklärung und bittet B um sachliche Lösungsvorschläge; das Bauordnungsamt sei sehr an einer einvernehmlichen Lösung interessiert. Darüber lacht B nur und kündigt an, dass sie sich auf keinen Fall weiter gängeln lassen wolle und am nächsten Tag weitergearbeitet werde. Damit endet das Gespräch.

In der Tat sind die Bauarbeiten am nächsten Tag wieder im Gange, als die Streife des Bauordnungsamtes auf der Baustelle eintrifft. Sie übergibt der anwesenden B eine schriftliche Verfügung, die mit ausführlicher Begründung die Stilllegung und ihre sofortige Vollziehbarkeit bestätigt und die Versiegelung anordnet. B ist vollkommen außer sich, nimmt die Versiegelung aber hin.

Frage 1: B fragt, ob die Anordnung der Baueinstellung rechtmäßig ist.

Frage 2: B möchte wissen, ob G die Versiegelung der Baustelle anordnen durfte.

Abwandlung:

Etwas später ist das Haus der B doch errichtet worden. Der Bau hat einen großen Seitenflügel. In diesem sind – laut nun vorhandener Baugenehmigung – neben einer kleinen Einzimmerwohnung zwei Trockenräume und ein Fahrradschuppen untergebracht. Als an der Universität das neue Semester beginnt, hat B die Idee, diese Räume zusammen mit der Wohnung an Studierende zu vermieten. Sie inseriert in der Lokalpresse eine Vierzimmerwohnung »im grünen Hinterhaus«. So erfährt auch das Bauordnungsamt von den Plänen. Sechs Tage nachdem die ersten Studierenden eingezogen sind, wird B eine ausführlich begründete Verfügung zugestellt, die ihr die Nutzung der zwei Trockenräume und des Fahrradschuppens als Wohnraum untersagt. B hält das für rechtswidrig: Es sei willkürlich, nur ihr die Nutzung zu untersagen. Schließlich würden – was zutrifft – in der ganzen Straße seit Semesterbeginn mit Wissen der Behörde Nebenräume als Wohnungen vermietet, unabhängig von der Bestimmung der Räume entsprechend der jeweiligen Baugenehmigungen. Die Behörde hatte ihr Vorgehen gegen B damit begründet, dass ein Verfahren gegen sie mit dem Inserat als »Beweis« der Vermietung am aussichtsreichsten sei und man dessen Ausgang habe abwarten wollen, um einer Prozessflut vorzubeugen.

Frage 3: Ist die Verfügung rechtmäßig?

29. Klausur: Das Wasserhäuschen am Kreisel

A ist Pächterin eines in einem ehemaligen Wasserhäuschen betriebenen Kiosks am Fürstenbergkreisel in der kreisfreien Stadt F. Das Wasserhäuschen hat eine Grundfläche von 10m x 6m und eine Höhe von 3m. Die Außenfarbe ist ein dezentes Weiß; das leicht überhängende Dach ist in Schwarz eingedeckt. Die von dem Kreisel abgehenden Alleen A, B und C sind geprägt durch eine geschlossene und repräsentative viergeschossige Vorkriegsbebauung; in den Häusern befinden sich überwiegend Wohnungen sowie einige wenige Arztpraxen und Anwaltskanzleien. Für das Gebiet besteht ein wirksamer qualifizierter Bebauungsplan, der es als allgemeines Wohngebiet iSv § 4 BauNVO ausweist.

In dem Viertel, in dem A ihren Kiosk betreibt, ist es um den Bierkonsum der Bewohner leider schlecht bestellt. Deshalb möchte A den Kiosk als solchen aufgeben und das Gebäude umgestalten, um dort fortan eine Spielhalle zu betreiben. Sie stellt bei der zuständigen Bauaufsichtsbehörde einen Antrag auf Genehmigung im vereinfachten Verfahren unter Befreiung von den Festsetzungen des Bebauungsplans. In der Bauaufsichtsbehörde arbeitet seit 2007 auch ihr Bruder B, mit dem sie seit einem Vorfall im Jahr 2005 keinerlei Kontakt mehr hat. Wie es der Zufall will, wird B mit der Bearbeitung ihres Antrags betraut. Weil B bei seiner Heirat im Jahr 2009 den Nachnamen seiner Ehefrau angenommen hat, fällt die Verbindung zwischen den Geschwistern niemandem auf. Obwohl B davon ausgeht, dass die von A beabsichtigte Umnutzung des Wasserhäuschens nicht im Einklang mit den einschlägigen Normen des Bauplanungsrechts stehen kann, erteilt er A mit Bescheid vom 8.11.2019 »aus alter Verbundenheit« und den Groll der letzten Jahre ausblendend die gewünschte Genehmigung für ihr Vorhaben. Hierzu macht er von der Möglichkeit einer Befreiung nach § 31 II BauGB Gebrauch.

Als A am 11.11.2019 die Baugenehmigung in ihrem Briefkasten findet, macht sie sich sofort an die Arbeit. Sie richtet die Spielhalle ein (insbesondere durch Aufstellen von 15 sog. einarmigen Banditen) und eröffnet sie am 25.11.2019. Ihre Idee kommt gut an; nicht nur Bewohner aus dem Viertel kommen in Scharen, um mit ihrem Geld die Spielautomaten zu füttern, sondern auch viele Bewohner angrenzender Stadtviertel.

Nach einigen Tagen formt sich jedoch Protest gegen die neue Attraktion des Viertels. Ein Bewohner des Viertels – T – ruft bei der Bauaufsicht an und beschwert sich über die Umgestaltung des Wasserhäuschens.

T ist der Auffassung, dass im fraglichen Gebiet die Genehmigung einer Spielhalle unter keinem denkbaren Gesichtspunkt sachlich zu rechtfertigen sei. Das Gebiet diene gerade dem Wohnen; es sei unverständlich, wie eine Nutzungsart genehmigt werden könne, die derart störend ist, dass sie nur in Gebieten, die gerade nicht vorwiegend dem Wohnen dienen – wie etwa in Kern- und Gewerbegebieten – uneingeschränkt zulässig ist. Die Genehmigung selbst könne allein mit Willkür des Sachbearbeiters erklärt werden. Es könne sich um nichts anderes als einen »Schwarzbau« handeln.

A, die von T eine Kopie seines Schreibens erhält, ist der Ansicht, dass eine wirksame Genehmigung erteilt wurde und deshalb ein Schwarzbau allenfalls denkbar wäre, wenn diese »null und nichtig« sei. Das sei im vorliegenden Fall aber nicht anzunehmen.

Daraufhin erscheinen am 28.11.2019 E und D von der zuständigen Bauaufsichtsbehörde zur Besichtigung des Wasserhäuschens. Entsetzt untersagen sie der anwesenden A ab sofort den Betrieb ihrer Spielhalle, obwohl diese ihre Bedenken auch mündlich vorträgt.

E und D treffen folgende Anordnung:

»Die Nutzung des Wasserhäuschens als Spielhalle wird untersagt.«

Frage 1: Ist die Anordnung der zuständigen Bauaufsichtsbehörde rechtmäßig?

Frage 2: Kann die Gemeinde auch die »Beseitigung« der 15 Spielautomaten, gestützt auf eine baurechtliche Ermächtigungsgrundlage, anordnen?

Abwandlung:

Zunächst wie im Ausgangsfall. Als A am 11.11.2019 die Baugenehmigung in ihrem Briefkasten findet, richtet sie nicht nur die Spielhalle ein, sondern streicht das Wasserhäuschen von außen in einer bei Lichteinfall reflektierenden Signalfarbe (neongelb). Diese Abweichung hat sie nicht beantragt. Abweichend vom Ausgangsfall erlässt die zuständige Behörde folgende Verfügung:

»A wird aufgegeben, die Außenfarbe des Wasserhäuschens durch einen Neuanstrich in neutralem Farbton zu beseitigen.«

Frage 3: Ist die Anordnung der zuständigen Behörde rechtmäßig?

Bearbeitungsvermerk:

Zu prüfen sind allein baurechtliche Fragen.

Im Ausgangsfall ist die formelle Rechtmäßigkeit der Nutzungsuntersagung zu unterstellen.

In Frage 2 sind die Ermessensfehlerfreiheit der behördlichen Entscheidung sowie die Unwirksamkeit der Baugenehmigung zugrunde zu legen.

In der Abwandlung ist von der formellen Rechtmäßigkeit der Anordnung sowie von der Wirksamkeit der Baugenehmigung vom 8.11.2019 auszugehen.

E. Umweltrecht

30. Klausur: Bootsfahrt auf dem See

Im Gebiet der kreisfreien Stadt F liegt ein idyllischer kleiner See. Er wird gespeist vom kleinen Fluss N, der durch ihn hindurchfließt.

A, dessen Kleingarten an diesen See angrenzt, will auf dem See Sonnenbäder nehmen, um so auch noch von der Wasserreflexion zu profitieren. Um nicht – wie bisher – mühsam mit der Luftmatratze durch den Schlamm im Uferbereich waten und in die Seemitte paddeln zu müssen, möchte er die Strecke zur Seemitte zukünftig mit einem kleinen benzinbetriebenen Motorboot zurücklegen.

Die zuständige Behörde des verbandszuständigen Rechtsträgers X erfährt von diesem Vorhaben und gibt zu bedenken, dass A dafür eine Genehmigung benötige.

A meint jedoch, seine wenigen Fahrten machten niemandem etwas aus und seien schon daher genehmigungsfrei. Außerdem sei selbst das Reiten im Walde grundrechtlich geschützt, dann ja wohl auch seine Motorboottour. A erhebt daher Klage vor dem VG, um feststellen zu lassen, dass sein Vorhaben genehmigungsfrei ist.

Wird die Klage des A vor dem zuständigen VG Aussicht auf Erfolg haben?

Bearbeitungsvermerk:

Der See gehört nicht zu den schiffbaren Gewässern.

31. Klausur: Genehmigung eines Zementwerks

Die Firma B beantragte die Genehmigung für ein Werk im Außenbereich. Dabei handelt es sich um eine Anlage zur Herstellung von Zementformstücken durch Rüttelverfahren. Nach den Planunterlagen soll sich der stündliche Ausstoß auf 15 Tonnen belaufen. In dem Außenbereichsgebiet befinden sich zumeist gewerbliche Anlagen sowie vereinzelt Bürogebäude und Wohnungen für Betriebsinhaber, die zT an das Gelände der B angrenzen. Die zuständige Behörde erteilte die Genehmigung, die B am Mittwoch, dem 21.8.2019, zuging, unter anderem mit folgender Maßgabe: »Die Anlagen sind so zu erstellen, dass der von ihnen ausgehende Lärmpegel, 0.5 m vor dem geöffneten Fenster des nächstgelegenen Wohnhauses gemessen, am Tage 65 dB (A), nachts 50 dB (A) nicht überschreitet.«

B erhob am Montag, dem 23.9.2019, Widerspruch gegen diese Maßgabe und errichtete im Übrigen das Zementwerk wie geplant. Die der Ausgangsbehörde fachlich übergeordnete Widerspruchsbehörde beschied den Widerspruch am 4.10.2019 abschlägig, unter anderem weil sie das Vorbringen der B für verspätet erachtete. Gleichzeitig ordnete sie nach Anhörung der B an, dass »wegen der Beeinträchtigung des Landschaftsbildes und Naturhaushalts durch die Errichtung des Zementwerks« an einem genauer bezeichneten Randstreifen des S-Waldes ein Biotop anzulegen sei, das ebenfalls näher bestimmt wurde. Der S-Wald umfasst ca. 7 km^2 und grenzt im Norden an das Zementwerk an. Dadurch, dass in ihm Einzelne immer wieder Bauschutt und Autoteile abladen, ist es zu einer merklichen Verringerung der ursprünglich vorhandenen Artenvielfalt gekommen.

B erhebt alsbald Klage zum zuständigen VG. Sie ist der Ansicht, keine der Bestimmungen habe ihr auferlegt werden dürfen. Schon gar nicht habe die Widerspruchsbehörde zusätzliche Maßgaben erlassen dürfen. Dies sei ihr schon deswegen verwehrt, weil sie den Widerspruch für verspätet gehalten habe. Wie wird das VG entscheiden?

Bearbeitungsvermerk:

TA-Lärm in der Fassung vom 26.8.1998 (Auszug):

6.1 Immissionsrichtwerte für Immissionsorte außerhalb von Gebäuden

Die Immissionsrichtwerte für den Beurteilungspegel betragen für Immissionsorte außerhalb von Gebäuden …

b) in Gewerbegebieten: tags: 65 dB(A) und nachts: 50 dB(A),

c) in Kerngebieten, Dorfgebieten und Mischgebieten: tags 60 dB(A) und nachts 45 dB(A) …

6.6 Zuordnung des Immissionsortes

Die Art der in Nummer 6.1 bezeichneten Gebiete und Einrichtungen ergibt sich aus den Festlegungen in den Bebauungsplänen. Sonstige in Bebauungsplänen festgesetzte Flächen für Gebiete und Einrichtungen sowie Gebiete und Einrichtungen, für die keine Festsetzungen bestehen, sind nach Nummer 6.1 entsprechend der Schutzbedürftigkeit zu beurteilen.

32. Klausur: Genehmigungsverfahren für eine Brauerei

Im unbeplanten Innenbereich der kreisangehörigen Stadt G will Unternehmerin U eine Brauerei erbauen. Gemessen an ihren technischen Leistungsparametern ist die Anlage auf einen täglichen Produktionsausstoß von 4.000 Hektoliter Bier pro Tag projektiert; allerdings soll sich der Ausstoß aus betriebswirtschaftlichen Gründen auf 2.000 Hektoliter Bier pro Tag beschränken. Am 2.9.2018 reicht U den Antrag auf Erteilung der immissionsschutzrechtlichen Genehmigung bei der zuständigen Behörde B ein. Nachdem sie auf eine behördliche Anforderung hin weitere erläuternde Unterlagen und Zeichnungen vorgelegt hat, eröffnet B das Genehmigungsverfahren. Sie macht am 21.10.2019 das Vorhaben ordnungsgemäß im amtlichen Veröffentlichungsblatt und in den örtlichen Tageszeitungen bekannt, vom 5. bis 16.11.2019 wird der Antrag der U am Sitz der B ausgelegt. Das Vorhaben rief in der Öffentlichkeit erregte Diskussionen hervor. Wie B ermitteln konnte, kamen dabei aber keine neuen Sachverhalte oder fachlich-technischen Beurteilungsaspekte zur Sprache. Vielmehr kamen in der Debatte vor allem unterschiedliche strukturpolitische, moralische und rechtliche Standpunkte zum Ausdruck. Daraufhin beschloss B, auf die Einberufung eines öffentlichen Erörterungstermins zu verzichten.

H, eine Umweltaktivistin, die in einem Dorf in der Nachbarschaft wohnt und befürchtet, dass von der Brauerei nicht unerhebliche Umweltauswirkungen ausgehen, hat schon am 1.11.2019 einen »Protestbrief« an B geschickt, in dem sie im Allgemeinen die angebliche Umweltschädlichkeit des Projekts und speziell eine mangelnde Information über das Vorhaben beklagte. Dass B nunmehr auf eine öffentliche Erörterung verzichtete, empört sie vollends. Nicht nur werde sie dadurch als Betroffene von einer aktiven Partizipation ausgeschlossen. Vielmehr müsse auch bedacht werden, dass es in der Öffentlichkeit einen großen Bedarf nach einer öffentlichen Debatte gebe. Das Vorgehen von B verstoße gegen den Grundgedanken eines transparenten Verfahrens und gegen das Prinzip, dass komplexe Verfahren mit möglicherweise komplexen Auswirkungen einen partizipatorisch-demokratischen Prozess durchlaufen müssten.

Aber auch die Bürgermeisterin von G ist mit dem Verlauf des Verfahrens nicht zufrieden. Zwar wusste sie aufgrund der öffentlichen Bekanntmachung von diesem Vorhaben, die Antragsunterlagen und die sonstigen einschlägigen Dokumente wurden ihr aber nicht zugesandt. Sie hatte sich lediglich im Rahmen der öffentlichen Auslegung informieren können.

B erteilt im förmlichen Verfahren mit Bescheid vom 4.2.2020 die Genehmigung zur Errichtung der Brauereianlage. Die mit einer Begründung versehene Entscheidung wird U zugestellt, der verfügende Teil des Bescheides wird, mit einer ordnungsgemäßen Rechtsbehelfsbelehrung und mit einem Hinweis auf die Auslegung der Entscheidungsbegründung versehen, im amtlichen Veröffentlichungsblatt und in den örtlichen Tageszeitungen bekannt gemacht. U beginnt alsbald mit der Errichtung der Anlage. H legt daraufhin fristgemäß Widerspruch gegen die Genehmigung ein und fordert B auf, den Bau zu stoppen. B verweigert dies jedoch.

Frage 1: Beurteilen Sie die formelle Rechtmäßigkeit der Genehmigung. Vorschriften des UVPG des Bundes und der UVPG der Länder bleiben außer Betracht.

Frage 2: H will das Vorhaben unverzüglich stoppen. Wäre ein darauf gerichteter Antrag im einstweiligen Rechtsschutz zulässig?

33. Klausur: Lärmbelästigung durch Tankstelle

N bewohnt eine Wohnung im ersten Obergeschoss eines Wohnhauses, das direkt an ein Grundstück der B grenzt, auf dem diese eine Tankstelle betreibt. Beide Grundstücke befinden sich in einer Gegend, die etwa zu gleichen Teilen durch Gewerbe- und Wohnbebauung geprägt ist. Durch das der Tankstelle zugewandte Fenster des Schlafzimmers von N dringen allnächtlich die von dem Tankstellenbetrieb ausgehenden Geräusche (An- und Abfahren, Türenschlagen, Hupen usw), die bei N bereits zu Schlafstörungen geführt haben.

Nachdem Messungen vor dem Schlafzimmerfenster Einzelpegelwerte von bis zu 97 dB(A) ergeben hatten, wurde der B von der zuständigen Behörde aufgegeben, ihre Tankstelle in der Zeit von 22.00 bis 6.00 Uhr nicht zu betreiben. Der mit einer Rechtsbehelfsbelehrung versehene Bescheid wurde B aufgrund einer Anordnung der Behördenleiterin durch die Post mittels eingeschriebenen Briefes (ohne Rückschein) zugestellt. Als Tag der Aufgabe zur Post wurde Donnerstag, der 5.9.2019, in den Akten vermerkt.

Am Dienstag, dem 8.10.2019, legte B Widerspruch ein, in dem sie unter anderem zutreffend einwandte, dass das Fenster des Schlafzimmers baurechtlich nicht genehmigt und auch nicht genehmigungsfähig sei. Der Widerspruch wurde zurückgewiesen. Die Begründung weist darauf hin, dass durch das Zumauern des Fensters die Schlafstörungen zwar entfallen würden, B aber das baurechtswidrige Fenster schon vor zehn Jahren bei Aufnahme des Tankstellenbetriebes vorgefunden und daher mit der jahrelangen Duldung ihr Abwehrrecht verwirkt habe. Der Widerspruchsbescheid, versehen mit einer Rechtsmittelbelehrung, sollte der B am 30.10.2019 mit einfachem Brief zugestellt werden. Allerdings befand sich B zu diesem Zeitpunkt auf einer Urlaubsreise. Der Postbote gab den Brief mit dem Widerspruchsbescheid am 30.10.2019 daraufhin dem Nachbarn der B, mit der Bitte, der B nach deren Rückkehr den Brief zu übergeben. Als B am 13.11.2019 von ihrem Urlaub zurückkehrte, bekam sie von ihrem Nachbarn noch am selben Tag den Brief ausgehändigt.

Am 12.12.2019 erhebt B Klage gegen die Verfügung vor dem zuständigen VG. Hat diese Aussicht auf Erfolg?

Bearbeitungsvermerk:

Obwohl hinsichtlich des Ausgangsbescheides das Zustellungsrecht der Länder angewendet werden müsste, sind der Falllösung die bundesrechtlichen Vorschriften zugrunde zu legen.

34. Klausur: Fischteiche und Naturschutz

A möchte sechs Fischteiche zur gewerblichen Fischzucht auf seinem Grundstück in einem relativ unberührten Bereich eines schmalen und kurvenreichen Tals, das zT noch einen Feuchtwiesenbestand aufweist, anlegen. Die zuständige Landesbehörde lehnt nach der Durchführung eines Planfeststellungsverfahrens den Antrag auf Genehmigung ab. Sie ist der Ansicht, dass die Anlage einen Eingriff in Natur und Landschaft darstelle.

Weiterhin begründet die Behörde die Ablehnung des Antrags damit, dass das Vorhaben des A den Lebensraum dreier dort ansässiger Vogelarten zerstöre, da die Wasserflächen die Feuchtwiesen verdrängen würden. Dabei stützt sie sich auf die – zutreffenden – Befunde eines Gutachtens, welches außerdem ergibt, dass bei Bau der Fischteiche diese Vogelarten in dem Tal nicht mehr siedeln könnten; die Anlage neuer Feuchtwiesen in der Nähe ist aus räumlichen Gründen nicht möglich. Auch eine Kompensation in sonstiger Weise ist nicht durchführbar.

A stützt sich hingegen darauf, dass sein Vorhaben als fischereiwirtschaftliches privilegiert sein müsse. Außerdem habe die Behörde die wirtschaftliche Bedeutung seines Projekts und auch seine eigenen ökonomischen Interessen in die Entscheidungsfindung einzubeziehen. Dies wiederum lehnt die Behörde mit der Begründung ab, private ökonomische Interessen seien bei der naturschutzrechtlichen Beurteilung nicht berücksichtigungsfähig. Der Widerspruch des A wird abgelehnt.

Frage 1: Hätte eine Klage Aussicht auf Erfolg?

Abwandlung:

Der Naturschutzverband N wird nicht am Planfeststellungsverfahren beteiligt, obwohl die Beteiligung an der Planung derartiger Anlagen zu seinen satzungsmäßigen Aufgaben gehört. Die Behörde genehmigt die Anlage des A. Gegen die Genehmigung legt N Widerspruch ein. Der Widerspruch wird zurückgewiesen. Daraufhin erhebt der N Klage vor dem zuständigen VG. Im gerichtlichen Verfahren weist die Vertreterin der Behörde zutreffend darauf hin, dass eine Beteiligung des N die Entscheidung in der Sache nicht beeinflusst hätte.

Frage 2: Hat die Klage des N Aussicht auf Erfolg? Gehen Sie davon aus, dass es sich bei N um eine gemäß den einschlägigen gesetzlichen Vorschriften anerkannte Vereinigung handelt.

Bearbeitungsvermerk:

Die Klausur ist nach dem WHG des Bundes und dem Bundesnaturschutzrecht zu lösen. Landeswasserrecht, die Naturschutzgesetze der Länder und die Vorschriften des UmwRG bleiben außer Betracht, insbesondere ist § 1 III UmwRG nicht einschlägig. Außer Betracht zu lassen ist ferner, ob das Vorhaben gegebenenfalls der UVP-Pflichtigkeit unterliegt.

35. Klausur: Bodenentseuchung

Auf dem Weg zu einem Kunden der großen Mineralölfirma M kommt deren Fahrer F mit seinem voll beladenen Tanklastzug samt Anhänger aufgrund einer Unachtsamkeit von der Straße ab und kippt in einen Graben. Bei dem Unfall ist der Tank des Anhängers leck geschlagen, sodass sich erhebliche Mengen Dieselöl auf das angrenzende Grundstück der A ergießen.

Die zuständige Ordnungsbehörde, durch die Verkehrspolizei benachrichtigt, beauftragt zunächst die Unternehmerin U, die unmittelbar kontaminierten Bodenschichten auszuheben und abzutransportieren.

Aufgrund langjähriger Erfahrungen mit ähnlichen Vorfällen und konkreter Anhaltspunkte, insbesondere hinsichtlich der Menge des ausgelaufenen Öls, entsteht darüber hinaus der hinreichende Verdacht, dass es auch zu einer Verunreinigung tieferliegender Bodenschichten gekommen ist und dass diese Verunreinigung wiederum auf das Grundwasser übergreift. Zur genaueren Bestimmung dieser Gefahr sind jedoch zusätzliche Messungen erforderlich. Auf dem Hof der A befindet sich ein Brunnenschacht, der früher Grundwasser geführt hatte. Nachdem der Grundwasserspiegel gesunken und somit der Brunnen unbrauchbar geworden war, hatte ihn A vor zehn Jahren mit einer Betondecke versiegeln lassen. Die zuständige Behörde geht zutreffend davon aus, dass durch die Nutzung des Brunnenschachtes eine effektive und kostengünstige Messung der Kontamination in den tieferliegenden Bodenschichten und dem unmittelbar darunter befindlichen Grundwasser möglich ist. Sie will feststellen lassen, ob von der Verunreinigung tieferliegender Bodenschichten eine Gefahr für das Grundwasser ausgeht. Sie ordnet daher nach ordnungsgemäßer Anhörung an, dass A die gesamte Betondecke beseitigen soll, damit Fachleute mit ihren Geräten eine Messung durchführen können. Zugleich wird unter Angabe der voraussichtlichen Kosten schriftlich die Ersatzvornahme angedroht, sollten die Maßnahmen nicht innerhalb einer Frist von zehn Tagen ausgeführt worden sein.

A will der Verfügung nicht nachkommen. Sie hat zwar nichts dagegen, dass die notwendigen Arbeiten auf ihrem Grundstück stattfinden; Aktivitäten von ihr selbst zu fordern, sei jedoch unbillig. Sie meint, sie sei für den Vorfall nicht verantwortlich, und weist darauf hin, dass sie in einer anderen Stadt wohnt und die Arbeiten für sie zeitaufwendig sowie kostenintensiv sind. A erhebt gegen die Anordnung Widerspruch und lässt die ihr gesetzte Frist ergebnislos verstreichen. Einen Tag nach Ablauf der Frist lässt die Behörde daher die Betondecke im Wege der Ersatzvornahme beseitigen; die Messungen ergeben eine starke Verunreinigung des Grundwassers.

A fragt, ob die Beseitigungsanordnung und die Androhung der Ersatzvornahme rechtmäßig waren.

F. Wirtschaftsrecht, Informations- und Datenschutzrecht

36. Klausur: Der Geselle als Meister

A hatte im Jahr 2016 die Gesellenprüfung im Stuckateurhandwerk abgelegt. Zunächst war er in diesem Fach unselbstständig tätig. Ende 2018 eröffnet er einen eigenen Betrieb als Einzelunternehmen; eine Eintragung in die Handwerksrolle erfolgte nicht. Der Betrieb des A bietet vor allem Leistungen im Bereich des Holz- und Bautenschutzes an, allerdings in umfassendem Maße auch Stuckateurarbeiten. Mit Verfügung vom 30.8.2019 untersagt ihm die zuständige Behörde des verbandszuständigen Landkreises X, nach vorheriger Anhörung und Eingang einer gemeinsamen zustimmenden Stellungnahme von Handwerkskammer und Industrie- und Handelskammern, die weitere Ausübung des Betriebs, soweit Stuckateurarbeiten ausgeführt werden; der Bescheid ist formgerecht mit einer Begründung versehen. A legt gegen den Bescheid form- und fristgerecht Widerspruch ein. Nach erfolglosem Ausgang des Widerspruchsverfahrens erhebt er fristgerecht Anfechtungsklage. Da er möglichen Schwierigkeiten aber ohnehin aus dem Weg gehen möchte, stellt A alsbald nach Klageerhebung die M, die im Stuckateursfach die Meisterprüfung abgelegt hatte, ein. Hierauf erfolgt die Eintragung des Betriebes in die Handwerksrolle. Die Behörde hebt daraufhin den Bescheid vom 30.8.2019 auf.

A ist mit dem Ausgang der Angelegenheit dennoch nicht zufrieden. Zutreffend weist er darauf hin, dass der Umfang der von seinem Betrieb durchzuführenden Arbeiten die Einstellung eines zusätzlichen Arbeitnehmers, also der M, nicht erforderlich gemacht hätte. Er meint, aufgrund seiner Ausbildung und seiner Erfahrung verfüge er über die notwendige Qualifikation für die Ausübung des Stuckateurhandwerks. Nachvollziehbar legt A dar, dass ihm durch die Einstellung der M Mehraufwendungen iHv 35.000 EUR pro Jahr entstanden sind. Hierfür müsse die Verwaltung aufkommen, da ihre rechtswidrige Intervention ihn zu Ausgaben gezwungen habe, die anderenfalls nicht entstanden wären. Daher erklärt er im noch anhängigen Verwaltungsprozess die Klage in der Hauptsache zwar für erledigt, stellt nunmehr jedoch den Antrag, die Rechtswidrigkeit des Bescheids vom 30.8.2019 festzustellen.

Frage 1: Prüfen Sie, gegebenenfalls in einem Hilfsgutachten, die Erfolgsaussichten der Klage. Gehen Sie von der Verfassungsgemäßheit der einschlägigen Vorschriften der HwO aus.

Abwandlung:

A hat seine Meisterprüfung abgelegt, der Betrieb ist in der Handwerksrolle eingetragen. Bei Prüfungen durch die Steuerbehörde stellen sich Steuerrückstände für einen Veranlagungszeitraum von mehreren Jahren heraus. A beteuert, dass dies nicht auf einer bösartigen Rechtsgesinnung beruhe. Zutreffend führt er an, dass er schon durch kleinere Nachzahlungen an das Finanzamt – die allerdings bei weitem nicht die Steuerschuld tilgen – seinen guten Willen demonstriert hatte. Aufgrund der derzeitigen wirtschaftlichen Lage werde es aber – wofür A Verständnis erbittet – auch mittelfristig nicht möglich sein, darüber hinaus diese Verbindlichkeiten zu bedienen. Die zuständige Behörde bringt allerdings kein Verständnis auf und untersagt aus diesem Grunde die weitere Ausübung des Gewerbes. Der Bescheid wird bestandskräftig. Daraufhin teilt die Handwerkskammer dem A unter Einhaltung der einschlägigen Verfahrens- und Formvorschriften mit, dass sie die Löschung aus der Handwerksrolle beabsichtigt. A wendet sich an Rechtsanwältin R mit der Bitte, gerichtlich gegen die Mitteilung vorzugehen.

Frage 2: Welche Klageart wäre statthaft?

Frage 3: Wäre eine zulässige Klage begründet?

37. Klausur: Rauchen in Gemeinschaft

Im Bundesland L wird das Inkrafttreten einer verschärften Regelung zum Nichtraucherschutz zum 1. März des Jahres bekannt. Die hier einschlägigen Bestimmungen lauten:

§ 1 Nichtraucherschutzgesetz (NrSchG)

Zweck dieses Gesetzes ist der Schutz der Bevölkerung vor Belastungen sowie gesundheitlichen Beeinträchtigungen durch Tabakrauch (Passivrauchbelastung).

§ 2 NrSchG

(1) Gaststätten sind rauchfrei. Der Betreiber einer Gaststätte mit nur einem Gastraum mit einer Grundfläche von weniger als 75m² kann das Rauchen erlauben.

(2) Der Betreiber einer Gaststätte mit mehreren, durch ortsfeste Trennwände voneinander getrennten Räumen kann das Rauchen in einzelnen Nebenräumen erlauben; dies gilt nicht für Räume mit Tanzflächen.

(3) Unbeschadet der Bestimmungen der Absätze 1 und 2 kann der Betreiber einer Gaststätte das Rauchen in der Zeit, in der dort ausschließlich geschlossene Gesellschaften nichtkommerzieller Art stattfinden, erlauben, wenn dies von den Veranstaltern gewünscht wird; dies gilt nicht für Veranstaltungen von Vereinen oder sonstigen Vereinigungen.

§ 3 NrSchG

(1) Der Betreiber der Gaststätte ist verantwortlich für die Umsetzung und Einhaltung der Bestimmungen dieses Gesetzes.

(2) Kommt der Betreiber der Einrichtung der Verantwortung nach Absatz 1 nicht nach, kann die zuständige Behörde die zur Einhaltung der Bestimmungen dieses Gesetzes erforderlichen Anordnungen treffen.

Der Smoke e.V. (S) ist ein traditioneller Rauchclub in der Landeshauptstadt H. Seine Mitglieder, vorwiegend Herren fortgeschrittenen Alters, halten jeweils am ersten Samstagabend im Monat das sog. »Eintrachtsrauchen« ab. Dabei werden in der Gaststätte des W, einer gewerbsmäßig betriebenen Schank- und Speisewirtschaft, in vergnüglicher Runde Zigarette, Zigarre, Zigarillo oder Pfeife verköstigt. Die gemütliche Lokalität besteht aus einem großen Schankraum von 140 m², der lediglich durch eine leichte Schiebewand temporär aufgeteilt werden kann.

In Kenntnis der künftigen Gesetzeslage beantragt der Vorstand des S, im Einvernehmen mit W, Ende Januar bei der zuständigen Stadtverwaltung der H (B) eine Bestätigung dahingehend, dass die Ausrichtung von zehn Raucherabenden für das laufende Jahr, beginnend am ersten Samstag im März, erlaubt sei. Mitte Februar teilte B daraufhin durch formloses Schreiben mit, dass gem. § 2 NrSchG nur Gastwirte mit Nebenräumen, zumindest abgetrennt mit einer ortsfesten Trennwand, das Rauchen erlauben können. Eine leichte Schiebewand sei nicht fest verankert und lasse Luftzirkulation zwischen den Räumen zu. Ausnahmen für Raucherclubs seien im Gesetz nicht vorgesehen. Ohne Widerspruch einzulegen ersucht S nun beim zuständigen VG um Eilrechtsschutz. Der Nichtraucherschutz bedrohe den Smoke e.V. in seiner Existenz. Die Herren seien den monatlichen Clubrhythmus gewohnt. Könnten die Treffen bei W für die Dauer des Hauptsacheverfahrens nicht abgehalten werden, so sei eine Wiederbelebung der Vereinstätigkeit danach vermutlich unrealisierbar. Somit sei die Grundrechtsverletzung für den Verein weitaus intensiver als für die Nichtraucher, die nur einmal im Monat »mitrauchen« müssten und sich für diesen Abend auch eine andere Örtlichkeit suchen könnten.

Wie wird das VG entscheiden? Es ist auf alle aufgeworfenen Rechtsfragen, gegebenenfalls im Wege eines Hilfsgutachtens, einzugehen.

38. Klausur: »Gewalttäterdatei Sport«

»Fußballfan« F unterstützt mit ganzer Seele den Fußballverein »Schwarzweiß 23«. Bei einem Fußballspiel gegen die »Kickers« überwindet er – zusammen mit etwa 50 anderen »Schwarzweißen« – eine Absperrung und läuft an der Spitze der Gruppe vor den gegnerischen Fanblock. Aus der Gruppe werden Feuerwerkskörper auf die gegnerischen Fans abgefeuert und Rauchbomben gezündet. Als die Polizei einschreitet, kommt es zu gewalttätigen Auseinandersetzungen, in deren Zuge F in polizeilichen Gewahrsam genommen und erkennungsdienstlich behandelt wird. Bei ihm wird eine Sturmhaube (Kopfmaske aus Stoff) gefunden.

Das gegen F eingeleitete Ermittlungsverfahren wegen Landfriedensbruch wird jedoch nach § 170 II StPO eingestellt, weil »eine Beteiligung an Ausschreitungen in der Menge nach den vorliegenden Zeugenaussagen nicht nachzuweisen ist.«

Die Polizeidirektion P, in deren Zuständigkeitsbereich sich dieser Vorfall ereignete, gibt Name, Vorname, Geburtsdatum, Geburtsort, Geschlecht und Staatsangehörigkeit des F, sowie Informationen zum Speicherungsanlass dennoch in die »Gewalttäterdatei Sport« ein. Diese ist als Verbunddatei in das polizeiliche Informationssystem der Polizeien des Bundes und der Länder einbezogen, das vom Bundeskriminalamt (BKA) als Zentralstelle unterhalten wird. Zweck der Datei ist die Verhinderung gewalttätiger Auseinandersetzungen und sonstiger Straftaten im Zusammenhang mit Sportveranstaltungen. Zu diesem Zweck werden die Daten der Personen in die Datei aufgenommen, gegen die im Zusammenhang mit Sportveranstaltungen Ermittlungsverfahren stattgefunden hatten oder Verurteilungen wegen bestimmter Delikte erfolgt waren, etwa wegen Körperverletzung, Sachbeschädigung, Widerstandes gegen Vollstreckungsbeamte oder Landfriedensbruch, oder bei denen es anlässlich solcher Veranstaltungen zu Personalienfeststellungen, Platzverweisen oder Ingewahrsamnahmen kam. Die Eingabe der Daten erfolgt durch die Polizeidienststelle, in deren Zuständigkeitsbereich der speicherungswürdige Sachverhalt festgestellt wurde (Tatortprinzip). Zum Abruf berechtigt sind unter anderem alle Polizeibehörden der Länder. Diese sollen mithilfe der Informationen aus der Datei Anhaltspunkte bekommen, um gezieltere Maßnahmen für einen sichereren Verlauf von Veranstaltungen zu treffen. Möglich sind hier zB Gefährderansprachen, Meldeauflagen oder Ausreiseuntersagungen. Näheres zum Zweck der Datei, zum Anlass der Aufnahme, zur Art der zu speichernden Daten und zu den zur Einstellung und zum Abruf berechtigten Behörden ist im BKA-Gesetz sowie in der BKA-Daten-Verordnung (BKADV) festgelegt.

Als F durch ein Auskunftsersuchen von der Speicherung in der Datei »Gewalttäter Sport« erfährt, begehrt er von P die Löschung seiner Daten aus dieser. Schließlich sei das Verfahren gegen ihn eingestellt worden. Dies wird ihm jedoch von P mit der Begründung verwehrt, dass gegen F immer noch ein Restverdacht bestehe und der Vorfall die Annahme rechtfertige, dass auch in Zukunft mit ähnlichen Vorkommnissen zu rechnen sei. F ist empört und erhebt Klage gegen P vor dem zuständigen VG.

Frage 1: Hat die Klage des F Aussicht auf Erfolg?

Bearbeitungsvermerk:

Gehen Sie davon aus, dass die Datenerhebung durch P sowie die Datenübermittlung von P an das BKA rechtmäßig waren und die eingegebenen Daten und Informationen den Vorgaben des BKAG sowie der BKADV entsprechen. Die Frage ist ausschließlich nach Bundesrecht zu lösen, wobei das BPolG bei der Falllösung nicht heranzuziehen ist. Prüfen Sie gegebenenfalls in einem Hilfsgutachten.

Abwandlung:

Der Fall kommt – nachdem F Revision gegen das Urteil des Berufungsgerichts eingelegt hat – zum Bundesverwaltungsgericht. Sie sind dort mit dem Fall befasst und stellen fest, dass die BKADV nach dem Urteil des Berufungsgerichts erheblich inhaltlich verändert wurde.

Frage 2: Ist diese Rechtsänderung in der zu fällenden Revisionsentscheidung zu berücksichtigen?

39. Klausur: Der Kampf um den Markt

In der deutschen Telekommunikationsbranche haben sich, neben mehreren anderen Unternehmen, die A-GmbH und die B-GmbH etabliert. Die beiden Unternehmen stehen sich in Marktstellung und Marktmacht in nichts nach und bedienen auch dieselbe Kundengruppe.

Im Jahre 2019 nimmt die zuständige Bundesnetzagentur (BNetzA), eine obere Bundesbehörde, für den Telekommunikationsmarkt eine Marktdefinition und Marktanalyse nach den §§ 10, 11 TKG vor.

Ziel ist es, einen wirksamen Wettbewerb zu gewährleisten, was auch beinhaltet, Monopolbildungen vorzubeugen und die Abnehmer zu schützen. Bei der Bewertung nach den §§ 10, 11 TKG handelt es sich um ein komplexes Vorgehen, bei dem Ungewissheiten und Prognosen des sehr dynamischen Marktes einkalkuliert werden müssen und erhöhtes Fachwissen der Behörde gefragt ist.

In der Marktanalyse wird als Ergebnis festgehalten, dass die A-GmbH Anzeichen einer marktbeherrschenden Stellung zeigt. Eine Bewertung der B-GmbH erfolgt nicht. Nach ordnungsgemäßer Durchführung der Anhörungsverfahren gem. §§ 12 I und 135 I TKG verpflichtet die BNetzA die A-GmbH, anderen Unternehmen Zugang zu ihren Netzeinrichtungen zu gewähren (§ 21 TKG).

Die Festlegungen nach §§ 10, 11 TKG sowie die Zugangsverpflichtung werden der A mit Bescheid vom 19.7.2019 am 22.7.2019 ordnungsgemäß zugestellt. Die Entscheidung wird ordnungsgemäß publiziert.

Die A-GmbH ist über die Bewertung und die Regulierungsverfügung empört. Sie erhebt gegen den Bescheid am 1.8.2019 Klage vor dem VG.

Die BNetzA bringt gegen die Klage unter anderem vor, dass die Festlegungen nach den §§ 10, 11 TKG keiner gerichtlichen Prüfung zugänglich seien. Die A-GmbH ist dagegen der Ansicht, dass die Gerichte jede Verwaltungsentscheidung vollumfänglich zu prüfen hätten. Das ergebe sich schon aus Art. 19 IV GG. Selbst im Falle einer nur eingeschränkten gerichtlichen Kontrollkompetenz, müsse das Gericht doch wenigstens das rechtmäßige Zustandekommen der Bewertung prüfen. Vorliegend hätte die Behörde willkürlich die Konkurrentin B-GmbH nicht in die Bewertung einfließen lassen, sodass von einem rechtmäßigen Zustandekommen keine Rede sein könne. Außerdem sei – was zutrifft – die die Entscheidung maßgeblich vorbereitende Sachbearbeiterin X die Schwester der Geschäftsführerin der B-GmbH. Hiergegen wiederum bringt die BNetzA vor, dass X kein Mitglied der Beschlusskammer war, die gem. § 132 TKG in diesem Fall entschieden hatte. Welche Verbindungen sie zu anderen Marktakteuren habe sei also irrelevant.

Hat die Klage der A-GmbH Aussicht auf Erfolg?

40. Klausur: Transparenz der Subventionsvergabe

In dem landwirtschaftlichen Betrieb der A laufen die Geschäfte schlecht. Deshalb beantragt A bei dem zuständigen Bundesministerium (M) Agrarsubventionen. Dem Antrag für die Subventionen war ein von A zu unterzeichnendes Dokument beigefügt. Darin wurde darauf hingewiesen, dass Namen und Anschriften aller Subventionsempfänger sowie die Höhe der jeweiligen Subventionen im Internet publiziert werden, da dies so gesetzlich vorgeschrieben sei. Durch die eigene Unterschrift willige man, für den Fall der Genehmigung, in die Veröffentlichung ein. Dieses Dokument unterschrieb A, weil sie sonst keinen Antrag hätte stellen können. Einen Monat später wurde der Antrag genehmigt, kurz darauf wurden auch die Gelder ausgezahlt.

Alsbald darauf fand A ihren Namen, ihre Adresse und die Höhe der ausgezahlten Subvention im Internet veröffentlicht. Dies war ihr von Anfang an nicht recht. Mit Schreiben vom 1.5.2020, gerichtet an M, begehrt sie die Löschung dieser Angaben.

Seitens des Ministeriums entgegnet man jedoch, dass man diesbezüglich keinen Spielraum habe: Die Veröffentlichung der Subventionsnehmer sei gesetzlich vorgeschrieben (wenn auch nicht der Ort der Veröffentlichung und die einzelnen Angaben). Außerdem habe A ja bereits in die Veröffentlichung eingewilligt – sie könne es sich jetzt nicht einfach anders überlegen. Zudem sei die Veröffentlichung wichtig, um die Kontrolle der Vergabe zu garantieren. Die Nutzung öffentlicher Mittel sei im Interesse der Öffentlichkeit transparent zu gestalten.

A dagegen legt dar, dass sie die namentliche Nennung, zumal mit Adresse, für nicht erforderlich halte. Schon mit statistischen Daten würde dem Interesse der Öffentlichkeit Genüge getan. Zudem könnten Konkurrenten Rückschlüsse auf ihre Einkünfte und finanzielle Lage ziehen. Ferner meint A, dass eine Veröffentlichung im Internet besonders gravierend sei, weil das Internet bekanntlich nichts vergesse. Eine Veröffentlichung im Amtsblatt hätte vollkommen ausgereicht.

Der zuständige Beamte ist durch den Vortrag der A verunsichert und bittet Sie um Ihre Einschätzung.

Frage 1: Wie sollte die Behörde entscheiden?

Bearbeitungsvermerk:

Auf die Verordnung (EU) Nr. 1306/2013 ist nicht einzugehen. Die Europarechtskonformität der nationalen Regelungen ist zu unterstellen.

Abwandlung 1:

Angaben zu den Subventionsempfängern werden nicht veröffentlicht. Allerdings verlangt der Konkurrent und Nachbar der A, C, Auskunft über Namen und Adresse aller Subventionsempfänger in seiner Nähe sowie über die jeweilige Subventionshöhe. Diesem Verlangen beschließt M nachzukommen und erteilt die Auskunft. Als A davon erfährt, ärgert sie sich sehr. Nach drei Monaten beschließt sie, gegen die Auskunftserteilung zu klagen.

Frage 2: Ist die Klage zulässig?

Abwandlung 2:

Die Angaben zu allen Subventionsempfängern wurden nicht veröffentlicht. Unter den Konkurrenten und Nachbarn der A verbreitet sich schnell die Information, A habe Subventionen in beachtlicher Höhe erhalten. Als A davon erfährt, vermutet sie ihren Nachbarn C als Quelle dieser Information. C ist seit Jahren sehr aktiv im Bundesverband der Landwirte. Kurz vor dem Aufkommen der Gerüchte am 22.4.2020 fand im zuständigen Bundesministerium (M) eine Informations- und Anhörungsveranstaltung statt. Hintergrund hierfür war ein in Bearbeitung befindliches Gesetzesvorhaben zur Stärkung ökologischer Landwirtschaft. Zu dieser Veranstaltung waren verschiedene Funktionäre des Bundesverbandes der Landwirte sowie Personen aus Politik und Wirtschaft geladen. Zudem war der Bundesverband aufgerufen, Stellungnahmen zu dem geplanten Gesetzesvorhaben abzugeben. Hierzu versandte M Einladungsschreiben mit wesentlichen Informationen zum Inhalt des Gesetzesvorhabens nebst Ablaufplan der Veranstaltung.

A möchte nachweisen, dass C ebenfalls zu dieser Veranstaltung geladen war und auf diesem Wege die Informationen über die Subventionsvergabe an A gewinnen konnte. Deswegen beantragt sie bei M Einsicht des Terminkalenders der verantwortlichen Bundesministerin in der Zeit vom 1.3.2020 bis zum 22.4.2020 sowie Einsicht der Einladungsliste und des Einladungsschreibens.

M lehnt den Antrag der A ab. Der Terminkalender der Bundesministerin sei bereits keine amtliche Information, zu der A Zugang beantragen könne. Zudem fehle es an einer Verknüpfung mit einem Verwaltungsvorgang. Weiterhin handele es sich bei der Informations- und Anhörungsveranstaltung um eine Veranstaltung zur Ausarbeitung und Vorbereitung einer Gesetzesvorlage, mithin um Regierungstätigkeit der Bundesministerin. Insoweit sei M als Bundesministerium keine Behörde im Sinne des Informationsfreiheitsgesetzes und dessen Anwendung daher ausgeschlossen. Unabhängig davon sei der Informationszugang auch wegen einer Gefährdung der inneren Sicherheit ausgeschlossen. Die Bundesministerin sei eine besonders gefährdete Person. Ihr Terminkalender enthalte neben einzelnen Terminen auch Angaben zu regelmäßigen Aufenthaltsorten. Ein Bekanntwerden des Terminkalenders über einen Zeitraum von knapp zwei Monaten könne zur Erstellung eines Bewegungsprofiles genutzt und dadurch Anschläge erleichtert werden. Im Hinblick auf die Einladungsliste und das Einladungsschreiben greife der Versagungsgrund aus § 5 I 1 IFG ein. Die Gäste haben keine Einwilligung erteilt. Zudem überwiege das Informationsinteresse der A nicht das schutzwürdige Interesse der geladenen Gäste am Ausschluss des Informationszugangs. Dem Recht auf informationelle Selbstbestimmung der Gäste müsse Vorrang eingeräumt werden.

Frage 3: Steht der A der geltend gemachte Auskunftsanspruch zu?

Teil 2: Lösungsskizzen

A. Allgemeines Verwaltungsrecht

Lösungsskizze 1

Die Klage der A hat Aussicht auf Erfolg, soweit sie zulässig und begründet ist.

1 **Zulässigkeit der Klage**

1.1 Verwaltungsrechtsweg
Besteht keine aufdrängende Sonderzuweisung zu den VG (zB § 54 I BeamtStG bzw. § 126 BBG), richtet sich die Eröffnung des Verwaltungsrechtswegs nach der Generalklausel des § 40 I 1 VwGO, die das Vorliegen einer öffentlich-rechtlichen Streitigkeit nichtverfassungsrechtlicher Art sowie keine abdrängende Sonderzuweisungen erfordert.

1.1.1 Aufdrängende Sonderzuweisungen sind nicht ersichtlich, daher ist § 40 I 1 VwGO zu prüfen.

1.1.2 Eine öffentlich-rechtliche Streitigkeit liegt vor, wenn die streitentscheidenden Normen zum öffentlichen Recht zählen. Wann eine Norm dem öffentlichen Recht zuzuordnen ist, wird anhand unterschiedlicher Abgrenzungstheorien beurteilt. Nach der Interessentheorie liegt Öffentliches Recht immer dann vor, wenn die streitentscheidenden Normen ausschließlich Allgemeinwohlinteressen schützen; privates Recht kommt hingegen zur Anwendung, wenn die Vorschriften ausschließlich Individualinteressen schützen. Diese Theorie wird kaum noch vertreten, da es eine Vielzahl an Normen gibt (zB Regelungen über das Erb- und Familienrecht), die Allgemeinwohl- und Individualinteressen schützen. Die Subordinationstheorie nimmt öffentliches Recht bei Vorliegen eines Über-/Unterordnungsverhältnisses der Rechtssubjekte an; sie ist in Fällen der Eingriffsverwaltung einsetzbar. Die modifizierte Subjektstheorie (Sonderrechtstheorie) nimmt öffentliches Recht an, wenn die Norm ein Rechtsverhältnis konstituiert, an dem zwingend ein Träger öffentlicher Gewalt beteiligt sein muss. Diese Theorie ist in allen Fällen einsetzbar.
Im vorliegenden Fall liegt nach den beiden letztgenannten Abgrenzungstheorien öffentliches Recht vor. Bezüglich der Frage, ob eine Subvention vergeben wird, ist die aussprechende Behörde der A übergeordnet (Subordinationstheorie), und an diesem Rechtsverhältnis ist zwingend ein Träger öffentlicher Gewalt beteiligt (modifizierte Subjektstheorie). Dass die Modalitäten der Auszahlung (»wie«) der Subvention unter Umständen im Rahmen einer privatrechtlichen Vereinbarung geregelt werden, ist unschädlich, da nach der Zweistufentheorie die Frage, ob überhaupt eine Subvention vergeben werden durfte, eine öffentlich-rechtliche bleibt.

1.1.3 Streitigkeit nichtverfassungsrechtlicher Art

Verfassungsrechtliche Streitigkeiten iSd § 40 I 1 VwGO setzen eine sog. doppelte Verfassungsunmittelbarkeit voraus: Die Streitigkeit muss zwischen unmittelbar am Verfassungsleben beteiligten Rechtsträgern bestehen; Inhalt der Streitigkeit müssen unmittelbar in der Verfassung geregelte Rechte und Pflichten sein. Beides liegt hier nicht vor.
Der Verwaltungsrechtsweg ist eröffnet.

1.2 Klageart

Die Klageart richtet sich nach dem Begehren der Klägerin (vgl. § 88 VwGO). Das Begehren der A ist ausdrücklich auf die Feststellung der Rechtswidrigkeit des Entzugs des Subventionsbescheids und der Aufforderung zur Rückzahlung gerichtet. Diesem Begehren entspricht eine Feststellungsklage gem. § 43 I VwGO. Diese Klageart ist gem. § 43 II 1 VwGO jedoch nicht anwendbar, wenn das Begehren auch durch Gestaltungs- oder Leistungsklage erreicht werden kann (Subsidiaritätsgrundsatz). A kann ihr Begehren auch erreichen, wenn sie direkt gegen den Entzug vorgeht, also eine Anfechtungsklage (§ 42 I Alt. 1 VwGO) erhebt. Das damit verbundene Gestaltungsurteil gem. § 113 I 1 VwGO ist zudem rechtsschutzintensiver als ein Feststellungsurteil gem. § 43 I VwGO, da es die belastende Wirkung sofort aufhebt. Darauf kommt es A letztlich an.
Die Anfechtungsklage ist statthaft, wenn der Entzug sowie die Zahlungsaufforderung jeweils für sich genommen einen VA (§ 35 VwVfG) darstellen. Bei dem Schreiben vom 15.1.2019 handelt es sich um einen actus contrarius zum Subventionsbescheid vom 13.1.2017 und somit um einen VA. Die Rückforderung der Leistung ist nach § 49a I 2 VwVfG ebenfalls als VA zu sehen. Statthafte Klageart ist die Anfechtungsklage.

1.3 Klagebefugnis, § 42 II VwGO

A müsste geltend machen, in ihren eigenen Rechten verletzt zu sein (§ 42 II VwGO). Die Rechtsverletzung muss möglich sein, dh sie darf nicht offensichtlich und nach jeder Betrachtungsweise ausgeschlossen sein (sog. Möglichkeitstheorie). Beim Adressaten eines belastenden VA ist eine rechtswidrige Einschränkung der allgemeinen Handlungsfreiheit (Art. 2 I GG) immer möglich, sodass er daher immer klagebefugt ist (sog. Adressatentheorie). A ist folglich klagebefugt.

1.4 Widerspruchsverfahren, § 68 I VwGO

Es könnte an der Durchführung eines Vorverfahrens (§ 68 I 1 VwGO) mangeln (soweit dieses durch Landesrecht nicht ohnehin ausgeschlossen ist[1]). Geklärt werden muss daher zunächst die

1 Bestimmungen, die das Widerspruchsverfahren ganz oder teilweise ausschließen, finden sich in **Baden-Württemberg:** § 15 I 1 AGVwGO; **Bayern:** Art. 15 II AGVwGO; **Berlin:** § 4 II AGVwGO; **Bremen:** Art. 8 AGVwGO; **Hamburg:** § 6 II AGVwGO; **Hessen:** § 16a HessAGVwGO (iVm Anl.); **Mecklenburg-Vorpommern:** §§ 13a f. AG GStrukG; **Niedersachsen:** § 80 I NJG; **Nordrhein-Westfalen:** § 110 I 1 JustG; **Sachsen-Anhalt:** § 8a I 1, II AG VwGO LSA; **Thüringen:** § 9 I 1, II ThürAGVwGO. Die zusätzliche Angabe der Länderkennung bei den Landesvorschriften dient vorrangig der vereinfachten Suche der Normen in den juristischen Datenbanken.

Rechtsnatur des Schreibens der A vom 30.1.2019 an das Wirtschaftsministerium. Abzugrenzen ist vorliegend das Einlegen eines förmlichen Widerspruchs von einer formlosen Gegendarstellung. Da ein Widerspruchsverfahren gem. § 68 I 2 Nr. 1 VwGO nicht stattfindet und ein Widerspruch somit unzulässig wäre (das Wirtschaftsministerium ist eine oberste Bundesbehörde), ist das Schreiben der A als formlose Gegendarstellung auszulegen. Ein Widerspruchsverfahren wurde nicht durchgeführt.

1.5 Klagefrist, § 74 I VwGO

Die Klagefrist beträgt einen Monat (§ 74 I 2 VwGO). Die Frist begann mit Bekanntgabe des VA am 15.1.2019. Die Frist endete demnach am 15.2.2019 (§ 57 II VwGO, § 222 ZPO, § 188 BGB). A erhob am 12.2.2019 Klage. Die Klagefrist wurde eingehalten.

1.6 Beteiligten- und Prozessfähigkeit, §§ 61, 62 VwGO

A ist als natürliche Person iSd § 61 Nr. 1 Alt. 1 VwGO beteiligtenfähig. Die Behörde ist beteiligtenfähig gem. § 61 Nr. 3 VwGO, sofern das Landesrecht dies festlegt,[2] ansonsten das Land gem. § 61 Nr. 1 Alt. 2 VwGO. Die Prozessfähigkeit der A ergibt sich aus § 62 I Nr. 1 VwGO; für die Behörde bzw. das Land muss gem. § 62 III VwGO ein Vertreter handeln.

1.7 Klagegegner, § 78 VwGO

Sofern die Ermächtigung des § 78 I Nr. 2 VwGO landesrechtlich ausgefüllt ist,[3] muss die Klage gegen die handelnde Behörde, anderenfalls gegen das Land als Körperschaft, der die Behörde angehört (Rechtsträgerprinzip, § 78 I Nr. 1 VwGO), gerichtet werden.

Ergebnis: Die Klage der A ist zulässig.

2 Klagenhäufung

A verlangt die Aufhebung der Rücknahme des Subventionsbescheids sowie der Rückforderung der Subvention. Sie macht somit mehrere Klagebegehren geltend. Das ist nach § 44 VwGO nur zulässig, wenn die Klagebegehren gegen denselben Beklagten gerichtet sind, einen Zusammenhang aufweisen und dasselbe Gericht zuständig ist. Das ist hier der Fall. Die objektive Klagenhäufung ist zulässig.

3 Begründetheit der Klage

Die Klage der A ist begründet, soweit die Aufhebung des Subventionsbescheids und die Rückzahlungsforderung vom 15.1.2019 rechtswidrig sind.

2 **Brandenburg:** § 8 I BbgVwGG; **Mecklenburg-Vorpommern:** § 14 I AG GStrukG; **Niedersachsen:** § 79 I NJG; **Saarland:** § 19 I AG VwGO; **Sachsen-Anhalt:** § 8 S. 1 AG VwGO; **Schleswig-Holstein:** § 69 I LJG.

3 **Brandenburg:** § 8 II 1 BbgVwGG; **Mecklenburg-Vorpommern:** § 14 II AG GStrukG; **Niedersachsen:** § 79 II NJG; **Saarland:** § 19 II AG VwGO; **Sachsen-Anhalt:** § 8 S. 2 AG VwGO; **Schleswig-Holstein:** § 69 II LJG – sog. Behördenprinzip.

3.1 Die Rücknahme des Subventionsbescheides

Da spezialgesetzliche Normen nicht ersichtlich sind, kommen als Ermächtigungsgrundlage für die Aufhebung des Subventionsbescheides vom Januar 2019 lediglich die §§ 48, 49 VwVfG in Betracht. Die Entscheidung zwischen den beiden Paragraphen hängt von der Rechtmäßigkeit des aufgehobenen VA im Zeitpunkt seines Erlasses ab.

3.1.1 Zu prüfen ist daher zunächst, ob der Subventionsbescheid vom 13.1.2017 rechtmäßig ergangen ist.

Formelle Bedenken bestehen nicht. Materiell waren zwar alle Voraussetzungen der Richtlinie des Wirtschaftsministeriums erfüllt. Jedoch hat die EU-Kommission die Subventionsvergabe per Beschluss (Art. 288 UAbs. IV AEUV) für europarechtswidrig erklärt. Dieser Beschluss ist für den Adressaten (das Wirtschaftsministerium) bindend. Wegen des Verstoßes gegen Art. 107, 108 AEUV ist der Subventionsbescheid vom 13.1.2017 rechtswidrig ergangen.

3.1.2 Die Rechtmäßigkeit der Aufhebung eines ursprünglich rechtswidrigen VA bestimmt sich nach § 48 VwVfG. Zu unterscheiden ist zwischen der Rücknahme eines begünstigenden und der Rücknahme eines nicht begünstigenden VA. Letzterer kann unter den Voraussetzungen des § 48 I 1 VwVfG stets zurückgenommen werden. Für begünstigende VA gelten zusätzlich die Abs. 2–4 (§ 48 I 2 VwVfG). Durch den Subventionsbescheid wurde ein Recht der A auf Zahlung von 50.000 EUR begründet; es handelt sich demnach um einen begünstigenden VA.

Für die Rechtmäßigkeit der Rücknahme kommt es aufgrund der Unterscheidung in den Abs. 2 und 3 weiter darauf an, ob durch den VA eine Geldleistung gewährt wird oder nicht. A wurde eine Subvention von 50.000 EUR zugesprochen, sodass § 48 II VwVfG einschlägig ist. Dieser relativiert den allgemeinen Grundsatz der Aufhebbarkeit aus § 48 I 1 VwVfG, indem er dem Begünstigten Vertrauensschutz in Form des Bestandsschutzes gewährt; insoweit unterscheidet er sich von § 48 III VwVfG (Vertrauensschutz als Vermögensschutz). Somit war die Rücknahme rechtswidrig, wenn A auf den Bestand des Subventionsbescheides vertraut hat und dieses Vertrauen schutzwürdig ist (§ 48 II 1 VwVfG). Laut Sachverhalt hat A auf den Bestand vertraut. Gründe iSd § 48 II 3 VwVfG, die die Schutzwürdigkeit ausschließen würden, sind nicht ersichtlich. Da A das Geld für ihre Busse aufgewendet hat, ist vielmehr § 48 II 2 VwVfG einschlägig. Wie die Formulierung »in der Regel« erkennen lässt, entbindet dieser nicht von einer Abwägung im Einzelnen. Eine Widerlegung der Regelvermutung lässt der Sachverhalt aber nicht zu. Demzufolge war das Vertrauen der A eigentlich schutzwürdig und die Rücknahme rechtswidrig. Zu beachten ist allerdings, dass im vorliegenden Fall auch das Interesse der Europäischen Union an der Rückabwicklung der Subvention zu berücksichtigen ist. Nur unter Einhaltung der Subventionsvorschriften sollen europaweit Subventionen vergeben werden, die Rückabwicklung unionswidriger Subventionen soll nicht an nationalen Verfahrensvorschriften scheitern (Effektivitätsgrundsatz). Bei normaler Anwendung von § 48 II–IV VwVfG würde aber die Rückabwicklung von unionswidrigen Subventionen praktisch unmöglich gemacht werden. Zwar kennt das Unionsrecht auch den Grundsatz des Vertrauensschutzes, allerdings ist einem sorgfältigen Gewerbetreibenden zuzumuten, sich zu vergewissern, dass die erhaltene Subvention auch europarechtskonform ist, sodass in der Regel kein schutzwürdiges Vertrauen vorliegt. Hier überwiegt das Interesse der Union an der effektiven Rückabwicklung die Schutzbedürftigkeit des Einzelnen. Die Rücknahme ist nicht aufgrund von § 48 II 1 VwVfG rechtswidrig.

3.1.3 Sperrwirkung des § 48 IV VwVfG

Die Rücknahme des VA könnte aber wegen Verstreichens der Jahresfrist ab Kenntnis rechtswidrig sein (§ 48 IV VwVfG). Die Rechtswidrigkeit der Subventionsvergabe ist ab Beschluss der EU-Kommission (14.12.2017) bekannt. Es ist auch mehr als ein Jahr vergangen, bevor die Behörde gehandelt hat. § 48 IV VwVfG ist also grundsätzlich einschlägig und die Rücknahme rechtswidrig. Allerdings muss auch in diesem Fall das Ergebnis zugunsten des Effektivitätsgrundsatzes abgeändert werden, weil ansonsten die Rückabwicklung schon an der Untätigkeit von nationalen Behörden scheitern könnte. Die Rücknahme ist auch nicht aufgrund von § 48 IV VwVfG rechtswidrig.

3.1.4 Ermessensfehler

Durch den EU-Kommissionsbeschluss verdichtete sich die Ermessensentscheidung aus § 48 VwVfG zur Rechtspflicht. Die Behörde ging also zu Recht von einer gebundenen Entscheidung aus. Zudem hätte aber auch ein Verstoß gegen Treu und Glauben seitens der Behörde die Rücknahme nicht rechtswidrig gemacht (Effektivitätsgrundsatz).

3.1.5 **Ergebnis:** Die Rücknahme ist rechtmäßig.

3.2 Die Aufhebung der Rückzahlungsverpflichtung

Als Ermächtigungsgrundlage kommt § 49a VwVfG in Betracht. Zentrales Tatbestandsmerkmal dieser Norm ist die wirksame Aufhebung eines Leistungsbescheides (§ 49a I 1 VwVfG). Da im Bescheid vom 15.1.2019 der Subventionsbescheid vom 13.1.2017 aufgehoben wird, ist der Tatbestand erfüllt.

Auf eine etwaige Entreicherung nach § 49a II VwVfG iVm § 818 BGB kann sich A aufgrund des Effektivitätsgrundsatzes nicht berufen.

3.3 **Ergebnis:** Sowohl die Aufhebung, als auch die Rückforderung sind rechtmäßig ergangen. Die Klage der A ist unbegründet.

Ergebnis: Die Klage der A ist zulässig, aber unbegründet. Sie hat keine Aussicht auf Erfolg.

Zu 1.1: *Koehl*, Die Eröffnung des Verwaltungsrechtswegs, VR 2016, 186

Zu 1.1.2:	*Schenke*, Verwaltungsprozessrecht, 16. Aufl. 2019, Rn. 116 ff.
Zu 2:	*Hufen*, Verwaltungsprozessrecht, 11. Aufl. 2019, § 13 Rn. 13 ff.
Zu 3:	*Korte*, Grundlagen des Subventionsrechts, JURA 2017, 656
Zu 3.1:	*Voßkuhle/Kaufhold*, Grundwissen – Öffentliches Recht: Rücknahme und Widerruf von Verwaltungsakten, JuS 2014, 695; *Baumeister*, Die Novellierung der §§ 48, 49, 49a VwVfG, NVwZ 1997, 19; *Richter*, Die Aufhebung von Verwaltungsakten auf Betreiben der Verwaltung und des Betroffenen, JuS 1990, 719; *Richter*, Klausurfälle zu Rücknahme und Widerruf von Verwaltungsakten, JuS 1990, 991; 1991, 40, 121, 307, 385, 481; *Maurer/Waldhoff*, Allgemeines Verwaltungsrecht, 19. Aufl. 2017, § 11 Rn. 21 ff.
Zu 3.1.2:	EuGH NVwZ 1998, 45; *Martini*, Die Aufhebung von Verwaltungsakten nach §§ 48 ff. VwVfG – Vertrauensschutz (§ 48 II, III VwVfG), JA 2016, 830; *Erichsen/Brügge*, Die Rücknahme von Verwaltungsakten nach § 48 VwVfG, JURA 1999, 155
Zu 3.1.3:	*Martini*, Die Aufhebung von Verwaltungsakten nach §§ 48 ff. VwVfG – Rücknahmefrist (§ 48 IV VwVfG), JA 2017, 838
Zu 3.1.4:	BVerwGE 92, 81 = NJW 1993, 2764; *Fischer*, Gemeinschaftsrechtliche Beihilfenkontrolle und nationales Verwaltungsverfahren, JuS 1999, 749

Lösungsskizze 2

Dem G könnten Ansprüche aus öffentlich-rechtlicher Verwahrung zustehen; ferner kommen Folgenbeseitigungsansprüche und Amtshaftungsansprüche in Betracht. Zivilrechtliche Anspruchsgrundlagen sind nicht ersichtlich.

1 Anspruch aus öffentlich-rechtlicher Verwahrung: Schadensersatz wegen öffentlich-rechtlicher Pflichtverletzung (§ 280 I BGB analog)

1.1 Prozessuale Rechtslage

Es ist der Rechtsweg der ordentlichen Gerichtsbarkeit eröffnet (§ 40 II 1 VwGO).

1.2 Materielle Rechtslage

Beim Verbringen und Abstellen des Fahrzeugs könnte es sich um eine öffentlich-rechtliche Verwahrung, dh die durch hoheitliche Anordnung begründete Inbesitznahme fremder Gegenstände seitens einer Behörde, handeln.

1.2.1 Verletzung des Verwahrungsverhältnisses

Hier liegt eine derartige Verfügung in der polizeilichen Sicherstellungsanordnung. Die Inbesitznahme seitens der Polizeibehörde begründet ein öffentlich-rechtliches Schuldverhältnis, das zur Beachtung bestimmter Sorgfalt für fremde Gegenstände verpflichtet.[1] Die §§ 688 ff. BGB finden grundsätzlich Anwendung. Dies gilt jedoch nicht für die Haftungsmilderung entsprechend § 690 BGB, da die Absenkung der Anforderungen an das Vertretenmüssen mit dem öffentlichen Interesse unvereinbar ist. Eine Überprüfung der Winterfestigkeit des Fahrzeugs hätte zu dieser Jahreszeit und bei der vorliegenden Wetterlage vorgenommen werden müssen. Somit liegt eine Verletzung der Pflichten aus dem Verwahrungsverhältnis vor.

1.2.2 Mitverschulden des G

Die Berücksichtigung eines Mitverschuldens ist grundsätzlich möglich (§ 254 BGB analog). Dieses wird aber nicht dadurch begründet, dass G kein Frostschutzmittel zugesetzt hat. Erst das Verhalten der Polizeibeamten machte aus diesem Umstand nämlich eine Schadensursache.

Fraglich erscheint, ob der mangelnde Hinweis des G auf die fehlende Frostfestigkeit ein Mitverschulden begründet. Wurde seine Festnahme am 21.12.2018 in bündiger Kürze durchgeführt, war sicher nicht zu verlangen, dass G dabei an die Winterfestigkeit seines Wagens dachte. War dagegen auf der später zugestellten Sicherstel-

1 **Baden-Württemberg:** § 32 PolG iVm § 3 DVO PolG; **Bayern:** Art. 25, 26 PAG; **Berlin:** §§ 38, 39 ASOG Bln; **Brandenburg:** §§ 25, 26 BbgPolG; **Bremen:** §§ 23, 24 BremPolG; **Hamburg:** § 14 I, III SOG; **Hessen:** §§ 40, 41 HSOG; **Mecklenburg-Vorpommern:** §§ 61 ff. SOG M-V; **Niedersachsen:** §§ 26, 27 NPOG; **Nordrhein-Westfalen:** §§ 43, 44 PolG NRW; **Rheinland-Pfalz:** §§ 22, 23 POG; **Saarland:** §§ 21, 22 SPolG; **Sachsen:** §§ 26, 29 SächsPolG; **Sachsen-Anhalt:** §§ 45, 46 SOG LSA; **Schleswig-Holstein:** §§ 210 ff. LVwG; **Thüringen:** §§ 27, 28 PAG.

lungsanordnung der Standpunkt des Fahrzeugs vermerkt, musste G nun auf die Frostgefährdung seines Fahrzeuges hinweisen. Mitverschulden entfiele aber wieder, wenn zu jenem Zeitpunkt der Gefrierschaden bereits eingetreten war.

Ergebnis: Ein Ersatzanspruch aus öffentlich-rechtlicher Verwahrung ist dem Grunde nach für G gegeben.

2 Folgenbeseitigungsanspruch

2.1 Prozessuale Rechtslage

2.1.1 Verwaltungsrechtsweg, § 40 I 1 VwGO

Der Folgenbeseitigungsanspruch ist öffentlich-rechtlicher Natur; eine öffentlich-rechtliche Streitigkeit nichtverfassungsrechtlicher Art liegt vor (s. **1**, 1.1.2).

2.1.2 Klageart

Das Klagebegehren des G ist auf Geldzahlung als Ausgleich für den Riss im Zylinderkopf gerichtet. Dieses Vorbringen kann als Folgenbeseitigungsbegehren interpretiert werden. Ein Folgenbeseitigungsanspruch kann auch auf Geldersatz gerichtet sein.
Statthafte Klageart für einen Folgenbeseitigungsanspruch ist die Anfechtungsklage, wenn die Folgenbeseitigung gleichzeitig mit der Anfechtung des folgenbegründenden VA geltend gemacht wird (sog. Vollzugsfolgenbeseitigungsantrag). In diesen Fällen ist der Antrag auf Folgenbeseitigung unselbstständiger Annexantrag zur Anfechtungsklage (§ 113 I 2 VwGO). G wendet sich in seinem Vorbringen jedoch nicht gegen die Sicherstellung, da diese bereits aufgehoben wurde, vielmehr verlangt er isoliert die Geldzahlung. Nach hM kann ein Folgenbeseitigungsanspruch auch isoliert geltend gemacht werden. Statthafte Klageart ist dann die allgemeine Leistungsklage.

2.1.3 Klagebefugnis, § 42 II VwGO analog

Die besonderen Sachentscheidungsvoraussetzungen der allgemeinen Leistungsklage sind gesetzlich nicht geregelt. Fraglich ist daher, ob die Klagebefugnis bei der allgemeinen Leistungsklage überhaupt erforderlich ist. Nach dem Wortlaut von § 42 II VwGO ist die Klagebefugnis nur Sachentscheidungsvoraussetzung für die Anfechtungsklage und die Verpflichtungsklage. Für eine entsprechende Anwendung auch auf andere Klagearten spricht, dass nach dem subjektivrechtlich ausgerichteten Rechtsschutzsystem der VwGO Popularklagen grundsätzlich ausgeschlossen sein sollen. Daher ist mit der hM davon auszugehen, dass auch bei einer Leistungsklage die Klagebefugnis gegeben sein muss.
Erforderlich ist, dass das Bestehen des Folgenbeseitigungsanspruchs als möglich erscheint (s. **1**, 1.3). Das ist zu bejahen. G ist klagebefugt.

2.1.4 Beteiligtenfähigkeit und Prozessfähigkeit, §§ 61, 62 VwGO

G ist als natürliche Person, das Land als juristische Person gem. § 61 Nr. 1 Alt. 1 bzw. Alt. 2 VwGO beteiligtenfähig. Die Prozessfähigkeit folgt für G aus § 62 I Nr. 1 VwGO; für das Land handelt gem. § 62 III VwGO der gesetzliche Vertreter (s. 1, 1.6).

2.1.5 Klagegegner

§ 78 VwGO gilt nicht für die allgemeine Leistungsklage. Die Klage ist daher gegen den Rechtsträger zu richten, dessen Organ nach materiellem Recht zum Handeln verpflichtet ist. Die Polizeidienststelle ist ein Organ des Landes. Daher ist das Land als Rechtsträger Klagegegner.

2.1.6 Rechtsschutzbedürfnis

Das Rechtsschutzbedürfnis ist dann gegeben, wenn G sein Klageziel nicht auf andere, einfachere Weise erreichen kann. Bei der allgemeinen Leistungsklage gegen die öffentliche Hand muss sich der Kläger zunächst in der Sache an die zuständige Behörde wenden. G hat bei der Polizei einen Antrag auf Ersatzpflichtanerkenntnis gestellt, jedoch ohne Erfolg. Das Rechtsschutzbedürfnis ist gegeben.

2.2 Materielle Rechtslage

2.2.1 Tatbestand

Der allgemeine Folgenbeseitigungsanspruch ist gesetzlich nicht geregelt. Die Herleitung ist umstritten: § 1004 I BGB analog, Art. 20 III GG oder die Schutzwirkung der Grundrechte. Die Voraussetzungen sind jedoch nach allen Auffassungen gleich. Vorliegen muss ein hoheitlicher Eingriff in ein subjektives Recht, der zu einem noch andauernden rechtswidrigen Zustand geführt hat.

Eine Beeinträchtigung des Eigentumsrechts des G liegt vor; der Motorblock ist gerissen. Dies muss durch die Sicherstellungsanordnung verursacht worden sein. Die Kausalität ist zu bejahen. Der so entstandene Zustand muss rechtswidrig sein. Das ist dann der Fall, wenn G ihn nicht dulden muss. Eine Duldungspflicht könnte sich aus der Sicherstellungsanordnung ergeben. Diese ist ein VA und rechtmäßig. Allerdings reicht die Duldungspflicht nur soweit, als G den Entzug des Gewahrsams am Auto hinnehmen muss; weitergehende Pflichten können aus der Sicherstellungsanordnung nicht abgeleitet werden. Es besteht demnach ein rechtswidriger Zustand, der auch noch andauert. Der Tatbestand des Folgenbeseitigungsanspruchs ist erfüllt.

2.2.2 Rechtsfolge

Der allgemeine Folgenbeseitigungsanspruch richtet sich auf die Wiederherstellung des status quo ante, nicht etwa auf Naturalrestitution, dh auf die Beseitigung aller zurechenbaren Folgen des Verwaltungshandelns. Welche Folgen des Eingriffs dabei allerdings erfasst werden, ist strittig. Stellt man nur auf die unmittelbaren Folgen ab, also auf jene, auf die der Eingriff unmittelbar abzielte, wäre nur die Herausgabe des Fahrzeugs geschuldet. Nach aA müssten auch mittelbar adäquate Folgen (hier der Riss im Zylinderblock aufgrund Kälteeinwirkung) in den Folgenbeseitigungsanspruch einbezogen werden, welche den Haftungsumfang anhand des Schutzzwecks der haftungsbegründenden Norm ermittelt. Beide Ansichten sind vertretbar.

Ergebnis: Je nach vertretener Ansicht muss ein Folgenbeseitigungsanspruch des G bejaht oder verneint werden.

3 Ersatzanspruch aus Amtshaftung (§ 839 BGB, Art. 34 S. 1 GG)

3.1 Prozessuale Rechtslage

Gemäß Art. 34 S. 3 GG muss die Klage beim zuständigen LG (§ 71 II Nr. 2 GVG) erhoben werden. Der Sonderzuweisung des § 40 II 1 VwGO kommt neben Art. 34 S. 3 GG nur deklaratorische Bedeutung zu.

3.2 Materielle Rechtslage

3.2.1 Tatbestand

Zu den tatbestandlichen Voraussetzungen gehören ein hoheitliches Handeln und die schuldhafte Verletzung einer drittbezogenen Amtspflicht.

Die Sicherstellung als hoheitliche Maßnahme gegenüber G begründete ein öffentlich-rechtliches Verwahrungsverhältnis. Daraus folgt eine Pflicht zur ordnungsgemäßen und sorgfältigen Aufbewahrung entsprechend der Natur des Verwahrungsverhältnisses. Diese Pflicht dient auch und gerade dem Schutz des Eigentümers und ist folglich drittbezogen. Beim Pkw-Parken im Freien während des Winters gehört dazu auch die Vergewisserung über die Winterfestigkeit des Fahrzeugs. Bei einem wassergekühlten Wagen ist wenigstens die Erkundigung, ob ein Frostschutzmittel eingefüllt worden ist, oder aber ein frostsicheres Abstellen erforderlich. Diese Pflicht hat die Polizei fahrlässig verletzt. Der Tatbestand ist erfüllt.

3.2.2 Rechtsfolge

Zu ersetzen ist der zurechenbar verursachte Schaden. Wären die Polizisten ihrer Amtspflicht nachgekommen, wäre der Motorblock nicht gerissen und G wäre kein Schaden entstanden. Auch die haftungsausfüllende Kausalität liegt demzufolge vor.

Da die Amtspflichtverletzung nur fahrlässig begangen wurde, besteht der Ersatzanspruch nur, wenn G nicht auf andere Weise Ersatz erlangen kann (§ 839 I 2 BGB). Vorliegend besteht ein Ersatzanspruch auch aus öffentlich-rechtlicher Forderungsverletzung. Dieser Anspruch ist aber ebenfalls gegen das Land gerichtet. Demnach handelt es sich nicht um eine anderweitige Ersatzmöglichkeit.

Ergebnis: G hat einen Ersatzanspruch aus Amtshaftung.

4 Haftung aus § 1 I StHG-DDR (idF des EV), EntschG LSA

In den Ländern Brandenburg, Thüringen und Sachsen-Anhalt gilt noch das StHG-DDR idF des Einigungsvertrages v. 31.8.1990 in teils veränderter Form als Landesrecht fort (in Sachsen-Anhalt gilt mit einigen Modifizierungen das EntschG) (s. **11**, 4). Das Land Berlin hat für den Ostteil der Stadt das geltende StHG-DDR ganz aufgehoben, gleiches gilt für Sachsen und Mecklenburg-Vorpommern.

Die Voraussetzungen der Haftung sind hier erfüllt: Ein Vermögensschaden des G liegt vor; er wurde dem G durch Mitarbeiter staatlicher Organe – die Polizeibeamten –, die in Ausübung staatlicher Tätigkeit handelten, zugefügt. Die Schadenszufügung war auch rechtswidrig.

Ergebnis: Damit hat G auch einen Anspruch aus §§ 1 I, 3 StHG-DDR, §§ 1 I, 3 EntschG LSA. Dieser richtet sich auf Schadensersatz in Geld.

Zu 1: BGH NJW 1990, 1230

Zu 1.2.1: BGHZ 4, 192 (194) = NJW 1952, 301; *Zimmer*, Das neue Recht der Leistungsstörungen, NJW 2002, 1 (6 f.); *Henssler* in MüKoBGB, 8. Aufl. 2018, § 688 Rn. 60 ff.

Zu 2: *Mehde*, Der Folgenbeseitigungsanspruch, JURA 2017, 783; *Ellerbrok*, Die Grenzen der Zurechnung im Rahmen des Folgenbeseitigungsanspruchs, JURA 2016, 125

Zu 2.2.2: BVerwGE 69, 366 = NJW 1985, 817; VGH Mannheim VBlBW 1994, 147; *Brugger*, Gestalt und Begründung des Folgenbeseitigungsanspruchs, JuS 1999, 625; *Stangl*, Der Folgenbeseitigungsanspruch, JA 1997, 138; *Schloer*, Der Folgenbeseitigungsanspruch, JA 1992, 39; *Baldus/Grzeszick/Wienhues*, Staatshaftungsrecht, 5. Aufl. 2018, Rn. 20 ff.; *Maurer/Waldhoff*, Allgemeines Verwaltungsrecht, 19. Aufl. 2017, § 30 Rn. 13 ff.

Zu 3: *Voßkuhle/Kaiser*, Grundwissen – Öffentliches Recht: Der Amtshaftungsanspruch, JuS 2015, 1076

Zum Ganzen: *Kratzlmeier*, Die Systematik des Staatshaftungsrechts – Eine nach Anspruchsgrund geordnete Darstellung der staatshaftungsrechtlichen Ansprüche, JURA 2018, 1239

Lösungsskizze 3

1 Materielle Rechtslage

1.1 Hausverweis

Da es sich bei dem Hausverweis um eine Maßnahme mit Eingriffscharakter handelt, hat der Landrat/Oberkreisdirektor nur dann rechtmäßig gehandelt, wenn für diese eine Ermächtigungsgrundlage besteht und diese formell und materiell rechtmäßig angewendet wurde.

1.1.1 Ermächtigungsgrundlage

Eine ausdrückliche Ermächtigungsgrundlage für einen Hausverweis existiert nicht. Ein Vorgehen auf der Grundlage des allgemeinen Polizei- und Ordnungsrechts ist wegen des Subsidiaritätsgrundsatzes nur möglich, wenn keine anderen Mittel der Gefahrenabwehr zur Verfügung stehen.

Zu überlegen ist, ob die Eigentümergewalt (§§ 859 f., 903, 1004 BGB) als Ermächtigungsgrundlage infrage kommt. Unabhängig davon, ob das Verwaltungsgebäude möglicherweise im Privateigentum steht, ist es aber dem öffentlichen Zweck gewidmet, der Verwaltungstätigkeit des Kreises zu dienen und insofern eine öffentliche Sache im Verwaltungsgebrauch. Soweit diese Zweckbestimmung reicht, sind die privaten Eigentumsrechte bezüglich des Gebäudes öffentlich-rechtlich überlagert bzw. blockiert. An die Stelle der privaten Eigentümerbefugnisse tritt dann die sich als Annex zur Sachkompetenz (Verwaltungstätigkeit) ergebende Sachherrschaft der Behörde am jeweiligen Gebäude. Wann es zu einer derartigen Überlagerung kommt und wie die Abgrenzung vorzunehmen ist, ist umstritten.

Nach früher hM wurde die Abgrenzung zwischen den privatrechtlichen und den öffentlich-rechtlichen Befugnissen anhand des Besuchszwecks der Hinausgewiesenen vorgenommen. Danach wäre es darauf angekommen, ob sich die Väter, V und R innerhalb des Widmungszweckes im Gebäude aufgehalten haben oder nicht. Je nachdem ist der Hausverweis öffentlich-rechtlicher oder privatrechtlicher Natur. Nach heute hM ist dagegen auf den Zweck des Hausverweises abzustellen. Wird mit dem Hausverweis das Ziel verfolgt, die ordnungsgemäße Behördentätigkeit aufrechtzuerhalten, ist er als öffentlich-rechtlich zu qualifizieren. Insoweit ist die Ausübung der privaten Eigentümergewalt ausgeschlossen. Als Ermächtigungsgrundlage kommt daher nur die Annexkompetenz zum Zweck des Hausverweises infrage. Eine ausdrückliche gesetzliche Grundlage ist nicht erforderlich.

1.1.2 Formelle Rechtmäßigkeit

Die Sicherung des Verwaltungsgebrauchs des Gebäudes der Kreisverwaltung ist Aufgabe des verwaltungsleitenden Organs des Kreises, dh je nach Kreisordnung entweder des Kreisvorstehers (Landrat/Oberkreisdirektor) oder des Kreisausschusses, für welchen dann

aber als geschäftsführender Organwalter konkret auch der Kreisvorsteher handelt. Vorliegend hat der Landrat/Oberkreisdirektor gehandelt. Ein Verstoß gegen die Zuständigkeitsordnung liegt demnach nicht vor.
Da es sich bei einem öffentlich-rechtlichen Hausverweis um einen VA iSd § 35 S. 1 VwVfG handelt, der in Rechte der Beteiligten eingreift, ist eine vorherige Anhörung (§ 28 I VwVfG) notwendig. Diese ist laut Sachverhalt erfolgt. Bedenken hinsichtlich der Form bestehen nicht.

1.1.3 Materielle Rechtmäßigkeit

Der Ausspruch eines Hausverweises ist rechtmäßig, wenn das Verhalten der Besucher eine nicht bloß unerhebliche Störung der behördlichen Tätigkeit herbeiführt. Ferner muss zu befürchten sein, dass sich diese Störung fortsetzt (Verbot des Einsatzes des Hausverweises als bloße Strafsanktion). Für die Rechtsanwendung gelten die allgemeinen Grundsätze, insbesondere steht die Rechtsfolge – der Hausverweis – im pflichtgemäßen Ermessen des zuständigen Organs.

1.1.3.1 Hausverweis gegenüber den Vätern

Laut Sachverhalt trat durch Gedränge und Unruhe eine Beeinträchtigung des Behördenbetriebes ein. Ein geordnetes Arbeiten war nicht mehr möglich. Die Behörde war auch nicht durch Art. 8 I GG am Ausspruch des Hausverweises gehindert. Denn die Versammlungsfreiheit umfasst nicht das Recht zur Inanspruchnahme von Räumen, die einem eingeschränkten, die Durchführung von Demonstrationen und Versammlungen nicht umfassenden Zweck zu dienen bestimmt sind. Ermessensfehler sind nicht ersichtlich. Der Hausverweis ist daher insoweit rechtmäßig.

1.1.3.2 Hausverweis gegenüber R

Auch von ihrer Seite liegt keine Inanspruchnahme der Verwaltungstätigkeit vor. Da sie durch ihre Tätigkeit zur allgemeinen Störung beiträgt, gilt grundsätzlich das Gleiche wie bei den Vätern. Auf der Rechtsfolgenseite ist aber zu berücksichtigen, dass der Zweck ihrer Anwesenheit die Berichterstattung ist. Bei der Ermessensausübung ist somit Art. 5 I 2 GG zu beachten. Die Ausübung der Pressefreiheit ist jedoch nicht schrankenlos (Art. 5 II GG). So steht der R zwar ein verfassungsrechtlich verbürgtes Informationsrecht zu. Dieses ist aber einschränkbar zugunsten des ordnungsgemäßen Ablaufs der Behördenarbeit. Darin liegt auch kein Eingriff in den Kernbereich freier Presse, sondern lediglich eine gesetzliche Reglementierung des »Randbereichs«. Auch der Hausverweis gegen R ist daher nicht ermessensfehlerhaft und somit rechtmäßig.

1.1.3.3 Hausverweis gegenüber V

Sein Aufenthalt im Verwaltungsgebäude bezog sich auf die Abwicklung fiskalischer Hilfsgeschäfte. Das ist grundsätzlich widmungskonform. Vs Anwesenheit erhöhte aber objektiv das Durcheinander. Die bloße (Mit)Verursachung genügt, subjektive Merkmale beim Einzelnen sind unerheblich. Auch gegenüber V ist der Hausverweis daher rechtmäßig.

Ergebnis: Die Hausverweise sind rechtmäßig.

1.2 Durchsetzungsandrohung

Die Androhung des zwangsweisen Hinausschaffens ist rechtmäßig, wenn eine entsprechende Ermächtigungsgrundlage besteht und diese formell und materiell rechtmäßig angewendet wurde.

1.2.1 Ermächtigungsgrundlage

Es handelt sich bei der Androhung um einen neuen VA, welcher nicht von der Ermächtigungsgrundlage für den Hausverweis gedeckt ist. Da es um dessen Durchsetzung geht, bilden die §§ 6 ff. VwVG die Ermächtigungsgrundlage.

1.2.2 Formelle Rechtmäßigkeit

Die Zuständigkeit ergibt sich aus § 7 I VwVG. Der Kreisvorsteher (Landrat/Oberkreisdirektor) hat den Hausverweis (Grundverfügung) ausgesprochen und ist daher auch für dessen Vollzug zuständig.

Grundsätzlich muss die Androhung schriftlich erfolgen (§ 13 I 1 VwVG). Ausnahmen sind bei Vorliegen der Voraussetzungen des § 6 II VwVG möglich. Dann muss der Verwaltungszwang zur Abwendung einer drohenden Gefahr notwendig sein. Da die Störaktion den gesamten Verwaltungsbetrieb stark beeinträchtigt hat, ist diese Voraussetzung gegeben. Die Androhung konnte demnach mündlich erfolgen. Der Verzicht auf die Anhörung war im Rahmen des Ermessens des § 28 II Nr. 5 VwVfG zulässig. Eine Zustellung nach § 13 VII VwVG entfällt, da ein rechtmäßigerweise mündlich ergangener VA nicht zugestellt werden kann.

1.2.3 Materielle Rechtmäßigkeit

Auf die Rechtmäßigkeit der Grundverfügung, des Hausverweises, kommt es nach hM nicht an. Auch müssen die allgemeinen Voraussetzungen des Verwaltungszwanges nach § 6 I VwVG bei der Androhung noch nicht vorliegen, wie sich aus § 13 II VwVG ergibt. Hingegen muss gem. § 13 III VwVG ein bestimmtes Zwangsmittel angedroht werden. Das ist hier der Fall: Angedroht wird unmittelbarer Zwang (§§ 9 I lit. c, 12 VwVG). Die Voraussetzungen für die Anwendung unmittelbaren Zwangs sind gegeben, insbesondere liegen keine Ermessensfehler vor. Fünfzehn Minuten stellen eine angemessene Erfüllungsfrist iSd § 13 I 2 VwVG dar.

Ergebnis: Die Durchsetzungsandrohung ist rechtmäßig.

2 Prozessuale Rechtslage

2.1 Verwaltungsrechtsweg, § 40 I 1 VwGO

Ob eine öffentlich-rechtliche Streitigkeit vorliegt, richtet sich nach der Rechtsnatur der streitentscheidenden Normen. Da der Hausverweis auf öffentlich-rechtliche Normen gestützt wird (s. 1.1.1), ist der Verwaltungsrechtsweg eröffnet.

2.2 Klageart

Die statthafte Klageart bestimmt sich nach dem Klagegegenstand und dem Begehren des Klägers (§ 88 VwGO). Angestrebt wird die Überprüfung der Rechtmäßigkeit des Hausverweises, also eines VA (s. 1.1.1).

Grundsätzlich ist dieses Rechtsschutzziel mit einer Anfechtungsklage gem. § 42 I Alt. 1 VwGO zu verfolgen. Fraglich ist aber, ob der VA nicht bereits vor Klageerhebung seine Wirksamkeit gem. § 43 II VwVfG verloren hat (»Erledigung auf andere Weise«). Dies ist der Fall, da dem Hausverweis Folge geleistet wurde. Eine Anfechtungsklage ist daher nicht statthaft.

Zu denken ist an eine Fortsetzungsfeststellungsklage, die einen erledigten VA zum Klagegegenstand hat (§ 113 I 4 VwGO). Hiernach muss sich der VA allerdings nach Klageerhebung erledigt haben. Somit scheidet vorliegend eine direkte Anwendung des § 113 I 4 VwGO aus. Ob die Erledigung vor oder nach Klageerhebung eintritt, ist jedoch vom Zufall abhängig. Die Rechtsschutzgarantie des Art. 19 IV GG verlangt in jedem Fall eine umfassende Rechtsschutzgewährung. Daher besteht für Fälle, wie den vorliegenden, eine Regelungslücke in der VwGO, die geschlossen werden muss. Da eine vergleichbare Interessenlage gegeben ist, wird § 113 I 4 VwGO nach hM analog angewendet. Statthafte Klage ist somit eine Fortsetzungsfeststellungsklage.

2.3 Klagebefugnis, § 42 II VwGO analog

Auch bei der Fortsetzungsfeststellungsklage ist das Vorliegen einer Klagebefugnis erforderlich. Vorliegend ist das unproblematisch, da die Kläger Adressaten eines belastenden VA waren (s. **1**, 1.3).

2.4 Vorverfahren, §§ 68 ff. VwGO analog

Umstritten ist, ob auch bei Erledigung des VA vor Klageerhebung und vor Ablauf der Widerspruchsfrist ein Widerspruchsverfahren durchgeführt werden muss. Anders als bei unmittelbarer Anwendung des § 113 I 4 VwGO wird keine Anfechtungsklage fortgesetzt. Rspr. und Teile der Lit. sehen in der Fortsetzungsfeststellungsklage daher keine umgestellte Anfechtungsklage mehr, sondern eine Feststellungsklage, sodass ein Vorverfahren sich erübrige. Ein anderer Teil der Lit. widerspricht dem; dem Vorverfahren komme auch nach Erledigung des VA seine Rechtsschutzfunktion zu, zumal die Verwaltung Ermessenserwägungen uneingeschränkt überprüfen könne. Dagegen ist einzuwenden, dass die Feststellung der Rechtswidrigkeit durch ein Gericht einen stärkeren Verbindlichkeitsgrad aufweist. Weiterhin muss beachtet werden, dass das Widerspruchsverfahren nicht auf Feststellung der Rechtswidrigkeit von VA, sondern auf deren Aufhebung bzw. Erlass gerichtet ist. Im Ergebnis ist daher mit der hM von der Zulässigkeit der Fortsetzungsfeststellungsklage gem. § 113 I 4 VwGO analog ohne das Erfordernis eines Vorverfahrens auszugehen.

2.5 Klagefrist, § 74 VwGO analog
Wegen Entbehrlichkeit des Vorverfahrens ergibt sich die Klagefrist nach hL aus § 74 I 2 VwGO analog. Das BVerwG dagegen lehnt in seiner Rspr. die analoge Anwendung des § 74 VwGO ab.

2.6 Fortsetzungsfeststellungsinteresse, § 113 I 4 VwGO analog (aA BVerwG)
Das VG soll nicht über die Rechtswidrigkeit eines erledigten VA entscheiden, wenn dies für den Rechtsschutz des Betroffenen ohne Interesse ist. In drei Fallgruppen ist das Fortsetzungsfeststellungsinteresse regelmäßig anerkannt: bei Wiederholungsgefahr, dh bei hinreichend konkreter Erwartung, dass ein gleichartiger VA erlassen wird; bei Rehabilitationsinteresse, dh wenn von dem VA noch nach der Erledigung eine diskriminierende Wirkung ausgeht; bei Vorbereitung eines Amtshaftungs- oder sonstigen Entschädigungsprozesses, wenn die Erledigung nach Erhebung der Klage vor dem VG eintrat und der Prozess nicht offensichtlich aussichtslos ist. Das Feststellungsinteresse ist hier wegen der diskriminierenden Wirkung des Hausverweises gegeben. Auch ist, da weitere Störaktionen geplant sind, eine Wiederholungsgefahr zu bejahen.

2.7 Beteiligten- und Prozessfähigkeit, §§ 61, 62 VwGO
Die Betroffenen sind als natürliche Personen, der Landkreis als juristische Person gem. § 61 Nr. 1 Alt. 1 bzw. Alt. 2 VwGO beteiligtenfähig; die Beteiligtenfähigkeit des Kreisvorstehers als Behörde ergibt sich aus § 61 Nr. 3 in Verbindung mit Landesrecht (s. **1**, 1.6). Die Prozessfähigkeit folgt aus § 62 I Nr. 1 bzw. § 62 III VwGO.

2.8 Klagegegner, § 78 VwGO
Die Regelung des § 78 VwGO gilt unmittelbar nur für Anfechtungsklage und Verpflichtungsklage, nicht für Feststellungsklage und Leistungsklage. Da die echte Fortsetzungsfeststellungsklage nach § 113 I 4 VwGO einen Unterfall der Anfechtungsklage darstellt, ist § 78 VwGO auf sie anzuwenden. Zweifel bestehen hingegen bei einer Fortsetzungsfeststellungsklage in analoger Anwendung von § 113 I 4 VwGO. Sieht man sie als Form der Feststellungsklage und hält dementsprechend ein Vorverfahren für entbehrlich, so wäre eine analoge Anwendung von § 78 I Nr. 2 VwGO inkonsequent, zumal die landesrechtlichen Umsetzungen (s. **1**, 1.7) keine Bestimmungen für die Feststellungsklage enthalten. Insofern müsste der Landkreis Klagegegner sein. Hält man auch die Fortsetzungsfeststellungsklage analog für einen Unterfall der Anfechtungsklage, so wäre – bei entsprechender landesrechtlicher Umsetzung – der Kreisvorsteher als Behörde Klagegegner gem. § 78 I Nr. 2 VwGO analog.

Ergebnis: Die Klagen der Betroffenen sind als Fortsetzungsfeststellungsklage gem. § 113 I 4 VwGO analog zulässig.

Zu 1.1.1: OVG Magdeburg NVwZ-RR 2018, 134; OVG Münster NJW 1998, 1425; *Peters/Lux*, Öffentliche Gebäude und Hausrecht: Inhalt und

	Rechtsgrundlagen, LKV 2018, 17; *Ernst*, Die Wahrnehmung des öffentlichen Hausrechts durch private Sicherheitsdienste, NVwZ 2015, 333; *Mißling*, Das Hausverbot in öffentlichen Gebäuden, NdsVBl 2008, 267; aA *Beaucamp*, Das Hausrecht von Behörden als Rechtsproblem, JA 2003, 231
Zu 1.1.3.1:	BGH NJW 2006, 1054
Zu 1.2:	*Voßkuhle/Wischmeyer*, Grundwissen – Öffentliches Recht: Verwaltungsvollstreckung, JuS 2016, 698
Zu 1.2.1:	BVerwGE 35, 103 (106); BGHZ 33, 230 = NJW 1961, 308; *Pappermann/Löhr/Andriske*, Recht der öffentlichen Sachen, 1987, 162 ff.; *Ipsen/Koch*, Öffentliches und privates Recht – Abgrenzungsprobleme bei der Benutzung öffentlicher Einrichtungen, JuS 1992, 809
Zu 1.2.3:	*Mißling*, Das Hausverbot in öffentlichen Gebäuden, NdsVBl 2008, 267
Zu 2.2:	BVerwGE 138, 186 (190) = NVwZ-RR 2011, 279; VGH Mannheim VBlBW 2014, 147; *Bühler/Brönnecke*, Die Fortsetzungsfeststellungsklage: Dogmatik und Fallbearbeitung, JURA 2017, 34; *Rozek*, Neues zur Fortsetzungsfeststellungsklage: Fortsetzung folgt?, JuS 2000, 1163; *Kopp/Schenke*, VwGO, 25. Aufl. 2019, § 113 Rn. 96 ff.; *Würtenberger/Heckmann*, Verwaltungsprozessrecht, 4. Aufl. 2018, Rn. 724 ff.
Zu 2.4:	BVerwGE 26, 161 (165) = JA 2006, 102; BVerwGE 81, 226 (229) = NJW 1989, 2486; vgl. *Rozek*, Grundfälle zur verwaltungsgerichtlichen Fortsetzungsfeststellungsklage, JuS 1995, 414, 697; aA (Vorverfahren notwendig) *Schenke*, Verwaltungsprozessrecht, 16. Aufl. 2019, Rn. 665
Zu 2.5–6:	BVerwGE 138, 186 (188) = NVwZ-RR 2011, 279; BGH NJW-RR 2016, 1404; *Berkemann*, Professioneller Umgang mit der Fortsetzungsfeststellungsklage – Ein Rechtsprechungsbericht, jM 2014, 421; *Rozek*, Neues zur Fortsetzungsfeststellungsklage: Fortsetzung folgt?, JuS 2000, 1163; *Kopp/Schenke*, VwGO, 25. Aufl. 2019, § 74 Rn. 3, § 113 Rn. 128 ff.; *Würtenberger/Heckmann*, Verwaltungsprozessrecht, 4. Aufl. 2018, Rn. 736 ff., 742 f.
Zu 2.8:	*Koehl*, Passivlegitimation im Verwaltungsprozess, LKV 2018, 150; *Ehlers*, Der Beklagte im Verwaltungsprozess, FS Menger, 1985, 379 (392 f.)

Lösungsskizze 4

Der Landrat hat rechtmäßig gehandelt, wenn der Widerspruchsbescheid formell und materiell rechtmäßig ist.

1 Formelle Rechtmäßigkeit des Widerspruchsbescheids

1.1 Zuständigkeit

Laut Sachverhalt ist L zuständige Widerspruchsbehörde. Fraglich ist, wie es sich auswirkt, dass R den Widerspruch verfristet eingelegt hat. Nach einer in der Lehre verbreiteten Meinung ist die Widerspruchsbehörde in einem solchen Fall nicht mehr zuständig für den Erlass eines Widerspruchsbescheids, da der Devolutiveffekt diese Zuständigkeit nicht mehr trage. Anders entscheidet dagegen die stRspr und die ihr folgende Lit. mit dem Argument, dass die Widerspruchsbehörde Herrin des Vorverfahrens sei. Zumindest in den Fällen, in denen nicht die Interessen Dritter betroffen sind, kann danach ein Widerspruchsbescheid auch auf einen verfristet eingelegten Widerspruch ergehen. Die Zuständigkeit von L ist daher zu bejahen.

1.2 Verfahren und Form sind unbedenklich.

2 Materielle Rechtmäßigkeit des Widerspruchsbescheids

Der Widerspruchsbescheid ist materiell rechtmäßig, wenn der im Widerspruchsverfahren überprüfte Kostenbescheid rechtswidrig und R dadurch in eigenen Rechten verletzt ist (§ 113 I 1 VwGO analog) oder wenn er zwar rechtmäßig, aber unzweckmäßig ist. Die zweite Prüfung erfolgt aber erst, wenn der VA sich als rechtmäßig erweist.

2.1 Ermächtigungsgrundlage des Kostenbescheids

Als Ermächtigungsgrundlage kommen in Betracht die Normen über die Kostenpflicht bei Ersatzvornahme im Rahmen der Verwaltungsvollstreckung oder aber die Normen über die Kostenpflicht bei Sicherstellung oder unmittelbarer Ausführung, beides im Rahmen des allgemeinen Polizei- und Ordnungsrechts. Eine Sicherstellung kann nur angenommen werden, wenn die Gefahrenabwehr gerade mit der Gewahrsamsbegründung durch die Behörde erfolgen soll. Der Pkw des R wurde aber nur deshalb auf den Werkstatthof abgestellt, weil kein geeigneter Stellplatz in der Nähe der Schmalstraße zu finden war; auf eine Inbesitznahme kam es B nicht an. Daher liegt keine Sicherstellung vor (str.). Da die Behörde gehandelt hat, um den im Halteverbotsschild zum Ausdruck kommenden VA zu vollziehen, scheidet auch die Annahme einer unmittelbaren Ausführung aus. Es ist daher von einer Ersatzvornahme auszugehen. Als Ermächtigungsgrundlage für den Kostenbescheid sind §§ 10, 19 I 1 VwVG zu prüfen.

2.2 Formelle Rechtmäßigkeit des Kostenbescheids

2.2.1 Zuständigkeit

Laut Sachverhalt ist B zuständig.

2.2.2 Verfahren und Form

Formfehler sind nicht ersichtlich. Doch wurde R vor Erlass des Kostenbescheids nicht angehört. Gemäß § 28 I VwVfG wäre dies aber erforderlich gewesen. Eine Ausnahme nach § 28 II VwVfG liegt nicht vor; insbesondere greift § 28 II Nr. 5 VwVfG nicht ein, da es sich bei Kostenentscheidungen nicht mehr um Maßnahmen »in« der Verwaltungsvollstreckung handelt. Der Kostenbescheid vom 22.3.2019 ist insofern formell rechtswidrig. Es kann aber davon ausgegangen werden, dass die Anhörung bis zum Ende des Widerspruchsverfahrens nachgeholt und dadurch der Fehler gem. § 45 I Nr. 3, II VwVfG geheilt wurde.

2.3 Materielle Rechtmäßigkeit des Kostenbescheids

Zu den materiellen Voraussetzungen eines Kostenbescheids gehören die Rechtmäßigkeit der Amtshandlung – hier der Ersatzvornahme (§§ 9 I a, 10 VwVG) – und die rechtmäßige Anwendung der kostenrechtlichen Vorschriften. Letzteres ist laut Sachverhalt zu bejahen und daher nicht mehr zu prüfen. Die Rechtmäßigkeit der Ersatzvornahme hängt ab von der Zuständigkeit des B, der Vollziehbarkeit eines entsprechenden GrundVA und der ordnungsgemäßen Durchführung der Ersatzvornahme. Eine Anhörung des R ist gem. § 28 II Nr. 5 VwVfG entbehrlich.

2.3.1 Zuständigkeit für die Ersatzvornahme

Die Zuständigkeit für den Vollzug eines VA bestimmt sich nach § 7 I VwVG. Danach ist Vollzugsbehörde grundsätzlich die Erlassbehörde. Verkehrszeichen werden gem. § 45 III 1 StVO von der Straßenverkehrsbehörde erlassen. Straßenverkehrsbehörde ist laut Sachverhalt B. Damit obliegt ihm auch die Vollziehung des Wegfahrgebots durch Ersatzvornahme.

2.3.2 Vorliegen eines vollziehbaren VA

Nach hM handelt es sich bei einem Verkehrszeichen – soweit es ein Gebot oder Verbot ausspricht – um eine Allgemeinverfügung nach § 35 S. 2 Alt. 3 VwVfG (benutzungsbezogene Allgemeinverfügung) und damit um einen VA. Dieser muss einen iSd § 6 I VwVG vollziehbaren Inhalt aufweisen, welcher als vertretbare Handlung (§ 10 VwVG) im Wege der Ersatzvornahme vollstreckt werden kann.

Das Verkehrszeichen Nr. 283 (absolutes Halteverbot) drückt zum einen das Verbot aus, mit einem Fahrzeug im betroffenen Bereich zu halten. Dieses Verbot ist aber nicht im Wege der Ersatzvornahme vollziehbar. Nach der Rspr. des BVerwG beinhaltet es darüber hinaus das Gebot, den betroffenen Bereich zu verlassen (»Wegfahrgebot«). Diese Anordnung kann im Wege der Ersatzvornahme vollzogen werden.

Der VA muss für R wirksam geworden sein. Für die Rechtmäßigkeit des Vollzugs ist nach hM die Wirksamkeit des GrundVA ausreichend. Nach anderer Auffassung muss der GrundVA darüber hinaus rechtmäßig sein (sog. Grundsatz der Konnexität). Dagegen spricht nicht nur der Wortlaut und die Systematik des § 6 I VwVG, sondern auch, dass ohne Anhaltspunkte im VwVG eine Voraussetzung verlangt wird, die von den Grundsätzen des allgemeinen Verwaltungsrechts her nicht hinzugedacht werden muss. Für das allgemeine Verwaltungsrecht ist kennzeichnend, dass ein bloß rechtswidriger, aber nicht nichtiger VA wirksam ist, dh den beabsichtigten Rechtseffekt erzeugt (vgl. § 43 II, III VwVfG). Diese Regelung, die sich deutlich von der Wirkung der Rechtswidrigkeit bei Rechtsnormen unterscheidet, dient der Sicherheit und Berechenbarkeit des Verwaltungshandelns. Dieser Sicherheit bedarf es im besonderen Maße im Ordnungsrecht. Für den Vollzug reicht demnach die Wirksamkeit.

Wirksamkeit setzt Bekanntgabe voraus (§ 43 I 1 VwVfG). Grundsätzlich erfolgt diese nach § 41 VwVfG. Sie liegt vor bei amtlich veranlasster Eröffnung des verfügenden Teils des VA. Da R keine Kenntnis des VA erlangt hat, ist § 41 I VwVfG nicht einschlägig. Lange Zeit ging die Rspr. daher davon aus, dass kein wirksames Ge- und Verbot durch ein nach Abstellen des Fahrzeugs aufgestelltes Verkehrszeichen ausgelöst wird. Das BVerwG hat sich jedoch inzwischen der Rspr. einiger Obergerichte angeschlossen, nach der sich die Bekanntgabe nach der StVO (§§ 39 I, Ia, 45 IV StVO) richtet. Ausdrücklich offengelassen wird vom BVerwG die Frage, ob es sich dabei um eine öffentliche Bekanntgabe eines nicht schriftlichen VA gem. § 41 III VwVfG handelt (bei schriftlichem VA gilt § 41 IV VwVfG) oder aber ob die Vorschriften der StVO den § 41 VwVfG gem. § 1 II 1 VwVfG verdrängen. Deren Wirkung entsprechend kommt es nicht auf die tatsächliche Kenntnis des einzelnen Verkehrsteilnehmers an. Ausreichend ist laut BVerwG, dass das Verkehrszeichen so angebracht ist, dass ein durchschnittlicher Verkehrsteilnehmer es unter Anlegung des Sorgfaltsmaßstabes aus § 1 StVO hätte wahrnehmen können. Auch der Fahrer eines geparkten Fahrzeugs bleibt Verkehrsteilnehmer. Hier muss die Formel des BVerwG zur Bekanntgabe dahingehend modifiziert werden, dass zu fragen ist, ob der Parkende mit dem Aufstellen des Schildes hätte rechnen müssen. Das Vertrauen in die Aufrechterhaltung vorhandener Verkehrszeichen wird nicht uneingeschränkt geschützt. Es muss damit gerechnet werden, dass sich Regelungen nach einer angemessenen Vorwarnzeit ändern. Das BVerwG hat eine Vorwarnzeit von vier Tagen nicht beanstandet. Vorliegend wurde das Schild fünf Tage vor Inkrafttreten der Änderung der Rechtslage aufgestellt. Daher gilt das Wegfahrgebot gegenüber R als bekanntgegeben und es ist für ihn wirksam.

Schließlich muss das Wegfahrgebot vollziehbar gewesen sein. Die Vollziehbarkeit eines VA bestimmt sich nach § 6 I VwVG. Sie liegt in folgenden Fällen vor: Unanfechtbarkeit, Anordnung des sofortigen Vollzugs, Fehlen der aufschiebenden Wirkung eines Rechtsmittels. Die hM stellt Verkehrszeichen den unaufschiebbaren Anordnungen von Polizeivollzugsbeamten gleich und wendet § 80 II 1 Nr. 2 VwGO analog an. Damit entfällt die aufschiebende Wirkung eines Rechtsmittels. Das Wegfahrgebot ist demzufolge vollziehbar gewesen.

2.3.3 Ordnungsgemäße Durchführung

Zu untersuchen sind die Androhung (§ 13 VwVG), die Festsetzung (§ 14 VwVG) sowie die Anwendung des Zwangsmittels (§ 15 VwVG). Letztere gibt keinen Anlass zu Bedenken. Allerdings wurde das Abschleppen weder angedroht, noch ist eine Festsetzung erfolgt. Die Androhung ist entbehrlich nach §§ 13 I 1, 6 II VwVG; von einer drohenden Gefahr muss ausgegangen werden, da anderenfalls die Straßenbauarbeiten nicht hätten durchgeführt werden können. Aus dem gleichen Grund war auch die Festsetzung entbehrlich (§ 14 S. 2 iVm § 6 II VwVG).

Auch wenn insoweit die tatbestandlichen Voraussetzungen der Verwaltungsvollstreckung gegeben sind, steht der Einsatz der Ersatzvornahme im pflichtgemäßen Ermessen der Behörde (§ 10 VwVG). Als Ermessensfehler kommt hier nur ein Fehlgebrauch infrage. Das Abschleppen könnte unverhältnismäßig, weil nicht erforderlich, gewesen sein.

Inwiefern eine Abschleppmaßnahme erforderlich ist, wenn durch eine Handynummer oder ähnliche Angaben eine Wegfahrbereitschaft signalisiert wird, ist in Rspr. und Lit. umstritten. In der Tendenz ist eine sehr restriktive Sichtweise erkennbar, die nur dann die Erforderlichkeit der Maßnahme verneint, wenn die Wegfahrbereitschaft eindeutig signalisiert wird und das Wegfahren innerhalb weniger Minuten gewährleistet ist. Hieran könnte vorliegend gezweifelt werden. Allerdings geht die Rspr. dabei oft von Konstellationen aus, in denen eine sofortige Entfernung des Fahrzeuges notwendig erscheint, beispielsweise weil eine Zufahrt zugeparkt wird. Im vorliegenden Fall besteht jedoch ein zeitlicher Spielraum, da die Arbeiten auf einen Zeitraum von mehreren Tagen verteilt sind. Aufgrund der präzisen Angaben auf dem von R hinterlassenen Zettel erschien es auch möglich, kurzfristig in Erfahrung zu bringen, ob und in welcher Zeit ein Wegfahren möglich gewesen wäre. Die Entfernung des Fahrzeugs durch den Bruder von R wäre daher ein milderes und ebenso geeignetes Mittel gewesen.

Die Ersatzvornahme durch Abschleppen war demnach nicht erforderlich, also unverhältnismäßig und damit rechtswidrig.

Die Rechtswidrigkeit der Ersatzvornahme führt zur Rechtswidrigkeit des Kostenbescheids. Er war daher von der Widerspruchsbehörde aufzuheben.

Ergebnis: Der Widerspruchsbescheid ist rechtmäßig.

Zu 1.1: *Pietzner/Ronellenfitsch*, Das Assessorexamen im Öffentlichen Recht, 14. Aufl. 2019, § 42

Zu 2.1: *Koehl*, Abschleppen von Kraftfahrzeugen, SVR 2014, 98; *Schenke*, Polizei- und Ordnungsrecht, 10. Aufl. 2018, Rn. 164, 722 f.

Zu 2.2.2: OVG Münster NJW 1983, 1441; 1984, 2844

Zu 2.3: BVerwGE 27, 181 = NJW 1967, 1627; BVerwGE 59, 221 = NJW 1980, 1640; BVerwGE 102, 316 = NJW 1997, 1021; BVerwGE 154, 365 = NVwZ 2016, 1413; OVG Münster NZV 1996, 293 (294); *Kümper*, Das Verkehrszeichen als Quelle klassischer Probleme des Verwaltungs- und Verwaltungsprozessrechts – Teil 1: Grundlagen, JuS 2017, 731; *Milker*, Die Bekanntgabe von Verkehrszeichen, JURA 2017, 271; *Bitter/Konow*, Bekanntgabe und Widerspruchsfrist bei Verkehrszeichen, NJW 2001, 1386

Zu 2.3.3: BVerwG NJW 2002, 2122; OVG Hamburg NJW 2001, 3647; 2005, 2247; VG Düsseldorf BeckRS 2010, 46864; VG Köln BeckRS 2011, 49573; *Koehl*, Abschleppen von Kraftfahrzeugen, SVR 2014, 98; *Michaelis*, Das Abschleppen von Kraftfahrzeugen, JURA 2003, 298

Lösungsskizze 5

Die Klage hat Aussicht auf Erfolg, soweit sie zulässig und begründet ist.

1 Zulässigkeit der Klage

1.1 Verwaltungsrechtsweg, § 40 I 1 VwGO

Mangels aufdrängender Sonderzuweisung ist gem. § 40 I 1 VwGO das Vorliegen einer öffentlich-rechtlichen Streitigkeit nicht-verfassungsrechtlicher Art und das Fehlen einer abdrängenden Sonderzuweisung erforderlich. S wendet sich gegen den Bescheid der Universität U über das Nichtbestehen der Zwischenprüfung. Rechtsgrundlage für die streitgegenständliche Prüfung ist die Studien- und Prüfungsordnung für das Studium der Rechtswissenschaft an der Universität U (die auf der Grundlage der landesgesetzlichen Ausbildungs- und Prüfungsordnungen beruht). Art. 5 III GG garantiert der Universität U als Anstalt des öffentlichen Rechts ein Selbstbestimmungsrecht im Bereich von Hochschulprüfungen. Die maßgeblichen Normen treffen hoheitliche Regelungen über die Ausgestaltung der Prüfungen gegenüber den Studierenden und berechtigen bzw. verpflichten einen Träger öffentlicher Gewalt. Sie sind somit öffentlich-rechtlicher Natur (s. **1**, 1.1). Auch die anderen Voraussetzungen liegen vor, sodass der Verwaltungsrechtsweg eröffnet ist.

1.2 Klageart, § 42 I VwGO

Die Klageart bestimmt sich nach dem Klagebegehren, § 88 VwGO. S kommt es darauf an, nach einer Wiederholung oder Neubewertung der angegriffenen Klausuren bzw. einer erneuten Durchführung des Nachprüfungsverfahrens, die Zwischenprüfung zu bestehen. Nur auf der Grundlage eines positiven Zwischenprüfungsbescheids kann sie ihr Hauptstudium aufnehmen.

Hierbei könnte es sich um eine Verpflichtungsklage handeln, § 42 I Alt. 2 VwGO. Diese muss sich auf Erlass eines VA richten, § 35 VwVfG. S könnte hier eine Bewertung der einzelnen Klausuren mit mindestens »ausreichend« oder aber einen positiven Bescheid über das Bestehen der Zwischenprüfung insgesamt begehren. Fraglich ist, ob der Zwischenprüfungsbescheid oder bereits die einzelnen Klausuren VA nach § 35 VwVfG darstellen. Hier kommt es insbesondere auf das Vorliegen eines Regelungscharakters an. Nach der universitären Studien- und Prüfungsordnung erfordert das Bestehen der Zwischenprüfung die Bewertung von drei der vier Klausuren mit mindestens 4 Notenpunkten (»ausreichend«). Dies ist Voraussetzung für die Aufnahme des Hauptstudiums. Die Zwischenprüfung gilt als endgültig nicht bestanden, wenn nach Ausschöpfung der Wiederholungsmöglichkeiten mehr als eine Klausur nicht bestanden ist. S hat nach erfolglosem Wiederholungsversuch drei der vier Klausuren nicht bestanden. S hätte die Zwischenprüfung nur bestanden, wenn mindestens zwei Klausuren im Rahmen einer Neubewertung

4 Punkte (oder mehr) erzielten. Andernfalls ist ihr die Aufnahme des Hauptstudiums endgültig verwehrt. Indem der Zwischenprüfungsbescheid den Eintritt in das Hauptstudium verbindlich bewirkt oder verschließt, entfaltet er eine Regelungswirkung. Im Gegensatz hierzu qualifiziert allein die Neubewertung zweier Klausuren mit »ausreichend« S nicht für das Hauptstudium. Damit kommt den Bewertungen der einzelnen Teilleistungen kein eigenständiger Regelungsgehalt zu. Man könnte zwar erwägen, die Neubewertung der angegriffenen Klausuren durch Leistungsklagen geltend zu machen. Jedoch handelt es sich bei diesen Prüfungsteilen um unselbstständige Verfahrenshandlungen iSd § 44a VwGO, die die Grundlage für den abschließenden Bescheid über das Bestehen oder Nichtbestehen der Zwischenprüfung bilden. Nur diesem kommt die Qualität eines VA nach § 35 VwVfG zu, der im Wege der Verpflichtungsklage gem. § 42 I Alt. 2 VwGO erstrebt werden kann. Die Klausuren sind nur als Teil des universitären Prüfungsbescheids angreifbar. Die Leistungsbegehren der S sind daher gem. § 44a VwGO in der Verpflichtungsklage enthalten. Dabei kann aber das Gericht selbst nicht über das Bestehen der Zwischenprüfung entscheiden, da aufgrund der höchstpersönlichen Natur der prüfungsspezifischen Werturteile sowie der Sicherung der Chancengleichheit unter den Prüflingen (Art. 3 I GG) die Prüfungsentscheidungen nur im Prüfungsverfahren selbst durch die Prüfer zu treffen sind. Somit ist die Verpflichtungsklage (Versagungsgegenklage) in Form einer Bescheidungsklage nach § 42 I Alt. 2 VwGO statthafte Klageart, § 113 V 2 VwGO.

1.3 Klagebefugnis, § 42 II VwGO

S müsste geltend machen, durch die Versagung des Bescheids über das Bestehen der Zwischenprüfung in ihren Rechten verletzt zu sein. Dies wäre der Fall, wenn S möglicherweise einen Anspruch auf Wiederholung bzw. Neubewertung der Klausuren oder auf Durchführung des Nachprüfungsverfahrens hat. Das einfache Recht gewährt S keinen derartigen Anspruch. Insbesondere hat S die einmalige Wiederholungsmöglichkeit, welche die Studien- und Prüfungsordnung vorsieht, bereits erschöpft. Diese Ansprüche können sich aber aus den das Prüfungsrecht prägenden verfassungsrechtlichen Garantien ergeben (Art. 12 I, 3 I GG). Sie erscheinen aufgrund der spezifischen Bewertungs- und Verfahrensrügen zumindest möglich. S ist klagebefugt (s. 1, 1.3).

1.4 Vorverfahren, §§ 68 ff. VwGO

Ein Widerspruchsverfahren wurde durch die Universität U als Widerspruchsbehörde (§ 73 I Nr. 3 VwGO) durchgeführt.

1.5 Klagefrist, § 74 VwGO

Laut Sachverhalt erfolgte die Klageerhebung fristgerecht.

1.6 Beteiligten- und Prozessfähigkeit, §§ 61, 62 VwGO

Für S gelten §§ 61 Nr. 1 Alt. 1, 62 I Nr. 1 VwGO, für die Universität U §§ 61 Nr. 1 Alt. 2, 62 III VwGO in Verbindung mit dem jeweiligen Landeshochschulgesetz.

1.7 Klagegegner, § 78 I Nr. 1 VwGO
Die Klage ist gegen die Universität U zu richten, die den Bescheid als Selbstverwaltungskörperschaft erlassen hat (s. **1**, 1.7).

Ergebnis: Die Klage der S ist als Verpflichtungsklage in Form der Bescheidungsklage zulässig.

2 **Begründetheit der Klage**
Die Verpflichtungsklage der S ist begründet, soweit die Ablehnung des VA rechtswidrig und S dadurch in ihren Rechten verletzt ist (§ 113 V 1 VwGO). Dies ist dann der Fall, wenn S einen Anspruch auf Wiederholung, Neubewertung oder Überprüfung der jeweils angegriffenen Klausuren hat. Wenngleich sich die Klage gegen den gesamten Bescheid über das Nichtbestehen der Zwischenprüfung richtet, so beschränkt sich die gerichtliche Überprüfung auf die von S angegriffenen Klausuren. S kann entscheiden, gegen welche Teile der Prüfung sie mit substantiierten Einwendungen vorgeht und welche sie gelten lassen will. Mangels Spruchreife kommt hier entsprechend dem Begehren der S nur ein Bescheidungsurteil in Betracht (§ 113 V 2 VwGO). Ist die Klage der S begründet, so hebt das VG den Zwischenprüfungsbescheid auf und verpflichtet die Universität U, die Klausuren unter Beachtung der Rechtsauffassung des Gerichts zu wiederholen oder neu zu bewerten bzw. das Nachprüfungsverfahren ordnungsgemäß durchzuführen.

2.1 Anspruch auf ermessensfehlerfreie Entscheidung der Prüfungsbehörde
S rügt in allen drei Klausuren Bewertungsmängel und macht für zwei Klausuren (Zivilrecht, Strafrecht) einen Wiederholungsanspruch aufgrund einer rechtswidrig gestellten Klausur geltend. Das einfache Recht gewährt der S keinen Anspruch auf Wiederholung und Neubewertung. Insbesondere die Studien- und Prüfungsordnung sieht nur eine einmalige Wiederholungsmöglichkeit vor, welche S bereits erschöpft hat. Diese Ansprüche können sich aber aus den verfassungsrechtlichen Garantien im Prüfungsrecht ergeben (Art. 12 I, 3 I GG). Liegen Prüfungsmängel vor, etwa indem der prüfungsspezifische Beurteilungsspielraum überschritten oder der Grundsatz der Chancengleichheit verletzt wird, so kann sich daraus ein Anspruch auf Wiederholung oder Neubewertung ergeben. Hinsichtlich der geltend gemachten Fehler des Nachprüfungsverfahrens im Zivilrecht stellt § 14 Studien- und Prüfungsordnung eine geeignete Rechtsgrundlage dar, denn er normiert die Pflicht einer internen Nachprüfung. S könnte nur dann weiterhin eine Nachprüfung verlangen, wenn das bereits durchgeführte Nachprüfungsverfahren rechtswidrig erfolgte. Insgesamt ist zu prüfen, ob die Klausurgestaltung, die Klausurbewertung und das Nachprüfungsverfahren rechtswidrig erfolgten.

2.1.1 Maßstab: Prüfungsspezifischer Beurteilungsspielraum
Prüfungsentscheidungen im Rahmen der Ausbildung bestimmen über den Erwerb beruflicher Qualifikationen und damit über die

Berufszulassung. Dies gilt grundsätzlich für alle Prüfungsentscheidungen. Sie unterfallen dem Schutz der grundrechtlichen Gewährleistungen der Berufsfreiheit des Art. 12 I GG, dem Gleichheitsgrundsatz aus Art. 3 I GG, dem Rechtsstaatsprinzip des Art. 20 III GG und der Rechtsschutzgarantie des Art. 19 IV GG. Allerdings unterliegen Prüfungsentscheidungen als »pädagogisch-wissenschaftliche Bewertungen« wegen ihres höchstpersönlichen Charakters und der prinzipiellen Unwiederholbarkeit der Prüfungssituation nur eingeschränkter verwaltungsrechtlicher Kontrolle. Die Prüfungsorgane verfügen über einen prüfungsspezifischen Beurteilungsspielraum. Der Grundsatz der Chancengleichheit (Art. 3 I GG) erfordert, dass alle vergleichbaren Prüfungsteilnehmer unter vergleichbaren Bedingungen und nach vergleichbaren Bewertungsmaßstäben beurteilt werden. Damit verbietet es sich, Kandidaten, die eine gerichtliche Nachprüfung anstrengen, einer neuen Bewertung isoliert von dem tatsächlichen Prüfungszusammenhang zuzuführen. Dies würde die Prüfungsentscheidung systematisch verzerren, denn der Verwaltungsprozess vermag es nicht, die Besonderheiten der Prüfungssituation abzubilden. Jeder Bewertung einer Prüfung liegt ein komplexes Werturteil zugrunde, in das die Prüfer, die im Rahmen ihrer Prüfungspraxis gewonnenen Erfahrungen und Einschätzungen einbringen sollen. Sie haben einen Beurteilungsspielraum hinsichtlich der Beurteilung der Qualität der Prüfungsleistung sowie der spezifischen Zuordnung zu einer Note. Das Gericht darf die prüfungsspezifischen Wertungen nicht ersetzen. Nach ständiger Rechtsprechung kann ein Gericht nur überprüfen, ob die Prüfungsbehörde das Verfahren eingehalten hat, anzuwendendes Recht verkannt hat, von einem unrichtigen Sachverhalt ausgegangen ist, allgemein gültige Bewertungsmaßstäbe verletzt hat, sich von sachfremden Erwägungen hat leiten lassen oder sonst willkürlich gehandelt hat. Voll gerichtlich kontrollierbar sind hingegen alle fachlichen Bestandteile der Prüfung. Dabei darf eine Lösung, die mit vertretbaren und gewichtigen Argumenten folgerichtig begründet wird, nicht als falsch gewertet werden.

Für die gerichtliche Überprüfung sind die von S vorgebrachten Einwendungen wesentlich. S obliegt es, substantiiert und nachvollziehbar begründet darzulegen, inwiefern das Prüfungsverfahren fehlerhaft erfolgte.

Mit der Zwischenprüfungsentscheidung geht die Entscheidung über den Ausschluss von S vom Studiengang der Rechtswissenschaft einher, welcher den ausschließlichen zumutbaren Weg zur beruflichen Qualifikation für bestimmte juristische Berufe darstellt. Auch wenn es sich nicht um die juristische Staatsprüfung als Zulassungsentscheidung selbst handelt, so regelt bereits die Entscheidung der Zwischenprüfung den Berufszugang. S hat einen Anspruch auf Aufhebung des Zwischenprüfungsbescheids und Wiederholung bzw. Neubewertung der beanstandeten Prüfungen, wenn das Prüfungsverfahren bzw. die Bewertungen der Klausurbearbeitungen fehlerhaft und für das Prüfungsergebnis erheblich waren. Ein solcher

Einfluss auf das Ergebnis kann nur bei unwesentlichen Verfahrensfehlern oder nicht tragenden Ausführungen ausgeschlossen werden. Unter Zugrundelegung dieses Prüfungsmaßstabes ist zunächst fraglich, ob nach dem inhaltlich nicht widersprochenen Vorbringen der S das Prüfungsverfahren fehlerhaft durchgeführt wurde. Für identifizierte Fehler ist sodann zu prüfen, ob sie für die Prüfungsentscheidung beachtlich waren, dh diese auf ihnen beruhte.

2.1.2 Klausur Zivilrecht: Fehler im Prüfungsverfahren und in der Bewertung

Fraglich ist, ob hinsichtlich der Klausur Zivilrecht relevante Fehler des Prüfungs- und Bewertungsverfahrens vorliegen.

2.1.2.1 Fehlerhafte Auswahl des Klausursachverhalts

S beanstandet zunächst die Auswahl des Klausursachverhalts, weil dieser bereits im Rahmen der vorlesungsbegleitenden Lehrveranstaltungen als Probeklausur gestellt wurde. Dies verstoße gegen den Gleichheitsgrundsatz (Art. 3 I GG) und die Wissenschaftsfreiheit (Art. 5 III GG). Grundsätzlich liegt die Gestaltung der Prüfung im Ermessen der prüfenden Klausurersteller. Es ist nicht per se unzulässig, eine Prüfungsaufgabe auszuwählen, die zuvor bereits Gegenstand einer Lehrveranstaltung war. Fraglich ist, ob diese Auswahl eine rechtswidrige Ungleichbehandlung darstellt. Die Tutorien fanden vorlesungsbegleitend statt und richteten sich an alle Teilnehmer der Vorlesung Zivilrecht. Ihr Besuch und damit die Teilnahme an der Probeklausur standen auch S offen. Sie wurde im Vergleich zu anderen Studierenden, die die Probeklausur bearbeitet hatten, nicht ungleich behandelt. Es lag in ihrer Verantwortung und freien Entscheidung, die online auch für sie zugänglichen vorlesungsbegleitenden Materialien nicht zur Klausurvorbereitung heranzuziehen. Eines ausdrücklichen Hinweises auf die Relevanz der Probeklausur bedurfte es nicht, da ihre Bedeutung sich bereits aus ihrer Funktion ergab. Ihre Zweitverwertung bewirkte auch keinen faktischen Zwang zum Besuch der Tutorien, da die Probeklausur für alle Studierenden im Internet verfügbar war; zumal das Fernbleiben von Lehrveranstaltungen schon nicht dem Schutzbereich der Wissenschaftsfreiheit (Art. 5 III GG) unterfällt. Die Auswahl des Klausursachverhalts war rechtmäßig.

Weiter argumentiert S, dass die Klausur Spezialkenntnisse der Nautik abfrage, indem sie den Begriff der »Segeljolle« verwende und somit gegen die Berufsfreiheit und Chancengleichheit verstoße (Art. 12 I, 3 I GG). Grundsätzlich muss der Prüfungsstoff dem erforderten Kenntnisstand der Prüflinge entsprechen. Von Studierenden der Rechtswissenschaft können keine Spezialkenntnisse der Nautik erwartet und einer Zwischenprüfung zugrunde gelegt werden. Der Begriff der »Jolle« ist dem Duden zufolge Bestandteil der deutschen Sprache und bezeichnet ein Segelboot. Er gehört allerdings nicht zu den gebräuchlichen Begriffen der Alltagssprache, sodass seine Kenntnis möglicherweise nicht vorausgesetzt werden kann. Allerdings kann von den Studierenden im Rahmen einer juristischen Prüfung erwartet werden, auch weniger geläufige Begriffe durch Auslegung aus dem kontextualen Zusammenhang zu erschließen. Der Kontext der Übereignung der »Segeljolle« zum Erwerb eines Segelscheins am Tegernsee ergibt auch bei Unkenntnis des Wortes »Jolle«, dass es sich um eine Art Segelboot handeln muss. Deshalb war die Klausur auch ohne Spezialkenntnisse der Nautik lösbar. Der abgeprüfte Stoff überschreitet damit nicht die Grenzen des prüfungsspezifischen Spielraums.

2.1.2.2 Inhaltlich fehlerhafte Bewertung der Klausurbearbeitung

S wehrt sich dagegen, dass ihre Einordnung der Segeljolle als »Seeschiff« nach § 929a BGB als falsch bewertet wurde. Sie macht dabei aufgrund eines Rechtschreibfehlers in den Korrekturanmerkungen gleichzeitig die Untauglichkeit des Erstkorrektors geltend. Grundsätzlich ist die Bewertung fachlicher Fragen voll gerichtlich kontrollierbar. Eine Lösung darf nicht als falsch gewertet werden, wenn sie vertretbar und mit guten Argumenten folgerichtig begründet ist. Fraglich ist, ob die Einordnung einer Segeljolle als Seeschiff iSd § 929a BGB vertretbar ist. Überwiegend wird ein Schiff als Seeschiff eingeordnet, wenn es nach dem Eigentümerwillen zur Seeschifffahrt bestimmt ist. Mitunter wird auf die schiffspatentrechtliche Einordnung abgestellt. Letztlich soll ein Seeschiff aber auf »See«, dh auf dem Ozean oder Meer, betrieben werden. Ein Segelboot zum Erwerb eines Segelscheins auf dem Tegernsee hingegen wird weder auf dem Meer betrieben noch soll es dort eingesetzt werden. Bei lebensnaher Sachverhaltsauslegung spricht hiergegen schon die geringe Größe und mangelnde Motorausstattung der Segeljolle. S hat nicht mit guten Argumenten vertretbar begründet, dass die Segeljolle als Seeschiff gelten kann. Ihre Unkenntnis des Begriffs der Jolle und fehlerhafte Auslegung des Begriffs »See-Schiff« als Schiff auf einem Binnengewässer ändern diese Beurteilung nicht. Damit ist es rechtmäßig, diese Einordnung als falsch zu bewerten. Die Bezeichnung als »abwegig« drückt zwar deutliche Kritik des Korrektors aus, diese ist aber nicht als unsachlich oder gar willkürlich zu qualifizieren (s. 2.1.3.2). Eine Einordnung als Seeschiff ist mit Blick auf Sinn und Zweck des § 929a BGB sowie den Klausursachverhalt tatsächlich fernliegend. Der von S gerügte Rechtschreibfehler ist zudem kein Indiz für die Untauglichkeit des Prüfers. Orthografische (Flüchtigkeits-)Fehler lassen nicht auf eine Unfähigkeit zur Bewertung juristischer Leistungen schließen. Zudem genügt ein einzelner Fehler in einer handschriftlichen Anmerkung nicht, derartige Zweifel zu begründen. Anders mag dies sein, wenn Rechtschreibfehler in besonders hoher Zahl auftreten oder Hinweise auf fehlende Sprachkenntnis und damit ein fehlendes Verständnis der Klausurbearbeitung geben. Die Bewertung ist inhaltlich fehlerfrei.

2.1.2.3 Rechtswidrigkeit des Nachprüfungsverfahrens

Zuletzt rügt S mit Blick auf die Klausur Zivilrecht die Fehlerhaftigkeit des Nachprüfungsverfahrens. Sie kritisiert, dass anstelle einer Nachprüfung durch Erst- und Zweitgutachter der Klausur eine

erneute Bewertung durch die Klausurerstellerin und die Studiendekanin erfolgte. Zwar besteht kein Zweifel an der fachlichen Eignung der beiden Zivilrechtsprofessorinnen zur Korrektur einer Klausur im Zivilrecht. Allerdings könnten sie bei der Übernahme der Nachprüfung gegen Verfahrensvorschriften des § 14 Studien- und Prüfungsordnung verstoßen haben. Das Nachprüfungsverfahren gewinnt als eigenständiges Kontrollverfahren durch den eingeschränkten inhaltlichen Kontrollumfang eine wesentliche Bedeutung für die von Art. 12 I GG geschützten berufsbezogenen Prüfungen.
§ 13 der Studien- und Prüfungsordnung legt für die Prüfungsorganisation die Zuständigkeit der Studiendekanin fest. Die Vorschrift sieht vor, dass für jede Klausur zwei Prüfer bestimmt werden müssen, die ihre Begutachtung selbstständig vornehmen. Dies ist vorliegend auch geschehen. § 14 der Studien- und Prüfungsordnung regelt, dass die im Widerspruchsverfahren erhobenen Einwendungen den jeweiligen Prüfern zur Überprüfung ihrer Bewertung zugeleitet werden. Schon der Wortlaut bezieht sich allein auf die bereits mit der Bewertung vorbefassten Erst- und Zweitgutachter, denn nur diese können »ihre« Bewertungen überprüfen. Hierfür sprechen auch Sinn und Zweck der Vorschrift. Sie soll den Prüflingen ermöglichen, in einen Dialog über die Bewertungen zu treten und die Korrektoren anregen, ihre Kritik zu überdenken. Diese Funktion kann eine eigenständige Überprüfung durch Dritte nicht erreichen. Sie ist gesetzlich gerade nicht vorgesehen.
Zur Begutachtung der Klausur Zivilrecht wurden weder die Studiendekanin noch die Klausurerstellerin als Prüferinnen bestellt. Damit sind sie für die Durchführung der Nachprüfung nicht zuständig. Die Universität U hat die Klausur nicht den ursprünglich mit der Bewertung befassten Prüfern zur Nachkorrektur zugeleitet. Dies könnte nur dann zulässig sein, wenn diese aus rechtlichen (zB Befangenheit) oder tatsächlichen (zB Krankheit) Gründen nicht mehr oder nicht in einem angemessenen Zeitraum zur Verfügung stünden. Derartige Umstände liegen nicht vor. Zweckmäßigkeitserwägungen rechtfertigen es nicht, von den Verfahrensvorschriften abzuweichen, zumal diese dem Grundrechtsschutz (Art. 12 I, 3 I, 19 IV GG) dienen. Die Nachprüfung erfolgte damit in unzulässiger Weise durch Dritte. Die Universität U hat kein ordnungsgemäßes Nachprüfungsverfahren durchgeführt.

2.1.3 Klausur Öffentliches Recht: Fehler im Prüfungsverfahren und in der Bewertung

Fraglich ist, ob hinsichtlich der Klausur Öffentliches Recht relevante Fehler des Prüfungsverfahrens und der Bewertung vorliegen.

2.1.3.1 Inhaltlich fehlerhafte Bewertung der Klausurbearbeitung

S beanstandet eine zu strenge Bewertung der Klausur, insbesondere aufgrund eines Vergleichs der Durchfallquote mit der der Vorsemester. Dies könnte gegen die Berufsfreiheit und den Gleichheitsgrundsatz verstoßen (Art. 12 I, 3 I GG). Der weite prüfungsspezifische Beurteilungsspielraum (s. 2.1.1) umfasst auch das Festlegen des

Notenniveaus. Dieses muss sich schon mit Blick auf Art. 12 I GG am Zweck der Prüfung orientieren. Die Zwischenprüfung soll einen Kenntnisstand nachweisen, der für die Fortsetzung des Studiums erforderlich ist. Schon aufgrund der möglichen Schwankungen im Leistungsniveau einer Studierendenkohorte ist es nicht zwingend, eine dauerhafte Bestehensquote festzulegen. Zudem kann eine höhere Durchfallquote an Faktoren jenseits der Schwierigkeit der Klausur und Strenge der Bewertung liegen. So können systematische anderweitige Belastungen (zB Klausur am Vortag) oder Ablenkungen (zB Fußball-WM) die Qualität der Vorbereitungen beeinträchtigen. Diese schwer steuerbaren Faktoren beeinflussen das Notenniveau einer Prüfung. Eine Einheitlichkeit der Durchfallquote über Semester hinweg ist grundsätzlich nicht erforderlich. Trotz dieses weiten Spielraums bestehen Grenzen.

Art. 12 I GG erhöht die Rechtfertigungslast, je stärker die berufsbezogene Zulassungsbeschränkung einer absoluten Schranke ähnelt. Damit sind prohibitiv hohe Durchfallquoten, die eine große Zahl Studierender vom Studium ausschließen, besonders rechtfertigungsbedürftig. Die vorliegende Durchfallquote von 40 Prozent ist jedoch keineswegs als extrem hoch einzuschätzen. Es besteht eine einmalige Wiederholungsmöglichkeit und das Bestehen der Zwischenprüfung erfordert nur ein Bestehen von drei der vier Klausuren. Damit bestehen hinreichend hohe Chancen, die Zwischenprüfung zu bestehen, selbst wenn eine Klausur eine höhere Durchfallquote als üblich aufweist. Eine zu strenge Korrektur und damit ein Verstoß gegen den in Art. 12 I GG enthaltenen Verhältnismäßigkeitsgrundsatz liegen hier nicht vor.

Fraglich ist, ob dennoch ein Verstoß gegen den Gleichheitsgrundsatz (Art. 3 I GG) vorliegt. Er fordert, dass für vergleichbare Prüflinge, soweit möglich, vergleichbare Prüfungsbedingungen und Bewertungskriterien gelten. Allerdings weisen jede Prüfungssituation, jeder Prüfungsort und Prüfungszeitpunkt besondere Eigenschaften auf, die sich in dem Notenniveau niederschlagen können. Somit sind statistische Unterschiede in der Notenvergabe bzw. der Durchfallquote bei unterschiedlichen Klausuren für sich genommen kein hinreichender Anknüpfungspunkt für einen Gleichheitsverstoß. Es bedarf weiterer Hinweise, um auf einen Mangel im Prüfungs- und Bewertungsverfahren schließen zu können. Derartige Einwände erhebt S nicht. Insbesondere führt S nicht aus, dass die Klausur unangemessene Anforderungen enthalten habe oder anhand eines unangemessenen Prüfungsmaßstabes bewertet wurde. Damit fehlt es an der Ungleichbehandlung einer gleichen Gruppe Studierender. Ein Verstoß gegen Art. 3 I und 12 I GG liegt nicht vor.

2.1.3.2 Willkürliche Bewertung der Klausurbearbeitung

S hält zudem die Bewertung mit 3 Notenpunkten für willkürlich und intransparent. Sie argumentiert, dass ihr je Anmerkung nicht mehr als ein Notenpunkt abgezogen werden könne und die geringe Seitenzahl ihrer Bearbeitung kein valider Kritikpunkt sei. Fraglich ist, ob die vorgenommene Bewertung nach rechtsstaatlichen Grundsätzen willkürlich ist. Grundsätzlich erfordern das Gleichheitsgebot als Willkürverbot sowie das Rechtsstaatsprinzip (Art. 3 I, 20 III GG), dass Prüfungsleistungen anhand von sachlichen Kriterien nachvollziehbar bewertet werden. Von selbst rechtmäßig festgelegten Bewertungsmaßstäben darf nicht ohne sachlichen Grund abgewichen werden. Allerdings muss das Korrekturverfahren praktikabel bleiben. Im Regelfall sollen Prüfungsverfahren Raum für eine auf komplexen Faktoren basierende subjektive Einschätzung der Prüfer bieten, die sie auf der Grundlage ihres Wissens und ihrer Prüfungserfahrung bilden. Zwar erfordert das Rechtsstaatsprinzip die Existenz eines inhaltlichen Erwartungshorizontes als Grundlage für die Beurteilung der Leistung. Insgesamt beruht die Bewertung von Prüfungsleistungen aber auf einem Gesamteindruck, der viele Faktoren vereint und miteinander kombiniert. Dazu zählen beispielsweise »das schriftliche Ausdrucksvermögen, die gedankliche Struktur, die juristischen Kenntnisse, die Qualität der Subsumtion, der Schwierigkeitsgrad der Klausur, die Klarheit der Darstellung, die Stringenz der Argumentation, die Auswertung der Sachverhaltsangaben und die Gewichtung einzelner Aspekte des Falles.« Eine auf dieser Grundlage erfolgte Bewertung ist einer bestimmten Notenstufe zuzuordnen. Dies beruht nicht auf einer einfachen Rechenoperation, denn gewisse Faktoren interagieren miteinander und können sich im Gewicht verstärken oder auch ausgleichen (Ausnahmen mögen für standardisierte Tests gelten).

Fraglich ist, ob der Erstkorrektor hier willkürlich handelte, indem er die Klausurbearbeitung in zehn konkreten Anmerkungen kritisierte, in einer Gesamtbewertung weitere Punkte abzog und sie letztlich mit 3 Punkten bewertete. Diese Korrektur entspricht einer üblichen Vorgehensweise, nach der in einer ersten Durchsicht Anmerkungen am Rand erstellt werden und in einem zweiten Schritt, gegebenenfalls nach erneuter Durchsicht, eine Gesamtwürdigung erfolgt. Diese Gesamtwertung kann Aspekte jenseits der Randbemerkungen einbeziehen. Insbesondere können auch Fehler zu einem Punktabzug führen, die sich nicht in den schriftlichen Ausführungen wiederfinden. Die Bewertung soll gerade auch fehlende Ausführungen, das Argumentationsniveau und den Ausdruck umfassen. Es ist sachfremd anzunehmen, dass die Note die bloße Anzahl der Anmerkungen widerspiegelt. Dies gilt schon deshalb, weil eine Anmerkung sowohl schwerwiegende als auch geringe Fehler kritisieren kann. Mitunter stellt sie einen reinen Hinweis dar, der nicht zum Punktabzug führt. Die Bedenken der S dringen in dieser Hinsicht nicht durch.

S kritisiert zudem die Beanstandung der zu geringen Seitenzahl ihrer Klausurbearbeitung. In der Tat rechtfertigt eine geringe Seitenzahl nicht per se einen Punktabzug. Sie kann jedoch ohne Weiteres eine ungenaue, oberflächliche und unvollständige Bearbeitung der Klausur indizieren. Eine erfolgreiche Klausur bedarf eines Mindestmaßes an Ausführungen, um den gestellten Problemen hinreichend Rechnung tragen zu können. Eine vergleichsweise sehr kurze Klausur mag ein Zeichen von Prägnanz sein, wird häufig aber eher bedeuten, dass die Bearbeitung nicht alle im Erwartungshorizont aufgenommenen Aspekte hinreichend intensiv gewürdigt hat. Dies kritisiert der Korrektor auch für die Klausur der S. Das lässt sich im Vergleich zu anderen Prüflingen beurteilen und liegt im Erfahrungswissen der Prüfer. S trägt gerade nicht vor, sie habe alle relevanten Aspekte untergebracht. Die Bewertung stellt sich darum nicht als willkürlich dar.

2.1.3.3 Vorliegen eines Begründungsdefizits und Offenlegen der Bewertungsbögen

Zuletzt begehrt S die Vorlage von Bewertungsbögen, aus denen sich die Berechnung ihrer Note mathematisch nachvollziehen lasse. Die Bewertung einer juristischen Klausur beruht – wie ausgeführt – auf dem Gesamteindruck der Prüfungsleistung, die von einer Vielzahl von Faktoren abhängt. Diese ergeben in ihrer Summe und unter Einbeziehung ihrer Wechselwirkungen eine qualitative Einstufung und Zuordnung zu einer Notenstufe anhand des Erwartungshorizontes und der Bewertungsvorhaben nach den spezifischen Einschätzungen der Prüfer. Die Prüfer müssen dabei nicht jeden Aspekt, der in die Bewertung einfließt, in seinem konkreten Gewicht aufschlüsseln. S räumt ein, dass das Votum des Erstkorrektors den Erwartungshorizont offenlegt, konkrete Fehler rügt und die Qualität sowie den inhaltlichen Umfang der Bearbeitung kritisiert. Nicht mehr kann S erwarten. Sie unterliegt einer Fehlvorstellung, wenn sie verlangt, dass die Bewertung mithilfe einer mathematischen Formel die Gesamtnote ergibt. Dies ist aufgrund der Komplexität der Bewertungsentscheidung weder praktikabel noch gefordert. Das Votum arbeitet die Fehler der S insgesamt heraus, ordnet ihre Schwere ein und bewertet sie. Dies macht die Bewertung nachvollziehbar. Eine Zuordnung der Randbemerkungen zu konkretem Punktabzug ist darüber hinaus nicht notwendig. Dem Anspruch der S auf eine hinreichende Begründung ist somit bereits durch das enthaltene Votum entsprochen worden.

Auch müssen etwaige herangezogene Bewertungsbögen nicht offengelegt werden. Zum einen sind Lösungsskizzen keine Verwaltungsvorgänge iSd § 99 I 1 VwGO, weshalb sie nicht der Akteneinsicht unterliegen. Zum anderen formuliert die vorgenommene Bewertung einen Erwartungshorizont und bewertet die Klausurbearbeitung unter Hinweis auf konkrete Fehler, sodass sie in sich hinreichend nachvollziehbar ist.

2.1.4 Klausur Strafrecht: Fehler im Prüfungsverfahren und in der Bewertung

Fraglich ist, ob hinsichtlich der Klausur Strafrecht relevante Fehler des Prüfungs- und Bewertungsverfahrens vorliegen.

2.1.4.1 Umfang und Inhalt der Klausur

S beanstandet einen Verstoß gegen den Gleichheitsgrundsatz (Art. 3 I GG). Um die Chancengleichheit zu wahren, müssen für

»vergleichbare Prüflinge soweit wie möglich vergleichbare Prüfungsbedingungen und Bewertungskriterien« gelten. Dieser Grundsatz gilt bereits bei der Klausurauswahl, insbesondere hinsichtlich ihres Schwierigkeitsgrades und Schwerpunktes. Die hier herangezogene Vergleichsgruppe besteht aus den Mitstudierenden der S, die ebenfalls an der Vorlesung Strafrecht teilgenommen haben. Allein aufgrund der zufälligen unterschiedlichen Zuordnung der Nachnamen erhielten sie eine Klausur bestehend aus Fragen, die bereits in identischer Form Bestandteil der Vorlesungsmaterialien waren. Die Klausuren unterschieden sich eklatant im Schwierigkeitsgrad, sowohl in Ausgestaltung (Fragen im Vergleich zu Fall), Vorbereitungsgrad (Wiederholung im Vergleich zu komplett neuen Inhalten) und Umfang (Kernstoff im Vergleich zu Nebengebieten). Die höhere Durchfallquote weist darauf hin, dass kein Ausgleich durch eine Anpassung des Notenniveaus erfolgte. Ein solches gravierendes Missverhältnis im Anforderungsniveau der beiden Klausuren war auch weder rechtlich noch organisatorisch nötig; zumal die Studierenden ohne Weiteres die gleiche Klausur in zwei Räumen hätten schreiben können.

Darüber hinausgehend könnte ein Prüfungsmangel schon darin liegen, dass – unabhängig von der Ungleichbehandlung – die Klausur der S unangemessenen Prüfungsstoff zum Gegenstand hatte. Das Gericht kann dabei vollständig prüfen, ob die Prüfungsaufgaben zur Erreichung des Prüfungszwecks angemessen und geeignet sind. Dies erfordert schon der rechtsstaatliche Verhältnismäßigkeitsgrundsatz (Art. 20 III GG). Ausgangspunkt ist das rechtmäßig zu erwartende Prüfungswissen zum jeweiligen Prüfungszeitpunkt, das sich aus der Studien- und Prüfungsordnung sowie den Vorlesungsinhalten ergibt. Fraglich ist, ob die Klausur unangemessene Anforderungen enthielt. Die Klausur der S enthielt Schwerpunkte im Strafprozessrecht und im Sexualstrafrecht. Beide Gebiete waren nicht Teil der Vorlesung, sondern tauchten nur am Rande auf. Die Rechtsgebiete wurden nicht durch Vertiefungsmaterialien in den Vorlesungsstoff einbezogen. Das empfohlene Lehrbuch enthielt keine entsprechenden Inhalte. Der abgefragte Stoff befindet sich jenseits des notwendigen Wissens. Hieran ändern auch seine Relevanz und Erwähnung im Rahmen einer aktuellen politischen Debatte nichts. Die Klausur enthielt damit unangemessenen Prüfungsstoff. Dies stellt einen Prüfungsmangel dar.

Fraglich ist, ob S diesen Mangel während (oder unmittelbar nach) der Prüfung hätte geltend machen müssen. Hierbei ist zwischen mündlichen und schriftlichen Prüfungen zu unterscheiden. Für Letztere gilt auch ohne ausdrückliche gesetzliche Regelung eine Mitwirkungspflicht der Kandidatin. Es ist mit dem Gleichheitssatz (Art. 3 I GG) nicht vereinbar, dass der Prüfling erst das Ergebnis der Prüfung abwartet und sich dann anhand der Bewertung entscheidet, Rechtsbehelfe einzulegen oder nicht. Die sofortige Rügeobliegenheit entfällt jedoch, wenn es offensichtlich und zweifelsfrei ist, dass eine erheblich störende Einwirkung vorliegt, die die Chancengleichheit der Prüflinge verletzt. Die Behörde hat in diesem Fall die Störung von Amts wegen festzustellen und auszugleichen. Dies wird vor allem bei Störungen der Prüfung wie etwa durch erheblichen Baulärm relevant. Die Rspr. erkennt verschiedene Fallgruppen zu rügender Prüfungsmängel an. Hierzu gehören Störungen im äußeren Ablauf, Mängel des Verfahrens und Prüfungsunfähigkeit. Vorliegend handelt es sich um einen inhaltlichen Mangel der Klausur, der nicht in eine der anerkannten Fallgruppen fällt. Zwar konnte S sofort erkennen, dass der Umfang weit über den abfragbaren Prüfungsstoff hinausging. Jedoch ließ sich dieser Mangel im Zeitpunkt der Klausurbearbeitung nicht beheben. Außerdem konnte S während der Prüfung nicht erkennen, dass der Schwierigkeitsgrad ihrer Klausur weit über dem der anderen Klausur lag. Zuletzt hätte die inhaltliche Unangemessenheit der Prüfung möglicherweise auch durch eine besondere Korrektur ausgeglichen werden können, die etwa allein auf die Fähigkeit zu juristischer Argumentation und der Anwendung der strafrechtlichen Grundsätze bei Konfrontation mit völlig unbekannten Materien abstellte. Dies war vorliegend nicht der Fall. Die Prüfer bemängelten konkrete rechtliche Defizite und erwarteten damit Kenntnisse der abgeprüften Rechtsgebiete des Strafprozessrechts und des Sexualstrafrechts. Dies konnte sich S nur nach Einsicht der Korrekturen erschließen. Sie verstieß damit nicht gegen ihre Rügeobliegenheit.

2.1.4.2 Befangenheit des Erstkorrektors

S rügt die Befangenheit des Erstkorrektors, die sie an der Wortwahl seiner Anmerkungen sowie an der kraftvollen Stiftführung festmacht, welche sie als emotional und aggressiv qualifiziert. Eine mögliche Befangenheit des Prüfers ist als Verstoß gegen das Gebot der Sachlichkeit gerichtlich voll überprüfbar. Einem Prüfer obliegt die Pflicht, eine Prüfungsleistung mit der notwendigen sachlichen Distanz und frei von Emotionen gerecht zu bewerten, selbst wenn eine Themenstellung oder Bearbeitung negative Gefühle hervorrufen mag. Dieses Gebot der Sachlichkeit verbietet es, Kritik verletzend oder diffamierend zu formulieren sowie sie gegen die Person des Prüflings zu richten. Eine Bewertung stellt sich als unsachlich dar, wenn der Prüfer seinen Ärger oder seine Betroffenheit ungehemmt zum Ausdruck bringt und damit die emotionale Distanz verliert. Allein eine einschneidende Ausdrucksweise genügt jedoch nicht. Für die Annahme einer unsachlichen Bewertung sind weitere Anhaltspunkte erforderlich. Die Formulierung der Bewertung darf die Persönlichkeit des Prüfers widerspiegeln. Sie muss aber dennoch zum Ausdruck bringen, dass er in der Lage und bereit war, sich auf die Ausführungen einzulassen, den Versuch zu unternehmen, diese zu verstehen und auf alle Gedankengänge einzugehen. Allerdings ist bei der Interpretation der Korrekturanmerkungen der prüfungsspezifische Beurteilungsspielraum zu beachten. Dabei handelt es sich bei der angelegten Schärfe der Kritik nicht um eine inhaltliche, fachliche Frage, sondern vielmehr um eine persönliche Präferenz der Prüfer,

die von deren Bewertungsspielraum umfasst ist. Fraglich ist, ob die Bemerkungen der Klausurbearbeitung der S die Besorgnis der Befangenheit begründen, aufgrund derer der Erstgutachter von seiner Prüfungstätigkeit hätte ausgeschlossen werden müssen. Dies ist dann der Fall, wenn es dem Gutachter an der notwendigen Fähigkeit zu einer unvoreingenommenen und sachlichen Korrektur fehlte.
Vorliegend enthielt die Erstkorrektur der Klausur Strafrecht die Anmerkungen »Unsinn« und »abenteuerlich«. Dies lässt auf eine gewisse Irritation des Korrektors schließen. Die Anmerkungen haben jedoch durchaus einen sachlichen Bezug zu dem Inhalt der Ausführungen der S und richten sich nicht gegen sie als Person. Ihnen kann eine gewisse pointierte Schärfe nicht abgesprochen werden. Das Gebot der Sachlichkeit schließt jedoch scharfe Anmerkungen nicht aus. Widersinnige Argumente dürfen deshalb als »Unsinn« oder »abwegig« gekennzeichnet werden. Anders mag dies bei mündlichen Prüfungen sein, da derartige Reaktionen die Prüflinge in der Situation stark verunsichern können. Es bestehen keine Anhaltspunkte dafür, dass die Leistung der S oder das Thema der Klausur es dem Erstkorrektor unmöglich machten, objektiv zu bewerten. Insbesondere begründet das Votum ausführlich die Bewertung der Klausur unter Bezugnahme auf die sachlichen Fehler. Die Anmerkungen erschöpfen sich also nicht in inhaltlich wenig aufschlussreichen Anmerkungen. Sie bringen lediglich einen gewissen Schweregrad der Fehler zum Ausdruck. Es sind keine Hinweise vorhanden, dass der Korrektor seinem Ärger freien Lauf ließ und zu einer gerechten Bewertung nicht imstande war. Damit reichen die pointierten Bemerkungen alleine nicht aus, um die Besorgnis der Befangenheit zu begründen. Auch die Stiftführung kann ohne Weiteres Ausdruck des Engagements oder persönlichen Stils sein und begründet nicht die Besorgnis einer Voreingenommenheit. Hierfür wären zusätzliche Anhaltspunkte erforderlich. Eine Befangenheit liegt nicht vor.

2.1.4.3 Begründungsmängel der Zweitkorrektur

S moniert weiterhin, der Zweitkorrektor habe keine eigene Stellungnahme zu ihrer Leistung abgegeben und sich lediglich dem Erstvotum angeschlossen. Grundsätzlich stehen Erst- und Zweitgutachten nebeneinander. Dies legt schon § 13 Studien- und Prüfungsordnung der Universität U nahe. Dies bedeutet jedoch nicht, dass die Zweitkorrektur in völliger Unkenntnis der bereits vorliegenden Bewertung oder ohne Bezugnahme auf sie erfolgen muss. Kommt der Zweitgutachter nach selbstständiger Prüfung zu dem Schluss, das Urteil des Erstgutachters stimme mit dem eigenen Votum überein und enthalte alle relevanten Erwägungen, kann er sich diesem anschließen. Dieses Vorgehen mag mit Blick auf eine mögliche unbewusste Beeinflussung etwa durch psychologische Ankereffekte seine Schwächen haben. Allerdings erfordert die Studien- und Prüfungsordnung gerade nicht zwei voneinander unabhängige Korrekturen, sondern eine »Erst«- und eine »Zweit«-korrektur.

Hiermit versucht sie die Bedürfnisse einer sachgerechten Prüfung mit der Praktikabilität und Arbeitsbelastung für die Prüfer in Einklang zu bringen. Die Prüflinge haben einen Anspruch auf eine Auseinandersetzung zweier Prüfer mit ihren Leistungen. Dieser kann auch dadurch erfüllt werden, dass sich der Zweitgutachter der Erstbewertung anschließt, wenn er inhaltlich zum gleichen Ergebnis kam. Der Erstkorrektor stellte im Votum detailliert dar, welche Mängel die Bearbeitung enthielt und weshalb keine ausreichende Leistung mehr vorlag. Dieser ausführlichen Bewertung kann sich der Zweitkorrektor ohne eine wortreiche Begründung anschließen. Er nimmt damit die Argumente des Erstkorrektors in seine Bewertung mit auf. Nur wenn er von der Bewertung des Erstgutachters abweichen möchte, muss er in einer konkreten Begründung die Gründe für seine Einschätzung deutlich machen. Ein Begründungsmangel liegt nicht vor.

2.2 Beruhen der Prüfungsentscheidung auf den Verfahrensfehlern

Fraglich ist, ob die Bewertung der Klausuren der S auch auf den Verfahrensfehlern beruht. Die festgestellten Fehler sind nur beachtlich, wenn nicht ausgeschlossen werden kann, dass Verfahrens- oder Bewertungsfehler Einfluss auf das Prüfungsergebnis gehabt haben können. Ein solcher Einfluss fehlt etwa, wenn offensichtlich ist, dass fehlerhafte Anmerkungen nur beiläufig getätigt wurden oder Verfahrensfehler von völlig untergeordneter Bedeutung sind.
Konkret ist hier zu prüfen, ob ausgeschlossen werden kann, dass das fehlerhaft durchgeführte Nachprüfungsverfahren für die Klausur Zivilrecht und der rechtswidrig ausgewählte Klausursachverhalt im Strafrecht das Prüfungsergebnis beeinflusst haben. Es kann gerade nicht ausgeschlossen werden, dass die ursprünglichen Prüfer im Rahmen der Nachprüfung ihrer Bewertung die erteilten Notenpunkte angehoben hätten. Der Fehler ist damit beachtlich. Der in der Auswahl des unangemessenen und gleichheitswidrigen Klausursachverhalts im Strafrecht liegende Fehler ist ebenfalls beachtlich. Es kann nicht ausgeschlossen werden, dass S in einer Klausur ohne Einbeziehung dieser Rechtsgebiete eine höhere Punktzahl erzielt hätte. Das Prüfungsergebnis beruht damit jeweils auf den Fehlern.

Ergebnis: Die Klage der S ist teilweise begründet. Das Gericht wird der Universität U unter Aufhebung des Zwischenprüfungsbescheids aufgeben, das Nachprüfungsverfahren hinsichtlich der Klausur Zivilrecht zu wiederholen, sowie S einen neuen Wiederholungsversuch der Klausur Strafrecht zu ermöglichen und sie auf der Grundlage der so bewerteten Leistungen neu zu bescheiden.

Zu 1.2: BVerwG NVwZ-RR 1994, 582; BVerwGE 96, 126 = NVwZ 1995, 492; VGH Mannheim VBlBW 2015, 473; VG Regensburg BeckRS 2012, 57865; VG Wiesbaden NVwZ-RR 2007, 613; *Morgenroth*, Bewertungen einzelner Prüfungsleistungen als Verwaltungsakte. Klarstellung durch die Rechtsprechung des BVerwG?, NVwZ 2014, 32; *Niehues/Fischer/Jeremias*, Prüfungsrecht, 7. Aufl. 2018, Rn. 821 ff.

Zu 2:	*Kandel/Wehrmann*, Das besondere Verwaltungsrecht: Prüfungsrecht, DVP 2019, 294; *Schübel-Pfister*, Aktuelles Verwaltungsprozessrecht JuS 2018, 1056 (1057 ff.); *Kröpil*, Zur Behandlung von Verfahrens- und Bewertungsrügen in juristischen Prüfungen. Zugleich eine Anmerkung zum Urteil des VG Mainz vom 21.3.2013, NdsVBl 2014, 29; *Zimmerling/Brehm*, Die aktuelle Rechtsprechung zu den juristischen Prüfungen, NVwZ 2009, 358; *Beaucamp/Seifert*, Wann lohnt sich die Anfechtung einer Prüfungsentscheidung? – Ein Überblick anhand der jüngeren obergerichtlichen Rechtsprechung, NVwZ 2008, 261
Zu 2.1:	VG Augsburg, Urt. v. 25.11.2008, Au 3 K 8.758
Zu 2.1.1:	BVerfG NVwZ 1992, 55; BVerfGE 84, 34 (49 ff., 138 f.) = NJW 1991, 2005; BVerwG NVwZ 2004, 1375; BVerwGE 109, 211 = NJW 2000, 1055; BVerwG NVwZ 1998, 738; BVerwGE 105, 328 = NVwZ 1998, 636; BVerwG NJW 1995, 977; BVerwG NVwZ-RR 1994, 582; BVerwG BayVBl 1994, 443; BVerwGE 92, 132 = NVwZ 1993, 681; OVG Berlin-Brandenburg NVwZ 2018, 347; OVG Berlin-Brandenburg BeckRS 2016, 52773; OVG Münster BeckRS 2014, 50776; *Brehm/Zimmerling*, Die Entwicklung des Prüfungsrechts seit 1996, NVwZ 2000, 875; *Rauschning*, Kontrolle der Leistungsbewertung im juristischen Staatsexamen, JuS 1993, 551; *Niehues*, Stärkere gerichtliche Kontrolle von Prüfungsentscheidungen, NJW 1991, 3001
Zu 2.1.2.1:	BVerwG NVwZ-RR 1994, 585; VG Würzburg BeckRS 2016, 43736
Zu 2.1.2.2:	*Oechsler* in MüKoBGB, 8. Aufl. 2020, § 929a Rn. 2; *Kindl* in Hau/Poseck (Hrsg.), BeckOK BGB, 53. Aufl. 1.2.2020, § 929a Rn. 2
Zu 2.1.2.3:	BVerwG NVwZ-RR 2013, 44; BVerwG NVwZ 2013, 83; BVerwG DVBl 1994, 1362; BVerwGE 92, 132 = NVwZ 1993, 681; BVerwGE 91, 262 = NVwZ 1993, 677; BVerwG DVBl 1983, 90; OVG Berlin-Brandenburg BeckRS 2014, 50135; VG Würzburg BeckRS 2016, 43736; *Morgenroth*, Das Überdenkensverfahren – Mauerblümchen mit Schattendasein oder Retter in der Not – aktuelle Fragen zum Überdenkensverfahren, OdW 2017, 13
Zu 2.1.3.1:	VGH Mannheim BeckRS 2011, 52021; BVerwG DVBl 1998, 1351
Zu 2.1.3.2:	VG München BeckRS 2016, 50552
Zu 2.1.3.3:	BVerwG NVwZ-RR 1994, 582; OVG Berlin-Brandenburg BeckRS 2016, 52773; VG Würzburg BeckRS 2016, 43736; VG Hamburg BeckRS 2015, 48160; VG Hamburg, Urt. v. 11.12.2014, 2 K 1285/11; VG Wiesbaden BeckRS 2012, 51565; *Scheidler*, Zur Bedeutung eines Korrekturschemas bei der Bewertung von Prüfungsleistungen, DVBl 2019, 891; *Hein/Schröder*, Das Ganze ist mehr als die Summe seiner Teile!. Das Korrekturvotum in den juristischen Staatsprüfungen im Spannungsfeld zwischen Prüfungsrecht und Prüfungsdidaktik, NVwZ 2018, 302
Zu 2.1.4.1:	BVerfGE 84, 34 = NJW 1991, 2005; BVerwG NVwZ-RR 1998, 176; BVerwG NVwZ-RR 1994, 585; BVerwGE 94, 64 = NVwZ 1994, 486; BVerwG NVwZ 1992, 1199; BVerwGE 85, 323 = NJW 1991, 442; BVerwGE 69, 46 = NJW 1985, 447; VGH Kassel BeckRS 2000,

21152; VG Würzburg BeckRS 2016, 43736; *Birnbaum*, Die Rügepflicht des Prüflings, NVwZ 2006, 286

Zu 2.1.4.2: BVerwGE 29, 70 = BeckRS 1968, 103761; VGH Mannheim BeckRS 2011, 52021; VG Hamburg BeckRS 2015, 48160; VG Hamburg BeckRS 2013, 54914; VG Frankfurt BeckRS 2013, 45938

Zu 2.1.4.3: BVerwG NJW 2012, 2054; BVerwG NVwZ-RR 1994, 582; BVerwGE 92, 132 = NVwZ 1993, 681; BVerwG NVwZ 1988, 437; BVerwGE 70, 143 = NVwZ 1985, 187; BVerwGE 55, 355 = NJW 1978, 2408; OVG Berlin-Brandenburg BeckRS 2016, 52773; OVG Münster BeckRS 2014, 53297; OVG Münster BeckRS 2012, 45300; OVG Münster NWVBl 1997, 434; OVG Münster NVwZ 1995, 800; VG Augsburg BeckRS 2008, 44779

Lösungsskizze 6

1 **Klage des S**

1.1 Zulässigkeit der Klage

1.1.1 Verwaltungsrechtsweg, § 126 I BBG
Da der Streit die Rückzahlung einer beamtenrechtlichen Übergangszahlung nach § 75 II 4 BBesG betrifft, liegt eine Streitigkeit aus einem Beamtenverhältnis vor, obwohl S inzwischen kein Beamter mehr ist. Daher greift die aufdrängende Sonderzuweisung gem. § 126 I BBG.

1.1.2 Klageart
Da die Aufhebung des Rückzahlungsbescheids (VA) begehrt wird, ist eine Anfechtungsklage gem. § 42 I VwGO statthaft.

1.1.3 Klagebefugnis, § 42 II VwGO
S ist als Adressat eines belastenden VA klagebefugt (s. **1**, 1.3).

1.1.4 Vorverfahren, § 126 II BBG, §§ 68 ff. VwGO
Das Vorverfahren wurde durchgeführt.

1.1.5 Klagefrist, § 126 BBG, § 74 VwGO
Da der Widerspruchsbescheid nach § 73 III 1 VwGO zuzustellen ist und die Zustellung mittels eingeschriebenen Briefes erfolgte, richtet sich der Fristbeginn nach der Zugangsfiktion des § 4 II 2 VwZG. Daher beginnt die Frist am 7.11.2019 zu laufen, der tatsächliche frühere Zugang ist unbeachtlich. Nach § 74 I VwGO beträgt die Frist für die Klageerhebung einen Monat. Das Fristende nach § 57 II VwGO, § 222 I, II ZPO, § 188 II BGB erfolgt mit Ablauf des 9.12.2019. Die Klageerhebung am 6.12.2019 ist demnach fristgemäß erfolgt.

1.1.6 Beteiligten- und Prozessfähigkeit, §§ 61, 62 VwGO
S ist als natürliche Person und der Bund als juristische Person gem. § 61 Nr. 1 Alt. 1 bzw. Alt. 2 VwGO beteiligtenfähig. Die Prozessfähigkeit ergibt sich aus § 62 I Nr. 1 VwGO für S, für den Bund muss ein Vertreter handeln, § 62 III VwGO (s. **1**, 1.6).

1.1.7 Klagegegner, § 126 BBG, § 78 VwGO
Klagegegner ist die Bundesrepublik Deutschland gem. § 78 I Nr. 1 VwGO.

1.1.8 Die Klage ist zulässig.

1.2 Begründetheit der Klage
Die Klage ist begründet, soweit der VA rechtswidrig und S dadurch in seinen Rechten verletzt ist (§ 113 I 1 VwGO).

1.2.1 Ermächtigungsgrundlage
Da es sich bei dem Rückzahlungsbescheid um einen S belastenden VA handelt, bedarf dieser aufgrund des Gesetzesvorbehalts einer Ermächtigungsgrundlage. Einschlägig ist insofern § 75 II 4 BBesG.

1.2.2 Formelle Rechtmäßigkeit

Laut Sachverhalt hat die zuständige Behörde gehandelt. Die nach § 28 I VwVfG erforderliche Anhörung ist unterblieben. Dieser Verfahrensfehler ist jedoch nicht durchschlagend, da er gem. § 45 I Nr. 3, II VwVfG heilbar ist. Die Heilung erfolgte mit Durchführung des Widerspruchsverfahrens; nach hM ist ein gesondertes Verfahren hierfür nicht erforderlich. Formfehler sind nicht ersichtlich. Die formelle Rechtmäßigkeit liegt vor.

1.2.3 Materielle Rechtmäßigkeit

1.2.3.1 Auf der Tatbestandsseite setzt § 75 II 4 BBesG ein Ausscheiden des Beamten aus dem Beamtenverhältnis vor Ablauf eines Jahres und ein diesbezügliches Vertretenmüssen voraus. Da S bei Ausscheiden 13 Monate (1.8.2015 bis 31.8.2016) im Beamtenverhältnis war, ist dies nicht gegeben. Nach dem Gesetzeswortlaut ist S daher nicht zur Rückzahlung verpflichtet. § 75 II 4 BBesG muss jedoch nach dem Zweck der Übergangszahlung ausgelegt werden. Sie soll Einkommensverluste des Beamten nach Übernahme ins Beamtenverhältnis gegenüber seinem Arbeitnehmergehalt ausgleichen. Daher ist nicht auf die Zeit im Beamtenstatus, sondern auf die aktive, vergütete Dienstzeit abzustellen. S war vom 1.9.2015 bis 1.8.2016 ohne Dienstbezüge beurlaubt. Während dieser Zeit hatte er keine Einkommensverluste, da kein Ausgleichsgrund gem. § 75 I 1 BBesG (Differenz der Nettobezüge) bestand. S war somit nur zwei Monate im aktiven Dienst, daher ist er vor Ablauf eines Jahres iSd § 75 II 4 BBesG ausgeschieden. Das Vertretenmüssen des S liegt in der Entlassung auf eigenen Wunsch.

Als Rechtsfolge sieht § 75 II 4 BBesG zwingend die Rückforderung vor.

1.2.3.2 Fraglich ist, ob der Anspruch verjährt ist. Der vorliegende Anspruch unterliegt der dreijährigen regelmäßigen Verjährungsfrist des § 195 BGB, da die bürgerlich-rechtlichen Verjährungsregeln auf öffentlich-rechtliche Erstattungsansprüche – allgemein oder einzelfallbezogen – entsprechend anzuwenden sind. Gemäß § 199 I BGB begann die Verjährung infolge der Entlassung auf eigenen Wunsch am 31.8.2016 mit Ablauf des 31.12.2016. Sie endet nach drei Jahren mit Ablauf des 31.12.2019. Die zuständige Behörde macht den Zahlungsanspruch am 11.10.2019 durch VA geltend, was verjährungshemmende Wirkung hat (§ 53 I VwVfG). Damit ist der Anspruch nicht verjährt.

1.2.4 Problematisch erscheint aber, ob die zuständige Behörde diesen gesetzlich begründeten Leistungsanspruch durch VA geltend machen kann oder ob sie auf den Klageweg angewiesen ist.

Nach stRspr und Teilen der Lehre ist diese sog. VA-Befugnis im Über-/Unterordnungsverhältnis gewohnheitsrechtlich anerkannt. Zu den derart geprägten Verhältnissen werden unstreitig aber nur Beamten- und Soldatenverhältnisse gerechnet. Eine hauptsächlich durch die Lehre vertretene Meinung lehnt ungeschriebene VA-Be-

fugnisse unter rechtsstaatlichen Gesichtspunkten ab; eine gewohnheitsrechtliche Selbsttitulierungsbefugnis verstoße gegen den Gesetzesvorbehalt. Der Rückforderungsbescheid wäre danach rechtswidrig. Diese Auffassung orientiert sich aber zu einseitig am eingreifenden Charakter des Bescheids und berücksichtigt dabei nicht, dass die Handlungsform des VA für den Adressaten auch Vorteile bringt. Er muss vor dem Erlass nicht nur angehört werden, sondern erhält mit dem Widerspruch einen zusätzlichen Rechtsbehelf.
Zu folgen ist somit der stRspr. Da es vorliegend um die Geltendmachung eines Anspruchs im Rahmen eines Beamtenverhältnisses geht, konnte die Behörde den Rückforderungsanspruch durch VA geltend machen. Der Rückforderungsbescheid ist somit rechtmäßig.

Ergebnis: Die Klage ist unbegründet und hat keine Aussicht auf Erfolg.

2 Widerspruch des T

2.1 Zulässigkeit des Widerspruchs

2.1.1 Der Verwaltungsrechtsweg ist aufgrund einer Sonderzuweisung gem. § 126 I BBG gegeben (s. 1.1.1).

2.1.2 Weitere Zulässigkeitsvoraussetzungen

2.1.2.1 Denkbar wäre ein Verpflichtungswiderspruch. T begehrt eine Beförderung, dh die Verleihung eines anderen Amtes im abstrakt-funktionellen Sinn. Die Beförderung erfolgt durch Ernennung (VA) nach § 10 I Nr. 3 BBG. Ein Verpflichtungswiderspruch wäre demnach statthaft.
Erforderlich ist ferner die Widerspruchsbefugnis des T gem. § 42 II VwGO analog. Der Grundsatz der »Bestenauslese« gem. §§ 22 I 1, 9 S. 1 BBG (s. auch Art. 33 II GG) hat ebenfalls eine subjektiv-rechtliche Seite und dient somit auch den Interessen des Beamten, im Rahmen haushaltsrechtlicher Möglichkeiten leistungsangemessen aufzusteigen. Dem Bewerber steht jedoch kein Anspruch auf eine Beförderung zu. Der unterlegene Bewerber hat lediglich ein Recht auf die ermessens- und beurteilungsfehlerfreie Einbeziehung in die Bewerberauswahl (sog. »Bewerbungsverfahrensanspruch«). Daher scheidet ein Verpflichtungswiderspruch auf die Erteilung der Beförderung aus.
Ein Verpflichtungswiderspruch ist unzulässig.

2.1.2.2 Denkbar ist auch ein Anfechtungswiderspruch gegen die Ernennung des U. Dieser ist nicht bereits als Versagungsgegenantrag im Verpflichtungsantrag enthalten, da die Beförderung des U einen zweiten VA neben der Ablehnung des T darstellt, der eine eigenständige Beschwer für T enthält.
Auch die Widerspruchsbefugnis ist gegeben, da die Ernennung des U ein VA mit Drittwirkung zulasten des T ist.
Fraglich ist jedoch, ob ein Rechtsschutzbedürfnis vorliegt. Da U bereits ernannt ist, kommt keine Verhinderung der Ernennung in Betracht, sondern nur eine (erneute) Änderung der beamtenrecht-

lichen Stellung des U. Grundsätzlich ist dies nur in den gesetzlich geregelten Fällen des § 14 BBG möglich. Diese kraft Art. 33 V GG als hergebrachter Grundsatz des Berufsbeamtentums geltende sog. Ämterstabilität steht grundsätzlich nicht zur Disposition der Gerichte. Die Funktionsfähigkeit der Verwaltung wäre demnach nach Ernennung eines Beamten höher als die Rechtsposition eines konkurrierenden Bewerbers zu bewerten.

Dies könnte jedoch in Widerspruch zur grundrechtlichen Garantie effektiven Rechtsschutzes (Art. 19 IV GG) stehen. Wenn dem übergangenen Mitbewerber nur die Möglichkeit der Feststellung der rechtswidrigen Auswahlentscheidung bliebe, er nicht jedoch gegen die Einstellung selbst gerichtlich vorgehen kann, würde ihm ein erheblicher rechtlicher Nachteil erwachsen. Die fehlerhafte Entscheidung greift in sein grundrechtsgleiches Recht nach Art. 33 II GG ein.

Um den Grundsatz der Ämterstabilität und das Recht des übergangenen Bewerbers in Einklang zu bringen, gibt es nach der Rspr. auch nach Ernennung des Mitbewerbers für den übergangenen Bewerber die Möglichkeit, die Ernennung anzufechten. Dies gilt jedoch nur unter strengen Voraussetzungen. Der Mitbewerber muss rechtzeitig darüber informiert worden sein, dass die Behörde einen anderen Bewerber einstellen wird. Während dieses Zeitraums hat der übergangene Bewerber die Möglichkeit, gegen dessen bevorstehende Einstellung mithilfe des einstweiligen Rechtsschutzes (Antrag nach § 123 I VwGO) vorzugehen. Tut er dies nicht und der Mitbewerber wird ernannt, fehlt ihm das Rechtsschutzbedürfnis für eine Anfechtung der Ernennung.

Die Behörde hatte dem T mit Schreiben vom 11.11.2019 schriftlich mitgeteilt, dass sie am 9.12.2019 den Mitbewerber U ernennen will. Innerhalb dieser Frist ist T untätig geblieben. Allerdings hatte den T die Ankündigung der Einstellung nicht erreicht, da er sich zu diesem Zeitpunkt im Urlaub befand. Er hätte jedoch damit rechnen müssen, dass in diesem Zeitraum eine Benachrichtigung erfolgt, und dafür Sorge tragen müssen, dass ihn die Nachricht rechtzeitig erreichen kann. Somit kann er sich nicht darauf berufen, dass er tatsächlich keine Kenntnis von der Absicht der Behörde hatte, den U zu befördern.

Das Rechtsschutzbedürfnis beim »Konkurrentenwiderspruch« ist also zu verneinen.

Der Anfechtungswiderspruch ist unzulässig.

2.1.2.3 Im Wege des Hilfsgutachtens sind die weiteren Sachurteilsvoraussetzungen zu erörtern. Ferner müssen im Rahmen der Begründetheitsprüfung die im Sachverhalt angesprochenen Probleme begutachtet werden.

Ergebnis: Der Widerspruch ist unzulässig.

2.2 Hilfsgutachten: Weitere Zulässigkeitsprüfung des Widerspruchs

2.2.1 Form, § 70 I 1 VwGO

Die Erhebung mittels einer unsignierten E-Mail mit PDF-Dateianhang genügt jedenfalls dann den Formerfordernissen des § 70

VwGO, wenn solche Schreiben vor dem Einscannen eigenhändig unterzeichnet werden und die Behörde das Schreiben ausdruckt (aA vertretbar).

2.2.2 Frist, § 70 I 1 VwGO
Nach § 70 I 1 VwGO muss der Widerspruch innerhalb eines Monats nach Bekanntgabe eingelegt werden. Der Widerspruch gegen die Ernennung des U wurde innerhalb dieser Frist erhoben.

2.3 Begründetheit des Widerspruchs
Die Auswahlentscheidung müsste rechtswidrig gewesen sein.

2.3.1 Das Beamtenverhältnis ist ein öffentliches Dienstverhältnis. Die Pflicht des Dienstherrn aus §§ 22 I 1, 9 S. 1 BBG ist eine quasivertragliche Pflicht gegenüber den Bewerbern. Ein Rückgriff auf die allgemeine Fürsorgepflicht des Dienstherrn als Rechtsgrund ist nicht erforderlich.

2.3.2 Die Auswahl hat gem. § 9 S. 1 BBG nach Eignung, Befähigung und Leistung zu erfolgen. Es war eine Auswahlentscheidung zwischen T und U erforderlich. Maßgebliches Entscheidungskriterium hierfür ist die dienstliche Beurteilung. Die Entscheidung zugunsten des U war ermessensfehlerhaft, da T über die bessere Beurteilung verfügt. Das Dienstalter ist nur bei Bewerbern gleicher Eignung oder im Einzelfall bei wesentlich größerer Erfahrung des dienstälteren Bewerbers berücksichtigungsfähig. Hier weist T zudem die größere Erfahrung aufgrund seiner bisherigen Verwendung auf. Damit bestand eine Ermessensreduzierung auf Null. Mangels weiterer Bewerber war nur eine Auswahlentscheidung zugunsten des T ermessensfehlerfrei.

Ergebnis: Der (unzulässige) Anfechtungswiderspruch ist begründet, hat jedoch mangels Zulässigkeit keine Aussicht auf Erfolg.

Zu 1.2.3.1: *Schwegmann/Summer*, BBesG Kommentar (Loseblatt), § 75 Rn. 10a; *Reich/Preißler*, BBesG Kommentar, 2014, § 75 Rn. 1 ff.

Zu 1.2.3.2: BVerwGE 66, 251 (252) = BeckRS 1982, 31269080; *Grothe* in MüKoBGB, 8. Aufl. 2018, § 195 Rn. 16; *Mansel* in Jauernig, BGB, 17. Aufl. 2018, § 195 Rn. 3

Zu 1.2.4: BVerwGE 21, 270 (271) = NJW 1966, 364; BVerwGE 28, 1; BVerwGE 37, 314 = BeckRS 1971, 30431862; BVerwGE 40, 237 (238 f.) = BeckRS 1972, 30439381; BVerwGE 71, 354 (357) = NVwZ 1985, 905; OVG Koblenz NVwZ 1989, 894; NJW 2003, 3793; aA *Osterloh*, Erfordernis gesetzlicher Ermächtigung für Verwaltungshandeln in der Form des Verwaltungsakts, JuS 1983, 280

Zu 2.1.2.1: *Baßlsperger*, Die Klagebefugnis im Beamtenrecht – insbesondere bei der Konkurrentenklage, PersV 2016, 244

Zu 2.1.2.2: BVerfG NJW 1990, 501; BVerwGE 19, 252 (255) = BeckRS 1964, 30442279; BVerwGE 49, 232 = BeckRS 1975, 30422423; BVerwGE 80, 127 (129) = NVwZ 1989, 158; BVerwGE 138, 102 = NJW 2011, 695 (neuere Rspr.); *Hauck-Scholze*, Neues zur Konkurrentenklage, öAT 2019, 114; *Steiner*, Der dienstrechtliche Konkurrentenstreit im

Fokus des Bundesverfassungsgerichts, BayVBl 2017, 505; *Herrmann*, Neue Risiken bei vorzeitiger Ernennung im beamtenrechtlichen Konkurrentenstreit, NJW 2011, 653; *Ronellenfitsch*, Der vorläufige Rechtsschutz im beamtenrechtlichen Konkurrentenstreit, VerwArch 82 (1991), 121; *Sodan/Ziekow*, VwGO, 5. Aufl. 2018, § 42 Rn. 174 (mit zT unterschiedlicher Begründung)

Zu 2.2.1: BGH NJW 2015, 1527; VG Dresden BeckRS 2015, 126533; aA OVG Bautzen NVwZ-RR 2016, 404; *Dolde/Porsch* in Schoch/Schneider/Bier (Hrsg.), VwGO, 37. EL Juli 2019, § 70 Rn. 6c

Zu 2.3.1: BVerwGE 80, 123 = NJW 1989, 538; BVerwGE 107, 29 = NJW 1998, 3288; BVerwGE 124, 99 = NVwZ 2006, 212; *Wittkowski*, Die Konkurrentenklage im Beamtenrecht, NJW 1993, 817

Zu 2.3.2: OVG Münster NVwZ 2017, 807

Lösungsskizze 7

1 **Rechtmäßigkeit der §§ 5 und 6 des Vertrages**

Vorliegend könnte es sich um einen öffentlich-rechtlichen Vertrag nach §§ 54 ff. VwVfG handeln. Dieser ist rechtmäßig, wenn die Vertragsform zulässig ist und die Vereinbarungen nicht an formellen oder materiellen Rechtsfehlern leiden.

1.1 Rechtsgrundlage

Ein Vertrag nach §§ 54 ff. VwVfG liegt vor, wenn sich der Vertragsgegenstand dem öffentlichen Recht zuordnen lässt. §§ 5 und 6 sind Bestandteil eines Grundstückskaufvertrages, der für sich genommen nach Privatrecht zu beurteilen ist. Die Bestimmungen der §§ 5 und 6 betreffen jedoch einen Regelungsgegenstand, der dem Abgabenrecht, also dem öffentlichen Recht zuzuordnen ist. Hinsichtlich der Frage, wie die Zuordnung zu erfolgen hat, wenn ein Vertrag öffentlich-rechtliche Elemente aufweist, bestehen verschiedene Auffassungen. Zu kurz greifen würde der Ansatz, die §§ 5 und 6 nach öffentlichem Recht zu beurteilen, die übrigen Vertragsbestandteile hingegen nach Privatrecht. Denn abgesehen davon, dass man einer derartigen Aufspaltung mehrheitlich skeptisch gegenübersteht (verschiedene Gerichtswege), können die Bestimmungen der §§ 5 und 6 nicht isoliert beurteilt werden. Vielmehr bedarf es einer Einbeziehung auch der anderen Vertragsbestandteile, und zwar nach den Kriterien eines Rechtsregimes. Unter welchen Voraussetzungen aber eine Unterstellung des Gesamtvertrages unter das öffentliche Recht gerechtfertigt ist, ist umstritten. Teilweise wird darauf abgestellt, wo der Schwerpunkt der vertraglichen Regelung liegt, teilweise lässt man es ausreichen, dass eine der im Gegenseitigkeitsverhältnis stehenden Leistungen dem öffentlichen Recht zuzuordnen ist, mit der Folge, dass der Vertrag insgesamt als öffentlich-rechtlicher Vertrag beurteilt wird. Der letzten Auffassung ist zu folgen. Der Verzicht auf die Erhebung der Straßenbaubeiträge wie auch der Vergleich über deren Höhe sind im Gegenseitigkeitsverhältnis stehende Bestandteile des Gesamtvertrages. Dieser begründet Rechtsbeziehungen, die nach der Sonderrechtstheorie dem öffentlichen Recht zuzuordnen sind, da eine (Teil-)Leistung nur von einem Träger öffentlicher Gewalt erbracht werden kann. Die einzelnen Leistungen und Gegenleistungen können auch nicht voneinander getrennt behandelt werden, da der Abgabenverzicht zwar nur einen verhältnismäßig geringfügigen Geldbetrag betrifft, ohne diese Regelung der Vertrag jedoch nicht zustande gekommen wäre. Es gelten somit die §§ 54 ff. VwVfG.

1.2 Zulässigkeit der Vertragsform

Ist der Vertrag als öffentlich-rechtlich einzustufen, sagt dies noch nichts darüber, ob O diese Handlungsform auch wählen durfte. Da im Bearbeitungsvermerk jedoch die Vorschriften des VwVfG für anwendbar erklärt wurden, braucht auf die Debatte über die Zulässigkeit des Vertrags als Handlungsform im Abgabenrecht nicht weiter eingegangen zu werden. Nur angemerkt werden soll daher, dass Schrifttum und Rspr. bei der Erhebung von Abgaben und Gebühren wegen deren Gegenleistungscharakters vertragliche Vereinbarungen mittlerweile in weitem Maße für zulässig halten.

1.3 Formelle Rechtmäßigkeit

Der Vertrag ist formell rechtmäßig, wenn die zuständige Behörde gehandelt hat, die Parteien sich wirksam geeinigt haben und die Formvorschriften eingehalten worden sind. Die hierfür einschlägigen Kriterien sind den Vorschriften des VwVfG zu entnehmen. Da ein Eingriff in Rechte Dritter nicht ersichtlich ist, ist § 58 VwVfG nicht anzuwenden. Von der Zuständigkeit der O ist laut Bearbeitungsvermerk auszugehen, auch die Einigung der Parteien liegt vor. Öffentlich-rechtliche Verträge sind schriftlich zu schließen (§ 57 VwVfG). Allerdings lässt § 57 VwVfG weitergehende Formerfordernisse unberührt. §§ 5 und 6 des Vertrags sind Bestandteil eines Grundstückskaufvertrages. Für einen solchen schreibt § 311b I 1 BGB die notarielle Beurkundung vor. Diese ist nach dem Sachverhalt erfolgt. Die Vereinbarungen sind somit formell rechtmäßig.

1.4 Materielle Rechtmäßigkeit

Fraglich ist, ob die Vereinbarungen in den §§ 5 und 6 des Vertrages auch materiell rechtmäßig sind.

1.4.1 Rechtmäßigkeit des Verzichts auf die Erhebung von Straßenbaubeiträgen (§ 5)

Fraglich ist zunächst, wonach sich die Rechtmäßigkeitsanforderungen richten. In Betracht kommt § 56 VwVfG. Dann müsste es sich bei der Vereinbarung in § 5 um ein Element eines Austauschvertrages gehandelt haben. Fixiert wird in dieser Bestimmung nur der Verzicht auf die Abgabenerhebung. Nach der Gesamtanlage des Vertrages ist Gegenleistung die Überlassung des Grundstücks. In die Austauschbeziehung gehen ein: von Seiten des B die Überlassung des Grundstücks, von Seiten der G die Zahlung des Kaufpreises und der Verzicht auf die Abgabenerhebung. Ein Austauschvertrag iSd § 56 I 1 VwVfG liegt somit vor.

Ferner müsste es sich um einen subordinationsrechtlichen Vertrag iSd § 54 S. 2 VwVfG handeln. Ein solcher liegt vor, wenn der Vertrag an die Stelle eines VA tritt, der sonst hätte erlassen werden können. Dies ist zu bejahen, da die vertragliche Vereinbarung über den Verzicht auf die Erhebung von Straßenbaubeiträgen an die Stelle eines Abgabenbescheides tritt.

Liegt demnach ein subordinationsrechtlicher Austauschvertrag vor, verlangt § 56 I 1 VwVfG, dass die Gegenleistung für einen bestimmten Zweck im Vertrag vereinbart ist und der Behörde zur Erfüllung ihrer öffentlichen Aufgaben dient. Die Gegenleistung ist im vorliegenden Fall die Überlassung des Grundstücks, die im Vertrag geregelt ist. Die Überlassung des Grundstücks dient der Gewinnung von Baugrund für die Errichtung einer öffentlichen Einrichtung. Die Anforderungen des § 56 I 1 VwVfG sind somit erfüllt.

Weiter muss die Gegenleistung den Umständen nach angemessen sein und im sachlichen Zusammenhang mit der vertraglichen Leistung der Behörde stehen (§ 56 I 2 VwVfG). Hierbei ist die Gesamtheit der zwischen den Parteien ausgetauschten Leistungen in die Betrachtung einzubeziehen. Die Gesamtleistung der G bestand in der Zahlung des Kaufpreises iHv 120.000 EUR – der von Sachverständigen als »angemessen« eingestuft worden war – und im Verzicht auf die Erhebung von Straßenbaubeiträgen, für die eine Höhe von 1.200 EUR festgelegt worden war. Die Gegenleistung des B bestand in der Überlassung des Grundstücks. Einzubeziehen ist aber noch der Wertverlust, den das dem B verbliebene Grundstück dadurch erleidet, dass bisher vorhandene Stellplätze, über die B allein disponieren konnte, verloren gehen. In dieser Gesamtschau stellt sich das Verhältnis von Leistung und Gegenleistung als angemessen dar.

Ebenfalls ist ein Sachzusammenhang zwischen dem Verzicht auf die Abgabenerhebung und der Überlassung des Grundstücks zu bejahen. Mit der Überlassung des Grundstücks wird G der Bau des Freizeitzentrums ermöglicht. Zur Bewältigung des zu erwartenden Besucherandrangs werden Parkstreifen angelegt, was wiederum wegen des Verlustes an eigenen Stellplätzen zu einem Wertverlust des Grundstücks des B führt. Der Verzicht auf die Erhebung des Straßenbaubeitrages ist ein Ausgleich hierfür.

Schließlich ist unter dem Gesichtspunkt der Gesetzesgebundenheit der Verwaltung zu fordern, dass die Vereinbarung nicht gegen zwingendes Recht verstößt. Als entgegenstehende Rechtsvorschrift kommt im vorliegenden Fall § 12 KAG des Landes X iVm § 227 AO in Betracht. Danach ist ein Abgabenverzicht ohne Vorliegen eines in § 227 AO fixierten Erlassgrundes unzulässig. Davon zu trennen sind jedoch jene Fälle, in denen die Abgabenschuld durch eine andere Leistung des Vertragspartners abgegolten wird. Ein solcher Fall liegt hier vor, denn die Überlassung des Grundstücks, verbunden mit der als Konsequenz des Straßenausbaus eintretenden Wertminderung des bei B verbliebenen Grundstücks, stellt die Gegenleistung zur Leistung der G dar, die sich aus Kaufpreis und Abgabenerhebungsverzicht zusammensetzt.

Die in § 5 getroffene Vereinbarung ist somit rechtmäßig.

1.4.2 Rechtmäßigkeit der Vergleichsvereinbarung (§ 6)

Die Rechtmäßigkeit des Vergleichs bestimmt sich nach § 55 VwVfG. Es handelt sich um einen Vertrag iSd § 54 S. 2 VwVfG, da die Vergleichsvereinbarung an die Stelle der Festlegung der Höhe der Abgabenschuld durch einen Bescheid tritt. Voraussetzung der Rechtmäßigkeit ist, dass eine bestehende Ungewissheit über den Sachverhalt durch gegenseitiges Nachgeben beseitigt wird und G (durch O) ihr Ermessen pflichtgemäß ausgeübt hat.

Vorliegend war die genaue Summe des auf B entfallenden Straßenbaubeitrages nicht bekannt. Der Arbeitsaufwand für die Ermittlung des in Betracht kommenden Betrages hätte angesichts der Tatsache, dass die Straßenbauarbeiten noch nicht stattgefunden hatten und somit eine aufwändige und keineswegs sichere Vorabberechnung hätte stattfinden müssen, in keinem Verhältnis zur veranschlagten Summe von 1.200 EUR gestanden, die sich im Nachhinein als ungefähr zutreffend erwies. Eine vorhandene Unsicherheit wurde durch gegenseitiges Nachgeben beseitigt. Ermessensfehler sind nicht ersichtlich. Die Vereinbarung in § 6 ist rechtmäßig.

Ergebnis: §§ 5 und 6 des Vertrages sind rechtmäßig.

2 **Wirksamkeit des § 7**

Auch bei der Vereinbarung in § 7 könnte es sich um eine öffentlich-rechtliche Vertragsvereinbarung nach §§ 54 ff. VwVfG handeln. Die Vorschriften des VwVfG sind nach dem Bearbeitungsvermerk – entgegen § 2 II Nr. 1 VwVfG – anzuwenden. Die Vertragsvereinbarung ist wirksam, wenn die Vertragsform zulässig ist und formelle oder materielle Rechtsfehler nicht zur Nichtigkeit führen.

2.1 Rechtsgrundlage

Der Steuerverzicht berührt die Normen des Abgabenrechts, welche öffentlich-rechtlich sind. Auch im Gesamtzusammenhang mit den übrigen Vertragsbestandteilen stellt sich die Vereinbarung als öffentlich-rechtlicher Vertrag dar (s. 1.1). Damit ist die Vereinbarung nach den §§ 54 ff. VwVfG (s. Bearbeitungsvermerk) zu beurteilen.

2.2 Zulässigkeit der Vertragsform

Hinsichtlich der Zulässigkeit der Vertragsform (s. 1.2) soll nur angemerkt werden, dass die wohl früher hM, wonach vertragliche Vereinbarungen im Steuerrecht durchgehend unzulässig waren, heute nicht mehr in dieser Rigorosität vertreten wird. Die Aufmerksamkeit verlagert sich vielmehr auf die Prüfung der materiellen Rechtmäßigkeit des konkreten Vertrages.

2.3 Formelle Rechtmäßigkeit

Laut Bearbeitungsvermerk hat die zuständige Behörde gehandelt. Die Anforderungen an die Form sind erfüllt (s. 1.3).

2.4 Materielle Rechtmäßigkeit

Die Regelung in § 7 der Vereinbarung könnte wegen eines Verstoßes gegen steuerrechtliche Bestimmungen rechtswidrig sein. Im Steuerrecht gilt der Grundsatz der Tatbestandsmäßigkeit und der Gleichheit der Steuererhebung. Ausnahmen hiervon sind nur im Rahmen des insoweit abschließenden § 227 AO zulässig. Die Norm dient der Herstellung von Einzelfallgerechtigkeit durch Berücksichtigung der Leistungsfähigkeit nicht nur abstrakt, sondern auch im konkreten Fall unter Prüfung von persönlichen oder sachlichen Unbilligkeitsgründen. Andere Zwecke dürfen damit nicht verfolgt werden. Auch ist die Anwendung des § 227 AO nicht mit dem Argument abzulehnen, es handele sich nicht um einen Steuerverzicht, weil der Steuerausfall durch eine Gegenleistung ausgeglichen werde. Auch bei der Einbeziehung der voraussichtlichen Steuerschuld in die Gesamtheit der im Vertrag geregelten Leistungen und Gegenleistungen stehen dem Gesamtbetrag der erlassenen Gewerbesteuer (50.000 EUR) keine adäquaten Gegenleistungen gegenüber. Für die Überlassung des Grundstücks ist ein Kaufpreis vereinbart, der nach den Sachverhaltsangaben angemessen ist, die Wertminderung des bei B verbliebenen Grundstücks wird durch den Verzicht auf die Erhebung des Straßenbaubeitrags gedeckt. Der Verzicht auf die Gewerbesteuer ist somit rechtswidrig.

2.5 Fehlerfolgen

Die Rechtswidrigkeit des § 7 des Vertrages sagt noch nichts über deren Rechtsfolgen aus. Diese sind in § 59 VwVfG geregelt. Vorgesehen ist die Nichtigkeit als Fehlerfolge. Da es sich um einen subordinationsrechtlichen Vertrag iSd § 54 S. 2 VwVfG handelt, kann sich die Nichtigkeit sowohl aus § 59 I VwVfG als auch aus § 59 II VwVfG ergeben.

Die Voraussetzungen des § 59 II VwVfG liegen nicht vor. Zu prüfen ist § 59 I VwVfG. Einschlägig könnte insofern nur § 134 BGB sein. Hierbei handelt es sich ohne Zweifel um eine Fehlervorschrift. Ihre Anwendbarkeit ist aber dennoch umstritten, da im Ergebnis jede Rechtswidrigkeit auch Nichtigkeit bedeuten würde. Dies ist aber nicht in Einklang zu bringen mit der differenzierten Vorschrift des § 59 II VwVfG. Nach hM löst daher nur eine sog. qualifizierte Rechtswidrigkeit die Nichtigkeit aus. Wann eine solche vorliegt, ist im Einzelnen umstritten. Da hier aber ein Verstoß gegen § 227 AO, einer für das Prinzip der Steuergerechtigkeit grundlegenden Norm, vorliegt, muss von einer qualifizierten Rechtswidrigkeit ausgegangen werden.

Ergebnis: § 7 ist nichtig und damit unwirksam.

Zu 1.1: *Marnitz*, Die Gestaltung des öffentlich-rechtlichen Vertrages, NVwZ 2018, 1513; *Siegel/Eisentraut*, Der Vertrag im Öffentlichen Wirtschaftsrecht, VerwArch 109 (2018), 454; *Lange*, Die Abgrenzung des öffentlichrechtlichen Vertrages vom privatrechtlichen Vertrag, NVwZ 1983, 313; *Kopp/Ramsauer*, VwVfG, 20. Aufl. 2019, § 54 Rn. 31; *Neumann/Siegel* in Stelkens/Bonk/Sachs (Hrsg.), VwVfG, 9. Aufl. 2018, VwVfG § 54 Rn. 11 ff.

Zu 1.2: *Heun*, Die Zulässigkeit öffentlich-rechtlicher Verträge im Bereich der Kommunalabgaben. Zum Verbot des Vertrages als Handlungsform im Abgabenrecht, DÖV 1989, 1053; *Bonk/Neumann/Siegel* in Stelkens/Bonk/Sachs (Hrsg.), VwVfG, 9. Aufl. 2018, VwVfG § 54 Rn. 121; *Wolff/Bachof/Stober/Kluth*, Verwaltungsrecht I, 13. Aufl. 2017, § 54 Rn. 12 ff.

Zu 1.4: OVG Münster NVwZ-RR 2003, 147

Zu 2.2: *Gurlit*, Verwaltungsvertrag und Gesetz, 2000, 45

Zu 2.4: BFH BStBl. 1988 II 561 (564)

Zu 2.5: BVerwGE 98, 58 (63) = NJW 1996, 608

B. Kommunalrecht

Lösungsskizze 8

D kann zur Schaffung der Voraussetzungen für den Anschluss rechtmäßig verpflichtet werden, wenn an sie ein rechtmäßiger VA gerichtet wird, der einen satzungsmäßig festgelegten Anschluss- und Benutzungszwang konkretisiert. Die Rechtmäßigkeit des VA steht hier nur hinsichtlich der Satzung, die er ausführt, infrage. An der Rechtmäßigkeit fehlt es, wenn er nicht auf einer wirksamen Satzungsregelung beruht. Dies lässt sich im Rahmen eines Vorgehens gegen den konkreten VA geltend machen. Die im Juni 2018 bekanntgegebene Satzung ist unwirksam, wenn sie an einem Rechtsmangel leidet, dieser Rechtsmangel beachtlich ist und keine Heilung des Rechtsmangels eingetreten ist. Die Satzung müsste auf einer tauglichen Ermächtigungsgrundlage beruhen sowie formell und materiell rechtmäßig sein.

1 **Ermächtigungsgrundlage**

Eine Ermächtigungsgrundlage für kommunale Satzungen, die einen Anschluss- und Benutzungszwang festlegen, ist gegeben.[1]

2 **Formelle Rechtmäßigkeit**

2.1 Zuständigkeit

Die Verbandszuständigkeit der Gemeinde ist zu bejahen.[2] Auch die Organzuständigkeit des die Satzung erlassenden Gemeinderats (Gemeindevertretung, Rat) liegt vor.[3]

1 **Baden-Württemberg:** § 11 I 1 GemO; **Bayern:** Art. 24 I Nr. 2 GO; **Brandenburg:** § 12 II BbgKVerf; **Hessen:** § 19 II HGO; **Mecklenburg-Vorpommern:** § 15 I KV M-V; **Niedersachsen:** § 13 S. 1 Nr. 1a NKomVG; **Nordrhein-Westfalen:** § 9 GO NRW; **Rheinland-Pfalz:** § 26 I GemO; **Saarland:** § 22 KSVG; **Sachsen:** § 14 SächsGemO; **Sachsen-Anhalt:** § 11 I Nr. 1a, 2a KVG LSA; **Schleswig-Holstein:** § 17 II GO; **Thüringen:** § 20 II 1 Nr. 2 ThürKO.

2 **Baden-Württemberg:** § 11 I 1 GemO; **Bayern:** Art. 24 I GO; **Brandenburg:** § 12 II 1 BbgKVerf; **Hessen:** § 19 II 1 HGO; **Mecklenburg-Vorpommern:** § 15 I 1 KV M-V; **Niedersachsen:** § 13 S. 1 Nr. 1a, 2a NKomVG; **Nordrhein-Westfalen:** § 9 S. 1 GO NRW; **Rheinland-Pfalz:** § 26 I GemO; **Saarland:** § 22 I KSVG; **Sachsen:** § 14 I SächsGemO; **Sachsen-Anhalt:** § 11 I Nr. 1a, 2a KVG LSA; **Schleswig-Holstein:** § 17 II 1 GO; **Thüringen:** § 20 II 1 Nr. 2 ThürKO.

3 **Baden-Württemberg:** §§ 24 I 2, 44 III 1 Hs. 2 GemO; **Bayern:** Art. 30 II, 32 II 2 Nr. 2 GO; **Brandenburg:** § 28 I, II 1 Nr. 9 BbgKVerf; **Hessen:** §§ 50 I, 51 Nr. 6 HGO; **Mecklenburg-Vorpommern:** § 22 II, III Nr. 6 KV M-V; **Niedersachsen:** § 58 I Nr. 5 NKomVG; **Nordrhein-Westfalen:** § 41 I 1, 2 lit. f GO NRW; **Rheinland-Pfalz:** § 32 I 2, II Nr. 1 GemO; **Saarland:** §§ 34 S. 1, 35 S. 1 Nr. 12 KSVG; **Sachsen:** § 28 I, II Nr. 4 SächsGemO; **Sachsen-Anhalt:** § 45 I 1, II Nr. 1 KVG LSA; **Schleswig-Holstein:** §§ 27 I, 28 S. 1 Nr. 2 GO; **Thüringen:** §§ 22 III 1, 26 II Nr. 2 ThürKO.

2.2 Verfahren

2.2.1 Ladung

2.2.1.1 Unterbliebene Ladung gegenüber A

Eine Ladung gegenüber A war erforderlich.[4] Diese ist nicht erfolgt. Dieser Mangel könnte in einigen Ländern dazu führen, dass der Gemeinderat die Satzung im nicht beschlussfähigen Zustand beschloss. Denn es fehlt in diesen Ländern an der Beschlussfähigkeit der Gemeindevertretung, wenn nicht alle Gemeindevertreter ordnungsgemäß geladen worden sind.[5] In Brandenburg, Hessen, Nordrhein-Westfalen, Rheinland-Pfalz und Schleswig-Holstein ist eine ordnungsgemäße Ladung aller Gemeindevertreter hingegen nicht als Voraussetzung der Beschlussfähigkeit normiert.[6] In Brandenburg folgt aus dem Verzicht auf eine Kopplung von Beschlussfähigkeit nicht, dass eine fehlerhafte Ladung unbeachtlich ist. Diese kann vielmehr einen eigenen Formfehler der Beschlussfassung darstellen, wenn sie nicht geheilt wird. Der Mangel der nicht ordnungsgemäßen Ladung ist in Mecklenburg-Vorpommern und im Saarland überwindbar, wenn der Gemeindevertreter zur Sitzung erscheint.[7] Im vorliegenden Fall nahm A an der Sitzung teil, sodass die unterbliebene Ladung im Hinblick auf die Beschlussfähigkeit in Mecklenburg-Vorpommern und im Saarland unbeachtlich ist. In Niedersachsen und Sachsen-Anhalt ist es erforderlich, dass alle stimmberechtigten Gemeindevertreter anwesend sind und die unterbliebene Ladung nicht gerügt wird.[8] Es ist davon auszugehen, dass alle anderen Gemeinderatsmitglieder ebenfalls anwesend waren. Auch hat A die fehlende Ladung in der betreffenden Sitzung nicht gerügt; die Rüge in der folgenden Gemeinderatssitzung ist unerheblich, sodass auch in Sachsen-Anhalt die Beschlussfähigkeit gegeben ist. In Brandenburg und Thüringen muss das nicht geladene (in Brandenburg mitwirkungsberechtigte) Gemeinderatsmitglied anwesend sein und darf diesen Formfehler nicht rügen.[9] Dies war der Fall. Der Gemeinderat war in Brandenburg und Thüringen somit ebenfalls beschlussfähig. Eine Bestimmung zu den Heilungsmöglichkeiten bei fehlender Ladung fehlt hingegen in Baden-Württemberg, Bayern und Sachsen. Jedoch ist

---

4 **Baden-Württemberg:** § 34 I 1 GemO; **Bayern:** Art. 45 II GO iVm Geschäftsordnung; **Brandenburg:** § 34 I 2 Hs. 2, IV BbgKVerf iVm Geschäftsordnung; **Hessen:** § 58 I HGO; **Mecklenburg-Vorpommern:** § 29 I 1, III KV M-V iVm Geschäftsordnung; **Niedersachsen:** § 59 I NKomVG iVm Geschäftsordnung; **Nordrhein-Westfalen:** § 47 I 1, II 1 GO NRW iVm Geschäftsordnung; **Rheinland-Pfalz:** § 34 II, III GemO; **Saarland:** § 41 I 1, III KSVG; **Sachsen:** § 36 III 1, 2 SächsGemO iVm Geschäftsordnung; **Sachsen-Anhalt:** § 53 I 2, IV KVG LSA iVm Geschäftsordnung; **Schleswig-Holstein:** § 34 I 2, III GO; **Thüringen:** § 35 II ThürKO.

5 **Baden-Württemberg:** § 37 I 1 GemO; **Bayern:** Art. 47 II GO; **Mecklenburg-Vorpommern:** § 30 I 1 KV M-V; **Niedersachsen:** § 65 I 1 NKomVG; **Saarland:** § 44 I 1 KSVG; **Sachsen:** § 39 I 1 SächsGemO; **Sachsen-Anhalt:** § 55 I 1 KVG LSA; **Thüringen:** § 36 I 2 ThürKO.

6 **Brandenburg:** § 38 I BbgKVerf; **Hessen:** § 53 I 1 HGO; **Nordrhein-Westfalen:** § 49 I 1 GO NRW; **Rheinland-Pfalz:** § 39 I 1 GemO; **Schleswig-Holstein:** § 38 I GO.

7 **Mecklenburg-Vorpommern:** § 30 I 2 KV M-V; **Saarland:** § 44 I 2 iVm § 41 IV KSVG.

8 **Niedersachsen:** § 65 I 1 Alt. 2 NKomVG; **Sachsen-Anhalt:** § 55 I 2 KVG LSA.

9 **Brandenburg:** § 34 VI BbgKVerf; **Thüringen:** § 35 III ThürKO.

auch bei Fehlen einer Heilungsvorschrift anerkannt, dass aufgrund des Zwecks der Vorschrift, die Beteiligung der Gemeindevertreter an der kommunalen Entscheidungsfindung zu sichern, der Mangel dann überwunden ist, wenn die betreffende Gemeindevertreterin zur Sitzung erscheint.

2.2.1.2 Fehlende Zusendung der Beschlussvorlagen

Ein Verfahrensmangel könnte auch in der fehlenden Zusendung der Beschlussvorlagen liegen. Das Erfordernis der Zusendung der Beschlussvorlagen ist ausdrücklich in Baden-Württemberg, Mecklenburg-Vorpommern, Sachsen und Sachsen-Anhalt normiert.[10] Aber auch bei fehlender ausdrücklicher Regelung einer entsprechenden Pflicht gilt, dass die Sitzungsvorbereitung in der Weise zu erfolgen hat, dass die Gemeindevertreterin in der Lage ist, am Willensbildungsprozess der Gemeindevertretung kompetent mitzuwirken. Hier waren A die Beschlussunterlagen erst zu Beginn der Sitzung vorgelegt worden (sog. Tischvorlage), also nicht unter Einhaltung der Ladungsfrist. Tischvorlagen sind an sich unzulässig, da der Gemeindevertreterin keine ausreichende Vorbereitungszeit verbleibt. Die Vorgabe der Zusendung von Beschlussunterlagen soll garantieren, dass eine ausreichende Informationsbasis für die Beratung und Beschlussfassung geschaffen ist. Ist dies auf eine andere Weise gesichert und handelt es sich zudem um einen leicht überschaubaren Tagesordnungspunkt, ist der Mangel unbeachtlich.

Im vorliegenden Fall verfügte A schon vor der Sitzung über den Satzungsentwurf, den sie mit der Gemeindeverwaltung ausführlich diskutierte. Auch war mit der Kleingartenanlage K, die sechs Straßenzüge umfasst, ein überschaubarer Gebietsbestand von der Erweiterung des Anschluss- und Benutzungszwangs betroffen, dessen Kenntnis A zu unterstellen ist. A verfügte somit über alle für eine kompetente Mitwirkung erforderlichen Informationen. Die Nichtzusendung der Beschlussunterlagen ist somit unbeachtlich.

2.2.2 Öffentlichkeit der Sitzung

Mit der Verlegung der Sitzung in einen kleineren Raum könnte gegen das Öffentlichkeitsgebot verstoßen worden sein. Sitzungen der Gemeindevertretung haben öffentlich stattzufinden, soweit nicht überwiegende Belange des öffentlichen Wohls oder berechtigte Interessen Einzelner den Ausschluss der Öffentlichkeit rechtfertigen.[11] In Hessen und Rheinland-Pfalz werden keine konkreten Anforderungen an den Ausschluss der Öffentlichkeit im Einzelfall gestellt,[12]

10 **Baden-Württemberg:** § 34 I 1 Hs. 2 GemO; **Mecklenburg-Vorpommern:** § 29 III 3 KV M-V; **Sachsen:** § 36 III 1 Hs. 2 SächsGemO; **Sachsen-Anhalt:** § 53 IV 3 KVG LSA.

11 **Baden-Württemberg:** § 35 I 2 GemO; **Bayern:** Art. 52 II 1, IV GO; **Brandenburg:** § 36 II BbgKVerf; **Mecklenburg-Vorpommern:** § 29 V 1, 2 KV M-V; **Niedersachsen:** § 64 I 1 NKomVG; **Nordrhein-Westfalen:** § 48 II 1, 2 GO NRW; **Rheinland-Pfalz:** § 35 I 1 GemO; **Saarland:** § 40 I KSVG; **Sachsen:** § 37 I 1 SächsGemO; **Sachsen-Anhalt:** § 52 I, II 1, 2 KVG LSA; **Schleswig-Holstein:** § 35 I GO; **Thüringen:** § 40 I 1 ThürKO.

12 **Hessen:** § 52 I HGO; **Nordrhein-Westfalen:** § 48 II 1, 2 GO NRW.

jedoch bedarf es auch hier des Vorliegens eines hinreichenden Grundes. Die Entscheidung, die Sitzung nicht – wie ursprünglich geplant – im großen Ratssaal stattfinden zu lassen, sondern sie in einen kleineren Besprechungsraum zu verlegen, in dem lediglich eine Bankreihe für Zuschauer zur Verfügung steht, stellt de facto einen Ausschluss der Öffentlichkeit dar. Denn ein Ausschluss der Öffentlichkeit liegt auch vor, wenn die Verhandlungen in einem Raum stattfinden, in dem Zuschauer nicht in einer Anzahl Platz finden, in der sie noch als Repräsentanten der Öffentlichkeit gelten können. Im vorliegenden Fall hatten zahlreiche Kleingärtner ihr Kommen angekündigt. Bezogen auf diese Einwohnergruppe war also mit einem beträchtlichen öffentlichen Interesse zu rechnen. Hierfür waren aber keine entsprechenden Teilnahmemöglichkeiten eingeräumt worden, da lediglich eine Sitzreihe aus vier Sitzen zur Verfügung stand.

Ein Ausschluss der Öffentlichkeit ist dann rechtmäßig, wenn er den einschlägigen kommunalrechtlichen formellen und materiellen Anforderungen genügt. Problematisch erscheint zunächst die formelle Rechtmäßigkeit. Für den Ausschluss der Öffentlichkeit bedarf es eines ausdrücklichen Beschlusses.[13] Dieser scheint zwar vorzuliegen (»wurde beschlossen«); darüber hinaus lässt sich dem Sachverhalt aber nicht entnehmen, dass vor dem Beschluss eine erforderliche nichtöffentliche Beratung über den Ausschluss der Öffentlichkeit stattgefunden hat.[14] Ferner sind die als zwingend vorausgesetzten (überwiegenden) Belange des öffentlichen Wohls, die einen Ausschluss der Öffentlichkeit erfordern,[15] nicht ersichtlich: Hier rechnete man damit, dass die aufgeladene Stimmung unter den Kleingärtnern eine sachliche Beratung unmöglich macht. Die Herstellung einer störungsfreien Beratungsatmosphäre ist ein Belang des öffentlichen Wohls. Jedoch ergeben sich aus dem Sachverhalt keine konkreten Anhaltspunkte dafür, dass es tatsächlich zu Störungen gekommen wäre. Eine allgemeine dahingehende Befürchtung rechtfertigt keine präventiven Maßnahmen in Form des Öffentlichkeitsausschlusses. Sollte es tatsächlich zu Störungen kommen, kann dem durch Aus-

13 **Baden-Württemberg:** § 35 I 3 GemO; **Bayern:** Art. 52 II 2 GO; **Brandenburg:** § 36 II 4, 5 BbgKVerf; **Hessen:** § 52 I 3 HGO; **Mecklenburg-Vorpommern:** § 29 V 3, 4 KV M-V; **Niedersachsen:** § 64 I 2 NKomVG; **Nordrhein-Westfalen:** § 48 II 3, 4 GO NRW; **Rheinland-Pfalz:** § 35 I 2 GemO; **Saarland:** § 40 II KSVG; **Sachsen:** § 37 I 2 SächsGemO; **Schleswig-Holstein:** § 35 II GO; **Thüringen:** § 40 I 2 ThürKO.

14 Vgl. **Baden-Württemberg:** § 35 I 3 GemO; **Bayern:** Art. 52 II 2 GO; **Brandenburg:** § 36 II 4 BbgKVerf; **Hessen:** § 52 I 3 HGO; **Mecklenburg-Vorpommern:** § 29 V 4 KV M-V; **Niedersachsen:** § 64 I 2 NKomVG; **Nordrhein-Westfalen:** § 48 II 4 GO NRW; **Rheinland-Pfalz:** § 35 I 2 GemO; **Saarland:** § 40 II KSVG; **Sachsen:** § 37 I 2 SächsGemO; **Schleswig-Holstein:** § 35 II 4 GO; **Thüringen:** § 40 I 2 ThürKO.

15 **Baden-Württemberg:** § 35 I 2 GemO; **Bayern:** Art. 52 II 1 GO; **Brandenburg:** § 36 II 2 BbgKVerf; **Mecklenburg-Vorpommern:** § 29 V 2 KV M-V; **Niedersachsen:** § 64 I 1 NKomVG; **Rheinland-Pfalz:** § 35 I 1 GemO; **Saarland:** § 40 I KSVG; **Sachsen:** § 37 I 1 SächsGemO; **Sachsen-Anhalt:** § 52 II 1 KVG LSA; **Schleswig-Holstein:** § 35 I 2 GO; **Thüringen:** § 40 I 1 ThürKO.

übung der Ordnungsgewalt des Vorsitzenden der Gemeindevertretung[16] entgegengewirkt werden.
Fraglich ist jedoch, ob sich dieser Rechtsmangel jetzt noch auf die Wirksamkeit der Satzung auswirkt. Nach dem Kommunalrecht etlicher Länder kann ein Verstoß gegen Verfahrensvorschriften nach Ablauf eines Jahres seit der öffentlichen Bekanntmachung der Satzung nicht mehr geltend gemacht werden, wenn in der Bekanntmachung auf diese Frist und auf die Rügemöglichkeit hingewiesen wurde,[17] was laut Sachverhalt erfolgt ist. In Brandenburg, Hessen, Niedersachsen und Sachsen-Anhalt finden sich gleichartige Regelungen, allerdings ohne Hinweispflicht.[18] Die Satzung wurde im Juni 2018 ordnungsgemäß bekannt gemacht. Seither ist über ein Jahr vergangen. Eine Rüge ist in dieser Zeit nicht erfolgt. Auch in der Stellungnahme der A auf der darauffolgenden Sitzung ist keine die Frist außer Kraft setzende Rüge zu sehen. Denn der entsprechende Verfahrensverstoß muss schriftlich unter Bezeichnung der verletzten Vorschrift gerügt werden.[19] Dies kann dem Sachverhalt jedoch nicht entnommen werden. In einigen Ländern ist der Verstoß gegen das Öffentlichkeitsgebot jedoch von einer Heilung durch Zeitablauf ausdrücklich ausgenommen.[20] Hier führt der Mangel in jedem Fall zur Unwirksamkeit der Satzung. Gleiches gilt für Schleswig-Holstein, wo gem. § 4 III GO Mängel nur bei Bebauungsplänen und sonstigen städtebaulichen Satzungen nach dem BauGB durch Zeitablauf geheilt werden können. In Bayern ist eine derartige Heilungsmöglichkeit überhaupt nicht vorgesehen. In allen anderen Ländern führt der Verstoß gegen das Öffentlichkeitsgebot dagegen nicht zur Unwirksamkcit dcr Satzung.

2.2.3 Vorheriger Fraktionsbeschluss über die Erweiterung des Anschluss- und Benutzungszwangs

Schließlich könnte sich daraus, dass in der Mehrheitsfraktion F schon vor der Sitzung des Gemeinderats über die Ausweitung des Anschluss- und Benutzungszwangs ein Beschluss gefasst wurde, ein

16 **Baden-Württemberg:** § 36 I 2 GemO; **Bayern:** Art. 53 I GO; **Brandenburg:** § 37 I BbgKVerf; **Hessen:** § 58 IV 1 HGO; **Mecklenburg-Vorpommern:** § 29 I 5 KV M-V; **Niedersachsen:** § 63 I NKomVG; **Nordrhein-Westfalen:** § 51 I GO NRW; **Rheinland-Pfalz:** § 36 II GemO; **Saarland:** § 43 I KSVG; **Sachsen:** § 38 I 2 SächsGemO; **Sachsen-Anhalt:** § 57 I 2 KVG LSA; **Schleswig-Holstein:** § 37 S. 2 GO; **Thüringen:** § 41 ThürKO.

17 **Baden-Württemberg:** § 4 IV 1, 2 GemO; **Mecklenburg-Vorpommern:** § 5 V 1 KV M-V; **Nordrhein-Westfalen:** § 7 VI GO NRW; **Rheinland-Pfalz:** § 24 VI GemO; **Saarland:** § 12 VI KSVG; **Sachsen:** § 4 IV SächsGemO; **Schleswig-Holstein:** § 4 III 1 GO; **Thüringen:** § 21 IV ThürKO.

18 **Brandenburg:** § 3 IV BbgKVerf; **Hessen:** § 5 IV HGO (6 Monate); **Niedersachsen:** § 10 II NKomVG; **Sachsen-Anhalt:** § 8 III KVG LSA.

19 **Baden-Württemberg:** § 4 IV 2 Nr. 2 Var. 3 GemO; **Brandenburg:** § 3 IV 1 BbgKVerf; **Hessen:** § 5 IV HGO; **Mecklenburg-Vorpommern:** § 5 V 2 KV M-V; **Niedersachen:** § 10 II 1 NKomVG; **Nordrhein-Westfalen:** § 7 VI lit. d GO NRW (ohne Schriftlichkeitserfordernis); **Rheinland-Pfalz:** § 24 VI 2 Nr. 2 Var. 2 GemO; **Saarland:** § 12 VI 2 Nr. 2 Var. 2 KSVG; **Sachsen:** § 4 IV 2 Nr. 4b SächsGemO; **Sachsen-Anhalt:** § 8 III 1 KVG LSA; **Schleswig-Holstein:** § 4 III 1 GO; **Thüringen:** § 21 IV 1 ThürKO.

20 **Baden-Württemberg:** § 4 IV 2 Nr. 1 GemO; **Hessen:** §§ 5 IV, 52 HGO; **Rheinland-Pfalz:** § 24 VI 2 Nr. 1 GemO; **Sachsen:** § 4 IV 2 Nr. 2 SächsGemO.

Rechtsmangel ergeben. Jedoch gehört ein vorheriger Fraktionsbeschluss, in dem sich die Fraktionsmitglieder auf eine bestimmte Auffassung festlegen, zur alltäglichen demokratischen Praxis. Indem sich Fraktionen schon vor den Gemeinderatssitzungen über ihr Stimmverhalten verständigen, sorgen sie als gesetzlich anerkannte Gliederungen der Gemeindevertretung für ein konsistentes Auftreten und stellen damit ihre Handlungsfähigkeit sicher. Bedenken löst aber die Tatsache aus, dass der Fraktionsbeschluss unter Mitwirkung von Externen, also Nichtmitgliedern des Gemeinderats, erging. Allerdings führt dies nur dann zu einem Verstoß gegen das auch für die Entscheidungsfindung in der Gemeinde geltende Demokratieprinzip, wenn der Fraktionsbeschluss für die fraktionsangehörigen Gemeinderatsmitglieder bindend war. Denn in diesem Falle wäre deren Stimmverhalten durch einen Beschluss vorherbestimmt, an dem auch Personen mitgewirkt haben, die nicht Mitglieder des Gemeinderats und somit nicht durch eine Wahl des Gemeindevolkes legitimiert sind. Jedoch gelten auch für Gemeindevertreter die Grundsätze des freien Mandats. Dies ist kommunalrechtlich teilweise ausdrücklich vorgeschrieben,[21] im Übrigen ergibt es sich aber auch schon aus dem Homogenitätsgebot des Art. 28 I GG. Eine Bindung des einzelnen Gemeindevertreters durch vorherige Fraktionsbeschlüsse erfolgt daher nicht. Somit liegt kein Rechtsmangel vor.

2.3 Form und Anzeige

Die Anforderungen an die Ausfertigung und die Bekanntmachung der Satzung sind laut Sachverhalt erfüllt. Dem Anzeigeerfordernis ist ebenfalls Rechnung getragen.

3 Materielle Rechtmäßigkeit

Die Satzung ist laut Sachverhalt materiell-rechtlich beanstandungsfrei.

Ergebnis: In Baden-Württemberg, Bayern, Hessen, Rheinland-Pfalz, Sachsen und Schleswig-Holstein ist die Satzung wegen eines (nicht heilbaren) Verstoßes gegen das Öffentlichkeitsgebot unwirksam. Auf sie kann ein VA mithin nicht in rechtmäßiger Weise gestützt werden. In den übrigen Ländern ist sie wirksam und damit auch geeignete Ermächtigungsgrundlage für einen VA.

Zu 2.2: *Bock*, Die Gemeinderatssitzung, BWGZ 2019, 414

Zu 2.2.1: *Schaaf*, Vorbereitung von Gemeinderatsbeschlüssen. Bedeutung, Zuständigkeit, inhaltliche und zeitliche Anforderungen, Rechtsfolgen unzureichender Vorbereitungen, DVP 2020, 3

Zu 2.2.1.1: VGH München BeckRS 2009, 36415

21 **Baden-Württemberg:** § 32 III GemO; **Brandenburg:** § 30 I BbgKVerf; **Hessen:** § 35 I HGO; **Mecklenburg-Vorpommern:** § 23 III 1, 2 KV M-V; **Niedersachsen:** § 54 I NKomVG; **Nordrhein-Westfalen:** § 43 I GO NRW; **Rheinland-Pfalz:** § 30 I GemO; **Saarland:** § 30 I 2, 3 KSVG; **Sachsen:** § 35 III SächsGemO; **Sachsen-Anhalt:** § 43 I KVG LSA; **Schleswig-Holstein:** § 32 I GO; **Thüringen:** § 24 I ThürKO.

Zu 2.2.1.2: VGH Mannheim DÖV 2002, 912; *Katz*, Vorbereitung von Gemeinderatssitzungen. Anforderungen, Informationspflichten und -grenzen, KommJur 2018, 241

Zu 2.2.2: VGH München BayVBl 2009, 344; BayObLG NJW 1982, 395; *Scheidler/Schmucker*, Probleme der Sitzungsöffentlichkeit im Kommunalrecht, VR 2017, 52; *Scheidler*, Der Öffentlichkeitsgrundsatz im bayerischen Kommunalrecht, KommunalPraxis BY 2016, 282

Zu 2.2.3: BVerwGE 90, 104 (106 f.) = NVwZ 1993, 375; aA Meyer, Kommunalrecht, 2. Aufl. 2002, 123 f.

Lösungsskizze 9

1 **Zulassung des Bürgerentscheids**

A könnte gegen die Ablehnung der Zulassung des Bürgerentscheids Klage vor dem VG erheben. Diese müsste zulässig und begründet sein.

1.1 Zulässigkeit

1.1.1 Verwaltungsrechtsweg, § 40 I 1 VwGO

Aufdrängende Sonderzuweisungen greifen nicht ein. Der Verwaltungsrechtsweg müsste nach § 40 I 1 VwGO eröffnet sein. Gegenstand der Klage ist die Entscheidung der Behörde über die Zulassung des Bürgerentscheids. Diese ergeht aufgrund kommunalrechtlicher Vorschriften. An dieser Entscheidung ist mit der Stadt zwingend eine Trägerin öffentlicher Gewalt beteiligt. Jedoch ist fraglich, ob die Rechtsstreitigkeit lediglich eine Innenrechtsbeziehung betrifft und ob dies das Vorliegen einer öffentlich-rechtlichen Streitigkeit ausschließt. Nach einer Ansicht soll es sich bei dem Verhältnis zwischen den einen Bürgerentscheid beantragenden Bürgern und der Gemeindevertretung um eine Innenbeziehung der Gemeinde handeln. Streitigkeiten zwischen Organen desselben Verwaltungsträgers wurden früher nach der Impermeabilitätstheorie mit dieser Begründung für unzulässig gehalten. Der Staat oder ein anderer Verwaltungsträger bilde rechtlich eine einheitliche und undurchdringbare juristische Person. Mittlerweile ist es allgemeine Ansicht, dass Organe und auch Organteile einer juristischen Person im Verhältnis zueinander wehrfähige Rechtspositionen besitzen. Auch der Wortlaut des § 40 I 1 VwGO bietet keinen Anhaltspunkt für eine Beschränkung des Verwaltungsrechtsschutzes auf Außenrechtsstreitigkeiten. Eine öffentlich-rechtliche Streitigkeit liegt demnach auch bei der Annahme einer Innenbeziehung vor. Selbst wenn der vorliegende Streit ein Kommunalverfassungsstreit wäre, streiten hier nicht Verfassungsorgane um Verfassungsrecht; eine Streitigkeit verfassungsrechtlicher Art ist nicht gegeben. Der Verwaltungsrechtsweg ist daher eröffnet.

1.1.2 Klageart

Ausgangspunkt für die Ermittlung der Klageart ist das Begehren des Klägers (§ 88 VwGO). A möchte die Zulassung des Bürgerentscheids erreichen. Richtige Klageart könnte die Verpflichtungsklage sein, § 42 I Alt. 2 VwGO. Dies setzt voraus, dass die Entscheidung ein VA ist (§ 35 VwVfG). Fraglich ist hier vor allem, ob die Entscheidung eine Regelung mit Außenwirkung darstellt. Mit dem begehrten Beschluss der Stadt wird die Unzulässigkeit des Bürgerbegehrens verbindlich festgestellt. Eine Regelung ist daher gegeben. Das Vorliegen einer Außenwirkung wird dagegen kontrovers beurteilt. Nach einer Ansicht soll das Innenverhältnis der Gemeinde betroffen sein. Es handele sich um einen Streit zweier kommunaler

Entscheidungsträger um ihre Kompetenzen und damit um einen Kommunalverfassungsstreit. Das das Bürgerbegehren tragende Gemeindevolk nehme organschaftliche Kompetenzen wahr bzw. sei selbst oder in seiner Zusammenfassung im Bürgerbegehren ein Organ. Ob es sich bei den das Bürgerbegehren tragenden Bürgern jedoch um ein Organ handelt, ist zweifelhaft. Dann müssten ihnen Zuständigkeiten des Verwaltungsträgers (der Gemeinde) zur Wahrnehmung übertragen sein (funktioneller Aspekt). Zum anderen müsste es sich um eine in die Gemeinde eingegliederte, aber organisatorisch selbstständige Einheit handeln, die vom Wechsel der Mitglieder/Unterzeichner unabhängig ist und zeitweilig auch ohne Inhaber bestehen kann (institutioneller Aspekt). Die das Begehren unterstützenden Bürger sind jedenfalls kein ständiges Organ der Gemeinde. Allenfalls könnte sich ein solches durch die inhaltlich und zeitlich beschränkte Übereinstimmung von Vorstellungen konstituiert haben. Dagegen spricht indessen schon die fehlende organisatorische Verfestigung. Ein Organ »Bürgerbegehren« hat sich daher nicht gebildet. Das Bürgerbegehren ist kein Organ der Gemeinde, sondern ein Instrument des das Bürgerbegehren tragenden Gemeindevolks.

Fraglich ist, ob die unterzeichnenden Bürger dennoch organschaftliche Kompetenzen wahrnehmen, die die Annahme eines Innenrechtsstreites rechtfertigen könnten. Eine solche Kompetenz könnte die Möglichkeit der Letztentscheidung durch Bürgerentscheid sein, die in den Folgen einer Entscheidung durch die Gemeindevertretung gleichgestellt ist. Von der Gleichartigkeit der Folgen der Entscheidung kann aber nicht auf die Gleichartigkeit der Rechtsstellung der beschließenden Gruppen geschlossen werden. Auch wäre es inkonsequent, zwischen dem das Bürgerbegehren tragenden Gemeindevolk und der Gemeinde bei Bürgerbegehren ein Innenrechtsverhältnis anzunehmen, während bei kommunalen Wahlen ein Außenrechtsverhältnis zwischen Bürger und Gemeinde vorliegen soll. Dazu besteht wegen der Möglichkeit einer Verpflichtungsklage auf Zulassung des Bürgerentscheids auch kein Bedarf für die Berufung auf organschaftliche Rechte.

Damit ist hier zwischen den unterzeichnenden Bürgern und der Gemeinde ein Außenrechtsverhältnis anzunehmen. Ein VA liegt demnach vor. Richtige Klage gegen die Ablehnung ist die Verpflichtungsklage in Form der Versagungsgegenklage, § 42 I Alt. 2 VwGO.

1.1.3 Klagebefugnis, § 42 II VwGO

Fraglich ist, ob A klagebefugt ist. Dann müsste er geltend machen, durch die Ablehnung der Zulassung des Bürgerentscheids in eigenen Rechten verletzt zu sein. Ein subjektiv-öffentliches Recht könnte sich aus den Vorschriften über die Zulassung kommunaler Bürgerentscheide ergeben. Bei Vorliegen der formellen und materiellen Voraussetzungen muss die Gemeinde eine gebundene Entscheidung über die Zulässigkeit des Bürgerbegehrens treffen, der ein Anspruch auf Zulassung korrespondiert.[1] Während einige Länder ausdrücklich normieren, dass nach der Erklärung der Zulässigkeit eines Bürgerbegehrens ein Bürgerentscheid durchzuführen ist, ergibt sich diese Pflicht auch in den übrigen Ländern bereits aus der zugrundeliegenden Systematik dieses Instruments. Mangels rechtlicher Organisationsform und fehlender (Teil-)Rechtsfähigkeit stand der Anspruch auf Zulassung des Bürgerentscheids nicht der Gesamtheit der Befürworter des Bürgerbegehrens zu. Vielmehr sind die Mitunterzeichner selbst als natürliche Personen berechtigt (str.). Da eine Verletzung dieses Rechts nicht ausgeschlossen werden kann, ist A klagebefugt. (In Baden-Württemberg ergibt sich die Klagebefugnis direkt aus § 41 II 1 KomWG.)

1.1.4 Beteiligten- und Prozessfähigkeit
A ist als natürliche Person gem. §§ 61 Nr. 1 Alt. 1, 62 I Nr. 1 VwGO beteiligten- und prozessfähig. Für die Stadt gelten §§ 61 Nr. 1 Alt. 2, 62 III VwGO (Handeln durch den gesetzlichen Vertreter). Falls eine entsprechende Regelung nach Landesrecht vorliegt, ist die Behörde selbst beteiligtenfähig (§ 61 Nr. 3 VwGO in Verbindung mit Landesrecht).

1.1.5 Klagegegner, § 78 VwGO
Je nach landesrechtlicher Ausgestaltung ist die Stadt oder die Behörde selbst richtige Klagegegnerin (s. **1**, 1.7).

1.1.6 Vorverfahren, §§ 68 ff. VwGO
Das nach § 68 II, I VwGO erforderliche Vorverfahren, soweit ein solches nicht nach Landesrecht (s. **1**, 1.4) einschließlich der kommunalrechtlichen Sondervorschriften für Vorverfahren im Rahmen von Bürgerbegehren ausgeschlossen ist, wurde ordnungsgemäß, aber erfolglos durchgeführt.

Ergebnis: Die Verpflichtungsklage des A ist zulässig.

1.2 Begründetheit
Die Verpflichtungsklage des A ist begründet, soweit die Ablehnung des VA rechtswidrig und A dadurch in seinen Rechten verletzt ist (§ 113 V VwGO). Liegt Spruchreife vor, ergeht ein Vornahmeurteil (S. 1), anderenfalls ein Bescheidungsurteil (S. 2).

1.2.1 Rechtswidrigkeit der Ablehnung der Zulassung des Bürgerentscheids
Die Ablehnung der Zulassung war rechtswidrig, wenn ein Anspruch auf Zulassung des Bürgerentscheids bestand. Dieser könnte sich aus der jeweiligen Gemeindeordnung ergeben, die den Bürgerinnen und Bürgern die Möglichkeit von Bürgerbegehren und

1 **Baden-Württemberg:** § 21 IV, VI GemO; **Bayern:** Art. 18a VIII, X GO; **Brandenburg:** § 15 II 1, 3 BbgKVerf; **Hessen:** § 8b IV 2 HGO; **Mecklenburg-Vorpommern:** § 20 V 3 KV M-V; **Niedersachsen:** § 32 VI 1, 4 NKomVG; **Nordrhein-Westfalen:** § 26 VI 1, 4 GO NRW; **Rheinland-Pfalz:** § 17a IV 2 GemO; **Saarland:** § 21a V 1, 2 KSVG; **Sachsen:** § 25 IV 1, 4 SächsGemO; **Sachsen-Anhalt:** § 26 VI 1 KVG LSA; **Schleswig-Holstein:** § 16g V 1 GO; **Thüringen:** § 17 S. 2, 4 ThürKO iVm §§ 12 III, IV, 18 I ThürEBBG.

Bürgerentscheid einräumen.[2] Die landesrechtlichen Vorschriften sehen vor, dass eine Entscheidung über die Zulässigkeit des Bürgerbegehrens getroffen wird, welche einen Anspruch auf Zulassung und Durchführung des Bürgerentscheids begründet (Normen s. 1.1.3). Das Bürgerbegehren ist für zulässig zu erklären, wenn es die formellen und materiellen Voraussetzungen wahrt. Auf der Grundlage dieser Entscheidung besteht die Pflicht, einen entsprechenden Bürgerentscheid (regelmäßig innerhalb bestimmter Fristen) durchzuführen.

1.2.1.1 Formelle Voraussetzungen

Fraglich ist, ob die formellen Zulässigkeitsvoraussetzungen des Bürgerbegehrens vorlagen. Neben den Gemeindeordnungen, Kommunalordnungen und Kommunalverfassungen bestehen in zahlreichen Ländern entsprechende Ausführungsverordnungen. Diesen zufolge gehört zu den formellen Voraussetzungen neben der Schriftform und Begründung des Antrags die Bestimmtheit der Fragestellung.[3] Für Fehler bestehen hier keine Anhaltspunkte. Auch ein Kostendeckungsvorschlag war nicht erforderlich, da durch die Ablehnung der städtischen Beteiligung keine Kosten entstehen. Jedoch wurde kein Vertreter der Initiative benannt. Die kommunalrechtlichen Vorschriften (außer in Mecklenburg-Vorpommern) sehen eine Vertretung durch mindestens eine Person vor.[4] Grundsätzlich muss die Vertretungsmacht ausdrücklich erklärt werden. Es kann daher nicht ohne Weiteres davon ausgegangen werden, dass die gesetzlichen Vertreter des Altstadtvereins auch das Bürgerbegehren vertreten. Ob die unzureichende Angabe der Vertretungspersonen zur Unzulässigkeit des Bürgerbegehrens führt, ist jedoch fraglich. Dies hängt davon ab, ob diese Angaben vornehmlich der Legitimation der Vertretungspersonen zu dienen bestimmt sind oder vor allem eine verwaltungstechnische Erleichterung der Abwicklung ermöglichen sollen. Einige Länder (Baden-Württemberg) sehen eine Regelung der Vertretungsbefugnis für den Fall vor, dass das Bürgerbegehren keine Vertreter benennt.

---

2 **Baden-Württemberg:** § 21 III GemO; **Bayern:** Art. 18a I GO; **Brandenburg:** § 15 I BbgKVerf; **Hessen:** § 8b I 1 HGO; **Mecklenburg-Vorpommern:** § 20 IV 1 KV M-V; **Niedersachsen:** § 32 I NKomVG; **Nordrhein-Westfalen:** § 26 I 1 GO NRW; **Rheinland-Pfalz:** § 17a I 1 GemO; **Saarland:** § 21a I 1 KSVG; **Sachsen:** § 25 I SächsGemO; **Sachsen-Anhalt:** § 26 I KVG LSA; **Schleswig-Holstein:** § 16g III GO; **Thüringen:** § 17 S. 1 ThürKO.

3 **Baden-Württemberg:** § 21 III GemO; **Bayern:** Art. 18a IV–VI GO; **Brandenburg:** § 15 I BbgKVerf; **Hessen:** § 8b II HGO; **Mecklenburg-Vorpommern:** § 20 IV, V KV M-V; **Niedersachsen:** § 32 III–V NKomVG; **Nordrhein-Westfalen:** § 26 II–IV GO NRW; **Rheinland-Pfalz:** § 17a III GemO; **Saarland:** § 21a II, III KSVG; **Sachsen:** § 25 I–III SächsGemO; **Sachsen-Anhalt:** § 26 III–V KVG LSA; **Schleswig-Holstein:** § 16g III, IV GO; **Thüringen:** § 17 S. 1 ThürKO iVm §§ 12, 14 ThürEBBG.

4 **Baden-Württemberg:** § 21 III 7, 8 GemO; **Bayern:** Art. 18a IV 1 GO; **Brandenburg:** § 15 I 7 BbgKVerf; **Hessen:** § 8b III 2 HGO; **Niedersachsen:** § 32 III 3 NKomVG; **Nordrhein-Westfalen:** § 26 II 2 GO NRW; **Rheinland-Pfalz:** § 17a III 2 GemO; **Saarland:** § 21a II 2 KSVG; **Sachsen:** § 25 II 1 SächsGemO; **Sachsen-Anhalt:** § 26 III 1 KVG LSA; **Schleswig-Holstein:** § 16g III 3 GO; **Thüringen:** § 17 S. 4 ThürKO iVm §§ 12 IV Nr. 1, 6 II 1 ThürEBBG.

Problematisch ist zudem, ob das erforderliche Unterschriftenquorum erreicht wurde. In den einzelnen Landesgesetzen ist dies unterschiedlich ausgestaltet. Teilweise bestehen ausschließlich prozentuale Quoren, teilweise sind bestimmte Mindestunterzeichnerzahlen vorgesehen, teils wird auch beides kombiniert. Meist sind unterschiedliche Quoren je nach Gemeindegröße degressiv gestaffelt. Keine Gemeindeordnung sieht indes für eine Stadt von 100.000 Einwohnern ein Quorum von mehr als 20 Prozent vor.[5] Vorliegend wird das Begehren von 23.000 Unterschriften bei einer Einwohnerzahl von 100.000 getragen, was 23 Prozent entspricht. Zwar wurden somit ausreichend viele Unterschriften zusammengetragen. Es ist jedoch nicht eindeutig, ob diese alle von wahlberechtigten Bürgern der Stadt stammen oder die erforderliche Zahl Unterzeichnender nur mit Unterstützung von Touristen erreicht wurde (weshalb manche Länder wie etwa Rheinland-Pfalz und Thüringen die Angabe der Anschrift der Unterzeichner verbindlich vorschreiben[6]). Mangels Angaben über die Anschrift ist dies auch nicht zweifelsfrei zu ermitteln. Die Unterschriften können daher nicht gewertet werden. Das erforderliche Quorum wurde nicht erreicht.

Die formellen Zulässigkeitsvoraussetzungen lagen nicht vor. Die Entscheidung, das Bürgerbegehren nicht für zulässig zu erklären, war demnach nicht rechtswidrig.

1.2.1.2 Rechtsverletzung

Mangels Rechtswidrigkeit der Entscheidung erübrigt sich eine Prüfung der Rechtsverletzung des A.

Ergebnis: Die Verpflichtungsklage des A ist unbegründet. Mithin könnte er die erforderliche Zulassung des Bürgerentscheids nicht mittels einer Klage vor dem zuständigen VG erreichen.

2 Klage des B gegen seinen Ausschluss

B könnte gegen den Beschluss der Vertretungskörperschaft (Stadt-/Gemeindevertretung, Vertretung, Stadt-/Gemeinderat, Rat, Stadtverordnetenversammlung) Klage vor dem VG erheben. Diese müsste zulässig und begründet sein.

2.1 Zulässigkeit

2.1.1 Verwaltungsrechtsweg, § 40 I 1 VwGO

Gemäß § 40 I 1 VwGO ist der Verwaltungsrechtsweg bei öffentlich-rechtlichen Streitigkeiten nichtverfassungsrechtlicher Art eröffnet. Da B sich gegen einen Beschluss der Gemeindevertretung wendet, stehen sich ein Organ der Gemeinde und eines ihrer Teile gegenüber. Nach allgemeiner Ansicht besitzen auch Organe und

---

5 **Baden-Württemberg:** § 21 III 6 GemO; **Bayern:** Art. 18a V, VI GO; **Brandenburg:** § 15 I 6 BbgKVerf; **Hessen:** § 8b III 3 HGO; **Mecklenburg-Vorpommern:** § 20 V 3 KV M-V; **Niedersachsen:** § 32 IV NKomVG; **Nordrhein-Westfalen:** § 26 IV GO NRW; **Rheinland-Pfalz:** § 17a III 3–6 GemO; **Saarland:** § 21a III KSVG; **Sachsen:** § 25 I 2 SächsGemO; **Sachsen-Anhalt:** § 26 IV KVG LSA; **Schleswig-Holstein:** § 16g IV GO; **Thüringen:** § 17 S. 4 ThürKO iVm § 14 II ThürEBBG.

6 **Rheinland-Pfalz:** § 17a III 6 GemO; **Thüringen:** § 17 S. 4 ThürKO iVm §§ 12 IV Nr. 1, 6 IV ThürEBBG.

Organteile einer juristischen Person im Verhältnis zueinander streitfähige Rechtspositionen (s. 1.1.1). Somit liegt eine Streitigkeit vor. Da Gegenstand der Klage die kommunalrechtlichen Vorschriften über Mitwirkungsverbote sind und diese zum öffentlichen Recht zählen, ist auch eine öffentlich-rechtliche Streitigkeit gegeben. Diese ist nichtverfassungsrechtlicher Art. Der Verwaltungsrechtsweg ist gem. § 40 I 1 VwGO eröffnet.

2.1.2 Klageart

In Streitfällen zwischen kommunalen Organen und Organteilen liegt eine sog. Kommunalverfassungsstreitigkeit vor. Die Annahme einer besonderen Klageart (sui generis) für den Kommunalverfassungsstreit käme nur dann in Betracht, wenn keine im Katalog der VwGO vorgesehene Klageart einschlägig ist. Im vorliegenden Fall ist daher zunächst zu fragen, ob man Akten innerhalb der Kommune die Qualität von VAen zubilligt. Bejaht man dies, kommt eine Anfechtungsklage gem. § 42 I Alt. 1 VwGO in Betracht, wird dies hingegen verneint, bleibt die Möglichkeit einer Klage auf Feststellung der Rechtswidrigkeit des Beschlusses gem. § 43 I VwGO, also eine Feststellungsklage. Gegen das Vorliegen eines VA im kommunalen Innenverhältnis spricht, dass Rechtsakten innerhalb der Kommune die für einen VA nach § 35 VwVfG konstitutive Außenwirkung fehlt. Eine Anfechtungsklage scheidet daher aus. Für die Statthaftigkeit einer Feststellungsklage ist es nötig, dass A die Feststellung des Nichtbestehens bzw. Bestehens eines Rechtsverhältnisses begehrt. Es wurde bereits darauf hingewiesen, dass zwischen Organen und Organteilen streitfähige Rechtsverhältnisse vorliegen können. B macht gegenüber der Vertretungskörperschaft die Verletzung seiner Organschaftsrechte (Teilnahme an der Beschlussfassung) geltend. Als Mitglied der Vertretungskörperschaft sind ihm die Mitwirkungsbefugnisse nicht als bloße Kompetenzen zugewiesen, er ist insofern vielmehr Träger eigener Rechte und Pflichten (innergemeindliche Machtbalance). Ein konkretes Rechtsverhältnis besteht. Richtige Klageart ist die Feststellungsklage.

Streitig ist, ob im Kommunalverfassungsstreit von der Subsidiarität der Feststellungsklage (§ 43 II VwGO) auszugehen ist. Indes braucht dieser Streit hier nicht entschieden zu werden, da hinsichtlich des Begehrens des B eine andere Klageart (etwa in Form einer allgemeinen Leistungsklage) nicht in Betracht kommt.

2.1.3 Feststellungsinteresse, § 43 I VwGO

B müsste gem. § 43 I VwGO ein berechtigtes Interesse an der Feststellung der Rechtswidrigkeit des Beschlusses haben. Grundsätzlich genügt dabei jedes Interesse wirtschaftlicher, rechtlicher und ideeller Art. Bei der Kommunalverfassungsstreitigkeit ist hingegen nach hM eine einengende Betrachtung geboten, sodass das klagende Organ/der Organteil eine Betroffenheit in eigenen Rechten aus dem Rechtsverhältnis geltend machen muss (§ 42 II VwGO analog).

B hat keinen Anspruch darauf, dass die Vertretungskörperschaft nur rechtmäßige Beschlüsse fasst. Die Rechtswidrigkeit des Beschlusses als solche reicht also nicht aus. In Betracht kommt jedoch eine Verletzung des Organschaftsrechts als umfassenden Mitwirkungsanspruch an den Entscheidungen der Vertretungskörperschaft. Nach dem Vorbringen des B erscheint eine Beeinträchtigung dieses Rechts durch den Ausschluss wegen Befangenheit als möglich. Ein Feststellungsinteresse gem. § 43 I VwGO ist daher gegeben.

2.1.4 Klagebefugnis, § 42 II VwGO analog

Ob im Rahmen der Feststellungsklage in analoger Anwendung von § 42 II VwGO eine Klagebefugnis zu prüfen ist, ist streitig. Diese Frage muss wegen der besonderen Anforderungen an die Feststellungsklage im Rahmen der Kommunalverfassungsstreitigkeit (s. 2.1.3) aber hier nicht entschieden werden.

2.1.5 Beteiligten- und Prozessfähigkeit

B als natürliche Person könnte nach § 61 Nr. 1 Alt. 1 VwGO beteiligtenfähig sein. Gegen die Anwendung spricht, dass § 61 Nr. 1 VwGO die Beteiligtenfähigkeit nur bei Rechtsbeziehungen im Außenverhältnis zwischen Behörde und Bürger verleiht. Die Rechte, die B hier geltend macht, betreffen seinen Status als Mitglied der Vertretungskörperschaft, nicht ihn als Privatperson. Da die Justitiabilität von innerorganschaftlichen Rechtsverhältnissen anerkannt ist, müssen die Betroffenen aber auch beteiligtenfähig sein können. Wegen der Vergleichbarkeit der organschaftlichen Rechte mit den Rechten einer Vereinigung ist die Beteiligtenfähigkeit des B in Analogie zu § 61 Nr. 2 VwGO herzuleiten. Dass ihm nach den kommunalrechtlichen Vorschriften ein Anspruch auf Mitwirkung bei der Beschlussfassung zustehen kann, ist nicht völlig ausgeschlossen (s. 2.1.3). Er ist daher nach § 61 Nr. 2 VwGO beteiligtenfähig. Die Prozessfähigkeit folgt aus § 62 I Nr. 1 VwGO.

Die Beteiligten- und Prozessfähigkeit der Vertretungskörperschaft ergeben sich aus §§ 61 Nr. 2, 62 III VwGO. Sie muss ordnungsgemäß vertreten sein.

2.1.6 Klagegegner

Die Klage ist – in Abweichung vom Rechtsträgerprinzip – gegen die Vertretungskörperschaft als den anderen Partner des Rechtsverhältnisses (sog. Kontrastorgan) zu richten.

2.1.7 Allgemeines Rechtsschutzbedürfnis

Die Möglichkeit, mittels außergerichtlicher Rechtsbehelfe (Anregen von Widerspruch, Einspruch, Beanstandung bzw. Antrag auf Einschreiten der Kommunalaufsichtsbehörden) gegen den Beschluss vorzugehen, steht dem allgemeinen Rechtsschutzbedürfnis nicht entgegen. Auch hat B im Rahmen der Anhörung von der Möglichkeit Gebrauch gemacht, dem Ausschluss zu widersprechen.

Ergebnis: Der Kommunalverfassungsstreit des B ist als Feststellungsklage zulässig.

2.2 Begründetheit

Die Feststellungsklage ist begründet, wenn der Ausschluss des B von der Beschlussfassung rechtwidrig war und seine Rechte als Mitglied der Vertretungskörperschaft verletzt hat.

Ein Ausschluss von Mitgliedern der Gemeindevertretung ist bei Befangenheit des Mitglieds möglich.[7] Fraglich ist, ob die formellen und materiellen Voraussetzungen für einen Ausschluss von B vorlagen.

2.2.1 Formelle Rechtmäßigkeit des Ausschlusses

Zuständig für die Entscheidung ist die Gemeindevertretung.[8] Eine Anhörung ist erfolgt. Anhaltspunkte für formelle Fehler liegen nicht vor.

2.2.2 Materielle Rechtmäßigkeit des Ausschlusses

Ein Ausschluss von der Mitwirkung setzt Befangenheit voraus. B war befangen, wenn die Beschlussfassung ihm oder einem seiner Verwandten einen unmittelbaren Vor- oder Nachteil bringen konnte.[9] Wann Unmittelbarkeit vorliegt, ist umstritten. Dies soll jedenfalls dann der Fall sein, wenn die Entscheidung selbst einen Vor- oder Nachteil zur Folge hat oder zu dessen Eintreten ohne Hinzutreten eines weiteren Umstandes direkt beiträgt.

Wenn die Förderung der Tiefgarage beschlossen worden wäre, wäre auch davon auszugehen, dass das Vorhaben realisiert wird. B hat ein Grundstück im betroffenen Bereich. Ein individuelles Sonderinteresse, das zu einer Interessenkollision führen könnte, ist daher zu bejahen. Damit ist die Besorgnis gerechtfertigt, dass B nicht mehr uneigennützig und nur zum Wohl der Allgemeinheit gehandelt hätte. Ob eine Interessenkollision wirklich vorlag, ist dabei nicht entscheidend. Ein Ausschluss wegen Befangenheit ist schon bei der konkreten Möglichkeit eines Konfliktes gerechtfertigt. Auch Ausnahmen[10] greifen nicht ein. Der Ausschluss von B war materiell rechtmäßig.

7 **Baden-Württemberg:** § 18 GemO; **Bayern:** Art. 49 GO; **Brandenburg:** § 22 BbgKVerf; **Hessen:** § 25 HGO; **Mecklenburg-Vorpommern:** § 24 KV M-V; **Niedersachsen:** § 41 NKomVG; **Nordrhein-Westfalen:** § 31 GO NRW; **Rheinland-Pfalz:** § 22 GemO; **Saarland:** § 27 KSVG; **Sachsen:** § 20 SächsGemO; **Sachsen-Anhalt:** § 33 KVG LSA; **Schleswig-Holstein:** § 22 GO; **Thüringen:** § 38 ThürKO.

8 **Baden-Württemberg:** § 18 IV 2 GemO; **Bayern:** Art. 49 III GO; **Brandenburg:** § 22 IV 4 BbgKVerf; **Hessen:** § 25 III HGO; **Mecklenburg-Vorpommern:** § 24 III 2 KV M-V; **Niedersachsen:** § 41 IV 2 NKomVG; **Nordrhein-Westfalen:** § 31 IV 2 GO NRW; **Rheinland-Pfalz:** § 22 V 2 GemO; **Saarland:** § 27 IV 1 KSVG; **Sachsen:** § 20 III 2 SächsGemO; **Sachsen-Anhalt:** § 33 IV 4 KVG LSA; **Schleswig-Holstein:** § 22 IV 2 GO; **Thüringen:** § 38 III 2 ThürKO.

9 **Baden-Württemberg:** § 18 I GemO; **Bayern:** Art. 49 I 1 GO; **Brandenburg:** § 22 I BbgKVerf; **Hessen:** § 25 I 1 Nr. 1, 2 HGO; **Mecklenburg-Vorpommern:** § 24 I Nr. 1 KV M-V; **Niedersachsen:** § 41 I 1, 2 NKomVG; **Nordrhein-Westfalen:** § 31 I GO NRW; **Rheinland-Pfalz:** § 22 I Nr. 1, II GemO; **Saarland:** § 27 I KSVG; **Sachsen:** § 20 I SächsGemO; **Sachsen-Anhalt:** § 33 I 1, 2 KVG LSA; **Schleswig-Holstein:** § 22 I GO; **Thüringen:** § 38 I 1 ThürKO.

10 **Baden-Württemberg:** § 18 III GemO; **Bayern:** Art. 49 II GO; **Brandenburg:** § 22 III BbgKVerf; **Hessen:** § 25 I 2, III HGO; **Mecklenburg-Vorpommern:** § 24 II KV M-V; **Niedersachsen:** § 41 I 3, III NKomVG; **Nordrhein-Westfalen:** § 31 III GO NRW; **Rheinland-Pfalz:** § 22 III GemO; **Saarland:** § 27 III KSVG; **Sachsen:** § 20 II SächsGemO; **Sachsen-Anhalt:** § 33 I 3, III KVG LSA; **Schleswig-Holstein:** § 22 III GO; **Thüringen:** § 38 I 2, II ThürKO.

Ergebnis:	Die Klage des B ist zulässig, aber unbegründet.
Zu 1:	*Schmidt*, Die Entwicklung von Bürgerbegehren und Bürgerentscheid seit 2016, KommJur 2018, 165; *Klenke*, Rechtsfragen zum Bürgerbegehren nach dem nordrhein-westfälischen Kommunalverfassungsrecht, NWVBl 2002, 45; *v. Danwitz*, Bürgerbegehren in der kommunalen Willensbildung, DVBl 1996, 134
Zu 1.1.1:	OVG Koblenz NVwZ-RR 1997, 241 Rn. 32 f.; OVG Koblenz, Beschl. v. 10.10.2003, 7 B 11392/03, juris Rn. 8 ff.
Zu 1.1.2:	VGH Kassel HGZ 2016, 240; OVG Greifswald NVwZ 1997, 306 (307); *Schliesky*, Aktuelle Rechtsprobleme bei Bürgerbegehren und Bürgerentscheid, DVBl 1998, 169 (173); aA OVG Bautzen NVwZ-RR 1998, 233; *Fischer*, Rechtsschutz der Bürger bei Einwohneranträgen sowie Bürgerbegehren und Bürgerentscheid, DÖV 1996, 181 (183)
Zu 1.1.3:	VGH Kassel NVwZ 1997, 310; VGH Mannheim NJW 1980, 1811; aA OVG Koblenz NVwZ-RR 1997, 241
Zu 1.2.1.1:	VGH München NVwZ-RR 1997, 109; aA OVG Koblenz NVwZ-RR 1995, 411 (413); *Hartmann/Droppelmann*, Examensklausur: Bürgerbegehren Stadionausbau, NdsVBl 2017, 23; *Schoch*, Bürgerbegehren und Bürgerentscheid im Spiegel der Rechtsprechung, NVwZ 2014, 1473
Zu 2.1:	*Ogorek*, Der Kommunalverfassungsstreit im Verwaltungsprozess, JuS 2009, 511; *Rennert*, Die Klausur im Kommunalrecht, JuS 2008, 119 (123 ff.); *Franz*, Der Kommunalverfassungsstreit, JURA 2005, 156
Zu 2.2.2:	OVG Münster NWVBl 2016, 72; VGH Kassel NVwZ-RR 2014, 563; VGH Mannheim NVwZ-RR 1993, 504

Lösungsskizze 10

Erfolgsaussichten der Klage der G
Die Klage vor dem VG hat Aussicht auf Erfolg, soweit sie zulässig und begründet ist.

1 **Zulässigkeit**

1.1 Eröffnung des Verwaltungsrechtswegs, § 40 I 1 VwGO
In Ermangelung einer aufdrängenden Sonderzuweisung bestimmt sich die Eröffnung des Verwaltungsrechtswegs nach § 40 I 1 VwGO. Hiernach ist der Verwaltungsrechtsweg für öffentlich-rechtliche Streitigkeiten nichtverfassungsrechtlicher Art eröffnet, sofern keine abdrängende Sonderzuweisung besteht.

1.1.1 Eine Streitigkeit ist öffentlich-rechtlicher Natur, wenn die streitentscheidenden Normen dem Gebiet des öffentlichen Rechts entstammen. Dies ist der Fall, sofern die Norm ausschließlich einen Träger der öffentlichen Gewalt berechtigt oder verpflichtet. Vorliegend geht die Gemeinde G gegen eine Maßnahme der Kommunalaufsichtsbehörde vor. Die Aufsichtsmaßnahmen sind in den kommunalrechtlichen Vorschriften der Länder geregelt.[1] Das Aufsichtsmittel richtet sich dabei gegen eine wirtschaftliche Betätigung der Gemeinde, deren Voraussetzungen ebenfalls kommunalrechtlich normiert sind.[2] Die Normen berechtigen und verpflichten nur Hoheitsträger. Sie sind somit öffentlich-rechtlicher Natur.

1.1.2 Eine Streitigkeit ist nichtverfassungsrechtlicher Art, wenn keine doppelte Verfassungsunmittelbarkeit vorliegt, also die Beteiligten nicht unmittelbar am Verfassungsleben beteiligt sind und nicht über die Anwendung und Auslegung von formellem Staatsverfassungsrecht streiten. Sowohl bei der Gemeinde G als auch der Kommunalaufsichtsbehörde B handelt es sich nicht um am Verfassungsleben unmittelbar beteiligte Körperschaften. Der Gegenstand ihrer rechtlichen Auseinandersetzung ist zudem die Auslegung der Gemeindeordnung und somit kein Staatsverfassungsrecht. Eine doppelte Verfassungsunmittelbarkeit ist daher nicht gegeben und die Streitigkeit somit nichtverfassungsrechtlicher Art.

1 **Baden-Württemberg:** §§ 118 ff. GemO; **Bayern:** Art. 108 ff. GO; **Brandenburg:** §§ 108 ff. BbgKVerf; **Bremen:** §§ 74 ff. VerfBrhv (nur in Bezug auf die Stadt Bremerhaven, die iF außer Betracht bleibt); **Hessen:** §§ 135 ff. HGO; **Mecklenburg-Vorpommern:** §§ 78 ff. KV M-V; **Niedersachsen:** §§ 170 ff. NKomVG; **Nordrhein-Westfalen:** §§ 119 ff. GO NRW; **Rheinland-Pfalz:** §§ 117 ff. GemO; **Saarland:** §§ 127 ff. KSVG; **Sachsen:** §§ 111 ff. SächsGemO; **Sachsen-Anhalt:** §§ 143 ff. KVG LSA; **Schleswig-Holstein:** §§ 120 ff. GO; **Thüringen:** §§ 116 ff. ThürKO.

2 **Baden-Württemberg:** §§ 102 ff. GemO; **Bayern:** Art. 86 ff. GO; **Brandenburg:** §§ 91 ff. BbgKVerf; **Hessen:** §§ 121 ff. HGO; **Mecklenburg-Vorpommern:** §§ 68 ff. KV M-V; **Niedersachsen:** §§ 136 ff. NKomVG; **Nordrhein-Westfalen:** §§ 107 ff. GO NRW; **Rheinland-Pfalz:** §§ 85 ff. GemO; **Saarland:** §§ 108 ff. KSVG; **Sachsen:** §§ 94a ff. SächsGemO; **Sachsen-Anhalt:** §§ 128 ff. KVG LSA; **Schleswig-Holstein:** §§ 101 ff. GO; **Thüringen:** §§ 71 ff. ThürKO.

1.1.3 Ferner ist keine abdrängende Sonderzuweisung ersichtlich. Der Verwaltungsrechtsweg ist daher gem. § 40 I 1 VwGO eröffnet.

1.2 Statthaftigkeit der Anfechtungsklage, § 42 I Alt. 1 VwGO
Die statthafte Klageart richtet sich nach dem klägerischen Begehren (§ 88 VwGO). Vorliegend begehrt G die Aufhebung des Bescheides, der eine Beanstandung ihrer geplanten wirtschaftlichen Tätigkeit in Form der Gründung einer GmbH enthält. Die für diesen Fall statthafte Klageart könnte sich bereits aus kommunalrechtlichen Sondervorschriften ergeben.[3] Ihnen zufolge ist gegen Anordnungen der Aufsichtsbehörde die Anfechtungsklage nach Maßgabe der VwGO gegeben. Diesen landesrechtlichen Normen kommt jedoch lediglich deklaratorische Bedeutung zu. Die §§ 42 ff. VwGO treffen abschließende bundesgesetzliche Regeln in Bezug auf die vor den VG statthaften Klagen; dem Landesgesetzgeber fehlt insofern schon die Gesetzgebungskompetenz zur Regelung gerichtlicher Verfahren. Zu prüfen sind deshalb die Voraussetzungen einer Anfechtungsklage gem. § 42 I Alt. 1 VwGO.

1.2.1 Dazu müsste es sich bei dem gegenüber G ergangenen Bescheid um einen VA handeln, § 35 S. 1 VwVfG. Ein VA ist demnach jede Verfügung, Entscheidung oder andere hoheitliche Maßnahme, die eine Behörde zur Regelung eines Einzelfalles auf dem Gebiet des öffentlichen Rechts trifft und die auf unmittelbare Rechtswirkung nach außen gerichtet ist. Die Beanstandung mit Aufhebungsverlangen soll auf den Rechtskreis der Gemeinde einwirken und stellt demnach eine Regelung dar. Dies gilt allerdings nach hM nicht in Nordrhein-Westfalen, wo die Beanstandung als bloße Kritik gilt, die lediglich eine Vorstufe des Aufhebungsverfahrens ist und nicht eigenständig angegriffen werden kann. Insofern wird im Folgenden hilfsgutachtlich weitergeprüft.

1.2.1.1 Sowohl bei der Gemeinde G als auch bei der Kommunalaufsichtsbehörde handelt es sich um Träger öffentlicher Gewalt. Daher erscheint zweifelhaft, ob die Maßnahme der K Außenwirkung entfaltet. Die Aufsicht des Staates dient dem Schutz der Gemeinden in ihren Rechten und der Sicherung der Erfüllung ihrer Pflichten.[4] Im Rahmen der kommunalen Aufsicht über Gemeinden ist dabei zwischen der Rechts- und der Fachaufsicht zu unterscheiden. Während sich die Rechtsaufsicht darauf erstreckt, ob die Gemeinde im Einklang mit den Gesetzen verwaltet wird, stellt die Fachaufsicht die mit

3 Eine entsprechende Regelung findet sich nicht in allen Bundesländern, sondern nur in **Baden-Württemberg:** § 125 GemO; **Brandenburg:** § 119 S. 1 BbgKVerf; **Hessen:** § 142 HGO; **Mecklenburg-Vorpommern:** § 85 KV M-V; **Nordrhein-Westfalen:** § 126 GO NRW; **Rheinland-Pfalz:** § 126 Hs. 1 GemO; **Saarland:** § 136 KSVG (Widerspruch); **Sachsen-Anhalt:** § 154 KVG LSA.

4 Vgl. **Baden-Württemberg:** § 118 III GemO; **Bayern:** Art. 108 GO; **Brandenburg:** § 108 BbgKVerf; **Hessen:** § 11 HGO; **Mecklenburg-Vorpommern:** § 78 I KV M-V; **Niedersachsen:** § 170 I NKomVG; **Nordrhein-Westfalen:** § 11 GO NRW; **Rheinland-Pfalz:** § 117 GemO; **Saarland:** § 127 I KSVG; **Sachsen:** § 111 III SächsGemO; **Sachsen-Anhalt:** § 143 I, II KVG LSA; **Schleswig-Holstein:** § 9 GO; **Thüringen:** § 116 ThürKO.

Weisungsbefugnissen ausgestattete Aufsicht über die Gemeinden in Auftragsangelegenheiten der Gemeinden dar. Maßnahmen der Fachaufsicht berühren daher in der Regel keine subjektiven Rechtspositionen der Gemeinde, sodass ihnen nur in Ausnahmefällen Außenwirkung zukommt. Maßnahmen der Rechtsaufsicht hingegen sind wegen der Betroffenheit der Selbstverwaltungsrechte der Gemeinde regelmäßig als VA mit Außenwirkung zu qualifizieren.

Sofern es sich bei der wirtschaftlichen Betätigung der G daher um eine Selbstverwaltungsaufgabe handelt, in die der Bescheid der B eingriff, und nicht um eine Aufgabe der G im übertragenen Wirkungskreis, stünden sich die Gemeinde und die Kommunalaufsichtsbehörde als selbstständige Rechtsträger gegenüber. Der Bescheid würde dann Außenwirkung entfalten.

1.2.1.2 Das Recht einer Gemeinde, sich wirtschaftlich zu betätigen und hierfür Gesellschaften zu gründen, entspringt ihrer verfassungsrechtlichen Selbstverwaltungsgarantie, Art. 28 II 1 GG. Ihre wirtschaftliche Betätigung betrifft Befugnisse zur Regelung ihrer örtlichen Angelegenheiten und stellt daher eine Selbstverwaltungsaufgabe dar. Hierüber kommt der kommunalen Aufsichtsbehörde keine Fachaufsicht zu. Bei dem Bescheid handelt es sich somit um eine Maßnahme der Rechtsaufsicht, die Außenwirkung gegenüber G entfaltet. Sie ist daher ein VA iSd § 35 S. 1 VwVfG.

1.2.2 Somit begehrt G die Aufhebung eines sie belastenden VA, der sich nicht erledigt hat. Die Anfechtungsklage gem. § 42 I Alt. 1 VwGO ist folglich die statthafte Klageart.

1.3 Klagebefugnis, § 42 II VwGO

Ferner müsste G klagebefugt iSd § 42 II VwGO sein. Dies ist der Fall, wenn sie geltend machen kann, durch den VA in eigenen Rechten verletzt zu sein.

Vorliegend richtet sich der Bescheid der B gegen einen Beschluss der Gemeindevertretung von G. Möglicherweise könnte daher nur die Vertretung selbst, nicht aber die Gemeinde in ihren Rechten verletzt sein. Dies gilt umso mehr, als ihr die ausschließliche Zuständigkeit für die Entscheidung über die Errichtung, Erweiterung, Übernahme und Veräußerung von öffentlichen Einrichtungen und wirtschaftlichen Unternehmen sowie die Beteiligung an diesen zugewiesen ist.[5] Die Aufsicht für die Kommunen betrifft jedoch die mögliche Verletzung der Selbstverwaltungsgarantie der Gemeinden als eigenständige juristische Person. Die Aufgabenzuweisung an die Gemeindevertretung bewirkt keine Übertragung der Rechtsträger-

5 **Baden-Württemberg:** §§ 24 I 2, 39 II Nr. 11 GemO; **Bayern:** Art. 29, 32 II 2 Nr. 7 GO; **Brandenburg:** § 28 I, II 1 Nr. 19, 21 BbgKVerf; **Hessen:** §§ 50 I, 51 Nr. 11 HGO; **Mecklenburg-Vorpommern:** § 22 II, III Nr. 10 KV M-V; **Niedersachsen:** § 58 I Nr. 11 NKomVG; **Nordrhein-Westfalen:** § 41 I 1, 2 lit. m GO NRW; **Rheinland-Pfalz:** § 32 I 2, II Nr. 14 GemO; **Saarland:** §§ 34, 35 S. 1 Nr. 19, 20 KSVG; **Sachsen:** § 28 I, II Nr. 15 SächsGemO; **Sachsen-Anhalt:** § 45 I 1, II Nr. 9 KVG LSA; **Schleswig-Holstein:** §§ 27 I 2–3, 28 Nr. 18a GO; **Thüringen:** §§ 22 III 1, 26 II Nr. 11 ThürKO.

eigenschaft auf ein Organ; die den Organen übertragenen Kompetenzen sind somit keine organeigenen Selbstverwaltungsrechte, sondern berechtigen die Gemeinde lediglich organisatorisch zur Wahrnehmung der Rechte und Pflichten der Gebietskörperschaft. Im Übrigen hat die Gemeindevertretung der Klageerhebung zugestimmt, sodass ihr Recht zur Entscheidung über das Führen eines Rechtsstreites von größerer (bzw. erheblicher oder erheblicher wirtschaftlicher) Bedeutung[6] gewahrt wurde. Das Recht der Gemeinde zur wirtschaftlichen Betätigung entstammt ihrer Hoheit über die gemeindeeigenen Finanzen und die Daseinsvorsorge in der örtlichen Gemeinschaft. Die Frage betrifft somit die Selbstverwaltungsgarantie des Art. 28 II 1 GG sowie der korrespondierenden landesverfassungsrechtlichen Vorschriften.[7] Eine Verletzung dieser Rechte kann nicht ausgeschlossen werden. G ist somit iSd § 42 II VwGO klagebefugt.

1.4 Vorverfahren, § 68 I 1 VwGO

Gemäß § 68 I 1 VwGO ist vor Erhebung einer Anfechtungsklage ein Vorverfahren durchzuführen, sofern dies nicht landesrechtlich ausgeschlossen ist (s. **1**, 1.4). Dies ist laut Sachverhalt jedenfalls erfolgt.

1.5 Klagefrist, § 74 I 1 VwGO

Zudem müsste die Klage gem. § 74 I 1 VwGO binnen der Frist eines Monats nach Bekanntgabe des Widerspruchsbescheids eingelegt worden sein. Der Widerspruch wurde mit Schreiben vom 29.3.2019 abgewiesen. Die Klage der G wurde jedoch erst am 2.5.2019 bei Gericht eingereicht. Somit ist fraglich, ob die Klagefrist des § 74 I 1 VwGO gewahrt wurde. Die Berechnung der Klagefrist richtet sich nach § 57 I, II VwGO, § 222 ZPO, §§ 187 ff. BGB.

1.5.1 Die Klagefrist beginnt mit Zustellung des Widerspruchsbescheids. Der Bescheid wurde hier am 29.3.2019 zur Post gegeben. Ein Widerspruchsbescheid, der förmlich als Übergabeeinschreiben zugestellt wurde, gilt am dritten Tag nach der Aufgabe zur Post als bekanntgegeben, § 73 II 2 VwGO, § 4 II 2 VwZG.[8] Aufgrund dieser

---

6 **Baden-Württemberg:** § 39 II Nr. 16 GemO; **Bayern:** Art. 37 I 1 Nr. 1 GO; **Brandenburg:** § 28 I BbgKVerf; **Hessen:** § 51 Nr. 18 HGO; **Mecklenburg-Vorpommern:** § 22 II 1, 2 KV M-V; **Niedersachsen:** § 85 I 1 Nr. 7 NKomVG; **Nordrhein-Westfalen:** § 41 I 1 GO NRW; **Rheinland-Pfalz:** § 32 I 2 GemO; **Saarland:** § 35 S. 1 Nr. 28, 29 KSVG; **Sachsen:** § 28 II Nr. 20 SächsGemO; **Sachsen-Anhalt:** § 45 II Nr. 16, 19 KVG LSA; **Schleswig-Holstein:** § 28 Nr. 11 GO; **Thüringen:** § 22 III 1 iVm § 29 II Nr. 1 ThürKO.

7 **Baden-Württemberg:** Art. 71 LV; **Bayern:** Art. 11 BV; **Brandenburg:** Art. 97 BbgVerf; **Hessen:** Art. 137 I, III HV; **Mecklenburg-Vorpommern:** Art. 72 MVVerf; **Niedersachsen:** Art. 57 NV; **Nordrhein-Westfalen:** Art. 78 NRW Verf; **Rheinland-Pfalz:** Art. 49 LV; **Saarland:** Art. 117, 118 SLVerf; **Sachsen:** Art. 84 SächsVerf; **Sachsen-Anhalt:** Art. 87 Verf LSA; **Schleswig-Holstein:** Art. 54 SHVerf; **Thüringen:** Art. 91 ThürVerf.

8 **Berlin:** § 1 I VwVfG Bln, § 41 II 1 VwVfG; **Brandenburg:** § 1 I VwVfGBbg, § 41 II 1 VwVfG; **Niedersachsen:** § 1 I NVwVfG, § 41 II 1 VwVfG; **Rheinland-Pfalz:** § 1 I LVwVfG, § 41 II 1 VwVfG; **Sachsen-Anhalt:** § 1 I 1 VwVfG LSA, § 41 II 1 VwVfG; **Sachsen:** § 1 S. 1 SächsVwVfZG, § 41 II 1 VwVfG; **Schleswig-Holstein:** § 110 II 1 LVwG.

Fiktion gilt der Widerspruchsbescheid somit am 1.4.2019 als zugestellt. Gemäß § 57 I, II VwGO, § 222 I ZPO, § 187 I BGB wird, sofern für den Anfang einer Frist ein Ereignis oder ein in den Lauf des Tages fallender Zeitpunkt maßgeblich ist, bei der Berechnung der Frist der Tag, in den dieses Ereignis fällt, nicht mitgerechnet. Die Klagefrist beginnt somit vorliegend am 2.4.2019 um 0:00 Uhr.

1.5.2 Gemäß § 188 II BGB endet eine Frist nach § 187 I BGB, die nach Monaten oder nach einem mehrere Monate umfassenden Zeitraum bestimmt ist, mit dem Ablauf desjenigen Tages, welcher durch seine Zahl dem Tag entspricht, in den das Ereignis fällt. Vorliegend war der Ereignistag der 1.4.2019. Die Frist endet somit am 1.5.2019 um 24:00 Uhr. Hierbei handelt es sich um den Tag der Arbeit und somit einen gesetzlichen Feiertag. § 222 II ZPO sieht vor, dass wenn das Ende einer Frist auf einen Sonntag, allgemeinen Feiertag oder einen Sonnabend fällt, die Frist mit Ablauf des nächsten Werktages endet. Dies ist vorliegend der 2.5.2019 um 24:00 Uhr.

1.5.3 G hat die Klage am 2.5.2019 bei Gericht erhoben. Die Monatsfrist des § 74 I 1 VwGO wurde somit gewahrt.

1.6 Richtiger Klagegegner, § 78 I VwGO
Je nach landesrechtlicher Ausgestaltung sind das Land L als Rechtsträger der handelnden Behörde der Landesverwaltung B (s. 2.2.1) oder die Behörde selbst richtige Klagegegner (s. **1**, 1.7).

1.7 Beteiligungs- und Prozessfähigkeit, §§ 61, 62 VwGO
Die Gemeinde G und das Land L bzw. die Behörde B sind als Gebietskörperschaften juristische Personen des öffentlichen Rechts und somit gem. §§ 61 Nr. 1 Alt. 2, 62 III VwGO (Handeln durch den gesetzlichen Vertreter) beteiligten- und prozessfähig.

Ergebnis: Die Anfechtungsklage ist somit zulässig.

2 Begründetheit

Die Anfechtungsklage ist begründet, soweit der angegriffene VA rechtswidrig und die G dadurch in ihren Rechten verletzt ist, § 113 I 1 VwGO. Der VA ist rechtswidrig, wenn er nicht auf einer ordnungsgemäßen Ermächtigungsgrundlage beruht oder formell oder materiell rechtswidrig ist.

2.1 Ermächtigungsgrundlage
Zunächst müsste der VA auf einer ordnungsgemäßen Ermächtigungsgrundlage beruhen. Vorliegend hat die B als Aufsichtsbehörde über die Gemeinde G einen Beschluss der Gemeindevertretung aufgehoben. Hierbei könnte es sich um eine Beanstandung handeln.
Eine Beanstandung richtet sich gegen ein aktives Tun der Gemeinde. Mit ihr kann die Aufsichtsbehörde in Fällen einschreiten, in denen eine Gemeinde eine Maßnahme verfügt hat, die durch bloße Aufhebung rückgängig gemacht werden kann. Hierunter fallen alle Beschlüsse und Anordnungen der Gemeindevertretung, ihrer Ausschüsse, des Gemeindevorstands und des Ortsbeirates, die das Recht

verletzen. Die Beanstandung ist dabei von anderen Maßnahmen der Kommunalaufsicht abzugrenzen. Eine kommunalaufsichtsrechtliche Anordnung/Aufforderung/Anweisung ermöglicht, auf ein positives Handeln der Gemeinde hinzuwirken.[9] Sie setzt voraus, dass die Gemeinde durch Unterlassen einen Gesetzesverstoß begeht, dh dass die Gemeinde den ihr auferlegten gesetzlichen Pflichten oder Aufgaben nicht nachkommt.

In fast allen Ländern wirkt die Beanstandung selbst nicht auf den beanstandeten Gemeinderatsbeschluss ein und kann deshalb grundsätzlich mit dem Verlangen verbunden werden, dass die Gemeinde den Beschluss aufhebt, teilweise wird die Setzung einer (angemessenen) Frist vorgesehen.[10] Diese Aufforderung kann dann – aufgrund einer eigenständigen Grundlage[11] oder im Wege der Ersatzvornahme[12] – durchgesetzt werden. Eine Ersatzvornahme setzt voraus, dass eine Gemeinde einer Anweisung der Aufsichtsbehörde nicht innerhalb der ihr gesetzten Frist nachgekommen ist. In diesem Fall kann die Aufsichtsbehörde anstelle der Gemeinde Erforderliches anordnen und auf Kosten der Gemeinde selbst durchführen oder von Dritten durchführen lassen.

Vorliegend hat die G einen Beschluss zur Gründung einer Gesellschaft zum Bau und Betrieb eines Windparks gefasst. Die B geht von der Rechtswidrigkeit dieses Beschlusses aus und hat ihn aus diesem Grund beanstandet sowie seine Aufhebung verlangt. Die aufsichtsrechtliche Maßnahme richtet sich daher gegen ein Handeln und nicht gegen ein pflichtwidriges Unterlassen der G. Daher sind die Vorschriften zur Beanstandung als Rechtsgrundlage der kommunalaufsichtsrechtlichen Maßnahme heranzuziehen.

In Niedersachen enthält die Ermächtigungsgrundlage das Beanstandungsrecht der Kommunalaufsicht, wohingegen das Aufhebungsverlangen hinsichtlich des beanstandeten Gemeinderatsbeschlusses nicht ausdrücklich normiert ist; es lässt sich jedoch auf die Ermächtigung der Komunalaufsicht stützen, von der Gemeinde zu verlangen, bereits getroffene Maßnahmen rückgängig zu machen.[13]

In Nordrhein-Westfalen kann die Aufsichtsbehörde grundsätzlich nur die Bürgermeisterin anweisen, den betreffenden Gemeinderats-

9 **Baden-Württemberg:** § 122 GemO; **Bayern:** Art. 112 S. 2 GO; **Brandenburg:** § 115 BbgKVerf; **Hessen:** § 139 HGO; **Mecklenburg-Vorpommern:** § 82 I KV M-V; **Niedersachsen:** § 174 I NKomVG; **Nordrhein-Westfalen:** § 123 I GO NRW; **Rheinland-Pfalz:** § 122 GemO; **Saarland:** § 132 KSVG; **Sachsen:** § 115 SächsGemO; **Sachsen-Anhalt:** § 147 KVG LSA; **Schleswig-Holstein:** § 124 I GO; **Thüringen:** § 120 I 2 ThürKO.

10 **Baden-Württemberg:** § 121 I 1 GemO; **Bayern:** Art. 112 S. 1 GO; **Brandenburg:** § 113 I 1 BbgKVerf; **Mecklenburg-Vorpommern:** § 81 I 1 KV M-V; **Rheinland-Pfalz:** § 121 S. 1 GemO; **Saarland:** § 130 S. 1 KSVG; **Sachsen:** § 114 I 1 SächsGemO; **Sachsen-Anhalt:** § 146 I 1 KVG LSA; **Schleswig-Holstein:** § 123 I 1 GO; **Thüringen:** § 120 I 1ThürKO.

11 **Brandenburg:** § 114 BbgKVerf; **Mecklenburg-Vorpommern:** § 81 II 1 KV M-V; **Nordrhein-Westfalen:** § 122 I 1 GO NRW.

12 **Baden-Württemberg:** § 123 GemO; **Bayern:** Art. 113 GO; **Niedersachsen:** § 174 II NKomVG; **Rheinland-Pfalz:** § 123 GemO; **Saarland:** § 133 KSVG; **Sachsen:** § 116 I SächsGemO; **Sachsen-Anhalt:** § 148 KVG LSA; **Schleswig-Holstein:** § 125 GO; **Thüringen:** § 121 I 1 ThürKO.

13 **Niedersachsen:** § 173 I 1, 3 NKomVG.

beschluss zu beanstanden und nur bei deren Weigerung in analoger Anwendung des aufsichtlichen Anordnungsrechts die Beanstandung selbst aussprechen.[14] Diese stellt aber wie ausgeführt keinen VA dar. In Hessen ist die Kommunalaufsicht ermächtigt, rechtswidrige Gemeinderatsbeschlüsse innerhalb einer Frist von sechs Monaten unmittelbar aufzuheben – was irreführenderweise als »Beanstandungsrecht« normiert ist.[15] Hier ist insofern streitig, ob die Aufsicht eine Beanstandung als eine mildere Maßnahme zu der Aufhebung vornehmen kann. Jedoch wird dies aufgrund des eindeutigen gesetzlichen Wortlauts als bewusstes Abweichen von den kommunalrechtlichen Regelungen anderer Länder überwiegend abgelehnt.

2.2 Formelle Rechtmäßigkeit

Der VA müsste formell rechtmäßig sein. Dies ist der Fall, wenn bei seinem Erlass die zuständige Behörde unter Einhaltung des gesetzlich vorgesehenen Verfahrens und der erforderlichen Form gehandelt hat.

2.2.1 Zuständigkeit

Für kreisangehörige Gemeinden (in Hessen: unter 50.000 Einwohner, in Schleswig-Holstein: bis zu 20.000 Einwohner) sind unterschiedliche Behörden der Landesverwaltung für aufsichtsrechtliche Maßnahmen zuständig.[16] Laut Sachverhalt handelte hier die zuständige Behörde.

2.2.2 Verfahren

Vor dem Erlass eines belastenden VA ist eine Anhörung erforderlich, § 28 I LVwVfG. In einigen Ländern kommt § 28 II Nr. 1 VwVfG über entsprechende landesrechtliche Verweisungsvorschriften zur Anwendung bzw. gilt in Schleswig-Holstein eine inhaltsgleiche Vorschrift.[17] Die B teilte der Gemeinde schriftlich mit, dass sie beabsichtigt, gegen den VA vorzugehen und forderte G zur Stellungnahme auf, wovon diese auch Gebrauch gemacht hat. Das Anhörungserfordernis ist somit erfüllt. Das für den Erlass des VA vorgesehene Verfahren wurde gewahrt.

14 **Nordrhein-Westfalen:** §§ 122 I 1, 123 analog GO NRW.

15 **Hessen:** § 138 HGO.

16 **Baden-Württemberg:** § 119 S. 1 GemO (Landratsamt); **Bayern:** Art. 110 S. 1 GO (Landratsamt); **Brandenburg:** § 110 I BbgKVerf (Landrat); **Hessen:** § 136 III, II HGO (Landrat); **Mecklenburg-Vorpommern:** § 79 II, I KV M-V (Landrat); **Niedersachsen:** § 171 II, I NKomVG (Landkreis); **Nordrhein-Westfalen:** § 120 I GO NRW (Landrat); **Rheinland-Pfalz:** § 118 I GemO (Kreisverwaltung); **Saarland:** § 128 I KSVG (Landesverwaltungsamt); **Sachsen:** § 112 I 1 SächsGemO (Landratsamt); **Sachsen-Anhalt:** § 144 I 1 KVG LSA (Landkreis); **Schleswig-Holstein:** § 121 GO (Landrätin/Landrat); **Thüringen:** § 118 I 1 ThürKO (Landratsamt).

17 **Berlin:** § 1 I BlnVwVfG, § 28 I VwVfG; **Brandenburg:** § 1 I VwVfGBbg, § 28 I VwVfG; **Niedersachsen:** § 1 I NVwVfG, § 28 I VwVfG; **Rheinland-Pfalz:** § 1 I LVwVfG, § 28 I VwVfG; **Sachsen-Anhalt:** § 1 I 1 VwVfG LSA, § 28 I VwVfG; **Sachsen:** § 1 S. 1 SächsVwVfZG, § 28 I VwVfG; **Schleswig-Holstein:** § 87 I LVwG.

2.2.3 Form

Ein VA kann grundsätzlich formfrei erlassen werden, wobei ein schriftlicher VA zu begründen ist, § 39 I LVwVfG bzw. die Parallelvorschriften.[18] Vorliegend erließ B den Bescheid schriftlich mit Begründung. Der Bescheid ist somit auch formell ordnungsgemäß.

2.2.4 Der Beanstandungsbescheid ist von der zuständigen Behörde unter Beachtung des gesetzlich vorgesehenen Verfahrens und unter Einhaltung der formellen Voraussetzungen erlassen worden. Er ist daher formell rechtmäßig.

2.3 Materielle Rechtmäßigkeit

Der VA ist materiell rechtmäßig, wenn die für seinen Erlass vorgesehenen Voraussetzungen vorliegen und eine ermessensfehlerfreie Rechtsfolge gesetzt wurde. Die Beanstandung des Beschlusses der Gemeindevertretung ist entsprechend der landesrechtlichen Ermächtigungsgrundlagen (s. 2.1) materiell rechtmäßig, wenn der Beschluss selbst rechtswidrig ist und die Beanstandung ermessensfehlerfrei erfolgte.

2.3.1 Rechtswidrigkeit des Beschlusses der G

Der Beschluss der Gemeinde G, eine kommunale Gesellschaft zur Errichtung und für den Betrieb eines Bürgerwindparks zu gründen, müsste rechtswidrig sein. Der Beschluss ist formell ordnungsgemäß von der zuständigen Gemeindevertretung gefasst worden (s. 1.3).

Er könnte jedoch das materielle Recht verletzen. In Betracht kommt vorliegend, dass die Gesellschaft eine wirtschaftliche Betätigung der Gemeinde darstellt, die nicht in Einklang mit den kommunalrechtlichen Voraussetzungen steht (Normen s. 1.1.1). Diese erklären die wirtschaftliche Betätigung von Gemeinden nur unter bestimmten Voraussetzungen für zulässig. Des Weiteren regeln sie Anforderungen für die Errichtung und Führung von Unternehmen in Privatrechtsform. Fraglich ist, ob die »Bürgerwindpark GmbH« diese Anforderungskomplexe erfüllt.

2.3.1.1 Vorliegen einer wirtschaftlichen Betätigung

Die kommunalrechtlichen Vorschriften der Länder regeln unterschiedliche Voraussetzungen für die Zulässigkeit wirtschaftlicher Unternehmen. Dabei ist zunächst festzustellen, ob G hier überhaupt wirtschaftlich tätig wird. Bestimmte Tätigkeiten sind durch einen Negativkatalog von dem Begriff der wirtschaftlichen Betätigung ausgenommen. Eine hiernach wirtschaftliche Tätigkeit muss sich sodann innerhalb der gesetzlichen Schranken bewegen.

18 **Berlin:** § 1 I BlnVwVfG, § 39 I VwVfG; **Brandenburg:** § 1 I VwVfGBbg, § 39 I VwVfG; **Niedersachsen:** § 1 I NVwVfG, § 39 I VwVfG; **Rheinland-Pfalz:** § 1 I LVwVfG, § 39 I VwVfG; **Sachsen-Anhalt:** § 1 I 1 VwVfG LSA, § 39 I VwVfG; **Sachsen:** § 1 S. 1 SächsVwVfZG, § 39 I VwVfG; **Schleswig-Holstein:** § 109 I LVwG.

2.3.1.1.1 Begriff der »wirtschaftlichen Betätigung«

Die Pläne der G, mit der durch den Beschluss gegründeten Gesellschaft einen Windpark zu errichten und zu betreiben, könnten eine wirtschaftliche Betätigung der Gemeinde darstellen.[19] Eine wirtschaftliche Betätigung ist das Herstellen, Anbieten oder Verteilen von Gütern oder Dienstleistungen, sofern diese Leistungen der Art nach auch von Privatunternehmen mit Gewinnerzielungsabsicht erbracht werden können. Die Errichtung und der Betrieb eines Windparks können und werden, ebenso wie die Versorgung mit Elektrizität, von gewinnorientiert arbeitenden Privatunternehmen vorgenommen. Bei den Plänen der G handelt es sich daher um eine wirtschaftliche Betätigung. Die Bürgerwindpark GmbH ist ein wirtschaftliches Unternehmen im Sinne des Kommunalrechts.

2.3.1.1.2 Ausnahmen nach dem Negativkatalog

Einige landesrechtliche Vorschriften normieren, dass bestimmte Tätigkeiten der Kommunen grundsätzlich nicht als wirtschaftliche Betätigung gelten und daher nicht den für sie geltenden Schranken unterfallen.[20] Trotz Unterschieden in der Ausgestaltung gehören hierzu überwiegend Aktivitäten, zu denen die Gemeinde gesetzlich verpflichtet ist und Tätigkeiten zur Deckung des Eigenbedarfs. Zudem sind bestimmte Geschäfte als Bereichsausnahmen vom Begriff der wirtschaftlichen Betätigung ausgenommen. Hierzu gehören meist Tätigkeiten auf den Gebieten des Bildungs-, Gesundheits- und Sozialwesens, der Kultur, des Sports, der Erholung und teilweise der Abfall- und Abwasserbeseitigung. Fraglich ist, ob eine dieser Ausnahmen hier anwendbar ist. Eine gesetzliche Verpflichtung der G zum Betreiben eines Windparks oder zur Energieversorgung besteht nicht. Eigenbedarf meint den Bedarf der Gemeinde im engeren Sinne, also der Gemeindeverwaltung, zur Deckung eigener Geschäfts- und Verwaltungsbedürfnisse, wie zB Druckereien für deren Publikationen, die nur für oder im Rahmen von gemeindlichen Tätigkeiten aktiv werden. Die G will den mit dem Windpark produzierten Strom jedoch nicht zur Deckung des Eigenbedarfs verwenden, sondern in das überregionale Stromnetz einspeisen. Zuletzt ist die Energieerzeugung und -versorgung auch nicht von den unterschiedlichen Bereichsausnahmen erfasst. Die von G avisierte Tätigkeit ist daher nicht von den Negativkatalogen erfasst und damit eine wirtschaftliche Betätigung.

---

19 Vgl. **Baden-Württemberg:** § 102 I GemO; **Bayern:** Art. 87 I 1 GO; **Brandenburg:** § 91 I 1 BbgKVerf (Legaldefinition); **Hessen:** § 121 I 1 HGO; **Mecklenburg-Vorpommern:** § 68 I 1 KV M-V (Legaldefinition); **Niedersachsen:** § 136 I 1 NKomVG; **Nordrhein-Westfalen:** § 107 I 3 GO NRW (Legaldefinition); **Rheinland-Pfalz:** § 85 I 1 GemO; **Saarland:** § 108 I KSVG; **Sachsen:** § 94a I 1 SächsGemO; **Sachsen-Anhalt:** § 128 I 1 KVG LSA; **Schleswig-Holstein:** § 101 I GO; **Thüringen:** § 71 I ThürKO.

20 **Baden-Württemberg:** § 102 IV GemO; **Brandenburg:** § 91 VII BbgKVerf; **Hessen:** § 121 II 1 HGO; **Mecklenburg-Vorpommern:** ausdrücklich das Gegenteil regelnd § 68 I 3 iVm § 68 III 1 KV M-V; **Niedersachsen:** § 136 III NKomVG; **Nordrhein-Westfalen:** § 107 II 1 GO NRW; **Rheinland-Pfalz:** § 85 IV 1 GemO; **Saarland:** § 108 II KSVG; **Sachsen:** § 94a III SächsGemO; **Schleswig-Holstein:** § 101 IV 1 GO.

2.3.1.2 Vorliegen der Schrankentrias

Für die rechtmäßige Errichtung der kommunalen Gesellschaft müssten sodann die landesrechtlichen Voraussetzungen erfüllt sein.[21] Diese sehen weitgehend übereinstimmend vor, dass die wirtschaftliche Betätigung einer Gemeinde nur zulässig ist, sofern ein öffentlicher Zweck die Betätigung erfordert bzw. rechtfertigt, sie in Art und Umfang in einem angemessenen Verhältnis zu Leistungsfähigkeit und Bedarf der Gemeinde steht und der Zweck nicht ebenso gut und wirtschaftlich von einem privaten Dritten erfüllt wird oder werden könnte. Mitunter gelten für Unternehmen zur Energieversorgung besondere Regelungen, die die Geltung der Schranken modifizieren.

2.3.1.2.1 Öffentlicher Zweck

Zunächst müsste ein öffentlicher Zweck die wirtschaftliche Betätigung der Gemeinde rechtfertigen. Dies ist der Fall, wenn die Gemeinde mit ihrer Aktivität das gemeinsame Wohl der Einwohner fördert. Das betrifft jeden Bereich, dessen sich die Gemeinde in Erfüllung ihrer Aufgaben für die örtliche Gemeinschaft annehmen darf, ohne auf die Daseinsvorsorge beschränkt zu sein. Die bloße Gewinnerzielung stellt keinen derartigen öffentlichen Zweck dar.[22] Den Kommunen kommt in Hinsicht auf die Frage, ob ein öffentlicher Zweck die Betätigung rechtfertigt, eine Einschätzungsprärogative zu. Bei dem Begriff des öffentlichen Zwecks selbst handelt es sich jedoch um einen unbestimmten Rechtsbegriff, der vollständig der gerichtlichen Kontrolle zugänglich ist. In einigen Bundesländern wird das Vorliegen eines öffentlichen Zwecks im hier relevanten Bereich der Stromversorgung bzw. Energieversorgung gesetzlich fingiert bzw. widerlegbar vermutet.[23] Energieversorgung ist nach der Legaldefinition des § 3 Nr. 36 EnWG, die auch im Kommunalrecht herangezogen werden kann, »die Erzeugung oder Gewinnung von Energie zur Belieferung von Kunden, der Vertrieb von Energie an Kunden und der Betrieb eines Energieversorgungsnetzes«. G betätigt sich hier mit der Errichtung und dem Betrieb eines Windparks im Bereich der Erzeugung erneuerbarer Energien. Die gewonnene Energie soll in das überörtliche Netz eingespeist und somit Endabnehmern gegen Entgelt zur Verfügung gestellt werden. Dies stellt eine Energieversorgung bzw. Stromversorgung dar. In Mecklenburg-Vorpommern, Niedersachsen, Nordrhein-West-

21 **Baden-Württemberg:** § 102 I GemO; **Bayern:** Art. 87 I 1 GO; **Brandenburg:** § 91 II BbgKVerf; **Hessen:** § 121 I 1 HGO; **Mecklenburg-Vorpommern:** § 68 II 1 KV M-V; **Niedersachsen:** § 136 I 2 NKomVG; **Nordrhein-Westfalen:** § 107 I 1 GO NRW; **Rheinland-Pfalz:** § 85 I 1 GemO; **Saarland:** § 108 I KSVG; **Sachsen:** § 94a I 1 SächsGemO; **Sachsen-Anhalt:** § 128 I 1 KVG LSA; **Schleswig-Holstein:** § 101 I GO; **Thüringen:** § 71 II 1 ThürKO.

22 So ausdrücklich **Bayern:** Art. 87 I 2 GO; **Brandenburg:** § 91 II Nr. 1 BbgKVerf; **Mecklenburg-Vorpommern:** § 68 II 2 KV M-V; **Saarland:** § 108 III 3 KSVG; **Sachsen-Anhalt:** § 128 I 2 KVG LSA.

23 **Mecklenburg-Vorpommern:** § 68 II 3 KV M-V; **Niedersachsen:** § 136 I 4 bzw. § 136 I 7 NKomVG; **Nordrhein-Westfalen:** § 107a I GO NRW; **Rheinland-Pfalz:** § 85 I 2 GemO; **Sachsen-Anhalt:** § 128 II 1 KVG LSA; **Schleswig-Holstein:** § 101a I 1 GO.

falen, Rheinland-Pfalz, Sachsen-Anhalt und Schleswig-Holstein liegt damit ohne weitere Subsumtion ein öffentlicher Zweck vor. In den übrigen Ländern ist entsprechend zu subsumieren.
Fraglich ist, ob hier ein öffentlicher Zweck vorliegt. Der Plan der G, einen Windpark zu errichten und zu betreiben, könnte durch den Zweck der Versorgung der Gemeinde mit Energie gerechtfertigt sein. Die Versorgung mit Strom ist für jeden Haushalt von essentieller Bedeutung. Ohne ihn können Grundbedürfnisse von Menschen, wie Heizung, Ernährung oder Hygiene, nicht sichergestellt werden. Dies macht ein Leben ohne Energieversorgung schwer denkbar und erzeugt in jeder örtlichen Gemeinschaft ein Bedürfnis nach versorgungssicherer und bedarfsdeckender Energiezulieferung. Örtliche Energieversorgung stellt somit einen Kernbereich der Daseinsvorsorge und der durch Art. 28 II 1 GG gewährleisteten kommunalen Selbstverwaltungsangelegenheiten dar. Angesichts der Energiewende und dem Wunsch vieler Menschen nach einer umweltschonenden Lebensweise kann zudem auch die Art der Energieversorgung, nämlich in Form von erneuerbaren Energien, als legitimer öffentlicher Zweck angesehen werden.
Im vorliegenden Fall soll der Strom aus Windkraft und somit einer erneuerbaren Quelle gewonnen werden. Seine Einspeisung erfolgt jedoch nicht in ein Ortsnetz, das die Haushalte der Gemeinde versorgt, oder direkt an die Hausanschlüsse der Einwohner der Gemeinde, sondern in das überregionale Stromnetz. Die gemeindeeigene GmbH will den Strom also verkaufen und hierfür die im EEG festgelegte Vergütung einnehmen. Damit erscheint fraglich, ob es sich bei dem Zweck der Energiegewinnung noch um eine Angelegenheit der örtlichen Gemeinschaft iSd Art. 28 II 1 GG bzw. der entsprechenden landesverfassungsrechtlichen Vorschriften (s. 1.3) handelt. Hierunter werden solche Aufgaben verstanden, die das Zusammenleben und -wohnen der Menschen vor Ort betreffen und einen spezifischen Bezug darauf haben. So ist grundsätzlich ein örtlicher Bezug nötig, damit die wirtschaftliche Betätigung einem öffentlichen Zweck dient. In Brandenburg gilt dies ausdrücklich nicht im Bereich der Energieversorgung.[24] In Baden-Württemberg, Bayern, Hessen, dem Saarland, Sachsen und Thüringen muss weiterhin ein öffentlicher Zweck die wirtschaftliche Betätigung der G erfordern bzw. rechtfertigen.
Fraglich ist, ob dies der Fall ist. Hier soll der Strom zwar innerhalb der örtlichen Gemeinschaft erzeugt, ihr aber nicht direkt zugeführt werden. Die Anlagen würden somit nicht der Versorgungssicherheit und Bedarfsdeckung der Kommune dienen. Vielmehr kommt ihnen angesichts der festen Vergütung des eingespeisten Stroms eine Funktion als sichere Einnahmequelle für G zu. Ein über die reine Erzielung von Einnahmen hinausgehender Zweck der Versorgung ist nicht zu erkennen. Die Aufgabe der Kommune besteht jedoch in der Gemeinwohlverwirklichung. Kommunale Unternehmen können

24 **Brandenburg:** § 91 IV 1 Nr. 1 BbgKVerf.

somit nicht um ihrer selbst willen, sondern nur zur Befriedigung eines Bedarfs der örtlichen Gemeinschaft geschaffen werden. Es reicht daher nicht aus, wenn dem Wohl der Einwohner nur mittelbar durch die Erwirtschaftung von Erträgen gedient wird – die reine Gewinnerzielung stellt keinen die wirtschaftlichen Aktivitäten der Gemeinde rechtfertigenden Zweck dar, wenngleich die Erwirtschaftung von Ertrag neben der Erfüllung eines öffentlichen Zwecks meist durchaus erwünscht ist, solange dieser nicht beeinträchtigt wird.[25] In der vom Beschluss vorgesehenen Gestaltung ist die wirtschaftliche Aktivität der G daher nicht durch den öffentlichen Zweck der Energieversorgung gerechtfertigt.

G führt jedoch an, dass eine Direktversorgung der Bürger in G mit Energie geplant sei, sobald sich das Projekt etabliert habe. Dies wirft die Frage auf, ob die zukünftige Direktversorgung der Einwohner von G als öffentlicher Zweck die wirtschaftliche Betätigung der Gemeinde rechtfertigen könnte. Anders als im Zivilprozess ist für die Verfahren vor den VG umstritten, welcher Zeitpunkt für die Beurteilung der Sach- und Rechtslage herangezogen werden muss. Die Ansichten reichen hier von dem Zeitpunkt der letzten behördlichen Entscheidung, über den Zeitpunkt der letzten mündlichen Verhandlung bis zu einer Unterscheidung danach, ob es sich um einen VA mit Dauerwirkung oder ohne eine solche handelt. Dass bei einer behördlichen oder verwaltungsgerichtlichen Entscheidung mögliche zukünftige Änderungen der Sach- und Rechtslage einbezogen werden müssen, wird nicht vertreten. Damit kommen alle Ansichten zu demselben Ergebnis und der Streit muss nicht entschieden werden. Eine zukünftige Direktvermarktung des erzeugten Stroms an die Bürger in G hat keinen Einfluss auf die Beurteilung des öffentlichen Zwecks im vorliegenden Verfahren.

Ferner äußert G, dass durch die Stromerzeugung vor Ort ein wesentlicher Beitrag zum Umweltschutz und zur Energiewende geleistet werde. Beides könnte als öffentlicher Zweck angesehen werden, der die wirtschaftlichen Aktivitäten der G rechtfertigen könnte. Die Anlagen produzieren CO_2-neutrale Energie aus einer regenerativen Quelle. Sie fördern das Ziel, Strom nicht mehr aus fossilen Brennstoffen oder Atomenergie zu gewinnen, sondern aus erneuerbaren Energien für die flächendeckende Versorgung bereitzustellen. Dies hat positive Auswirkungen auf den Ausstoß von Treibhausgasen, die für die Veränderungen des Weltklimas ebenso verantwortlich gemacht werden können wie für gesundheitliche Beeinträchtigungen von Menschen. Jedoch fehlt auch hier ein konkreter Bezug zur örtlichen Gemeinschaft. Ein über die Produktion des Stroms hinausgehender Effekt oder Bezug ist für G nicht zu erkennen. Für

25 **Baden-Württemberg:** § 102 III GemO; **Bayern:** Art. 95 I 1 GO; **Brandenburg:** § 92 IV BbgKVerf; **Hessen:** § 121 VIII 1 HGO; **Mecklenburg-Vorpommern:** § 75 I 1 KV M-V; **Niedersachsen:** § 149 I NKomVG; **Nordrhein-Westfalen:** § 109 GO NRW; **Rheinland-Pfalz:** § 85 III GemO; **Saarland:** § 116 KSVG; **Sachsen:** § 94a IV SächsGemO; **Schleswig-Holstein:** § 107 GO; **Thüringen:** § 75 I, II ThürKO.

die Umwelt in G oder die Energiewende hätte es keine Auswirkungen, wenn der Strom in einer anderen Kommune erzeugt würde. Zuletzt könnte ein rechtfertigender Zweck in der finanziellen Beteiligungsmöglichkeit der Bürger zu sehen sein. Angesichts der im EEG gesetzlich festgeschriebenen Vergütung könnte es sich bei den Anlagen um sichere und gut verzinste Anlagemöglichkeiten handeln, deren Rendite die derzeit erzielbaren Erträge übersteigt. In Hessen sieht die Gemeindeordnung ausdrücklich vor, dass den Einwohnern die Beteiligung an wirtschaftlichen Aktivitäten der Gemeinden im Bereich der Erzeugung, Speicherung, Einspeisung und des Vertriebs von Strom aus erneuerbaren Energien ermöglicht werden soll.[26] Diese Regelungen entbinden die wirtschaftliche Betätigung der Kommunen jedoch nicht von dem Erfordernis der Erfüllung eines öffentlichen Zwecks. Somit stellt die finanzielle Anlagemöglichkeit keinen öffentlichen Zweck zur Rechtfertigung der wirtschaftlichen Aktivitäten der G dar.
Die wirtschaftliche Aktivität der G in Form der Gründung der »Bürgerwindpark GmbH« ist somit nicht durch einen öffentlichen Zweck erfordert bzw. gerechtfertigt und damit in Baden-Württemberg, Bayern, Hessen, dem Saarland, Sachsen und Thüringen rechtswidrig.
Laut Bearbeitungsvermerk ist ein umfassendes Gutachten zu fertigen. Die weitere Prüfung erfolgt daher in diesen Ländern hilfsgutachtlich. In den übrigen Ländern liegt aufgrund der gesetzlichen Fiktion des Vorliegens eines öffentlichen Zwecks bzw. der Tatbestandserleichterung ein öffentlicher Zweck vor, der die Errichtung und den Betrieb des Bürgerwindparks rechtfertigt bzw. erfordert.

2.3.1.2.2 Angemessenes Verhältnis zur Leistungsfähigkeit der Gemeinde

Weiter müsste die wirtschaftliche Betätigung der Gemeinde nach Art und Umfang in einem angemessenen Verhältnis zu ihrer Leistungsfähigkeit und dem voraussichtlichen Bedarf stehen. In einigen Ländern kommt es im Bereich der Strom- bzw. Energieversorgung nur auf die Leistungsfähigkeit der Gemeinde an.[27] Laut Sachverhalt hat die Gemeinde G 700 Einwohner. Ihr Haushalt hat ein Gesamtvolumen von 500.000 EUR, wobei bereits mindestens 100.000 EUR nicht durch Einnahmen gedeckt sind. Die Windkraftanlagen allein, dh Planungs-, Anschluss-, Vertrags-, Mitarbeiter-, Zins- und Wartungskosten nicht inkludiert, kosten 27 Mio. EUR. Auf deren Lebensdauer von 20 Jahren hochgerechnet ergibt sich eine jährliche Belastung von 1,35 Mio. EUR und somit von 270 Prozent des gesamten Gemeindehaushalts. Die Anlagen erzeugen ferner je 4.800 MWh Energie pro Jahr, insgesamt also 48.000 MWh. Die 700 Einwohner verbrauchen, selbst wenn jeder von ihnen in einem Einpersonenhaushalt wohnen sollte und 5.000 kWh Energie im Jahr

26 **Hessen:** § 121 Ia 2 HGO.

27 **Niedersachsen:** § 136 I 7 iVm § 136 I 2 Nr. 2 lit. a NKomVG; **Nordrhein-Westfalen:** § 107a I GO NRW; **Rheinland-Pfalz:** § 85 II 2 GemO; **Sachsen-Anhalt:** § 128 III 1 KVG LSA; **Schleswig-Holstein:** § 101a I 1 iVm § 101 I Nr. 2 GO.

konsumieren würde, nur 3.500 MWh Strom pro Jahr. Der Bedarf der Gemeinde konnte mit den Anlagen daher fast vierzehnfach gedeckt werden. Selbst bei einer vollständigen Versorgung der Gemeinde durch die Anlagen würde immer noch der Großteil der Energie in das überörtliche Netz eingespeist werden müssen. Die Anlage und damit die wirtschaftliche Betätigung stehen in Umfang und Art somit in keiner Relation sowohl zu der Leistungsfähigkeit als auch dem Bedarf von G. Ihre Zulässigkeit scheitert in allen Bundesländern jedenfalls an diesem Kriterium.

2.3.1.2.3 Subsidiarität

Zuletzt dürfte der mit der Betätigung verfolgte Zweck nicht ebenso gut und wirtschaftlich durch einen privaten Dritten erfüllt werden können. Hierbei handelt es sich um eine qualifizierte Subsidiaritätsklausel. In einigen Ländern gilt diese Schranke jedoch nicht im Bereich der Strom- bzw. Energieversorgung (bzw. in Brandenburg allgemein nicht).[28] Hier erübrigt sich eine Prüfung. Gleiches gilt für Baden-Württemberg und Bayern, wo die Subsidiaritätsklausel nur außerhalb der kommunalen Daseinsvorsorge gilt.[29] Die Versorgung auch der Gemeindeeinwohner mit erneuerbarer Energie ist eine solche Aufgabe der kommunalen Daseinsvorsorge. Hieran ändert die überörtliche Bedeutung nichts – diese ist im Rahmen der besonderen Beschränkungen für überörtliche Tätigkeit bzw. dem Bezug auf Leistungsfähigkeit und Bedarf der Gemeinde in Rechnung zu stellen. In Hessen ist die Prüfung bei einer wirtschaftlichen Aktivität der Gemeinde im Bereich der Energieversorgung modifiziert.[30] Hier darf die wirtschaftliche Aktivität einer Gemeinde im Bereich der erneuerbaren Energien nur im Gemeindegebiet oder im regionalen Umfeld in Form der interkommunalen Zusammenarbeit erfolgen. Dann kann eine Subsidiaritätsprüfung unterbleiben, sofern die übrigen Anforderungen dieser Regelung eingehalten werden. Die G will den Windpark durch die GmbH auf ihrem Gemeindegebiet bauen und betreiben. Auch eine wirtschaftliche Beteiligung der Bürger ist hierbei vorgesehen. Zudem verspricht sich die Gemeinde hohe Einnahmen durch die gesetzlich festgeschriebene Einspeisevergütung, sodass von einer Wirtschaftlichkeit der Betätigung ausgegangen werden kann. Die Anforderungen des § 121 Ia HGO sind somit erfüllt.

In Mecklenburg-Vorpommern, dem Saarland und Sachsen greift die allgemeine Subsidiaritätsklausel ohne Einschränkungen. Da der Betrieb von Windkraftanlagen ohne Weiteres ebenso gut und wirtschaftlich durch private Dritte erfolgen kann, scheitert die wirtschaftliche Betätigung der G in diesen Ländern auch an der Subsidiaritätsklausel.

---

28 **Brandenburg:** § 91 II BbgKVerf; **Niedersachsen:** § 136 I 7 NKomVG; **Nordrhein-Westfalen:** § 107a I GO NRW; **Rheinland-Pfalz:** § 85 I 1 Nr. 3 GemO; **Sachsen-Anhalt:** § 128 II KVG LSA; **Schleswig-Holstein:** § 101a I 1 GO; **Thüringen:** § 71 II Nr. 4 ThürKO.

29 **Baden-Württemberg:** § 102 I Nr. 3 GemO; **Bayern:** Art. 87 I 1 Nr. 4 GO.

30 **Hessen:** § 121 Ia 1 HGO.

2.3.1.3 Weitere Voraussetzungen

Weiterhin enthalten die kommunalrechtlichen Vorschriften teilweise Schranken für die überörtliche wirtschaftliche Betätigung jenseits des im Erfordernis des öffentlichen Zwecks liegenden örtlichen Bezugs.[31] Eine Betätigung außerhalb des Gemeindegebiets könnte hier aufgrund der hohen Menge produzierten Stromes vorliegen (wenn die Vorschrift nicht auf eine räumliche Sicht abstellt[32]). Der Stromabsatz außerhalb der Gemeinde ergibt sich zwar schon aus der Funktionsweise von Einspeisung und Strombezug, denn mit der Einspeisung hat G es nicht mehr in der Hand, für wessen Bedarf der von ihr produzierte Strom genutzt wird. Nach eA fehlt es deshalb bei einer Einspeisung am örtlichen Bezug. Hiergegen lässt sich mit aA in einer funktionalen Betrachtung einwenden, dass eine überörtliche Bedeutung entfällt, wenn sich in Summe die kommunale Stromproduktion und der Bedarf decken. Eine Streitentscheidung kann jedoch dahinstehen, da die produzierte Energie hier weit über den gemeindlichen Bedarf hinausgeht. Kein Land schließt die Betätigung der Gemeinden außerhalb ihres Gebiets im Bereich der Energieversorgung per se aus (wenngleich es wie hier mitunter bereits am Vorliegen eines öffentlichen Zwecks fehlen kann). Sie stellen jedoch unterschiedliche Anforderungen, etwa die Wahrung der Schrankentrias. Zum Teil sind bei der Beurteilung der Rechtmäßigkeit in eingeschränktem Maße berechtigte Interessen zu berücksichtigen.[33] Vor allem sind dies die berechtigten Interessen der betroffenen Gemeinden, im Bereich der Stromversorgung teilweise beschränkt auf die Vorschriften des EnWG, die eine Einschränkung des Wettbewerbs zulassen.[34] Derartige Interessen (s. zB § 46 EnWG) sind hier nicht ersichtlich.

Auch weitere Anforderungen, wie beispielsweise die Durchführung einer Markterkundung,[35] sind nicht gewahrt. G beruft sich dabei jedoch darauf, dass eine Markterkundung wegen der gesetzlich festgelegten Einspeisevergütung, der Pflicht des überörtlichen Netzbetreibers, den Strom abzunehmen sowie angesichts des in Zukunft noch wachsenden Bedarfs an regenerativer Energie im Rahmen der Energiewende, nicht erforderlich sei. Die Markterkundung soll der Gemeinde jedoch umfassende Informationen über Chancen und

31 **Baden-Württemberg:** § 102 VII GemO; **Bayern:** Art. 87 II GO; **Brandenburg:** § 91 IV 1 Nr. 1 BbgKVerf (ausdrücklich zulässig für die Versorgung mit Elektrizität ohne weitere Anforderungen); **Hessen:** § 121 Ia, V HGO; **Niedersachsen:** § 136 I 7, 8, 5 NKomVG; **Nordrhein-Westfalen:** § 107a II GO NRW; **Rheinland-Pfalz:** § 85 II GemO; **Saarland:** § 108 IV KSVG; **Sachsen-Anhalt:** § 128 III 1, 2 KVG LSA; **Schleswig-Holstein:** § 101 II 1, 2 GO; **Thüringen:** § 71 V ThürKO.

32 **Hessen:** § 121 Ia 1 HGO.

33 **Niedersachsen:** § 136 I 7, 8, 5 NKomVG.

34 **Baden-Württemberg:** § 102 VII GemO; **Bayern:** Art. 87 II GO; **Hessen:** § 121 V HGO; **Nordrhein-Westfalen:** § 107a II 1, 2 GO NRW; **Rheinland-Pfalz:** § 85 II GemO; **Saarland:** § 108 IV KSVG; **Sachsen-Anhalt:** § 128 III 1, 2 KVG LSA; **Schleswig-Holstein:** § 101 II 1, 2 GO; **Thüringen:** § 71 V ThürKO.

35 **Hessen:** § 121 VI 1 HGO; vgl. **Nordrhein-Westfalen:** § 107a IV 1 GO NRW (Unterrichtungspflicht); **Saarland:** § 108 V 1 KSVG.

Risiken bereitstellen und geht damit über eine reine Wirtschaftlichkeitsanalyse hinaus. Auch dieses Erfordernis der wirtschaftlichen Betätigung der G in Hessen, Nordrhein-Westfalen und dem Saarland ist somit nicht erfüllt.

2.3.1.4 Voraussetzungen der Gründung einer Gesellschaft in Privatrechtsform

Zuletzt müsste die Gründung der Gesellschaft auch den übrigen kommunalrechtlichen Voraussetzungen für eine Betätigung in Privatrechtsform genügen.[36] Diese erfordern regelmäßig die Schaffung einer Haftungsbeschränkung sowie Sicherung der Mehrheit für die Gemeinde. Dies ist hier geschehen. Die Gemeinde hat durch die Wahl der Rechtsform einer GmbH auf eine Haftungsbeschränkung hingewirkt und sich zudem eine dauerhafte Mehrheit des Stimmrechts gesichert. Zu den übrigen Erfordernissen des jeweiligen Landesrechts sind keine Sachverhaltsangaben vorhanden, sodass von deren Vorliegen ausgegangen werden kann.

2.3.1.5 Die Zulässigkeitsvoraussetzungen für eine wirtschaftliche Betätigung der G durch Errichtung einer Gesellschaft sind nicht gegeben. Eine Rechtsverletzung liegt somit vor.

2.3.2 Rechtsfolge

L müsste auch eine korrekte Rechtsfolge gesetzt haben. Es sind keine Ermessensfehler ersichtlich. Ebenso sind keine Zweifel an der Verhältnismäßigkeit der Beanstandung angebracht, sodass dahinstehen kann, ob das Verhältnismäßigkeitsprinzip im innerstaatlichen Verhältnis Anwendung findet oder nicht.

2.3.3 Die Tatbestandsvoraussetzungen der Beanstandung sind erfüllt. Der VA ist somit materiell rechtmäßig.

Ergebnis: Die zulässige Klage ist nicht begründet. Sie hat keine Aussicht auf Erfolg.

Zu 1.1.1: BVerwGE 56, 140 = BeckRS 1978, 106342; BVerwGE 58, 91; BVerwGE 58, 169 = NJW 1980, 656; BGH NJW 1984, 1242; 1993, 1657; GSOGB NJW 1993, 1657; *Reimer* in Posser/Wolf (Hrsg.), BeckOK VwGO, 52. Aufl. 1.7.2019, § 40 Rn. 55

Zu 1.1.2: BVerfGE 2, 143 = NJW 1953, 537; BVerfGE 6, 449 = NJW 1957, 1025; BVerfGE 27, 152 (157) = BeckRS 1969, 104929; BVerfGE 42, 103 (112) = NJW 1976, 1084; BVerfGE 60, 53 (63) = NJW 1982, 1451; *Reimer* in Posser/Wolf (Hrsg.), BeckOK VwGO, 52. Aufl. 1.7.2019, § 40 Rn. 116

Zu 1.2: *Lange* in Hermes/Reimer (Hrsg.), Landesrecht Hessen, 9. Aufl. 2019, § 4 Rn. 153; *Schönenbroicher* in Dietlein/Heusch (Hrsg.),

36 **Baden-Württemberg:** § 103 I GemO; **Bayern:** Art. 92 GO; **Brandenburg:** § 96 I BbgKVerf; **Hessen:** § 126 HGO; **Mecklenburg-Vorpommern:** § 69 I KV M-V; **Niedersachsen:** § 137 I NKomVG; **Nordrhein-Westfalen:** § 108 I GO NRW; **Rheinland-Pfalz:** § 87 I GemO; **Saarland:** § 110 I KSVG; **Sachsen:** § 96 I SächsGemO; **Sachsen-Anhalt:** § 129 I KVG LSA; **Schleswig-Holstein:** § 102 I, II GO; **Thüringen:** § 73 I ThürKO.

	BeckOK Kommunalrecht NRW, 10. Aufl. 2020, GO NRW § 126 Rn. 1
Zu 1.2.1:	*Schönenbroicher* in Dietlein/Heusch (Hrsg.), BeckOK Kommunalrecht NRW, 10. Aufl. 2020, GO NRW § 122 Rn. 13, 17
Zu 1.2.1.1:	BVerwGE 34, 301 (303) = BeckRS 1969, 30426362; *Lange* in Hermes/Reimer (Hrsg.), Landesrecht Hessen, 9. Aufl. 2019, § 4 Rn. 145, 153; *Schenk* in Dietlein/Pautsch (Hrsg.), BeckOK Kommunalrecht BaWü, 8. Aufl. 1.1.2020, GemO § 125 Rn. 1 f.
Zu 1.2.1.2:	OVG Magdeburg EnZW 2015, 476; OVG Schleswig NordÖR 2013, 528
Zu 1.3:	BVerwG NVwZ 1993, 884; OVG Münster OVGE 19, 62; 28, 185; unter Aufgabe seiner vorherigen Rspr. OVG Münster DVBl 1981, 227 sowie VGH Kassel HSGZ, 1985, 431; 1988, 285; OVG Münster DVBl 1981, 227; *Stelkens*, Verwaltungsgerichtsbarkeit im Umbruch, NVwZ 1995, 325 (334 f.); *Wahl/Schütz* in Schoch/Schneider/Bier (Hrsg.), VwGO, 37. EL Juli 2019, § 42 Abs. 2 Rn. 104 ff.
Zu 2.1:	VGH Kassel HSGZ 1982, 73; VG Kassel HSGZ 1987, 155; *Lange* in Hermes/Reimer (Hrsg.), Landesrecht Hessen, 9. Aufl. 2019, § 4 Rn. 148 f.; *Schenk* in Dietlein/Pautsch (Hrsg.), BeckOK Kommunalrecht BaWü, 8. Aufl. 1.1.2020, GemO § 121 Rn. 1 ff.; *Bahr* in Dietlein/Mehde (Hrsg.), BeckOK Kommunalrecht Niedersachsen, 12. Aufl. 1.1.2020, NKomVG § 173 Rn. 15; *Schönenbroicher* in Dietlein/Heusch (Hrsg.), BeckOK Kommunalrecht NRW, 10. Aufl. 1.12.2019, GO NRW § 122 Rn. 14; *Suerbaum* in Dietlein/Suerbaum (Hrsg.), BeckOK Kommunalrecht Bayern, 4. Aufl. 1.11.2019, GO Art. 112 Rn. 16 f., 61; *Ogorek* in Dietlein/Ogorek (Hrsg.), BeckOK Kommunalrecht Hessen, 10. Aufl. 1.8.2019, HGO § 138 Rn. 4 f.
Zu 2.3.1:	*Grünewald*, 200. Einführung in das Kommunalwirtschaftsrecht. Grundlinien und Problembereiche wirtschaftlicher Betätigung der Kommunen, in Danner/Theobald (Hrsg.), Energierecht, 103. EL Oktober 2019, Rn. 18 ff., 23 ff., 81; *Dietl*, Die kommunale Netzgesellschaft – Kommunalwirtschaftliche Vorgaben für eine Betätigung im Bereich des Netzbetriebs, DÖV 2018, 407; *Shirvani*, Rückenwind für kommunale Bürgerwindparks?. Kommunal- und bauplanungsrechtliche Fragen, NVwZ 2014, 1185; *Schulz/Tischer*, Die Grenzen kommunalen Wirtschaftens: aktuelle Entwicklungen, alte Fragen, GewArch 2014, 1; *Kümper/Milstein*, Vergesellschaftung des Windes?. Ausgewählte Rechtsfragen sog. Bürgerwindparks in kommunaler Hand, ZfBR 2013, 742
Zu 2.3.1.1:	BVerwGE 39, 329; OVG Schleswig NordÖR 2013, 528; OVG Magdeburg EnWZ 2015, 476 (477); *Brüning*, Risse im Rechtsrahmen kommunaler wirtschaftlicher Betätigung, NVwZ 2015, 689 (690); *Geis/Madeja*, Kommunales Wirtschafts- und Finanzrecht – Teil I, JA 2013, 248 (249)
Zu 2.3.1.2:	BVerfG NJW 1990, 1783; BVerfGE 30, 292 (323 f.) = NJW 1971, 1255; BVerfGE 66, 248 (258) = NJW 1984, 1872; BVerwGE 98, 273 (275 ff.) = BeckRS 9998, 156065; BVerwG NVwZ 2005, 958; BGHZ 119, 101 = NJW 1992, 2888; OVG Schleswig NordÖR 2013, 528; OVG Magdeburg EnZW 2015, 476; *Rennert*, Die Klausur im

Kommunalrecht, JuS 2008, 211; *Geis/Madeja*, Kommunales Wirtschafts- und Finanzrecht – Teil 1, JA 2013, 248 (249 f.)

Zu. 2.3.1.2.1: BVerfGE 61, 82 = NJW 1982, 2173; BVerwGE 28, 292; BVerwGE 78, 243 = NVwZ 1988, 260; BVerwG NJW 1995, 3068; OVG Schleswig NordÖR 2013, 528; OVG Magdeburg EnZW 2015, 476 (479 f.); OVG Münster NWVBl 2003, 435; *Brüning*, Risse im Rechtsrahmen kommunaler wirtschaftlicher Betätigung, NVwZ 2015, 689 (690); *Lange*, Öffentlicher Zweck, öffentliches Interesse und Daseinsvorsorge als Schlüsselbegriffe des kommunalen Wirtschaftsrechts, NVwZ 2014, 616 (616); *Kruse/Legler*, Windparks in kommunaler Regie: Ist das rechtlich möglich?, ZUR 2012, 348 (353 f.); *Köhler*, Das neue kommunale Unternehmensrecht in Bayern, BayVBl 2001, 1

Zu 2.3.1.2.2: *Ogorek* in Dietlein/Ogorek (Hrsg.), BeckOK Kommunalrecht Hessen, 10. Aufl. 1.8.2019, HGO § 121 Rn. 9 ff.

Zu 2.3.1.2.3: *Brüning*, Risse im Rechtsrahmen kommunaler wirtschaftlicher Betätigung, NVwZ 2015, 689 (692 f.); *Pogoda*, Wirtschaftliche Betätigung der Gemeinden und Subsidiaritätsklausel, LKV 2012, 159 (159)

Zu 2.3.1.3: BVerwGE 98, 273 = BeckRS 9998, 156065; aA OVG Magdeburg NVwZ 2015, 1231 (1233); *Klaß* in Dietlein/Mehde (Hrsg.), BeckOK Kommunalrecht Niedersachsen, 12. Aufl. 1.1.2020, NKomVG § 136 Rn. 59 ff.; *Kaster* in Dietlein/Heusch (Hrsg.), BeckOK Kommunalrecht NRW, 10. Aufl. 1.12.2019, GO NRW § 107 Rn. 44 ff., 47, § 107a Rn. 20 ff.; *Ogorek* in Dietlein/Ogorek (Hrsg.), BeckOK Kommunalrecht Hessen, 10. Aufl. 1.8.2019, HGO § 121 Rn. 28 f.; *Dietl*, Anmerkung zu einer Entscheidung des OVG Magdeburg, Urt. v. 7.5.2015, 4 L 163/14 – kommunalrechtlich unzulässige wirtschaftliche Betätigung eines Landkreises, IR 2015, 279; *Pogoda*, Wirtschaftliche Betätigung der Gemeinden und Subsidiaritätsklausel, LKV 2012, 159 (160 f.)

Lösungsskizze 11

1 **Anspruch des L auf Schadensersatz nach Vertragsgrundsätzen**

L könnte gegen W einen Schadensersatzanspruch gem. § 280 I 1 BGB analog haben.

1.1 Zwischen L und W muss zunächst ein verwaltungsrechtliches Schuldverhältnis bestehen.

1.1.1 Der Anschluss an die und die Benutzung der gemeindlichen Kanalisation ist durch Satzung vorgeschrieben.[1] Damit ist ein öffentlichrechtlicher Entstehungstatbestand des Benutzungsverhältnisses (zu dem auch der Anschluss gehört) gegeben. Durch den Anschluss- und Benutzungszwang wird ein besonders enges Verhältnis zwischen der Verwaltung und dem Grundeigentümer geschaffen, welches über das übliche Verhältnis hinausgeht. Es liegt daher eine verwaltungsrechtliche Sonderverbindung vor.

1.1.2 Gegenstand dieser Sonderverbindung sind wechselseitige Leistungen (Beseitigung der Abwässer und Gebührenzahlung). Ihrem Charakter nach ist sie also ein verwaltungsrechtliches Schuldverhältnis.

1.2 Eine analoge Anwendung der zivilrechtlichen Vertragsgrundsätze auf dieses Schuldverhältnis (oder deren Anerkennung als allgemeine Rechtsgrundsätze) ist mangels ausdrücklicher gesetzlicher Spezialregelungen wegen des Bedürfnisses nach einer angemessenen Verteilung der Verantwortung innerhalb des öffentlichen Rechts anerkannt.

1.3 Haftungsvoraussetzungen des § 280 I 1 BGB analog

Gegenstand des verwaltungsrechtlichen Schuldverhältnisses und damit der vertraglichen Haftung ist unter anderem die Herstellung des Anschlusses. Die Gemeinde W schuldet dem L eine ordnungsgemäße Herstellung. Diese Herstellungspflicht wurde hier durch T verletzt, als der Anschlusskanal kein ausreichendes Gefälle erhielt. Die Gemeinde W haftet nach §§ 278, 276 I BGB analog auch für den Erfüllungsgehilfen (Tiefbauunternehmer T); daher reicht dessen schuldhafte Pflichtverletzung aus. T handelte unachtsam, also fahrlässig (§ 276 II BGB analog), somit liegt auch ein Verschulden vor (§§ 280 I 2, 276 I 1 BGB analog). Die Haftung der Gemeinde gem. § 280 I 1 BGB analog ist damit grundsätzlich gegeben.

---

1 Anschluss- und Benutzungszwang: **Baden-Württemberg:** § 11 I 1, II GemO; **Bayern:** Art. 24 I Nr. 2, II GO; **Brandenburg:** § 12 II, III BbgKVerf; **Hessen:** § 19 II HGO; **Mecklenburg-Vorpommern:** § 15 KV M-V; **Niedersachsen:** § 13 S. 1 Nr. 1a, 2a, S. 2 NKomVG; **Nordrhein-Westfalen:** § 9 GO NRW; **Rheinland-Pfalz:** § 26 GemO; **Saarland:** § 22 KSVG; **Sachsen:** § 14 SächsGemO; **Sachsen-Anhalt:** § 11 I 1 Nr. 1a, 2a, S. 2 KVG LSA; **Schleswig-Holstein:** § 17 II GO; **Thüringen:** § 20 II ThürKO.

1.4 Haftungsausschluss

Fraglich ist jedoch, ob die Haftung der Gemeinde W durch §§ 4, 9 der Ortssatzung ausgeschlossen ist.

Die Möglichkeit der Haftungsbeschränkung (insbesondere durch Satzung) ist auch in verwaltungsrechtlichen Schuldverhältnissen anzuerkennen, da sonst eine »Überhaftung« des Staates (der Kommunen) einträte. Hier erscheint der Haftungsausschluss jedoch unter zwei Gesichtspunkten zweifelhaft. Zum ersten ist fraglich, ob der Haftungsausschluss überhaupt wirksam ist; dies unterstellt kommt es dann auf die Frage an, ob der Haftungsausschluss tatbestandlich eingreift.

1.4.1 Zulässigkeit eines Haftungsausschlusses durch Satzung

Wegen der besonderen Pflichten, die der öffentlichen Hand gegenüber dem Bürger auch im verwaltungsrechtlichen Schuldverhältnis obliegen, wird überwiegend nur eine Beschränkung der Haftung auf Vorsatz und grobe Fahrlässigkeit für zulässig erachtet.

§ 4 der Satzung erfüllt diese Voraussetzung. Zweifelhaft ist hingegen, ob § 9 der Satzung insoweit wirksam ist, da dort die Haftung der W nicht auf einen bestimmten Verschuldensgrad beschränkt, sondern völlig ausgeschlossen wird. § 9 erfasst jedoch Fälle höherer Gewalt, in denen ein der Gemeinde W zurechenbares Verschulden bereits begrifflich nicht vorliegen kann. Ist schon eine Haftung für leichte Fahrlässigkeit ausschließbar, so muss dies erst recht für eine Zufallshaftung gelten. Auch § 9 der Satzung ist somit wirksam.

1.4.2 Eingreifen des Haftungsausschlusses

1.4.2.1 § 9 der Satzung schließt die Haftung für betriebstypische Schäden aus, die aus einer Überbeanspruchung der Abwasseranlage aufgrund höherer Gewalt (Hochwasser etc) resultieren. Dies betrifft den vorliegenden Fall einer bereits anfänglichen Fehlkonstruktion des Anschlusses (mangelndes Gefälle des Anschlusskanals) nicht. Nach § 9 wird die Haftung also nicht ausgeschlossen.

1.4.2.2 Auch § 4 der Satzung ist nur scheinbar einschlägig. Um einen »Rückstau aus der gemeindlichen Abwasserleitung« handelt es sich nämlich nicht, wenn wie hier das Wasser infolge eines fehlerhaft angelegten Anschlusses nicht abfließen kann. Auch § 4 schließt deshalb die Haftung der Gemeinde nicht aus.

1.4.3 Die Haftung der Gemeinde W ist demzufolge nicht ausgeschlossen.

Ergebnis: L hat gegen die Gemeinde W einen Schadensersatzanspruch aus § 280 I 1 BGB analog.

2 Anspruch des L auf Schadensersatz aus Amtshaftung

L könnte ein Amtshaftungsanspruch gegen die Gemeinde W gem. § 839 BGB iVm Art. 34 GG zustehen. Hier müssen zwei Vorgänge unterschieden werden: zum einen die fehlerhafte Erstellung der Kanalisationsanlage durch T und zum anderen die nicht erfolgte Abnahme durch B.

2.1 Anspruch wegen fehlerhafter Herstellung des Anschlusses durch T

2.1.1 T muss in Ausübung eines öffentlichen Amtes gehandelt haben. Er selbst ist eine Privatperson.

2.1.1.1 Ein eigenes hoheitliches Tätigwerden könnte kraft Beleihung oder Verwaltungshelferschaft erfolgt sein. Dem T war jedoch die Anschlussherstellung nicht durch oder aufgrund einer gesetzlichen Ermächtigung als öffentliche Aufgabe zur selbstständigen hoheitlichen Wahrnehmung übertragen worden, sodass eine Beleihung ausscheidet. Die Annahme einer Verwaltungshelferschaft scheitert hingegen an der fehlenden Kontrolle der Verwaltung (Gemeinde W) über T bezüglich der Wahrnehmung der übertragenen Aufgabe und am Fehlen des Merkmals der »untergeordneten Bedeutung« der Aufgabe, da T die Anschlussherstellung völlig selbstständig vornahm.

2.1.1.2 Ob neben diesen beiden Gruppen eine Einordnung des Handelns Privater als hoheitliche Tätigkeit erfolgen kann, wird differenziert beurteilt.

Nach der sog. strengen Werkzeugtheorie der früheren Rspr. muss sich die Behörde das Handeln des beauftragten Privaten nur dann wie eigenes zurechnen lassen, wenn er bindenden Weisungen unterliegt und unter dauernder Kontrolle arbeitet und somit als »verlängerter Arm« oder »Werkzeug« der Behörde fungiert. T ist aber mit der selbstständigen Herstellung der Anschlüsse (mit anschließender Abnahme) beauftragt, sodass er hiernach nicht Amtsträger iSd Art. 34 GG sein kann.

An dieser Auffassung wurde seitens des Schrifttums bemängelt, dass die Behörde gerade auf diese Weise durch das Unterlassen einer Kontrolle die Amtshaftung ausschließen könne. Seitdem folgt die Rspr. daher einer »gelockerten Werkzeugtheorie«, welche die Zurechnung nach hoheitlichem Charakter der Aufgabe, Sachnähe der übertragenen Tätigkeit zu dieser Aufgabe und Grad der Einbindung des Privaten in den behördlichen Pflichtenkreis bestimmt. Die ersten beiden Voraussetzungen sind erfüllt. Die Einbindung in den Pflichtenkreis ist hingegen umso enger, je begrenzter der Entscheidungsspielraum des privaten Unternehmers ist. T handelte jedoch bezüglich der Anschlussherstellung derart eigenverantwortlich und weisungsfrei, dass eine Begrenzung der Entscheidungsfreiheit nicht erfolgte. Er war somit nicht besonders stark in den Pflichtenkreis der Gemeinde W eingebunden. Auch nach der »gelockerten« Werkzeugtheorie ist T daher nicht als Beamter im haftungsrechtlichen Sinn anzusehen.

Die Rspr. scheint sich einem rein funktionellen Ansatz zu nähern, wonach es allein auf die Erfüllung hoheitlicher Aufgaben ankommen soll. Da die durch T ausgeführte Anschlussherstellung zu der öffentlichen Aufgabe Abwasserbeseitigung gehört, wäre T ohne Weiteres Amtsträger iSd Art. 34 GG. Indes gibt die Rspr. nicht ausdrücklich zu erkennen, dass sie von ihren drei Kriterien (s. oben) völlig Abstand nehmen will. Daher kann T im Ergebnis nicht Amtswalter sein (str.).

2.1.2 Der Anspruch aus § 839 BGB iVm Art. 34 GG kann nicht auf das Handeln des T gestützt werden.

2.2 Anspruch wegen unterlassener Abnahme durch B

2.2.1 Haftungsvoraussetzungen

B ist als Gemeindebeamter Beamter im haftungsrechtlichen Sinn und damit Amtsträger iSv Art. 34 GG. Das gebotene hoheitliche Handeln (Abnahme) müsste amtspflichtwidrig unterlassen worden sein. Da die Herstellung der Anschlüsse hoheitliches Handeln ist (s. 1.3), ist die Abnahme nicht nur eine Pflicht des Bestellers nach Werkvertragsrecht (§ 640 I BGB), sondern zugleich hoheitliches Handeln (Wiedereinschaltung der Behörde).

Durch das Unterlassen der Abnahme hat B eine Amtspflicht gegenüber seinem Dienstherrn (W), nämlich die Herstellung der Anschlüsse ordnungsgemäß abzunehmen, verletzt. Zweifelhaft ist nur, ob die Amtspflicht auch gegenüber L bestand, also drittbezogen war. Vorliegend dient die Abnahme nicht nur der Übergabe eines ordnungsgemäß verlegten Leitungsnetzes an die Gemeinde, sondern auch dem Schutz der angeschlossenen Benutzer vor Schäden durch eine unsachgemäße Verlegung. Da durch Anschluss- und Benutzungszwang eine Sonderverbindung entsteht (s. 1.1), die Sorgfaltspflichten umfasst, bestehen keine Bedenken, diese quasivertraglichen Pflichten auch als drittbezogene (externe) Pflichten anzusehen, die der Abnahmepflicht des B einen Drittbezug verleihen.

Fraglich könnte sein, ob die Amtspflichtverletzung für den Schaden kausal war, da bei Unterlassen insoweit strengere Anforderungen zu stellen sind. Eine ordnungsgemäße Abnahme hätte aber auch die Prüfung des Gefälles einschließen müssen. Damit ist die (Quasi-) Kausalität zu bejahen. B hat auch leicht fahrlässig gehandelt.

Ein Anspruch aus § 839 BGB iVm Art. 34 GG ist somit grundsätzlich gegeben.

2.2.2 Haftungsausschluss

2.2.2.1 Ein Haftungsausschluss hinsichtlich der Amtshaftung ist – anders als hinsichtlich eines schuldrechtlichen Anspruchs (s. 1.4.1.) – durch Satzung nicht möglich, weil die Haftung aus § 839 BGB iVm Art. 34 GG nicht durch einen Rechtsakt niederen Ranges eingeschränkt oder ausgeschlossen werden kann. Das Wort »grundsätzlich« in Art. 34 S. 1 GG verleiht der Gemeinde W keine dahingehende Befugnis. Anderes würde nur dann gelten, wenn die Satzung insoweit auf einem zum Haftungsausschluss ermächtigenden förmlichen Gesetz beruhte (Vorbehalt des Gesetzes, Art. 20 III GG; vgl. auch die Kompetenz des Bundes aus Art. 74 I Nr. 25 GG). Eine derartige besondere Ermächtigung im Sinne einer staatlichen Verleihung von Satzungsgewalt enthalten aber weder die kommunalrechtlichen Normen über die Regelung des Anschluss- und Benutzungszwangs durch Satzung (Normen s. 1.1.1), noch ergibt sie sich aus dem allgemeinen Satzungsrecht der Gemeinden zur Regelung der »eigenen Angelegenheiten«.

2.2.2.2 Es könnte jedoch die Subsidiaritätsklausel (das Verweisungsprivileg) des § 839 I 2 BGB eingreifen, weil ein Anspruch des L gegen T aus § 823 I BGB besteht. Entscheidend ist aber, ob dieser Anspruch tatsächlich – und zwar in absehbarer Zeit und in zumutbarer Weise – realisiert werden kann. Die öffentliche Hand (W) kann zu ihrer Entlastung nicht auf nichtdurchsetzbare Ansprüche des Geschädigten (L) gegen Dritte (T) verweisen. Nach dem Sachverhalt ist T inzwischen zahlungsunfähig geworden, mit einer Realisierbarkeit des Anspruchs des L gegen T ist also nicht zu rechnen. Somit kann W den L nicht nach § 839 I 2 BGB an T verweisen.

Ergebnis: L hat gegen die Gemeinde W einen Schadensersatzanspruch aus § 839 BGB iVm Art. 34 GG.

3 **Anspruch des L auf Entschädigung aus enteignungsgleichem Eingriff**

Ansprüche aus enteignungsgleichem Eingriff kommen nur dann in Betracht, soweit nicht das StHG der DDR bzw. in Sachsen-Anhalt das EntSchG gilt (s. 4).

3.1 Rechtswidriger hoheitlicher Eingriff

T handelte selbst nicht hoheitlich (s. 2.1). Daher kommt als hoheitlicher Eingriff nur die unterlassene Abnahme durch B in Betracht. Fraglich ist, unter welchen Umständen ein Unterlassen überhaupt als Eingriff gewertet werden kann. Soweit man eine Rechtspflicht zum Handeln als Kriterium des »qualifizierten Unterlassens« ausreichen lässt (str.), liegt hier ein Eingriff vor, da B eine entsprechende Abnahmepflicht oblag.

3.2 Unmittelbarkeit der Beeinträchtigung

Zweifelhaft ist aber, ob die haftungsbegrenzende Voraussetzung der »Unmittelbarkeit des Ursachenzusammenhangs« hier erfüllt ist.

Die schadensstiftende Handlung (Herstellung des Anschlusses) ist dem T zuzurechnen, während B nur versäumt hat, die Kausalkette zu unterbrechen. Ein nur adäquater Kausalzusammenhang kann nicht ausreichen. Folgerichtig ist ein enteignungsgleicher Eingriff mangels Unmittelbarkeit zu verneinen.

Ergebnis: L hat keinen Anspruch gegen W aus enteignungsgleichem Eingriff.

4 **Anspruch des L auf Schadensersatz aus § 1 I StHG-DDR bzw. § 1 I EntschG LSA**

In den Bundesländern Brandenburg und Thüringen gilt nach dem EV vom 31.8.1990 noch das StHG-DDR in modifizierter Fassung fort. In Sachsen-Anhalt gilt das EntschG mit weiteren Änderungen. Mit der Überleitung bekundeten die Gesetzgeber ihren Willen, das StHG-DDR in das System des geltenden deutschen Staatshaftungsrechts zu integrieren. Daraus folgt, dass die heutige Auslegung der Begrifflichkeiten des Gesetzes stärker nach traditionellen Maßstäben des bundesdeutschen Rechts erfolgen muss, als bei der Anwendung des StHG-DDR auf Altfälle. Zudem sind die neuen rechtlichen und verfassungsrechtlichen Rahmenbedingungen und die nunmehr ver-

änderte Zielsetzung des StHG-DDR zu beachten. Daher kann einer historischen Auslegung im Sinne einer Interpretation nach Maßstäben des Rechts der DDR allenfalls geringe Bedeutung zukommen. Im Übrigen ist die bundesdeutsche Rspr. und Rechtslehre ergänzend heranzuziehen.
Das StHG-DDR ist nur auf ein Handeln von Behörden auf Landesebene anwendbar, also auch auf die Gemeinde W.

4.1 Haftungsvoraussetzungen
§ 1 I StHG-DDR (bzw. § 1 I EntschG LSA) setzt voraus, dass ein Mitarbeiter oder Beauftragter eines staatlichen oder kommunalen Organs in Ausübung staatlicher Tätigkeit (bzw. ein Mitarbeiter oder Beauftragter eines Trägers öffentlicher Gewalt) einer Person rechtswidrig einen Schaden zugefügt hat. Die Gemeinde W ist kommunales Organ iSv § 1 I StHG-DDR (bzw. Träger öffentlicher Gewalt iSv § 1 I EntschG LSA) und als solches möglicher Haftungsverpflichteter gem. § 1 StHG-DDR (bzw. § 1 I EntschG LSA).
T könnte als Beauftragter dieses kommunalen Organs tätig geworden sein, als er im Auftrag der Gemeinde W den Anschluss herstellte. Als Beauftragte werden im Wesentlichen Beliehene und Verwaltungshelfer sowie nach anderen Kriterien hoheitlich handelnde Privatrechtssubjekte angesehen. Eine Beleihung oder Verwaltungshelferschaft des T ist jedoch nicht gegeben (s. 2.1.1.1); ebenso scheidet eine Zurechnung nach den »Werkzeugtheorien« aus (s. 2.1.1.2).
Hingegen ist B als Mitarbeiter eines kommunalen Organs anzusehen. Das Unterlassen der Abnahme durch B war staatliche Tätigkeit iSv § 1 I StHG-DDR (bzw. § 1 I EntschG LSA). Bei L, einer natürlichen Person, verursachte dieses Unterlassen in rechtswidriger Weise einen Schaden an seinem Eigentum.
Die Voraussetzungen eines Schadensersatzanspruchs aus § 1 I StHG-DDR (bzw. § 1 I EntschG LSA) sind daher erfüllt.

4.2 Haftungsausschluss
Durch Satzung kann die gesetzlich angeordnete Staatshaftung wie bei der Amtshaftung (s. 2.2.2.1) ohne besondere gesetzliche Grundlage nicht ausgeschlossen werden.
Dagegen enthält § 3 III StHG-DDR (bzw. § 3 II EntschG LSA) eine ähnliche Subsidiaritätsklausel wie § 839 I 2 BGB. Demnach ist die deliktische Haftung des T aus § 823 I BGB vorrangig, sofern dieser Anspruch in absehbarer Zeit durchsetzbar ist (s. 2.2.2.2). Dies ist aber nicht der Fall. § 3 III StHG-DDR (bzw. § 3 II EntschG LSA) schließt den Ersatzanspruch des L daher nicht aus.

4.3 Geltendmachung des Anspruchs und Verjährung
L muss seinen Schadensersatz in Brandenburg gem. § 5 I StHG-DDR/Bbg bei der Gemeinde W beantragen. Nach der Beschwerdeentscheidung (in Thüringen und Sachsen-Anhalt sofort, in Brandenburg nach der Entscheidung gem. § 5 III 1 StHG-DDR/Bbg) steht L gem. § 6a StHG-DDR bzw. § 6a EntschG LSA der ordentliche Rechtsweg zum LG offen.

Der Anspruch aus § 1 I StHG-DDR verjährt gem. § 4 I StHG-DDR innerhalb eines Jahres, bzw. aus § 1 I EntschG LSA mangels spezialgesetzlicher Regelungen in Sachsen-Anhalt innerhalb von drei Jahren gem. § 195 BGB; die Frist wird aber in Brandenburg durch den Antrag auf Schadensersatz unterbrochen (§ 4 III 1 StHG-DDR/Bbg), in Sachsen-Anhalt und Thüringen lediglich für die Dauer von Verhandlungen über den Anspruch gehemmt (§ 203 S. 1 BGB bzw. § 4 III StHG-DDR/Thür iVm § 203 S. 1 BGB).

Ergebnis: L hat gegen W einen Schadensersatzanspruch aus § 1 I StHG-DDR (bzw. § 1 I EntschG LSA). Dieser steht in Anspruchskonkurrenz zum Amtshaftungsanspruch aus § 839 BGB iVm Art. 34 GG.

Zu 1: BGHZ 54, 299 = NJW 1970, 2208; BGHZ 88, 85 = NJW 1984, 975

Zu 1.1: *Ehlers*, Rechtsprobleme der Nutzung kommunaler öffentlicher Einrichtungen. Teil 1, JURA 2012, 692 (699); *Sauer*, Staatshaftungsrecht. Eine Systematisierung für die Fallbearbeitung, JuS 2012, 800 (802); *Gries/Willebrand*, Entstehung der auf Leistung oder Nutzung gerichteten verwaltungsrechtlichen Schuldverhältnisse, JuS 1990, 103

Zu 1.4.1: *Heintzen*, Geltungserhaltende Reduktion unzulässiger Haftungsbeschränkungen?, NVwZ 1992, 857

Zu 2: *Lege*, System des deutschen Staatshaftungsrechts, JA 2016, 81; *Voßkuhle/Kaiser*, Grundwissen – Öffentliches Recht: Der Amtshaftungsanspruch, JuS 2015, 1076; *Durner*, Grundfälle zum Staatshaftungsrecht, JuS 2005, 793

Zu 2.1: BGH DÖV 1971, 786; *Notthoff*, Die Haftung von Trägern öffentlicher Gewalt für durch Handlungen Privater verursachte Schädigungen, NVwZ 1994, 771; zur Entwicklung der Rspr. zur sog. Werkzeugtheorie vgl. BGHZ 48, 98 = NJW 1967, 1857; BGHZ 121, 161 = NJW 1993, 1258; BGH NJW 1996, 2431 (dazu *Meysen*, Der haftungsrechtliche Beamtenbegriff am Ziel?, JuS 1998, 404); zur neueren Rspr. BGH NJW 2014, 3589; OLG Köln, Urt. v. 21.8.2015, I-16 U 99/14, 16 U 99/14

Zu 2.2.2.1: BGHZ 61, 7 = NJW 1973, 1741 (dazu *Schwarze*, Haftungsbeschränkung durch gemeindliche Satzung, JuS 1974, 640 und *Seibert*, Beschränkung der Amtshaftung durch gemeindliche Satzung?, DÖV 1986, 957); BGH ZfBR 2007, 791; aA VGH München DVBl 1985, 903

Zu 2.2.2.2: BGHZ 120, 124 = NJW 1993, 1647

Zu 3: BGH NVwZ-RR 1997, 204; *Durner*, Grundfälle zum Staatshaftungsrecht, JuS 2005, 900

Zu 3.1: BGH DVBl 1971, 464

Zu 3.2: BGH NJW 1994, 1468; BGHZ 55, 229 = NJW 1971, 607

Zu 4: *Grzeszick*, Grundfragen der Staatshaftung unter Bezugnahme auf § 1 StHG DDR, JZ 2006, 795; *Herbst/Lühmann*, Die Anwendung des Staatshaftungsgesetzes in den neuen Ländern, LKV 1998, 49; *Herbst/Lühmann*, Die Staatshaftungsgesetze der neuen Länder – Kommentar –, 1997

Lösungsskizze 12

1 **Erfolgsaussichten eines Rechtsbehelfs der F gegen die Stadt A (Foodtruck »Grüne Wiese«)**

F möchte gegen den ablehnenden Bescheid der Stadt A vorgehen und einen Standplatz erhalten. Da ein gegebenenfalls erforderliches Widerspruchsverfahren der F (s. **1**, 1.4) erfolglos blieb, kommt als förmlicher Rechtsbehelf nur die Erhebung einer Klage in Betracht. Ein Verfahren im Wege des Eilrechtsschutzes liegt nicht nahe, da die Neubesetzung der Foodtrucks erst in neun Monaten erfolgen wird. Es ist zu prüfen, ob eine Klage der F Aussicht auf Erfolg hat. Dies ist der Fall, wenn sie zulässig und begründet ist.

1.1 Zulässigkeit

1.1.1 Verwaltungsrechtsweg, § 40 I 1 VwGO

Mangels aufdrängender Sonderzuweisung greift § 40 I 1 VwGO. Der Verwaltungsrechtsweg ist eröffnet, wenn Gegenstand des Klageverfahrens eine öffentlich-rechtliche Streitigkeit nichtverfassungsrechtlicher Art ist und keine abdrängende Sonderzuweisung greift.

1.1.1.1 Es müsste eine öffentlich-rechtliche Streitigkeit vorliegen. Dies ist nach der Sonderrechtstheorie der Fall, wenn die streitentscheidenden Normen aus dem Gebiet des öffentlichen Rechts stammen (s. **1**, 1.1.2). Die Parteien streiten hier über die Zulassung des Foodtrucks »Grüne Wiese« zum »Streetfood Mittagsmarkt«. Die Stadt A hat den »Mittagsmarkt« nicht als Spezialmarkt gem. §§ 68 I, III, 69 GewO festgesetzt, sodass die Zulassungsvorschrift des § 70 GewO nicht einschlägig ist. Auch das Vergaberechtsregime ist mangels Beschaffungsvorganges nicht eröffnet.

1.1.1.2 Der »Mittagsmarkt«, den die Stadt A organisiert, könnte eine öffentliche Einrichtung sein. Ein Anspruch auf Zugang könnte sich dann aus den kommunalrechtlichen Vorschriften ergeben. Eine öffentliche gemeindliche Einrichtung wird definiert als jede Leistungsvorrichtung, die eine Gemeinde durch Widmungsakt der allgemeinen Benutzung vor allem durch ihre Einwohner zugänglich macht und die sie im öffentlichen Interesse unterhält. Die Stadt A unterhält den »Mittagsmarkt« hinsichtlich Organisation, Einrichtung und Betrieb in eigener Verantwortung auf öffentlichem Grund. Sie organisiert als Trägerin hoheitlicher Gewalt die Vergabe der Standplätze für den »Mittagsmarkt«. Die Stadt A hat den »Mittagsmarkt« formell durch Widmung der Allgemeinheit zur Verfügung gestellt, indem sie durch Zulassung lokaler Foodtrucks die Versorgung der Beschäftigten in der Nachbarschaft sicherstellen will. Dies müsste im öffentlichen Interesse geschehen. Ein öffentliches Interesse liegt vor, wenn die Gemeinde mit der Einrichtung eine ihr obliegende Aufgabe erfüllt. Hier dient der »Mittagsmarkt« dem wirtschaftlichen Wohl, dem Gemeinschaftsleben und der Gesundheit der Einwohner. Die Erfüllung dieser Aufgaben obliegt der Gemeinde als Selbstverwaltungskörperschaft. Der »Mittagsmarkt« ist mithin eine öffentliche Einrichtung.

1.1.1.3 Dabei ist die Entscheidung über den Zugang zur öffentlichen Einrichtung (das »Ob« der Benutzung) öffentlich-rechtlicher Natur. Nur die Gemeinde als Trägerin hoheitlicher Gewalt ist ermächtigt, über den Zugang zu entscheiden (s. **1**, 1.1.2). Sie unterliegt insoweit öffentlich-rechtlichen Bindungen. Die konkrete rechtliche Ausgestaltung des Benutzungsverhältnisses (das »Wie« der Benutzung; insoweit besteht nach hM Wahlfreiheit zwischen öffentlich-rechtlicher oder zivilrechtlicher Ausgestaltung) bleibt dabei außer Betracht (sog. Zweistufentheorie). Es liegt somit eine öffentlich-rechtliche Streitigkeit vor.

1.1.1.4 Die Streitigkeit ist mangels doppelter Verfassungsunmittelbarkeit nichtverfassungsrechtlicher Art. Abdrängende Sonderverweisungen sind nicht einschlägig. Der Verwaltungsrechtsweg ist eröffnet.

1.1.2 Klageart, § 42 I VwGO

Die statthafte Klageart richtet sich nach dem klägerischen Begehren, § 88 VwGO. F begehrt die Zulassung zum »Mittagsmarkt«, die einen VA gem. § 35 S. 1 VwVfG darstellt. Hiergegen ist die Verpflichtungsklage statthaft, § 42 I Alt. 2 VwGO. Eine Anfechtung ihres Ablehnungsbescheids würde nicht zu einer Rechtskreiserweiterung der F durch Zulassung zum »Mittagsmarkt« führen.

Allerdings besteht der Anspruch auf Zugang zu öffentlichen Einrichtungen grundsätzlich nur im Rahmen bestehender Kapazitäten. Ist die Kapazität erschöpft, besteht allein ein Teilhabe- und kein Leistungsrecht. F hätte dann lediglich einen Anspruch auf eine ermessensfehlerfreie Auswahlentscheidung, nicht aber auf Zulassung. Eine Klage auf Zulassung unter Erweiterung der Kapazität hätte keine Aussicht auf Erfolg, da die Gemeinde grundsätzlich nicht verpflichtet ist, zusätzliche Plätze zu schaffen. Eine Ausnahme ist hier nicht ersichtlich. F muss deshalb eine ausschließende Konkurrentenklage erheben, um einen Standplatz anstelle eines Mitbewerbers zu erhalten.

Dabei ist fraglich, ob F zusätzlich zu der Verpflichtungsklage auf Zulassung auch eine Anfechtungsklage gegen die Zulassungsbescheide der zehn bereits erfolgreichen Bewerber erheben muss. Mit derartigen Drittanfechtungsklagen (negative Konkurrentenklage) könnte F die Aufhebung der ihre Konkurrenten begünstigenden VA herbeiführen (§ 42 I Alt. 1 VwGO) und so einen freien Platz schaffen. Allerdings müssen sich Anfechtungsklagen stets auf einen konkreten begünstigenden VA beziehen. Dies ist schwierig, da F als Klägerin die zu Unrecht Ausgewählten regelmäßig nicht eindeutig bezeichnen kann. Sind zudem, wie hier, zahlreiche Konkurrenten zugelassen worden, so müsste die Klägerin entweder eine Auswahl treffen oder mehrere Entscheidungen angreifen, was ihr idR ein erhebliches Prozess- und Kostenrisiko auferlegt. Deshalb ist mit dem BVerwG das Vorgehen allein mit der Ver-

pflichtungsklage als ausreichend zu erachten, wenn es wie hier F qualitativ und quantitativ nicht zugemutet werden kann, Drittanfechtungsklagen zu erheben.
Eine erfolgreiche Verpflichtungsklage der F auf Neubescheidung hätte zur Folge, dass die Stadt A die Verteilungsentscheidung korrigieren und das Zulassungsverfahren – wenn nötig – wiederholen muss. Die Entscheidung darüber, ob und bei welchen Mitbewerbern die Zulassung zurückzunehmen ist (§ 48 VwVfG), obliegt im Rahmen dessen der Stadt A.

1.1.3 Klagebefugnis, § 42 II VwGO
F muss geltend machen, durch die Ablehnung eines begünstigenden VA in eigenen Rechten verletzt zu sein, § 42 II VwGO. Dies ist der Fall, wenn sie möglicherweise einen Anspruch auf Zulassung bzw. auf ermessensfehlerfreie Entscheidung über ihren Zulassungsantrag hat. Die einschlägigen Bestimmungen des Kommunalrechts vermitteln einen Anspruch (subjektives Recht) auf Zugang bzw. auf ermessensfehlerfreie Entscheidung über den Zugang zu öffentlichen Einrichtungen.[1] Die Verletzung dieses Rechts durch die Ablehnung des Foodtrucks der F als Einwohnerin der Stadt A scheint möglich und ist nicht von vornherein offensichtlich ausgeschlossen. Damit ist F klagebefugt.

1.1.4 Vorverfahren, § 68 II, I 1 VwGO
F hat das für die Zulässigkeit einer Verpflichtungsklage grundsätzlich erforderliche Widerspruchsverfahren – soweit nicht Landesrecht seine Entbehrlichkeit bestimmt (s. **1**, 1.4) – erfolglos durchgeführt, §§ 68 II, I 1 VwGO.

1.1.5 Beteiligten- und Prozessfähigkeit, §§ 61, 62 VwGO
F ist gem. §§ 61 Nr. 1 Alt. 1, 62 I Nr. 1 VwGO und die Stadt A gem. §§ 61 Nr. 1 Alt. 2, 62 III VwGO beteiligten- und prozessfähig.

1.1.6 Form und Frist, §§ 74 II, I 1, 81 I VwGO
Die Verpflichtungsklage ist formgerecht gem. § 81 I VwGO innerhalb eines Monats nach Bekanntgabe des ablehnenden Bescheids einzulegen, § 74 II, I 1 VwGO.

1.1.7 Klagegegner, § 78 VwGO
Richtige Klagegegnerin ist gem. § 78 I VwGO die Stadt A (s. **1**, 1.7).

1 **Baden-Württemberg:** § 10 II 2 GemO; **Bayern:** Art. 21 I 1 GO; **Brandenburg:** § 12 I BbgKVerf; **Hessen:** § 20 I Hs. 1 HGO; **Mecklenburg-Vorpommern:** § 14 II Hs. 1 KV M-V; **Niedersachsen:** § 30 I Hs. 1 NKomVG; **Nordrhein-Westfalen:** § 8 II Hs. 1 GO NRW; **Rheinland-Pfalz:** § 14 II Hs. 1 GemO; **Saarland:** § 19 I Hs. 1 KSVG; **Sachsen:** § 10 II Hs. 1 SächsGemO; **Sachsen-Anhalt:** § 24 I Hs. 1 KVG LSA; **Schleswig-Holstein:** § 18 I 1 GO; **Thüringen:** § 14 I Hs. 1 ThürKO. In den Stadtstaaten **Berlin, Bremen** und **Hamburg** fehlen entsprechende Regelungen (mit Ausnahme von § 20 VerfBrhv für die Stadt Bremerhaven), hier kann ein subjektiv-öffentliches Recht aus Art. 3 I GG in Verbindung mit der jeweiligen Widmung der öffentlichen Einrichtung abgeleitet werden.

1.1.8 Die Verpflichtungsklage der F ist zulässig.

1.2 Begründetheit

Die Verpflichtungsklage ist begründet, soweit die Ablehnung der Zulassung rechtswidrig und F dadurch in ihren Rechten verletzt ist, § 113 V 1 VwGO. Aufgrund der Kapazitätserschöpfung kommt mangels Spruchreife nur eine Bescheidungsklage in Betracht, § 113 V 2 VwGO.

1.2.1 Rechtswidrigkeit der Versagung

Die Versagung der Zulassung ist rechtswidrig, wenn F einen Anspruch auf eine ermessensfehlerfreie Entscheidung über die Zulassung zum »Mittagsmarkt« hat und die Stadt A eine solche nicht bereits getroffen hat.

1.2.1.1 Rechtsgrundlage

Rechtsgrundlage könnten die kommunalrechtlichen Vorschriften über den Zugang zu öffentlichen Einrichtungen sein (Normen s. 1.1.3).

1.2.1.2 Formelle Rechtmäßigkeit

Es liegen keine Anhaltspunkte für formelle Fehler vor. Insbesondere ist die Stadt A für die Entscheidung über die Zulassung zu öffentlichen Einrichtungen zuständig. Eine Anhörung war mangels eines belastenden VA nicht erforderlich, § 28 I LVwVfG bzw. die Parallelvorschriften (Normen s. 10, 2.2.2). Der Ablehnungsbescheid war auch ordnungsgemäß begründet, § 39 I LVwVfG bzw. die Parallelvorschriften (Normen s. 10, 2.2.3).

1.2.1.3 Materielle Rechtmäßigkeit

Der Bescheid ist materiell rechtmäßig, wenn die Anspruchsvoraussetzungen vorliegen und die Stadt A ihr Ermessen ordnungsgemäß ausgeübt hat.

Ein Anspruch der F auf einen Standplatz für ihren Foodtruck am Hafenplatz nach den kommunalrechtlichen Zulassungsnormen setzt voraus, dass F Einwohnerin der Stadt A ist (in Brandenburg: »jedermann«) und eine öffentliche Einrichtung vorliegt. Beides ist gegeben (s. 1.1.1.2). Grundsätzlich besteht damit ein Zugangsanspruch. Dieser wandelt sich aber mit Kapazitätserschöpfung in einen Anspruch auf ermessensfehlerfreie Entscheidung über den Zugang zum »Mittagsmarkt« um. Hier übersteigt die Zahl der Bewerbungen (fünfzig Foodtrucks) die Zahl der verfügbaren Foodtruck-Standplätze (zehn), sodass die Kapazität erschöpft ist.

1.2.1.3.1 Wie genau eine ordnungsgemäße Auswahl stattzufinden hat, legt das Gesetz nicht fest. Das Ermessen ist daher pflichtgemäß nach allgemeinen Grundsätzen auszuüben, Maßstäbe enthalten § 40 LVwVfG bzw. die Parallelvorschriften. Zu den Ermessensfehlern gehören (objektiv) die Ermessensüber- und -unterschreitung sowie der Ermessensausfall. Anhaltspunkte für solche Fehler liegen nicht vor. Fraglich ist aber, ob das Ermessen (subjektiv) missbräuchlich (Ermessensfehlgebrauch) ausgeübt wurde. Fallgruppen des Missbrauchs sind Willkür oder Verstöße gegen das Verhältnismäßigkeitsprinzip.

1.2.1.3.2 Die Entscheidung könnte willkürlich und damit ermessensfehlerhaft sein. Grundsätzlich muss sich die Entscheidung der Stadt A auf sachliche Kriterien stützen. Hat die Stadt die Vergabe der Plätze rechtlich, etwa in Vergaberichtlinien oder Satzungen, geregelt, so orientiert sich die Entscheidung primär an den dort festgelegten Kriterien, sofern diese zulässig sind. Die Stadt A hat zwar eine Richtlinie zur Benutzung des Hafenplatzes erlassen. Diese enthält aber keine konkreten Vergabekriterien. Die Auswahlkriterien müssen sich somit allein an einer möglichst umfassenden Verwirklichung des Widmungszwecks orientieren, durch den sich die Stadt selbst bindet. Laut Präambel der Richtlinie dient der »Mittagsmarkt« der Sicherung eines gesunden Angebots zum Mittagessen sowie der Nachhaltigkeit. Zwar enthält die Präambel keine Pflichten und kann lediglich als Auslegungshilfe herangezogen werden. Jedoch gibt sie hier das durch die Stadt A verfolgte Nutzungskonzept zutreffend wieder. Diese Zwecke fördern den Gesundheits- und Umweltschutz und sind als solche nicht zu beanstanden. Die Auswahlentscheidung muss sich daher an diesem Maßstab orientieren.

Fraglich ist, ob eine Auswahl durch Los dem gerecht wurde. Der Stadt A zufolge soll das Losverfahren Gerechtigkeit zwischen der Vielzahl von Bewerbungen herstellen. In der Tat räumt die Entscheidung durch Los allen Bewerbungen die gleichen Erfolgschancen ein. Die Sicherung von Gleichheit ist grundsätzlich ein nicht zu beanstandendes Kriterium für die Wahl eines bestimmten Auswahlverfahrens. Dies gilt jedoch nur dann, wenn keine sachgerechten Differenzierungen bei der Auswahlentscheidung, etwa nach der Art der angebotenen Speisen und dem verfolgten Umweltkonzept, vorgenommen werden mussten.

Die Stadt A muss nicht zwingend die Leistungsfähigkeit der Bewerber oder die Attraktivität der Stände bewerten, wenn sie den von ihr verfolgten Zweck, also die gesunde und nachhaltige Versorgung der Beschäftigten des Hafenplatzes, auch durch eine formal statistisch gleiche Behandlung der Bewerbungen in einem Losverfahren erreichen kann. Dies ist hier aber nicht der Fall. Nur wenn sich mehrheitlich gesunde und nachhaltige Foodtrucks auf die Standplätze beworben hätten oder die Stadt A eine Vorauswahl solcher Bewerbungen getroffen hätte, wäre ein Losverfahren geeignet gewesen, die Standplätze mehrheitlich mit gesunden und nachhaltigen Angeboten zu bestücken. Hier aber konkurriert die Bewerbung von F vornehmlich mit konventionellen Burger-, Pizza- und Bratwursttrucks, die weder ein entsprechendes Nährstoffangebot noch ein Nachhaltigkeitskonzept vorweisen. Ein Losverfahren führt mit hoher Wahrscheinlichkeit dazu, dass diese Foodtrucks in großer Zahl entsprechend ihrem Anteil an den Bewerbungen erfolgreich sind.

Damit trägt die Stadt A im Auswahlverfahren den Kriterien der Gesundheit und Nachhaltigkeit in keiner Weise Rechnung. Sie setzt sich in Widerspruch zu ihrem Nutzungskonzept. Das Auswahlverfahren durch Los ist eine rechtswidrige Ermessensausübung.

1.2.1.3.3 Die Entscheidung war somit ermessensfehlerhaft und rechtswidrig. Eine Heilung nach § 46 LVwVfG bzw. den Parallelvorschriften scheidet aus, da es sich hier um einen materiellen Fehler handelt.

1.2.2 Rechtsverletzung

Die rechtswidrige Ablehnung ihrer Bewerbung verletzt F in ihrem Recht auf ermessensfehlerfreie Entscheidung über den Zugang zu dem »Mittagsmarkt«.

Ergebnis: Die Ablehnung des begünstigenden VA (Zulassung) war rechtswidrig. Die Klage der F ist zulässig und begründet und hat daher Aussicht auf Erfolg. F hat einen Anspruch auf Neubescheidung.

2 Ablehnung der Zulassung des Foodtrucks »Sushi« der F durch die Stadt B

Die Entscheidung der Stadt B ist rechtmäßig, soweit sie sich auf eine taugliche Rechtsgrundlage stützen kann sowie formell und materiell rechtmäßig ist.

2.1 Rechtsgrundlage

Rechtsgrundlage für eine Entscheidung über die Zulassung des »Sushi-Trucks« ist wiederum die kommunalrechtliche Regelung zum Zugang zu öffentlichen Einrichtungen (Normen s. 1.1.3). Die Stadt B hat insbesondere keinen Markt nach §§ 68 I, II, 69 GewO festgesetzt, sondern vielmehr durch Ausschreibung den Museumsplatz der Nutzung durch Foodtrucks gewidmet.

2.2 Formelle Rechtmäßigkeit

Die Entscheidung der Stadt B müsste formell rechtmäßig sein. Zunächst müsste die zuständige Stelle gehandelt haben. Zuständig für die Zulassungsentscheidung ist jeweils die Gemeinde, welche die öffentliche Einrichtung betreibt. Grundsätzlich kann diese sich bei der Organisation und Durchführung der öffentlichen Einrichtung privater Hilfe bedienen. Dennoch ist die Entscheidung über das »Ob« der Zulassung stets durch die Gemeinde selbst zu treffen. Fraglich ist, wer vorliegend die Entscheidung der Ablehnung der Bewerbung der F traf. Die »Imbiss-Kommission« prägte das vorgeschaltete Auswahlverfahren. Bei ihr handelt es sich um einen bloßen Zusammenschluss Privater ohne zugewiesene oder übertragene hoheitliche Aufgaben. Die von ihr durchgeführten und ohne Auftrag übersandten Vorarbeiten sowie ihre Empfehlung binden die Stadt B keineswegs, sondern haben eine bloße faktische, informatorische Wirkung. Ausweislich der Begründung der Entscheidung gegenüber F, stellte die Stadt B zusätzliche Erwägungen an und traf die endgültige Entscheidung selbst. Sie machte sich die Vorentscheidung der »Imbiss-Kommission« im Außenverhältnis zu eigen. Damit wurde die Stadt B als zuständige Instanz tätig. Die Beteiligung der »Imbiss-Kommission« wirft materielle Probleme auf und ist im Rahmen des Ermessens zu erörtern.

Es ist davon auszugehen, dass auch innerhalb der Gemeinde das jeweils zuständige Organ gehandelt hat (idR der Bürgermeister, da es sich um eine Angelegenheit der laufenden Verwaltung ohne grundsätzliche Bedeutung handelt).[2]
Ferner sind keine weiteren Anhaltspunkte für formelle Fehler gegeben, insbesondere ist mangels eines belastenden VA keine Anhörung erforderlich und eine Begründung erfolgt (s. 1.2.1.2).

2.3 Materielle Rechtmäßigkeit

2.3.1 Vorliegen der tatbestandlichen Voraussetzungen
Die kommunalrechtlichen Zulassungsansprüche erfordern allesamt das Vorliegen einer öffentlichen Einrichtung (s. 1.1.1.2). Die Stadt B hat den Museumsplatz ausdrücklich der Nutzung durch Foodtrucks gewidmet. Eine öffentliche Einrichtung liegt vor. Die Anfrage von F liegt auch innerhalb des Widmungszweckes.
Die Zulassungsnormen gewähren grundsätzlich nur Gemeindeeinwohnern einen Anspruch auf Nutzung der öffentlichen Einrichtungen (mit Ausnahme von Brandenburg, wo »jedermann« berechtigt ist). F wohnt nicht in der Stadt B und ist damit nicht gemeindeangehörig. Fraglich ist, ob sie dennoch einen Zulassungsanspruch geltend machen kann. Viele Vorschriften erweitern den Zulassungsanspruch auf auswärts wohnende Gewerbetreibende, die in der Gemeinde ein Gewerbe betreiben oder ihre gewerbliche Niederlassung im Gemeindegebiet haben.[3] F ist jedoch weder mit ihren Foodtrucks in der Stadt B niedergelassen noch betreibt sie dort ein Gewerbe. Aus den Zulassungsvorschriften selbst ergibt sich damit kein Zulassungsanspruch für F. Soweit in Bayern der Zugangsanspruch auf alle Gemeindefremden erweitert wird, gilt dies nur für Einrichtungen im Gemeingebrauch, bei denen gerade kein eigenes Zugangsverfahren durchgeführt wird.[4]
Fraglich ist, ob F dennoch einen Zugangsanspruch geltend machen kann. Ein solcher könnte sich unmittelbar aus der Widmung der öffentlichen Einrichtung durch die Stadt B ergeben. Die Stadt B forderte in Ausübung des von ihrer kommunalen Selbstverwaltungshoheit gem. Art. 28 II 1 GG geschützten Ermessens alle Betreiber

2 **Baden-Württemberg:** §§ 24 I 1, 44 II 1 GemO; **Bayern:** Art. 29, 37 I 1 Nr. 1 GO; **Brandenburg:** §§ 28 I, 54 I Nr. 5 BbgKVerf; **Hessen:** §§ 50 I 1, 70 II HGO; **Mecklenburg-Vorpommern:** §§ 22 II 1, 38 III 2 KV M-V; **Niedersachsen:** §§ 58, 85 I 1 Nr. 7 NKomVG; **Nordrhein-Westfalen:** § 41 I 1, III GO NRW; **Rheinland-Pfalz:** § 47 I 2 Nr. 3 GemO; **Saarland:** §§ 34 S. 1, 59 III 1 KSVG; **Sachsen:** § 28 I, IV 3 SächsGemO; **Sachsen-Anhalt:** §§ 45 I 1, 66 I 3 KVG LSA; **Schleswig-Holstein:** §§ 27 I 2, 55 I 2 GO; **Thüringen:** §§ 22 I 2, 29 II Nr. 1 ThürKO. In den Stadtstaaten **Berlin, Bremen** und **Hamburg** fehlen entsprechende Regelungen (mit Ausnahme von § 20 VerfBrhv für die Stadt Bremerhaven), hier ergibt sich ein subjektiv öffentliches Recht aus Art. 3 I GG in Verbindung mit der jeweiligen Widmung der öffentlichen Einrichtung.

3 **Baden-Württemberg:** § 10 III GemO; **Bayern:** Art. 21 III GO; **Hessen:** § 20 II HGO; **Mecklenburg-Vorpommern:** § 14 III KV M-V; **Niedersachsen:** § 30 II 1 NKomVG; **Nordrhein-Westfalen:** § 8 III GO NRW; **Rheinland-Pfalz:** § 14 III GemO; **Saarland:** § 19 II KSVG; **Sachsen:** § 10 III SächsGemO; **Sachsen-Anhalt:** § 24 II 1 KVG LSA; **Schleswig-Holstein:** § 18 II 1 GO; **Thüringen:** § 14 II ThürKO.

4 **Bayern:** Art. 21 V GO.

von Foodtrucks aus B sowie aus dem Umland zur Bewerbung auf. Damit erstreckte sie konkludent die Widmung auch auf Nichtgemeindeangehörige aus dem Umland. Fraglich ist damit, ob die ausdrückliche gemeindliche Widmung der öffentlichen Einrichtung selbst den Kreis der Anspruchsberechtigten erweitern kann. Hiergegen wird eingewendet, dass allein die Kommunalgesetze einen Anspruch begründen, dessen Inhalt durch die Widmung lediglich ausgestaltet wird. Demnach könnte die Widmung nur die Art der Nutzung, nicht aber den Kreis der Berechtigten näher bestimmen. Diese Auslegung ist aber nicht überzeugend. Die Satzung kann die Gemeindeordnung als Rechtssatz ergänzen und Rechtspositionen erweitern oder neu schaffen, sofern dies nicht den Kommunalgesetzen entgegensteht. Die kommunalrechtlichen Vorschriften schließen eine Einbeziehung von Gemeindefremden gerade nicht aus, wenn die Gemeinde die Entscheidung trifft, eine öffentliche Einrichtung im Rahmen ihres Widmungszwecks für diese zu öffnen.
F kann somit einen Zugangsanspruch geltend machen.

2.3.2 Rechtmäßige Ermessensausübung

Die Bewerberzahl übersteigt die verfügbaren Standplätze. Mit Erreichen der Kapazitätsgrenze wandelt sich der Zulassungsanspruch der F in einen Anspruch auf ermessensfehlerfreie Entscheidung über die Zulassung um. Dabei muss die Gemeinde taugliche Auswahlkriterien zugrunde legen und in einem transparenten Auswahlverfahren unter Beachtung des Gleichheitssatzes (Art. 3 I GG) entscheiden. Dabei ist (mit der Rspr.) zu prüfen, »ob die Beurteilung aufgrund zutreffender Tatsachen erfolgt ist, ob gegen Denkgesetze oder allgemein gültige Wertmaßstäbe verstoßen worden ist, ob sachwidrige Erwägungen angestellt oder ob Verfahrensfehler gemacht worden sind.«

2.3.2.1 Auswahlkriterien

Die Stadt B müsste ihre Entscheidung nach tauglichen Auswahlkriterien getroffen haben. Diese ergeben sich weder aus eigenen Rechtsvorschriften der Gemeinde noch hat sie konkrete Richtlinien zur Standplatzvergabe erlassen. Im Rahmen ihres Bewerbungsaufrufs kommuniziert die Stadt B jedoch die Attraktivität als Hauptkriterium der Zulassung. Hieran muss sie sich festhalten lassen, auch weil sie damit das Vertrauen der Bewerber auf eine Entscheidung nach diesem Kriterium begründet.
Fraglich ist zunächst, ob die Attraktivität überhaupt ein taugliches Auswahlkriterium darstellt. Das zugrunde gelegte Auswahlkriterium muss zur Erreichung des mit der öffentlichen Einrichtung verfolgten Zwecks geeignet sein. Die Stadt B möchte durch die Foodtrucks eine kostengünstige und zeitsparende Versorgung der Beschäftigten um den Museumsplatz in der Mittagspause erreichen. Die Foodtrucks müssen in der Lage sein, diese Versorgung zu erreichen. Eine Auswahl des Speisenangebots nach dem Merkmal der Attraktivität ist geeignet, die Nachfrage der potenziellen Kundschaft zu befriedigen. Ein Foodtruckangebot, das auf die Bedürfnisse

der Beschäftigten Rücksicht nimmt und attraktive Optionen bietet, verspricht, in Anspruch genommen zu werden. Zugleich erlaubt es die Anwendung des Kriteriums den Bewerbern, selbst Einfluss auf ihre Zulassungschancen zu nehmen und ist insbesondere offen für Neubewerbungen.
Die Attraktivität stellt damit ein sachgerechtes und taugliches Auswahlkriterium dar.

2.3.2.2 Auswahlverfahren
Darüber hinaus müsste das Auswahlverfahren der Stadt B ermessensfehlerfrei sein. Hieran bestehen jedoch erhebliche Zweifel. Es könnte ein Fall des Ermessensausfalls oder des Ermessensfehlgebrauchs vorliegen.

2.3.2.2.1 Erstens ist fraglich, ob hier ein Ermessensausfall vorliegt. Zu klären ist, inwieweit die Bestimmung der Attraktivität durch die privat besetzte »Imbiss-Kommission« erfolgen darf. Grundsätzlich ist die Stadt B frei darin, sich bei ihrer Auswahlentscheidung privater Expertise zu bedienen. Private Einschätzungen dürfen jedoch nicht die gemeindliche Ermessensausübung vorwegnehmen oder ersetzen. Die Stadt B muss nicht nur formal, sondern auch inhaltlich stets eine eigene Entscheidung treffen. Die Vorschläge privater Dritter dürfen lediglich empfehlenden Charakter haben. Hier ist die Stadt B zwar den Vorschlägen der »Imbiss-Kommission« gefolgt, sie hat jedoch ausweislich der Begründung darüber hinaus eigene Erwägungen für eine Ablehnung der Bewerbung der F angestellt. Insofern hat sie eine eigene Abwägung vorgenommen, sodass kein Ermessensausfall vorliegt. Die Entscheidung könnte aber ermessensfehlerhaft sein.

2.3.2.2.2 Zweitens ist deshalb fraglich, ob die Stadt B ermessensfehlerhaft handelte, indem sie sich zur Beurteilung der Attraktivität der Foodtrucks auf die »repräsentative Umfrage« der »Imbiss-Kommission« stützte. Grundsätzlich besitzt die Stadt B einen weiten Spielraum bei der Auslegung des unbestimmten Rechtsbegriffs der Attraktivität. Nach stRspr »fließen bei der Bewertung der Attraktivität subjektive Vorstellungen und höchstpersönliche Wertungen ein, die einer objektiven Nachprüfung nur sehr eingeschränkt zugänglich sind«. Empirische Erhebungen durch demoskopische Umfragen oder Analysen von Besucherzahlen sind zwar keineswegs erforderlich. Hält die Stadt sie aber für sinnvoll, so dürfen sie durchgeführt werden. Darüber hinausgehend darf sich die Stadt an Studien Dritter orientieren. Dennoch muss sie über eine hinreichende Kenntnis der dort zugrunde gelegten Annahmen verfügen, um diese in ihre Ermessensausübung einbeziehen zu dürfen, gerade wenn es sich nicht um Analysen von sachkundigen Experten handelt. Übernimmt die Stadt beliebige Studienergebnisse ohne näheres Hinterfragen der Vorgehensweise und Bewertungskriterien, so fehlen ihr auch die notwendigen sachlichen Gründe für ihre Entscheidung.
Die Stadt B geht hier ausweislich ihrer Begründung davon aus, die Attraktivität der Foodtrucks sei durch eine »repräsentative Umfrage«

empirisch bewertet worden. Allerdings fehlen ihr jegliche Informationen zu der Qualität und den Kriterien der Umfrage jenseits ihres Ergebnisses. In der Tat leidet die von der »Imbiss-Kommission« durchgeführte Befragung unter Freunden an Selektionseffekten hinsichtlich der Teilnehmenden und ist schon deshalb keineswegs repräsentativ für die Gesamtheit der Beschäftigten in der Umgebung. Soweit die Stadt B sich zur Bewertung der Attraktivität der Foodtrucks auf diese Umfrage stützt, handelt sie willkürlich. Es liegt ein Fall des Ermessensfehlgebrauchs vor.

2.3.2.2.3 Drittens ist fraglich, ob die Stadt B ermessensfehlerhaft handelte, indem sie die Bewerbung der F unter Rekurs auf mögliche Gesundheitsgefahren durch den Konsum des angebotenen Sushi ablehnte. Diese Gefahren sind gerade kein Bestandteil des Kriteriums der Attraktivität. Vielmehr werden sie im Rahmen der gesundheitsrechtlichen Überprüfung abgefragt. F verfügt dahingehend über alle notwendigen Erlaubnisse. Bei tatsächlich vorliegenden Gesundheitsgefahren obliegt es den zuständigen Gesundheitsbehörden, hoheitlich tätig zu werden. Eine Versagung der Zulassung im Rahmen des Auswahlverfahrens ist nicht möglich. Vermeintliche Gesundheitsgefahren können auch nicht im Rahmen einer allgemeinen Zuverlässigkeitsvorprüfung gegen F vorgebracht werden, da es in der Vergangenheit nie Beanstandungen gab und davon auszugehen ist, dass F über ausreichende Kühlmaßnahmen verfügt, bzw. an sehr heißen Tagen auf geräucherten bzw. gebratenen Fisch ausweicht. Die Heranziehung dieses sachfremden Kriteriums ohne hinreichende Tatsachengrundlage stellt einen Ermessensfehlgebrauch dar.

2.3.2.2.4 Viertens ist fraglich, ob die Stadt B ermessensfehlerhaft handelte, indem sie in ihrer Entscheidung vollständig dem Entscheidungsvorschlag der »Imbiss-Kommission« folgte. Die Stadt B stellt zwar in ihrer Entscheidung zwei eigene Erwägungen an, die jedoch beide ermessensfehlerhaft waren (s. 2.3.2.2.2, 2.3.2.2.3). Somit verbleibt als mögliche rechtmäßige Grundlage ihrer Ermessensausübung allein die Auswertung der Vorarbeiten der »Imbiss-Kommission«. Grundsätzlich darf sich die Stadt der Vorarbeit auch privater Dritter bedienen. Hier erläutert die »Imbiss-Kommission« gegenüber der Stadt ausführlich ihr Bewertungsverfahren. Allerdings könnte die vollständige Übernahme der Bewertungskriterien und -ergebnisse dann einen Ermessensfehler darstellen, wenn die Stadt B selbst ein derartiges Bewertungsverfahren nicht hätte durchführen dürfen. Möglicherweise erfolgte die Bewertung der Foodtrucks anhand sachfremder Kriterien, die sich gerade nicht zur Beurteilung der Attraktivität eignen.

Die durch die »Imbiss-Kommission« vorgenommene Einteilung in Gruppen hat einen entscheidenden Einfluss auf das Ergebnis. Die Bewertung in drei Gruppen beeinflusst bereits durch die ungleiche Verteilung der Bewerbungen ihre jeweilige Erfolgswahrscheinlichkeit. Die Gruppeneinteilung sowie die konkrete Auswahl müssten zur Auswahl der Foodtrucks nach Attraktivität geeignet sein. So könnte die Aufteilung in einzelne Gruppen beispielsweise die Attrak-

tivität des Angebots insgesamt steigern, indem sie die Vielfalt des Angebots sichert und Foodtrucks aufnimmt, die unterschiedliche Geschmäcker und kulinarische Präferenzen bedienen.
Fraglich ist, ob dies hier der Fall ist. Die Einteilung in drei Gruppen erfolgte aus zwei Gründen. Erstens möchte die »Imbiss-Kommission« kalorienreiche und deftige Speisen bevorzugt zulassen. Zweitens möchte sie die Zulassung von Foodtrucks mit internationalen Speisen, die ihrer Ansicht zufolge nicht dem Durchschnittsgeschmack entsprechen, verhindern. In der Tat führt ihre Gruppenaufteilung zu einer überproportionalen Bevorzugung der nationalen Angebote. Hinsichtlich des Kaloriengehalts und der Nährstoffkomposition unterscheiden sich die ausgewählten Speisen Pizza und Burger kaum von den deftigen nationalen Speisen der übrigen zwei Gruppen. Zudem könnte die Gleichsetzung von Attraktivität mit einem hohen Kaloriengehalt willkürlich sein. Die Differenzierung spiegelt lediglich die Präferenzen der Bekannten der selbst ernannten »Imbiss-Kommission« wider. Trotz der subjektiven Prägung des Kriteriums der Attraktivität können nicht allein die Präferenzen einer kleinen privaten Gruppe maßgeblich sein. Dies gilt insbesondere, weil die Kommission gerade nicht die Attraktivität des Angebots für die Gesamtheit der Beschäftigten erzielen wollte, sondern nur ihre eigenen Interessen im Blick hatte. Damit ließ sie bewusst die für andere Beschäftigte relevanten Attraktivitätskriterien des Abwechslungsreichtums, der Nahrhaftigkeit und Leichtigkeit der Speisen außer Acht. Die Auswahl erfolgte daher nicht sachgerecht und somit willkürlich.
Die Stadt B hat dieses Entscheidungsverfahren mitsamt seiner Kriterien vollständig übernommen. Sie entscheidet somit nicht anhand eines sachlichen Grundes in Einklang mit dem Auswahlkriterium der Attraktivität. Dies ist willkürlich und stellt damit einen Ermessensfehlgebrauch dar.

2.3.2.2.5 Fünftens ist fraglich, ob eine rechtmäßige Ermessensausübung der Stadt B erforderte, dass sie der Einladung der F zum Probeessen folgte, sprich ob sie einer »Probierpflicht« unterlag. Eine Entscheidung ohne das nötige Tatsachenwissen könnte willkürlich sein und einen Fall des Ermessensfehlgebrauchs darstellen. Die Stadt kann grundsätzlich allein auf Basis der eingereichten Bewerbungen entscheiden. Dies gilt auch dann, wenn die Amtswalter selbst über keine eigenen Erfahrungen mit den angebotenen Leistungen verfügen. Die Gemeinde ist jedoch verpflichtet, das für ihre Entscheidung nötige Wissen einzuholen – ohne dieses fehlen ihr die für eine Ausübung ihres Ermessens nötigen Informationen. Dabei ist sie aber in ihrer Vorgehensweise frei. Muss sie wie hier die Attraktivität der Foodtrucks beurteilen, so kann sie sich beispielsweise auch auf allgemeines Erfahrungswissen über die in der Stadt B bestehende Nachfrage nach Sushi berufen. Ihre Amtswalter sind nicht dazu verpflichtet, selbst Sushi zu probieren, zumal die Attraktivität durchaus auch von anderen Faktoren jenseits des subjektiv unterschiedlich empfundenen Geschmacks der angebotenen Speise beeinflusst wird. Zudem sprechen schon die Gesichtspunkte der Transparenz des Entscheidungsverfahrens sowie Gleichheitsgründe gegen die Annahme einer Einladung zum Probeessen durch einzelne Amtswalter. Ein Ermessensfehlgebrauch liegt darin jedenfalls nicht.

Ergebnis: Die Entscheidung der Stadt B war ermessensfehlerhaft und damit rechtswidrig.

3 Zulassung des »Brutzel-Trucks« der F durch die Stadt A

3.1 Anspruchsgrundlage

Fraglich ist, worauf sich ein Anspruch von U auf Zulassung des »Brutzel-Trucks« auf dem Parkplatz vor dem Rathaus gründen könnte.

3.1.1 Gewerbe- und Gaststättenrecht

Die Stadt A hat für den Parkplatz vor dem Rathaus keinen Markt nach § 69 GewO festgesetzt. Damit scheidet ein Anspruch auf Zulassung nach § 70 GewO aus. Das Gewerberecht gewährt keinen Anspruch auf Festsetzung, sondern stellt diese in das Ermessen der Gemeinde. § 55 GewO unterstellt das Reisegewerbe einer Erlaubnispflicht, regelt aber nicht dessen Zulassung an bestimmten Orten. Das Gleiche gilt für das Gaststättenrecht. Unabhängig von einer möglichen Erlaubnispflicht für das Betreiben ihres Foodtrucks nach den landes- bzw. fortgeltenden bundesrechtlichen Regelungen (vgl. Art. 125a I 1 GG), gewährt das Gaststättenrecht keinen Anspruch auf den Betrieb einer Gaststätte an einem bestimmten Ort.

3.1.2 Kommunalrechtlicher Zulassungsanspruch

F könnte einen Anspruch auf Zulassung zu einer öffentlichen Einrichtung haben (s. 1.1.1.2). F ist Einwohnerin der Stadt A, allerdings besteht hier keine öffentliche Einrichtung. Die Stadt A hat den Parkplatz weder ausdrücklich noch konkludent der Nutzung durch Foodtrucks gewidmet. Sie hat insbesondere auch keine anderen Foodtrucks zugelassen. Damit scheidet ein Anspruch aus den kommunalrechtlichen Vorschriften auf Zulassung zu öffentlichen Einrichtungen bzw. aus einer bestimmten Verwaltungspraxis iVm Art. 3 I GG aus.

3.1.3 Baurecht

F könnte einen Anspruch auf Erteilung einer Baugenehmigung haben. Diese hätte in einigen Ländern Vorrang vor einer etwaigen Sondernutzungserlaubnis.[5] Fraglich ist, ob das Aufstellen eines Foodtrucks baugenehmigungspflichtig und -fähig ist. Obwohl das Aufstellen fliegender Bauten grundsätzlich genehmigungspflichtig

---

5 **Baden-Württemberg:** § 16 VI 1 Alt. 2 StrG; **Bayern:** Art. 21 S. 1 Alt. 2 BayStrWG; **Brandenburg:** § 19 S. 1 Alt. 2 BbgStrG; **Bremen:** § 18 III 1 BrLStrG. In einigen Ländern ist ausdrücklich geregelt, dass kein Vorrang anderer Genehmigungsverfahren besteht, **Nordrhein-Westfalen:** § 18 VII StrWG NRW; **Sachsen:** § 18 VI SächsStrG; **Sachsen-Anhalt:** § 18 VI StrG LSA; **Thüringen:** § 18 VI ThürStrG. In den übrigen Ländern besteht mangels der Regelung einer Konzentrationswirkung ebenfalls kein Vorrangverhältnis.

ist, besteht hier nach der jeweiligen BauO Verfahrensfreiheit.[6] Es fehlt also bereits an der Genehmigungspflicht.

3.1.4 Straßen- und Wegerecht

Fraglich ist, ob F einen Anspruch auf Erteilung einer straßen- und wegerechtlichen Sondernutzungserlaubnis hat. Sie begehrt, ihren Foodtruck auf einem öffentlichen Parkplatz aufzustellen, was eine über den Gemeingebrauch des Parkens hinausgehende gewerbliche Sondernutzung darstellt. Eine Sondernutzungserlaubnis ist nach den landesrechtlichen Vorschriften regelmäßig erforderlich, wenn die Nutzung der F den Gemeingebrauch beeinträchtigen kann.[7] Fraglich ist, ob dies hier der Fall ist. F geht davon aus, dass ihr Foodtruck auf der Grünfläche keine Behinderungen verursacht, aber auf regen Zuspruch der Beschäftigten stoßen würde. Das Aufstellen des »Brutzel-Trucks« auf der Grünfläche nimmt keine Parkfläche in Anspruch und behindert auch sonst nicht den Verkehr. Allerdings ist die Grünfläche schon nicht Teil der für eine Nutzung durch Kraftfahrzeuge vorgesehenen Verkehrsfläche. Außerdem verhindert der Foodtruck, dass der direkt vor der Grünfläche liegende Teil des Parkplatzes zum kurzfristigen Halten genutzt wird. Zudem kann der erhebliche Publikumsverkehr die Sicherheit und Leichtigkeit des Verkehrs beeinträchtigen. Eine Sondernutzungserlaubnis ist daher erforderlich. F könnte einen Anspruch auf ihre Erteilung haben.

3.2 Anspruch der F auf Erteilung einer Sondernutzungserlaubnis

Die Erteilung einer Sondernutzungserlaubnis auf Antrag steht im Ermessen der zuständigen Behörde. Dieses ist entsprechend des Zwecks der Ermächtigung auszuüben, § 40 LVwVfG bzw. die Parallelvorschriften. Das Straßen- und Wegerecht zielt darauf ab, den Gemeingebrauch, dh die Benutzung der Straßen im Rahmen ihrer Widmung, für den Verkehr zu sichern.[8] Das präventive Sondernut-

6 **Baden-Württemberg:** § 69 II 2 LBO iVm Nr. 2.1 FlBauVwV; **Bayern:** Art. 72 III Nr. 1 BayBO; **Berlin:** § 76 II 2 Nr. 1 BauO Bln; **Brandenburg:** § 76 II 2 Nr. 1 BbgBO; **Bremen:** § 76 II 2 Nr. 1 BremBO; **Hamburg:** § 60 II HBauO iVm Nr. 12.7 Anl. 2; **Hessen:** § 78 II 2 HBO iVm Nr. 11.1 Anl. zu § 63 HBO; **Mecklenburg-Vorpommern:** § 76 II 2 Nr. 1 LBauO M-V; **Niedersachsen:** § 75 II 3 Nr. 1 NBauO iVm Nr. 11.1 der Anl.; **Nordrhein-Westfalen:** § 78 II 2 Nr. 1 BauO NRW; **Rheinland-Pfalz:** § 76 II 2 Nr. 1 LBauO; **Saarland:** § 77 II 2 Nr. 1 LBO; **Sachsen:** § 76 II 2 Nr. 1 SächsBO; **Sachsen-Anhalt:** § 75 II 2 Nr. 1 BauO LSA; **Schleswig-Holstein:** § 76 II 2 Nr. 1 LBO; **Thüringen:** § 75 II 2 Nr. 1 ThürBO.

7 **Baden-Württemberg:** § 16 I 1 StrG; **Bayern:** Art. 18 I 1 BayStrWG; **Berlin:** § 11 I BerlStrG; **Brandenburg:** § 18 I 2 BbgStrG; **Bremen:** § 18 I 1 BrLStrG; **Hamburg:** § 19 I 2 HWG; **Hessen:** § 16 I 1 HStrG; **Mecklenburg-Vorpommern:** § 22 I 1 StrWG-MV; **Niedersachsen:** § 18 I 1 NStrG; **Nordrhein-Westfalen:** § 18 I 2 StrWG NRW; **Rheinland-Pfalz:** § 41 I 1 LStrG; **Saarland:** § 18 I 1 Hs. 2 SaarlStrG; **Sachsen:** § 18 I 2 SächsStrG; **Sachsen-Anhalt:** § 18 I 2 StrG LSA; **Schleswig-Holstein:** § 21 I 1 StrWG; **Thüringen:** § 18 I 2 ThürStrG.

8 **Baden-Württemberg:** § 13 I 1 StrG; **Bayern:** Art. 14 I 1 BayStrWG; **Berlin:** § 10 II 1 BerlStrG; **Brandenburg:** § 14 I 1 BbgStrG; **Bremen:** § 15 I BrLStrG; **Hamburg:** § 16 I 2 HWG; **Hessen:** § 14 S. 1 HStrG; **Mecklenburg-Vorpommern:** § 21 I 1 StrWG-MV; **Niedersachsen:** § 14 I 1 NStrG; **Nordrhein-Westfalen:** § 14 I 1 StrWG NRW; **Rheinland-Pfalz:** § 34 I 1 LStrG; **Saarland:** § 14 I 1 SaarlStrG; **Sachsen:** § 14 I 1 SächsStrG; **Sachsen-Anhalt:** § 14 I 1 StrG LSA; **Schleswig-Holstein:** § 20 I 1 StrWG; **Thüringen:** § 14 I ThürStrG.

zungsverbot unter Erlaubnisvorbehalt dient dem Ausgleich der widerstreitenden Interessen. Zu berücksichtigen sind der Rspr. zufolge nur Aspekte, die einen »sachlichen Bezug zur Straße, ihrem Umfeld und zu ihrer Funktion haben«. Hierzu gehören unter anderem die Aufrechterhaltung des Gemeingebrauchs sowie die Sicherheit und Leichtigkeit des Verkehrs. Im Rahmen der Ermessensausübung können aber auch andere sachliche Gründe, etwa städtebaulicher oder gestalterischer Natur, berücksichtigt werden, sofern diese einen eindeutigen Bezug zur Straße und ihren Funktionen haben. Nicht zu berücksichtigen sind hingegen rein wirtschaftliche Interessen.

F hat nur dann einen Anspruch auf Erteilung der Erlaubnis (und nicht lediglich einen Anspruch auf ermessensfehlerfreie Bescheidung), wenn das Ermessen auf Null reduziert ist. Dies ist der Fall, wenn die Stadt A bei Ausübung ihres Ermessens nur eine einzige rechtmäßige Entscheidung treffen kann, nämlich die Zulassung des »Brutzel-Trucks«. Hier kann die Stadt davon ausgehen, dass es zu einem regen Publikumsverkehr auf dem Parkplatz kommen wird. Dies beeinträchtigt nicht nur den Verkehr, sondern birgt auch erhebliche Gefahren für die involvierten Fußgänger. Eine gegenläufige Verwaltungspraxis hat die Stadt gerade nicht begründet.

Der Einwand der F, die Stadt A habe eine beamtenrechtliche Fürsorgepflicht, für die Verpflegung ihrer Beschäftigten zu sorgen, ist irrelevant. Zwar muss die Stadt (schon aus arbeitsrechtlicher Sicht, nicht allein für ihre Beamten) dafür sorgen, dass ihre Beschäftigten in der Mittagspause Speisen und Getränke zu sich nehmen können. Hierzu muss sie aber keine gastronomische Versorgung in unmittelbarer Umgebung der Arbeitsstätte bereitstellen und schon gar nicht einen konkreten Foodtruck auf ihrem Parkplatz im Wege der Erteilung einer Sondernutzungserlaubnis zulassen. Vielmehr ist es den Beschäftigten zumutbar, Mittagessen mitzubringen, einen Lieferservice zu beauftragen oder einen weiteren Fußweg auf sich zu nehmen. Eine Ermessensreduktion auf Null liegt nicht vor. Einen Anspruch auf Erteilung der Sondernutzungserlaubnis hat F daher nicht. Allerdings kann sie einen Anspruch auf ermessensfehlerfreie Entscheidung geltend machen.

Ergebnis: F hat einen Anspruch auf ermessensfehlerfreie Entscheidung über die Erteilung einer Sondernutzungserlaubnis für die Nutzung des Parkplatzes vor dem Rathaus mit ihrem »Brutzel-Truck«.

Zu 1.1.1: BVerwG NVwZ 1991, 59; *Windoffer*, Die Vergabe von Standplätzen auf gemeindlichen Märkten und Volksfesten – Bewährte Lösungen bekannter Probleme?, GewArch 2013, 265 (265)

Zu 1.1.1.2: *Ehlers*, Rechtsprobleme der Nutzung kommunaler öffentlicher Einrichtungen, JURA 2012, 692; *Dietlein*, Rechtsfragen des Zugangs zu kommunalen Einrichtungen, JURA 2002, 445

Zu 1.1.2: BVerwGE 80, 270 (273) = NJW 1989, 1749; VGH München GewArch 2015, 460; *Lindner*, Zur Drittanfechtungsklage im Gewerberecht – zugleich eine Anmerkung zu VGH München, GewArch

	2015, 460 (462) –, GewArch 2016, 135; *Geiger*, Die Konkurrentenklage im Verwaltungsprozessrecht, BayVBl 2010, 517
Zu 1.2:	*Püttner/Lingemann*, Öffentliche Einrichtungen, JA 1984, 121
Zu 1.2.1.3.1:	*Windoffer*, Die Vergabe von Standplätzen auf gemeindlichen Märkten und Volksfesten – Bewährte Lösungen bekannter Probleme?, GewArch 2013, 265 (265)
Zu 1.2.1.3.2:	VGH München GewArch 2015, 460 (462); OVG Lüneburg GewArch 2012, 403 (404); *Windoffer*, Die Vergabe von Standplätzen auf gemeindlichen Märkten und Volksfesten – Bewährte Lösungen bekannter Probleme?, GewArch 2013, 265 (265); *Donhauser*, Neue Akzentuierungen bei der Vergabe von Standplätzen auf gemeindlichen Volksfesten und Märkten, NVwZ 2010, 931
Zu 2.2:	VGH Mannheim BWGZ 2011, 613; VGH München GewArch 2004, 248; OVG Münster GewArch 1994, 25; VGH Mannheim GewArch 1991, 35; VG Mainz BeckRS 2015, 52166; VG Augsburg BeckRS 2006, 30593; VG Weimar, Beschl. v. 5.10.2004, 8 E 6034/04.We; *Schulze-Werner/Cordes*, Die Zulassung zu Volksfesten und Märkten mittels ermessenslenkender Richtlinien und Beteiligung Dritter als Zuständigkeitsproblem, GewArch 2017, 61 (64 f.)
Zu 2.3.1:	VGH Kassel BeckRS 2019, 13372; VG Ansbach BeckRS 2019, 2866; *Ossenbühl*, Rechtliche Probleme der Zulassung zu öffentlichen Stadthallen, DVBl 1973, 289; *Axer*, Die Widmung als Grundlage der Nutzung kommunaler öffentlicher Einrichtungen, NVwZ 1996, 114
Zu 2.3.2:	VGH München BayVBl 2014, 632
Zu 2.3.2.1:	VGH München GewArch 2015, 460 (462); VGH München BayVBl 2017, 166; OVG Lüneburg GewArch 2012, 403 (404)
Zu 2.3.2.2.2:	VGH München BayVBl 2017, 166; VGH Mannheim BWGZ 2011, 613; VGH München BayVBl 1999, 657; VG Mainz BeckRS 2015, 52166; VG Augsburg BeckRS 2006, 30593; VG Weimar, Beschl. v. 5.10.2004, 8 E 6034/04.We; *Schulze-Werner/Cordes*, Die Zulassung zu Volksfesten und Märkten mittels ermessenslenkender Richtlinien und Beteiligung Dritter als Zuständigkeitsproblem, GewArch 2017, 61 (64 f.); *Windoffer*, Die Vergabe von Standplätzen auf gemeindlichen Märkten und Volksfesten – Bewährte Lösungen bekannter Probleme?, GewArch 2013, 265 (266)
Zu 2.3.2.2.5:	VGH München GewArch 2015, 460 (462); VGH München BayVBl 2014, 632; VG Mainz BeckRS 2015, 52166
Zu 2.3.2:	VGH Kassel BeckRS 2019, 13372; VGH München BayVBl 2014, 632
Zu 3.1.4:	VG Ansbach, Urt. v. 19.3.2007, AN 10 K 05.0419

Lösungsskizze 13

Der Widerspruch des U hat Aussicht auf Erfolg, wenn er zulässig und begründet ist.

1 **Zulässigkeit**

1.1 Verwaltungsrechtsweg
Aus dem Erfordernis eines Widerspruchsverfahrens als Vorverfahren zu einer verwaltungsgerichtlichen Anfechtungsklage oder Verpflichtungsklage folgt, dass auch für den Widerspruch der Verwaltungsrechtsweg gegeben sein muss.
Mangels aufdrängender Sonderzuweisung bestimmt sich dieser nach § 40 I 1 VwGO analog. Gegenstand der Streitigkeit ist das Recht auf Benutzung einer städtischen Recyclinganlage, also die Zulassung zu einer öffentlichen Einrichtung, die dem öffentlichen Recht unterliegt (s. **12**, 1.1.1). Damit ist ein öffentlich-rechtlicher Streit nichtverfassungsrechtlicher Art gegeben; eine abdrängende Sonderzuweisung greift nicht ein. Der Verwaltungsrechtsweg ist gem. § 40 I 1 VwGO analog eröffnet.

1.2 Statthaftigkeit
Ob der Widerspruch statthaft ist, bestimmt sich gem. § 88 VwGO analog nach dem Begehren des Widerspruchsführers. U will gegen die »Schließung« vorgehen. Ein Widerspruch ist statthaft als Vorverfahren einer Anfechtungsklage, § 68 I 1 VwGO. Diese wiederum muss sich gegen einen VA richten, § 42 I Alt. 1 VwGO. Ob es sich bei der angegriffenen »Schließung« um einen VA handelt, richtet sich nach § 35 VwVfG.

1.2.1 In Betracht käme zunächst ein Widerspruch gegen die Schließungsentscheidung der Stadtvertretung von S. Jedoch bedurfte der entsprechende Beschluss vom August 2019 zu seiner Außenwirkung noch der Ausführung durch das Vollzugsorgan (Oberbürgermeister – Umweltamt).[1] Der Beschluss ist somit kein VA, da er keine unmittelbare Außenwirkung entfaltet.

1.2.2 Damit erscheint nur eine Auslegung des Begehrens sinnvoll, nach der sich U gegen die »Bekanntmachung« durch das Umweltamt vom 26.8.2019 wendet, nach der die Anlage 2 unter Aufhebung des Benutzungszwangs für sie mit Wirkung vom 1.10.2019 geschlossen wird. Bei dieser könnte es sich um einen VA iSd § 35 S. 1 VwVfG handeln.

1 **Baden-Württemberg:** § 43 I GemO; **Bayern:** Art. 36 S. 1 GO; **Brandenburg:** § 54 I Nr. 2 BbgKVerf; **Hessen:** § 70 I 1 HGO; **Mecklenburg-Vorpommern:** § 38 III 1 KV M-V; **Niedersachsen:** § 85 I 1 Nr. 2 NKomVG; **Nordrhein-Westfalen:** § 62 II 2 GO NRW; **Rheinland-Pfalz:** § 47 I 2 Nr. 2 GemO; **Saarland:** § 59 II 2 KSVG; **Sachsen:** § 52 I SächsGemO; **Sachsen-Anhalt:** § 65 I KVG LSA; **Schleswig-Holstein:** § 55 I 4 Nr. 2 GO; **Thüringen:** § 29 I 2 ThürKO.

1.2.2.1 Behörde ist nach dem weiten Behördenbegriff des § 1 IV VwVfG Bund bzw. in den jeweils einschlägigen Absätzen des § 1 VwVfG der Länder der Oberbürgermeister von S, dem das städtische Umweltamt organisatorisch und funktionell zugeordnet ist. Dessen »Bekanntmachung« stellt auch einen einseitigen hoheitlichen Ausspruch dar.

1.2.2.2 Zweifelhaft ist aber das Vorliegen der weiteren Voraussetzungen des § 35 S. 1 VwVfG, namentlich der Einzelfallregelung mit Außenwirkungsrichtung.

1.2.2.2.1 Organisationsakt

Die Recyclinganlage 2 ist eine gemeindliche »öffentliche Einrichtung«[2] (s. **12**, 1.1.1.2). Organisatorisch liegt die Form der nichtrechtsfähigen Anstalt (Haushaltsbetrieb/Regiebetrieb) vor. Insoweit ist die Auflösung wie die Errichtung ein reiner Organisationsakt, der unmittelbar nur den Mittelbestand der Gemeinde regelt. Ihr kommt daher lediglich interne Wirkung zu. Bauunternehmer als Nutzer sind nur mittelbar betroffen. Die Auflösung der Recyclinganlage 2 war also nicht auf Außenwirkung gerichtet. Insofern liegt darin kein VA.

1.2.2.2.2 Entwidmung

Etwas anderes könnte sich indes bezüglich der sachenrechtlichen Verhältnisse der Gebäude und Maschinen der Recyclinganlage ergeben. Diese sind entsprechend gewidmete öffentliche Sachen im Anstaltsgebrauch, dh Gegenstände, die dem besonderen hoheitlichen Zweck unterstellt wurden, in Verbindung mit einer sie umfassenden anstaltlichen Organisation (Recyclingstufen) dauerhaft der Verwirklichung eines verwaltungsmäßigen Leistungszieles (hier: Gewährung einer Infrastruktur zum Verwerten und Entsorgen von Abfällen) zu dienen. Würden bei Aufhebung einer gemeindlichen öffentlichen Einrichtung juristisch allein die betreffend eingesetzten Sachen (hier: Anlagengebäude und -maschinen) eingezogen (»entwidmet«), verlöre die anstaltliche Organisationseinheit ihr maßgebendes Benutzungssubstrat. Die Entwidmung ist (wie die Widmung) ein VA, nämlich eine benutzungsregelnde Allgemeinverfügung (§ 35 S. 2 Var. 3 VwVfG). Würde hingegen nur die organisatorisch-anstaltliche »Umhüllung« (s. 1.2.2.2.1: »Recyclinganlage« als Organisationsstruktur) beseitigt, könnten die davon getragenen Sachen im Anstaltsgebrauch rechtlich nicht mehr zweckentsprechend benutzt werden. Durch die Entscheidung wird also in jedem Fall die Anlage 2 dem Nutzerkreis tatsächlich und/oder rechtlich entzogen.

Eine effektive »Schließung der Recyclinganlage 2« hat mithin über ihre sachenrechtliche Komponente (Entwidmung) als Allgemein-

2 **Baden-Württemberg:** § 10 II 1 GemO; **Bayern:** Art. 57 I 1 GO; **Brandenburg:** § 12 I BbgKVerf; **Hessen:** § 19 I HGO; **Mecklenburg-Vorpommern:** § 14 II KV M-V; **Niedersachsen:** § 4 S. 2 NKomVG; **Nordrhein-Westfalen:** § 8 I GO NRW; **Rheinland-Pfalz:** § 14 II GemO; **Saarland:** § 19 I KSVG; **Sachsen:** § 2 I SächsGemO; **Sachsen-Anhalt:** § 4 S. 2 KVG LSA; **Schleswig-Holstein:** § 17 I GO; **Thüringen:** § 1 IV 1 ThürKO.

verfügung VA-Charakter (§ 35 S. 2 Var. 3 VwVfG). Dieser birgt auch einen Nachteil für U und ist daher belastend.
Statthafter Rechtsbehelf ist somit der Anfechtungswiderspruch gem. § 68 I 1 VwGO. Dieser ist auch nicht durch Landesrecht ausgeschlossen.

1.3 Widerspruchsbefugnis
Gemäß § 42 II Alt. 1 VwGO analog muss U geltend machen, durch die Schließung der Anlage 2 in seinen Rechten verletzt zu werden. Hier ist es nicht von vornherein und nach jeder Betrachtungsweise ausgeschlossen, dass U in seinem kommunalen Nutzungsrecht (Vorschriften s. 2.1.1.3) sowie subsidiär in seinen Grundrechten aus Art. 14 I, 12 I GG verletzt ist.

1.4 Widerspruchsfrist
Gemäß § 70 I 1 VwGO kann der Widerspruch nur binnen eines Monats nach Bekanntgabe des VA eingelegt werden. Das bedeutet, dass es für die Anfechtung auf den Zeitpunkt der äußeren Wirksamkeit des VA (»Bekanntmachung« vom 26.8.2019), nicht aber auf den der hier später eintretenden inneren Wirksamkeit (Ausführung des Beschlusses der Stadtvertretung/tatsächliche Schließung am 1.10.2019) ankommt.

1.4.1 Der Zeitpunkt der Bekanntgabe der Schließungsentscheidung, die als AV iSd § 35 S. 2 Var. 3 LVwVfG ortsüblich bekanntgemacht werden konnte (§ 41 III 2, IV 1 LVwVfG, bzw. die entsprechenden landesrechtlichen Vorschriften), unterliegt den Regeln des § 41 IV 3 LVwVfG. Danach ist die Bekanntgabe zwei Wochen nach ortsüblicher Bekanntmachung im Amtsblatt von S am Montag, dem 26.8.2019, erfolgt, dh nach dem Rechtsgedanken der §§ 187 I, 188 II Alt. 1 BGB iVm § 31 I VwVfG am Dienstag, dem 10.9.2019, 0.00 Uhr.

1.4.2 Für die Berechnung der Monatsfrist des § 70 I 1 VwGO werden zwei Wege vorgeschlagen, die im Ergebnis jedoch beide zur Anwendung der §§ 186 ff. BGB führen: §§ 57 II VwGO, 222 I ZPO, 186 ff. BGB (verwaltungsgerichtliche Lösung) oder §§ 79 Hs. 2, 31 I LVwVfG, 186 ff. BGB (verwaltungsverfahrensrechtliche Lösung; arg.: § 70 II verweist gerade nicht auf § 57 VwGO). Die Frist begann demnach gem. § 187 II 1 BGB am Dienstag, dem 10.9.2019, 0.00 Uhr, und endete gem. § 188 II Alt. 2 BGB am Mittwoch, dem 9.10.2019, 24.00 Uhr. Der an diesem Tage eingelegte Widerspruch des U war demnach fristgemäß.

1.5 Widerspruchsstelle
U hat seinen Widerspruch gem. § 70 I 1 VwGO bei der Behörde, die den VA erlassen hat, nämlich beim Oberbürgermeister der Stadt S – Umweltamt –, eingereicht.

1.6 Beteiligtenfähigkeit
Gemäß § 11 Nr. 1 Alt. 1 LVwVfG ist U als natürliche Person (§ 1 BGB), gem. § 11 Nr. 3 LVwVfG ist die Behörde im Widerspruchsverfahren beteiligtenfähig.

1.7 Handlungsfähigkeit
U ist im Verfahren gem. § 12 I Nr. 1 LVwVfG iVm §§ 104 ff. BGB handlungsfähig. Für die Behörde handelt gem. § 12 I Nr. 4 LVwVfG deren Leiter, Vertreter oder besonders Beauftragter.

1.8 Widerspruchsbehörde
Es handelt sich bei der Schließung der kommunalen Recyclinganlage um eine Selbstverwaltungsangelegenheit der Stadt S, wenngleich um eine umweltrechtlich relevante. Aus den §§ 17 ff. KrWG ergibt sich in Konkretisierung des Staatszieles des Art. 20a GG nämlich von Staats wegen nur, dass S als öffentlich-rechtliche Entsorgungsträgerin[3] im Rahmen ihrer Leistungsfähigkeit überhaupt derartige Anlagen im angemessenen Umfang zu unterhalten hat. Der Abbau von unwirtschaftlichen Überkapazitäten unter Aufrechterhaltung des arbeitsfähigen Zustandes ist hingegen eine Selbstverwaltungsentscheidung. Der Oberbürgermeister von S – Umweltamt – handelt vorliegend also nicht als untere staatliche Umweltbehörde, sondern im eigenen Wirkungskreis, was teilweise eigens geregelt ist.[4] Daher ist er gem. § 73 I 1, 2 Nr. 3 VwGO als Ausgangsbehörde auch zuständige Widerspruchsbehörde.

Ergebnis: Der Widerspruch des U ist zulässig.

2 Begründetheit
Der Widerspruch des U ist gem. § 68 I 1 VwGO iVm § 113 I 1 VwGO analog begründet, soweit die Entscheidung des Umweltamtes rechtswidrig und U dadurch in eigenen Rechten verletzt ist, oder soweit diese unzweckmäßig ist.

2.1 Rechtmäßigkeit der Anlagenschließung und Rechtsverletzung
Die Rechtswidrigkeit könnte hier gerade daraus resultieren, dass durch die Schließung rechtswidrig in ein Recht des U eingegriffen worden ist.

2.1.1 Recht aus Benutzungszwang und Vorhaltungsanspruch

2.1.1.1 Der bestehende Benutzungszwang für den Recyclingplatz 2 verpflichtete die Stadt S, das vorhandene Leistungsgut (Infrastruktur) in erforderlichem Maße bereitzustellen und abnehmen zu lassen.

2.1.1.2 Diese Verpflichtungen könnten aber durch Aufhebung des Benutzungszwangs für den Recyclingplatz 2 entfallen sein.

---

3 Legaldefinition: § 17 I 1 KrWG; **Baden-Württemberg:** § 6 I LAbfG; **Bayern:** Art. 3 I 1 BayAbfG; **Brandenburg:** § 2 I 1 BbgAbfBodG; **Hessen:** § 1 I HAKrWG; **Mecklenburg-Vorpommern:** § 3 I 1 AbfWG M-V; **Niedersachsen:** § 6 I 1 NAbfG; **Nordrhein-Westfalen:** § 5 I LAbfG; **Rheinland-Pfalz:** § 3 I 1 LKrWG; **Saarland:** § 5 I 1 SAWG; **Sachsen:** § 2 I SächsKrWBodSchG; **Sachsen-Anhalt:** § 3 I 1 AbfG LSA; **Schleswig-Holstein:** § 3 I 1 LAbfWG; **Thüringen:** § 3 I 1 ThürAGKrWG.

4 **Bayern:** Art. 3 I 2 BayAbfG; **Brandenburg:** § 2 I 2 BbgAbfBodG; **Mecklenburg-Vorpommern:** § 3 I 2 AbfWG M-V; **Niedersachsen:** § 6 I 4 NAbfG; **Rheinland-Pfalz:** § 3 I 2 LKrWG; **Sachsen:** § 2 I SächsKrWBodSchG; **Sachsen-Anhalt:** § 3 I 2 AbfG LSA; **Schleswig-Holstein:** § 3 I 2 LAbfWG; **Thüringen:** § 2 I ThürAGKrWG.

Da der Benutzungszwang durch Satzung anzuordnen ist,[5] kann die Aufhebung des Benutzungszwangs als actus contrarius grundsätzlich auch nur durch Satzungsbeschluss erfolgen. Dies war hier nicht erfolgt. Vielmehr hatte das Umweltamt eine Aufhebung des Benutzungszwangs für den Recyclingplatz 2 lediglich in seiner »Bekanntmachung« verlautbart, indem sie die Schließung der Anlage 2 vorsah und die bisherigen Nutzer aufforderte, auf andere Anlagen auszuweichen.

Ein Erlöschen des Anschluss- und Benutzungszwangs für den Recyclingplatz 2 war jedoch auch – wie bei der anstaltlich-organisatorischen Einbindung – durch Entzug des gegenständlichen Substrates (»Einziehung« des Anlagengebäudes und der -maschinen) möglich (sog. Obsoleszenz). Die Wirksamkeit eines derartigen Entzuges setzt jedoch eine gültige Auflösung des anstaltlichen Rechtsverhältnisses und/oder die wirksame Entwidmung der Anlage 2 voraus.

2.1.1.2.1 Die organisationsrechtliche Auflösung einer öffentlichen Einrichtung bedarf wie der Errichtungsakt eines förmlichen Beschlusses der Gemeindevertretung.[6]

Die Beauftragung des Oberbürgermeisters durch die Stadtvertretung kann als ein solcher Beschluss ausgelegt werden.

Die Recyclinganlage wurde also organisationsrechtlich ordnungsgemäß aufgelöst.

2.1.1.2.2 Eine wirksame Entwidmung, »Einziehung«, lag wie bei einer Widmung nur dann vor, wenn das zuständige Organ tätig geworden ist und die Maßnahme wirksam bekanntgemacht wurde.

Der in Gestalt des städtischen Umweltamtes handelnde Oberbürgermeister war als Hauptverwaltungsbeamter zuständig, den Ratsbeschluss auszuführen (Normen s. 1.2.1).

Entsprechend ihrer Natur als AV (§ 35 S. 2 Var. 3 LVwVfG) ist für die Entwidmung die öffentliche Bekanntmachung erforderlich (§ 41 III 2 LVwVfG). Dafür ist nach § 41 IV 1 LVwVfG ortsübliche bzw. örtliche Bekanntmachung nötig. Die Veröffentlichung im Amtsblatt erfüllt diese Voraussetzung. Somit liegt auch eine wirksame Entwidmung der Anlagengebäude und -maschinen der Recyclinganlage 2 vor.

---

5 **Baden-Württemberg:** § 11 I 1 GemO; **Bayern:** Art. 24 I Nr. 2 GO; **Brandenburg:** § 12 II 1 BbgKVerf; **Hessen:** § 19 II 1 HGO; **Mecklenburg-Vorpommern:** § 15 I 1 KV M-V; **Niedersachsen:** § 13 S. 1 Nr. 1a, 2a NKomVG; **Nordrhein-Westfalen:** § 9 S. 1 GO NRW; **Rheinland-Pfalz:** § 26 I 2 GemO; **Saarland:** § 22 I KSVG; **Sachsen:** § 14 I SächsGemO; **Sachsen-Anhalt:** § 11 I 1 Nr. 1a, 2a KVG LSA; **Schleswig-Holstein:** § 17 II 1 GO; **Thüringen:** § 20 II 1 Nr. 2 ThürKO.

6 **Baden-Württemberg:** §§ 24 I, 39 II Nr. 11 GemO; **Bayern:** Art. 29, 37 I GO; **Brandenburg:** § 28 I, II 1 Nr. 19 BbgKVerf; **Hessen:** §§ 50 I, 51 Nr. 11 HGO; **Mecklenburg-Vorpommern:** § 22 II, III Nr. 10 KV M-V; **Niedersachsen:** § 58 I Nr. 11 NKomVG; **Nordrhein-Westfalen:** § 41 I 1, 2 lit. m GO NRW; **Rheinland-Pfalz:** § 32 I, II Nr. 14 GemO; **Saarland:** §§ 34, 35 Nr. 19 KSVG; **Sachsen:** § 28 I, II Nr. 15 SächsGemO; **Sachsen-Anhalt:** § 45 I, II Nr. 9 KVG LSA; **Schleswig-Holstein:** §§ 27 I, 28 S. 1 Nr. 17 GO; **Thüringen:** §§ 22 III, 29 II ThürKO.

2.1.1.2.3 Der Benutzungszwang hinsichtlich der Recyclinganlage 2 und damit die Bereitstellungspflicht der Stadt S gegenüber U ist folglich durch Entzug des Substrates erloschen.

2.1.1.3 Das kommunale Benutzungsrecht[7] gibt grundsätzlich nur einen Anspruch auf Nutzung bestehender Einrichtungen. Daraus folgt also kein Bereitstellungs- bzw. Fortführungsanspruch hinsichtlich der Anlage 2.
Zudem besteht die nominelle Bereitstellungspflicht (Vorschriften s. 1.2.2.2.1) nur im Rahmen der gemeindlichen Leistungsfähigkeit. Laut Sachverhalt war der für die Stadt S seit Jahren defizitäre Betrieb der Anlagen insgesamt, insbesondere aber der Anlage 2, für die Schließung maßgeblich. Ergibt wie vorliegend eine Wirtschaftlichkeitsprüfung, dass die betreffende Einrichtung auf Dauer nicht gehalten werden kann, so ist auch eine Schließungsentscheidung der Gemeinde kraft ihrer Organisationsgewalt möglich. In deren Rahmen ist die Stadt auch ermächtigt, unter den unrentablen Anlagen eine Auswahl zu treffen. Eine Pflicht zum Vorhalten der Einrichtung 2 ist daher auch unter dem Aspekt des kommunalen Benutzungsrechtes nicht verletzt.

2.1.1.4 Ein anderes Ergebnis könnte sich ergeben, wenn etwa durch die dreizehnjährige Existenz und Nutzung der Anlage 2 ein Vertrauenstatbestand geschaffen worden war. Ein solcher könnte hier darüber hinaus auch daraus resultieren, dass U den Standort seines Bauunternehmens im Jahre 2006 mit Rücksicht auf die günstige Entfernung zu der betrieblich benötigten Recyclinganlage 2 gewählt hatte. Bereits aus diesem Grunde könnte es für ihn unzumutbar sein, nunmehr auf die erheblich weiter entfernte Anlage 4 auszuweichen, woraus sich ein Recht auf Fortbestand der Anlage 2 ergeben könnte.
Eine Schließung der öffentlichen Einrichtung ist jedoch im Rahmen der kommunalen Organisationshoheit (Art. 28 II 1 GG) jederzeit möglich. Ein Vertrauen des U auf Benutzung der Recyclinganlage 2 musste daher von vornherein auf den Zeitraum der tatsächlichen Anstaltsbereitstellung begrenzt sein (vgl. auch § 49 II 1 Nr. 3 VwVfG). Die Schließung konnte daher kein schutzwürdiges Vertrauen berühren.

2.1.2 Verstoß gegen Art. 14 I GG
In Betracht kommt aber eine Verletzung des Grundrechts auf Eigentum, dessen Schutz sich nach dem verfassungsrechtlichen Eigentumsbegriff auch auf subjektive private Vermögensrechte erstreckt. Art. 14 I GG ist verletzt, wenn das Bedürfnis des U auf Nutzung der Anlage 2 hier durch das Eigentumsgrundrecht geschützt ist und

7 **Baden-Württemberg:** § 10 II 2 GemO; **Bayern:** Art. 21 I 1 GO; **Brandenburg:** § 12 I BbgKVerf; **Hessen:** § 20 I HGO; **Mecklenburg-Vorpommern:** § 14 II KV M-V; **Niedersachsen:** § 30 I NKomVG; **Nordrhein-Westfalen:** § 8 II GO NRW; **Rheinland-Pfalz:** § 14 II GemO; **Saarland:** § 19 I KSVG; **Sachsen:** § 10 II SächsGemO; **Sachsen-Anhalt:** § 24 I KVG LSA; **Schleswig-Holstein:** § 18 I 1 GO; **Thüringen:** § 14 I ThürKO.

dieses das Organisationsrecht der Stadt S aus Art. 28 II 1 GG überwiegt.
Der durch die Benutzungsbegünstigung in der Vergangenheit begründete Besitzstand des U war jedoch wegen der Rechtsgeprägtheit des Eigentumsgrundrechtes nach Art. 14 I 2 GG von vornherein durch die ausdrückliche Unterstellung unter den Vorbehalt der Leistungsfähigkeit der Gemeinde begrenzt. Diese wurde im vorliegenden Fall durch die Gemeindeentscheidung wirksam aktualisiert. Soweit das Eigentumsrecht als Recht am eingerichteten und ausgeübten Gewerbebetrieb geltend gemacht wird, ist bereits dessen Schutzbereich nicht eröffnet, da tatsächliche Gegebenheiten, wie eine günstige Verbindung zu einer Entsorgungsanlage, hiervon nicht erfasst sind. U ist nicht in seinem Recht aus Art. 14 I GG verletzt.

2.1.3 Verstoß gegen Art. 12 I GG
Es ist bereits fraglich, ob die Schließung der Recyclinganlage 2 einen Eingriff in den Schutzbereich des Grundrechtes des U auf freie Berufsausübung aus Art. 12 I GG darstellt, da U – wenn auch unter Unannehmlichkeiten – die Kapazitäten der Anlage 4 in Anspruch nehmen kann. Jedenfalls erscheint die berufsregelnde Tendenz der behördlichen Entscheidung zweifelhaft. Auch bei Annahme eines Eingriffs kann das Recht jedoch gem. Art. 12 I 2 GG aufgrund eines Gesetzes beschränkt werden. Nach der »ersten Stufe« der Dreistufenlehre ist eine Regelung zur Begrenzung der Berufsausübung aus vernünftigen Erwägungen des Gemeinwohls zulässig. Das Leistungsfähigkeitslimit der Gemeindeordnungen erfüllt diese Voraussetzung und wurde durch die Stadt S im Rahmen einer Auswahlentscheidung (s. 2.1.1.3) hinsichtlich der Anlage 2 entsprechend konkretisiert.

2.1.4 Verstoß gegen Art. 20a GG
Die auf den Umweltschutz bezogene Staatszielbestimmung verleiht kein subjektiv-öffentliches Recht, in dem U durch die schließungsbedingte, im Vergleich zur Anlage 2 erschwerte Erreichbarkeit der Anlage 4 verletzt sein könnte. Im Übrigen ist die Anlage 4 nunmehr lediglich voll ausgelastet, die Verwertung und Entsorgung des Bauschuttes des U im Ergebnis also möglich, wenn auch mit Verzögerungen im Vergleich zur günstiger gelegenen Anlage 2. Damit ist bereits objektiv ein Verstoß gegen diese Norm zu verneinen.

2.1.5 Die Schließung der Anlage 2 ist rechtmäßig und verletzt U nicht in seinen Rechten.

2.2 Unzweckmäßigkeit der Anlagenschließung
Nach den Ergebnissen der internen Revision ist auch eine Unzweckmäßigkeit der Schließung der unwirtschaftlich arbeitenden Anlage 2 iSd § 68 I 1 Alt. 2 VwGO zu verneinen.

2.3 Der Widerspruch des U ist unbegründet.

Ergebnis: Der zulässige, aber unbegründete Widerspruch des U hat keine Aussicht auf Erfolg. Der Oberbürgermeister wird ihn daher durch Widerspruchsbescheid gem. § 73 I 1, III 1 VwGO abweisen.

Zu 1.2.1: OVG Magdeburg DVBl 2000, 283

Zu 1.2.2.2.1: BVerwG VerwRspr 17, 359; OVG Frankfurt (Oder) NVwZ-RR 1997, 555; aA VGH Kassel NVwZ 1989, 779; zur Anstaltsform *v. Danwitz*, Die Benutzung kommunaler öffentlicher Einrichtungen. Rechtsformenwahl und gerichtliche Kontrolle, JuS 1995, 1; *Erichsen*, Die kommunalen öffentlichen Einrichtungen, JURA 1986, 148, 196

Zu 1.2.2.2.2: *Helblich*, Rechtsfragen der Widmung öffentlicher Einrichtungen, JuS 2017, 507; *Axer*, Die Widmung als Grundlage der Nutzung kommunaler öffentlicher Einrichtungen, NVwZ 1996, 114

Zu 1.3: OVG Hamburg BeckRS 1994, 14068; VG Karlsruhe BeckRS 2004, 23970

Zu 2: BVerwG VerwRspr 17, 359; BGH DVBl 1970, 145; OVG Lüneburg DVBl 1991, 1004; VGH München DÖV 1990, 157; VGH Kassel NJW 1979, 886

Zu 2.1: *Beyerbach*, Schule mit Courage, JA 2016, 521; *Rennert*, Die Klausur im Kommunalrecht, JuS 2008, 211; *Schönberger/Reimer*, Boot ohne Hafen, JURA 2006, 139

Zu 2.1.1.3: VGH München NVwZ-RR 2013, 494 (495); OVG Schleswig NVwZ-RR 2000, 377

Zu 2.1.4: *Ekardt*, Umweltverfassung und »Schutzpflichten«, Zugleich zu Nachhaltigkeit, Recht, Verhältnismäßigkeit und Abwägung, NVwZ 2013, 1105; *Kloepfer*, Umweltschutz als Verfassungsrecht: Zum neuen Art. 20a GG, DVBl 1996, 73

Lösungsskizze 14

1 **Erfolg einer Klage des A**

1.1 Zulässigkeit

1.1.1 Verwaltungsrechtsweg, § 40 I 1 VwGO

Mangels aufdrängender Sonderzuweisung richtet sich die Eröffnung des Verwaltungsrechtswegs nach § 40 I 1 VwGO. Zweifelhaft ist, ob der Streit öffentlich-rechtlichen Charakter trägt, da die Stadt – mittels der von ihr beherrschten GmbH – als Wettbewerberin auftritt und insofern dem A gleichgestellt sein könnte. Es ist jedoch zwischen »Ob« und »Wie« der wirtschaftlichen Tätigkeit zu unterscheiden. Nur bei Ersterem (»Ob«) ist der Verwaltungsrechtsweg eröffnet, da die streitentscheidenden Normen den jeweiligen Kommunalgesetzen und damit dem öffentlichen Recht entnommen werden können.

A wehrt sich nicht gegen die wirtschaftliche Tätigkeit der Stadtwerke GmbH im Bereich des ÖPNV und damit zusammenhängender Wartungs- und Reparaturarbeiten an stadt- bzw. GmbH-eigenen Fahrzeugen, sondern gegen die Erstreckung dieser Angebote auch auf Private. Die Ausdehnung bereits vorhandener wirtschaftlicher Betätigung auf andere Bereiche ist zugleich die teilweise Errichtung des Unternehmens im Hinblick auf den neuen Aufgabenbereich. Damit ist das »Ob« der Betätigung betroffen. Die Maßnahmen sind an den kommunalrechtlichen Vorschriften zu messen. Die Streitigkeit ist öffentlich-rechtlicher Natur. Sie ist auch nichtverfassungsrechtlich. Es besteht keine abdrängende Sonderzuweisung. Der Verwaltungsrechtsweg ist nach § 40 I 1 VwGO eröffnet.

1.1.2 Klageart

Die statthafte Klageart richtet sich nach dem klägerischen Begehren (§ 88 VwGO). A möchte sich gegen die Betätigung der Stadtwerke GmbH wehren. Diese stellt keine Regelung, sondern ein bloßes Realhandeln dar, sodass eine Anfechtungsklage gem. § 42 I Alt. 1 VwGO ausscheidet, weil kein VA gem. § 35 VwVfG vorliegt. Als Rechtsbehelf gegen die Betätigung der Stadtwerke GmbH käme aber die allgemeine Leistungsklage in Form der Unterlassungsklage in Betracht. Diese kann jedoch nur auf Unterlassung schlicht-hoheitlichen (rechtswidrigen), nicht aber privatrechtlichen Handelns, zB durch eine GmbH, gerichtet sein. Da A sich gegen die Stadt wendet, ist sein Klagebegehren dahingehend zu verstehen, dass er eine Einwirkung der Stadt auf die Stadtwerke GmbH anstrebt, aufgrund derer diese die Ausweitung der Wasch-, Wartungs- und Reparaturarbeiten rückgängig macht bzw. deren Arbeit für Private einstellt.

Statthafte Klageart ist daher die allgemeine Leistungsklage.

1.1.3 Klagebefugnis, § 42 II VwGO analog

A ist nur bei der Geltendmachung eigener Rechte klagebefugt, § 42 II VwGO ist im Rahmen der Leistungsklage entsprechend anzuwenden. Ein subjektives Recht könnte allenfalls im Zusammenhang mit dem Betrieb der Waschanlage vorliegen. Ob in derartigen Fällen eine Klagebefugnis gegeben ist, ist umstritten. In der Rspr. und Lit. zeichnet sich eine gewisse Tendenz ab, die Klagebefugnis zu bejahen, wobei die Begründungen unterschiedlich ausfallen. Teilweise wird der Bestimmung der kommunalrechtlichen Vorschriften, wonach eine wirtschaftliche Betätigung nur zulässig ist, wenn ein öffentlicher Zweck das Unternehmen rechtfertigt, ein drittschützender Charakter entnommen. Teilweise wird der Drittschutz aus der kommunalrechtlichen Subsidiaritätsklausel begründet, nach der die wirtschaftliche Tätigkeit nur zulässig ist, wenn – je nach landesrechtlicher Ausgestaltung – der öffentliche Zweck durch private Unternehmen nicht besser oder ebenso gut erfüllt werden kann. Alternativ wird die Klagebefugnis Art. 12 I GG entnommen. Die Klagebefugnis ist daher im Ergebnis analog § 42 II VwGO gegeben.

1.1.4 Beteiligten- und Prozessfähigkeit, §§ 61, 62 VwGO

A als natürliche und die Stadt als juristische Person sind nach § 61 Nr. 1 Alt. 1 bzw. Alt. 2 VwGO beteiligtenfähig. Die Prozessfähigkeit ergibt sich aus § 62 I Nr. 1 bzw. III VwGO (Letzteres erfordert ordnungsgemäße Vertretung).

1.1.5 Klagegegner

§ 78 VwGO gilt nicht für die allgemeine Leistungsklage. Die Klage ist daher gegen den Rechtsträger zu richten, dessen Organ nach materiellem Recht zum Handeln verpflichtet ist. Die Klage ist gegen die Stadt als Rechtsträgerin zu richten.

1.1.6 Allgemeines Rechtsschutzbedürfnis

Das allgemeine Rechtsschutzbedürfnis ist gegeben. Soweit früher erwogen werden konnte, den Kläger auf den Zivilrechtsweg zu verweisen, da er gegen die kommunale wirtschaftliche Tätigkeit wegen eines Verstoßes gegen Wettbewerbsrecht vorgehen konnte, ist einer derartigen Argumentation durch die höchstrichterliche Rspr. der Boden entzogen. Hiernach stellt das Wettbewerbsrecht kein adäquates Schutzinstrument gegen eine nach den kommunalrechtlichen Vorschriften möglicherweise unzulässige Betätigung der Kommune dar.

Ergebnis: Die Klage des A ist als allgemeine Leistungsklage zulässig.

1.2 Begründetheit

Die Klage des A ist begründet, soweit die wirtschaftliche Betätigung (Erweiterung des Angebotes der Waschanlage auf private Nutzung) rechtswidrig ist und A daraus einen Anspruch auf Einwirkung der Stadt auf die Stadtwerke GmbH (Einstellung der Tätigkeit) ableiten kann.

1.2.1 Rechtmäßigkeit

Maßstab für die Beurteilung sind die kommunalrechtlichen Vorschriften über die wirtschaftliche Betätigung der Gemeinde.[1]

1.2.1.1 Wirtschaftliche Betätigung

Tatbestandlich setzen die Vorschriften eine wirtschaftliche Betätigung voraus. Eine solche liegt bei dem Betrieb von Unternehmen vor, deren Leistung ihrer Art nach auch von einem Privaten mit der Absicht der Gewinnerzielung erbracht werden könnte. Dies ist bei dem Einsatz der Reparatur- und Wartungsstätten sowie der Waschanlagen der Fall. Auch Ausschlusstatbestände[2] greifen nicht ein. Insbesondere liegt kein Hilfsbetrieb, der allein der Deckung des Eigenbedarfs dient,[3] vor. Eine wirtschaftliche Betätigung ist daher zu bejahen.

1.2.1.2 Zulässigkeit

Die Gemeinden dürfen wirtschaftliche Unternehmen zunächst nur errichten, übernehmen oder erweitern, wenn der öffentliche Zweck dies erfordert bzw. rechtfertigt.[4]

Der Betrieb der Stadtwerke GmbH als solcher ist nicht zu prüfen. Fraglich ist, ob die Öffnung der städtischen Waschanlagen für Private einem öffentlichen Zweck dient. Das Unternehmen muss unmittelbar Gemeinwohlbelange (Daseinsvorsorge, aber auch Bekämpfung der Arbeitslosigkeit, Stärkung der Wirtschaftskraft etc) verfolgen. Insofern besteht eine Einschätzungsprärogative der Gemeinde. Allerdings sind die Beurteilungskriterien umstritten. Stellt man auf den Gesamtbetrieb und nicht auf eine einzelne unternehmerische Aktivität ab, ist es unbeachtlich, wenn in nicht allzu erheblichem Umfang nicht unmittelbar gemeinwohlbezogene Zwecke verfolgt werden, die vor allem der Auslastung der kommunalen Kapazitäten dienen. Eine solche Sichtweise würde jedoch einen weiten Raum für wirtschaftliche Betätigungen öffnen, die der Überprüfung durch kommunalrechtliche Zulässigkeitskriterien ge-

1 **Baden-Württemberg:** §§ 102 ff. GemO; **Bayern:** Art. 86 ff. GO; **Brandenburg:** §§ 91 ff. BbgKVerf; **Hessen:** §§ 121 ff. HGO; **Mecklenburg-Vorpommern:** §§ 68 ff. KV M-V; **Niedersachsen:** §§ 136 ff. NKomVG; **Nordrhein-Westfalen:** §§ 107 ff. GO NRW; **Rheinland-Pfalz:** §§ 85 ff. GemO; **Saarland:** §§ 108 ff. KSVG; **Sachsen:** §§ 94a ff. SächsGemO; **Sachsen-Anhalt:** §§ 128 ff. KVG LSA; **Schleswig-Holstein:** §§ 101 ff. GO; **Thüringen:** §§ 71 ff. ThürKO.

2 **Baden-Württemberg:** § 102 IV 1 GemO; **Brandenburg:** § 91 VII BbgKVerf; **Hessen:** § 121 II 1 HGO; **Niedersachen:** § 136 III NKomVG; **Nordrhein-Westfalen:** § 107 II 1 GO NRW; **Rheinland-Pfalz:** § 85 IV 1 GemO; **Saarland:** § 108 II KSVG; **Sachsen:** § 94a III SächsGemO; **Schleswig-Holstein:** § 101 IV 1 GO.

3 **Baden-Württemberg:** § 102 IV 1 Nr. 3 GemO; **Hessen:** § 121 II 1 Nr. 3 HGO; **Mecklenburg-Vorpommern:** § 68 III 1 Nr. 3 KV M-V; **Niedersachsen:** § 136 III Nr. 3 NKomVG; **Nordrhein-Westfalen:** § 107 II 1 Nr. 5 GO NRW; **Rheinland-Pfalz:** § 85 IV 1 Nr. 7 GemO; **Saarland:** § 108 II Nr. 2 KSVG; **Sachsen:** § 94a III Nr. 3 SächsGemO; **Schleswig-Holstein:** § 101 IV 1 Nr. 3 GO.

4 **Baden-Württemberg:** § 102 I Nr. 1 GemO; **Bayern:** Art. 87 I 1 Nr. 1 GO; **Brandenburg:** § 91 II Nr. 1 BbgKVerf; **Hessen:** § 121 I 1 Nr. 1 HGO; **Mecklenburg-Vorpommern:** § 68 II 1 Nr. 1 KV M-V; **Niedersachsen:** § 136 I 2 Nr. 1 NKomVG; **Nordrhein-Westfalen:** § 107 I 1 Nr. 1 GO NRW; **Rheinland-Pfalz:** § 85 I 1 Nr. 1 GemO; **Saarland:** § 108 I Nr. 1 KSVG; **Sachsen:** § 94a I 1 Nr. 1 SächsGemO; **Sachsen-Anhalt:** § 128 I 1 Nr. 1 KVG LSA; **Schleswig-Holstein:** § 101 I Nr. 1 GO; **Thüringen:** § 71 II Nr. 1 ThürKO.

rade entzogen wären. Auch das Argument der Kapazitätsauslastung greift nicht; ihm ist entgegenzuhalten, dass Gemeinden möglichst so zu planen haben, dass Überkapazitäten gar nicht erst entstehen. Daher ist die einzelne unternehmerische Aktivität in den Blick zu nehmen. Die Maßnahme dient vorrangig Eigeninteressen der Gemeinde und nicht etwa der Belebung oder Regulierung des Marktes. Die reine Gewinnerzielung ist von den Vorschriften jedoch nicht gedeckt. Es reicht nach hM auch nicht aus, wenn die Stadt durch das erweiterte Angebot einen Gewinn erzielt und dieser über den Haushalt mittelbar der Allgemeinheit zukommt.

Nach allem ist ein öffentlicher Zweck der wirtschaftlichen Betätigung zu verneinen. Die Ausdehnung der Nutzungsmöglichkeiten der Waschanlagen auf Private war rechtswidrig (str.).

1.2.3 Anspruch

Ein Anspruch auf Einwirkung der Stadt auf die Stadtwerke GmbH ergibt sich aus den kommunalrechtlichen Vorschriften, die die unternehmerische Tätigkeit nur zulassen, wenn ein öffentlicher Zweck dies erfordert bzw. rechtfertigt. Diese Bestimmungen sollen nicht nur die wirtschaftlichen Interessen der kommunalen Gebietskörperschaften schützen und diese vor riskanten Unternehmungen bewahren, sondern ein auf lokaler Ebene bestehendes Interessengeflecht, zu dem auch die privatwirtschaftlichen Unternehmen gehören, austarieren, somit auch deren Interessen schützen (str.).

Ergebnis: Die allgemeine Leistungsklage des A ist begründet. Sie hat Aussicht auf Erfolg.

2 Anspruch auf Einschreiten der Aufsichtsbehörde

A kann die Kommunalaufsichtsbehörde zum Einschreiten veranlassen, soweit diese die Maßnahmen überprüfen kann und muss und er einen Anspruch auf Tätigwerden hat.

2.1 Zuständigkeit

Zunächst ist zwischen Maßnahmen der Gemeinde im eigenen (Zuständigkeit der Rechtsaufsicht) und im übertragenen Wirkungskreis (Zuständigkeit der Fachaufsicht) zu unterscheiden. Die vorgesehenen Änderungen betreffen die örtliche Gemeinschaft, mithin den eigenen Wirkungskreis. Es findet daher allein eine Rechtmäßigkeitskontrolle statt.[5]

Zuständig ist das Innenministerium[6], das Regierungspräsidium[7], die Bezirksregierung[8], die Regierung[9], die Aufsichts- und Dienstleis-

5 **Baden-Württemberg:** § 118 I GemO; **Bayern:** Art. 109 I GO; **Brandenburg:** § 109 S. 2 BbgKVerf; **Hessen:** § 135 S. 1 HGO; **Mecklenburg-Vorpommern:** § 78 II KV M-V; **Niedersachsen:** § 170 I 2 NKomVG; **Nordrhein-Westfalen:** § 119 I GO NRW; **Rheinland-Pfalz:** § 117 S. 1 GemO; **Saarland:** § 127 I 1 KSVG; **Sachsen:** § 111 I SächsGemO; **Sachsen-Anhalt:** § 143 II KVG LSA; **Schleswig-Holstein:** § 120 S. 1 GO; **Thüringen:** § 117 I ThürKO.

6 **Brandenburg:** § 110 II 1 BbgKVerf; **Mecklenburg-Vorpommern:** § 79 I KV M-V; **Niedersachsen:** § 171 I NKomVG; **Schleswig-Holstein:** § 121 II GO.

7 **Baden-Württemberg:** § 119 S. 1 GemO.

8 **Nordrhein-Westfalen:** § 120 II GO NRW.

9 **Bayern:** Art. 110 S. 2 GO.

tungsdirektion[10], die Landesdirektion[11], das Landesverwaltungsamt[12] oder in Hessen bei Gemeinden über 50.000 Einwohnern der Regierungspräsident[13].

2.2 Pflicht zum Einschreiten

Fraglich ist, ob eine aufsichtsbehördliche Pflicht zum Einschreiten besteht. Die Normen der Gemeindeordnungen sind als »Kann-Vorschriften« formuliert. Deshalb hat die Aufsichtsbehörde einen Ermessensspielraum über »Ob« und »Wie« des Einschreitens (sog. Opportunitätsprinzip). Seit der Gesetzgeber in Bayern das dort lange Zeit positivrechtlich verankerte Legalitätsprinzip abgeschafft hat, ist dies nunmehr allgemeine Meinung.

2.3 Anspruch auf ermessensfehlerfreie Entscheidung

Einem solchen Anspruch ist entgegenzuhalten, dass das der Aufsichtsbehörde gewährte Ermessen keine Schutzwirkung zugunsten des antragstellenden Bürgers entfaltet und der Ermessensgebrauch folglich nicht justitiabel ist. Die Bejahung eines Anspruchs liefe im Falle einer Ermessensreduzierung auf Null auf die Beseitigung des Opportunitätsprinzips hinaus, demzufolge ein Einschreiten gerade nicht von Rechts wegen erzwingbar sein soll.

Ergebnis: Die Kommunalaufsichtsbehörde ist zur Überprüfung nicht verpflichtet, sondern kann nach ihrem Ermessen einschreiten. A kann ein Einschreiten nicht verlangen.

Zu 1.1: *Rennert*, Die Klausur im Kommunalrecht, JuS 2008, 211; *Ipsen*, Rechtsschutz gegen kommunale Wirtschaftstätigkeit, ZHR 2006, 422; *Fassbender*, Rechtsschutz privater Konkurrenten gegen kommunale Wirtschaftsbetätigung, DÖV 2005, 89

Zu 1.1.3: OVG Mannheim DVBl 2015, 106 (hierzu *Ruffert*, Verwaltungsrecht: Rechtsschutz gegen kommunale wirtschaftliche Betätigung, JuS 2015, 477); OVG Münster NVwZ 2003, 1520; VG Meinungen ThürVBl 2016, 18; *Sonder*, Wirtschaftliche Betätigung von Kommunen im Wandel, LKV 2013, 202 (203); *Ipsen*, Rechtsschutz gegen kommunale Wirtschaftstätigkeit, ZHR 2006, 422 (432 ff.); *Fassbender*, Rechtsschutz privater Konkurrenten gegen kommunale Wirtschaftsbetätigung, DÖV 2005, 97; Drittschutz hingegen abl. OVG Magdeburg LKV 2009, 91; VGH Kassel DÖV 2005, 210; VG Würzburg BeckRS 2012, 60321

Zu 1.1.6: BGHZ 150, 343 = NJW 2002, 2645

Zu 1.2: *Katz*, Demokratische Legitimationsbedürftigkeit der Kommunalunternehmen, NVwZ 2018, 1091; *Brüning*, Risse im Rechtsrahmen kommunaler wirtschaftlicher Betätigung, NVwZ 2015, 689; *Pünder/Dittmar*, Die wirtschaftliche Betätigung der Gemeinden, JURA 2005, 760; *Ehlers*, Rechtsprobleme der Kommunalwirtschaft, DVBl

10 **Rheinland-Pfalz:** § 118 I 1 GemO.

11 **Sachsen:** § 112 I 1 SächsGemO.

12 **Saarland:** § 128 I KSVG; **Sachsen-Anhalt:** § 144 I 1 KVG LSA; **Thüringen:** § 118 II ThürKO.

13 **Hessen:** § 136 II HGO.

1998, 497; *Gusy*, Die wirtschaftliche Betätigung des Staates, JA 1995, 166, 253

Zu 1.2.1.2: BVerwGE 82, 29 (34) = NJW 1989, 2409; aA OVG Münster NVwZ 2003, 15; am Beispiel der energiewirtschaftlichen Betätigung *Dietl*, Die kommunale Netzgesellschaft, DÖV 2018, 407; *Krämer*, Wirtschaftliche Betätigung von Kommunen als »Randnutzung« – Rechtliche Grenzen und ein Normierungsvorschlag, LKV 2016, 348; allgemein zum Begriff des »öffentlichen Zwecks« *Lange*, Öffentlicher Zweck, öffentliches Interesse und Daseinsvorsorge als Schlüsselbegriffe des kommunalen Wirtschaftsrechts, NVwZ 2014, 616

Zu 1.2.3: Wie hier OVG Mannheim DVBl 2015, 106 (hierzu *Ruffert*, Verwaltungsrecht: Rechtsschutz gegen kommunale wirtschaftliche Betätigung, JuS 2015, 477); OVG Münster NVwZ 2003, 1520; *Pünder/Dittmar*, Die wirtschaftliche Betätigung der Gemeinden, JURA 2005, 760 (765); aA OVG Magdeburg LKV 2009, 91; *Fassbender*, Rechtsschutz privater Konkurrenten gegen kommunale Wirtschaftsbetätigung, DÖV 2005, 89 (96 f.)

Zu 2: *Brüning*, Zur Reanimation der Staatsaufsicht über die Kommunalwirtschaft, DÖV 2010, 553 (556); *Franz*, Die Staatsaufsicht über die Kommunen, JuS 2004, 937 (938); *Knemeyer*, Staatsaufsicht über Kommunen, JuS 2000, 521 (522)

Lösungsskizze 15

Die angegriffenen Vorschriften der Gebührensatzung sind rechtmäßig, soweit sie sich auf eine taugliche Ermächtigungsgrundlage stützen sowie formell und materiell rechtmäßig sind.

1 **Ermächtigungsgrundlage**

Ermächtigungsgrundlage für die Erhebung von Gebühren für die Abfallentsorgung ist § 8 I KrW-AG.

2 **Formelle Rechtmäßigkeit**

2.1 Zuständigkeit

Verbandszuständig ist gem. § 4 I KrW-AG die Stadt S als Entsorgungsträgerin. Organzuständig für die Festlegung von Gebühren ist die Gemeindevertretung als Satzungsgeberin, da kommunale Abgaben (zu denen Gebühren zu zählen sind) nur aufgrund einer Satzung erhoben werden dürfen.[1] Hier hat die Gemeindevertretung gehandelt.

2.2 Verfahren

Die einschlägigen Verfahrensvorschriften sind beachtet worden.

2.3 Form und Anzeige

Die Anforderungen an die Ausfertigung und die Bekanntmachung der Satzung sind erfüllt. Dem Anzeigeerfordernis ist ebenfalls Rechnung getragen.

3 **Materielle Rechtmäßigkeit**

Die Satzungsbestimmungen sind rechtmäßig, wenn die Tatbestandsvoraussetzungen der Ermächtigungsgrundlage erfüllt sind und auch in sonstiger Hinsicht kein Verstoß gegen höherrangiges Recht vorliegt. Dabei unterliegen die Gebührenerhöhung und die Festsetzung unterschiedlicher Gebührensätze für bestimmte Nutzergruppen unterschiedlichen rechtlichen Anforderungen und sind daher getrennt zu beurteilen.

3.1 § 5 der Satzung: Gebührenerhöhung um 50 Prozent

In Betracht kommt ein Verstoß gegen das kommunalabgabenrechtliche Kostenüberschreitungsverbot,[2] welches nach § 8 KrW-AG des Landes X auch für die Erhebung von Abfallentsorgungsgebühren Geltung beansprucht. Danach sind die Gebührensätze in der Regel

1 **Baden-Württemberg:** § 2 I 1 KAG; **Bayern:** Art. 2 I 1 KAG; **Brandenburg:** § 2 I 1 BbgKAG; **Hessen:** § 2 I 1 KAG; **Mecklenburg-Vorpommern:** § 2 I 1 KAG M-V; **Niedersachsen:** § 2 I 1 NKAG; **Nordrhein-Westfalen:** § 2 I 1 KAG; **Rheinland-Pfalz:** § 2 I 1 KAG; **Saarland:** § 2 I 1 KAG; **Sachsen:** § 2 I 1 SächsKAG; **Sachsen-Anhalt:** § 2 I 1 KAG LSA; **Schleswig-Holstein:** § 2 I 1 KAG; **Thüringen:** § 2 I ThürKAG.

2 **Baden-Württemberg:** §§ 11 II, 14 I 1 KAG; **Bayern:** Art. 8 II 1 KAG; **Brandenburg:** § 6 I 3 BbgKAG; **Hessen:** § 10 I 2 KAG; **Mecklenburg-Vorpommern:** § 6 I 2 KAG M-V; **Niedersachsen:** § 5 I 2 NKAG; **Nordrhein-Westfalen:** § 6 I 3 KAG; **Rheinland-Pfalz:** § 8 I 3 KAG; **Saarland:** § 6 I 3 KAG; **Sachsen:** § 10 I 1 SächsKAG; **Sachsen-Anhalt:** § 5 I 2 KAG LSA; **Schleswig-Holstein:** § 6 II 1 KAG; **Thüringen:** § 12 II 1 ThürKAG.

so zu bemessen, dass die Kosten der Einrichtung gedeckt werden. Zu den Kosten zählen die Aufwendungen für die laufende Verwaltung und Unterhaltung, Entgelte für in Anspruch genommene Fremdleistungen, angemessene Abschreibungen sowie eine angemessene Verzinsung des Anlagenkapitals. Kosten ohne Bezug zum Betrieb der Einrichtung können somit nicht bei der Berechnung der Gebühren in Ansatz gebracht werden.

3.1.1 Jedoch ist fraglich, ob das kommunalabgabenrechtliche Kostendeckungsprinzip gilt, wenn – wie im vorliegenden Fall – ein Eigenbetrieb die Leistungen erbringt. Eigenbetriebe sind wirtschaftliche Unternehmen der Kommune ohne eigene Rechtspersönlichkeit.[3] Sie haben – soweit mit der Erfüllung des öffentlichen Zwecks vereinbar – einen Ertrag für die Gemeinde zu erzielen.[4] Jedoch gilt in einigen Ländern die erwerbswirtschaftliche Ausrichtung nur in beschränktem Maße für Unternehmen auf dem Gebiet der Abfallentsorgung (bzw. weiter: der Gesundheitspflege bzw. Umweltschutz); deren Tätigkeit wird nicht als wirtschaftliche Betätigung im kommunalrechtlichen Sinne eingestuft.[5] Aber auch für jene Länder, deren Gemeindeordnung/Kommunalverfassung eine dahingehende ausdrückliche Regelung nicht enthält, gilt das Kostendeckungsprinzip unabhängig von der Organisationsform der Abfallentsorgung, soweit die Realisierung der Entsorgungsaufgabe der Kommune als Rechtsträger zuzurechnen ist (dies ist auch ausdrücklich in den – hier nicht zu benutzenden – landesrechtlichen Abfallgesetzen[6] festgelegt). Auch die Vornahme durch einen Eigenbetrieb stellt S daher nicht von der Beachtung des Kostenüberschreitungsverbots frei.

3.1.2 Das Kostenüberschreitungsverbot könnte verletzt worden sein, wenn S bei der Gebührenkalkulation Kosten eingestellt hatte, die sie nicht hätte in Ansatz bringen dürfen. 50 Prozent der Gebührenerhöhung für die Restabfallentsorgung beruhen auf einer diesem

3 Vgl. **Baden-Württemberg:** § 96 I Nr. 3 GemO, § 1 EigbG; **Bayern:** Art. 88 I GO; **Brandenburg:** § 92 II Nr. 1 BbgKVerf; **Hessen:** § 127 I HGO; vgl. **Mecklenburg-Vorpommern:** § 68 IV 1 Nr. 1 KV M-V; **Niedersachsen:** § 136 II Nr. 1 NKomVG; **Nordrhein-Westfalen:** § 114 I GO NRW; **Rheinland-Pfalz:** § 86 I GemO; **Saarland:** § 109 I 1 KSVG; vgl. **Sachsen:** § 95 I Nr. 2 SächsGemO; **Sachsen-Anhalt:** §§ 121 I Nr. 3, 128 I 1 KVG LSA iVm § 1 S. 1 EigBG; **Schleswig-Holstein:** § 106 S. 1 GO; **Thüringen:** § 76 I 1 ThürKO.

4 **Baden-Württemberg:** § 102 III Hs. 2 GemO; **Brandenburg:** § 92 IV BbgKVerf; **Hessen:** § 121 VIII 1 HGO; **Mecklenburg-Vorpommern:** § 75 I 2 KV M-V; **Niedersachsen:** § 149 I NKomVG; **Nordrhein-Westfalen:** § 109 I 2 GO NRW; **Rheinland-Pfalz:** § 85 III 1 Hs. 2 GemO; **Saarland:** § 116 S. 2 KSVG; **Sachsen:** § 94a IV Hs. 2 SächsGemO; **Schleswig-Holstein:** § 107 S. 2 GO; **Thüringen:** § 75 I ThürKO.

5 **Baden-Württemberg:** § 102 IV 1 Nr. 2 GemO; **Hessen:** § 121 II 1 Nr. 2 HGO; **Nordrhein-Westfalen:** § 107 II 1 Nr. 4 GO NRW; **Rheinland-Pfalz:** § 85 IV 1 Nr. 5 GemO; **Saarland:** § 108 II Nr. 1 KSVG; **Schleswig-Holstein:** § 101 IV 1 Nr. 2 GO.

6 **Bayern:** Art. 7 V Nr. 1a, 5 BayAbfG; **Brandenburg:** § 9 I BbgAbfBodG; **Hessen:** § 5 I 1 HAKrWG; **Mecklenburg-Vorpommern:** § 6 IV AbfWG M-V; **Niedersachsen:** § 12 II NAbfG; **Nordrhein-Westfalen:** § 9 II LAbfG; **Rheinland-Pfalz:** § 5 II LKrWG; **Saarland:** § 8 I 1 SAWG; **Sachsen:** § 9 I SächsKrWBodSchG; **Sachsen-Anhalt:** § 6 I 1, II AbfG LSA; **Schleswig-Holstein:** § 5 II LAbfWG; **Thüringen:** § 6 III ThürAbfG.

Prozentsatz entsprechenden Erhöhung der Verbrennungsentgelte, die S an die G-GmbH zu entrichten hat. Fraglich ist, ob diese (erhöhten) Fremdleistungskosten bei der Berechnung der Gebühren berücksichtigt werden können. Berücksichtigungsfähig sind alle Kosten, die nach betriebswirtschaftlichen Grundsätzen ansatzfähig sind,[7] und damit auch Entgelte für Fremdleistungen. Hierbei handelt es sich auch um Fremdleistungen im Sinne der Bestimmungen. Zwar hält S 100 Prozent der Gesellschafteranteile, entweder in Form einer direkten Beteiligung oder über die E-GmbH, jedoch ist hier eine formelle Betrachtungsweise maßgeblich. Die G-GmbH ist eine juristische Person des Privatrechts mit eigenen Rechten und Pflichten, die gegenüber S juristisch eigenständig auftritt. Kosten, die die G-GmbH geltend macht, sind somit dem Grunde nach auch bei der Gebührenberechnung zu berücksichtigen.
Fraglich ist jedoch, ob dazu auch jene Kosten der G-GmbH gehören, die im Zusammenhang mit Erweiterungsinvestitionen entstanden sind. Diese Investitionen dienten dem Zweck des Ausbaus der Entsorgungskapazitäten. Somit handelt es sich um Kosten, die im Zusammenhang mit der Aufgabe »Abfallentsorgung« anfielen. Jedoch können für die Einwohner von S nur jene Kosten umgelegt werden, die für die Abfallentsorgung in der Gemeinde S entstehen. Die Erweiterung diente jedoch der Schaffung von Entsorgungskapazitäten für außerhalb der Gemeinde liegende Gebiete. Insofern handelt es sich nicht um Kosten, die für Entsorgungsaufgaben im Geltungsbereich der Gebührensatzung anfallen.
S kann sich auch nicht darauf berufen, dass sie an die vertraglichen Vereinbarungen mit der G-GmbH gebunden ist. Denn in Fällen des Abschlusses von Fremdleistungsverträgen kommt es zu einer Vorverlagerung des Kostendeckungsgebots. Dieses ist nicht erst bei der Erstellung der Gebührensatzung, sondern schon beim Abschluss der Fremdleistungsverträge zu beachten.
Im Hinblick auf die Beitragserhöhung um 50 Prozent wegen der Berücksichtigung der investitionsbedingten Erhöhung der Verbrennungsentgelte ist die Satzung daher rechtswidrig.

3.2 § 10 der Satzung: Unterschiedliche Grundgebühren für Privathaushalte und den sonstigen Entsorgungsbereich
Die Festsetzung unterschiedlicher Grundgebühren für Privathaushalte und den sonstigen Entsorgungsbereich könnte ein Verstoß gegen das Gebot der Leistungsäquivalenz, die kommunalabgabenrechtliche Ausprägung des allgemeinen Gleichheitsgebots des Art. 3 I GG, darstellen. Gebühren sind nach Art und Umfang der Inanspruchnahme der Einrichtung zu bemessen (zT »Wirklich-

7 **Baden-Württemberg:** § 11 II 1 Hs. 2 KAG; **Bayern:** Art. 8 II 1 KAG; **Brandenburg:** § 6 II 1, 2 BbgKAG; **Hessen:** § 10 II 2 KAG; **Mecklenburg-Vorpommern:** § 6 II KAG M-V; **Niedersachsen:** § 5 II 1, 4 NKAG; **Nordrhein-Westfalen:** § 6 II 1, 4 KAG; **Rheinland-Pfalz:** § 8 I 1 KAG; **Saarland:** § 6 II 1, 4 KAG; **Sachsen:** § 11 I, II Nr. 3 SächsKAG; **Sachsen-Anhalt:** § 5 II, IIa 1 KAG LSA; **Schleswig-Holstein:** § 6 II 2, 3 Nr. 2 KAG; **Thüringen:** § 12 II 1 ThürKAG.

keitsmaßstab«[8]). Das bedeutet, dass sich eine unterschiedliche Berechnung von Gebühren für verschiedene Nutzergruppen nur dann rechtfertigen lässt, wenn diese ein unterschiedliches Nutzungsverhalten im Hinblick auf die Inanspruchnahme kommunaler Leistungen aufweisen. Hierbei steht den Entsorgungsträgern ein umfassender Gestaltungsspielraum bei der Festsetzung von Gebührenformen und bei Differenzierungen zwischen verschiedenen Nutzergruppen zu. Jedoch müssen diese Differenzierungen sachlich gerechtfertigt sein.

Im vorliegenden Fall könnte der Hinweis darauf, dass das Abfallaufkommen bei Privathaushalten (bezogen auf Einzeleinheiten) höher ausfällt, eine Differenzierung bei der Festsetzung der Gebührensätze rechtfertigen. Unterschieden bei den Abfallmengen wird jedoch in erster Linie durch die Leistungsgebühr Rechnung getragen, die sich nach dem konkreten Umfang des zu entsorgenden Abfalls richtet. Mit der Grundgebühr hingegen soll vor allem die Inanspruchnahme der Annahme- und Betriebsbereitschaft der kommunalen Abfallentsorgungseinrichtung abgegolten werden. Sie zielt auf die Absicherung von Fixkosten, wie zB Personal-, Verwaltungs- und Instandhaltungskosten. Sie ist daher grundsätzlich verbrauchsunabhängig. Anderseits darf nicht verkannt werden, dass Nutzergruppen, die sich durch ein unterschiedlich hohes Abfallaufkommen auszeichnen, auch in unterschiedlichem Maße zum Zustandekommen der den Grundgebühren zugrundeliegenden Gesamtfixkosten beitragen. Eine daran orientierte Differenzierung auch bei Grundgebühren verbietet sich daher nicht per se.[9] Allerdings bedarf es hierfür hinreichender Anhaltspunkte. Daran fehlt es jedoch. Ein allgemeiner Hinweis darauf, dass nach bisheriger Erfahrung mit einem überproportionalen Müllaufkommen der Privathaushalte zu rechnen ist, reicht hierfür nicht aus. Vielmehr hat S eher Anhaltspunkte dafür geliefert, dass mit einem relativ gleichmäßigen Aufkommen zu rechnen ist, da die Bereitstellung von 80 l-Tonnen pro Grundkosteneinheit sowohl für private als auch gewerbliche Nutzer vorgeschrieben wurde.

Die Satzungsregelung verstößt somit gegen das Gebot der Leistungsäquivalenz.

Ergebnis: §§ 5 und 10 der Abfallgebührensatzung sind rechtswidrig.

---

8 **Bayern:** Art. 8 IV Hs. 1 KAG; **Brandenburg:** § 6 IV 1 BbgKAG; **Hessen:** § 10 III 1 KAG; **Mecklenburg-Vorpommern:** § 6 III 1 KAG M-V; **Niedersachsen:** § 5 III 1 NKAG; **Nordrhein-Westfalen:** § 6 III 1 KAG; **Rheinland-Pfalz:** § 7 I 2 KAG; **Saarland:** § 6 III 1 KAG; **Sachsen:** § 14 I 1 SächsKAG; **Sachsen-Anhalt:** § 5 III 1 KAG LSA; **Schleswig-Holstein:** § 6 IV 2 KAG; **Thüringen:** § 12 IV ThürKAG; abw. als Kann-Vorschrift formuliert **Baden-Württemberg:** § 14 I 1 Hs. 2 KAG.

9 **Bayern:** Art. 8 II 3 KAG; **Brandenburg:** § 6 IV 3 BbgKAG; **Hessen:** § 10 III 4 KAG; **Mecklenburg-Vorpommern:** § 6 III 3, 4 KAG M-V; **Niedersachsen:** § 5 IV NKAG; **Nordrhein-Westfalen:** § 6 III 3 KAG; **Saarland:** § 6 III 4 KAG; **Sachsen:** § 14 I 3 SächsKAG; **Sachsen-Anhalt:** § 5 III 4 KAG LSA; **Schleswig-Holstein:** § 6 IV 1, 3 KAG; **Thüringen:** § 12 II 4 ThürKAG.

Zu 3:	VGH Kassel RdE 2012, 151
Zu 3.1:	OVG Münster BeckRS 2016, 53447; VGH Kassel NVwZ-RR 2000, 243; *Siebel*, Zur Kalkulation von Abfallgebühren, ZUR 2000, 27
Zu 3.1.1:	VGH Mannheim BeckRS 2010, 50831
Zu 3.1.2:	VGH Kassel BeckRS 2016, 49658
Zu 3.2:	BVerwG BeckRS 2018, 9772; VGH Kassel KommJur 2018, 376; OVG Bremen NordÖR 2018, 19; OVG Münster NWVBl 2015, 374; VGH München BeckRS 2008, 27925; VG München BeckRS 2007, 35748

C. Polizeirecht

Lösungsskizze 16

1 **Rechtmäßigkeit der Wohnungsverweisung und des Betretungsverbots**

Die Wohnungsverweisung und das Betretungsverbot sind rechtmäßig, wenn eine Ermächtigungsgrundlage besteht und diese formell und materiell rechtmäßig angewendet wurde.

1.1 Ermächtigungsgrundlage

Mangels einschlägiger Sondergesetze findet das allgemeine Polizei- und Ordnungsrecht Anwendung. Ermächtigungsgrundlage ist die Vorschrift über die Wohnungsverweisung und das Betretungsverbot.[1] Bei der Wohnungsverweisung und dem Betretungsverbot handelt es sich um zwei eigenständige Verfügungen (str.), die jedoch aufgrund identischer Voraussetzungen mit Ausnahme von Baden-Württemberg[2] klausurökonomisch zusammen geprüft werden können. Entsprechend liegt den Maßnahmen jeweils eine eigene Verhältnismäßigkeits- sowie Ermessensprüfung zugrunde. In einigen wenigen Bundesländern kann daneben auch noch ein ausdrückliches Kontaktverbot bzw. Annäherungsverbot ausgesprochen werden, sodass dem Gefährder untersagt werden kann, die von ihm bedrohte Person in bestimmter oder auch in irgendeiner Form zu kontaktieren.[3] Hiervon haben die Polizeibeamten jedoch keinen Gebrauch gemacht.

1.2 Formelle Rechtmäßigkeit

Die sachliche Zuständigkeit der Polizei für das Betretungsverbot ergibt sich außer in Hamburg (§ 3 II 1 lit. a SOG) unmittelbar aus der Ermächtigungsgrundlage. Bedenken gegen die örtliche und instanzielle Zuständigkeit sowie gegen Form- und Verfahrensvorschriften bestehen nicht.

1.3 Materielle Rechtmäßigkeit

Die Wohnungsverweisung und das Betretungsverbot sind rechtmäßig, wenn die Tatbestandsvoraussetzungen der Rechtsgrundlage gegeben sind und die Maßnahme von der Rechtsfolge gedeckt ist, sie sich an den richtigen Adressaten richtet und verhältnismäßig sowie ermessensfehlerfrei ist.

---

1 **Baden-Württemberg:** § 27a III PolG; **Bayern:** Art. 16 I 1 PAG; **Berlin:** § 29a ASOG Bln; **Brandenburg:** § 16a I 1 BbgPolG; **Bremen:** § 14a I 1 BremPolG; **Hamburg:** § 12b I 1 SOG; **Hessen:** § 31 II HSOG; **Mecklenburg-Vorpommern:** § 52 II SOG M-V; **Niedersachsen:** § 17a I 1 NPOG; **Nordrhein-Westfalen:** § 34a I 1 PolG NRW; **Rheinland-Pfalz:** § 13 II POG; **Saarland:** § 12 II 1 SPolG; **Sachsen:** § 21 III SächsPolG; **Sachsen-Anhalt:** § 36 III 1, 2 SOG LSA; **Schleswig-Holstein:** § 201a I 1 LVwG; **Thüringen:** § 18 II 1 PAG.

2 **Baden-Württemberg:** § 27a III 2 PolG.

3 **Baden-Württemberg:** § 27a III 2 aE PolG; **Bayern:** Art. 16 II 1 Nr. 1 PAG; **Hamburg:** § 12b III SOG; **Hessen:** § 31 II 2 aE HSOG.

1.3.1 Tatbestand und Rechtsfolge

1.3.1.1 Qualifizierte Gefahr

Abhängig vom jeweiligen Polizeigesetz werden unterschiedliche Anforderungen an Art und Intensität der Gefahr für den Mitbewohner der Wohnung gestellt. Hinsichtlich der Beurteilung bezüglich des Vorliegens einer Gefahr ist diese grundsätzlich anhand einer ex-ante-Sicht des handelnden Amtsträgers vorzunehmen. Die rechtliche Bewertung hat nach Maßgabe objektiver Kriterien zu erfolgen, wobei subjektive Elemente hinzutreten. In den meisten Ländern wird eine gegenwärtige Gefahr für Leib, Leben oder Freiheit (vereinzelt daneben auch die sexuelle Selbstbestimmung[4]) gefordert.[5] Vergleichbar hohe Anforderungen normiert die Vorschrift von Baden-Württemberg, die eine unmittelbar bevorstehende erhebliche Gefahr voraussetzt.[6] In Bayern ist das Vorliegen einer (konkreten) Gefahr oder einer drohenden Gefahr für ein bedeutendes Rechtsgut erforderlich.[7] In Hamburg, Rheinland-Pfalz und dem Saarland reicht eine (konkrete) Gefahr für Leib, Leben oder Freiheit aus.[8] In Berlin bedarf es einer (konkreten) Gefahr für Körper, Gesundheit oder Freiheit.[9]

Eine Leibesgefahr, wie sie die meisten landesrechtlichen Vorschriften fordern, liegt vor, wenn mehr als nur leichte Körperverletzungen zu befürchten sind. M hat der F bereits eine Schnittwunde über dem linken Auge zugefügt und sie ebenfalls geschlagen. Sein erregter Zustand lässt die Zufügung noch schwerwiegenderer Verletzungen befürchten, sodass eine Leibesgefahr gegeben ist.

Die Gefahr muss in den meisten Bundesländern auch gegenwärtig sein. Gegenwärtig ist die Gefahr, wenn das schädigende Ereignis bereits eingetreten ist oder unmittelbar oder in allernächster Zeit mit an Sicherheit grenzender Wahrscheinlichkeit bevorsteht.[10] Zum Zeitpunkt des polizeilichen Eingreifens lag eine gegenwärtige Gefahr vor, da die körperliche Integrität von F bereits geschädigt war. In Bayern und Baden-Württemberg wird eine praktisch gleichbedeutende drohende Gefahr bzw. unmittelbar bevorstehende erhebliche Gefahr vorausgesetzt. Dies meint eine Sachlage, bei der ein akuter Schadenseintritt mit an Sicherheit grenzender Wahrscheinlichkeit zu erwarten ist. Auch dies ist zu bejahen. In Hamburg, Rheinland-Pfalz, dem Saarland und Berlin ist eine konkrete Gefahr erforderlich, dh eine Sachlage, in der bei ungehindertem Geschehensablauf

4 **Niedersachsen:** § 17a I 1 NPOG; **Thüringen:** § 18 II 1 PAG.

5 **Brandenburg:** § 16a I BbgPolG; **Bremen:** § 14a I 1 BremPolG; **Hessen:** § 31 II HSOG; **Mecklenburg-Vorpommern:** § 52 II SOG M-V; **Nordrhein-Westfalen:** § 34a I PolG NRW; **Sachsen:** § 21 III SächsPolG; **Sachsen-Anhalt:** § 36 III 1, 2 SOG LSA; **Schleswig-Holstein:** § 201a I 1 LVwG.

6 **Baden-Württemberg:** § 27a III PolG.

7 **Bayern:** Art. 16 I 1 PAG.

8 **Hamburg:** § 12 b I 1 SOG; **Rheinland-Pfalz:** § 13 II POG; **Saarland:** § 12 II 1 SPolG.

9 **Berlin:** § 29a I ASOG Bln.

10 Legaldefinitionen in **Bremen:** § 2 Nr. 3b BremPolG; **Mecklenburg-Vorpommern:** § 3 III Nr. 2 SOG M-V; **Niedersachsen:** § 2 Nr. 2 NPOG; **Sachsen-Anhalt:** § 3 Nr. 3 lit. b SOG LSA.

ein Zustand oder ein Verhalten mit hinreichender Wahrscheinlichkeit in absehbarer Zeit zu einem Schaden hinsichtlich der einschlägigen Schutzgüter führt, wobei auch eine bereits eingetretene Störung erfasst wird. Auch die Anforderungen an den konkreten Gefahrbegriff werden erfüllt, da F bereits eine Verletzung davongetragen hat.
Demnach liegen in allen Bundesländern die Tatbestandsvoraussetzungen vor, die zur Wohnungsverweisung ermächtigen. Außer in Baden-Württemberg[11] kann in allen übrigen Bundesländern unter den gleichen Voraussetzungen daneben ein Betretungsverbot ausgesprochen werden. In Baden-Württemberg müssen Tatsachen die Annahme rechtfertigen, dass die erhebliche Gefahr nach Verlassen der Wohnung fortbesteht. Aufgrund der Schilderungen von F, die sie so auch nicht widerruft, da sie im weiteren Verlauf nur andere Angaben hinsichtlich der Herkunft ihrer Schnittwunde macht, ist jedoch zu befürchten, dass M auch weiterhin die F körperlich misshandeln wird, da dies oftmals am Freitagabend der Fall ist, wenn M getrunken hat.
Schließlich bestand die Gefahr auch für einen Bewohner derselben Wohnung, da F ebenfalls in der Wohnung lebt.

1.3.1.2 Tatbestandsausschluss aufgrund Einverständnisses der F

Allerdings könnten die Wohnungsverweisung und das Betretungsverbot ausgeschlossen sein, wenn ein wirksames Einverständnis der F in ihre Gefährdung sowie hinsichtlich der Rückkehr des M in die gemeinsame Wohnung vorliegt.
Umstritten ist jedoch bereits, inwieweit das Einverständnis des Opfers und ein damit einhergehender Verzicht auf den Schutz durch die zuständigen Behörden ein Einschreiten der Exekutive ausschließt. Zugunsten der Erheblichkeit des von F geäußerten Protestes gegen die Verweisung spricht ihr allgemeines Selbstbestimmungsrecht als Ausfluss von Art. 2 I GG. Demnach ist jedem willensbildungsfähigen Menschen grundsätzlich die Einwilligungsfähigkeit in eine Selbstgefährdung zuzustehen. Dies gilt jedoch dann nicht mehr, wenn erhebliche Gefahren für Leib und Leben drohen, da in solchen Konstellationen der staatliche Schutzauftrag aus Art. 2 II 1 GG regelmäßig vorgeht. Die Polizeibeamten wurden nicht zum ersten Mal zu einem derartigen Vorfall in die Wohnung von M und F gerufen. Aufgrund vergleichbarer Vorfälle sind M und F bereits bekannt. Ohne die Wohnungsverweisung und das Betretungsverbot besteht somit die Befürchtung, dass M die F auch weiterhin körperlich misshandeln wird. Das Nichteinschreiten der öffentlichen Gewalt würde andernfalls eine Schutzpflichtverletzung darstellen, die einen Verstoß gegen die Grundlagen der staatlichen repressiven Gesundheitsvorsorge impliziert. Je gravierender das gefährdete Rechtsgut und je wahrscheinlicher die Rechtsgutsgefährdung ist, umso präziser muss jedoch geklärt werden, inwieweit der

11 **Baden-Württemberg:** § 27a III 2 PolG.

Verzicht auf den staatlichen Schutz tatsächlich vom freien Willen getragen ist.
Am freien Willen von F bestehen indes erhebliche Zweifel, da F hauptsächlich aufgrund möglicher weiterer Repressalien durch M der Wohnungsverweisung und damit auch konkludent dem Betretungsverbot widerspricht. F befindet sich aufgrund der äußeren Umstände und des Geschehens in einer belastenden Zwangslage, die sie zu ihrer Aussage verleiten lässt, sodass ein vom freien Willen getragenes Einverständnis nicht vorliegt. Der Widerspruch von F gegen die Wohnungsverweisung sowie das Betretungsverbot ist mangels einer vom freien Willen getragenen Entscheidung unerheblich.
Daneben handelt es sich im Übrigen bei häuslicher Gewalt auch nicht ausschließlich um eine private Angelegenheit, die die Exekutive vom Einschreiten befreit, da auch öffentliche Interessen tangiert sind. Der Staat hat aus Art. 2 II GG eine Schutzpflicht vor einer Beeinträchtigung von Leib und Leben, deren Wahrnehmung gerade bei erheblichen Gefahren nicht zur Disposition der Betroffenen steht. Eine Verweisung aus der Wohnung kann somit auch bei zusammenlebenden Personen im öffentlichen Interesse stehen. Dieses Verständnis liegt auch der Schaffung des Gewaltschutzgesetzes im Jahre 2011 zugrunde. So hat der Gesetzgeber das Gesetz zum zivilrechtlichen Schutz vor Gewalttaten und Nachstellungen (Gewaltschutzgesetz – GewSchG) eingeführt, um den Schutz bei Gewalttaten sowie unzumutbaren Belästigungen zu verbessern, da die Bewältigung derartiger Gewalttaten für die Gesellschaft eine besondere Herausforderung ist. So kann das Gericht umfangreiche Maßnahmen – beispielsweise dem Täter untersagen die Wohnung der verletzten Person zu betreten – erlassen (vgl. § 1 GewSchG). Selbst bei einer gemeinsam genutzten Wohnung durch Täter und Opfer, kann der Täter verpflichtet werden, die gemeinsam genutzte Wohnung dem Opfer zur alleinigen Benutzung zu überlassen (vgl. § 2 GewSchG).
Nach alledem liegt kein wirksames auf einem freien Willen beruhendes tatbestandsausschließendes Einverständnis der F vor.

1.3.1.3 Rechtsfolge

Als Rechtsfolge ermächtigt die Norm die Polizeibeamten gegenüber M eine Wohnungsverweisung sowie ein Betretungsverbot bzw. Rückkehrverbot auszusprechen.

1.3.2 Adressat

Wer Adressat der Verfügung ist, ergibt sich aus den Ermächtigungsgrundlagen unmittelbar.[12] Danach ist die Maßnahme gegen M zu richten als der Person, von der die Gefahr ausgeht.

12 **Baden-Württemberg:** § 27a III 1 PolG; **Bayern:** Art. 16 I 1 PAG; **Berlin:** § 29a I 1 ASOG Bln; **Brandenburg:** § 16a I 1 BbgPolG; **Bremen:** § 14a I 1 BremPolG; **Hamburg:** § 12b I 1 SOG; **Hessen:** § 31 II 1 SOG; **Mecklenburg-Vorpommern:** § 52 II 1 SOG-MV; **Niedersachsen:** § 17a I 1 NPOG; **Nordrhein-Westfalen:** § 34a I 1 PolG NRW; **Rheinland-Pfalz:** § 13 II POG; **Saarland:** § 12 II 1 SPolG; **Sachsen:** § 21 III SächsPolG; **Sachsen-Anhalt:** § 36 III 1 SOG LSA; **Schleswig-Holstein:** § 201a I 1 LVwG; **Thüringen:** § 18 II 1 PAG.

1.3.3 Verhältnismäßigkeit

Die Maßnahme muss ferner dem – überwiegend positivrechtlich normierten[13] – Verhältnismäßigkeitsgebot entsprechen, dh geeignet, erforderlich und angemessen sein. Zum Zeitpunkt des polizeilichen Einschreitens und im Hinblick auf die kurzfristige Hinausweisung für die kommenden zwölf Stunden aus der gemeinsamen Wohnung von M und F, war die Maßnahme geeignet, da dadurch weitere Körperverletzungen verhindert wurden.

Für den darüber hinausgehenden Zeitraum – also das Betretungsverbot für zehn Tage – ist eine weitergehende Prognose hinsichtlich des Vorliegens einer gegenwärtigen bzw. konkreten Gefahr anzustellen. Denn sobald die Gefahr nicht mehr gegenwärtig bzw. konkret ist, ist die Maßnahme nicht mehr geeignet. Tätliche Auseinandersetzungen hatten bislang nur freitags – und auch nicht regelmäßig – stattgefunden, also immer dann, wenn M getrunken hatte. In der dazwischen liegenden Zeit, also den Tagen von Samstag bis Donnerstag, könnte es an einer gegenwärtigen bzw. konkreten Leibesgefahr fehlen, wenn mit erneuten Tätlichkeiten grundsätzlich erst wieder am nächsten Freitagabend gerechnet werden kann.

Allerdings könnte der Grundsatz, dass die Anforderungen an das Gefahrniveau umso geringer sind, je höher das bedrohte Schutzgut zu bewerten ist, eine andere Beurteilung der Gefahrenlage rechtfertigen, sodass auch ein zehntägiges Betretungsverbot verhältnismäßig ist, das die Tage von Samstag bis Donnerstag umfasst. Aufgrund der allgemeinen Lebenserfahrung ist zu befürchten, dass M bei Trunkenheit in allernächster Zeit wieder handgreiflich gegenüber F wird. Zwar sind bisherige Übergriffe überwiegend nur an Freitagabenden erfolgt, allerdings lässt sich nicht ausschließen, dass sich M aufgrund der aktuellen Situation auch an weiteren Abenden zu Angriffen gegenüber F hinreißen lässt. Daneben normieren einige landesrechtliche Regelungen ausdrücklich eine maximale Zeitspanne für ein zeitliches Betretungsverbot, wobei zehn bis vierzehn Tage möglich sind.[14] Schließlich dient das Betretungsverbot auch dazu, dass Opfern häuslicher Gewalt ein angemessenes Zeitfenster zur Erlangung zivilrechtlicher Schutzmöglichkeiten nach dem GewSchG eingeräumt wird, sodass F innerhalb der kommenden zehn Tage einen derartigen Antrag (vgl. § 1 GewSchG) stellen kann und M in dieser Zeit die Wohnung nicht betreten darf.

---

13 **Baden-Württemberg:** § 5 PolG; **Bayern:** Art. 4 PAG; **Berlin:** § 11 ASOG Bln; **Brandenburg:** § 3 BbgPolG; **Bremen:** § 3 BremPolG; **Hamburg:** § 4 SOG; **Hessen:** § 4 HSOG; **Mecklenburg-Vorpommern:** §§ 14 II, 15 SOG M-V; **Niedersachsen:** § 4 NPOG; **Nordrhein-Westfalen:** § 2 PolG NRW; **Rheinland-Pfalz:** § 2 POG; **Saarland:** § 2 SPolG; **Sachsen:** § 3 II–IV SächsPolG; **Sachsen-Anhalt:** § 5 SOG LSA; **Schleswig-Holstein:** §§ 73, 174 LVwG; **Thüringen:** § 4 PAG.

14 **Baden-Württemberg:** § 27a IV PolG; **Berlin:** § 29a III ASOG Bln; **Brandenburg:** § 16a V BbgPolG; **Bremen:** § 14a IV BremPolG; **Hamburg:** § 12b I 2 SOG; **Hessen:** § 31 II 3 HSOG; **Mecklenburg-Vorpommern:** § 52 II 3 SOG-MV; **Niedersachsen:** § 17a I 1 NPOG; **Nordrhein-Westfalen:** § 34a V 1 PolG NRW; **Saarland:** § 12 II 4 SPolG; **Sachsen:** § 21 III SächsPolG; **Sachsen-Anhalt:** § 36 III 3 SOG LSA; **Schleswig-Holstein:** § 201a I 1 LVwG; **Thüringen:** § 18 II 2 PAG.

Somit sind die Wohnungsverweisung für die kommenden zwölf Stunden sowie das Betretungsverbot für die kommenden zehn Tage verhältnismäßig.

1.3.4 Ermessen

Die Ermächtigungsgrundlage räumt der Polizei Entschließungs- und Auswahlermessen ein. Fehler hinsichtlich des Entschließungsermessens sind nicht ersichtlich.

Auch das Auswahlermessen müsste fehlerfrei ausgeübt worden sein. Eine Überschreitung der Grenzen des Ermessens liegt hinsichtlich der Wohnungsverweisung nicht vor. Hinsichtlich des Betretungsverbots liegt eine Ermessensüberschreitung ebenfalls nicht vor, da die gesetzte Rechtsfolge von der Ermächtigungsgrundlage gedeckt ist. Diese begrenzt das Betretungsverbot je nach landesrechtlicher Regelung überwiegend auf einen Zeitraum von zehn bis vierzehn Tagen. In Baden-Württemberg sind die vom Polizeivollzugsdienst ausgesprochenen Rückkehrverbote auf maximal vier Werktage begrenzt.[15] Ausgesprochen werden kann ein solches Verbot nur bis zu einer zivilrichterlichen Entscheidung, die hier jedoch noch nicht erfolgt ist. Im Bezug auf das Betretungsverbot ist in Baden-Württemberg die Maßnahme somit ermessensfehlerhaft, da die Polizeibeamten anstelle der möglichen vier Werktage dem M das Betreten für zehn Tage untersagt haben. In allen anderen Bundesländern ist das Betretungsverbot ermessensfehlerfrei.

Ergebnis: Die Wohnungsverweisung für die kommenden zwölf Stunden sowie das Betretungsverbot für die kommenden zehn Tage waren somit rechtmäßig.

2 Rechtmäßigkeit der Meldeauflage

Die Meldeauflage ist rechtmäßig, wenn sie die formellen und materiellen Voraussetzungen wahrt.

2.1 Ermächtigungsgrundlage

Die Meldeauflage ist in einigen Bundesländern mittlerweile als Standardmaßnahme normiert.[16] Zwar dient sie primär der Verhütung von Straftaten, gleichwohl kann mit ihr aber auch die Unterbindung weiterer häuslicher Gewalt bezweckt werden. In denjenigen Bundesländern, die über eine besondere Regelung nicht verfügen, ist umstritten, ob die polizeiliche Generalklausel herangezogen werden kann.[17] Das ist im Ergebnis zu bejahen, da es zwar wünschenswert ist, dass der Gesetzgeber typische polizeiliche Handlungsformen als konkrete Standardmaßnahmen regelt. Unter rechtsstaatlichen Gesichtspunkten ist es jedoch vertretbar, auch

15 **Baden-Württemberg:** § 27a IV PolG.

16 **Bayern:** Art. 16 II 2 PAG; **Brandenburg:** § 15a BbgPolG; **Hessen:** § 30a HSOG; **Niedersachsen:** § 16a NPOG; **Rheinland-Pfalz:** § 12a POG; **Sachsen-Anhalt:** § 35a SOG LSA.

17 **Baden-Württemberg:** §§ 1, 3 PolG; **Berlin:** §§ 1, 17 I ASOG Bln; **Bremen:** §§ 1, 10 I BremPolG; **Hamburg:** § 3 I SOG; **Mecklenburg-Vorpommern:** §§ 13, 16 SOG-MV; **Nordrhein-Westfalen:** §§ 1, 8 I PolG NRW; **Saarland:** § 1, 8 I SPolG; **Sachsen:** §§ 1, 3 SächsPolG; **Schleswig-Holstein:** §§ 174, 176 LVwG; **Thüringen:** §§ 2, 12 PAG.

häufige Handlungsformen auf die Generalklausel zu stützen (aA vertretbar).

2.2 Formelle Rechtmäßigkeit

In Bayern, Brandenburg, Hessen, Niedersachen, Rheinland-Pfalz und Sachsen-Anhalt folgt die sachliche Zuständigkeit der Polizei unmittelbar aus der Ermächtigungsnorm. In den übrigen Bundesländern ergibt sich diese aus den allgemeinen Zuständigkeitsvorschriften. Im Übrigen sind die örtliche und instanzielle Zuständigkeit sowie die allgemeinen Form- und Verfahrensvorschriften eingehalten.

2.3 Materielle Rechtmäßigkeit

Die Meldeauflage ist rechtmäßig, wenn die Tatbestandsvoraussetzungen der Rechtsgrundlage gegeben sind und die Maßnahme von der Rechtsfolge gedeckt ist, sie sich an den richtigen Adressaten richtet und im Übrigen verhältnismäßig sowie ermessensfehlerfrei ist.

2.3.1 Tatbestand und Rechtsfolge

In Brandenburg, Hessen, Niedersachsen, Rheinland-Pfalz und Sachsen-Anhalt müssen die besonderen Tatbestandsvoraussetzungen erfüllt sein. Diese liegen dann vor, wenn Tatsachen die Annahme rechtfertigen, dass eine Person eine Straftat begehen wird (ergänzend fordert die brandenburgische Regelung eine Straftat gegen Leib oder Leben oder eine Straftat nach den §§ 125, 125a StGB oder § 27 I VersammlungsG) und die Meldeauflage zur vorbeugenden Bekämpfung einer Straftat erforderlich ist. Tatsachen, die die Annahme rechtfertigen, sind nicht bereits dann schon gegeben, wenn Indizien aufgrund polizeilicher Erfahrung die Möglichkeit einer bevorstehenden Straftat in Aussicht stellen. Vielmehr müssen gewusste (beweisbare) Fakten unter Einbeziehung des polizeilichen Erfahrungswissens den Schluss auf das Bevorstehen einer Straftat mit einer gewissen Wahrscheinlichkeit zulassen. Insofern ist eine Prognose über das mögliche künftige Geschehen anzustellen. In allen anderen Bundesländern, in denen die Meldeauflage auf die polizeiliche Generalklausel gestützt wird, ist eine konkrete Gefahr für ein Schutzgut der öffentlichen Sicherheit oder Ordnung erforderlich. Unter einer konkreten Gefahr versteht man eine Sachlage, die im Einzelfall mit hinreichender Wahrscheinlichkeit in absehbarer Zeit zu einem Schaden führen wird oder bei welcher der Schaden bereits eingetreten ist. Je wichtiger das zu schützende Rechtsgut ist, desto geringere Anforderungen sind an die Wahrscheinlichkeit zu stellen. Mit der Meldeauflage bezwecken die Polizeibeamten die Überwachung der Einhaltung des Betretungsverbots, um M von weiteren Körperverletzungsdelikten (§§ 223, 224 StGB) zum Nachteil der F abzuhalten. Es besteht eine nicht nur unerhebliche Wahrscheinlichkeit, dass es erneut zu derartigen Vorfällen zwischen M und F kommen wird. Zwar trinkt M häufiger nur an Freitagabenden, allerdings ist nicht ausgeschlossen, dass er künftig auch an anderen

Wochentagen Alkohol zu sich nimmt und es infolgedessen zu weiteren tätlichen Angriffen auf F kommt. Insbesondere unter dem Eindruck der gegenwärtigen Situation ist mit weiteren Übergriffen zu rechnen.

2.3.2 Adressat, Verhältnismäßigkeit, Ermessen

M ist tauglicher Adressat der Meldeauflage. Für Bayern, Brandenburg, Hessen, Niedersachsen, Rheinland-Pfalz und Sachsen-Anhalt folgt dies unmittelbar aus der Ermächtigungsnorm selbst. Im Übrigen kommen die allgemeinen Regeln zur Verantwortlichkeit zum Tragen, sodass M Verhaltensstörer ist. Die Meldeauflage ist auch verhältnismäßig, da es M ohne Weiteres zumutbar ist, sich alle zwei Tage um 18.00 Uhr auf dem zuständigen Polizeirevier zu melden. Ermessensfehler sind nicht ersichtlich.

Ergebnis: Die Meldeauflage ist rechtmäßig.

3 Ersatzanspruch des M aufgrund des beschädigten Hemdes gegenüber der Polizei

3.1 Ein Anspruch aus Amtshaftung gem. § 839 BGB iVm Art. 34 GG kommt nicht in Betracht, da den Beamten laut Sachverhalt kein schuldhaftes Handeln vorzuwerfen ist.

3.2 Ersatzanspruch aufgrund Inanspruchnahme als Nichtstörer

Ein Ersatzanspruch aufgrund der rechtswidrigen bzw. rechtmäßigen Inanspruchnahme als Nichtstörer kommt nicht in Betracht, da M als Verhaltensstörer in rechtmäßiger Weise der Wohnung verwiesen wurde.[18]

3.3 Anspruch aus enteignungsgleichem Eingriff

Ein Anspruch aus enteignungsgleichem Eingriff scheidet vorliegend aus, da keine rechtswidrige hoheitliche Maßnahme vorliegt, die zur Beschädigung des Hemdes geführt hat.

3.4 Anspruch aus enteignendem Eingriff

Der Anspruch aus dem enteignenden Eingriff kommt in Betracht, wenn rechtmäßige hoheitliche Maßnahmen bei einem Betroffenen zu Nachteilen führen, die er aus rechtlichen oder tatsächlichen Gründen zwar hinnehmen muss, die aber die Schwelle des enteignungsrechtlich Zumutbaren übersteigen. Der Anspruch dient dem Ausgleich unzumutbarer und regelmäßig atypischer und unvorhergesehener Nebenfolgen eines an sich rechtmäßigen Verwaltungshandelns.

---

18 **Baden-Württemberg:** § 55 PolG; **Bayern:** Art. 87 PAG; **Berlin:** § 59 ASOG Bln; **Brandenburg:** § 70 BbgPolG iVm § 38 OBG; **Bremen:** § 56 BremPolG; **Hamburg:** § 10 III SOG; **Hessen:** § 64 HSOG; **Mecklenburg-Vorpommern:** § 72 SOG-MV; **Niedersachsen:** § 80 NPOG; **Nordrhein-Westfalen:** § 67 PolG NRW iVm § 39 OBG; **Rheinland-Pfalz:** § 68 POG; **Saarland:** § 68 SPolG; **Sachsen:** § 52 SächsPolG; **Sachsen-Anhalt:** § 69 SOG LSA; **Schleswig-Holstein:** § 221 LVwG; **Thüringen:** § 68 PAG.

3.4.1 Anwendbarkeit

Der enteignende Eingriff kommt allerdings dann nicht zur Anwendung, wenn spezialgesetzliche Entschädigungsansprüche vorhanden und einschlägig sind, wozu insbesondere die Vorschriften des Polizei- und Ordnungsrechts über die Inanspruchnahme von Nichtstörern zählen.

M wurde jedoch nicht als Nichtstörer in Anspruch genommen, sodass die polizeirechtlichen Vorschriften zur Entschädigung nicht einschlägig sind und damit ein Anspruch aus einem enteignenden Eingriff grundsätzlich in Betracht kommt.

3.4.2 Anspruchsgrundlage

Als Ausfluss des allgemeinen Aufopferungsgedankens findet der Anspruch aus enteignendem Eingriff seine Rechtsgrundlage in den gewohnheitsrechtlich anerkannten Regeln der §§ 74, 75 Einleitung zum Allgemeinen Preußischen Landrecht.

3.4.3 Anspruchsvoraussetzungen

Zunächst muss eine Eigentumsposition iSd Art. 14 GG beeinträchtigt worden sein. Die Beschädigung des Designerhemdes von M stellt eine derartige Eigentumsbeeinträchtigung dar. Diese muss aufgrund eines rechtmäßigen hoheitlichen Eingriffs erfolgt sein. Die dem M gegenüber erteilte Wohnungsverweisung stellt die rechtmäßige hoheitliche polizeiliche Maßnahme dar. Der Eingriff muss ferner unmittelbar erfolgt sein, wobei die Unmittelbarkeit nicht allein anhand von Kausalitätskriterien zu beurteilen ist, sondern aufgrund einer wertenden Zurechnung. Insofern ist die Zerstörung des Designerhemdes von M auch unmittelbar erfolgt, da diese im Rahmen der Wohnungsverweisung eintrat.

Dem M muss schließlich ein Sonderopfer abverlangt worden sein. Ein solches ist insbesondere dann anzunehmen, wenn der Eigentumseingriff und seine unmittelbaren Folgen für den Betroffenen derart schwerwiegend sind, dass sich eine entschädigungslose Hinnahme als unzumutbar erweist. Nach der Sonderopfertheorie des BGH liegt eine entschädigungspflichtige Enteignung vor, wenn der in Rede stehende Eigentumseingriff den Einzelnen oder eine Gruppe im Vergleich zu anderen ungleich, eben besonders trifft und den Einzelnen zu einem nicht zumutbaren Opfer für die Allgemeinheit zwingt. Nach der Schweretheorie des BVerwG liegt eine entschädigungspflichtige Enteignung vor, wenn sich der Eingriff in das Eigentum als schwer und unzumutbar darstellt. Beiden Theorien ist gemein, dass die Situationsgebundenheit zu berücksichtigen ist. Von einem Sonderopfer kann jedoch keine Rede mehr sein, wenn sich der nachteilig Betroffene freiwillig in eine gefährliche Situation begeben hat, deren Folgen letztlich von ihm herbeigeführt und grundsätzlich selbst zu tragen sind. Um festzustellen, ob ein Sonderopfer vorliegt, müssen die Umstände des Einzelfalls umfassend geprüft werden.

Die Beschädigung des Designerhemdes stellt jedoch – sowohl nach der Sonderopfertheorie als auch der Schweretheorie – lediglich eine unwesentliche Beeinträchtigung des Eigentums des M dar (Rechtsgedanke des § 906 I BGB). Der entstandene Schaden iHv 500 EUR ist nicht von einer derartigen Schwere, dass sich die Hinnahme durch M als unzumutbar erweist. Dabei ist bei der rechtlichen Bewertung zu berücksichtigen, dass sich M durch sein aggressives Verhalten gegenüber F selbst und damit eigenverantwortlich in eine Situation gebracht hat, die schließlich zu seiner Wohnungsverweisung geführt hat. Das Handgemenge als unmittelbare Schadensursache hat M selbst in Gang gesetzt. Die Polizeibeamten reagierten auf diesen Angriff entsprechend, um diesen abzuwehren (Rechtsgedanke der Notwehr, § 32 StGB). M hat somit keinen Anspruch aus enteignendem Eingriff.

3.5 Anspruch aus Aufopferung
Ein aufopferungsrechtlicher Anspruch im engeren Sinne kommt ebenfalls nicht in Betracht, da dieser nur Eingriffe in nicht vermögenswerte Rechte wie Leben und Gesundheit erfasst. Eine solche Rechtsgutsverletzung liegt aufseiten von M jedoch nicht vor.

Ergebnis: M hat keinen Ersatzanspruch aufgrund des beschädigten Hemdes gegenüber der Polizei.

4 Zulässigkeit der Klage

4.1 Verwaltungsrechtsweg, § 40 I 1 VwGO
Die streitentscheidenden Normen zur Wohnungsverweisung, dem Betretungsverbot sowie der Meldeauflage entstammen dem Ordnungsrecht und sind damit öffentlich-rechtlicher Art. Daher ist der Verwaltungsrechtsweg eröffnet (s. **1**, 1.1).

4.2 Klageart
Die zu überprüfende Wohnungsverweisung, das Betretungsverbot sowie die Meldeauflage stellen jeweils einen VA iSd § 35 S. 1 VwVfG dar, der sich aufgrund des Zeitablaufs erledigt hat. Da die Erledigung vor Klageerhebung eintrat, ist die Fortsetzungsfeststellungsklage gem. § 113 I 4 VwGO analog richtige Klageart (s. **3**, 2.2).

4.3 Klagebefugnis, § 42 II VwGO analog
M ist als Adressat des belastenden VA klagebefugt (s. **1**, 1.3).

4.4 Vorverfahren, §§ 68 ff. VwGO analog
Die Durchführung eines Vorverfahrens ist nach hM hier nicht erforderlich (s. **3**, 2.4).

4.5 Klagefrist, § 74 I 2 VwGO analog
Der Streit, ob eine Klagefrist einzuhalten ist (vgl. **3**, 2.5), muss nicht entschieden werden, da mangels Rechtsbehelfsbelehrung ohnehin die Jahresfrist des § 58 II VwGO greifen würde und diese offensichtlich nicht abgelaufen ist.

4.6 Fortsetzungsfeststellungsinteresse, § 113 I 4 VwGO analog
Es müsste eine der drei anerkannten Fallgruppen einschlägig sein (s. **3**, 2.6). Die Vorbereitung der Schadensersatzklage (Präjudiziali-

tät) begründet hier kein Fortsetzungsfeststellungsinteresse, weil sich die VA vor Klageerhebung erledigt haben. Auch eine Wiederholungsgefahr ist nicht ersichtlich. M könnte jedoch ein Rehabilitationsinteresse haben. Was die für die VA herangezogene Tatbestandsvoraussetzung des Vorliegens einer Leibesgefahr betrifft, ergeben sich keine Anhaltspunkte für eine Diskriminierung, soweit es nur um die Feststellung geht, dass M die F tätlich angegriffen hat. Dieses Verhalten wurde von M nicht bestritten. Eine Diskriminierung könnte sich jedoch aus den angeordneten Rechtsfolgen ergeben. Durch ein Betretungsverbot, das sich über einen Zeitraum von zehn Tagen erstreckt, könnte der Eindruck erweckt werden, von M ginge permanent eine Gefahr aus. Fraglich ist, ob dies für die Annahme einer Diskriminierung genügt. Beide Ansichten sind vertretbar. Im Übrigen kann in Fällen der Wohnungsverweisung, des polizeilichen Betretungsverbots sowie der Meldeauflage auch auf das Vorliegen einer erheblichen Grundrechtsbeeinträchtigung abgestellt werden (Art. 13, 11, 2 I GG).

4.7 Beteiligten- und Prozessfähigkeit
Für M gelten die §§ 61 Nr. 1 Alt. 1, 62 I Nr. 1 VwGO, für das Land §§ 61 Nr. 1 Alt. 2, 62 III VwGO, bzw. für die Behörde §§ 61 Nr. 3, 62 III VwGO (s. **1**, 1.6).

4.8 Klagegegner
Die Klage ist je nach landesrechtlicher Ausgestaltung gegen das Land oder die Behörde zu richten (s. **1**, 1.7).

Ergebnis: Die Klage ist zulässig. Die drei Klagen können gem. § 44 VwGO in objektiver Klagenhäufung verbunden werden.

Zu 1.1: *Seibert/Jaschar*, Die polizeiliche Wohnungsverweisung und das Rückkehrverbot zum Schutz vor häuslicher Gewalt – zu den Normierungen einer Standardbefugnis und damit verbundenen rechtsdogmatischen Fragen, JURA 2019, 15; *Guckelberger/Gard*, Polizeiliche Wohnungsverweisung bei freiwilligem Verlassen der Wohnung durch das Opfer?, NJW 2014, 2822; *Krugmann*, Gefahrbegriff und Grundrechte im Rahmen der polizeilichen »Wegweisung«, NVwZ 2006, 152; *Lang*, »Das Opfer bleibt, der Schläger geht« – Rechtsfragen polizeilicher Wohnungsverweisungen bei der Bekämpfung häuslicher Gewalt, VerwArch 96 (2005), 283; *Collin*, Das polizeiliche Betretungsverbot bei häuslicher Gewalt – Anwendungsprobleme einer neuen Standardermächtigung, DVBl 2003, 1499; *Kay*, Wohnungsverweisung – Rückkehrverbot zum Schutz vor häuslicher Gewalt, NVwZ 2003, 521; *Schweickert/Baer*, Das neue Gewaltschutzrecht, 2002, 113

Zu 1.3.1.1: *Paeffgen*, Gefahr, Anscheinsgefahr und Gefahrenverdacht im Polizeirecht, GA 2014, 638; *Baldus*, Entgrenzung des Sicherheitsrechts – neue Polizeirechtsdogmatik?, Verw 47 (2014), 1; *Krüger*, Der Gefahrbegriff im Polizei- und Ordnungsrecht, JuS 2013, 985; *Erbguth/Mann/Schubert*, Besonderes Verwaltungsrecht, 13. Aufl. 2020, § 14 Rn. 460 ff.

Zu 1.3.1.2:	VG Aachen FamRZ 2012, 1951; *Guckelberger*, Die polizeiliche Wohnungsverweisung, JA 2011, 1; *Kay*, Wohnungsverweisung – Rückkehrverbot zum Schutz vor häuslicher Gewalt, NVwZ 2003, 521
Zu 1.3.3/4:	OVG Münster FamRZ 2015, 857; zu den Anforderungen an eine gegenwärtige Gefahr wie hier OLG Frankfurt a.M. NVwZ 2002, 626 (627); anders KG Berlin NVwZ 2002, 1537 (1540 f.); ähnlich OVG Lüneburg NVwZ-RR 2010, 841; *Collin*, Das polizeiliche Betretungsverbot bei häuslicher Gewalt – Anwendungsprobleme einer neuen Standardermächtigung, DVBl 2003, 1499 (1502 f.)
Zu 2.1:	*Marxsen*, Aufenthaltsverbot und Meldeauflage, JURA 2019, 105; *Beaucamp*, Aktuelle Entwicklungen im Polizeirecht, JA 2017, 728; *Benrath*, Probleme mit Problemfans – Fallstricke bei Aufenthaltsverboten und Meldeauflage, DVBl 2017, 868; *Siegel*, Hooligans im Verwaltungsrecht, NJW 2013, 1035, *Schucht*, Die polizei- und ordnungsrechtliche Meldeauflage: Standortbestimmung und dogmatische Neuausrichtung, NVwZ 2011, 709
Zu 2.3.1:	*Poscher*, Eingriffsschwellen im Recht der inneren Sicherheit, Verw 41 (2008), 345
Zu 3:	*Bergwanger*, G 20 in Hamburg – Staatshaftung wegen Vandalismus?, NVwZ 2017, 1348; *Grau/Blechschmidt*, Ersatzansprüche für Schäden durch strafprozessuale Maßnahmen – insbesondere durch Durchsuchungsaktionen und Beschlagnahmen, BB 2011, 2378; *Lege*, 30 Jahre Nassauskiesung, JZ 2011, 1084
Zu 3.4:	*Hebeler*, Anspruch aus enteignendem Eingriff bei Schäden durch polizeiliche Wohnungsdurchsuchung, JA 2014, 558
Zu 3.4.3:	BGH NJW 2013, 1736; BGH NVwZ-RR 2006 669; BGH NJW 1952, 972; BGH NJW 1952, 586; BVerwG NJW 1957, 1534;
Zu 3.5:	*Spitzlei/Hautkappe*, Die Entschädigung für polizeiliches Einschreiten, DÖV 2018, 134
Zu 4.2:	*Bühler/Brönnecke*, Die Fortsetzungsfeststellungsklage: Dogmatik und Fallbearbeitung, JURA 2017, 34
Zu 4.4:	*Schenke*, Die Neujustierung der Fortsetzungsfeststellungsklage, JuS 2007, 697 (699 f.); *Ehlers*, Die Fortsetzungsfeststellungsklage, JURA 2001, 415 (420 f.); *Rozek*, Neues zur Fortsetzungsfeststellungsklage: Fortsetzung folgt?, JuS 2000, 1162 (1163)
Zu 4.5:	Keine Frist: BVerwGE 109, 203 = NVwZ 2000, 63; *Rozek*, Neues zur Fortsetzungsfeststellungsklage: Fortsetzung folgt?, JuS 2000, 1162 (1163); Frist: *Schenke*, Die Neujustierung der Fortsetzungsfeststellungsklage, JuS 2007, 697 (699 f.)
Zu 4.6:	OVG Greifswald NordÖR 2006, 200; VG Münster BeckRS 2009, 42439

Lösungsskizze 17

1 **Rechtmäßigkeit der Identitätsfeststellung**

Die Identitätsfeststellung ist rechtmäßig, wenn sie sich auf eine taugliche Ermächtigungsgrundlage stützt und keine formellen oder materiellen Rechtsfehler aufweist.

1.1 Ermächtigungsgrundlage

Die Identitätsfeststellung dient dem Zweck, aus gefahrenabwehrrechtlicher Perspektive zu ermitteln, welche Personalien einer bestimmten, unbekannten Person zuzuordnen sind. Sie ist als Standardmaßnahme gesetzlich normiert.[1] In Hamburg existiert keine spezifische Regelung, die eine Identitätsfeststellung an »verrufenen Orten« vorsieht, sodass auf die allgemeine Regelung abzustellen ist (§ 12 I SOG).

1.2 Formelle Rechtmäßigkeit

Es bestehen keine Bedenken hinsichtlich der formellen Rechtmäßigkeit (Zuständigkeit, Verfahren, Form).

1.3 Materielle Rechtmäßigkeit

Die Identitätsfeststellung ist rechtmäßig, wenn die Tatbestandsvoraussetzungen der Rechtsgrundlage gegeben sind, die Maßnahme von der Rechtsfolge gedeckt ist, sie sich an den richtigen Adressaten richtet und im Übrigen verhältnismäßig sowie ermessensfehlerfrei ist.

1.3.1 Tatbestand und Rechtsfolge

Die Polizei kann die Identität einer Person feststellen, wenn die Person sich an einem Ort aufhält, von dem aufgrund tatsächlicher Anhaltspunkte anzunehmen ist, dass dort Personen Straftaten verabreden, vorbereiten oder verüben, sich Personen ohne erforderlichen Aufenthaltstitel treffen oder sich Straftäterinnen oder Straftäter verbergen oder an denen Personen der Prostitution nachgehen. Die Identitätsfeststellung kann also allein schon deshalb erfolgen, weil sich Personen an gefährlichen Orten (sog. »verrufenen« Orten) aufhalten. Solche Orte sind typischerweise Straßen und Plätze mit offener Drogenszene oder Straßen in »Rotlichtvierteln«. Ein konkreter Verdacht gegen bestimmte Personen an dem Ort muss nicht vorliegen.

X und Y halten sich im Bahnhofs- und Rotlichtviertel der Stadt K auf, sodass die Tatbestandsmerkmale vorliegen und bei ihnen eine Identitätsfeststellung durchgeführt werden kann. Entsprechend

1 **Baden-Württemberg:** § 26 I Nr. 2 PolG; **Bayern:** Art. 13 I Nr. 2 a, b PAG; **Berlin:** § 21 II Nr. 1 a, b ASOG Bln; **Brandenburg:** § 12 I Nr. 2 BbgPolG; **Bremen:** § 11 I Nr. 2 a, b BremPolG; **Hamburg:** § 12 I SOG; **Hessen:** § 18 II Nr. 1 a, b HSOG; **Mecklenburg-Vorpommern:** § 29 I Nr. 1 a, b SOG M-V; **Niedersachsen:** § 13 I Nr. 2 NPOG; **Nordrhein-Westfalen:** § 12 I Nr. 2 PolG NRW; **Rheinland-Pfalz:** § 10 I Nr. 1 a, b POG; **Saarland:** § 9 I Nr. 2 a, b SPolG; **Sachsen:** § 19 I Nr. 2 SächsPolG; **Sachsen-Anhalt:** § 20 II Nr. 1 SOG LSA; **Schleswig-Holstein:** § 181 I Nr. 1 LVwG; **Thüringen:** § 14 I Nr. 2 PAG.

sind X und Y verpflichtet, ihre mitgeführten Ausweispapiere auszuhändigen, was von der Rechtsfolge der Norm gedeckt ist.[2]

1.3.2 Adressat, Verhältnismäßigkeit und Ermessen

X und Y sind taugliche normimmanente Adressaten. Im Übrigen müsste die Identitätsfeststellung auch verhältnismäßig sowie ermessensfehlerfrei erfolgt sein.[3] Die Maßnahme könnte jedoch unverhältnismäßig sein, wenn die Identität von X und Y aufgrund der bisherigen Vorfälle den Polizeibeamten A und B bereits bekannt ist, da sich der Zweck der Maßnahme primär darin erschöpft, die Identität unbekannter Personen festzustellen, um gefahrenabwehrrechtliche Maßnahmen zu treffen. Dann wäre die Identitätsfeststellung nicht erforderlich. Allerdings gehört zum Umfang der Personalien etwa auch der Wohnort, der durchaus Änderungen unterworfen sein kann. Überdies beugt das Einsehen des Personalausweises möglichen Verwechslungen vor. Die Feststellung der Personalien ist somit verhältnismäßig. Ermessensfehler ergeben sich schließlich auch nicht daraus, dass zunächst ausschließlich X und Y ihre Ausweispapiere aushändigen mussten. Die Polizeibeamten A und B konnten X und Y als »Rädelsführer« der Gruppe in Anspruch nehmen, da nach dem Grundsatz der Effektivität der Gefahrenabwehr bei einer Störermehrheit diejenigen Personen in Anspruch zu nehmen sind, die die Gefahr am wirkungsvollsten beseitigen können. Somit war die Identitätsfeststellung auch verhältnismäßig und ermessensfehlerfrei.

Ergebnis: Die Identitätsfeststellung war rechtmäßig.

2 Rechtmäßigkeit der Untersagung des weiteren Alkoholkonsums

Die Untersagung des weiteren Alkoholkonsums ist rechtmäßig, wenn hierfür eine taugliche Ermächtigungsgrundlage besteht und diese formell und materiell richtig angewendet wurde.

2.1 Ermächtigungsgrundlage

2.1.1 Eine spezialgesetzliche Ermächtigungsgrundlage, die den weiteren Alkoholkonsum untersagt, kommt vorliegend nicht in Betracht. § 19 GastG gilt nur für den Alkoholkonsum innerhalb von Gaststätten. Für ein straßenrechtliches Einschreiten fehlt es an einer untersagungsfähigen Sondernutzung, da der schlichte Alkoholkonsum

2 **Baden-Württemberg:** § 26 II PolG; **Bayern:** Art. 13 II PAG; **Berlin:** § 21 III ASOG Bln; **Brandenburg:** § 12 II BbgPolG; **Bremen:** § 11 II BremPolG; **Hamburg:** § 12 I, III SOG; **Hessen:** § 18 III HSOG; **Mecklenburg-Vorpommern:** § 29 II SOG-MV; **Niedersachsen:** § 13 II NPOG; **Nordrhein-Westfalen:** § 12 II PolG NRW; **Rheinland-Pfalz:** § 10 II POG; **Saarland:** § 9 II SPolG; **Sachsen:** § 19 II SächsPolG; **Sachsen-Anhalt:** § 20 III SOG LSA; **Schleswig-Holstein:** § 181 II LVwG; **Thüringen:** § 14 II PAG.

3 **Baden-Württemberg:** §§ 3, 5 PolG; **Bayern:** Art. 4, 5 PAG; **Berlin:** §§ 11, 12 ASOG Bln; **Brandenburg:** §§ 3, 4 BbgPolG; **Bremen:** §§ 3, 4 BremPolG; **Hamburg:** § 4 SOG; **Hessen:** §§ 4, 5 HSOG; **Mecklenburg-Vorpommern:** §§ 14, 15 SOG-MV; **Niedersachsen:** §§ 4, 5 NPOG; **Nordrhein-Westfalen:** §§ 2, 3 PolG NRW; **Rheinland-Pfalz:** §§ 2, 3 POG; **Saarland:** §§ 2, 3 SPolG; **Sachsen:** § 3 SächsPolG; **Sachsen-Anhalt:** §§ 5, 6 SOG LSA; **Schleswig-Holstein:** §§ 73, 174 LVwG; **Thüringen:** §§ 4, 5 PAG.

– der hier nicht nur im Rahmen des Verweilens innerhalb bestimmter Flächen verboten wird, sondern generell – auf öffentlichen Straßen und Plätzen grundsätzlich einen erlaubnisfreien Gemeingebrauch darstellt.
Die Untersagung des weiteren Alkoholkonsums könnte sich jedoch unmittelbar auf § 1 Alkoholverbotsverordnung stützen. Bei der Alkoholverbotsverordnung handelt es sich grundsätzlich um eine ordnungsbehördliche bzw. gefahrenabwehrrechtliche Verordnung, da es sich um eine normative Regelung handelt, die den Erlass von Geboten oder Verboten regelt und die für eine unbestimmte Anzahl von Fällen an eine unbestimmte Anzahl von Personen gerichtet ist.[4]
Allerdings kann das Handeln der Polizeibeamten A und B nur dann auf § 1 Alkoholverbotsverordnung gestützt werden, wenn diese eine taugliche Ermächtigungs- bzw. Befugnisnorm enthält.
Eine derartige Ermächtigung bzw. Befugnisnorm stellt § 1 der Alkoholverbotsverordnung nicht dar. Vielmehr untersagt die Regelung nur ganz generell und allgemein das öffentliche Konsumieren von alkoholischen Getränken in der Zeit von 22.00 bis 6.00 Uhr außerhalb konzessionierter Flächen. Dass ein Verstoß hiergegen als Ordnungswidrigkeit geahndet werden kann, lässt eine andere rechtliche Bewertung gleichfalls nicht zu.

2.1.2 Die Untersagung des weiteren Alkoholkonsums lässt sich darum nur auf die polizeiliche Generalklausel stützen.[5]

2.2 Formelle Rechtmäßigkeit
Es bestehen keine Bedenken gegen die formelle Rechtmäßigkeit (Zuständigkeit, Verfahren, Form).

2.3 Materielle Rechtmäßigkeit
Die Untersagung des weiteren Alkoholkonsums ist rechtmäßig, wenn die Tatbestandsvoraussetzungen der Rechtsgrundlage gegeben sind und die Maßnahme von der Rechtsfolge gedeckt ist, sie sich an den richtigen Adressaten richtet und im Übrigen verhältnismäßig sowie ermessensfehlerfrei ist.

2.3.1 Tatbestand und Rechtsfolge
Die Polizeibeamten A und B können den weiteren Alkoholkonsum untersagen, wenn dieser eine konkrete Gefahr für die öffentliche

4 **Baden-Württemberg:** §§ 10 ff. PolG; **Bayern:** Art. 42 ff. LStVG; **Berlin:** §§ 55 ff. ASOG Bln; **Brandenburg:** §§ 24 ff. OBG; **Bremen:** §§ 48 ff. BremPolG; **Hamburg:** §§ 1 ff. SOG; **Hessen:** §§ 71 ff. HSOG; **Mecklenburg-Vorpommern:** §§ 17 ff. SOG-MV; **Niedersachsen:** §§ 54 ff. NPOG; **Nordrhein-Westfalen:** §§ 25 ff. OBG NRW; **Rheinland-Pfalz:** §§ 43 ff. POG; **Saarland:** §§ 59 ff. SPolG; **Sachsen:** §§ 9 ff. SächsPolG; **Sachsen-Anhalt:** §§ 93 ff. SOG LSA; **Schleswig-Holstein:** § 175 LVwG; **Thüringen:** § 27 OBG.

5 **Baden-Württemberg:** §§ 1, 3 PolG; **Bayern:** Art. 11 PAG; **Berlin:** §§ 1, 17 I ASOG Bln; **Brandenburg:** §§ 1, 10 I BbgPolG; **Bremen:** §§ 1, 10 I BremPolG; **Hamburg:** § 3 I SOG; **Hessen:** §§ 1, 11 HSOG; **Mecklenburg-Vorpommern:** §§ 13, 16 SOG-MV; **Niedersachsen:** §§ 1, 11 NPOG; **Nordrhein-Westfalen:** §§ 1, 8 I PolG NRW; **Rheinland-Pfalz:** §§ 1, 9 I POG; **Saarland:** §§ 1, 8 I SPolG; **Sachsen:** §§ 1, 3 SächsPolG; **Sachsen-Anhalt:** §§ 1, 13 SOG LSA; **Schleswig-Holstein:** §§ 174, 176 LVwG; **Thüringen:** §§ 2, 12 PAG.

Sicherheit oder Ordnung im Sinne der polizeirechtlichen Generalklausel darstellt.
Das Schutzgut der öffentlichen Sicherheit umfasst die gesamte geschriebene Rechtsordnung, alle Individualrechtsgüter sowie den Bestand und die Funktionsfähigkeit des Staates und seiner Einrichtungen. Diesbezüglich ist eine konkrete Gefahr erforderlich. Unter einer konkreten Gefahr versteht man eine Sachlage, die im Einzelfall mit hinreichender Wahrscheinlichkeit in absehbarer Zeit zu einem Schaden führen wird oder bei welcher der Schaden bereits eingetreten ist. Je wichtiger das zu schützende Rechtsgut ist, desto geringere Anforderungen sind an die Eintrittswahrscheinlichkeit zu stellen.

2.3.1.1 Verstoß gegen § 1 Alkoholverbotsverordnung als Verstoß gegen die gesamte geschriebene Rechtsordnung
Die Alkoholverbotsverordnung müsste ihrerseits zunächst formell und materiell rechtmäßig sein.

2.3.1.2 § 1 Alkoholverbotsverordnung muss sich deshalb im Rahmen der gesetzlichen Ermächtigung zum Erlass einer derartigen Verordnung halten.[6]

2.3.1.3 Gegen die formelle Rechtmäßigkeit der Alkoholverbotsverordnung bestehen keine Bedenken.

2.3.1.4 Materielle Rechtmäßigkeit von § 1 Alkoholverbotsverordnung
Der Erlass einer Gefahrenabwehrverordnung – hier im speziellen von § 1 Alkoholverbotsverordnung – setzt das Vorliegen einer abstrakten Gefahr für ein Schutzgut der öffentlichen Sicherheit oder Ordnung voraus. In Baden-Württemberg,[7] Bayern,[8] Sachsen[9] und Thüringen[10] gibt es spezifische Rechtsgrundlagen, die zum Erlass örtlicher Alkoholkonsumverbote ermächtigen.
Eine abstrakte Gefahr meint eine Sachlage, bei der nach den Erfahrungen des täglichen Lebens mit überwiegender Wahrscheinlichkeit damit zu rechnen ist, dass ein Schaden typischerweise eintritt. Eine derartige Gefahr ist deshalb gegeben, wenn eine generell-abstrakte Betrachtung für bestimmte Arten von Verhaltensweisen oder Zuständen zu dem Ergebnis führt, dass mit hinreichender Wahrscheinlichkeit ein Schaden im Einzelfall einzutreten pflegt und daher Anlass besteht, diese Gefahr mit generell-abstrakten Mitteln, also einem Rechtssatz, zu bekämpfen. Der Gefahrenbegriff ist dadurch

6 **Baden-Württemberg:** §§ 1, 10a PolG; **Bayern:** Art. 6, 42 LStVG; **Berlin:** §§ 1, 55 ASOG Bln; **Brandenburg:** §§ 1, 24 OBG; **Bremen:** §§ 1, 48 BremPolG iVm § 3a Gemeindebefugnisgesetz; **Hamburg:** § 1 SOG; **Hessen:** §§ 1, 71 HSOG; **Mecklenburg-Vorpommern:** §§ 13, 17 SOG-MV; **Niedersachsen:** §§ 1, 54 ff. NPOG; **Nordrhein-Westfalen:** § 1, 25 ff. OBG NRW; **Rheinland-Pfalz:** §§ 1, 43 ff. POG; **Saarland:** §§ 1, 59 SPolG; **Sachsen:** §§ 1, 9a SächsPolG; **Sachsen-Anhalt:** §§ 1, 93 ff. SOG LSA; **Schleswig-Holstein:** §§ 174, 175 LVwG; **Thüringen:** §§ 2, 27a OBG.

7 **Baden-Württemberg:** § 10a PolG.

8 **Bayern:** Art. 30 LStVG.

9 **Sachsen:** § 9a SächsPolG.

10 **Thüringen:** § 27a OBG.

gekennzeichnet, dass aus gewissen gegenwärtigen Zuständen nach dem Gesetz der Kausalität gewisse andere Schaden bringende Zustände und Ereignisse erwachsen werden. Maßgebliches Kriterium zur Feststellung einer Gefahr ist darum die hinreichende Wahrscheinlichkeit des Schadenseintritts, sodass hinreichende Anhaltspunkte vorhanden sein müssen, die den Schluss auf den drohenden Eintritt von Schäden rechtfertigen.

Der Erlass der Alkoholverbotsverordnung beruhte auf den nachweislichen Erkenntnissen, dass es im betroffenen Stadtgebiet durch den Alkoholkonsum vermehrt zu Gewaltdelikten kam. Die alkoholbedingten Ausfallerscheinungen hatten zur Folge, dass es in zunehmendem Maße zu Straftaten wie Körperverletzungsdelikten (§§ 223 ff. StGB), Beleidigungen (§ 185 StGB) oder Sachbeschädigungen (§ 303 StGB) kam. Ebenso kam es durch öffentliches Urinieren, Erbrechen, Lärmbelästigungen und Verunreinigungen des Bodens durch Glasscherben zu vielfachen Beeinträchtigungen, die Verstöße gegen §§ 117, 118 OWiG darstellen. Nach alledem lag somit eine abstrakte Gefahr für die öffentliche Sicherheit vor, sodass sich der Erlass von § 1 Alkoholverbotsverordnung im Rahmen der gesetzlichen Ermächtigungsgrundlage bewegt und die Alkoholverbotsverordnung ihrerseits auch materiell rechtmäßig ist. Ebenso bestehen keine Bedenken hinsichtlich der Verhältnismäßigkeit und Bestimmtheit der Alkoholverbotsverordnung.[11] Für Baden-Württemberg, Bayern, Sachsen und Thüringen sind die spezifischen Tatbestandsvoraussetzungen zum Erlass örtlicher Alkoholkonsumverbote ebenfalls erfüllt. § 1 Alkoholverbotsverordnung ist somit formell und materiell rechtmäßig. Seine Missachtung betrifft somit das Schutzgut der öffentlichen Sicherheit.

2.3.1.5 Der verordnungswidrige Alkoholkonsum begründet bereits das Vorliegen einer konkreten Gefahr. Daneben ist es im Übrigen auch bereits zu Bodenverunreinigungen, Lärmbelästigungen und Pöbeleien gegen Passanten gekommen, sodass auch hiermit eine konkrete Gefahr für das betroffene Schutzgut der öffentlichen Sicherheit vorliegt.

2.3.1.6 Als Rechtsfolge können die Polizeibeamten deshalb das weitere Konsumieren des Alkohols verbieten.

2.3.2 Adressat

Die leicht bis stark alkoholisierten Personen sind als Verhaltensstörer taugliche Adressaten der Maßnahme.[12]

11 **Berlin:** § 56 II 1 ASOG Bln; **Brandenburg:** § 28 I 1 OBG; **Bremen:** § 52 II BremPolG; **Hessen:** § 76 I 1 HSOG; **Mecklenburg-Vorpommern:** § 18 I SOG-MV; **Niedersachsen:** § 57 I NPOG; **Nordrhein-Westfalen:** § 29 I 1 OBG NRW; **Rheinland-Pfalz:** § 45 II POG; **Saarland:** § 61 I SPolG; **Sachsen-Anhalt:** § 96 I SOG LSA; **Thüringen:** § 31 I 1 OBG.

12 **Baden-Württemberg:** § 6 I PolG; **Bayern:** Art. 7 I PAG; **Berlin:** § 13 I ASOG Bln; **Brandenburg:** § 5 I BbgPolG; **Bremen:** § 5 I BremPolG; **Hamburg:** § 8 I SOG; **Hessen:** § 6 I HSOG; **Mecklenburg-Vorpommern:** § 69 I SOG-MV; **Niedersachsen:** § 6 I NPOG; **Nordrhein-Westfalen:** § 4 I PolG NRW; **Rheinland-Pfalz:** § 4 I POG; **Saarland:** § 4 I SPolG; **Sachsen:** § 4 I SächsPolG; **Sachsen-Anhalt:** § 7 I SOG LSA; **Schleswig-Holstein:** § 218 LVwG; **Thüringen:** § 7 I PAG.

2.3.3 Verhältnismäßigkeit und Ermessen

Die Untersagung des weiteren Alkoholkonsums war ebenso verhältnismäßig sowie ermessensfehlerfrei.[13]

Ergebnis: Die Untersagung des weiteren Alkoholkonsums war rechtmäßig.

3 Rechtmäßigkeit der Mitnahme der HiFi-Anlage

Die Mitnahme der HiFi-Anlage war rechtmäßig, wenn sie von einer Ermächtigungsgrundlage gedeckt war und diese formell und materiell rechtmäßig angewendet wurde.

3.1 Ermächtigungsgrundlage

Die Ermächtigungsgrundlage zur Mitnahme der HiFi-Anlage befindet sich in den allgemeinen Polizeigesetzen und ist in Form einer Standardmaßnahme normiert.[14] In Baden-Württemberg und Sachsen handelt es sich um eine Beschlagnahme, in den übrigen Bundesländern um eine Sicherstellung.

3.2 Formelle Rechtmäßigkeit

Es bestehen keine Bedenken gegen die formelle Rechtmäßigkeit. Insbesondere wurde Y eine Bescheinigung über die Mitnahme der HiFi-Anlage ausgestellt.[15]

3.3 Materielle Rechtmäßigkeit

3.3.1 Tatbestand und Rechtsfolge

Die Mitnahme der HiFi-Anlage setzt das Vorliegen einer gegenwärtigen Gefahr bzw. eine unmittelbar bevorstehende Störung für ein Schutzgut der öffentlichen Sicherheit oder Ordnung voraus. Eine gegenwärtige Gefahr meint eine Sachlage, bei der die Einwirkung des schädigenden Ereignisses bereits begonnen hat oder in allernächster Zeit mit an Sicherheit grenzender Wahrscheinlichkeit bevorsteht. In Hessen, Mecklenburg-Vorpommern und Sachsen-Anhalt kann die HiFi-Anlage daneben auch mitgenommen werden, wenn tatsächliche Anhaltspunkte die Annahme rechtfertigen, dass

13 **Baden-Württemberg:** §§ 3, 5 PolG; **Bayern:** Art. 4, 5 PAG; **Berlin:** §§ 11, 12 ASOG Bln; **Brandenburg:** §§ 3, 4 BbgPolG; **Bremen:** §§ 3, 4 BremPolG; **Hamburg:** § 4 SOG; **Hessen:** §§ 4, 5 HSOG; **Mecklenburg-Vorpommern:** §§ 14, 15 SOG-MV; **Niedersachsen:** §§ 4, 5 NPOG; **Nordrhein-Westfalen:** §§ 2, 3 PolG NRW; **Rheinland-Pfalz:** §§ 2, 3 POG; **Saarland:** §§ 2, 3 SPolG; **Sachsen:** § 3 SächsPolG; **Sachsen-Anhalt:** §§ 5, 6 SOG LSA; **Schleswig-Holstein:** §§ 73, 174 LVwG; **Thüringen:** §§ 4, 5 PAG.

14 **Baden-Württemberg:** § 33 I Nr. 1 PolG; **Bayern:** Art. 25 I Nr. 1a PAG; **Berlin:** § 38 Nr. 1 ASOG Bln; **Brandenburg:** § 25 I Nr. 1 BbgPolG; **Bremen:** § 23 Nr. 2 BremPolG; **Hamburg:** § 14 I Nr. 1a SOG; **Hessen:** § 40 I Nr. 1, Nr. 4 HSOG; **Mecklenburg-Vorpommern:** § 61 I Nr. 1, Nr. 4 SOG-MV; **Niedersachsen:** § 26 Nr. 1 NPOG; **Nordrhein-Westfalen:** § 43 Nr. 1 PolG NRW; **Rheinland-Pfalz:** § 22 Nr. 1 POG; **Saarland:** § 21 Nr. 1 SPolG; **Sachsen:** § 27 I Nr. 1 SächsPolG; **Sachsen-Anhalt:** § 45 Nr. 1, Nr. 4 SOG LSA; **Schleswig-Holstein:** § 210 I Nr. 1 LVwG; **Thüringen:** § 27 Nr. 1 PAG.

15 **Baden-Württemberg:** § 33 III 2 PolG; **Bayern:** Art. 26 II 1 PAG; **Berlin:** § 39 II 1 ASOG Bln; **Brandenburg:** § 26 II 1 BbgPolG; **Bremen:** § 24 II 1 BremPolG; **Hamburg:** § 14 II SOG; **Hessen:** § 41 II 1 HSOG; **Mecklenburg-Vorpommern:** § 62 II SOG-MV; **Niedersachsen:** § 27 II 1 NPOG; **Nordrhein-Westfalen:** § 44 II 1 PolG NRW; **Rheinland-Pfalz:** § 23 II 1 POG; **Saarland:** § 22 II 1 SPolG; **Sachsen:** § 27 II 1 SächsPolG; **Sachsen-Anhalt:** § 46 II 1 SOG LSA; **Schleswig-Holstein:** § 211 II LVwG; **Thüringen:** § 28 II 1 PAG.

sie zur Begehung einer Straftat oder Ordnungswidrigkeit gebraucht oder verwertet werden soll.

Zwar hat Y die Musik der HiFi-Anlage zunächst leise gedreht, jedoch im weiteren Verlauf diese wieder erneut lautstark aufgedreht. Auch wenn in Bahnhofs- und Rotlichtvierteln typischerweise ein erhöhter Lärmpegel herrscht, so ist die extrem laute Musik geeignet, nicht nur unerhebliche Geräuschbelästigungen hervorzurufen, die schlimmstenfalls sogar die Gesundheit von Personen zu schädigen vermögen. Ebenso ist die laute Musik geeignet, den Schlaf von möglichen Anwohnern zu stören. Da es sich um unzulässigen Lärm handelt, sodass eine gegenwärtige Gefahr für die gesamte geschriebene Rechtsordnung vorliegt, ist ein Verstoß gegen § 117 OWiG gegeben. Als Rechtsfolge wird die Polizei ermächtigt, die HiFi-Anlage sicherzustellen bzw. zu beschlagnahmen, sodass diese der Verfügungsgewalt von Y entzogen ist.

3.3.2 Adressat, Verhältnismäßigkeit, Ermessen

Y ist als Verhaltensstörerin taugliche Adressatin der Maßnahme.[16] Die Mitnahme der HiFi-Anlage war ferner verhältnismäßig – einer vorherigen Aufforderung, die Musik leiser zu stellen, kam Y nicht nach – sowie ermessensfehlerfrei (Normen s. 2.3.3).

Ergebnis Die Mitnahme der HiFi-Anlage war rechtmäßig.

4 Rechtmäßigkeit der Verweisung vom L-Platz

Die Verweisung vom L-Platz war rechtmäßig, wenn eine taugliche Ermächtigungsgrundlage vorliegt und keine Bedenken in formeller sowie materieller Hinsicht vorliegen.

4.1 Ermächtigungsgrundlage

Für die Aufforderung, den Platz zu verlassen, müsste es zunächst eine taugliche Rechtsgrundlage geben. Es könnte sich dabei um einen Platzverweis[17] oder ein Aufenthaltsverbot[18] handeln. Beide Eingriffsnormen schließen sich nicht gegenseitig aus, sondern ergänzen sich, wobei es grundsätzlich im Ermessen der Polizei steht, welche

16 **Baden-Württemberg:** § 6 I PolG; **Bayern:** Art. 7 I PAG; **Berlin:** § 13 I ASOG Bln; **Brandenburg:** § 5 I BbgPolG; **Bremen:** § 5 I BremPolG; **Hamburg:** § 8 I SOG; **Hessen:** § 6 I HSOG; **Mecklenburg-Vorpommern:** § 69 I SOG-MV; **Niedersachsen:** § 6 I NPOG; **Nordrhein-Westfalen:** § 4 I PolG NRW; **Rheinland-Pfalz:** § 4 I POG; **Saarland:** § 4 I SPolG; **Sachsen:** § 4 I SächsPolG; **Sachsen-Anhalt:** § 7 I SOG LSA; **Schleswig-Holstein:** § 218 LVwG; **Thüringen:** § 7 I PAG.

17 **Baden-Württemberg:** § 27a I PolG; **Bayern:** Art. 16 I PAG; **Berlin:** § 29 I ASOG Bln; **Brandenburg:** § 16 I BbgPolG; **Bremen:** § 14 I BremPolG; **Hamburg:** § 12a SOG; **Hessen:** § 31 I HSOG; **Mecklenburg-Vorpommern:** § 52 I SOG-MV; **Niedersachsen:** § 17 I NPOG; **Nordrhein-Westfalen:** § 34 I PolG NRW; **Rheinland-Pfalz:** § 13 I POG; **Saarland:** § 12 I SPolG; **Sachsen:** § 21 I SächsPolG; **Sachsen-Anhalt:** § 36 I SOG LSA; **Schleswig-Holstein:** § 201 I LVwG; **Thüringen:** § 18 I PAG.

18 **Baden-Württemberg:** § 27a II PolG; **Bayern:** Art. 16 II Nr. 2a PAG; **Berlin:** § 29 II ASOG Bln; **Brandenburg:** § 16 II BbgPolG; **Bremen:** § 14 II BremPolG; **Hamburg:** § 12b II SOG; **Hessen:** § 31 III HSOG; **Mecklenburg-Vorpommern:** § 52 III SOG-MV; **Niedersachsen:** § 17 III NPOG; **Nordrhein-Westfalen:** § 34 II PolG NRW; **Rheinland-Pfalz:** § 13 III POG; **Saarland:** § 12 III SPolG; **Sachsen:** § 21 II SächsPolG; **Sachsen-Anhalt:** § 36 II SOG LSA; **Schleswig-Holstein:** § 201 II LVwG; **Thüringen:** § 18 III PAG.

von beiden Maßnahmen sie ergreift, um eine Gefahr abzuwehren. Ob es sich um einen Platzverweis oder ein Aufenthaltsverbot handelt, ist grundsätzlich nach dem zeitlichen und räumlichen Anwendungsbereich der Maßnahme zu beurteilen. Das Aufenthaltsverbot beinhaltet gegenüber dem Platzverweis typischerweise eine längerfristige Maßnahme, die nicht auf einen eng umgrenzten örtlichen Bereich beschränkt ist.
Die Polizeibeamten fordern sämtliche Personen auf, den Platz zu verlassen und diesen in den kommenden vier Wochen nicht mehr zu betreten. Der eng umgrenzte Bereich, auf den sich die Aufforderung bezieht, spricht zunächst für einen Platzverweis. Allerdings kann ein Platzverweis nur für einen kurzfristigen Zeitraum erteilt werden. Hier dürfen die Personen den Bereich um den L-Platz für vier Wochen nicht mehr betreten. Entsprechend handelt es sich um eine längerfristige Maßnahme, sodass ein Aufenthaltsverbot vorliegt.

4.2 Formelle Rechtmäßigkeit

Es bestehen keine Bedenken gegen die formelle Rechtmäßigkeit.

4.3 Materielle Rechtmäßigkeit

4.3.1 Tatbestand und Rechtsfolge

Ein Aufenthaltsverbot setzt voraus, dass Tatsachen die Annahme rechtfertigen, dass eine Person in einem bestimmten örtlichen Bereich innerhalb einer Gemeinde eine Straftat begehen wird. Die bayerische Regelung setzt das Vorliegen einer konkreten Gefahr oder einer drohenden Gefahr für ein bedeutendes Rechtsgut voraus. Tatsachen, die diese Annahme rechtfertigen, sind nicht bereits dann schon gegeben, wenn Indizien aufgrund polizeilicher Erfahrung die Möglichkeit einer bevorstehenden Straftat in Aussicht stellen. Vielmehr müssen gewusste (beweisbare) Fakten unter Einbeziehung des polizeilichen Erfahrungswissens den Schluss auf das Bevorstehen einer Straftat mit einer gewissen Wahrscheinlichkeit zulassen. Das Aufenthaltsverbot darf jedoch dann nicht ergehen, wenn die betroffene Person ihre Wohnung in diesem Bereich hat oder – je nach landesrechtlicher Ausgestaltung – sonst aus einem vergleichbaren wichtigen Grund auf das Betreten angewiesen ist.
Bereits in der vergangenen Zeit kam es auf dem Platz im Bahnhofs- und Rotlichtviertel der Stadt K durch die betroffene Gruppe um X und Y herum zu ähnlichen Vorfällen, bei denen Passanten angepöbelt und beleidigt wurden (§ 185 StGB) und auch Sachbeschädigungen (§ 303 StGB) erfolgten. Insofern können die Polizeibeamten A und B auf ihr polizeiliches Erfahrungswissen zurückgreifen und verfügen über Erkenntnisse, die auf das erneute Bevorstehen der bezeichneten Straftaten deuten. Die Polizeibeamten A und B hatten aufgrund vergleichbarer Vorfälle mit der Gruppe, zu der X und Y gehören, schon häufiger zu tun. Dass die betroffenen Personen ihre Wohnungen in dem bezeichneten Bereich haben oder aus einem anderen wichtigen Grund auf das Betreten angewiesen sind, ist nicht ersichtlich.

Als Rechtsfolge ermächtigt die Norm dazu, ein Betretungs- und Aufenthaltsverbot auszusprechen.

4.3.2 Adressat

Alle Personen gegenüber denen das Aufenthaltsverbot erlassen wird, sind taugliche Adressaten der Maßnahme. Es handelt sich dabei bereits um einen spezialgesetzlich geregelten Normadressaten, da die Ermächtigungsnorm unmittelbar selbst bestimmt, dass nur solche Personen Adressat des Aufenthaltsverbots sein können, die möglicherweise eine Straftat begehen.

4.3.3 Verhältnismäßigkeit und Ermessen

Das Aufenthaltsverbot müsste verhältnismäßig sowie ermessensfehlerfrei ergangen sein. Das Aufenthaltsverbot ist zunächst geeignet, die Störung zu beseitigen. Fraglich ist jedoch, ob es auch erforderlich ist. Dies wäre es dann nicht, wenn mildere Mittel zur Verfügung stehen, die das Ziel der Maßnahme in gleich effektiver Weise erreichen. Die Betroffenen dürfen den L-Platz für die kommenden vier Wochen nicht betreten. Die Personengruppe wurde in der Vergangenheit schon mehrfach von den Polizeibeamten am L-Platz angetroffen und ist negativ aufgefallen. Nach der gesetzgeberischen Wertung, die aus der Ermächtigungsnorm unmittelbar folgt, darf ein Aufenthaltsverbot gerade für einen längerfristigen Zeitraum ausgesprochen werden. Insofern ist die Zeitspanne von vier Wochen auch erforderlich und mildere Mittel sind nicht ersichtlich, um die Störung effektiv zu beseitigen. Die Maßnahme war im Übrigen auch angemessen und ermessensfehlerfrei.

Ergebnis: Das Aufenthaltsverbot war rechtmäßig.

5 Die Mitnahme von X zur Polizeiwache

Die Mitnahme von X zur Polizeiwache war rechtmäßig, wenn eine taugliche Ermächtigungsgrundlage gegeben ist und die formellen und materiellen Voraussetzungen eingehalten sind.

5.1 Ermächtigungsgrundlage

Als taugliche Ermächtigungsgrundlage kommt ein Gewahrsam – der sog. »Durchsetzungsgewahrsam« – in Betracht, der als Standardmaßnahme im allgemeinen Polizeirecht normiert ist.[19] Ein Sonderfall des sog. »Verbringungsgewahrsams« liegt nicht vor, da X nicht an einen entlegenen Ort transportiert wird, sondern zum nächstgelegenen Polizeirevier.

19 **Baden-Württemberg:** § 28 I Nr. 1 PolG; **Bayern:** Art. 17 I Nr. 4 PAG; **Berlin:** § 30 I Nr. 3 ASOG Bln; **Brandenburg:** § 17 I Nr. 3 BbgPolG; **Bremen:** § 15 I Nr. 3 BremPolG; **Hamburg:** § 13 I Nr. 4 SOG; **Hessen:** § 32 I Nr. 3 HSOG; **Mecklenburg-Vorpommern:** § 55 I Nr. 5 SOG-MV; **Niedersachsen:** § 18 I Nr. 3 NPOG; **Nordrhein-Westfalen:** § 35 I Nr. 3 PolG NRW; **Rheinland-Pfalz:** § 14 I Nr. 3 POG; **Saarland:** § 13 I Nr. 2 SPolG; **Sachsen:** § 22 I Nr. 4 SächsPolG; **Sachsen-Anhalt:** § 37 I Nr. 3 SOG LSA; **Schleswig-Holstein:** § 204 I Nr. 4 LVwG; **Thüringen:** § 19 I Nr. 3 PAG.

5.2 Formelle Rechtmäßigkeit

Es bestehen keine Anhaltspunkte für eine Missachtung der allgemeinen Form- und Verfahrensvorschriften. Als besondere Verfahrensvorschrift ist beim Gewahrsam die Herbeiführung einer richterlichen Entscheidung zu berücksichtigen, derer es jedoch dann nicht bedarf, wenn anzunehmen ist, dass die Entscheidung erst nach Wegfall des Grundes des Gewahrsames ergehen würde.[20] Die einfachgesetzliche Norm ist Ausfluss des Verfassungsgrundsatzes des Art. 104 II 1 GG. Die Voraussetzungen an die Einrichtung eines richterlichen Bereitschaftsdienstes zur Nachtzeit sind im Einzelnen umstritten. Dies kann jedoch dann dahinstehen, sofern die richterliche Entscheidung entbehrlich ist. Ob eine richterliche Entscheidung einzuholen ist, kann nur dadurch festgestellt werden, dass die Polizei prüft, ob die Einholung der richterlichen Entscheidung länger dauern würde als die Aufrechterhaltung des Gewahrsams. Im Regelfall darf eine Freiheitsentziehung ohne richterliche Entscheidung nicht mehr als zwei bis drei Stunden dauern. Verzögerungen, die sich etwa durch die Länge des Weges, Schwierigkeiten beim Transport, die notwendige Registrierung und Protokollierung oder ein renitentes Verhalten des Betroffenen ergeben, sind zu berücksichtigen.

Nachdem X auf das Polizeirevier gebracht wird, besinnt er sich, sodass die Polizeibeamten ihn nach kurzer Dauer gehen lassen. Anderweitige Verzögerungen sind nicht ersichtlich, sodass die Herbeiführung einer richterlichen Entscheidung entbehrlich war.

5.3 Materielle Rechtmäßigkeit

5.3.1 Tatbestand und Rechtsfolge

Der Durchsetzungsgewahrsam setzt grundsätzlich voraus, dass er unerlässlich ist, um einen Platzverweis bzw. ein Aufenthaltsverbot durchzusetzen.

In den Bundesländern, die ausdrücklich den Gewahrsam zur Durchsetzung eines Aufenthaltsverbots normiert haben, kann X, der sich standhaft weigert den L-Platz zu verlassen, in Gewahrsam genommen und zum Polizeirevier verbracht werden, da die Maßnahme unerlässlich ist.[21]

In den Bundesländern, in denen die Ermächtigungsnorm nur pauschal auf die Platzverweisung verweist, ist umstritten, ob auch ein Aufenthaltsverbot wie die Platzverweisung im Wege des Durch-

20 **Baden-Württemberg:** § 28 III PolG; **Bayern:** Art. 18 I PAG; **Berlin:** § 31 I ASOG Bln; **Brandenburg:** § 18 I BbgPolG; **Bremen:** § 16 I, II BremPolG; **Hamburg:** § 13a I SOG; **Hessen:** § 33 I HSOG; **Mecklenburg-Vorpommern:** § 56 V SOG-MV; **Niedersachsen:** § 19 I NPOG; **Nordrhein-Westfalen:** § 36 I NRW PolG; **Rheinland-Pfalz:** § 15 I POG; **Saarland:** § 14 I SPolG; **Sachsen:** § 22 VII SächsPolG; **Sachsen-Anhalt:** § 38 I SOG LSA; **Schleswig-Holstein:** § 204 VI iVm § 181 IV LVwG; **Thüringen:** § 20 I PAG.

21 **Bayern:** Art. 17 I Nr. 4 PAG; **Berlin:** § 30 I Nr. 3 ASOG Bln; **Brandenburg:** § 17 I Nr. 3 BbgPolG; **Hamburg:** § 13 I Nr. 4 SOG; **Hessen:** § 32 I Nr. 3 HSOG; **Rheinland-Pfalz:** § 14 I Nr. 3 POG; **Sachsen:** § 22 I Nr. 4 SächsPolG; **Schleswig-Holstein:** § 204 I Nr. 4 LVwG; **Thüringen:** § 19 I Nr. 3 PAG.

setzungsgewahrsams vollzogen werden kann.[22] Dafür spricht, dass sich die Pauschalverweisung sowohl auf den Platzverweis als auch das Aufenthaltsverbot bezieht, da das Aufenthaltsverbot nur eine spezielle Form der Platzverweisung darstellt. Ebenso wollte der Gesetzgeber bei der Vollziehung mithilfe des Gewahrsams keine Differenzierung zwischen Platzverweisung und Aufenthaltsverbot vornehmen. Dagegen spricht jedoch, dass andere Bundesländer den Durchsetzungsgewahrsam ausdrücklich auf die Platzverweisung und das Aufenthaltsverbot erstreckt haben. Angesichts der längeren Dauer des Aufenthaltsverbots und der verfassungsrechtlich bedingten Beschränkungen des Gewahrsams ist es nicht möglich, das Aufenthaltsverbot durch einen Gewahrsam durchzusetzen (str., aA vertretbar). Vielmehr ist auf die allgemeinen Vorschriften zum Verwaltungszwang zurückzugreifen, sodass ein Aufenthaltsverbot insbesondere durch Verhängung eines Zwangsgeldes und als ultima ratio durch die Ersatzzwangshaft durchzusetzen ist.

In Baden-Württemberg ist mangels spezifischer Regelung Voraussetzung für den Gewahrsam, dass eine unmittelbar bevorstehende erhebliche Störung der öffentlichen Sicherheit oder Ordnung nicht verhindert oder eine bereits eingetretene erhebliche Störung nicht auf andere Weise beseitigt werden kann.[23] Im Saarland kann die Polizei eine Person in Gewahrsam nehmen, wenn dies unerlässlich ist, um die unmittelbar bevorstehende Begehung oder Fortsetzung einer Straftat oder Ordnungswidrigkeit von erheblicher Bedeutung für die Allgemeinheit zu verhindern.[24]

In Baden-Württemberg und dem Saarland sind die Voraussetzungen für den Präventivgewahrsam erhöht, da dieser eine erhebliche Störung der öffentlichen Sicherheit voraussetzt. Das ist dahingehend zu verstehen, dass entweder eine Verletzung eines besonders gewichtigen Rechtsguts zu befürchten ist, oder aber eine Störung für die öffentliche Sicherheit besonders intensiv und umfangreich ausfallen muss. Die Erheblichkeitsschwelle ist insbesondere immer dann überschritten, wenn ein Verhalten zu befürchten ist, das den Tatbestand eines Strafgesetzes erfüllt. X wird hier jedoch allein deshalb mitgenommen, weil er sich weigert, dem Aufenthaltsverbot nachzukommen. Dass er dabei Widerstand gegen die Beamten leistet (§ 113 StGB) ist nicht ersichtlich. Somit liegt durch sein Verhalten keine erhebliche Störung der öffentlichen Sicherheit vor, sodass die Beamten das Aufenthaltsverbot nur im Wege der Vorschriften zum Verwaltungszwang (Zwangsgeld, unmittelbarer Zwang) durchsetzen können.

22 **Bremen:** § 15 I Nr. 3 BremPolG; **Mecklenburg-Vorpommern:** § 55 I Nr. 5 SOG-MV; **Niedersachsen:** § 18 I Nr. 3 NPOG; **Nordrhein-Westfalen:** § 35 I Nr. 3 PolG NRW; **Sachsen-Anhalt:** § 37 I Nr. 3 SOG LSA.

23 **Baden-Württemberg:** § 28 I Nr. 1 PolG.

24 **Saarland:** § 13 I Nr. 2 SPolG.

5.3.2 Adressat, Verhältnismäßigkeit, Ermessen
Adressat des Durchsetzungsgewahrsams ist immer diejenige Person, gegen die sich das Aufenthaltsverbot richtet, sodass X tauglicher normimmanenter Adressat ist. Der Durchsetzungsgewahrsam war auch verhältnismäßig und ermessensfehlerfrei.

Ergebnis: In Bayern, Berlin, Brandenburg, Hamburg, Hessen, Rheinland-Pfalz, Sachsen, Schleswig-Holstein und Thüringen ist die Mitnahme des X zum Polizeirevier rechtmäßig. In Bremen, Mecklenburg-Vorpommern, Niedersachsen, Nordrhein-Westfalen und Sachsen-Anhalt ist die Mitnahme zum Polizeirevier rechtswidrig (aA vertretbar). In Baden-Württemberg und dem Saarland ist die Mitnahme von X zum Polizeirevier offensichtlich rechtswidrig.

Zu 1: OVG Münster NVwZ 2018, 1497; *Waldhoff*, Polizei- und Ordnungsrecht: Identitätsfeststellung, JuS 2019, 95; *Leidinger*, Drei Perspektiven auf Racial Profiling: Konservativ, liberal, kritisch, KJ 2018, 450

Zu 1.3.1: OVG Hamburg NVwZ-RR 2003, 276; OVG Berlin NJW 1986, 3223; *Tomerius*, »Gefährliche Orte« im Polizeirecht – Straftatenverhütung als Freibrief für polizeiliche Kontrolle? Eine Beurteilung aus verfassungs- und polizeirechtlicher Perspektive, DVBl 2017, 1399

Zu 2.1.1: *Pöltl*, Alkoholkonsum im öffentlichen Raum – Grundlagen und Anwendung des neuen § 10a PolG –, VBlBW 2018, 221; *Hecker*, Neue Rechtsprechung des VGH Mannheim zum Alkoholkonsumverbot im öffentlichen Raum, NVwZ 2010, 359; *Faßbender*, Alkoholverbote durch Polizeiverordnung: per se rechtswidrig?, NVwZ 2009, 563; *Hamann*, Die Gefahrenabwehrverordnung – ein Gebrauchsklassiker des Ordnungsrechts?, NVwZ 1994, 669; *Erbguth/Mann/Schubert*, Besonderes Verwaltungsrecht, 13. Aufl. 2020, § 20 Rn. 676, 705 ff.

Zu 2.3.1.4: OVG Bautzen SächsVBl 2017, 278; OVG Lüneburg NdsVBl 2013, 68; VGH Mannheim NVwZ-RR 2010, 55; OVG Magdeburg BeckRS 2010, 47490; *Braun*, Hohe Hürden für zeitlich und örtlich begrenzte Alkoholkonsumverbote, BWGZ 2018, 76; *Schieder*, Anforderungen an Alkoholverbotsverordnungen, BayVBl 2015, 439; *Riegner*, Das Alkoholverbot am Marktplatz, JURA 2012, 646

Zu 3.3.1: VGH Mannheim NVwZ-RR 2003, 117; *Vahle*, Zur Sicherstellung von Fahrzeugen zur Gefahrenabwehr, DVP 2017, 391; *Laub*, Zur Sicherstellung eines Fahrzeugs durch die Polizei, SVR 2009, 347

Zu 4.1: *Hauk*, Polizeirechtliche Standardmaßnahmen – ein Überblick, JA 2017, 922; *Siegel*, Hooligans im Verwaltungsrecht, NJW 2013, 1035; *Erbguth/Mann/Schubert*, Besonderes Verwaltungsrecht, 13. Aufl. 2020, § 18 Rn. 584.

Zu 4.3.1: *Zaremba*, Die neuen Befugnisse im nordrhein-westfälischen Polizeigesetz zum Erlass von Aufenthaltsgeboten, Kontaktverboten sowie zur Elektronischen Aufenthaltsüberwachung, DÖV 2019, 221; *Bretthauer*, Aufenthaltsverbot für Fußballfans?, JURA 2018, 409; *Benrath*, Probleme mit Problemfans – Fallstricke bei Aufenthaltsverboten und Meldeauflagen, DVBl 2017, 868; *Böhm/Mayer*, Polizeiliche Aufenthaltsverbote für Fußballfans, DÖV 2017, 325; *Frey/Schönstein*, Aufenthaltsverbote als Mittel zur Gefahrenabwehr, VBlBW 2016, 447

Zu 5.1: *Guckelberger*, Der präventiv-polizeiliche Gewahrsam, JURA 2015, 926; *Heidebach*, Der polizeiliche Präventivgewahrsam auf konventionsrechtlichem Prüfstand, NVwZ 2014, 554; *Michaelis*, Der polizeiliche Präventivgewahrsam, JA 2014, 198; *Schucht*, Der Verbringungsgewahrsam im Polizeirecht, DÖV 2011, 553; *Finger*, Der »Verbringungsgewahrsam« und der Streit um seine rechtliche Grundlage, NordÖR 2006, 423; *Leggereit*, Der Verbringungsgewahrsam – ein generell rechtswidriges Instrumentarium der Vollzugspolizei?, NVwZ 1999, 263

Zu 5.2: BVerfG NJW 2019, 1428; VG Karlsruhe BeckRS 2017, 103048; OLG Rostock NVwZ-RR 2008, 173; BVerfG NJW 2007, 1444; BVerfG NJW 2004, 1442; *Fickenscher/Dingelstadt*, Richterlicher Bereitschaftsdienst »rund um die Uhr«?, NJW 2009, 3473

Zu 5.3.1: *Thiel*, Polizei- und Ordnungsrecht, 4. Aufl. 2019, Rn. 423

Lösungsskizze 18

1 **Rechtmäßigkeit des Gewahrsams**

Das polizeiliche Handeln war rechtmäßig, wenn es von einer Ermächtigungsgrundlage gedeckt war und diese formell und materiell rechtmäßig angewendet wurde.

1.1 Ermächtigungsgrundlage

Da der Versuch der Selbsttötung nicht strafbar ist, scheiden strafprozessuale Ermächtigungsgrundlagen im Zusammenhang mit der Verhinderung der Selbsttötung aus. Die polizeiliche Verwahrung, dh der Gewahrsam, diente zudem primär dem Schutz von As Leben und nicht der Verfolgung der Körperverletzung der F. Der Schwerpunkt des polizeilichen Handelns liegt daher im präventiven Bereich, dh in der polizeirechtlichen Gefahrenabwehr. Die Ermächtigungsgrundlage ist im allgemeinen Polizei- und Ordnungsrecht zu suchen, und zwar im Abschnitt über die sog. Standardbefugnisse.[1]

1.2 Formelle Rechtmäßigkeit

1.2.1 Fraglich ist, ob die Beamten der Polizeistreife (Vollzugspolizei) für die Ingewahrsamnahme zuständig waren. Grundsätzlich obliegt die Aufgabe der Gefahrenabwehr den Ordnungsbehörden (in den Ländern mit Mischsystem besteht die Unterscheidung zwischen Polizeibehörden und dem Polizeivollzugsdienst). Ausnahmen hierzu können sich einerseits allgemein unter dem Gesichtspunkt der Eilbedürftigkeit ergeben, andererseits enthalten die Gesetze auch Durchbrechungen in einzelnen Normen. Für die Ingewahrsamnahme ergibt sich danach Folgendes: In den meisten Bundesländern ist ausdrücklich nur die (Vollzugs-)Polizei hierzu befugt.[2] In Sachsen ist neben den Polizeibehörden auch der Vollzugsdienst zuständig.[3] In Brandenburg, Hamburg, Niedersachsen und Nordrhein-Westfalen sind Ordnungsbehörden und Polizei gleichermaßen befugt.[4] Hier folgt die Zuständigkeit der Streife aus der Dringlichkeit.[5] Danach war die Polizeistreife zuständig.

1.2.2 Problematisch bezüglich des Verfahrens könnte die fehlende richterliche Einschaltung sein. Die Frist des Art. 104 II 3 GG[6] wurde jedoch nicht überschritten. Zudem ist auch das verfahrensrechtliche Gebot der unverzüglichen Einschaltung eines Richters nicht dadurch verletzt, dass dieser in der Nacht vom Samstag zum Sonntag zwischen 23.00 Uhr und 6.00 Uhr nicht erreichbar war; die Einrichtung eines permanenten richterlichen Bereitschaftsdienstes an den

---

1 **Baden-Württemberg:** § 28 I Nr. 2c PolG; **Bayern:** Art. 17 I Nr. 1 PAG; **Berlin:** § 30 I Nr. 1 ASOG Bln; **Brandenburg:** § 17 I Nr. 1 BbgPolG; **Bremen:** § 15 I Nr. 1 BremPolG; **Hamburg:** § 13 I Nr. 1 SOG; **Hessen:** § 32 I Nr. 1 HSOG; **Mecklenburg-Vorpommern:** § 55 I Nr. 1 SOG M-V; **Niedersachsen:** § 18 I Nr. 1 NPOG; **Nordrhein-Westfalen:** § 35 I Nr. 1 PolG NRW; **Rheinland-Pfalz:** § 14 I Nr. 1 POG; **Saarland:** § 13 I Nr. 1 SPolG; **Sachsen:** § 22 I Nr. 2b SächsPolG; **Sachsen-Anhalt:** § 37 I Nr. 1 SOG LSA; **Schleswig-Holstein:** § 204 I Nr. 1 LVwG; **Thüringen:** § 19 I Nr. 1 PAG.

Wochenenden, insbesondere zur Nachtzeit, ist auch unter verfassungsrechtlichen Gesichtspunkten nicht erforderlich. Vielmehr reicht es aus, dass die Erreichbarkeit des Richters samstags und sonntags zur Tageszeit für einen gewissen Zeitraum gewährleistet ist.

1.2.3 Die Form unterliegt keinen Bedenken.

1.3 Materielle Rechtmäßigkeit

1.3.1 Regelmäßig enthalten die Normen über den Gewahrsam einen differenzierten Tatbestandskatalog. Vorliegend kommt eine Ingewahrsamnahme zum Schutz gegen eine Gefahr für Leib oder Leben infrage.[7] In Baden-Württemberg, Bremen, dem Saarland und Sachsen findet der Gefahrentatbestand der Selbsttötung ausdrückliche Erwähnung.[8] Auch die anderen Formulierungen umfassen die Gefahr der Selbsttötung. Die materiellen Voraussetzungen für eine Ingewahrsamnahme lagen damit vor. Dagegen spricht auch nicht, dass die Selbstgefährdung der allgemeinen Handlungsfreiheit (Art. 2 I GG) unterliegt. Denn dies entbindet den Staat nicht von seinem Schutzauftrag aus Art. 2 II 1 GG.

1.3.2 Ermessensfehler sind nicht ersichtlich.

Ergebnis: Der Gewahrsam war rechtmäßig.

---

2 **Baden-Württemberg:** § 28 I PolG; **Bayern:** Art. 17 I Nr. 1 PAG; **Berlin:** § 30 I ASOG Bln; **Bremen:** § 15 BremPolG; **Hessen:** § 32 I HSOG; **Mecklenburg-Vorpommern:** § 55 IV SOG M-V; **Rheinland-Pfalz:** § 14 I POG; **Saarland:** § 13 I SPolG; **Sachsen-Anhalt:** § 37 I SOG LSA; **Schleswig-Holstein:** § 204 IV iVm § 25 LVwG; **Thüringen:** § 19 I PAG.

3 **Sachsen:** § 60 I, III SächsPolG.

4 **Brandenburg:** § 23 Nr. 1f OBG; **Hamburg:** § 3 IIa SOG; **Niedersachsen:** § 18 I NPOG; **Nordrhein-Westfalen:** § 24 I Nr. 12 OBG.

5 **Brandenburg:** § 2 S. 1 BbgPolG; **Niedersachsen:** § 1 II 1 NPOG; **Nordrhein-Westfalen:** § 1 I 3 PolG NRW.

6 Wiederholt in den landesrechtlichen Gewahrsamsvorschriften **Baden-Württemberg:** § 28 III 2 PolG; **Bayern:** Art. 18 I iVm Art. 20 Nr. 3 PAG; **Berlin:** §§ 31 I, 33 I Nr. 3 ASOG Bln; **Brandenburg:** §§ 18 I, 20 I Nr. 3 BbgPolG; **Bremen:** § 18 I BremPolG; **Hamburg:** § 13c I Nr. 3 SOG; **Hessen:** § 35 I Nr. 4 HSOG; **Mecklenburg-Vorpommern:** § 55 V 2 SOG M-V; **Niedersachsen:** § 21 1 Nr. 3 NPOG; **Nordrhein-Westfalen:** § 38 I Nr. 3 PolG NRW; **Rheinland-Pfalz:** § 17 I Nr. 3 POG; **Saarland:** § 16 I Nr. 3 SPolG; **Sachsen:** § 22 VII 4 SächsPolG; **Sachsen-Anhalt:** § 40 I Nr. 3 SOG LSA; **Schleswig-Holstein:** § 204 V LVwG; **Thüringen:** § 22 Nr. 3 PAG.

7 **Bayern:** Art. 17 I Nr. 1 PAG; **Berlin:** § 30 I Nr. 1 ASOG Bln; **Brandenburg:** § 17 I Nr. 1 BbgPolG; **Hamburg:** § 13 I Nr. 1 SOG; **Hessen:** § 32 I Nr. 1 HSOG; **Mecklenburg-Vorpommern:** § 55 I Nr. 1 SOG M-V; **Niedersachsen:** § 18 I Nr. 1 NPOG; **Nordrhein-Westfalen:** § 35 I Nr. 1 PolG NRW; **Rheinland-Pfalz:** § 14 I Nr. 1 POG; **Sachsen-Anhalt:** § 37 I Nr. 1 SOG LSA; **Schleswig-Holstein:** § 204 I Nr. 1 LVwG; **Thüringen:** § 19 I Nr. 1 PAG.

8 **Baden-Württemberg:** § 28 I Nr. 2c PolG; **Bremen:** § 15 I Nr. 1 BremPolG; **Saarland:** § 13 I Nr. 1 SPolG; **Sachsen:** § 22 I Nr. 2b SächsPolG.

2 Rechtmäßigkeit der Durchsuchung

2.1 Ermächtigungsgrundlage

Die Durchsuchung von Personen findet sich als Standardmaßnahme in den jeweiligen Landespolizeigesetzen.[9] Sie umfasst unter anderem die Suche in den am Körper befindlichen Kleidungsstücken und das Abtasten des bekleideten Körpers.

2.2 Formelle Rechtmäßigkeit

Hinsichtlich der Zuständigkeit gilt das Gleiche wie für die Ingewahrsamnahme (s. 1.2). In Thüringen dürfen auch die Ordnungsbehörden Durchsuchungen von Personen vornehmen.[10] P war als Polizeivollzugsbeamter in allen Bundesländern zuständig.
Hinsichtlich des Verfahrens und der Form bestehen keine Bedenken.

2.3 Materielle Rechtmäßigkeit

Die Durchsuchung setzt das Vorliegen eines Durchsuchungsgrundes voraus. Sie ist unter anderem dann zulässig, wenn die Person nach den Vorschriften des Gesetzes festgehalten werden kann (s. oben Gewahrsam) und die Durchsuchung dem Schutz der Person dient (Verhinderung der Selbsttötung). Darüber hinaus darf eine Durchsuchung vorgenommen werden, wenn Tatsachen die Annahme rechtfertigen, dass die durchsuchte Person Gegenstände mitführt, die sichergestellt bzw. beschlagnahmt werden dürfen.[11]
Die Aussagen des A weisen darauf hin, dass er Gegenstände mit sich führt, die zur Selbsttötung verwendbar sind. Da er zur Verhinderung dieser Selbsttötung in Gewahrsam genommen worden ist, dürfen solche Gegenstände sichergestellt werden.[12] Ein Durchsuchungsgrund ist daher gegeben.
Ermessensfehler sind nicht ersichtlich.

Ergebnis: Die Durchsuchung war rechtmäßig.

---

9 **Baden-Württemberg:** § 29 PolG; **Bayern:** Art. 21 PAG; **Berlin:** § 34 ASOG Bln; **Brandenburg:** § 21 I BbgPolG; **Bremen:** § 19 I BremPolG; **Hamburg:** § 15 SOG; **Hessen:** § 36 HSOG; **Mecklenburg-Vorpommern:** § 53 SOG M-V; **Niedersachsen:** § 22 NPOG; **Nordrhein-Westfalen:** § 39 I PolG NRW; **Rheinland-Pfalz:** § 18 POG; **Saarland:** § 17 I SPolG; **Sachsen:** § 23 SächsPolG; **Sachsen-Anhalt:** § 41 SOG LSA; **Schleswig-Holstein:** § 202 I LVwG; **Thüringen:** § 23 PAG.

10 **Thüringen:** § 18 OBG.

11 **Baden-Württemberg:** § 29 I Nr. 2 PolG; **Bayern:** Art. 21 I Nr. 1 PAG; **Berlin:** § 34 I Nr. 1 ASOG Bln; **Brandenburg:** § 21 I Nr. 2 BbgPolG; **Bremen:** § 19 I Nr. 2 BremPolG; **Hamburg:** § 15 I Nr. 2 SOG; **Hessen:** § 36 I Nr. 1 HSOG; **Mecklenburg-Vorpommern:** § 53 I Nr. 1 SOG M-V; **Niedersachsen:** § 22 I Nr. 2 NPOG; **Nordrhein-Westfalen:** § 39 I Nr. 2 PolG NRW; **Rheinland-Pfalz:** § 18 I Nr. 2 POG; **Saarland:** § 17 I Nr. 1 SPolG; **Sachsen:** § 23 I Nr. 2 SächsPolG; **Sachsen-Anhalt:** § 41 I Nr. 1 SOG LSA; **Schleswig-Holstein:** § 202 I Nr. 1 LVwG; **Thüringen:** § 23 I Nr. 2 PAG.

12 **Baden-Württemberg:** § 33 I Nr. 2 PolG (Beschlagnahme); **Bayern:** Art. 25 I Nr. 3a PAG; **Berlin:** § 38 Nr. 3a ASOG Bln; **Brandenburg:** § 25 I Nr. 3a BbgPolG; **Bremen:** § 23 Nr. 3 BremPolG; **Hamburg:** § 14 Ib SOG; **Hessen:** § 40 I Nr. 3a HSOG; **Mecklenburg-Vorpommern:** § 61 I Nr. 2a SOG M-V; **Niedersachsen:** § 26 Nr. 3a NPOG; **Nordrhein-Westfalen:** § 43 Nr. 3a PolG NRW; **Rheinland-Pfalz:** § 22 Nr. 3a POG; **Saarland:** § 21 Nr. 3a SPolG; **Sachsen:** § 27 I Nr. 2 SächsPolG (Beschlagnahme); **Sachsen-Anhalt:** § 45 Nr. 3a SOG LSA; **Schleswig-Holstein:** § 210 I Nr. 2 LVwG; **Thüringen:** § 27 Nr. 3a PAG.

3 Rechtmäßigkeit der Sicherstellung

Die Ermächtigungsgrundlage befindet sich in den allgemeinen Polizeigesetzen als polizeiliche Standardmaßnahme.[13] Die Voraussetzungen der Sicherstellung sind erfüllt (s. 2.3).

Ergebnis: Die Sicherstellung war rechtmäßig.

4 Rechtmäßigkeit der Fesselung

4.1 Ermächtigungsgrundlage

Bei der Fesselung handelt es sich um eine überwiegend gesetzlich geregelte Anwendungsform des unmittelbaren Zwangs zur Durchsetzung einer polizeilichen Maßnahme der Gefahrenabwehr.[14] Ermächtigungsgrundlage sind im Übrigen die Normen über die Anwendung unmittelbaren Zwangs.[15]

4.2 Formelle Rechtmäßigkeit

P ist als Polizeivollzugsbeamter in allen Bundesländern für die Anwendung unmittelbaren Zwangs zuständig. Da es sich bei der Fesselung um eine Maßnahme in der Verwaltungsvollstreckung handelt, war eine vorherige Anhörung entbehrlich (§ 28 II Nr. 5 LVwVfG bzw. die Parallelvorschriften).

4.3 Materielle Rechtmäßigkeit

4.3.1 Vollziehbarer GrundVA

Der VA liegt in der Aufforderung der Polizei an A, das selbstgefährdende Verhalten einzustellen. Vollziehbar ist ein VA unter anderem, wenn ein gegen ihn gerichteter Rechtsbehelf keine aufschiebende Wirkung hat.[16] Da es sich bei der Verfügung um die unaufschiebbare Anordnung eines Polizeivollzugsbeamten iSd § 80 II 1 Nr. 2 VwGO handelt, entfällt die aufschiebende Wirkung. Da der VA auch wirksam ist und es auf die Rechtmäßigkeit nach

13 **Baden-Württemberg:** § 33 I Nr. 2 PolG (Beschlagnahme); **Bayern:** Art. 25 PAG; **Berlin:** § 38 ASOG Bln; **Brandenburg:** § 25 BbgPolG; **Bremen:** § 23 BremPolG; **Hamburg:** § 14 SOG; **Hessen:** § 40 HSOG; **Mecklenburg-Vorpommern:** § 61 SOG M-V; **Niedersachsen:** § 26 NPOG; **Nordrhein-Westfalen:** § 43 PolG NRW; **Rheinland-Pfalz:** § 22 POG; **Saarland:** § 21 SPolG; **Sachsen:** § 27 I Nr. 2 SächsPolG (Beschlagnahme); **Sachsen-Anhalt:** § 45 SOG LSA; **Schleswig-Holstein:** § 210 LVwG; **Thüringen:** § 27 PAG.

14 **Bayern:** Art. 82 PAG; **Berlin:** § 20 Ic UZwG Bln; **Brandenburg:** § 65 BbgPolG; **Bremen:** § 45 BremPolG; **Hamburg:** § 23 SOG; **Hessen:** § 59 HSOG; **Mecklenburg-Vorpommern:** § 106 SOG M-V; **Niedersachsen:** § 75 NPOG; **Nordrhein-Westfalen:** § 62 PolG NRW; **Rheinland-Pfalz:** § 62 POG; **Saarland:** § 55 SPolG; **Sachsen:** § 31 II SächsPolG; **Schleswig-Holstein:** § 255 LVwG; **Thüringen:** § 63 PAG.

15 **Baden-Württemberg:** §§ 49 ff. PolG; **Sachsen-Anhalt:** §§ 58 III, 64 SOG LSA.

16 **Baden-Württemberg:** § 2 Nr. 2 BWLVwVG iVm §§ 49 I, II, 52 IV PolG; **Bayern:** Art. 70 I PAG iVm Art. 19 I Nr. 2 VwZVG; **Berlin:** § 6 I VwVG Bund iVm § 8 BlnVwVfG; **Brandenburg:** § 53 I BbgPolG; **Bremen:** § 11 I 2 BremVwVG iVm § 40 I BremPolG; **Hamburg:** § 3 III Nr. 3 HmbVwVG; **Hessen:** § 47 I HSOG; **Mecklenburg-Vorpommern:** § 80 I Nr. 2 SOG M-V; **Niedersachsen:** § 64 I NPOG; **Nordrhein-Westfalen:** § 50 I PolG NRW; **Rheinland-Pfalz:** § 57 POG iVm § 2 Nr. 2 LVwVG; **Saarland:** § 44 I SPolG; **Sachsen:** § 2 Nr. 2 SächsVwVG iVm §§ 30 I, 32 V SächsPolG; **Sachsen-Anhalt:** § 53 I SOG LSA; **Schleswig-Holstein:** § 229 I Nr. 2 LVwG; **Thüringen:** § 51 I PAG, § 19 Nr. 3 ThürVwZVG.

hM nicht ankommt (s. 4, 2.3.2), liegt ein vollziehbarer GrundVA vor.

4.3.2 Androhung/Warnung

Grundsätzlich müssen Zwangsmittel vor ihrer Anwendung angedroht werden bzw. es muss eine Warnung ergehen. Die Landesgesetze enthalten für die Androhung unmittelbaren Zwangs (bzw. die Warnung davor) dahingehende Spezialnormen.[17]

Eine Androhung (Warnung) ist nicht erfolgt. Sie ist aber unter gewissen Voraussetzungen entbehrlich,[18] insbesondere wenn dies zur Abwehr einer gegenwärtigen Gefahr notwendig ist. Da A die Schlinge bereits am Fenstergitter befestigt hatte, musste die Polizei davon ausgehen, dass A seine angekündigte Selbsttötung umgehend vollziehen würde. Die Androhung (Warnung) konnte daher unterbleiben.

4.3.3 Anwendung

Die besonderen Voraussetzungen für die Fesselung sind gegeben, da A sich in Gewahrsam befand und seine Äußerungen sowie sein Verhalten die Annahme rechtfertigen, dass er sich selbst töten wird.

4.3.4 Verhältnismäßigkeit

In einigen Bundesländern ist die Anwendung unmittelbaren Zwangs nur als ultima ratio zulässig,[19] in vielen sind auch Zweckmäßigkeitserwägungen zu berücksichtigen.[20]

Die Fesselung war geeignet, die Selbsttötung zu verhindern. Als milderes Mittel scheidet die Sicherstellung des Unterhemdes aus, da A bereits den dritten Anlauf zu einer Selbsttötung unternommen hatte und nicht den Eindruck vermittelte, von seinem Vorhaben endgültig Abstand nehmen zu wollen. Von einem erneuten Versuch der Selbsttötung musste ausgegangen werden. Die Fesselung war daher auch erforderlich. Dass die (vom Gesetz selbst vorgesehene)

---

17 **Baden-Württemberg:** § 52 II PolG; **Bayern:** Art. 81 I 1 PAG; **Berlin:** § 13 I VwVG Bund iVm § 8 BlnVwVfG; **Brandenburg:** § 64 I 1 BbgPolG; **Bremen:** § 44 I 1 Hs. 1 BremPolG; **Hamburg:** § 22 I 1 SOG; **Hessen:** § 58 I 1 HSOG; **Mecklenburg-Vorpommern:** § 111 I 1 SOG M-V; **Niedersachsen:** § 74 I 1 NPOG; **Nordrhein-Westfalen:** § 61 I 1 PolG NRW; **Rheinland-Pfalz:** § 61 I 1 POG; **Saarland:** § 54 I 1 SPolG; **Sachsen:** § 32 II 1 SächsPolG; **Sachsen-Anhalt:** § 63 I 1 SOG LSA; **Schleswig-Holstein:** § 236 I LVwVG; **Thüringen:** § 62 I 1 PAG.

18 **Baden-Württemberg:** § 52 IV PolG iVm § 21 BWVwVG; **Bayern:** Art. 81 I 2 PAG; **Berlin:** § 13 I VwVG Bund iVm § 6 II iVm § 8 BlnVwVfG; **Brandenburg:** § 64 I 2 BbgPolG; **Bremen:** § 44 I 1 Hs. 2 BremPolG; **Hamburg:** § 22 I 2 SOG; **Hessen:** § 58 I 2 HSOG; **Mecklenburg-Vorpommern:** § 111 I 2 SOG M-V; **Niedersachsen:** § 74 I 2 NPOG; **Nordrhein-Westfalen:** § 61 I 2 PolG NRW; **Rheinland-Pfalz:** § 61 I 2 POG; **Saarland:** § 54 I 2 SPolG; **Sachsen:** § 32 II 2 SächsPolG; **Sachsen-Anhalt:** § 63 I 2 SOG LSA; **Schleswig-Holstein:** §§ 236 I, 229 LVwG; **Thüringen:** § 62 I 2 PAG.

19 **Baden-Württemberg:** § 52 I 1 PolG; **Berlin:** § 12 VwVG Bund iVm § 8 BlnVwVfG; **Niedersachsen:** § 69 VI NPOG; **Sachsen:** § 32 I 1 SächsPolG.

20 **Bayern:** Art. 75 I 1 PAG; **Brandenburg:** § 58 I 1 BbgPolG; **Bremen:** § 41 V 1 BremPolG; **Hamburg:** § 15 I HmbVwVG; **Hessen:** § 52 I 1 HSOG; **Mecklenburg-Vorpommern:** § 90 SOG M-V; **Nordrhein-Westfalen:** § 55 I 1 PolG NRW; **Rheinland-Pfalz:** § 57 POG iVm § 65 I LVwVG; **Saarland:** § 49 I 1 SPolG; **Sachsen-Anhalt:** § 58 VI SOG LSA; **Schleswig-Holstein:** § 239 LVwG; **Thüringen:** § 56 I 1 PAG.

Fesselung ihrer Art nach unangemessen durchgeführt sein sollte, ist nicht ersichtlich.

Ergebnis: Die Fesselung war rechtmäßig.

Zu 1: OVG Bremen NVwZ 2001, 221; OLG Karlsruhe VBlBW 2000, 329; BayObLG NJW 1989, 1815; *Seidl/Kuhls*, »Fußball ist unser Leben« – aus polizeirechtlicher Perspektive, VR 2012, 165; *Muckel/Ogorek*, Referendarexamensklausur – Öffentliches Recht: Polizeirecht – Viel Lärm um nichts, JuS 2010, 57

Zu 1.2: BVerfGE 105, 239 = NJW 2002, 3161; BVerfG NJW 2004, 1442; BVerwGE 45, 51 = NJW 1974, 807

Zu 1.2.2: BVerfG NJW 2019, 1428; VG Karlsruhe BeckRS 2017, 103048; OLG Rostock NVwZ-RR 2008, 173; BVerfG NJW 2007, 1444; BVerfG NJW 2004, 1442; *Fickenscher/Dingelstadt*, Richterlicher Bereitschaftsdienst »rund um die Uhr«?, NJW 2009, 3473

Zu 4: BayVerfGH NJW 1990, 2926; BayObLG NJW 1989, 1815; *App*, Einführung in das Verwaltungsvollstreckungsrecht, JuS 2004, 786

Lösungsskizze 19

1 **Rechtmäßigkeit der Versammlungsauflösung**
Die Auflösung der Versammlung war rechtmäßig, wenn eine Ermächtigungsgrundlage bestand und diese formell und materiell richtig angewendet wurde.

1.1 Ermächtigungsgrundlage
Grundsätzlich gilt der Vorrang der Spezialermächtigung. Eine Ermächtigungsgrundlage könnte sich aus dem VersammlG ergeben (§ 13). Nach § 1 I VersammlG werden allein »öffentliche« Versammlungen erfasst. »Öffentlich« ist eine Versammlung, wenn jedermann teilnehmen kann, der Teilnehmerkreis also nicht individuell beschränkt ist. Zur Veranstaltung des Vereins sind lediglich Mitglieder eingeladen. Die Versammlung ist mithin nicht öffentlich und das VersammlG somit nicht unmittelbar anwendbar. Fraglich ist, ob § 13 VersammlG auf nicht öffentliche Veranstaltungen analog angewendet werden kann. Als Ermächtigungsgrundlage ist jedoch die polizeiliche Generalklausel einschlägig. Es fehlt daher an der für eine analoge Anwendung erforderlichen Regelungslücke.

1.2 Formelle Rechtmäßigkeit
Regelmäßig ist die Ordnungsbehörde für die Gefahrenabwehr zuständig. Diese kann hier aber nicht mehr rechtzeitig eingreifen. Somit liegt ein Eilfall vor, der die sachliche Zuständigkeit der Polizei eröffnet.[1] Hinsichtlich Form und Verfahren bestehen keine Bedenken.

1.3 Materielle Rechtmäßigkeit
Materiell setzt ein Eingreifen aufgrund der Generalklausel voraus, dass die Auflösungsverfügung zur Beseitigung einer Störung oder zur Abwehr einer konkreten (im einzelnen Falle bevorstehenden) Gefahr für die öffentliche Sicherheit oder Ordnung erforderlich war.

1.3.1 Schutzgut ist die öffentliche Sicherheit im Hinblick auf die Wahrung der Rechtsordnung (§ 123 StGB, § 21 VersammlG) sowie der Rechte und Rechtsgüter Einzelner (Eigentum, körperliche Unversehrtheit). Die Ansammlung der Gegner vor dem Hotel drohte die Veranstaltung zu verhindern. Ebenso bestand die Gefahr, dass diese in das Hotel eindringen. Eine konkrete Gefahr für die öffentliche Sicherheit lag daher vor.

1.3.2 Inanspruchnahme von Verantwortlichen
Bei Abwehrmaßnahmen, die im Rahmen der Generalklausel ergriffen werden, ist grundsätzlich der Verantwortliche (Störer) in An-

1 **Baden-Württemberg:** § 2 I 1 PolG; **Bayern:** Art. 3 PAG; **Berlin:** § 4 I 1 ASOG Bln; **Brandenburg:** § 2 BbgPolG; **Bremen:** § 64 I BremPolG; **Hamburg:** § 3 II SOG; **Hessen:** § 2 S. 1 HSOG; **Mecklenburg-Vorpommern:** § 4 III SOG M-V; **Niedersachsen:** § 1 II 1 NPOG; **Nordrhein-Westfalen:** § 1 I 3 PolG NRW; **Rheinland-Pfalz:** § 1 VIII 1 POG; **Saarland:** § 80 SPolG; **Sachsen:** § 2 I 1 SächsPolG; **Sachsen-Anhalt:** § 2 II SOG LSA; **Schleswig-Holstein:** § 165 III LVwG; **Thüringen:** § 3 PAG.

spruch zu nehmen.[2] In Betracht kommt hier eine Verhaltensverantwortlichkeit.

Die Gesetze stellen bei der Bestimmung der Verhaltensverantwortlichkeit allein auf den – in Rspr. und Lehre umstrittenen – Begriff der Verursachung ab. Nach der Äquivalenztheorie ist jedes Verhalten ursächlich, das nicht hinweggedacht werden kann, ohne dass der konkrete Erfolg entfiele. Dieses Begriffsverständnis wird allgemein als zu weitgehend angesehen. Ihm tritt unter anderem die Adäquanztheorie entgegen. Danach ist Ursache nur ein solches Verhalten, das sich nach der allgemeinen Lebenserfahrung dazu eignet, eine Gefahr herbeizuführen. Dieses Begriffsverständnis wiederum erscheint vielen als zu eng. Nach der überwiegend vertretenen Theorie der unmittelbaren Verursachung liegt Ursächlichkeit dann vor, wenn mit einem Verhalten die Grenze zur Gefahr überschritten wird, also die Gefahr mit dem Verhalten unmittelbar entsteht oder verstärkt wird (zeitlich letzte Handlung). Danach wären nicht die Tagungsveranstalter, sondern ihre Gegner Verursacher.

Nach der Lehre von der Zweckveranlassung, welche die Theorie der unmittelbaren Verursachung ergänzt, rechtfertigt sich bei einem Dazwischentreten Dritter die Zurechnung des Erfolges als unmittelbare Verursachung dann, wenn zwischen der Handlung und der Gefahrentstehung eine »natürliche Wirkungseinheit« besteht und insofern von einer Zweckveranlassung gesprochen werden kann. Teile dieser Lehre stellen darauf ab, ob der Zweckveranlasser das Verhalten des Dritten bzw. die Herbeiführung des Erfolgs bezweckt oder billigend in Kauf nimmt. Nach Ansicht anderer Teile sollen allein objektive Momente entscheiden, dh es soll darauf ankommen, ob sich das Verhalten Dritter als zwangsläufige Folge der Handlung des Zweckveranlassers erweist. Da auf diese Weise auch rechtmäßiges Verhalten polizeirechtliche Verantwortlichkeit begründen kann, ist diese jedoch problematisch; es wird diskutiert, die nötige Differenzierung in der Verhaltensverantwortlichkeit auch unter Anwendung des Verhältnismäßigkeitsprinzips zu erreichen.

Die Mitglieder des Vereins (nicht verboten nach VereinsG) sind unbewaffnet und verhalten sich friedlich. Es liegt eine Ausübung des Grundrechts aus Art. 8 I GG vor. Eine Störung der öffentlichen Sicherheit ist dagegen durch das Verhalten der Gegner zu erwarten (s. 1.3.1). Die Störung war von den Mitgliedern weder bezweckt, noch wurde sie billigend in Kauf genommen. Sie war zudem nicht unweigerliche Folge der Veranstaltung.

---

2 **Baden-Württemberg:** §§ 6 f. PolG; **Bayern:** Art. 7 f. PAG; **Berlin:** §§ 13 f. ASOG Bln; **Brandenburg:** §§ 5 f. BbgPolG; **Bremen:** §§ 5 f. BremPolG; **Hamburg:** §§ 8 f. SOG; **Hessen:** §§ 6 f. SOG; **Mecklenburg-Vorpommern:** §§ 68 f. SOG M-V; **Niedersachsen:** §§ 6 f. NPOG; **Nordrhein-Westfalen:** §§ 4 f. PolG NRW; **Rheinland-Pfalz:** §§ 4 f. POG; **Saarland:** §§ 4 f. SPolG; **Sachsen:** §§ 4 f. SächsPolG; **Sachsen-Anhalt:** §§ 7 f. SOG LSA; **Schleswig-Holstein:** §§ 217 ff. LVwG; **Thüringen:** §§ 7 f. PAG.

Der Verein kommt daher auch als Zweckveranlasser nicht in Betracht. Er kann demnach nicht als Verantwortlicher in Anspruch genommen werden.

1.3.3 Inanspruchnahme von Nichtverantwortlichen

In eng umschriebenen Ausnahmefällen ermöglichen die Gesetze auch die Inanspruchnahme Nichtverantwortlicher.[3]

1.3.3.1 Dies setzt das Vorliegen einer erheblichen gegenwärtigen Gefahr voraus. Zudem dürfen die eigenen Mittel der Polizei nicht ausreichen, um die Gefahr abzuwehren bzw. die Störung zu beseitigen. Darüber hinaus können Unbeteiligte nur in Anspruch genommen werden, wenn sie dadurch nicht erheblichen eigenen Gefährdungen ausgesetzt oder höherwertige Pflichten verletzt werden. Dieses Erfordernis ist in den meisten Ländern ausdrücklich normiert,[4] in Baden-Württemberg, Hamburg und Sachsen folgt es aus dem Verhältnismäßigkeitsprinzip.[5]

Erheblich und gegenwärtig ist eine Gefahr, wenn sie ein bedeutsames Rechtsgut wie Leben, Leib oder Freiheit betrifft und die Einwirkung des schädigenden Ereignisses bereits begonnen hat oder in allernächster Zeit mit an Sicherheit grenzender Wahrscheinlichkeit zu erwarten ist. Ein Eindringen der Versammlungsgegner in das Gebäude stand unmittelbar bevor. Wegen der drohenden Beeinträchtigung der körperlichen Unversehrtheit der Mitglieder des Vereins war daher eine erhebliche gegenwärtige Gefahr gegeben. Vorliegend waren jedoch individualisierbare Störer vorhanden. Objektiv bestand kein Hindernis, sie zur Gefahrenabwehr in Anspruch zu nehmen; erforderlichenfalls konnten die Polizisten Verstärkung herbeirufen. Da im Wesentlichen nur die Hoteltür zu schützen war, wäre bei entsprechendem Einsatz die Gefahr wirksam zu beseitigen gewesen. Ein echter polizeilicher Notstand lag demnach nicht vor.

1.3.3.2 Eine Inanspruchnahme von Nichtstörern ist darüber hinaus ausnahmsweise denkbar, wenn eine Maßnahme gegen den Störer im krassen Missverhältnis zum Eingreifen gegen den Nichtstörer stünde.[6]

Hier jedoch droht den Demonstranten bei einem polizeilichen Einschreiten gegen sie im Verhältnis zum Verein kein unerträglicher Nachteil. Somit war kein »unechter« polizeilicher Notstand gegeben.

3 **Baden-Württemberg:** § 9 PolG; **Bayern:** Art. 10 PAG; **Berlin:** § 16 ASOG Bln; **Brandenburg:** § 7 BbgPolG; **Bremen:** § 7 BremPolG; **Hamburg:** § 10 I SOG; **Hessen:** § 9 SOG; **Mecklenburg-Vorpommern:** § 71 SOG M-V; **Niedersachsen:** § 8 NPOG; **Nordrhein-Westfalen:** § 6 PolG NRW; **Rheinland-Pfalz:** § 7 POG; **Saarland:** § 6 SPolG; **Sachsen:** § 7 SächsPolG; **Sachsen-Anhalt:** § 10 SOG LSA; **Schleswig-Holstein:** § 220 LVwG; **Thüringen:** § 10 PAG.

4 **Bayern:** Art. 10 I Nr. 4 PAG; **Berlin:** § 16 I Nr. 4 ASOG Bln; **Brandenburg:** § 7 I Nr. 4 BbgPolG; **Bremen:** § 7 I Nr. 4 BremPolG; **Hessen:** § 9 I Nr. 4 SOG; **Mecklenburg-Vorpommern:** § 71 I Nr. 3 SOG M-V; **Niedersachsen:** § 8 I Nr. 4 NPOG; **Nordrhein-Westfalen:** § 6 I Nr. 4 PolG NRW; **Rheinland-Pfalz:** § 7 I Nr. 4 POG; **Saarland:** § 6 I Nr. 4 SPolG; **Sachsen-Anhalt:** § 10 I Nr. 4 SOG LSA; **Schleswig-Holstein:** § 220 I Nr. 3 LVwG; **Thüringen:** § 10 I Nr. 4 PAG.

5 **Baden-Württemberg:** § 5 PolG; **Hamburg:** § 4 SOG; **Sachsen:** § 3 II–IV SächsPolG.

6 So ausdrücklich **Baden-Württemberg:** § 9 I PolG aE; **Sachsen:** § 7 I Nr. 2 SächsPolG.

1.3.4 Demnach war der Verein unter keinem Gesichtspunkt in Anspruch zu nehmen.

Ergebnis: Die Versammlungsauflösung war rechtswidrig.

2 **Rechtsschutzmöglichkeit für M**
M könnte die Rechtswidrigkeit der Versammlungsauflösung vor dem VG feststellen lassen. Dann müsste die Klage zulässig sein.

2.1 Verwaltungsrechtsweg, § 40 I 1 VwGO
Da die streitentscheidenden Normen solche des Polizeirechts sind, ist die Streitigkeit öffentlich-rechtlicher Art (s. **1**, 1.1).

2.2 Klageart
Die Auflösungsverfügung ist ein VA. Da die Klageerhebung vorliegend erst nach Erledigung des VA möglich ist, ist die Fortsetzungsfeststellungsklage (§ 113 I 4 VwGO analog, s. **3**, 2.2) die richtige Klageart.

2.3 Klagebefugnis, § 42 II VwGO analog (s. **3**, 2.3)
M ist zwar nicht Adressat der Auflösungsverfügung, aber von ihr unmittelbar betroffen und insoweit möglicherweise in seinen Freiheitsrechten (Art. 8 GG, Art. 2 I GG) verletzt. Die Klagebefugnis ist daher zu bejahen.

2.4 Vorverfahren, §§ 68 ff. VwGO
Ein Vorverfahren ist nicht erforderlich (s. **3**, 2.4).

2.5 Klagefrist, § 74 VwGO analog
Der Streit, ob eine Klagefrist einzuhalten ist (s. **3**, 2.5), muss nicht entschieden werden, da zu unterstellen ist, dass die mündliche Aufforderung der Polizeibeamten keine Rechtsbehelfsbelehrung umfasste; in diesem Fall würde ohnehin die Jahresfrist des § 58 II VwGO gelten, welche im vorliegenden Fall nicht abgelaufen ist.

2.6 Fortsetzungsfeststellungsinteresse
Es bestehen Wiederholungsgefahr und Rehabilitationsinteresse (s. **3**, 2.6), sodass das Fortsetzungsfeststellungsinteresse zu bejahen ist.

2.7 Beteiligten- und Prozessfähigkeit, §§ 61, 62 VwGO
Für M gelten §§ 61 Nr. 1 Alt. 1, 62 I Nr. 1 VwGO, für das Land §§ 61 Nr. 1 Alt. 2, 62 III VwGO, bzw. für die Behörde §§ 61 Nr. 3, 62 III VwGO (s. **1**, 1.6).

2.8 Klagegegner, § 78 I VwGO analog (s. **3**, 2.8)
Die Klage ist je nach landesrechtlicher Ausgestaltung gegen das Land bzw. gegen die Behörde zu richten (s. **1**, 1.7).

Ergebnis: Die Klage des M ist als Fortsetzungsfeststellungsklage zulässig.

3 **Rechtmäßigkeit der Ansprache gegenüber S**
Die Ansprache gegenüber S war rechtmäßig, wenn eine Ermächtigungsgrundlage bestand und diese formell und materiell ordnungsgemäß angewendet wurde.

3.1 Ermächtigungsgrundlage

3.1.1 Die Ansprache gegenüber S, nicht an der Versammlung teilzunehmen oder zumindest dort keine Straftaten oder Ordnungswidrigkeiten zu begehen, könnte eine sog. Gefährderansprache darstellen. Mit dieser wird ein potenzieller Gefahrverursacher ermahnt, in einem konkreten Fall Störungen der öffentlichen Sicherheit zu unterlassen. Der Betroffene soll damit in seinem Verhalten beeinflusst werden. Die Gefährderansprache kommt insbesondere bei Personen zur Anwendung, denen mitgeteilt wird, dass die Polizei- und Gefahrenabwehrbehörden ausreichend über die bisherigen Verhaltensweisen der betreffenden Person informiert sind und dass eventuell polizeiliche Gegenmaßnahmen gegen die Person bereits vorbereitet sind (zB Gefährderansprachen bei gewaltbereiten Fußballfans, Rechtsextremisten, häuslichen Gewalttätern vor der Rückkehr zur Wohnung des Opfers, Stalker oder Islamisten). Die Polizei sucht S unmittelbar vor Veranstaltungsbeginn auf und legt ihm nahe, nicht an der Versammlung teilzunehmen ohne auf mögliche konkrete Maßnahmen hinzuweisen. Die Ermahnung der Polizei gegenüber S, nicht an der Versammlung teilzunehmen oder wenigstens keine Straftaten oder Ordnungswidrigkeiten in diesem Zusammenhang zu begehen, stellt somit eine Gefährderansprache dar.

3.1.2 Mangels Regelungsbefugnis handelt es sich bei ihr nicht um einen VA, sondern um einen Realakt. Denn eine Regelung iSv § 35 S. 1 VwVfG ist nur dann gegeben, wenn die Maßnahme der Behörde ihrem objektiven Sinngehalt nach darauf gerichtet ist, eine verbindliche Rechtsfolge bei einer Person eintreten zu lassen, die der Verwaltung mit eigenen Rechten gegenübersteht. Eine Gefährderansprache beinhaltet jedoch nur hinweisende Elemente (Mitteilung des Kenntnisstandes der Behörde bezüglich der betreffenden Person), empfehlende Elemente (das Anheimstellen, bestimmte Dinge zu tun bzw. zu unterlassen) sowie warnende Elemente (es drohen bestimmte behördliche Maßnahmen, wenn die Person nicht wie empfohlen handelt). Sie gibt allerdings kein konkretes Tun, Dulden oder Unterlassen rechtsverbindlich auf. Dem S wird nur nahegelegt, dass er seine Teilnahme an der Veranstaltung überdenken möge oder aber zumindest von Straftaten bzw. Ordnungswidrigkeiten absehen sollte. Ein bestimmtes Verhalten oder Unterlassen (zu welchem er nicht ohnehin bereits verpflichtet ist) wird von ihm jedoch gerade nicht verlangt.

3.1.3 Gleichwohl liegt aufgrund des empfehlenden sowie warnenden Charakters der Gefährderansprache als Vorfeldmaßnahme ein Eingriff in den Rechtskreis von S – insbesondere Art. 8 GG und Art. 5 GG – vor, sodass eine Rechtsgrundlage erforderlich ist. Denn der Gefährderansprache kommt grundsätzlich Eingriffsqualität zu, wenn der Spielraum für die Willensentschließung aus Furcht vor den angekündigten polizeilichen Maßnahmen so stark beeinflusst wird, dass der Betroffene keine Entschließungsfreiheit mehr hinsichtlich der Ausübung seiner Grundrechte sieht. Dabei reicht bereits der allgemeine Einschüchterungs- und Abschreckungseffekt aus, den die Gefährderansprache aufweist. S zeigt sich von der Ansprache durch die Polizei beeindruckt und möchte darum die Versammlung nicht mehr aufsuchen.

3.1.4 Fraglich ist jedoch, ob die polizeiliche Maßnahme auf das Versammlungsrecht oder das allgemeine Polizeirecht zu stützen ist. Das VersammlG geht als Spezialgesetz dem allgemeinen Polizeirecht grundsätzlich vor, soweit es abschließende Regelungen hinsichtlich der polizeilichen Eingriffsbefugnisse enthält. Diese sog. Polizeifestigkeit der Versammlungsfreiheit bedeutet jedoch nicht, dass in die Versammlungsfreiheit nur auf Grundlage des VersammlG eingegriffen werden kann. Das VersammlG enthält nämlich keine abschließende Regelung für die Abwehr aller Gefahren, die im Zusammenhang mit Versammlungen auftreten können. In Ermangelung einer speziellen Regelung kann somit auch auf das der allgemeinen Gefahrenabwehr dienende Polizeirecht zurückgegriffen werden. Das VersammlG erfasst eine Versammlung nicht schon an der Haustür des (künftigen) Versammlungsteilnehmers, sondern erst dann und dort, wann und wo die Versammlung ihren Anfang nimmt, und sobald sie der Ordnungsgewalt eines Versammlungsleiters unterliegt. Um eine dem VersammlG nicht unterfallende Vorfeldmaßnahme kann es sich entsprechend nicht nur in zeitlicher Hinsicht, soweit die Versammlung noch nicht begonnen hat, sondern auch in räumlicher Hinsicht handeln. Entsprechend kann auch gegen Personen nach allgemeinem Polizeirecht vorgegangen werden, die sich noch nicht am Versammlungsort befinden.

Das in den meisten Bundesländern nach Art. 125a I GG fortgeltende VersammlG des Bundes enthält für Vorfeldmaßnahmen kein umfassendes Regelungskonzept. Die VersammlG von Bayern, Berlin, Niedersachsen, Sachsen und Sachsen-Anhalt regeln Vorfeldmaßnahmen ebenfalls nur fragmentarisch. In Schleswig-Holstein existiert eine Regelung, die die Untersagung der Teilnahme an oder Anwesenheit in einer Versammlung unter freiem Himmel ermöglicht.[7] Die Gefährderansprache wird jedoch weder im VersammlG noch in den jeweiligen landesrechtlichen Vorschriften normiert. Darum ist ein Rückgriff auf das allgemeine Polizeirecht zulässig und die Ermächtigungsgrundlage ergibt sich aus den entsprechenden landesrechtlichen Polizeigesetzen. Bisher hat jedoch ausschließlich Niedersachsen die Gefährderansprache bzw. das Gefährderanschreiben in Form einer Standardmaßnahme normiert.[8] In allen übrigen Bundesländern ist auf die polizeiliche Generalklausel abzustellen.[9]

7 **Schleswig-Holstein:** § 14 VersFG SH.

8 **Niedersachsen:** § 12a NPOG.

9 **Baden-Württemberg:** §§ 1, 3 PolG; **Bayern:** Art. 11 PAG; **Berlin:** §§ 1, 17 I ASOG Bln; **Brandenburg:** §§ 1, 10 I BbgPolG; **Bremen:** §§ 1, 10 I BremPolG; **Hamburg:** § 3 I SOG; **Hessen:** §§ 1, 11 HSOG; **Mecklenburg-Vorpommern:** §§ 13, 16 SOG-MV; **Nordrhein-Westfalen:** §§ 1, 8 I PolG NRW; **Rheinland-Pfalz:** §§ 1, 9 I POG; **Saarland:** § 1, 8 I SPolG; **Sachsen:** §§ 1, 3 SächsPolG; **Sachsen-Anhalt:** §§ 1, 13 SOG LSA; **Schleswig-Holstein:** §§ 174, 176 LVwG; **Thüringen:** §§ 2, 12 PAG.

3.1.5 Das Abstellen auf die polizeiliche Generalklausel könnte jedoch einen Verstoß gegen den Bestimmtheitsgrundsatz darstellen. Demnach müssen Regelungen so bestimmt sein, dass der Handlungsrahmen der Exekutive in einer Weise abgesteckt wird, dass die Maßnahme für den Betroffenen vorhersehbar ist. Soweit die Polizei über Jahre hinweg eine »neuartige« Maßnahme wie die Gefährderansprache mangels einer speziellen Ermächtigungsgrundlage auf die Generalklausel stützt, bestehen hieran jedoch Zweifel.

Für die Notwendigkeit einer besonderen Rechtsgrundlage spricht zunächst, dass der Generalklausel nur die Reservefunktion für neuartige, atypische oder kurzfristige Fallkonstellationen zukommt. Ein neues Instrument dürfe deshalb nur für eine Übergangszeit auf die Generalklausel gestützt werden. Sobald es sich jedoch zum »Standardrepertoire« der Polizei entwickelt, ist die Heranziehung der Generalklausel ausgeschlossen. Dass nunmehr der niedersächsische Landesgesetzgeber die Gefährderansprache einer ausdrücklichen Regelung zugeführt hat, unterstützt dieses Ansinnen.

Für ein Abstellen auf die polizeiliche Generalklausel spricht hingegen, dass nur für besonders schwerwiegende Grundrechtseingriffe eine Spezialnorm erforderlich ist. Die Funktion der Generalklausel beschränkt sich nicht darauf, nur »untypisches«, in der polizeilichen Praxis noch nicht erprobtes, Eingriffshandeln zu regeln. Allein mit der Häufigkeit und Inhaltsähnlichkeit der Maßnahme lässt sich die Notwendigkeit einer besonderen Rechtsgrundlage nicht begründen. Entscheidend ist vielmehr die Intensität der Maßnahme.

Der Grundrechtseingriff ist durch die Gefährderansprache nur geringfügig. Die Polizei sucht S daheim auf, weitere Personen sind nicht anwesend. Es wird versucht, S mithilfe von Worten von einem gewalttätigen Verhalten abzuhalten. Somit liegt kein Verstoß gegen den Bestimmtheitsgrundsatz vor und die polizeiliche Generalklausel ist taugliche Rechtsgrundlage für die Gefährderansprache (aA vertretbar).

3.1.6 Gleichwohl könnte die Gefährderansprache als Vorfeldmaßnahme, die in Ermangelung einer speziellen gesetzlichen Ermächtigungsgrundlage auf das allgemeine Polizeirecht gestützt wird, im Hinblick auf das Zitiergebot des Art. 19 I 2 GG problematisch sein. Auf polizeigesetzlichen Ermächtigungsgrundlagen basierende Vorfeldmaßnahmen im Kontext von Versammlungen entsprechen dem Zitiergebot grundsätzlich nur dann, wenn das Landespolizeigesetz Art. 8 GG für einschränkbar erklärt. In Bayern, Brandenburg, Niedersachsen, Rheinland-Pfalz und Sachsen-Anhalt ist das der Fall.[10] In den Ländern Baden-Württemberg, Berlin, Bremen, Hamburg, Hessen, Mecklenburg-Vorpommern, Nordrhein-Westfalen, Saarland, Sachsen, Schleswig-Holstein und Thüringen ist das nicht der

10 **Bayern:** Art. 91 PAG; **Brandenburg:** § 8 Nr. 3 BbgPolG; **Niedersachsen:** § 10 NPOG; **Rheinland-Pfalz:** § 8 POG; **Sachsen-Anhalt:** § 11 Nr. 7 SOG LSA.

Fall.[11] Gleichwohl bestehen auch in diesen Ländern keine Bedenken, sofern die Versammlungsfreiheit aufgrund der Gefährderansprache nur faktisch und mittelbar eingeschränkt wird. Denn nicht jeder Eingriff in die Versammlungsfreiheit bedarf einer besonderen versammlungsrechtlichen Regelung. Eine solche ist nur für Eingriffe in den Kernbereich der Versammlungsfreiheit erforderlich. Versammlungsrechtliche Ermächtigungsgrundlagen für Vorfeldmaßnahmen bezwecken nicht die Einschränkung der Versammlungsfreiheit als solche, sondern nehmen dies nur als unbeabsichtigte Nebenfolge in Kauf. Zudem gilt das Zitiergebot nach seinem Sinn und Zweck nur für Gesetze, die darauf abzielen, ein Grundrecht über die in ihm selbst angelegten Grenzen hinaus einzuschränken. Deshalb findet das Zitiergebot auf nur mittelbare Grundrechtseingriffe keine Anwendung. Wenn die Polizei somit andere Ziele verfolgt als jenes, eine Person von einer friedlichen Versammlungsteilnahme abzuhalten, ist das Zitiergebot nicht beeinträchtigt.

Nach alledem ist die polizeiliche Generalklausel eine taugliche Rechtsgrundlage für die Gefährderansprache. In Niedersachsen ist auf die entsprechende Standardbefugnis abzustellen.

3.2 Formelle Rechtmäßigkeit

Es bestehen keine Bedenken gegen die formelle Rechtmäßigkeit (Zuständigkeit, Verfahren, Form).

3.3 Materielle Rechtmäßigkeit

Die Gefährderansprache ist rechtmäßig, wenn die Tatbestandsvoraussetzungen der Rechtsgrundlage gegeben sind und die Maßnahme von der Rechtsfolge gedeckt ist, sie sich an den richtigen Adressaten richtet und im Übrigen verhältnismäßig und ermessensfehlerfrei ist.

3.3.1 Tatbestand und Rechtsfolge

Die Gefährderansprache gegenüber S ist rechtmäßig, soweit eine konkrete Gefahr für die öffentliche Sicherheit oder Ordnung vorliegt. In Niedersachsen muss eine Person eine Gefahr verursachen oder Tatsachen müssen die Annahme rechtfertigen, dass eine Person innerhalb eines übersehbaren Zeitraums auf eine zumindest ihrer Art nach konkretisierte Weise eine Straftat begehen wird.[12]

Das Schutzgut der öffentlichen Sicherheit meint die gesamte geschriebene Rechtsordnung, alle Individualrechtsgüter sowie den Bestand und die Funktionsfähigkeit des Staates und seiner Einrichtungen. Diesbezüglich ist eine konkrete Gefahr erforderlich. Unter einer konkreten Gefahr versteht man eine Sachlage, die im Einzelfall mit hinreichender Wahrscheinlichkeit in absehbarer Zeit zu einem Schaden führen wird oder bei welcher der Schaden bereits ein-

11 **Baden-Württemberg:** § 4 PolG; **Berlin:** § 66 ASOG Bln; **Bremen:** § 9 BremPolG; **Hamburg:** § 31 SOG; **Hessen:** § 10 HSOG; **Mecklenburg-Vorpommern:** § 78 SOG-MV; **Nordrhein-Westfalen:** § 7 PolG NRW; **Saarland:** § 7 SPolG; **Sachsen:** § 79 SächsPolG; **Schleswig-Holstein:** § 227 LVwG; **Thüringen:** § 11 PAG.

12 **Niedersachsen:** § 12a NPOG.

getreten ist. Je wichtiger das zu schützende Rechtsgut ist, desto geringere Anforderungen sind an die Wahrscheinlichkeit zu stellen. Da S der Polizei als gewaltbereiter Schläger bekannt ist, der auch schon bei ähnlichen Veranstaltungen entsprechend in Erscheinung getreten ist, liegt eine konkrete Gefahr hinsichtlich der Gesundheit (§§ 223, 224 StGB) der anderen Versammlungsteilnehmer vor. Gleiches gilt für die gesetzlichen Anforderungen in Niedersachsen. Als Rechtsfolge kann die Polizei darum gegenüber S eine Gefährderansprache durchführen.

3.3.2 Adressat, Verhältnismäßigkeit, Ermessen

S ist tauglicher Adressat der Gefährderansprache. Die Gefährderansprache ist verhältnismäßig und ermessensfehlerfrei.

Ergebnis: Die Gefährderansprache gegenüber S war rechtmäßig.

Zu 1.1: *Spilker/Wenzel*, Fortgeschrittenenklausur – Öffentliches Recht: Polizeirecht – Pro-Asyl-Demonstration mit Hindernissen, JuS 2016, 337; *Bünnigmann*, Polizeifestigkeit im Versammlungsrecht, JuS 2016, 695; *Frau*, »Private öffentliche Räume« im Polizei- und Versammlungsrecht, Verw 49 (2016), 531; *Kötter/Nolte*, Was bleibt von der »Polizeifestigkeit des Versammlungsrechts«?, DÖV 2009, 399; *Frenz*, Polizei- und Versammlungsrecht – Abgrenzung und Zusammenspiel, JA 2007, 334; *Meßmann*, Das Zusammenspiel von Versammlungsgesetz und allgemeinem Polizeirecht, JuS 2007, 524

Zu 1.3: BVerfG NVwZ-RR 2010, 625; BVerfG NVwZ 2006, 1049; *Kießling*, Nichtstörer und andere Unbeteiligte als Adressaten von Polizeiverfügungen, JURA 2016, 483; *Wobst/Ackermann*, Der Zweckveranlasser wird 100 – Ein Grund zum Feiern?, JA 2013, 916; *Beaucamp/Seifert*, Soll der Zweckveranlasser weiterleben?, JA 2007, 577; *Tölle*, Polizei- und ordnungsbehördliche Maßnahmen bei rechtsextremistischen Versammlungen, NVwZ 2001, 153; *Masing*, Vom Notstandspflichtigen zum Notstandsgewinnler, DÖV 1999, 573; *Muckel*, Abschied vom Zweckveranlasser, DÖV 1998, 18

Zu 2.6: BVerfG NVwZ-RR 2011, 405; BVerfG KommJuR 2004, 234; OVG Lüneburg NJW 2006, 391; VG Karlsruhe BeckRS 2018, 38117

Zu 3.1: BVerwG NVwZ 2007, 1439; OVG Lüneburg NJW 2006, 391; VG Karlsruhe BeckRS 2018, 38117; *Bünnigmann*, Polizeifestigkeit im Versammlungsrecht, JuS 2016, 695; *Kießling*, Die dogmatische Einordnung der polizeilichen Gefährderansprache in das allgemeine Polizeirecht, DVBl 2012, 1210; *Trurnit*, Vorfeldmaßnahmen bei Versammlungen, NVwZ 2012, 1079; *Hebeler*, Die Gefährderansprache, NVwZ 2011, 1364; *Deger*, Polizeirechtliche Maßnahmen bei Versammlungen, NVwZ 1999, 265

Lösungsskizze 20

A könnte sein Ziel, die Unterlassung der Videoaufzeichnung, durch einen Antrag auf vorläufigen Rechtsschutz erreichen. In Betracht kommt ein Antrag nach § 123 I VwGO. Dieser Antrag müsste zulässig und begründet sein.

1 Zulässigkeit des Antrags

1.1 Verwaltungsrechtsweg

Eine spezielle aufdrängende Zuweisung ist nicht gegeben. Eine öffentlich-rechtliche Streitigkeit nichtverfassungsrechtlicher Art liegt vor, denn die streitentscheidenden Normen sind solche des Polizeirechts und somit öffentlich-rechtlicher Natur (s. **1**, 1.1.2). Es könnte jedoch mit § 23 I EGGVG eine abdrängende Zuweisung an einen anderen Gerichtszweig einschlägig sein. Dies ist zu bejahen, wenn die angegriffene Maßnahme eine Maßnahme der Strafverfolgung darstellt. Dies liegt im Fall der Videoaufzeichnung nahe, da diese in erster Linie Beweiszwecken dient. Nach mittlerweile hM bilden Videobeobachtung und Videoaufzeichnung Bestandteile einer Gesamtmaßnahme mit Doppelcharakter. In diesem Sinne ist aber auch die Aufzeichnung Bestandteil der Abschreckungsstrategie, da sie ihr erst volle Ernsthaftigkeit verleiht: Potenzielle Täter sollen nicht nur damit rechnen müssen, dass sie beobachtet werden, sondern auch damit, dass ihr Tun dokumentiert wird. Deshalb liegt der Schwerpunkt insgesamt auf der Prävention. Eine Teilung der Maßnahme in einen präventiven beobachtenden und einen repressiven aufzeichnenden Teil, würde auch zu erheblichen praktischen Komplikationen führen (Zuständigkeiten). Der Verwaltungsrechtsweg ist somit gegeben.

1.2 Statthaftigkeit des Antrags

Gemäß § 123 V VwGO ist der Antrag auf Erlass einer einstweiligen Anordnung nur statthaft, wenn kein Antrag nach § 80 V VwGO gestellt werden kann. Ein Antrag nach § 80 V 1 VwGO ist statthaft, wenn in der Hauptsache eine Anfechtungsklage erhoben werden müsste. Dies wäre dann zu bejahen, wenn es sich bei der Bildaufzeichnung, deren Unterlassung A begehrt, um einen VA (§ 35 S. 1 VwVfG) handelt. Der Aufzeichnung fehlt jedoch der Regelungscharakter, es handelt sich um einen Realakt. Eine Anfechtungsklage kommt daher nicht in Betracht.

Weiter muss der Antragsteller entweder die Sicherung eines bestehenden Zustandes (§ 123 I 1 VwGO: Sicherungsanordnung) oder die Regelung eines vorläufigen Zustandes (§ 123 I 2 VwGO: Regelungsanordnung) begehren. Im vorliegenden Fall begehrt A – bis zu einer Entscheidung in der Hauptsache – eine gerichtliche Entscheidung, in der X die Unterlassung der Videoaufzeichnung aufgegeben wird, also eine Regelung. Sein Antrag ist somit statthaft nach § 123 I 2 VwGO.

1.3 Antragsbefugnis, § 42 II VwGO analog

A muss die Möglichkeit einer subjektiven Rechtsverletzung darlegen. Als einschlägiges Recht kommt hier das Grundrecht auf informationelle Selbstbestimmung als Spezialfall des allgemeinen Persönlichkeitsrechts (Art. 2 I iVm Art. 1 I GG) in Betracht. Nach dem Sachverhalt ist A auf den aufgezeichneten Bildern erkennbar. In Bezug auf A werden also personenbezogene Daten erhoben und gespeichert. Somit ist er in seinem Grundrecht auf informationelle Selbstbestimmung betroffen. A kann schließlich auch darlegen, dass diese Betroffenheit in der Zukunft noch andauert, da er als Pendler den Platz regelmäßig passiert. Allerdings besteht eine Antragsbefugnis des A nur insoweit, wie er von der Maßnahme betroffen ist. Die Antragsbefugnis fehlt ihm somit, soweit er gegen Videoaufzeichnungen vorgeht, die in der Zeit zwischen 22.00 und 1.00 Uhr vorgenommen werden, denn in dieser Zeit betritt er den Platz nicht und hat auch nicht die Möglichkeit dargelegt, dass er in dieser Zeit den Platz betreten wird.

1.4 Beteiligten- und Prozessfähigkeit, §§ 61, 62 VwGO

A und der Verwaltungsträger der Behörde X sind jeweils nach § 61 Nr. 1 Alt. 1 bzw. Alt. 2 VwGO beteiligtenfähig. A ist prozessfähig nach § 62 I Nr. 1 VwGO, die Prozessfähigkeit des Verwaltungsträgers von X wird vermittelt über § 62 III VwGO.

1.5 Antragsgegner, § 78 I Nr. 1 VwGO analog

Der Antrag des A ist gegen den Verwaltungsträger von X zu richten.

1.6 Allgemeines Rechtsschutzbedürfnis

Der Antragsteller muss sich zunächst erfolglos an die zuständige Behörde gewendet haben. Dies ist nach dem Sachverhalt geschehen.

Ergebnis: Der Antrag auf einstweiligen Rechtsschutz nach § 123 I 2 VwGO ist zulässig, soweit sich A gegen die Videoaufzeichnungen wendet, die in der Zeit zwischen 7.30 und 9.00 Uhr und zwischen 15.00 und 17.00 Uhr vorgenommen werden. Im Übrigen ist der Antrag unzulässig.

2 **Begründetheit des Antrags**

Der Antrag des A ist begründet, wenn er einen Anordnungsanspruch und einen Anordnungsgrund glaubhaft machen kann (§ 123 III VwGO iVm §§ 920 II, 294 ZPO).

2.1 Anordnungsanspruch

Der Anordnungsanspruch setzt ein streitiges Rechtsverhältnis voraus, aus dem sich eigene Rechte des Antragstellers ergeben. Zu fragen ist, ob bei summarischer Prüfung die Verfolgung dieser Rechte in der Hauptsache Aussicht auf Erfolg hat. Ein Recht auf Unterlassung der Videoaufzeichnung besteht, wenn mit dieser rechtswidrig in Rechte des A eingegriffen wird. Zu prüfen ist daher die Rechtmäßigkeit dieser Maßnahme.

2.1.1 Ermächtigungsgrundlage

Als Ermächtigungsgrundlage kommen die jeweiligen polizeirechtlichen Vorschriften über den Einsatz von Bild- und Tonaufnahmen zur Kriminalitätsbekämpfung in Betracht.[1] In Berlin existiert keine spezielle Ermächtigungsgrundlage für der präventiven Kriminalitätsbekämpfung dienende Videoaufzeichnung an öffentlichen Orten; lediglich für gefährdete Orte besteht eine entsprechende Ermächtigung (§ 24a ASOG Bln). Jedoch könnte als Ermächtigungsgrundlage die allgemeine polizeirechtliche Datenerhebungsgeneralklausel (§ 18 I 3 ASOG Bln) herangezogen werden. Danach darf die Polizei personenbezogene Daten zur vorbeugenden Bekämpfung bestimmter Straftaten erheben. Soweit jedoch diese Vorschrift die Erhebung von Daten Unbeteiligter decken soll, ist sie nicht hinreichend bestimmt. Die Anforderungen des Bestimmtheitsgrundsatzes richten sich vor allem nach der Intensität des Eingriffs. Bei der Aufzeichnung handelt es sich um einen schwerwiegenden Eingriff, da er erstens Personen betrifft, die weder eine Handlungs- noch eine Zustandsverantwortlichkeit trifft, und zweitens die Möglichkeit besteht, dass das gewonnene Bildmaterial in vielfältiger Weise ausgewertet, bearbeitet und mit anderen Informationen verknüpft werden kann. In einem solchen Fall muss die Ermächtigungsgrundlage hinreichende Leitlinien für Art, Ausmaß und Modalitäten des Eingriffs zur Verfügung stellen. § 18 I 3 ASOG Bln wird diesen Anforderungen nicht gerecht. Für Berlin liegt somit eine Ermächtigungsgrundlage nicht vor.

2.1.2 Formelle Rechtmäßigkeit

2.1.2.1 Zuständigkeit

Laut Sachverhalt hat die zuständige Behörde gehandelt. Soweit in einigen Ländern die Entscheidung dem Behördenleiter[2] bzw. dem Innenminister[3] zugewiesen ist, ist laut Sachverhalt auch diesem Erfordernis Rechnung getragen.

2.1.2.2 Verfahren und Form

Für die Aufzeichnung als schlichtes Verwaltungshandeln gelten keine besonderen Verfahrens- und Formanforderungen. Allerdings gilt – wie für alle Datenerhebungen – auch für die Videoaufzeichnung das grundsätzliche Gebot der offenen Datenerhebung.[4] Die-

---

1 **Baden-Württemberg:** § 21 III PolG; **Bayern:** Art. 33 II PAG; **Brandenburg:** § 31 II 1 BbgPolG; **Bremen:** § 29 III 1 BremPolG; **Hamburg:** § 8 III 1 PolDVG; **Hessen:** § 14 III HSOG; **Mecklenburg-Vorpommern:** § 32 III 2 SOG M-V; **Niedersachsen:** § 32 III NPOG; **Nordrhein-Westfalen:** § 15a I 1 PolG NRW; **Rheinland-Pfalz:** § 27 III POG; **Saarland:** § 27 II SPolG; **Sachsen:** § 37 II 1 SächsPolG; **Sachsen-Anhalt:** § 16 II SOG LSA; **Schleswig-Holstein:** § 184 II 2 LVwG; **Thüringen:** § 33 II 1 PAG.

2 ZB **Mecklenburg-Vorpommern:** § 32 III 5 SOG M-V.

3 **Brandenburg:** § 31 II 5 BbgPolG.

4 **Baden-Württemberg:** § 21 VIII 1 PolG; **Bayern:** Art. 33 VI PAG; **Brandenburg:** § 31 II 1 BbgPolG; **Bremen:** § 29 III 1 BremPolG; **Hamburg:** § 8 III 1 PolDVG; **Hessen:** § 14 III 1 HSOG; **Mecklenburg-Vorpommern:** § 32 III 2 SOG M-V; **Niedersachsen:** § 32 III 1 NPOG; **Nordrhein-Westfalen:** § 15a I 2 PolG NRW; **Rheinland-Pfalz:** § 27 I 1 POG; **Saarland:** § 27 II SPolG; **Sachsen:** § 36 V 1 SächsPolG; **Sachsen-Anhalt:** § 16 IV SOG LSA; **Schleswig-Holstein:** § 184 II 2 LVwG; **Thüringen:** § 33 II PAG.

sem Erfordernis ist durch das Anbringen des Hinweisschildes Genüge getan.

2.1.3 Materielle Rechtmäßigkeit

2.1.3.1 Tatbestand

2.1.3.1.1 Betroffener Ort

Die Anfertigung von Bildaufzeichnungen ist nur an Orten zulässig, die allgemein als Kriminalitätsschwerpunkte bezeichnet werden. Es müssen Erkenntnisse darüber vorliegen, dass an diesen Orten wiederholt Straftaten begangen wurden und auch künftig mit der Begehung von Straftaten zu rechnen ist. Ferner muss es sich um öffentlich zugängliche Orte handeln.[5] Der Bahnhofsvorplatz von S ist ein öffentlicher Ort. Auch lässt sich der Angabe aus dem Sachverhalt, dass dort Diebstähle »an der Tagesordnung sind«, entnehmen, dass hier wiederholt Straftaten begangen worden sind und dieser Zustand weiterhin anhält.

2.1.3.1.2 Gefahr

Ausdrücklich wird das Tatbestandsmerkmal der Gefahr nicht in den einschlägigen polizeirechtlichen Vorschriften genannt; mittelbar auf das Gefahrenerfordernis weisen Vorschriften hin, die auf die Erforderlichkeit der Aufgabenerfüllung (§ 29 III 1 BremPolG) oder den Zweck der Gefahrenabwehr (§ 33 II ThürPAG) abstellen. Jedoch reicht für die Rechtfertigung einer Videoaufzeichnung an öffentlichen Orten nicht die Qualifikation eines Platzes als Kriminalitätsschwerpunkt aus. Denn es sind nicht nur Kriterien für die räumliche, sondern auch für die zeitliche Begrenzung des Eingriffs erforderlich. Eingriffe dürfen nur dann stattfinden, wenn die Begehung von Straftaten droht. Demzufolge ist in zeitlicher Hinsicht zu differenzieren.

2.1.3.1.2.1 Anfertigung von Bildaufzeichnungen in der Zeit zwischen 7.30 und 9.00 Uhr

In dieser Zeit verteilen die Mitglieder der A-Partei Werbematerial und Obdachlose halten sich in alkoholisiertem Zustand auf dem Bahnhofsvorplatz auf. Im Fall der A-Partei ist § 86 StGB nicht einschlägig, er gilt nur für verbotene Organisationen und dem Sachverhalt lassen sich keine Hinweise entnehmen, dass die A-Partei verboten ist. Dafür, dass nationalsozialistisches Gedankengut verbreitet wird (§ 86 I Nr. 4 StGB), liegen keine Anhaltspunkte vor. Dass andere Straftaten begangen werden, ist nicht ersichtlich. Ebenfalls keine Hinweise auf die Gefahr der Begehung von Straftaten enthalten die Sachverhaltsangaben zum Verhalten der Obdachlosen.

5 **Baden-Württemberg:** § 21 III PolG; **Bayern:** Art. 33 II iVm Art. 13 I Nr. 2 PAG; **Brandenburg:** § 31 II 1 BbgPolG; **Bremen:** § 29 III 1 BremPolG; **Hamburg:** § 8 III 1 PolDVG; **Hessen:** § 14 III 1 HSOG; **Mecklenburg-Vorpommern:** § 32 III 2 SOG M-V; **Niedersachsen:** § 32 III 1 NPOG; **Nordrhein-Westfalen:** § 15a I 1 PolG NRW; **Rheinland-Pfalz:** § 27 III iVm § 10 I 2 Nr. 1 POG; **Saarland:** § 27 II SPolG; **Sachsen:** § 37 II 1 iVm § 19 I Nr. 2 SächsPolG; **Sachsen-Anhalt:** § 16 II iVm § 20 II Nr. 1 SOG LSA; **Schleswig-Holstein:** § 184 II 2 LVwG; **Thüringen:** § 33 II 1 PAG.

Soweit landesrechtliche Bestimmungen die Videoaufzeichnung erlauben, um Ordnungswidrigkeiten zu begegnen,[6] liegen auch dafür keine hinreichenden Anhaltspunkte vor. Fraglich ist, ob die Videoaufzeichnung gerechtfertigt ist, wenn sie zwar räumlich auf Kriminalitätsschwerpunkte begrenzt, aber zur Abwehr von Gefahren für zulässig erklärt wird, ohne dass hinsichtlich des Schutzgutes eine Eingrenzung vorgenommen wird (§ 33 II ThürPAG). Angesichts der Schwere des Eingriffs (s. 2.1.1) wird eine verfassungskonforme Auslegung dieser Vorschrift naheliegen, nämlich in dem Sinne, dass lediglich das Strafrecht (und gegebenenfalls das Ordnungswidrigkeitenrecht) zu den Schutzgütern der öffentlichen Sicherheit im Sinne dieser Norm zu zählen ist. Und selbst wenn man die Norm weit auslegt, wird man für den vorliegenden Sachverhalt nicht von einer Gefahr ausgehen können. Soweit davon die Rede ist, dass verbale Auseinandersetzungen stattfinden, könnte erörtert werden, ob es nicht zu einer Gefährdung der Verkehrsfunktion des Platzes kommt. Hierfür liegen aber keine konkreten Anhaltspunkte vor. Außerdem könnte das Aufstellen des Standes als Sondernutzung verstanden werden. Dies wird jedoch als kommunikativer Gemeingebrauch einzustufen sein. Selbst wenn man von einer erlaubnispflichtigen Sondernutzung ausgeht, wäre die Videobeobachtung kein geeignetes Mittel, um hiergegen einzuschreiten. Schließlich ist auch die Betroffenheit der öffentlichen Ordnung zu verneinen. Selbst wenn man sie bejahen sollte, wäre die Beobachtung kein geeignetes Mittel, um derartigen Verstößen gegen die öffentliche Ordnung entgegenzutreten. Die Videoaufzeichnung zwischen 7.30 und 9.00 Uhr ist somit nicht von einer Ermächtigungsgrundlage gedeckt.

2.1.3.1.2.2 Anfertigung von Bildaufzeichnungen in der Zeit zwischen 15.00 und 17.00 Uhr

Auf diesen Zeitraum konzentrieren sich die am Bahnhofsvorplatz verübten Diebstähle. Es besteht somit die Gefahr der Begehung von Straftaten. Hierbei handelt es sich – soweit man nicht auf eine bestimmte einzelne Straftat, sondern auf das Straftatenaufkommen als solches abstellt – auch um eine konkrete Gefahr.

2.1.3.2 Handlungsadressat

Grundsätzlich sind polizeiliche Maßnahmen gegen den Verantwortlichen (Störer) zu richten.[7] Als Störer kann A nicht in Anspruch genommen werden, da die Gefahr weder von seinem Verhalten (Handlungsstörer) noch von einer Sache ausgeht, deren Eigentümer oder Besitzer er ist (Zustandsstörer). Auch eine Inanspruchnahme

6 **Bayern:** Art. 33 II Nr. 3 PAG; **Rheinland-Pfalz:** § 27 III POG.

7 **Baden-Württemberg:** §§ 6 f. PolG; **Bayern:** Art. 7 f. PAG; **Brandenburg:** §§ 5 f. BbgPolG; **Bremen:** §§ 5 f. BremPolG; **Hamburg:** §§ 8 f. SOG; **Hessen:** §§ 6 f. HSOG; **Mecklenburg-Vorpommern:** §§ 68 ff. SOG M-V; **Niedersachsen:** §§ 6 f. NPOG; **Nordrhein-Westfalen:** §§ 4 f. PolG NRW; **Rheinland-Pfalz:** §§ 4 f. POG; **Saarland:** §§ 4 f. SPolG; **Sachsen:** §§ 4 f. SächsPolG; **Sachsen-Anhalt:** §§ 7 f. SOG LSA; **Schleswig-Holstein:** §§ 217 ff. LVwG; **Thüringen:** §§ 7 f. PAG.

nach den allgemeinen Bestimmungen über die Inpflichtnahme von Nichtstörern kommt schon deshalb nicht in Betracht, weil es nicht um die Abwehr einer »gegenwärtigen« Gefahr[8] geht. Jedoch gestattet die Videobeobachtung an öffentlichen Plätzen schon ihrer Natur nach keine Eingrenzung auf einen bestimmten Personenkreis, da nicht beeinflussbar ist, wer zu welcher Zeit in den Aufnahmebereich der Kamera gerät. Grenzen der Erhebung von Informationen über das Verhalten von Personen in der Öffentlichkeit werden durch das Prinzip der Erforderlichkeit gezogen, welches in einigen Ländern insofern in den Tatbestand übernommen wird, als Aufzeichnungen von Dritten nur soweit zulässig sind, wie dies unvermeidbar ist.[9] A ist als Nichtstörer »Dritter«. Seine Betroffenheit ist auch unvermeidlich, da die Kameraanlage nicht abgeschaltet werden kann, wenn er den Bahnhofsvorplatz überquert, und im betroffenen Zeitraum Diebstähle vermehrt begangen werden. Vermeidbar ist die Aufzeichnung des Verhaltens von unbeteiligten Dritten weiter, wenn von der Kamera Flächen oder Räume erfasst werden, auf die sich das Straftatengeschehen normalerweise nicht erstreckt. Dafür liegen im vorliegenden Fall jedoch keine Anhaltspunkte vor.

2.1.3.3 Ermessen

Für Ermessensausfall liegen keine Anhaltspunkte vor. Eine Ermessensüberschreitung ist zu verneinen. Im Rahmen der Prüfung eines möglichen Ermessensfehlgebrauchs ist eine Verhältnismäßigkeitsprüfung vorzunehmen.

2.1.3.3.1 Geeignetheit

Gemessen am Ziel, Straftäter von der Begehung von Straftaten abzuschrecken und somit präventiv Diebstählen entgegenzuwirken, ist die Aufzeichnung, auf die auch durch ein Schild hingewiesen wird, ein geeignetes Mittel. Potenzielle Täter sollen nicht nur mit ihrer Beobachtung rechnen können, sondern auch damit, dass ihr Tun dokumentiert wird, sie somit mit einer Identifizierung und einer erdrückenden Beweislage rechnen können. Dem Einwand, dass auf diese Weise Kriminalität nur an andere Orte verdrängt wird, ist entgegenzuhalten, dass es in den Entscheidungsspielraum der zuständigen Behörde fällt, die Kriminalitätsvorbeugung auf bestimmte Orte zu konzentrieren. Außerdem würde die dann konsequenterweise zu fordernde Zurückdrängung der Kriminalität an jedem Ort eine flächendeckende Präsenz von Videokameras erfordern, was in der Summe zu erheblichen Grundrechtsbeeinträchtigungen führen

8 **Baden-Württemberg:** § 9 PolG; **Bayern:** Art. 10 PAG; **Brandenburg:** § 7 BbgPolG; **Bremen:** § 7 BremPolG; **Hamburg:** § 10 I SOG; **Hessen:** § 9 HSOG; **Mecklenburg-Vorpommern:** § 71 SOG M-V; **Niedersachsen:** § 8 NPOG; **Nordrhein-Westfalen:** § 6 PolG NRW; **Rheinland-Pfalz:** § 7 POG; **Saarland:** § 6 SPolG; **Sachsen:** § 7 SächsPolG; **Sachsen-Anhalt:** § 10 SOG LSA; **Schleswig-Holstein:** § 220 LVwG; **Thüringen:** § 10 PAG.

9 **Bayern:** Art. 33 VII PAG; **Brandenburg:** § 31 II 2 iVm § 31 I 2 BbgPolG; **Hamburg:** § 8 II 2, I 3 PolDVG; **Mecklenburg-Vorpommern:** § 32 III 4 SOG M-V; **Rheinland-Pfalz:** § 27 V 1 POG; **Sachsen:** § 37 II 2 SächsPolG; **Schleswig-Holstein:** § 184 IV 1 LVwG; **Thüringen:** § 33 III 1 PAG.

würde. Schließlich bietet auch der Sachverhalt keine Anhaltspunkte für mögliche Verlagerungseffekte.

2.1.3.3.2 Erforderlichkeit

Teilweise wurden Maßgaben der Erforderlichkeit schon im Tatbestandsbereich abgehandelt: Das Verhalten unbeteiligter Dritter darf nur soweit aufgezeichnet werden, wie dies unvermeidlich ist (2.1.3.2), was im vorliegenden Fall bejaht worden war.

Fraglich ist aber, ob als milderes Mittel die bloße Beobachtung in Betracht kommt. Jedoch ist dieses Mittel nicht gleichermaßen effektiv, da erst durch die Aufzeichnung die beabsichtigte Abschreckungswirkung erzielt wird. Allerdings kann erwogen werden, ob nicht die anlassbezogene Aufzeichnung ein – gleichermaßen effektives – milderes Mittel darstellen könnte. Aufzeichnungen wären somit nur dann zu fertigen, wenn sich für den Beobachter Anhaltspunkte für die Begehung einer Straftat ergeben. Dabei sind aber zwei Umstände zu berücksichtigen. Nötig wäre erstens, dass ein Polizeibeamter permanent am Aufzeichnungsgerät sitzt. Der Sachverhalt enthält jedoch einen Hinweis auf die angespannte Personalsituation der Behörde. Und zweitens ist zu bedenken, dass die Abläufe auf einem Bahnhofsvorplatz oft unübersichtlich und nicht auf einen Blick erfassbar sind. Oft sind Geschehensabläufe erst im Nachhinein bei genauer Durchsicht des Bildmaterials rekonstruierbar. Weder eine bloße Videobeobachtung, noch eine anlassbezogene Aufzeichnung kommen daher als gleichermaßen effektives bzw. praktikables Mittel in Betracht.

2.1.3.3.3 Angemessenheit

Das Interesse des A an einem selbstbestimmten Umgang mit seinen Daten und das öffentliche Interesse an einer effektiven und effizienten Kriminalitätsprävention sind gegeneinander abzuwägen. Dabei ist zu berücksichtigen, dass die Aufzeichnung einen intensiven Eingriff in das Recht auf informationelle Selbstbestimmung darstellt, weil Bildmaterial von Unbeteiligten hergestellt wird, welches in weitere Kontexte gestellt werden kann und dessen Verarbeitung für den Betroffenen nicht mehr nachvollziehbar ist. Eine angemessene Balance zwischen Grundrechten und staatlichen Sicherheitsinteressen kann bei Eingriffen dieser Art nur hergestellt werden, wenn zusätzliche Regularien die Intensität des Eingriffs abmildern. Hierzu zählen neben organisatorischen Vorgaben zur Einschaltung weiterer Kontrollinstanzen – also die Benachrichtigung des Landesdatenschutzbeauftragten[10] oder die Berichterstattung gegenüber dem Innenausschuss des Landtages[11] – vor allem Maßgaben, die die weitere Verwendung des gewonnenen Datenmaterials betreffen. Bildaufzeichnungen sind, soweit sie nicht für Zwecke der Strafverfolgung oder ähnliche Maßnahmen benötigt werden, nach Ablauf einer bestimmten Zeit (je nach landesrechtlicher Regelung bei wegfallender

10 ZB **Mecklenburg-Vorpommern:** § 32 III 6 SOG M-V.
11 ZB **Brandenburg:** § 31 II 6 BbgPolG.

Erforderlichkeit bzw. zwischen 48 Stunden und zwei Monaten) zu löschen.[12] Unter Berücksichtigung dieser Vorgaben, die die Intensität des Eingriffs abmildern, ist die Aufzeichnung auch angemessen. Ein Anordnungsanspruch des A besteht somit nur hinsichtlich der Aufzeichnung in der Zeit zwischen 7.30 und 9.00 Uhr. Soweit A die Unterlassung der Aufzeichnung zwischen 15.00 und 17.00 Uhr begehrt, besteht kein Anordnungsanspruch, da die Aufzeichnung rechtmäßig ist.

2.2 Anordnungsgrund

Ein Anordnungsgrund ist zu bejahen, wenn eine vorläufige Regelung zur Vermeidung von wesentlichen Nachteilen des Antragstellers nötig erscheint (§ 123 I 2 VwGO). Dabei hat eine Interessenabwägung stattzufinden. Im vorliegenden Fall ist bezüglich der Aufzeichnung in der Zeit von 7.30 bis 9.00 Uhr – hinsichtlich derer ein Anordnungsanspruch besteht – zu berücksichtigen, dass A gezwungen ist, in dieser Zeit den P-Platz zu passieren. Eine Regelungsanordnung, die die Weiterführung der nach summarischer Prüfung rechtswidrigen Aufzeichnung verhindert, erscheint daher nötig.

Ergebnis: Der zulässige Antrag auf vorläufigen Rechtsschutz nach § 123 I 2 VwGO ist begründet, soweit A die Unterlassung der Videoaufzeichnung zwischen 7.30 und 9.00 Uhr begehrt und hat daher Aussicht auf Erfolg. Im Übrigen ist der Antrag unbegründet.

Zu 1.1: VGH Mannheim NVwZ 2004, 498 (499); *Krist*, Videoüberwachung auf öffentlichen Straßen und Plätzen, LKRZ 2011, 171; *Collin*, Die Videoüberwachung von Kriminalitätsschwerpunkten, JuS 2006, 494

Zu 2: BVerwGE 141, 329 = NVwZ 2012, 757; *Ogorek*, Risikovorsorgende Videoüberwachung – Eine unzulässige Vermengung präventiver und repressiver Polizeitätigkeit?, DÖV 2018, 688; *Hornung/Schindler*, Das biometrische Auge der Polizei, ZD 2017, 203; *Lachenmann*, Neue Anforderungen an die Videoüberwachung, ZD 2017, 407; *Waldhoff*, Strafverfolgungsvorsorge zwischen Polizei- und Strafprozessrecht, JuS 2013, 94; *Siegel*, Grundlagen und Grenzen polizeilicher Videoüberwachung, NVwZ 2012, 738; *Collin*, Die Videoüberwachung von Kriminalitätsschwerpunkten, JuS 2006, 494; *Fischer*, Polizeiliche Videoüberwachung des öffentlichen Raumes, VBlBW 2002, 89; *Waechter*, Videoüberwachung öffentlicher Plätze und systematischer Bildabgleich, NdsVBl 2001, 77; *Roggan*, Die Videoüberwachung von öffentlichen Plätzen, NVwZ 2001, 134

Zu 2.1.1: BVerfG DÖV 2007, 606; *Fetzer/Zöller*, Verfassungswidrige Videoüberwachung, NVwZ 2007, 775

12 **Baden-Württemberg:** § 21 VIII 2 PolG; **Bayern:** Art. 33 VIII PAG; **Brandenburg:** § 31 II 3, 4 BbgPolG; **Bremen:** § 29 IV BremPolG; **Hamburg:** § 8 II 2 iVm § 8 I 4 PolDVG; **Mecklenburg-Vorpommern:** § 32 IV SOG M-V; **Niedersachsen:** § 32 III 5 NPOG; **Nordrhein-Westfalen:** § 15a II PolG NRW; **Rheinland-Pfalz:** § 27 V 2 POG; **Saarland:** § 27 VI SPolG; **Sachsen:** § 37 III SächsPolG; **Sachsen-Anhalt:** § 16 V SOG LSA; **Schleswig-Holstein:** § 184 IV 2 LVwG; **Thüringen:** § 33 III 2 PAG.

Lösungsskizze 21

1 **Rechtmäßigkeit des Vorgehens der P**

Das Vorgehen der Polizeibeamtin P besteht aus der Aufforderung zum Unterlassen des Anpreisens, aus dem Gebot zum Verlassen der Straße und aus dem Wegdrängen des K nach vorausgegangener Androhung. Diese Handlungen sind rechtmäßig, wenn dafür eine Ermächtigungsgrundlage besteht und diese formell und materiell rechtmäßig angewendet worden ist.

1.1 Rechtmäßigkeit der Aufforderung zum Unterlassen des Anpreisens

1.1.1 Ermächtigungsgrundlage

Die Ermächtigungsgrundlage der Verfügung muss im Sonderordnungsrecht, in den Vorschriften über die Standardmaßnahmen des allgemeinen Polizei- und Ordnungsrechts oder in dessen Generalklausel gesucht werden.

Da P dem K nicht den Postkartenverkauf als solchen untersagen will, scheidet eine Gefahrenabwehrmaßnahme auf der Grundlage der GewO aus. § 44 II 2 StVO enthält keine umfassende straßenverkehrsrechtliche Ermächtigung, sondern stellt lediglich eine Sonderzuständigkeitsregel für Eilfälle dar (str.). Die Verhütung von Verstößen gegen Bestimmungen der StVO erfolgt somit im Rahmen des allgemeinen Polizei- und Ordnungsrechts.

Die Untersagung des Anpreisungsverhaltens lässt sich auch keiner polizeirechtlichen Standardbefugnis zuordnen. Daher kommt als Ermächtigungsgrundlage nur die polizeirechtliche Generalklausel in Betracht.[1]

1.1.2 Formelle Rechtmäßigkeit

Die Zuständigkeit der P ergibt sich hier aus einer den allgemeinen polizeirechtlichen Zuständigkeitsvorschriften vorgehenden Spezialvorschrift, dem § 44 II 2 StVO. Eine Gefahr im Verzuge ist zu bejahen, da die sonst zuständige Straßenverkehrsbehörde (§ 44 I StVO) nicht rechtzeitig erreicht werden kann.

Eine Anhörung des K war gem. § 28 II Nr. 1 VwVfG entbehrlich. Die Form ist unbedenklich.

1.1.3 Materielle Rechtmäßigkeit

1.1.3.1 Gefahr für die öffentliche Sicherheit

Eine konkrete (im einzelnen Falle bevorstehende) Gefahr für die öffentliche Sicherheit ist hier als Störung der objektiven Rechtsordnung gegeben: die Menschenansammlung um K behinderte die Leichtigkeit des Fußgängerverkehrs und verstieß damit gegen § 1 StVO.

1 **Baden-Württemberg:** §§ 1, 3 PolG; **Bayern:** Art. 11 PAG; **Berlin:** §§ 1, 17 I ASOG Bln; **Brandenburg:** §§ 1, 10 I BbgPolG; **Bremen:** §§ 1, 10 I BremPolG; **Hamburg:** § 3 I SOG; **Hessen:** §§ 1, 11 HSOG; **Mecklenburg-Vorpommern:** §§ 13, 16 SOG-MV; **Niedersachsen:** §§ 1, 11 NPOG; **Nordrhein-Westfalen:** §§ 1, 8 I PolG NRW; **Rheinland-Pfalz:** §§ 1, 9 I POG; **Saarland:** § 1, 8 I SPolG; **Sachsen:** §§ 1, 3 SächsPolG; **Sachsen-Anhalt:** §§ 1, 13 SOG LSA; **Schleswig-Holstein:** §§ 174, 176 LVwG; **Thüringen:** §§ 2, 12 PAG.

Zugleich wäre an einen Verstoß des K gegen § 33 I 1 Nr. 2 StVO zu denken, der verkehrserschwerenden Straßenhandel verbietet. Gemäß § 46 I 1 Nr. 9 StVO ist aber eine Ausnahmezulassung möglich. Diese erteilt die untere Verwaltungsbehörde als Straßenverkehrsbehörde (§ 44 I 1 StVO), hier also der Landkreis. Da dieselbe Behörde auch die Reisegewerbekarte für K ausgestellt hat, ist davon auszugehen, dass sie zugleich mit jener auch diese straßenverkehrsrechtliche Erlaubnis gewährt hat, zumal Ks Kartenverkauf mittels »Bauchladen« von vornherein auf den Betrieb in Straßen ausgerichtet ist und außerdem die Tätigkeit dem schwerbehinderten K ermöglicht, am gesellschaftlichen Leben teilzunehmen, und daher auch einen Akt der Sozialpflege darstellt. Da somit eine straßenverkehrsrechtliche Ausnahmegenehmigung vorlag, die darüber hinaus auch eine straßenrechtliche Sondernutzungserlaubnis ersetzte, handelte K insoweit im Einklang mit der Rechtsordnung.
Damit kommt als Störung im Ergebnis nur der Verstoß der Menschenmenge gegen § 1 StVO infrage.

1.1.3.2 Adressat der Maßnahme

Grundsätzlich dürfen polizeiliche Maßnahmen nur gegen Verantwortliche (Störer) ergriffen werden (s. **19**, 1.3.2). Handlungsstörer ist, wer die Störung oder Gefahr verursacht. Der Straßenverkauf durch K ist vorliegend zwar conditio sine qua non für die verkehrsbehindernde Menschenansammlung. Nach der herrschenden Theorie der unmittelbaren Verursachung ist jedoch nicht Ks Straßenverkauf ursächlich, sondern ein auf eigenem Willensentschluss beruhendes Verhalten Dritter: das Stehenbleiben der Passanten. K könnte aber Zweckveranlasser sein. Laut Sachverhalt zielt Ks Verhalten jedoch nur darauf ab, das Interesse der Kaufwilligen zu wecken. Die Menschenansammlung wird von ihm gerade nicht gewollt und auch nicht billigend in Kauf genommen. K hat zudem hinsichtlich des Kartenverkaufs rechtmäßig gehandelt (s. 1.1.3.1). Eine Verhaltensverantwortlichkeit des K ist daher abzulehnen (anderes Ergebnis vertretbar).
Ausnahmsweise darf auch gegen Nichtstörer vorgegangen werden, wenn die Voraussetzungen des polizeilichen Notstands erfüllt sind (s. **19**, 1.3.3).[2] Das zunehmende Gedränge ist eine Störung von erheblichem Ausmaß. Im Übrigen ist die konkrete Entscheidungssituation maßgeblich. P befürchtet, dass ihr die Situation entgleitet; Maßnahmen gegen die Störer (Passanten) versprechen keinen Erfolg. K kann auch ohne erhebliche eigene Gefährdung in Anspruch genommen werden. Die Voraussetzungen für die Inanspruchnahme eines Nichtstörers liegen also vor. K ist daher richtiger Adressat der Polizeiverfügung.

2 **Baden-Württemberg:** § 9 PolG; **Bayern:** Art. 10 PAG; **Berlin:** § 16 ASOG Bln; **Brandenburg:** § 7 BbgPolG; **Bremen:** § 7 BremPolG; **Hamburg:** § 10 I SOG; **Hessen:** § 9 HSOG; **Mecklenburg-Vorpommern:** § 71 SOG M-V; **Niedersachsen:** § 8 NPOG; **Nordrhein-Westfalen:** § 6 PolG NRW; **Rheinland-Pfalz:** § 7 POG; **Saarland:** § 6 SPolG; **Sachsen:** § 7 SächsPolG; **Sachsen-Anhalt:** § 10 SOG LSA; **Schleswig-Holstein:** § 220 LVwG; **Thüringen:** § 10 PAG.

1.1.3.3 Verhältnismäßigkeit

Die Aufforderung der P an K, sein Anpreisungsverhalten zu unterlassen, war geeignet, die insbesondere von den Sprüchen des K angezogenen Passanten zum Weitergehen zu bewegen und damit die Menschenmenge aufzulösen. Ein milderes, gleich wirksames Mittel der P ist nicht ersichtlich, sodass die Aufforderung auch erforderlich war. An ihrer Angemessenheit bestehen keine Zweifel.

1.1.4 Die Aufforderung zum Unterlassen des Anpreisens ist formell und materiell rechtmäßig.

1.2 Rechtmäßigkeit der Aufforderung zum Verlassen der Straße

1.2.1 Ermächtigungsgrundlage

Befugnisnormen des Sonderordnungsrechts sind nicht ersichtlich (s. 1.1.1). Folglich kommen als Ermächtigungsgrundlage nur Normen des allgemeinen Polizei- und Ordnungsrechts in Betracht. Aus den Umständen des Falles ergibt sich, dass die Aufforderung zum Verlassen der Marktstraße kein dauerhaftes Betretungsverbot bedeuten sollte, sondern das Gebot, den Ort der Menschenansammlung bis zu deren Auflösung – dh vorübergehend – zu verlassen. Somit ist vorliegend die polizeiliche Standardmaßnahme der Platzverweisung[3] einschlägig.

1.2.2 Formelle Rechtmäßigkeit

Es bestehen keine Bedenken (s. 1.1.2).

1.2.3 Materielle Rechtmäßigkeit

1.2.3.1 Gefahr für die öffentliche Sicherheit

Die von der Ermächtigungsgrundlage geforderte konkrete Gefahr für die öffentliche Sicherheit liegt im Verstoß der Menschenansammlung gegen § 1 StVO (s. 1.1.3.1).

1.2.3.2 Adressat der Maßnahme

Umstritten ist, ob bei der Standardbefugnis der Platzverweisung auf die allgemeinen Bestimmungen über die Verantwortlichkeit zurückgegriffen werden muss oder ob der Adressatenkreis in der Befugnisnorm selbst bereits bestimmt ist.

Eine Ansicht sieht insoweit eine aus der spezifisch raumbezogenen Natur dieser Standardmaßnahme folgende Regelung in den Ermächtigungsnormen zur Platzverweisung selbst. Grund für die Heranziehung sei hier nicht unbedingt eine Verantwortlichkeit für die Gefahrentstehung. Er könne auch in der Notwendigkeit eines Beitrags für die Gefahrbeseitigung liegen und ähnele insoweit dem Grund für eine Heranziehung des Nichtstörers. Demzufolge er-

3 **Baden-Württemberg:** § 27a I PolG; **Bayern:** Art. 16 I PAG; **Berlin:** § 29 I ASOG Bln; **Brandenburg:** § 16 I BbgPolG; **Bremen:** § 14 I BremPolG; **Hamburg:** § 12a SOG; **Hessen:** § 31 I HSOG; **Mecklenburg-Vorpommern:** § 52 I SOG M-V; **Niedersachsen:** § 17 I NPOG; **Nordrhein-Westfalen:** § 34 I PolG NRW; **Rheinland-Pfalz:** § 13 I POG; **Saarland:** § 12 I SPolG; **Sachsen:** § 21 I SächsPolG; **Sachsen-Anhalt:** § 36 I SOG LSA; **Schleswig-Holstein:** § 201 I LVwG; **Thüringen:** § 18 I PAG.

scheint die Inanspruchnahme eines jeden zulässig, dessen Anwesenheit der Gefahrenabwehr im Sinne der Sicherung der Raumherrschaft entgegensteht. Nach dieser Ansicht konnte die Platzverweisung unproblematisch gegenüber K ergehen.
Nach wohl überwiegender Auffassung enthalten die Ermächtigungsnormen zur Platzverweisung keine Adressatenbestimmung. Aus rechtsstaatlichen Gründen (Vorbehalt des Gesetzes und Verhältnismäßigkeitsprinzip) sei eine Anwendung der allgemeinen Normen über die Verantwortlichkeit geboten. Auch nach dieser Meinung konnte K jedoch (als Nichtstörer) in Anspruch genommen werden (s. 1.1.3.2).

1.2.3.3 Verhältnismäßigkeit
Das von P ausgesprochene Gebot, sich zu entfernen, ist zur Störungsbeseitigung (Auflösung der Menschenmenge) geeignet. Es ist auch erforderlich, da die Untersagung des Anpreisungsverhaltens – grundsätzlich ein milderes Mittel – sich laut Sachverhalt im vorliegenden Fall als zwar nicht ungeeignet, aber nicht ausreichend erwiesen hat. Für eine Unangemessenheit des Platzverweises ergeben sich keine Anhaltspunkte.

1.2.4 Die Aufforderung zum Verlassen der Straße ist formell und materiell rechtmäßig.

1.3 Rechtmäßigkeit des Wegdrängens

1.3.1 Ermächtigungsgrundlage
Das Wegdrängen des K durch P ist Anwendung unmittelbaren Zwangs (dh Einwirkung auf Personen oder Sachen durch körperliche Gewalt, ihre Hilfsmittel und durch Waffen) und damit eine Vollstreckungshandlung.[4] Voraussetzung für die Rechtmäßigkeit einer Vollstreckungshandlung ist die Zulässigkeit und die ordnungsgemäße Durchführung.

1.3.2 Zulässigkeit der Vollstreckung
Materiell ist zunächst ein vollziehbarer GrundVA erforderlich.[5]

---

4 **Baden-Württemberg:** §§ 49 ff. PolG; **Bayern:** Art. 75, 77 ff. PAG; **Berlin:** §§ 12 ff. VwVG Bund iVm § 8 BlnVwVfG, §§ 1 ff. UZwG Bln; **Brandenburg:** §§ 58, 60 ff. BbgPolG; **Bremen:** §§ 41 ff., 40 I BremPolG iVm §§ 11 I, 16 BremVwVG; **Hamburg:** §§ 17 ff. SOG; **Hessen:** §§ 52, 54 ff. HSOG; **Mecklenburg-Vorpommern:** §§ 90, 101 ff. SOG M-V; **Niedersachsen:** §§ 69, 71 ff. NPOG; **Nordrhein-Westfalen:** §§ 55, 57 ff. PolG NRW; **Rheinland-Pfalz:** §§ 57 POG iVm §§ 2 ff., 61 ff. VwVG; **Saarland:** §§ 49, 51 ff. SPolG; **Sachsen:** §§ 30 ff. SächsPolG; **Sachsen-Anhalt:** §§ 58, 60 ff. SOG LSA; **Schleswig-Holstein:** §§ 239, 250 ff. LVwG; **Thüringen:** §§ 56, 58 ff. PAG.

5 **Baden-Württemberg:** § 2 BWLVwVG iVm §§ 49 I, 49 II, 52 IV PolG; **Bayern:** Art. 70 I PAG; **Berlin:** § 6 I VwVG Bund iVm § 8 BlnVwVfG; **Brandenburg:** § 53 I BbgPolG; **Bremen:** § 11 I 2 BremVwVG iVm § 40 I BremPolG; **Hamburg:** § 3 III HmbVwVG; **Hessen:** § 47 I HSOG; **Mecklenburg-Vorpommern:** § 80 I SOG M-V; **Niedersachsen:** § 64 I NPOG; **Nordrhein-Westfalen:** § 50 I PolG NRW; **Rheinland-Pfalz:** § 57 PolG iVm § 2 LVwVG; **Saarland:** § 44 I SPolG; **Sachsen:** § 2 SächsVwVG iVm §§ 30 I, 32 V SächsPolG; **Sachsen-Anhalt:** § 53 I SOG LSA; **Schleswig-Holstein:** § 229 I LVwG; **Thüringen:** § 51 I PAG.

GrundVA ist die an K gerichtete Aufforderung der P, sich zu entfernen (Platzverweisung, s. 1.2.1). Sie ist als Maßnahme einer Polizeivollzugsbeamtin nach § 80 II 1 Nr. 2 VwGO sofort vollziehbar. Der Streit, ob für die Vollstreckung über die Wirksamkeit des GrundVA hinaus auch dessen Rechtmäßigkeit zu verlangen ist (s. **4**, 2.3.2), kann dahinstehen, da die Platzverweisung jedenfalls rechtmäßig ist (s. 1.2.4). Nach alledem ist die Vollstreckung zulässig.

1.3.3 Ordnungsgemäße Durchführung

1.3.3.1 Androhung

Die mündliche Androhung des Zwangsmittels (unmittelbarer Zwang) ist mit der Erklärung der P, sie werde K bei Nichtbefolgung der Aufforderung gewaltsam entfernen, erfolgt und hier auch ausreichend.[6] Die Androhung ist auch hinreichend bestimmt. Da ein Rechtsmittel keine aufschiebende Wirkung hat, konnte die Androhung – wie vorliegend – mit dem GrundVA verbunden werden.

1.3.3.2 Anhörung

Eine dem Vollzug vorausgehende Anhörung des K ist gem. § 28 II Nr. 5 VwVfG entbehrlich.

1.3.3.3 Subsidiarität

Da andere Zwangsmittel (hier: Zwangsgeld) keinen Erfolg versprochen hätten, ist als ultima ratio der unmittelbare Zwang zulässig (s. **18**, 4.3.4).

1.3.3.4 Verhältnismäßigkeit

Da keines der besonderen Mittel unmittelbaren Zwangs angewandt worden ist, bedarf es vorliegend nur der Verhältnismäßigkeitsprüfung für das allgemeine Mittel der körperlichen Gewalt. Der Einsatz körperlicher Gewalt gegen K war zum Vollzug des Platzverweises geeignet und auch erforderlich, da keine mildere Möglichkeit bestand, die vorangegangene Aufforderung durchzusetzen. Ein nur behutsames Wegdrängen in die Seitenstraße erscheint angesichts der erheblichen Behinderung des Straßenverkehrs auch angemessen.

Die Durchführung der Vollstreckungsmaßnahme durch P ist ordnungsgemäß.

1.3.4 Das Wegdrängen ist rechtmäßig.

Ergebnis: Das Vorgehen der P ist insgesamt rechtmäßig.

2 Zeitliche Beschränkung des Straßenhandels für die Zukunft

Solange K die generelle Erlaubnis für den Straßenhandel besitzt, ist ein Einschreiten Ps wegen zwar konkret, aber nicht unmittelbar be-

6 **Baden-Württemberg:** §§ 49 II, 52 II PolG; **Bayern:** Art. 71 II iVm Art. 81 PAG; **Berlin:** § 13 II VwVG Bund iVm § 8 BlnVwVfG, §§ 1 ff. UZwG Bln; **Brandenburg:** § 64 I 1 BbgPolG; **Bremen:** § 44 I 1 Hs. 1 BremPolG; **Hamburg:** § 22 I 1 SOG; **Hessen:** § 58 I 1 HSOG; **Mecklenburg-Vorpommern:** §§ 87 I 2, 111 I 1 SOG M-V; **Niedersachsen:** § 74 I 1 NPOG; **Nordrhein-Westfalen:** § 61 I 1 PolG NRW; **Rheinland-Pfalz:** § 61 I 1 POG; **Saarland:** § 54 I 1 SPolG; **Sachsen:** § 32 II 1 SächsPolG; **Sachsen-Anhalt:** § 63 I 1 SOG LSA; **Schleswig-Holstein:** § 259 I 1 LVwG; **Thüringen:** § 62 I 1 PAG.

vorstehender (Zukunfts-)Gefahren unzulässig. Insoweit ist kein Fall der Eilkompetenz gegeben. Ein entsprechendes Vorgehen ist daher nur durch die spezialgesetzlich berufene Verwaltungsbehörde (s. 1.1.3.1: Landkreis) möglich.

3 Zulässigkeit einer Klage des K gegen die Platzverweisung

3.1 Verwaltungsrechtsweg, § 40 I 1 VwGO
Streitentscheidende Normen sind solche des Ordnungsrechts und daher öffentlich-rechtlich (s. **1**, 1.1.2). Ein öffentlich-rechtlicher Streit liegt vor. § 40 I 1 VwGO ist auch im Übrigen erfüllt, sodass der Verwaltungsrechtsweg eröffnet ist.

3.2 Klageart
Grundsätzlich ist eine Anfechtungsklage statthaft (§ 42 I Alt. 1 VwGO), da die Platzverweisung einen belastenden VA darstellt. Durch Vollstreckung ist jedoch deren Erledigung vor Klageerhebung eingetreten, sodass nunmehr eine Fortsetzungsfeststellungsklage gem. § 113 I 4 VwGO analog statthaft ist (s. **3**, 2.2).

3.3 Klagebefugnis, § 42 II VwGO analog (s. **3**, 2.3)
K ist als Adressat eines belastenden VA klagebefugt (s. **1**, 1.3).

3.4 Vorverfahren, §§ 68 ff. VwGO analog
Die Durchführung eines Widerspruchsverfahrens ist bei Erledigung des VA vor Klageerhebung nicht erforderlich (s. **3**, 2.4).

3.5 Klagefrist, § 74 I 2 VwGO analog
Nach der Rspr. (str.) ist die Zulässigkeit der Fortsetzungsfeststellungsklage nicht mehr von der Einhaltung einer Klagefrist abhängig (s. **3**, 2.5).

3.6 Fortsetzungsfeststellungsinteresse
Hier besteht wegen diskriminierender Wirkung der Verfügung ein Rehabilitationsinteresse des K, zudem ist auch Wiederholungsgefahr zu bejahen, da die Reisegewerbekarte mit der straßenverkehrsrechtlichen Erlaubnis den K nach wie vor zum Straßenhandel berechtigt. Das besondere Fortsetzungsfeststellungsinteresse ist somit gegeben (s. **3**, 2.6).

3.7 Beteiligten- und Prozessfähigkeit, §§ 61, 62 VwGO
K ist als natürliche Person iSd § 61 Nr. 1 Alt. 1 VwGO beteiligtenfähig; die Behörde gem. § 61 Nr. 3 VwGO, sofern die Ermächtigung durch den Landesgesetzgeber wahrgenommen wurde (s. **1**, 1.6), ansonsten das Land gem. § 61 Nr. 1 Alt. 2 VwGO. Die Prozessfähigkeit des K ergibt sich aus § 62 I Nr. 1 VwGO; für die Behörde bzw. das Land muss gem. § 62 III VwGO ein Vertreter handeln.

3.8 Klagegegner, § 78 VwGO analog (s. **3**, 2.8)
Die Fortsetzungsfeststellungsklage ist gem. § 78 I Nr. 1 VwGO analog gegen das Land als Rechtsträger oder gem. § 78 I Nr. 2 VwGO analog in Verbindung mit landesrechtlicher Umsetzung (s. **1**, 1.7) gegen die Polizeibehörde, der P zugeordnet ist, zu richten.

Ergebnis: Eine Klage des K gegen die Platzverweisung ist als Fortsetzungsfeststellungsklage zulässig.

Zu 1.1.3.2: OVG Weimar ThürVBl 2000, 253; OVG Lüneburg NVwZ 1997, 622; VGH Mannheim NVwZ-RR 1995, 663; *Wobst/Ackermann*, Der Zweckveranlasser wird 100 – Ein Grund zum Feiern?, JA 2013, 916; *Weidemann/Barthel*, Ordnungsrechtliche Verantwortlichkeit und Zweckveranlasser, VR 2007, 217; *Ebe*, Rechte Versammlung und linke Gewalt, DVP 2001, 226; *Muckel*, Abschied vom Zweckveranlasser, DÖV 1998, 18

Zu 1.2.3.2: *Zott/Geber*, Rote Karte für Jedermann? – Die Frage nach dem Adressaten der polizeilichen Spezialbefugnis des Platzverweises, JA 2014, 328; *Vahle*, Platzverweisung gegen Angehörige der rechtsextremen Szene, DVP 2000, 172; *Schloer*, Der Adressat des polizeilichen Platzverweises, DÖV 1991, 955

Zu 1.3: *Hyckel*, Grundlagen der Verwaltungsvollstreckung im Polizei- und Ordnungsrecht, LKV 2015, 300 und 342; *Erichsen/Rauschenberg*, Verwaltungsvollstreckung, JURA 1998, 31; *App*, Der unmittelbare Zwang, DVP 1997, 135; *Brühl*, Die Prüfung der Rechtmäßigkeit des Verwaltungszwangs im gestreckten Verfahren, JuS 1997, 926 und 1021, JuS 1998, 65

Lösungsskizze 22

1 **Verdeckte Beobachtung des A (sog. Observation)**

1.1 Ermächtigungsgrundlage

Für die Suche nach der einschlägigen Ermächtigungsgrundlage ist bei polizeilichem Handeln zwischen repressiver und präventiver Aufgabenwahrnehmung zu differenzieren. Während für die Strafverfolgung die in der StPO geregelten Ermächtigungsgrundlagen zur Anwendung gelangen, sind für die sog. Verbrechensvorsorge ordnungsrechtliche Befugnisnormen heranzuziehen. Hier ist Letzteres der Fall.

Als Ermächtigungsgrundlage ist in Hamburg die spezielle Norm des § 9 I 1 Nr. 2 PolDVG heranzuziehen. Im Übrigen sind die einschlägigen Standardbefugnisnormen der Polizeigesetze[1] zu prüfen.

1.2 Formelle Rechtmäßigkeit

1.2.1 Zuständigkeit

Die ausschließliche Zuständigkeit lag bei der (Vollzugs-)Polizei.[2] Diese hat hier gehandelt. Laut Sachverhalt wurde die Beobachtung auch durch die zuständige Stelle angeordnet.[3]

1.2.2 Verfahren und Form

Die Verfahrensanforderungen sind gewahrt. An die Observation hat sich ein strafrechtliches Ermittlungsverfahren angeschlossen. Nach den Vorschriften einiger Länder reicht dies schon aus, um einen Verzicht auf die Unterrichtung über die erfolgte Maßnahme zu rechtfertigen, nach anderen muss zusätzlich noch eine Gefährdung

1 **Baden-Württemberg:** § 22 I Nr. 1, III Nr. 1, Nr. 2 PolG; **Bayern:** Art. 32 I 1 Nr. 1 a, 36 I Nr. 1, II PAG; **Berlin:** § 25 I 1 Nr. 1 ASOG Bln; **Brandenburg:** § 32 I 1 BbgPolG; **Bremen:** § 32 I 1 Nr. 2 BremPolG; **Hessen:** § 15 II HSOG; **Mecklenburg-Vorpommern:** § 27 III iVm § 33 I Nr. 1, II SOG M-V; **Niedersachsen:** § 34 I 1 Nr. 2 NPOG; **Nordrhein-Westfalen:** § 16a I PolG NRW; **Rheinland-Pfalz:** § 28 I, II Nr. 1 POG; **Saarland:** § 28 I, II SPolG; **Sachsen:** § 38 I Nr. 1, II SächsPolG; **Sachsen-Anhalt:** § 17 I Nr. 1, II SOG LSA; **Schleswig-Holstein:** § 185 I Nr. 1, II LVwG; **Thüringen:** § 34 I, II Nr. 1 PAG.

2 **Baden-Württemberg:** § 22 III PolG; **Bayern:** Art. 32 I 1 iVm Art. 1 PAG; **Berlin:** § 25 I ASOG Bln; **Brandenburg:** § 32 I BbgPolG; **Bremen:** § 32 I 1 BremPolG; **Hamburg:** § 9 I 1 PolDVG; **Hessen:** § 15 II 1 HSOG; **Mecklenburg-Vorpommern:** § 33 II 2 SOG M-V; **Niedersachsen:** § 31 I NPOG; **Nordrhein-Westfalen:** § 16a I 1 PolG NRW; **Rheinland-Pfalz:** § 28 I POG; **Saarland:** § 28 I SPolG; **Sachsen:** § 38 I SächsPolG; **Sachsen-Anhalt:** § 17 II SOG LSA; **Schleswig-Holstein:** § 185 II 2 LVwG; **Thüringen:** § 34 I PAG.

3 **Baden-Württemberg:** § 22 VI 1 PolG; **Bayern:** Art. 36 IV PAG; **Berlin:** § 25 III ASOG Bln; **Brandenburg:** § 32 II 1 BbgPolG; **Bremen:** § 32 II 1 BremPolG; **Hamburg:** § 9 II 1 PolDVG; **Hessen:** § 15 III HSOG; **Mecklenburg-Vorpommern:** § 34 I 1 SOG M-V; **Niedersachsen:** § 34 II 1 NPOG; **Nordrhein-Westfalen:** § 16a II PolG NRW; **Rheinland-Pfalz:** § 28 IV 1 POG; **Saarland:** § 28 III 1 SPolG; **Sachsen:** § 38 IV 1 Hs. 1 SächsPolG; **Sachsen-Anhalt:** § 17 II 3 SOG LSA; **Schleswig-Holstein:** § 186 I LVwG; **Thüringen:** § 34 IV 1 PAG.

des Zwecks des Ermittlungsverfahrens zu befürchten sein, was hier auch der Fall ist.[4]
Die Formerfordernisse wurden nach dem Sachverhalt beachtet.

1.3 Materielle Rechtmäßigkeit

1.3.1 Tatbestandliche Voraussetzungen
Die Voraussetzungen für den Einsatz besonderer Mittel zur Datenerhebung sind in den einzelnen Ländern in verschiedener Weise geregelt. Regelmäßig sind Tatsachen oder zumindest hinreichend sichere Anhaltspunkte erforderlich, die auf die Begehung von Straftaten von erheblicher Bedeutung oder bestimmte, in einem Katalog aufgeführte Straftaten hindeuten. Im vorliegenden Sachverhalt hat die Polizei aufgrund von Tatsachen den konkreten Verdacht, dass A gewerbsmäßig BtM-Delikte begeht (§ 29 III 2 Nr. 1 BtMG). Zudem sind keine anderen Möglichkeiten zur Aufklärung ersichtlich. Die jeweiligen Voraussetzungen sind folglich zu bejahen.

1.3.2 Rechtsfolge

1.3.2.1 Verantwortlichkeit
In Anspruch genommen werden können Personen, gegen die sich der jeweilige Verdacht richtet.[5] Da Tatsachen den konkreten Verdacht begründen, dass A eine Straftat von erheblicher Bedeutung[6] begehen wird, kann er Ziel der Observationsmaßnahme sein.

1.3.2.2 Ermessen
Die Anwendung einer Observationsmaßnahme steht im Ermessen der Polizei.
Der Entschluss zur Durchführung einer Ermittlungsmaßnahme unterliegt keinen Bedenken. Bei der Prüfung des Auswahlermessens ist insbesondere der Grundsatz der Verhältnismäßigkeit zu beach-

4 **Baden-Württemberg:** § 22 VIII 2 PolG; **Bayern:** Art. 50 I, III PAG; **Berlin:** eine Unterrichtung ist nach ASOG Bln nicht vorgeschrieben; **Brandenburg:** § 32 III 2 BbgPolG; **Bremen:** § 33 V BremPolG; **Hamburg:** § 9 III 2 PolDVG; **Hessen:** § 29 VI 1 Nr. 2 HSOG; **Mecklenburg-Vorpommern:** § 34 VI 1 SOG M-V; **Niedersachsen:** § 30 V NPOG; **Nordrhein-Westfalen:** § 16a iVm § 33 I, II PolG NRW; **Rheinland-Pfalz:** § 40 VI Nr. 1 POG; **Saarland:** § 28 V 3 SPolG; **Sachsen:** § 38 VIII 2 SächsPolG; **Sachsen-Anhalt:** § 17 VII 2 Nr. 1 SOG LSA; **Schleswig-Holstein:** § 186 V 1 LVwG; **Thüringen:** § 36 IV 3 PAG.

5 **Baden-Württemberg:** § 22 III iVm § 20 III Nr. 1 PolG; **Bayern:** Art. 32 PAG; **Berlin:** § 25 II 1 Nr. 1 ASOG Bln; **Brandenburg:** § 32 I 1 Nr. 2 BbgPolG; **Bremen:** § 32 I 1 Nr. 2 BremPolG; **Hamburg:** § 9 I 1 Nr. 2 PolDVG; **Hessen:** § 15 II 1 Nr. 2 HSOG; **Mecklenburg-Vorpommern:** § 27 III Nr. 1 SOG M-V; **Niedersachsen:** § 34 I 1 Nr. 2 NPOG; **Nordrhein-Westfalen:** § 16a I 1 Nr. 2 PolG NRW; **Rheinland-Pfalz:** § 28 I Nr. 2 POG; **Saarland:** § 28 I iVm § 26 II SPolG; **Sachsen:** § 38 II 1 Nr. 2 SächsPolG; **Sachsen-Anhalt:** § 17 III 1 Nr. 1 SOG LSA; **Schleswig-Holstein:** § 179 LVwG; **Thüringen:** § 34 I 1 Nr. 1, II Nr. 2 PAG.

6 **Baden-Württemberg:** § 22 V Nr. 2b PolG; **Berlin:** § 17 III ASOG Bln; **Brandenburg:** § 10 III BbgPolG; **Bremen:** § 2 Nr. 5 BremPolG; **Hessen:** § 13 III HSOG; **Mecklenburg-Vorpommern:** § 49 SOG M-V; **Niedersachsen:** § 2 Nr. 14 NPOG; **Nordrhein-Westfalen:** § 8 III PolG NRW; **Rheinland-Pfalz:** § 28 III POG; **Sachsen** § 35 II PolG; **Sachsen-Anhalt:** § 3 Nr. 4 SOG LSA.

ten.[7] Die Observation müsste demnach geeignet, erforderlich und angemessen sein. Eine verdeckte Beobachtung des A kann der Polizei Anhaltspunkte darüber geben, ob er in das organisierte Rauschgiftgeschäft einsteigen will. Darüber hinaus ist wegen eines zeitlich ununterbrochenen Überprüfungserfordernisses des verdächtigen A auch kein milderes Mittel ersichtlich. Die Verhältnismäßigkeit im engeren Sinne ist ebenso zu bejahen. Somit wurde das Auswahlermessen fehlerfrei ausgeübt.

Ergebnis: Die verdeckte Beobachtung des A ist formell und materiell rechtmäßig.

2 Abhören der Wohnung mittels Richtmikrofon

2.1 Ermächtigungsgrundlage

Das Abhören hat präventiv-polizeilichen Charakter. Es kommen wieder die informationsbezogenen Standardbefugnisse in Betracht. Der Einsatz eines Richtmikrofons ist unter den Voraussetzungen der Vorschriften zur Erhebung personenbezogener Daten aus Wohnungen möglich.[8] In Hamburg ist § 10 I, II iVm § 9 III PolDVG Ermächtigungsgrundlage.

2.2 Formelle Rechtmäßigkeit

Die Polizei ist für den Einsatz technischer Mittel zuständig.[9] Deren Verwendung zur Überwachung von Wohnungen bedarf grundsätzlich einer richterlichen Anordnung.[10] Diese liegt laut Sachverhalt vor.

7 **Baden-Württemberg:** § 5 PolG; **Bayern:** Art. 4 PAG; **Berlin:** § 11 ASOG Bln; **Brandenburg:** § 3 BbgPolG; **Bremen:** § 3 BremPolG; **Hamburg:** § 4 SOG; **Hessen:** § 4 HSOG; **Mecklenburg-Vorpommern:** § 15 SOG M-V; **Niedersachsen:** § 4 NPOG; **Nordrhein-Westfalen:** § 2 PolG NRW; **Rheinland-Pfalz:** § 2 POG; **Saarland:** § 2 SPolG; **Sachsen:** § 3 SächsPolG; **Sachsen-Anhalt:** § 5 SOG LSA; **Schleswig-Holstein:** § 73 LVwG; **Thüringen:** § 4 PAG.

8 **Baden-Württemberg:** § 23 I PolG; **Bayern:** Art. 41 I PAG; **Berlin:** § 25 I 1 Nr. 2, IV ASOG Bln; **Brandenburg:** § 33a I BbgPolG; **Bremen:** § 33 II BremPolG; **Hessen:** § 15 IV HSOG; **Mecklenburg-Vorpommern:** § 34b I SOG M-V; **Niedersachsen:** § 35a I, II NPOG; **Nordrhein-Westfalen:** § 18 I PolG NRW; **Rheinland-Pfalz:** § 29 I POG; **Saarland:** § 28a I SPolG; **Sachsen:** § 41 I SächsPolG; **Sachsen-Anhalt:** § 17 IV SOG LSA; **Schleswig-Holstein:** § 185 I, III LVwG; **Thüringen:** § 35 I PAG.

9 **Baden-Württemberg:** § 23 I PolG; **Bayern:** Art. 41 I 1 PAG; **Berlin:** § 25 I ASOG Bln; **Brandenburg:** § 33a I BbgPolG; **Bremen:** § 33 II BremPolG; **Hamburg:** § 10 I 1 PolDVG; **Hessen:** § 15 IV HSOG; **Mecklenburg-Vorpommern:** § 34b I SOG M-V; **Niedersachsen:** § 35a I iVm § 35 I 1 NPOG; **Nordrhein-Westfalen:** § 18 I 1 PolG NRW; **Rheinland-Pfalz:** § 29 I POG; **Saarland:** § 28a I SPolG; **Sachsen:** § 41 I 1 SächsPolG; **Sachsen-Anhalt:** § 17 II SOG LSA; **Schleswig-Holstein:** § 185 III LVwG; **Thüringen:** § 35 I PAG.

10 Art. 13 IV 1 GG; **Baden-Württemberg:** § 23 III 1 PolG; **Bayern:** Art. 41 IV 1 PAG; **Berlin:** § 25 V 1 ASOG Bln; **Brandenburg:** § 33a IV 1 BbgPolG; **Bremen:** § 33 III 1 BremPolG; **Hamburg:** § 10 II 2 PolDVG; **Hessen:** § 15 V 1 HSOG; **Mecklenburg-Vorpommern:** § 34b V 1 SOG M-V; **Niedersachsen:** § 35a III NPOG; **Nordrhein-Westfalen:** § 18 II PolG NRW; **Rheinland-Pfalz:** § 29 III 1 POG; **Saarland:** § 28a II 1 SPolG; Sachsen: § 41 III 1 SächsPolG; **Sachsen-Anhalt:** § 17 V 1 SOG LSA; **Schleswig-Holstein:** § 186 I 1 LVwG; **Thüringen:** § 35 IV 1 PAG.

2.3 Materielle Rechtmäßigkeit

2.3.1 Tatbestandliche Voraussetzungen

2.3.1.1 Gesteigerte Anforderungen an die zeitliche Nähe der Gefahrenverwirklichung

Die Maßnahme muss der Abwehr einer gegenwärtigen bzw. unmittelbar bevorstehenden Gefahr für bestimmte Schutzgüter (Leib, Leben, Freiheit, zT auch Bestand des Bundes oder Länder oder gemeine Gefahr) dienen.[11] Durch den organisierten Drogenhandel werden zwar die Gesundheit und das Leben von Rauschgiftkonsumenten gefährdet. Es fehlt jedoch eine Sachlage, bei der das schädigende Ereignis bereits eingetreten ist (Störung) oder aber unmittelbar oder in allernächster Zeit mit an Sicherheit grenzender Wahrscheinlichkeit bevorsteht. Die Polizei hat lediglich einen konkreten Verdacht dahingehend, dass A in das Drogengeschäft einsteigen will. Dies erfüllt jedoch nicht die Voraussetzungen für die Annahme einer zeitlich qualifizierten Gefahr. Deshalb sind die besonderen Anforderungen an die Gefahr wie auch der Tatbestand insgesamt zu verneinen.

2.3.1.2 Gesteigerte Anforderungen an die geschützten Rechtsgüter

In Bayern, Brandenburg, Hamburg, Hessen, Rheinland-Pfalz, Sachsen, Niedersachsen und Thüringen ist die Datenerhebung aus Wohnungen aber auch dann zulässig, wenn die Begehung einer Straftat von erheblicher Bedeutung bzw. einer schwerwiegenden Straftat droht[12] oder eine dringende Gefahr für ein hochwertiges Schutzgut der öffentlichen Sicherheit vorliegt.[13] Soweit diese Normen auf § 29 III 2 Nr. 1 BtMG verweisen, wie in Brandenburg, sowie mittelbar durch den Verweis auf die Gewerbsmäßigkeit von Straftaten in Hamburg und Niedersachsen, sind die Tatbestandsvoraussetzungen zu bejahen, da ein konkreter Verdacht besteht, dass derartige Taten begangen werden. Allerdings sind sämtliche Normen unter dem Gesichtspunkt des Art. 13 IV GG dahingehend auszulegen, dass es sich um eine dringende Gefahr handeln muss, soweit die Vorschriften dieses Tatbestandsmerkmal nicht schon enthalten. »Dringend« ist eine Gefahr nur im Fall einer erhöhten Gefahrenwahrscheinlichkeit (str.). Ob diese erhöhte Gefahrenwahrscheinlichkeit vorliegt, kann für den vorliegenden Fall zweifelhaft sein. Letztlich kann man bei der Sachverhaltsinterpretation hier zu unterschiedlichen Ergebnissen kommen. Je nach Auffassung sind die

11 **Baden-Württemberg:** § 23 I 1 PolG; **Berlin:** § 25 IV 1 ASOG Bln; **Bremen:** § 33 II BremPolG; **Mecklenburg-Vorpommern:** § 34b I 1 SOG M-V; **Niedersachsen:** § 35a I 1 Nr. 1 NPOG; **Nordrhein-Westfalen:** § 18 I PolG NRW; **Rheinland-Pfalz:** § 29 I 1 POG; **Saarland:** § 28a I SPolG; **Sachsen-Anhalt:** § 17 IV SOG LSA; **Schleswig-Holstein:** § 185 III LVwG.

12 **Brandenburg:** § 33a I Nr. 2g BbgPolG; **Hamburg:** § 10 I 1 Nr. 2 PolDVG; **Niedersachsen:** § 35a I 1 Nr. 1 iVm § 2 Nr. 4 NPOG jeweils iVm §§ 29 ff. BtMG.

13 **Bayern:** Art. 41 I 1 iVm Art. 11 III 2 Nr. 1, 2, 5 PAG; **Brandenburg:** § 33a I Nr. 1 BbgPolG; **Hamburg:** § 10 I 1 Nr. 1 PolDVG; **Hessen:** § 15 IV 1 HSOG; **Rheinland-Pfalz:** § 29 I POG; **Sachsen:** § 41 I SächsPolG; **Thüringen:** § 35 I PAG.

tatbestandlichen Voraussetzungen demnach für Bayern, Brandenburg, Hamburg, Hessen, Niedersachsen, Rheinland-Pfalz und Thüringen zu bejahen, im Übrigen zu verneinen bzw. zu bejahen.

2.3.2 Rechtsfolge
Soweit A nach dem Ergebnis der Sachverhaltsinterpretation in Bayern, Brandenburg, Hamburg, Hessen, Niedersachsen, Rheinland-Pfalz und Thüringen als Verantwortlicher in Anspruch genommen werden kann ist aber fraglich, ob die Polizei das ihr eingeräumte Ermessen fehlerfrei ausgeübt hat. Bei der Angemessenheit der Maßnahme ist zu beachten, dass bei dem Abhören des Wohnraums immer auch personenbezogene Daten aus dem Kernbereich privater Lebensgestaltung erhoben werden können. Derartige Daten sind unter dem Gesichtspunkt des Grundrechtsschutzes von der Erhebung auszunehmen.[14] Daher muss immer die Möglichkeit eingeräumt sein, den Abhörvorgang nötigenfalls abzubrechen. Diese Möglichkeit ist aber bei einer automatischen Aufzeichnung nicht gegeben. Die Maßnahme ist daher unverhältnismäßig.

Ergebnis: Das Abhören der Wohnung war rechtswidrig.

3 Überwachung der Diskothek

Die Beobachtung der von A betriebenen Diskothek dient dem Auffinden von Personen, die wegen bereits begangener Straftaten per Haftbefehl gesucht werden. Im Gegensatz zu den vorangegangenen Maßnahmen, die präventiver Natur waren, handelt es sich hierbei um Strafverfolgungsmaßnahmen, dh repressive Polizeitätigkeit. Somit ergeben sich die Ermächtigungsgrundlagen nicht aus dem Ordnungsrecht, sondern aus der StPO. Die bloße Betrachtung von Diskothekenbesuchern zum Zwecke des Identitätsvergleichs mit den zur Festnahme ausgeschriebenen Personen bedarf keiner besonderen Ermächtigung und lässt sich auf die allgemeine Aufgabennorm des § 163 I 1 StPO stützen. Soweit der grundrechtsintensive Teil der Überwachungsmaßnahme, nämlich die gezielte Ausschau nach den gesuchten Beschuldigten, zu beurteilen ist, ist eine besondere Ermächtigung erforderlich. Sie findet sich in §§ 131 ff. iVm § 163 StPO. Gegen die Rechtmäßigkeit der Maßnahmen bestehen keine Bedenken.

4 Übermittlung der Observationsdaten an die Ordnungsbehörde

4.1 Ermächtigungsgrundlage
Die Übermittlung der Daten von der Polizei an die Ordnungsbehörde könnte als Maßnahme der Verbrechensvorsorge[15] gerechtfertigt sein.

---

14 S. zB **Brandenburg:** § 33a III BbgPolG; **Rheinland-Pfalz:** § 29 I 4 iVm § 39a II POG.

15 **Baden-Württemberg:** § 42 II PolG; **Bayern:** Art. 56 I Nr. 3 PAG; **Berlin:** § 44 I ASOG Bln; **Brandenburg:** § 43 III BbgPolG; **Bremen:** § 36d I 1 BremPolG; **Hamburg:** § 20 II PolDVG; **Hessen:** § 22 I 3 HSOG; **Mecklenburg-Vorpommern:** § 40 I 1 SOG M-V; **Niedersachsen:** § 41 S. 1 NPOG; **Nordrhein-Westfalen:** § 27 II Nr. 2 PolG NRW; **Rheinland-Pfalz:** § 34 I, III POG; **Saarland:** § 34 I 1 SPolG; **Sachsen:** § 14 I SächsDSG; **Sachsen-Anhalt:** § 27 I 3 SOG LSA; **Schleswig-Holstein:** § 192 I 1 LVwG; **Thüringen:** § 41 I PAG.

4.2 Formelle Rechtmäßigkeit

Die Polizei ist für die Übermittlung zuständig. Bedenken hinsichtlich Verfahren und Form ergeben sich nicht.

4.3 Materielle Rechtmäßigkeit

Die Übermittlung personenbezogener Daten ist zulässig, soweit dies zur Erfüllung ordnungsbehördlicher Aufgaben erforderlich ist oder erforderlich erscheint. Die zuständige Ordnungsbehörde hat im Rahmen der Versagungsgründe, die der Erteilung einer Gaststättenerlaubnis entgegenstehen können, unter anderem die Zuverlässigkeit des Antragstellers zu prüfen (§ 4 I 1 Nr. 1 GastG). Da die Begehung von Rauschgiftdelikten der Annahme der Zuverlässigkeit entgegenstehen kann, ist die Übermittlung zur Erfüllung ordnungsbehördlicher Aufgaben erforderlich.

Als (ungeschriebenes) Tatbestandsmerkmal ist zusätzlich die Rechtmäßigkeit der Datengewinnung vorauszusetzen. Sie wurde oben bei der Prüfung der Observation bereits bejaht.

Ferner muss dem Grundsatz der Zweckbindung der Datenübermittlung entsprochen werden,[16] dh der Zweck der Erlangung und Speicherung der Daten muss grundsätzlich dem der Gewerbezuverlässigkeitsprüfung entsprechen und/oder die Daten dürfen nur zu dem Zweck genutzt werden, zu dem sie übermittelt worden sind.[17] Die Zuverlässigkeitsprüfung soll unter anderem klären, ob von A eine verantwortungsbewusste Führung der Diskothek zu erwarten ist und ob generell der Gesamteindruck seines Verhaltens die Gewähr für einen ordnungsgemäßen Betrieb der Diskothek bietet. Hierbei ist unter anderem die Begehung von Straftaten, insbesondere von Rauschgiftdelikten, zu berücksichtigen. Die polizeilichen Maßnahmen dienen ebenfalls dem Zweck, aufzuklären, ob sich A durch die Begehung von Rauschgiftdelikten eines Verstoßes gegen die Rechtsordnung schuldig gemacht hat. Der Grundsatz der Zweckbindung ist daher eingehalten. Gleiches gilt für die Voraussetzung, dass die Ordnungsbehörde die Daten nur für die Zuverlässigkeitsprüfung verwendet.

Allerdings wird das Übermittlungsrecht in Brandenburg, Mecklenburg-Vorpommern und Schleswig-Holstein begrenzt. Die Daten dürfen nur an andere Polizeidienststellen oder Strafverfolgungsbe-

---

16 **Baden-Württemberg:** § 37 II PolG; **Bayern:** Art. 55 III PAG; **Berlin:** § 42 II ASOG Bln; **Brandenburg:** § 41 I BbgPolG; **Bremen:** § 36c I 1 BremPolG; **Hamburg:** § 18 I 1 PolDVG; **Hessen:** § 21 I 1 iVm § 20 I-III HSOG; **Mecklenburg-Vorpommern:** § 39 I SOG M-V; **Niedersachsen:** § 40 I NPOG; **Nordrhein-Westfalen:** § 26 I iVm § 23 PolG NRW; **Rheinland-Pfalz:** § 35 II 1 POG; **Saarland:** § 32 I SPolG; **Sachsen:** § 13 I Nr. 2 SächsDSG; **Sachsen-Anhalt:** § 22 II SOG LSA; **Schleswig-Holstein:** § 191 I LVwG; **Thüringen:** § 41 VII PAG.

17 **Baden-Württemberg:** § 41 II 1 PolG; **Bayern:** Art. 55 III 1 PAG; **Berlin:** § 42 II 1 ASOG Bln; **Brandenburg:** § 41 IV 1 BbgPolG; **Bremen:** § 36c I 1 BremPolG; **Hamburg:** § 18 IV 1 PolDVG; **Hessen:** § 21 VI HSOG; **Mecklenburg-Vorpommern:** § 39 V SOG M-V; **Niedersachsen:** § 40 I 1 NPOG; **Nordrhein-Westfalen:** § 26 VII 1 PolG NRW; **Rheinland-Pfalz:** § 35 II 1 POG; **Saarland:** § 32 V SPolG; **Sachsen:** § 14 III 1 SächsDSG; **Sachsen-Anhalt:** § 26 I SOG LSA; **Schleswig-Holstein:** § 191 V LVwG; **Thüringen:** § 41 VII PAG.

hörden, nicht aber an Ordnungsbehörden übermittelt werden.[18] Nach diesen Vorschriften ist die im vorliegenden Fall erfolgte Übermittlung an die Ordnungsbehörde unzulässig. Die erhöhten gesetzlichen Anforderungen in verschiedenen anderen Ländern[19] stehen der Übermittlung nicht entgegen.

Ergebnis: In Brandenburg, Mecklenburg-Vorpommern, Niedersachsen und Schleswig-Holstein ist die Übermittlung der gewonnenen Daten rechtswidrig, in allen anderen Ländern hingegen rechtmäßig.

Zu 1.1: BVerfGE 65, 1 (45 f.) = NJW 1984, 419

Zu 1.2.2: *Schenke*, Verfassungsrechtliche Probleme polizeilichen Gewahrsams und polizeilicher Informationseingriffe, DVBl 1996, 1393

Zu 2: BVerfGE 109, 279 = NJW 2004, 999; BVerfGE 113, 348 = NJW 2005, 2603; VerfGH Thüringen CR 2013, 79; *Kötter*, Novellierung der präventiven Wohnraumüberwachung, DÖV 2005, 225; *Puschke/Singelnstein*, Verfassungsrechtliche Vorgaben für heimliche Informationsbeschaffungsmaßnahmen, NJW 2005, 3534; *Saurer*, Die Ausweitung sicherheitsrechtlicher Regelungsansprüche im Kontext der Terrorismusbekämpfung, NVwZ 2005, 275; *Kingreen/Poscher*, Polizei- und Ordnungsrecht, 10. Aufl. 2018, § 13 Rn. 128 ff.

Zu 4: *Tomerius*, »You will ... walk alone« – Stadionverbot auf Anregung der Polizei, JURA 2018, 822; *Kirchhoff*, Übermittlung von Gefährderdaten durch die Polizei an Fußballveranstalter, NJW 2017, 294; *Thiel*, Polizei- und Ordnungsrecht, 4. Aufl. 2019, 183; *Koch*, Datenerhebung und -verarbeitung in den Polizeigesetzen der Länder, 1999, 166 ff.

18 **Brandenburg:** § 41 I 3 BbgPolG; **Mecklenburg-Vorpommern:** § 40 I 3 iVm § 27 III Nr. 1 SOG M-V; **Schleswig-Holstein:** § 192 I 3 iVm § 179 II LVwG.

19 **Baden-Württemberg:** § 41 II 2 PolG; **Bayern:** Art. 55 IV 1 PAG; **Berlin:** § 44 IV ASOG Bln; **Bremen:** § 36c II BremPolG; **Hamburg:** § 18 II PolDVG; **Hessen:** § 20 II HSOG; **Niedersachsen:** § 40 II NPOG; **Nordrhein-Westfalen:** § 26 I 2 PolG NRW; **Rheinland-Pfalz:** § 35 IV POG; **Saarland:** § 32 II iVm § 26 II Nr. 2–4 SPolG; Sachsen: § 14 III 3 SächsPolG; **Sachsen-Anhalt:** § 26 III 1 SOG LSA; **Thüringen:** § 41 V PAG.

Lösungsskizze 23

1 **Entscheidung über den Widerspruch der K**
Dem Widerspruch der K ist stattzugeben, wenn er zulässig und begründet ist.

1.1 Zulässigkeit

1.1.1 Verwaltungsrechtsweg, § 40 I 1 VwGO
Die streitentscheidenden Normen sind solche des Polizeirechts oder des Gebührenrechts und damit öffentlich-rechtlich (s. **1**, 1.1.2). § 40 I 1 VwGO ist auch im Übrigen erfüllt, sodass der Verwaltungsrechtsweg eröffnet ist.

1.1.2 Statthaftigkeit, § 68 I 1 VwGO
K wendet sich gegen einen VA iSd § 35 VwVfG. Die Zahlungsaufforderung ist nicht als eine Art Rechnung misszuverstehen, sondern trifft eine verbindliche Regelung zuungunsten der K. Auch die Androhung des Veranstaltungsverbots für den Fall der Nichtzahlung entfaltet belastende Wirkung. Statthaft ist somit ein Anfechtungswiderspruch gem. § 68 I 1 VwGO.

1.1.3 Widerspruchsbefugnis, § 42 II VwGO analog
K ist als Adressatin eines belastenden VA, der Zahlungsaufforderung mit angedrohtem Veranstaltungsverbot, widerspruchsbefugt.

1.1.4 Widerspruchsfrist, § 70 I 1VwGO
Die Erhebung des Widerspruchs innerhalb eines Monats nach Bekanntgabe des Zahlungsbescheides gem. §§ 70 I 1, 58 I VwGO kann nach dem Sachverhalt unterstellt werden.

1.1.5 Der Widerspruch ist zulässig.

1.2 Begründetheit
Der Widerspruch ist begründet, soweit der angegriffene VA der Polizeibehörde rechtswidrig ist und die Widerspruchsführerin K in ihren Rechten verletzt (§ 113 I 1 VwGO analog).

1.2.1 Rechtmäßig ist der Zahlungsbescheid, wenn dafür eine Ermächtigungsgrundlage gegeben ist und diese formell und materiell rechtmäßig angewendet wurde.

1.2.1.1 Ermächtigungsgrundlage
Der Zahlungsbescheid könnte sich aus einer störerabhängigen oder störerunabhängigen Ersatzpflicht ergeben.
Störerabhängige Ersatzpflicht: Nicht in Betracht kommt eine Anwendung der Vorschriften über die Kostentragung bei unmittelbarer Ausführung einer Maßnahme[1] bzw. bei deren sofortigem Voll-

1 **Baden-Württemberg:** § 8 II PolG; **Bayern:** Art. 9 II PAG; **Berlin:** § 15 II 1 ASOG Bln; **Hamburg:** § 7 III SOG; **Hessen:** § 8 II 1 HSOG; **Mecklenburg-Vorpommern:** §§ 70a, 114 I, III SOG M-V; **Rheinland-Pfalz:** § 6 II 1 POG; **Sachsen:** § 6 II SächsPolG; **Sachsen-Anhalt:** § 9 II 1 SOG LSA; **Thüringen:** § 9 II 1 PAG.

zug.[2] Denn es geht hier nicht um polizeiliche Maßnahmen, die an sich die Veranstalterin K selbst hätte vornehmen müssen, da die Verkehrsregelung ausschließlich in die Zuständigkeit des Staates fällt (§§ 44, 45 StVO). Die Veranstalterin K haftet daher auch nicht als sog. Zweckveranlasser (s. **19**, 1.3.2.). Das Polizeirecht kennt keine allgemeine Ersatzpflicht des Störers, also auch nicht des Zweckveranlassers. Eine Verantwortlichkeit des Veranstalters kann sich nur auf die Veranstaltung selbst beziehen, nicht auf die Verkehrsregelung, die seinem Einfluss entzogen ist.

Störerunabhängige Ersatzpflicht: Es könnte sich ein Kostenerstattungsanspruch jedoch aus allgemeinem Kostenrecht ergeben, wenn dieses einen Tatbestand über Auslagenerstattung für sonstige Amtshandlungen (störerunabhängige Maßnahmen) der Polizei enthält. Für ein erhöhtes Bedürfnis nach Verkehrsregelung im Zusammenhang mit privaten (Groß-)Veranstaltungen sehen die Gesetze der Länder jedoch keinen kostenpflichtigen Tatbestand dieser Art vor.

1.2.1.2 Der Zahlungsbescheid ist mangels einer Ermächtigungsgrundlage rechtswidrig.

1.2.2 K ist durch den rechtswidrigen Bescheid in ihrem Grundrecht aus Art. 2 I GG verletzt.

1.2.3 Der Widerspruch ist begründet.

Ergebnis: Der angegriffene Zahlungsbescheid ist auf den Widerspruch der K hin aufzuheben.

2 Rechtslage bei § X und Rock-Festival

Auch hier setzt eine stattgebende Entscheidung auf den zulässigen Widerspruch der K dessen Begründetheit voraus. Diese richtet sich nach § 113 I 1 VwGO analog.

2.1 Ermächtigungsgrundlage

2.1.1 Kostenerhebung

Als Ermächtigungsgrundlage für den Kostenerstattungsanspruch kommt nur § X des in L geltenden Gebührengesetzes in Betracht.

Fraglich ist jedoch, ob die zuständige Polizeibehörde die Kosten auch durch Leistungsbescheid geltend machen durfte. Nach der hL verlangt der Grundsatz vom Vorbehalt des Gesetzes (Art. 20 III GG) eine Ermächtigungsgrundlage auch hinsichtlich der Handlungsform. Außerhalb der gesetzlich normierten Fälle (zB § 49a I 2 VwVfG für die Erstattung nach Rücknahme und Widerruf) sei die Form des VA unzulässig. Nach stRspr sind Verwaltungsträger allerdings gewohnheitsrechtlich ermächtigt, öffentlich-rechtliche Geldforderungen durch VA (Leistungsbescheid) geltend zu machen. Anders als bei vertraglichen Ansprüchen geht es um das klassische Verhältnis der Über-/ Unterordnung und zunächst nur um die

2 **Brandenburg:** §§ 53 II, 55 I 1 BbgPolG; **Bremen:** § 40 I BremPolG iVm §§ 11 II, 15 BremVwVG; **Niedersachsen:** §§ 64 II, 66 I 1 NPOG; **Nordrhein-Westfalen:** §§ 55 II, 59 I VwVG NRW; **Saarland:** §§ 44 II, 46 I 2 SPolG; **Schleswig-Holstein:** §§ 230 I 1, 238 I LVwG.

Konkretisierung gesetzlicher Ansprüche, nicht um die Durchsetzung bereits konkretisierter Ansprüche, sodass der Hinweis auf den Gesetzesvorbehalt nicht stichhaltig ist und die Verwaltung befugt ist, sich ihres typischen Konkretisierungsinstruments, des VA, zu bedienen.

2.1.2 Androhung des Verbots der Veranstaltung

Zweifelhaft ist aber, ob für die Verbotsandrohung eine Ermächtigungsgrundlage besteht. Für den Fall, dass K ihrer Kostentragungspflicht nicht nachkommt, ist der Betrag nach allgemeinen Grundsätzen beizutreiben. Die Behörde kann deshalb nicht die Durchführung der Veranstaltung von der Zahlung abhängig machen. Die bloße Zulässigkeit der Kostenerhebung in Form einer Vorauszahlung ermächtigt dazu nicht. Das Verbot könnte nur aus einer Störung der öffentlichen Sicherheit oder Ordnung folgen, die jedoch nicht schon dann gegeben ist, wenn K die Kosten nicht ersetzt. Die Androhung des Verbots der Veranstaltung ermangelt daher einer Ermächtigungsgrundlage.

Diese teilweise Rechtswidrigkeit des Bescheides berührt aber den Bescheid hinsichtlich der Kostenerhebung nicht.

2.2 Formelle Rechtmäßigkeit

Es bestehen keine Bedenken.

2.3 Materielle Rechtmäßigkeit

2.3.1 Tatbestand des § X

Das geplante Rock-Festival stellt eine private Veranstaltung iSd § X dar. Die Kosten iHv 10.000 EUR für Transport, Unterbringung und Verpflegung, die als Vorauszahlung geltend gemacht werden können, beziehen sich auf Polizeibeamte, die nicht im üblichen örtlichen Dienst eingesetzt werden. Ferner müsste die Anzahl der zusätzlichen Polizeibeamten erforderlich sein (zum Verhältnismäßigkeitsgrundsatz im Polizeirecht s. **16**, 1.3.3). Die Polizei hat hier allerdings einen Prognose-Spielraum, der im Wesentlichen polizeitaktisch begründet wird. Ansätze für eine Fehleinschätzung sind vorliegend nicht ersichtlich. Auch Ks Hinweis auf eigene Ordnungskräfte ändert an der Erforderlichkeit des Polizeieinsatzes nichts, weil private Ordner nicht den öffentlichen Verkehr regeln dürfen (§ 44 I 1, II StVO). Im Ergebnis war der Einsatz also verhältnismäßig. Der Tatbestand des § X ist demnach erfüllt.

2.3.2 Rechtsfolge des § X

Die Kostenerhebung steht im Ermessen. Ermessensfehler sind nicht ersichtlich.

2.3.3 Verfassungsmäßigkeit des Gesetzes

Die materielle Rechtmäßigkeit ist in der Form der Gesetzmäßigkeit zu bejahen.

2.3.3.1 Bestimmtheit der Kostenvorschrift (Art. 20 III, 1 III GG)

Bedenken gegen die Verfassungsmäßigkeit der Kostenvorschrift könnten sich daraus ergeben, dass der Pflichtige die Höhe des Kostenersatzes nicht voraussehen kann. Die Kosten unterscheiden sich allerdings von Fall zu Fall wegen der Zahl der eingesetzten Beamten und der Dauer des Einsatzes, sodass der Gesetzgeber sich auf eine Statuierung der Kostenpflicht beschränken kann.

2.3.3.2 Vereinbarkeit mit dem Gleichheitssatz (Art. 3 I GG)
Da die Kostenvorschrift entscheidend auf den »üblichen örtlichen Dienst« abstellt, werden Veranstalter in ländlichen Gebieten, in denen erfahrungsgemäß nur wenige Polizeibeamte tätig sind, benachteiligt. Die Differenzierung ist aber nicht willkürlich, weil in Ballungsgebieten örtliche Polizeikräfte in größerem Umfang eingesetzt werden können, ohne dass erhöhte Kosten entstehen.

2.3.3.3 Verfassungsmäßigkeit einer Gebühr gegen eine polizeirechtlich nicht Verantwortliche
Wie oben festgestellt, ist der Veranstalter kein Verantwortlicher im polizeirechtlichen Sinn. Zwar gibt es keinen Grundsatz, nach dem die Kosten für den Polizeieinsatz nur dem Verantwortlichen auferlegt werden dürfen, dennoch muss eine vom Staat erhobene Gebühr in direkter Verbindung zum Pflichtigen stehen.
Unter Gebühren werden allgemein öffentlich-rechtliche Geldleistungen verstanden, die aus Anlass individuell zurechenbarer öffentlicher Leistungen dem Gebührenschuldner durch eine öffentlich-rechtliche Norm oder sonstige hoheitliche Maßnahme auferlegt werden und dazu bestimmt sind, in Anknüpfung an diese Leistung deren Kosten ganz oder teilweise zu decken. Durch eine Gebühr sollen staatliche, individuell gewährte Vorteile ausgeglichen bzw. ein erlangter Vorteil abgeschöpft werden. Daher ist zu prüfen, ob der Veranstalter tatsächlich einen Vorteil erlangt hat. Hierfür muss er zunächst verantwortlich für die staatliche Leistung sein. Diese Art der Verantwortung zielt auf die gebührenrechtliche Zurechnungsfrage unter dem Aspekt der gerechten Lastenverteilung ab. Eine Verantwortlichkeit im Sinne der conditio sine qua non Formel liegt vor, da es ohne Veranstaltungen zu keinen Menschenansammlungen kommt und somit auch nicht zu der Notwendigkeit von Polizeieinsätzen. Diese Form der Verantwortlichkeit allein ist jedoch nicht ausreichend.
Es muss hinzutreten, dass dem Veranstalter ein individueller Vorteil ausgeglichen wird. Zwar besteht auch ein öffentliches Interesse an der Verhinderung von Störungen im Rahmen und im Umfeld von Veranstaltungen. Jedoch hat auch der Veranstalter – schon aus finanziellen Gründen – ein Interesse daran, dass seine Veranstaltung reibungslos abläuft. Daher erlangt er durch die Polizeieinsätze einen spezifischen Vorteil, der durch die Gebühr abgeschöpft werden kann. Ein daneben verfolgtes öffentliches Interesse ist unschädlich (aA gut vertretbar).

2.3.3.4 Die Ersatzvorschrift ist nicht verfassungswidrig.

2.4 Nur das im Zahlungsbescheid angedrohte Verbot der Veranstaltung ist mangels Ermächtigungsgrundlage rechtswidrig und verletzt K in ihren Rechten aus Art. 2 I GG.

Ergebnis: Der Widerspruch der K ist nur insofern begründet, als er sich gegen das für den Fall der Nichtzahlung angedrohte Verbot des Rock-Festivals richtet. Nur insoweit wird ihm also stattgegeben werden. Soweit der Widerspruch jedoch gegen die Kostentragung als solche gerichtet ist, muss er als unbegründet zurückgewiesen werden.

3 **Rechtslage bei § X und politischer Demonstration**

Abweichungen in der Beurteilung im Vergleich zu Frage 2 können sich nur hinsichtlich der materiellen Rechtmäßigkeit ergeben.

Materiell rechtmäßig wäre ein Kostenbescheid nur, wenn auch politische Demonstrationen als »private Veranstaltungen« iSd § X angesehen werden können. Soweit der Kostenvorschrift eine Ausgleichsfunktion zukommen soll (weil die Einnahmen ausschließlich den Veranstaltern zufließen), könnten nur kommerzielle Veranstaltungen als »privat« anzusehen sein. Entscheidend ist aber, dass von einer (notwendig unbestimmten) Kostenersatzpflicht eine prohibitive Wirkung auf die Versammlungsfreiheit ausginge. Staatliche Maßnahmen, die in ihren tatsächlichen Auswirkungen die Versammlungsfreiheit beeinträchtigen, sind mit Art. 8 GG nicht vereinbar. Da die Ersatzvorschrift begrifflich eine Eingrenzung auf kommerzielle Veranstaltungen zulässt, ist eine verfassungskonforme Auslegung des Begriffs geboten. Eine politische Demonstration gehört danach nicht zu den »privaten Veranstaltungen«.

Die Voraussetzungen des § X sind daher in diesem Fall nicht erfüllt. Ein Kostenbescheid wäre materiell rechtswidrig.

Ergebnis: Auf einen Widerspruch hin wäre der Heranziehungsbescheid insgesamt aufzuheben.

Zu 1 u. 2: *Schmidt*, Der Anspruch auf Ersatz von Polizeikosten bei Großveranstaltungen, ZRP 2007, 120; *Nolte*, Aufgaben und Befugnisse der Polizeibehörden bei Sportgroßveranstaltungen, NVwZ 2001, 147; *Lege*, Polizeieinsätze bei Fußball-Bundesligaspielen, VerwArch 89 (1998), 71

Zu 2: VGH Mannheim NJW 1981, 1226; *Majer*, Die Kostenerstattungspflicht für Polizeieinsätze aus Anlass privater Veranstaltungen, VerwArch 73 (1982), 167

Zu 2.1.1: BVerwGE 24, 225 = NJW 1967, 1049

Zu 2.3.3: *Gusy*, Polizeikostenüberwälzung auf Dritte, DVBl 1996, 722

Zu 2.3.3.1: *Würtenberger*, Erstattung von Polizeikosten, NVwZ 1983, 192 (195 ff.)

Zu 2.3.3.3: BVerwGE 95, 188 = NVwZ 1994, 1102; BVerwG NVwZ 2019, 1444; *Ebert*, Entwicklungen und Tendenzen im Recht der Gefahrenabwehr, LKV 2017, 10; *Brüning*, Die Kostentragungspflicht des Veranstalters für Polizeieinsätze bei Profifussballspielen, VerwArch 106 (2015), 417; *Heise*, Überwälzung von Einsatzkosten der Polizei bei Spielaustragungen im Profifußball – Der gebührenrechtliche Ansatz, NVwZ 2015, 262; *Siegel*, Erneut auf dem Prüfstand: Kostentragung der Polizeieinsätze bei Fußballspielen, DÖV 2014, 867; *Böhm*, Polizeikosten bei Fußballspielen, NJW 2015, 3000; *Schiff-*

bauer, Unhaltbar? Zum Bremer Vorstoß einer Kostentragungspflicht für Polizeieinsätze im Profifußball, NVwZ 2014, 1282

Zu 3: BVerfG NVwZ 2008, 414; BVerfGE 69, 315 = BeckRS 1985, 108894; *v. Brünneck*, Die Kostenerhebung der Polizei bei Demonstrationen, NVwZ 1984, 273

D. Baurecht

Lösungsskizze 24

A wird vor dem Gericht Erfolg haben, wenn sie einen zulässigen und begründeten Rechtsbehelf wählt. In Betracht kommt ein Normenkontrollantrag (§ 47 VwGO).

1 **Zulässigkeit**

1.1 Verwaltungsrechtsweg, §§ 47 I, 40 I 1 VwGO
Mit dem Bebauungsplan soll eine öffentlich-rechtliche Norm überprüft werden, sodass der Verwaltungsrechtsweg eröffnet ist (s. **1**, 1.1).

1.2 Zuständiges Gericht, § 47 I VwGO
Gemäß § 47 I VwGO entscheidet über den Antrag das OVG bzw. in Baden-Württemberg, Bayern und Hessen der VGH (vgl. § 184 VwGO).

1.3 Statthaftigkeit, § 47 I Nr. 1 Alt. 1 VwGO
A wendet sich gegen einen Bebauungsplan, der gem. § 10 I BauGB als Satzung erlassen wird. Statthaftes Rechtsmittel ist der Normenkontrollantrag gem. § 47 I Nr. 1 Alt. 1 VwGO.

1.4 Antragsbefugnis, § 47 II 1 Hs. 1 VwGO
A muss geltend machen, durch den Bebauungsplan oder dessen Anwendung in ihren Rechten verletzt zu sein oder in absehbarer Zeit verletzt zu werden (§ 47 II 1 Hs. 1 VwGO). A müsste also durch die Errichtung oder Nutzung des Hubschrauberlandeplatzes in ihren rechtlich geschützten Interessen betroffen sein. Das BVerwG entnimmt dem in § 1 VI BauGB enthaltenen Abwägungsgebot drittschützenden Charakter hinsichtlich privater, abwägungsrelevanter Belange. Hier gehen von dem Hubschrauberlandeplatz als Verkehrsfläche iSd § 9 I Nr. 11 Hs. 1 Alt. 1 BauGB Lärmemissionen und Luftverunreinigungen aus. Diese können in negativer Weise die Anforderungen gesunder Wohnverhältnisse betreffen. Ein Rückgriff auf die Grundrechte der A (insbesondere Art. 14 und Art. 2 II 1 GG) ist daher nicht erforderlich. A ist antragsbefugt.

1.5 Antragsfrist, § 47 II 1 VwGO
Der Normenkontrollantrag ist innerhalb einer Frist von einem Jahr nach Bekanntmachung des Bebauungsplans zu stellen.

1.6 Antragsteller, § 47 II 1 Hs. 1 VwGO
A ist als natürliche Person antragsberechtigt.

1.7 Beteiligten- und Prozessfähigkeit, §§ 61, 62 VwGO
Die Beteiligten- und Prozessfähigkeit ergeben sich aus §§ 61 Nr. 1 Alt. 1, 62 I Nr. 1 VwGO für A und §§ 61 Nr. 1 Alt. 2, 62 III VwGO

für die Gemeinde, die ordnungsgemäß vertreten sein muss (s. 1, 1.6). Vor dem OVG bzw. dem VGH muss sich die Antragstellerin gem. § 67 IV 1 VwGO anwaltlich vertreten lassen.

1.8 Antragsgegner, § 47 II 2 VwGO

Der Antrag ist gegen die Körperschaft zu richten, die die Rechtsvorschrift erlassen hat, hier also gegen die Gemeinde G.

1.9 Rechtsschutzbedürfnis

Das Rechtsschutzbedürfnis besteht, solange eine Unwirksamkeitserklärung des Bebauungsplans die Rechtsstellung der A noch verbessern kann. Eine unanfechtbar gewordene Baugenehmigung für den Landeplatz wurde noch nicht erteilt, sodass A mit einer Unwirksamkeitserklärung ihr Rechtsschutzziel noch erreichen kann. Auch im anderen Fall würde eine Unwirksamkeitserklärung zumindest die Rücknahmemöglichkeit der Gemeinde G nach § 48 LVwVfG anstatt der eingeschränkten Widerrufsmöglichkeit nach § 49 LVwVfG (bzw. der jeweils entsprechenden landesrechtlichen Vorschriften) eröffnen.

Ergebnis: Der Normenkontrollantrag ist zulässig.

2 **Begründetheit**

Der Normenkontrollantrag ist begründet, soweit der Bebauungsplan gegen höherrangiges Recht verstößt und deswegen ungültig ist (§ 47 V 2 VwGO). Das Gericht erklärt ihn dann für unwirksam.

2.1 Ermächtigungsgrundlage

Ermächtigungsgrundlagen für den Erlass eines Bebauungsplans sind §§ 1 III 1, 2 I 1, 10 I BauGB.

2.2 Formelle Rechtmäßigkeit

2.2.1 Zuständigkeit

Die Verbandskompetenz der Gemeinde zum Erlass eines Bebauungsplanes ergibt sich aus §§ 1 III 1, 2 I 1 BauGB. Der Gemeinderat (bzw. die Gemeindevertretung in Brandenburg, Hessen, Mecklenburg-Vorpommern, Schleswig-Holstein und die Vertretung in Niedersachsen und Sachsen-Anhalt) ist laut Sachverhalt das für den Beschluss zuständige Organ.[1] Hier handelt der Gemeinderat der Gemeinde G. Die Zuständigkeit ist daher zu bejahen.

2.2.2 Verfahren

Das Planungsverfahren richtet sich nach §§ 2 ff. BauGB. Ein Aufstellungsbeschluss wurde gefasst und ortsüblich bekannt gemacht (§ 2 I 2 BauGB). Eine vorgezogene Öffentlichkeits- und Behördenbeteiligung (§§ 3 I, 4 I, 4a BauGB) hat ebenso stattgefunden wie die

1 **Baden-Württemberg:** § 24 I 2 GemO; **Bayern:** Art. 30 II, 32 II 2 Nr. 2 GO; **Brandenburg:** § 28 II 1 Nr. 9 BbgKVerf; **Hessen:** §§ 50 I, 51 Nr. 6 HGO; **Mecklenburg-Vorpommern:** § 22 II, III Nr. 6 KV M-V; **Niedersachsen:** § 58 I Nr. 5 NKomVG; **Nordrhein-Westfalen:** § 41 I 1, 2 lit. f GO NRW; **Rheinland-Pfalz:** § 32 I, II Nr. 1 GemO; **Saarland:** §§ 34, 35 S. 1 Nr. 12 KSVG; **Sachsen:** § 28 I, II Nr. 4 SächsGemO; **Sachsen-Anhalt:** § 45 I, II Nr. 1 KVG LSA; **Schleswig-Holstein:** §§ 27 I, 28 S. 1 Nr. 2 GO; **Thüringen:** § 26 II Nr. 2 ThürKO.

Einholung der Behördenstellungnahmen nach §§ 4 II, 4a BauGB, die Prüfung der Stellungnahmen der Behörden und der Öffentlichkeit (§§ 3 II 4, 4a III BauGB) und die Mitteilung der Ergebnisse der Prüfung (§ 3 II 4, 5 BauGB). Auch war die Auslegung des Entwurfs ortsüblich bekannt gemacht worden, jedoch wurde die gesetzlich vorgesehene Auslegungszeit von einem Monat bzw. mindestens 30 Tagen (§ 3 II 1 BauGB) nicht eingehalten. Insofern liegt ein Verfahrensfehler vor.

Ferner hat eine Umweltprüfung stattgefunden. Fraglich ist aber, ob diese den Anforderungen des § 2 IV BauGB gerecht wurde (das UVPG enthält daneben gerade keine weiteren Anforderungen, § 50 I UVPG). Nach § 2 IV BauGB sind alle voraussichtlich erheblichen Umweltauswirkungen zu ermitteln und in einem Umweltbericht zu beschreiben und zu bewerten. Im vorliegenden Fall wurde ein vorhandenes Sachverständigengutachten nicht berücksichtigt, obwohl aus diesem Gutachten hervorgeht, dass die Auswirkungen eines Landeplatzes auf die vorhandene Landschaft im Ortsteil L nicht so erheblich wären wie im beplanten Gebiet. Eine Berücksichtigung wäre aber erforderlich gewesen, um das Konfliktpotenzial vollständig zu erfassen; schon deswegen liegt ein Abwägungsdefizit vor. Ferner sind in die Abwägung gem. § 1a III 1 BauGB Maßnahmen zur Vermeidung und zum Ausgleich der voraussichtlichen erheblichen Beeinträchtigungen des Landschaftsbildes sowie der Leistungs- und Funktionsfähigkeit des Naturhaushaltes in seinen in § 1 VI Nr. 7 lit. a BauGB bezeichneten Bestandteilen einzubeziehen. Aufgrund des Ausmaßes des geplanten Landeplatzes liegt ein Eingriff in das Landschaftsbild vor (§§ 14 I, 18 I BNatSchG). Die Gemeinde hätte daher prüfen müssen, ob eine Entscheidung für die Alternativfläche unter naturschutzrechtlichen Gesichtspunkten zu einer geringeren Beeinträchtigung führen würde. Falls sich herausgestellt hätte, dass die Beeinträchtigungen im Ortsteil K unvermeidbar sind (zB aus Sicherheitsgründen), hätte die Gemeinde immer noch über den Ausgleich des zu erwartenden Eingriffs befinden müssen (§ 15 II 1 Alt. 1, 2 BNatSchG). Da dies nicht geschah, liegt auch insofern ein Abwägungsdefizit vor.

Fraglich ist ferner, ob die Umweltprüfung in Bezug auf die zu erwartenden Lärmemissionen und Luftverunreinigungen ordnungsgemäß stattgefunden hat. Denn in die Abwägung nach § 2 IV BauGB sind auch umweltbezogene Auswirkungen auf den Menschen und seine Gesundheit sowie die Bevölkerung insgesamt (§ 1 VI Nr. 7 lit. c BauGB) und die Vermeidung von Emissionen (§ 1 VI Nr. 7 lit. e Alt. 1 BauGB) einzubeziehen. Im vorliegenden Fall wurde der Umstand, dass bei einer Planung für den Ortsteil L ein wesentlich größerer Abstand zur Wohnbebauung und damit eine Verringerung der lärm- und luftverschmutzungsbedingten Beeinträchtigungen hätten erreicht werden können, nicht im Hinblick darauf, ob diese zwar kostenintensivere, aber gesunden Lebensverhältnissen förderlichere Planungsalternative vorzuziehen sei, beachtet. Somit liegt ein Fehler bei der Bewertung des Abwägungsmaterials vor.

Gleichzeitig ist damit auch gegen das allgemeine Gebot des § 2 III BauGB, die abwägungsrelevanten Belange zu ermitteln und zu bewerten, verstoßen worden (die Anforderungen nach § 2 IV BauGB stellen insofern eine Konkretisierung der Anforderungen nach § 2 III BauGB dar). Dies gilt auch für den außerhalb des § 1 VI Nr. 7 BauGB geregelten Belang der »gesunden Wohnverhältnisse« (§ 1 VI Nr. 1 BauGB).

2.2.3 Form

Die Anforderungen an die Form (insbesondere Begründung, §§ 9 VIII, 2a BauGB, und ordnungsgemäße Bekanntmachung, §§ 10 III, 10a I BauGB) sind laut Sachverhalt erfüllt.

Der Bebauungsplan ist wegen Verfahrensfehlern formell rechtswidrig.

2.3 Materielle Rechtmäßigkeit

Der Bebauungsplan ist materiell rechtmäßig, wenn seine Aufstellung für die städtebauliche Planung erforderlich ist und das Planungsermessen fehlerfrei ausgeübt wurde.

2.3.1 Erforderlichkeit der Planung

Die städtebauliche Erforderlichkeit des Bebauungsplans (§ 1 III 1 BauGB) ist nach der Konzeption der Planung zu bejahen, da das Landeplatzgelände die städtebauliche Entwicklung von G erheblich beeinflussen wird.

2.3.2 Fehlerfreie Ausübung des Planungsermessens

2.3.2.1 Einhaltung der Ermessensgrenzen

Das OVG bzw. der VGH überprüft zunächst im vollen Umfang, ob die im BauGB festgesetzten Grenzen für das Planungsermessen eingehalten wurden. Insbesondere muss sich die Planung den Zielen der Raumordnung anpassen (§ 1 IV BauGB), der Planungsträger muss sich mit der Nachbargemeinde abstimmen (§ 2 II 1 BauGB), den Bebauungsplan aus dem Flächennutzungsplan entwickeln (§ 8 II 1 BauGB) und er darf im Bebauungsplan nur Gebiete festsetzen, die in § 9 I BauGB vorgesehen sind.

Der Bebauungsplan wurde gem. § 8 II 1 BauGB aus dem Flächennutzungsplan entwickelt und enthielt mit der Ausweisung des Gebiets als Verkehrsfläche eine gem. § 9 I Nr. 11 Hs. 1 Alt. 1 BauGB zulässige Festsetzung. Von der Einhaltung der übrigen Ermessensgrenzen kann ausgegangen werden.

2.3.2.2 Ordnungsgemäße Abwägung

Weiterhin überprüft das Gericht, ob die öffentlichen und privaten Belange iSd § 1 VII BauGB gegeneinander und untereinander gerecht abgewogen worden sind. Im Rahmen der Prüfung der materiellen Rechtmäßigkeit sind dabei nur solche Fehler zu berücksichtigen, die keine Verfahrensfehler darstellen (Schluss aus § 214 III 2 Hs. 1 iVm § 214 I Nr. 1 BauGB). Ein materiell-rechtlicher Abwägungsfehler liegt demnach nur noch im Fall des Abwägungsausfalls (str.) oder der Abwägungsdisproportionalität vor. Ein Abwägungs-

ausfall liegt vor, wenn überhaupt keine Abwägung stattgefunden hat. Dafür enthält der Sachverhalt keine Anhaltspunkte. Abwägungsdisproportionalität liegt vor, wenn ein Belang gegenüber einem anderen Belang außer Verhältnis zu seiner objektiven Gewichtigkeit zurück- oder hochgestuft wurde. Dies ist hinsichtlich der Abwägung zwischen den Umweltbelangen des § 1 VI Nr. 7c und e Alt. 1 BauGB sowie dem Belang der Erhaltung gesunder Lebensverhältnisse (§ 1 VI Nr. 1 Alt. 1 BauGB) auf der einen und dem Belang der – kostengünstigeren – Fortentwicklung vorhandener Ortsteile (§ 1 VI Nr. 4 Alt. 1 BauGB) auf der anderen Seite zu konstatieren, da letztem Aspekt ein Gewicht beigemessen wurde, welches – in Relation zur Erhaltung gesunder Lebensverhältnisse – außer Verhältnis zu seiner objektiven Gewichtigkeit steht.
Der Bebauungsplan ist daher auch materiell rechtswidrig.

2.4 Fehlerfolgen

2.4.1 Folgen der Verfahrensfehler

Da die Auslegung die wichtigste Form der Bürgerbeteiligung beim Planfeststellungsverfahren ist, ist ein Verstoß grundsätzlich beachtlich (§ 214 I 1 Nr. 2 BauGB), wenn er wie hier innerhalb eines Jahres schriftlich gerügt wird (§ 215 I Nr. 1 BauGB). Es liegt auch kein ausnahmsweise unbeachtlicher Fehler gem. § 214 I 1 Nr. 2 BauGB vor. Die Beachtlichkeit ist somit zu bejahen.

Fehler bei der Ermittlung und Bewertung der die Planung berührenden Belange (Verstoß gegen § 2 III BauGB) sind nach § 214 I 1 Nr. 1 BauGB dann beachtlich, wenn sie der Gemeinde bekannt waren oder hätten bekannt sein müssen, die Ermittlung und Bewertung wesentliche Punkte betrifft und der Mangel offensichtlich und auf das Ergebnis des Verfahrens von Einfluss gewesen ist. Offensichtlich ist ein Fehler, wenn er aus der Planbegründung erkennbar ist. Das trifft hier auf die mangelnde Berücksichtigung der Planalternative zu. Auch die Nichteinbeziehung des Expertengutachtens ist offensichtlich. In beiden Fällen waren auch wesentliche Punkte der Planung betroffen. Schließlich hat ein Fehler schon dann Einfluss auf das Abwägungsergebnis, wenn die konkrete Möglichkeit besteht, dass ohne ihn das Ergebnis anders ausgefallen wäre. Auch davon kann hier ausgegangen werden, sodass die beiden genannten Fehler beachtlich sind.

Beachtliche Mängel im Verfahren können jedoch durch Neuvornahme im ergänzenden Verfahren (§ 214 IV BauGB) behoben werden. Nach Behebung des Verfahrensfehlers ist eine rückwirkende Inkraftsetzung des Bebauungsplans möglich.

2.4.2 Folgen der materiell-rechtlichen Abwägungsfehler

Fehler im Abwägungsergebnis, wie vorliegend die Abwägungsdisproportionalität, werden weder von § 214 III 2 BauGB noch von § 215 I BauGB erfasst und sind daher immer beachtlich.

Beachtliche Abwägungsfehler können jedoch ebenfalls durch das ergänzende Verfahren iSv § 214 IV BauGB behoben werden. Dies scheidet nur aus, wenn der zu behebende Mangel von solcher Art und Schwere ist, dass er die Planung als Ganzes von vornherein infrage stellt oder die Grundzüge der Planung berührt (vgl. § 13 I Hs. 1 BauGB). Davon kann jedoch im vorliegenden Fall nicht ausgegangen werden. Die Abwägungsfehler führen daher zur (schwebenden) Unwirksamkeit des Bebauungsplanes.

Ergebnis: Die Klage ist zulässig und begründet und hat damit Aussicht auf Erfolg. Das Gericht wird den Bebauungsplan für unwirksam erklären.

Zu 1: *Decker*, Zulässigkeitsprobleme bei der Normenkontrolle gegen Bebauungspläne, JA 2010, 653

Zu 1.4: BVerwG ZfBR 2011, 566; BVerwG NVwZ 2000, 1413; BVerwGE 107, 216 = NJW 1999, 592; OVG Koblenz BauR 2016, 786; OVG Lüneburg BeckRS 2015, 44236; *Hüttenbrink*, Das Recht auf fehlerfreie Abwägung als subjektiv-öffentliches Recht iSd Antragsbefugnis gem. § 47 Abs. 2 VwGO nF, DVBl 1997, 1253; *Dürr*, Die Entwicklung der Rechtsprechung zur Antragsbefugnis bei der Normenkontrolle von Bebauungsplänen, NVwZ 1996, 105; *Redecker*, Neue Experimente mit der VwGO?, NVwZ 1996, 521

Zu 1.9: BVerwGE 78, 85 (91 ff.) = NJW 1988, 839; OVG Greifswald NordÖR 2004, 441

Zu 2: BVerwG NVwZ 2001, 431; BVerwGE 105, 348 = NVwZ 1998, 395; BVerwG DVBl 1992, 37 (39); *Stüer*, Bauleitplanung, Rechtsprechung des BVerwG 2015–2017, DVBl 2018, 221

Zu 2.2.2: *Berkemann*, Zur Abwägungsdogmatik: Stand und Bewertung, ZUR 2016, 323

Zu 2.2.3: *Scheidler*, Abschluss des Verfahrens zur Aufstellung eines Bebauungsplans: Ausfertigung, Bekanntmachung, Internet, BauR 2018, 1812

Zu 2.3.2.2: BVerwGE 112, 373 = NVwZ 2001, 1035; BVerwGE 112, 41 = NVwZ 2001, 560; OVG Koblenz NVwZ 1990, 281; *Berkemann*, Zur Abwägungsdogmatik: Stand und Bewertung, ZUR 2016, 323; *Lege*, Abkehr von der »sog. Abwägungsfehlerlehre«?, DÖV 2015, 361; *Martini/Finkenzeller*, Die Abwägungsfehlerlehre, JuS 2012, 126; *Pieper*, Teilweiser Abschied von der materiellen Abwägungsfehlerlehre im EAG-Bau. Folgen für die Rechtmäßigkeitsprüfung des Bebauungsplans, JURA 2006, 817

Zu 2.4.2: BVerwG BauR 2017, 655; BVerwG NVwZ 2000, 197; BVerwGE 107, 215 = NJW 1999, 592; OVG Münster NWVBl 2000, 187; *Erbguth*, Rechtsschutzfragen und Fragen der §§ 214 und 215 BauGB im neuen Städtebaurecht, DVBl 2004, 802; *Finkelnburg*, Die Änderungen des Baugesetzbuchs durch das Europarechtsanpassungsgesetz Bau, NVwZ 2004, 897 (901); *Ronellenfitsch*, Rechtsfolgen fehlerhafter Planung, NVwZ 1999, 583

Lösungsskizze 25

1 **Klage auf Erteilung der Baugenehmigung**
Die Klage des E hat Erfolg, wenn sie zulässig und begründet ist.

1.1 Zulässigkeit

1.1.1 Verwaltungsrechtsweg, § 40 I 1 VwGO
Die streitentscheidenden Normen sind solche des Bauordnungs- und Bauplanungsrechts, daher liegt eine öffentlich-rechtliche Streitigkeit vor (s. **1**, 1.1).

1.1.2 Klageart
E begehrt die Erteilung einer Baugenehmigung. Diese stellt einen VA gem. § 35 VwVfG dar. Daher ist eine Verpflichtungsklage in Form einer Versagungsgegenklage gem. § 42 I Alt. 2 VwGO statthafte Klageart.

1.1.3 Klagebefugnis, § 42 II VwGO
E müsste geltend machen, durch die Ablehnung seines Antrags auf Erteilung einer Baugenehmigung in seinen Rechten verletzt zu sein (s. **1**, 1.3). Dies ist der Fall, wenn E möglicherweise einen Anspruch auf Erteilung einer Baugenehmigung hat. Ein solcher Anspruch kann sich aus den landesrechtlichen Normen des Bauordnungsrechts ergeben.[1] E ist demnach klagebefugt.

1.1.4 Vorverfahren, §§ 68 ff. VwGO
Ein Vorverfahren wurde ordnungsgemäß durchgeführt, soweit ein solches nicht nach Landesrecht ausgeschlossen ist (s. **1**, 1.4).

1.1.5 Klagefrist, § 74 VwGO
Die Klage ist gem. § 74 II, I VwGO innerhalb eines Monats nach Zustellung des Widerspruchsbescheids bzw. bei Entbehrlichkeit eines Vorverfahrens nach Landesrecht nach Bekanntgabe der Ablehnung der Baugenehmigung zu erheben.

1.1.6 Beteiligten- und Prozessfähigkeit, §§ 61, 62 VwGO
E ist als natürliche Person gem. § 61 Nr. 1 Alt. 1 VwGO, das Land als juristische Person gem. § 61 Nr. 1 Alt. 2 VwGO bzw. die Behörde gem. § 61 Nr. 3 VwGO in Verbindung mit Landesrecht beteiligtenfähig. Die Prozessfähigkeit des E ergibt sich aus § 62 I Nr. 1 VwGO; für die Behörde bzw. das Land muss gem. § 62 III VwGO ein Vertreter handeln (s. **1**, 1.6).

1 **Baden-Württemberg:** § 58 I 1 LBO; **Bayern:** Art. 68 I 1 BayBO; **Berlin:** § 71 I 1 BauO Bln; **Brandenburg:** § 72 I 1 BbgBO; **Bremen:** § 72 I 1 BremLBO; **Hamburg:** § 72 I 1 HBauO; **Hessen:** § 74 I HBO; **Mecklenburg-Vorpommern:** § 72 I LBauO M-V; **Niedersachsen:** § 70 I 1 NBauO; **Nordrhein-Westfalen:** § 74 I BauO NRW; **Rheinland-Pfalz:** § 70 I 1 LBauO; **Saarland:** § 73 I 1 LBO; **Sachsen:** § 72 I SächsBO; **Sachsen-Anhalt:** § 71 I 1 BauO LSA; **Schleswig-Holstein:** § 73 I 1 LBO; **Thüringen:** § 71 I 1 ThürBO.

1.1.7 Klagegegner, § 78 I VwGO
Gemäß § 78 I Nr. 1 VwGO sind das Land bzw. die Baubehörde gem. § 78 I Nr. 2 VwGO in Verbindung mit Landesrecht richtige Klagegegner (s. **1**, 1.7).

Ergebnis: Die Klage des E ist zulässig.

1.2 Begründetheit
Die Klage des E ist begründet, soweit die Ablehnung der Baugenehmigung rechtswidrig, E dadurch in seinen Rechten verletzt und die Sache spruchreif ist (§ 113 V 1, 2 VwGO). Dies ist der Fall, wenn E einen Anspruch auf Erteilung einer Baugenehmigung geltend machen kann.
Als Rechtsgrundlage für die Erteilung einer Baugenehmigung kommen die bauordnungsrechtlichen Vorschriften in Betracht. Ihnen zufolge ist die Baugenehmigung zu erteilen, wenn dem Vorhaben öffentlich-rechtliche Vorschriften nicht entgegenstehen.

1.2.1 Formelle Anspruchsvoraussetzungen
E müsste erfolglos einen formell ordnungsgemäßen Bauantrag an die zuständige Bauaufsichtsbehörde gestellt haben. Dies ist der Fall.

1.2.2 Materielle Anspruchsvoraussetzungen
Das Vorhaben des E müsste genehmigungspflichtig und genehmigungsfähig sein. Die Errichtung einer Doppelgarage als bauliche Anlage ist in allen Ländern genehmigungspflichtig, jedenfalls sofern sie eine bestimmte Größe überschreitet (s. **26**, 1.1). Die konkreten Anforderungen der Genehmigungsfähigkeit ergeben sich danach, welches Verfahren das jeweilige Landesrecht für die Erteilung einer Baugenehmigung für die beantragte Doppelgarage vorschreibt. Während im vereinfachten Baugenehmigungsverfahren vor allem das Bauplanungsrecht den materiellen Maßstab enthält, erfordert das Verfahren für Sonderbauten auch eine Prüfung bauordnungsrechtlicher Vorschriften.

1.2.2.1 Anhaltspunkte für einen Verstoß gegen Bauordnungsrecht liegen jedenfalls nicht vor.

1.2.2.2 Die bauplanungsrechtliche Zulässigkeit richtet sich nach §§ 29 ff. BauGB. Bei dem geplanten Bau der Doppelgarage handelt es sich um die Errichtung einer baulichen Anlage, der auch die erforderliche planungsrechtliche Relevanz zukommt. Damit liegt ein Vorhaben iSv § 29 I BauGB vor. Mangels Vorliegens eines qualifizierten Bebauungsplans (§ 30 I BauGB), beurteilt sich die Zulässigkeit des Vorhabens nach §§ 30 III, 34, 35, 36 BauGB. Es ist danach zu differenzieren, ob sich das Vorhaben im Innenbereich (§ 34 BauGB) oder im Außenbereich (§ 35 BauGB) befindet. Ein Grundstück befindet sich im Innenbereich, wenn es zu einem im Zusammenhang bebauten Ortsteil gehört (§ 34 I 1 BauGB). Da sich die drei Wohnhäuser deutlich von der übrigen Bebauung der Gemeinde X absetzen und wegen der geringen Anzahl der vorhandenen Bauten selbst keinen eigenen Ortsteil bilden, ist das Vorhaben dem Außenbereich zuzuordnen. Bauplanungsrechtlicher Maßstab ist also § 35 BauGB.

1.2.2.2.1 § 35 I BauGB zählt abschließend Vorhaben auf, die nach Auffassung des Gesetzgebers im Außenbereich grundsätzlich zulässig sein sollen (sog. privilegierte Vorhaben), soweit ihnen öffentlich-rechtliche Vorschriften nicht entgegenstehen und die Erschließung gesichert ist. Im Gegensatz dazu sind die sonstigen Vorhaben, die sich am Maßstab des § 35 II BauGB messen lassen müssen, grundsätzlich unzulässig und nur ausnahmsweise genehmigungsfähig.
Da keiner der Privilegierungstatbestände einschlägig ist, handelt es sich um ein sonstiges Vorhaben, dessen Zulässigkeit sich nach § 35 II, III und IV BauGB beurteilt.

1.2.2.2.2 Fraglich ist, ob das Vorhaben des E öffentliche Belange beeinträchtigt (§ 35 II, III BauGB). In Betracht kommt nach § 35 III 1 Nr. 7 BauGB, dass der Bau einer Doppelgarage die Verfestigung oder Erweiterung einer Splittersiedlung befürchten lässt. Während eine Erweiterung einer Splittersiedlung deren räumliche Ausdehnung erfordert, kommt eine Verfestigung bei einer Ausfüllung des bereits beanspruchten Bereichs in Betracht. Die Doppelgarage hat mit 15 m einen gewissen Abstand zu den insgesamt vier bestehenden Wohnhäusern. Sie nimmt damit neuen Raum ein, sodass der Tatbestand der Erweiterung einer Splittersiedlung einschlägig ist. Insbesondere kann die Zersiedelungswirkung nicht nur von Wohnhäusern ausgehen, sondern auch von sonstigen Gebäuden wie einer Doppelgarage. Damit steht der Erteilung einer Baugenehmigung der öffentliche Belang des § 35 III 1 Nr. 7 BauGB entgegen.

1.2.2.2.3 Dieser Belang kann dem Vorhaben dann nicht entgegengehalten werden, wenn § 35 IV BauGB tatbestandlich eingreift. Möglicherweise kann sich E auf § 35 IV 1 Nr. 3 BauGB berufen. Dies setzt voraus, dass ein gleichartiges Gebäude – also eines, dessen Nutzung mit der Nutzung des zerstörten Bauwerks identisch ist – errichtet werden soll. Ursprünglich wurde jedoch nur ein untergeordneter Teil des Gebäudes als Garage genutzt, der Hauptteil diente dem landwirtschaftlichen Betrieb. Eine identische Nutzung wird daher nicht angestrebt. E kann sich somit nicht auf § 35 IV 1 Nr. 3 BauGB stützen. Auch eine Berufung auf § 35 IV 1 Nr. 5 BauGB scheitert, da es nicht um ein Wohngebäude geht. Weiterhin ist die geplante Garage mangels besonderer baulicher Ausgestaltung nicht zur Wahrung der Kulturlandschaft erhaltenswert, sodass § 35 IV 2 BauGB nicht einschlägig ist. Die Errichtung der Garage stellt auch eine Nutzungsänderung zum vorherigen Zustand dar, die keine geringfügige Erweiterung des Gebäudes oder Standortabweichung gem. § 35 IV 3 BauGB darstellt.
Dem Vorhaben kann folglich der öffentliche Belang des § 35 III 1 Nr. 7 BauGB entgegengehalten werden. Es ist gem. § 35 II BauGB unzulässig.

1.2.2.2.4 Fraglich ist, ob sich eine andere Beurteilung dann ergeben könnte, wenn das nach heutiger Fassung des § 35 II BauGB unzulässige Vorhaben nach der alten Fassung des BauGB zulässig gewesen wäre. Das BVerwG nahm in früherer Rspr. an, dass § 35 II BauGB dann verfassungskonform auszulegen sei, wenn dem Eigentümer des betreffenden Grundstücks aufgrund dessen »Baulandqualität« eine dem Eigentumsgrundrecht des Art. 14 I GG unterfallende, verfestigte Anspruchsposition zukommt. Mittlerweile lehnt die hM diese Ansicht ab, da der Gesetzgeber die Fallgruppen, die die Rspr. ursprünglich regeln wollte, inzwischen normiert hat. Ein Rückgriff auf Art. 14 I GG kommt nicht in Betracht – zumal hier schon keine Hinweise daraufhin vorliegen, die für eine verfestigte Anspruchsposition des E auf die Bebaubarkeit seines Grundstücks sprechen.

1.2.2.3 Des Weiteren ist fraglich, ob E aktiven Bestandsschutz geltend machen kann. Lange Zeit ging das BVerwG davon aus, dass ein Anspruch auf Erteilung einer Baugenehmigung sich gegebenenfalls unmittelbar aus Art. 14 I 1 GG ergeben kann, wenn es sich um ein ursprünglich im Einklang mit dem materiellen Baurecht errichtetes Gebäude handelt (sog. aktiver Bestandsschutz). Im vorliegenden Fall wurde 1990 eine Baugenehmigung erteilt, zur zeitgemäßen Nutzung gehörte auch eine Unterstellmöglichkeit für Kraftfahrzeuge, sodass dem E die Baugenehmigung zu erteilen wäre.
Inzwischen wurde diese Rspr. jedoch ausdrücklich aufgegeben: Der Gesetzgeber bestimmt allein, wie weit der Schutz der Eigentumsgarantie als normgeprägtes Grundrecht reichen soll (Art. 14 I 2 GG). Mit § 35 BauGB schuf er durch die Differenzierung nach privilegierten und sonstigen Vorhaben eine Inhalts- und Schrankenbestimmung für Vorhaben im Außenbereich. Mit dieser Bestimmung ist abschließend festgelegt worden, wie weit das Eigentumsgrundrecht ausgestaltet ist. Ein Anspruch auf Erteilung einer Baugenehmigung kann daher nicht unmittelbar auf Art. 14 I 1 GG gestützt werden.

1.2.2.4 E hat keinen Anspruch auf Erteilung einer Baugenehmigung. Die Ablehnung der beantragten Baugenehmigung erweist sich damit als rechtmäßig.

Ergebnis: Die Klage ist unbegründet. Sie hat keine Aussicht auf Erfolg.

2 Klage gegen die Nebenbestimmung

Die Klage hat Erfolg, wenn sie zulässig und begründet ist.

2.1 Zulässigkeit der Klage

2.1.1 Verwaltungsrechtsweg, § 40 I 1 VwGO
Streitentscheidende Normen sind solche des Baurechts. Damit liegt eine öffentlich-rechtliche Streitigkeit vor.

2.1.2 Statthafte Klageart, § 42 I VwGO
Die statthafte Klageart bestimmt sich nach dem Klagegegenstand und dem Rechtsschutzbegehren des Klägers (§ 88 VwGO). E möchte nur den Zusatz zur Baugenehmigung beseitigen. Dessen rechtliche

Einordnung richtet sich nach den jeweiligen Vorschriften des Landesrechts, die inhaltlich § 36 VwVfG entsprechen oder auf diesen verweisen.[2]

Die isolierte Anfechtbarkeit des Zusatzes richtet sich einer Auffassung zufolge danach, ob von ihm die Wirksamkeit der Genehmigung abhängen soll. Nur wenn dies nicht der Fall ist, also eine selbstständige, von der Genehmigung trennbare Nebenbestimmung vorliegt, sei sie isoliert anfechtbar. Selbstständig in diesem Sinne ist die Auflage (§ 36 II Nr. 4 LVwVfG: »verbunden werden mit«), abhängig sind Bedingung und Befristung (§ 36 II Nr. 1 und 2 LVwVfG: »erlassen werden mit«).[3] Die Baubehörde verlangte von E, »vor Baubeginn« nachzuweisen, dass der Neubau wegemäßig erschlossen ist. Die Wirksamkeit der Baugenehmigung sollte ausdrücklich von diesem Nachweis abhängen. Wegen dieser Abhängigkeit liegt eine Bedingung vor (Bezeichnung hat nur Indizwirkung). Hiernach wäre die Verpflichtungsklage auf Erlass eines unbeschränkten VA die statthafte Klageart, § 42 I Alt. 2 VwGO.

Eine andere Auffassung differenziert nach der Art des HauptVA. Handelt es sich um einen gebundenen (gesetzesakzessorischen) VA, ist ihr zufolge immer isolierte Anfechtung möglich. Handelt es sich um einen ErmessensVA, ist nur die Verpflichtungsklage statthaft; wegen des Ermessensspielraums könne die Behörde nicht zum Erlass eines VA ohne Nebenbestimmung gezwungen werden. Da die Baugenehmigung eine gebundene Entscheidung ist, wäre danach die Anfechtungsklage gegen den Zusatz zulässig, § 42 I Alt. 1 VwGO.

Die nunmehr überwiegende Meinung geht von der isolierten Anfechtbarkeit sämtlicher Nebenbestimmungen aus. Da ein VA gem. § 113 I 1 VwGO aufgehoben werden kann, »soweit er rechtswidrig ist«, ist auch die Teilanfechtung als Voraussetzung der Teilaufhebung für zulässig zu erachten. Sie scheidet nur dann aus, wenn der RestVA dadurch rechtswidrig würde; dies ist jedoch eine Frage der Begründetheit. Auch hiernach wäre die Anfechtungsklage zulässig, § 42 I Alt. 1 VwGO. Dieser Lösung folgt der weitere Prüfungsaufbau.

2.1.3 Klagebefugnis, § 42 II VwGO

E kann geltend machen, möglicherweise in seinen Rechten verletzt zu sein, indem ihm die Baugenehmigung, auf die er möglicherweise einen Anspruch hat (Normen s. 1.1.3), nur bedingt erteilt worden ist.

2 **Baden-Württemberg:** § 36 LVwVfG; **Bayern:** Art. 36 BayVwVfG; **Berlin:** § 1 I BlnVwVfG iVm § 36 VwVfG; **Brandenburg:** § 1 VwVfGBbg iVm § 36 VwVfG; **Bremen:** § 36 BremVwVfG; **Hamburg:** § 36 HmbVwVfG; **Hessen:** § 36 HVwVfG; **Mecklenburg-Vorpommern:** § 36 VwVfG M-V; **Niedersachsen:** § 1 I, II NVwVfG iVm § 36 VwVfG; **Nordrhein-Westfalen:** § 36 VwVfG NRW; **Rheinland-Pfalz:** § 1 I LVwVfG iVm § 36 VwVfG; **Saarland:** § 36 SVwVfG; **Sachsen:** § 1 SächsVwVfG iVm § 36 VwVfG; **Sachsen-Anhalt:** § 1 I VwVfG LSA iVm § 36 VwVfG; **Schleswig-Holstein:** § 107 LVwG; **Thüringen:** § 36 ThürVwVfG.

3 In **Berlin, Brandenburg, Niedersachsen, Rheinland-Pfalz, Sachsen** und **Sachsen-Anhalt** ergibt sich die Rechtsgrundlage aus § 36 I VwVfG iVm den landesrechtlichen Verweisungsvorschriften, in **Schleswig-Holstein** aus § 107 LVwG.

2.1.4 Vorverfahren, §§ 68 ff. VwGO
Ein Vorverfahren wurde erfolglos durchgeführt, soweit ein solches nicht nach Landesrecht ausgeschlossen ist (s. **1**, 1.4).

2.1.5 Klagefrist, § 74 I 1 VwGO
Von der Einhaltung der Klagefrist ist mangels gegenteiliger Angaben im Sachverhalt auszugehen.

2.1.6 Beteiligten- und Prozessfähigkeit, §§ 61, 62 VwGO
E ist gem. §§ 61 Nr. 1 Alt. 1, 62 I Nr. 1 VwGO beteiligten- und prozessfähig. Das Land ist gem. § 61 Nr. 1 Alt. 2 VwGO bzw. die Behörde gem. § 61 Nr. 3 VwGO in Verbindung mit Landesrecht beteiligtenfähig. Gemäß § 62 III VwGO muss für das Land bzw. die Behörde ein Vertreter handeln.

2.1.7 Klagegegner, § 78 VwGO
Richtiger Klagegegner ist gemäß § 78 I Nr. 1 VwGO das Land bzw. die Baubehörde gem. § 78 I Nr. 2 in Verbindung mit Landesrecht.

Ergebnis: Die Klage des E ist als Anfechtungsklage zulässig.

2.2 Begründetheit der Klage
Die Anfechtungsklage ist begründet, soweit die Nebenbestimmung rechtswidrig und E dadurch in seinen Rechten verletzt ist (§ 113 I 1 VwGO).

2.2.1 Ermächtigungsgrundlage
Vorrangig ist die Ermächtigungsgrundlage in der BauO zu suchen. Fast alle BauO lassen zwar Bedingungen (und/oder Auflagen) ausdrücklich zu[4] oder setzen diese Möglichkeit zumindest voraus.[5] (Nur in der BauO von Niedersachsen gibt es keine solche Regelung.) Allerdings stellen die bauordnungsrechtlichen Bestimmungen keine inhaltlichen Kriterien für den Erlass von Nebenbestimmungen auf. Die Bestimmungen der landesrechtlichen BauO sind somit selbst keine hinreichenden Ermächtigungsgrundlagen, da sie dem Vorbehalt des Gesetzes nicht genügen. Sie sind deshalb durch die landesrechtlichen Vorschriften des allgemeinen Verwaltungsrechts zu ergänzen. Eine taugliche Ermächtigungsgrundlage ergibt sich daher aus § 36 I LVwVfG (Normen s. 2.1.2). Da es sich bei der Baugenehmigung um eine gebundene Entscheidung handelt, ist insoweit § 36 I Alt. 2 LVwVfG einschlägig, bzw. (auch im Folgenden) die entsprechenden landesrechtlichen Vorschriften.

2.2.2 Formelle Rechtmäßigkeit
Die Baugenehmigung ist laut Sachverhalt formell rechtmäßig.

4 **Berlin:** § 71 III BauO Bln; **Bremen:** § 72 III 1 BremLBO; **Hamburg:** § 72 III HBauO; **Hessen:** § 74 IV HBO; **Mecklenburg-Vorpommern:** § 72 IV LBauO M-V; **Nordrhein-Westfalen:** § 74 III 1 BauO NRW; **Sachsen:** § 72 III SächsBO; **Sachsen-Anhalt:** § 71 III 1 BauO LSA; **Schleswig-Holstein:** § 73 III LBO; **Thüringen:** § 71 III 1 ThürBO.

5 **Baden-Württemberg:** § 59 I 2 LBO; **Bayern:** Art. 68 III BayBO; **Brandenburg:** § 72 II 1 BbgBO; **Rheinland-Pfalz:** § 70 I 4 LBauO; **Saarland:** § 73 II 2 LBO.

2.2.3 Materielle Rechtmäßigkeit

2.2.3.1 Fraglich ist, ob der Erlass der Baugenehmigung mit Nebenbestimmung materiell rechtmäßig erfolgte. Die Nebenbestimmung ist rechtmäßig, wenn sie sicherstellen soll, dass die gesetzlichen Voraussetzungen der Baugenehmigung erfüllt werden (§ 36 I Alt. 2 LVwVfG).
Die Voraussetzungen der Baugenehmigung ergeben sich aus den bauordnungsrechtlichen Genehmigungstatbeständen. Sowohl im vereinfachten als auch im regulären Genehmigungsverfahren ist die bauplanungsrechtliche Zulässigkeit des Vorhabens zu prüfen. Diese richtet sich nach § 29 BauGB. Die Errichtung der Scheune stellt ohne Weiteres ein Vorhaben nach § 29 I BauGB dar, dem auch planungsrechtliche Relevanz zukommt. Mangels Vorliegens eines qualifizierten Bebauungsplans (§ 30 I BauGB) richten sich hier die Zulässigkeitsvoraussetzungen im Außenbereich nach §§ 30 III, 35, 36 BauGB (s. 1.2.2.2).
Die Zulässigkeit von Vorhaben im Außenbereich setzt in allen Varianten des § 35 BauGB die gesicherte Erschließung voraus. Davon wird auch die Bereitstellung einer Zufahrtsmöglichkeit erfasst, die dem Bedarf der geplanten Nutzung gerecht wird und dauerhaft zur Verfügung steht. Die konkreten Anforderungen richten sich nach den Umständen des Einzelfalls.
E plant, einen Abstellplatz für landwirtschaftliche Maschinen zu bauen. Dies ist ein gem. § 35 I Nr. 1 BauGB privilegiertes Vorhaben. Um diese Privilegierung nicht zu unterlaufen, muss sie auch bei den Anforderungen an die Erschließung beachtet werden, weshalb § 35 I BauGB eine »ausreichende« Erschließung fordert. Deshalb kann man für landwirtschaftliche Betriebe nicht prinzipiell asphaltierte Wege fordern. Der bisherige Zufahrtsweg ist jedoch wegen seiner Hanglage besonders stark der Witterung ausgesetzt und erosionsgefährdet. Er bietet deshalb auf Dauer keine Gewähr für eine sichere Zufahrtsmöglichkeit. Folglich diente die Bedingung der Sicherstellung der gesetzlichen Voraussetzungen der Genehmigung.

2.2.3.2 Bei § 36 I LVwVfG handelt es sich um eine Ermessensentscheidung (§ 40 LVwVfG), deren Rechtmäßigkeit unter anderem am Verhältnismäßigkeitsgrundsatz zu messen ist. Die Forderung, den Zufahrtsweg auszubauen und zu befestigen, ist geeignet, die wegemäßige Erschließung sicherzustellen. Angesichts der beabsichtigten Nutzung und der äußeren Umstände sind keine milderen Mittel ersichtlich. Da auch keine Bedenken hinsichtlich der Angemessenheit bestehen, ist die Bedingung verhältnismäßig und damit rechtmäßig.

2.2.4 Fraglich ist, ob E erfolgreich einwenden kann, dass die Bedingung aufgrund der geographischen Gegebenheiten objektiv nicht erfüllbar und deshalb rechtswidrig sei. Dies ist jedoch nicht der Fall, denn die Bedingung hat (anders als die Auflage) gerade keinen vollziehbaren Inhalt, sondern soll den Eintritt der Begünstigung hinausschieben. Solange der Zufahrtsweg zum Bauplatz nicht ausgebaut wird, wird die Baugenehmigung nicht wirksam. Dem E wird

	nichts genommen, worauf er einen Anspruch hätte, denn bei unveränderter Sachlage ist das beabsichtigte Vorhaben baurechtswidrig.
Ergebnis:	Die Anfechtungsklage des E ist unbegründet. Sie hat keine Aussicht auf Erfolg.
Zu 1.2.2.2.2:	BVerwGE 106, 228 = NVwZ 1998, 842; OVG Münster BeckRS 2018, 30454
Zu 1.2.2.2.4:	Für verfassungskonforme Auslegung BVerwGE 26, 111 = NJW 1967, 1099; dagegen BVerwGE 85, 289 = NVwZ 1991, 673
Zu 1.2.2.3:	Neue Rspr. BVerwG DVBl 2010, 1374; BVerwG ZfBR 2007, 582; BVerfG NVwZ 2001, 424; BVerwGE 106, 228 = NVwZ 1998, 842; VGH München DÖV 2018, 954; ältere Rspr. BVerwGE 72, 362 = NJW 1986, 2126; *Aichele/Herr*, Die Aufgabe des übergesetzlichen Bestandsschutzes und die Folgen, NVwZ 2003, 415; *Gehrke/Brehsan*, Genießt der baurechtliche Bestandsschutz noch Bestandsschutz?, NVwZ 1999, 932
Zu 2.1.2:	BVerwGE 60, 269 (274 ff.) = BeckRS 1980, 30439284; BVerwGE 112, 221 = NVwZ 2001, 429; *Krüger*, Nebenbestimmungen zu Verwaltungsakten, VR 2014, 162; *Labrenz*, Die neuere Rechtsprechung des BVerwG zum Rechtsschutz gegen Nebenbestimmungen – falsch begründet, aber richtig, NVwZ 2007, 161; *Hufen/Bickenbach*, Der Rechtsschutz gegen Nebenbestimmungen zum Verwaltungsakt, JuS 2004, 867, 966
Zu 2.2.1:	VG Weimar LKV 2000, 558
Zu 2.2.3.1:	BVerwGE 74, 19 (25 f.) = NJW 1986, 2775
Zu 2.2.4:	BVerwGE 29, 261 (266 f.) = NJW 1968, 1842

Lösungsskizze 26

1 Erforderliche Genehmigungsentscheidungen

Ein Genehmigungserfordernis kann sich unter bau- und gewerberechtlichen Gesichtspunkten ergeben.

1.1 Baugenehmigung

A ist eine Baugenehmigung zu erteilen, wenn es sich um ein genehmigungspflichtiges Vorhaben handelt, dem keine öffentlichrechtlichen Vorschriften entgegenstehen (Normen s. **25**, 1.1.3).

1.1.1 Genehmigungspflichtiges Vorhaben

Genehmigungsbedürftig sind alle Vorhaben, die in der Errichtung, Änderung, Nutzungsänderung oder in dem Abbruch baulicher Anlagen bestehen, soweit nichts anderes bestimmt ist.[1] Der Begriff der baulichen Anlagen ist in § 2 sämtlicher Landesbauordnungen definiert. Es wird darunter eine mit dem Erdboden verbundene, aus Bauprodukten hergestellte Anlage verstanden; die Verbindung mit dem Boden muss nicht fest sein. Das Gebäude der Bahnhofsgaststätte erfüllt diese Voraussetzungen, es handelt sich daher um eine bauliche Anlage iSd LBauO. Die Umwandlung einer Gaststätte in eine Spielhalle ist möglicherweise neuen bauordnungsrechtlichen Anforderungen unterworfen und damit eine Nutzungsänderung der baulichen Anlage. Sie ist grundsätzlich genehmigungsbedürftig.
Welche Vorhaben von einer Genehmigungspflicht freigestellt bzw. verfahrensfrei gestellt sind, regeln die LBauO nicht einheitlich. Grundsätzlich ist eine Genehmigungsfreiheit bzw. Verfahrensfreiheit eingeräumt für kleine bauliche Anlagen, ferner für den Fall, dass es sich um eine weniger große Anlage im Geltungsbereich eines Bebauungsplans handelt und die Anlage dessen Festsetzungen nicht widerspricht. Beide Fallgruppen sind hier nicht einschlägig. Schließlich erfasst sind Nutzungsänderungen, wenn die öffentlichrechtlichen Vorschriften für die neue Nutzung keine anderen Anforderungen stellen als für die bisherige.[2] Diese Freistellung greift jedoch dann nicht ein, wenn durch die Nutzungsänderung neue bauplanungsrechtliche Belange berührt werden.
Vorliegend sind die sozialen und kulturellen Bedürfnisse insbesondere auch der jungen Bevölkerung (§ 1 VI Nr. 3 BauGB) und die

---

1 **Baden-Württemberg:** § 49 LBO; **Bayern:** Art. 55 I BayBO; **Berlin:** § 59 I BauO Bln; **Brandenburg:** § 59 I BbgBO; **Bremen:** § 59 I 1 BremLBO; **Hamburg:** § 59 I 1 HBauO; **Hessen:** § 62 I 1 HBO; **Mecklenburg-Vorpommern:** § 59 I 1 LBauO M-V; **Niedersachsen:** § 59 I NBauO; **Nordrhein-Westfalen:** § 60 I BauO NRW; **Rheinland-Pfalz:** § 61 LBauO; **Saarland:** § 60 I LBO; **Sachsen:** § 59 I SächsBO; **Sachsen-Anhalt:** § 58 I 1 BauO LSA; **Schleswig-Holstein:** § 62 I 1 LBO; **Thüringen:** § 59 I ThürBO.

2 **Baden-Württemberg:** § 50 LBO iVm Anhang; **Bayern:** Art. 57 f. BayBO; **Berlin:** §§ 61 f. BauO Bln; **Brandenburg:** §§ 61 f. BbgBO; **Bremen:** §§ 61 f. BremLBO; **Hamburg:** § 60 II iVm Anl. 2 HBauO; **Hessen:** §§ 63 f. iVm Anl. HBO; **Mecklenburg-Vorpommern:** §§ 61 f. LBauO M-V; **Niedersachsen:** §§ 60–62 iVm Anhang NBauO; **Nordrhein-Westfalen:** §§ 62 f. BauO NRW; **Rheinland-Pfalz:** § 62 LBauO; **Saarland:** §§ 61, 63 LBO; **Sachsen:** §§ 61 f. SächsBO; **Sachsen-Anhalt:** §§ 60 f. BauO LSA; **Schleswig-Holstein:** § 63 LBO; **Thüringen:** §§ 60 f. ThürBO.

Gestaltung des Ortsbildes (§ 1 VI Nr. 5 BauGB) Belange, die im Rahmen eines Baugenehmigungsverfahrens erneut abgewogen werden müssten. Im Ergebnis handelt es sich daher um ein genehmigungspflichtiges Vorhaben.

1.1.2 Genehmigungsfähiges Vorhaben

Rechtsgrundlage und Voraussetzungen für die Erteilung einer Baugenehmigung finden sich in den Landesbauordnungen (s. **25**, 1.1.3). Es dürften dem Vorhaben keine öffentlich-rechtlichen Vorschriften entgegenstehen.

Bauordnungsrecht steht dem Vorhaben nicht entgegen. Die bauplanungsrechtliche Zulässigkeit richtet sich nach den §§ 29 ff. BauGB, da ein Vorhaben iSd § 29 I BauGB vorliegt, das insbesondere planungsrechtliche Relevanz aufweist. Ein qualifizierter Bebauungsplan (§ 30 I BauGB) ist weder vorhanden, noch ist seine Aufstellung beschlossen worden (§ 33 I Hs. 1 BauGB). Das Grundstück befindet sich also im unbeplanten Innenbereich, sodass sich der bauplanungsrechtliche Maßstab aus §§ 30 III, 34, 36 BauGB ergibt.

1.1.2.1 Nach § 34 I 1 BauGB ist im unbeplanten Bereich ein Vorhaben zulässig, wenn es sich nach Art und Maß der baulichen Nutzung, der Bauweise und der Grundstücksfläche, die überbaut werden soll, in die Eigenart der näheren Umgebung einfügt und die Erschließung gesichert ist.

Eine Spezifizierung des Maßstabs hinsichtlich der Art der baulichen Nutzung ermöglicht § 34 II BauGB. Entspricht die Eigenart der näheren Umgebung nach der Art der baulichen Nutzung einem Baugebiet der BauNVO, beurteilt sich die Zulässigkeit des Vorhabens hinsichtlich seiner Art nach den entsprechenden Vorgaben der BauNVO.

Die Räumlichkeiten befinden sich hier in einem als Kerngebiet einzuordnenden Stadtviertel. Bauplanungsrechtlicher Maßstab in Bezug auf die Art der baulichen Nutzung ist mithin § 34 II BauGB iVm § 7 BauNVO. Da es sich bei der Spielhalle um eine Vergnügungsstätte handelt, ergibt sich die Zulässigkeit aus § 7 II Nr. 2 BauNVO. Für die übrigen Voraussetzungen bleibt es beim Maßstab des § 34 I BauGB. Diesbezüglich lässt der Sachverhalt keine Bedenken aufkommen.

1.1.2.2 Zu beachten ist allerdings, dass es mit § 15 BauNVO eine Norm für die Nichtzulassung von Anlagen und Nutzungen im Einzelfall gibt. Danach ist ein an sich zulässiges Vorhaben unzulässig, wenn es im Einzelfall baurechtswidrig ist (S. 1), wenn von ihm unzumutbare Störungen ausgehen (S. 2 Hs. 1) oder wenn es seinerseits unzumutbaren Störungen ausgesetzt wird (S. 2 Hs. 2). Maßstab sind gem. § 15 II BauNVO ausschließlich die städtebaulichen Ziele und Grundsätze des § 1 V BauGB. Damit scheidet das Ziel, Jugendliche von Zeit- und Geldverschwendung abzuhalten, als Versagungsgrund aus. In Betracht kommt hier allenfalls eine unzumutbare Störung gem. § 15 I 2 Hs. 1 BauNVO. Voraussetzung ist, dass von dem

Vorhaben Belästigungen oder Störungen ausgehen können, die nach der Eigenart des Baugebiets im Baugebiet selbst oder in dessen Umgebung unzumutbar sind. Der Maßstab der Prüfung – also die Eigenart des Baugebietes – ist durch eine sorgfältige Würdigung der Gebietsstruktur zu ermitteln. Das Nichteinfügen des Vorhabens aus städtebaulichen Gründen muss sich bei objektiver Betrachtungsweise aufdrängen. Typisches Kerngebiet ist der Citybereich einer Großstadt. Ein durchschnittlicher Betrachter würde sich über eine Spielhalle am Bahnhof in der City einer Großstadt nicht wundern. Bauplanungsrechtlich ist das Vorhaben der A demzufolge nicht zu beanstanden.

Ergebnis: Das Vorhaben ist genehmigungspflichtig und genehmigungsfähig. Die erforderliche Baugenehmigung ist zu erteilen.

1.2 Gewerbeerlaubnis

Fraglich ist, ob das Vorhaben der A einer gewerberechtlichen oder glücksspielrechtlichen Genehmigung bedarf. Grundsätzlich bedarf A gem. § 33i I 1 GewO einer gewerberechtlichen Genehmigung. Diese ist zu erteilen, wenn keiner der Versagungsgründe des § 33i II GewO vorliegt. Im Zuge der Föderalismusreform wurde aus dem Kompetenzkatalog des Art. 74 I Nr. 11 GG das »Recht der Spielhallen« herausgenommen, sodass nunmehr eine ausschließliche Landeskompetenz besteht und die bundesrechtlichen Regelungen nur noch gem. Art. 125a I 1 GG fortwirken. Die seitdem erlassenen landesrechtlichen Regelungen sind somit vornehmlich heranzuziehen. Bislang sind die Regelungen überaus uneinheitlich. Einige Länder stellen eigene Genehmigungspflichten für Spielhallen auf, die abschließend gelten und Bundesrecht verdrängen.[3] Soweit die Länder von ihrer Kompetenz nicht Gebrauch gemacht haben bzw. ausdrücklich nur ergänzende Vorschriften treffen, gilt § 33i I 1 GewO gem. Art. 125a I 1 GG fort.[4] Mitunter tritt das Genehmigungserfordernis des Glücksspielstaatsvertrages in Verbindung mit den landesrechtlichen Ausführungsbestimmungen neben die gewerberechtliche Genehmigung.[5] Teilweise sieht Landesrecht vor, dass die gewerberechtliche Erlaubnis die glücksspielrechtliche umfasst.[6]

3 **Baden-Württemberg:** § 41 I 1 LGlüG; **Berlin:** §§ 2 I 1, 9 I SpielhG Bln; **Brandenburg:** § 2 I 1 BbgSpielhG; **Bremen:** §§ 2 I, 8 I BremSpielhG; **Hamburg:** §§ 2 I 1, 8 I HmbSpielhG; **Hessen:** §§ 9 I 1, 14 I SpielhG HE; **Nordrhein-Westfalen:** §§ 4, 16 II AG GlüStV NRW iVm §§ 4, 24 GlüStV; **Saarland:** § 2 I 1 SSpielhG; **Sachsen-Anhalt:** § 2 I SpielhG LSA; **Thüringen:** §§ 2 I 1, 10 I ThürSpielhallenG.

4 **Bayern; Mecklenburg-Vorpommern:** § 11 III 3, 4 GlüStVAG M-V; **Niedersachen:** §§ 1 II Nr. 2, 10 I NGlüSpG; **Rheinland-Pfalz:** § 15 III 1, 2 LGlüG; **Sachsen:** § 18a I 1 SächsGlüStVAG; **Schleswig-Holstein:** § 2 I 1, 2 SpielhG.

5 **Bayern:** Art. 9 AGGlüStV iVm § 24 GlüStV; **Berlin:** § 15 AGGlüStV BE iVm § 24 GlüStV; **Mecklenburg-Vorpommern:** § 11 III 3, 4 GlüStVAG M-V iVm § 24 GlüStV; **Niedersachsen:** § 10 I NGlüSpG iVm § 24 GlüStV.

6 **Baden-Württemberg:** § 41 I 1 LGlüG; **Brandenburg:** vgl. § 7 BbgSpielhG; **Bremen:** § 8 II 1 BremSpielhG; **Hamburg:** § 2 I 1 HmbSpielhG (Konzentrationswirkung der gewerberechtlichen Genehmigung); **Hessen:** § 9 I 2 SpielhG HE; **Rheinland-Pfalz:** § 15 III 2 LGlüG; **Saarland:** § 12 VI SSpielhG; **Sachsen:** § 18a I 1 SächsGlüStVAG; **Schleswig-Holstein:** § 2 I 3 SpielhG.

Die Rspr. hat mitunter ein derartiges Nebeneinander von glücksspielrechtlicher und gewerberechtlicher Erlaubnispflicht nicht beanstandet. In Nordrhein-Westfalen hat das OVG jedoch entschieden, dass die glücksspielrechtliche Genehmigungspflicht die bundesrechtlichen Genehmigungsvorschriften ersetzt, auch wenn dies nicht ausdrücklich im Landesrecht geregelt ist. Soweit eine Genehmigung nach § 33i GewO erforderlich ist, gelten dessen Maßstäbe, im Übrigen die des, teilweise parallelen, Landesrechts.

1.2.1 Eine Spielhalle genügt wegen der Beschaffenheit oder Lage ihrer Räume den polizeilichen Anforderungen (§ 33i II Nr. 2 GewO) dann nicht, wenn sie mit den dafür maßgeblichen Vorschriften des materiellen Baurechts nicht vereinbar ist. Ähnliche Vorschriften finden sich auch in den entsprechenden landesrechtlichen Vorschriften.[7] Wie bereits festgestellt (s. 1.1), bestehen weder bauordnungsrechtliche noch bauplanungsrechtliche Bedenken. Ausgeschlossen ist die Erteilung einer Gewerbeerlaubnis deswegen also nicht.

Problematisch ist, inwieweit die Gewerbebehörde selbst berechtigt ist, die Vereinbarkeit mit dem Baurecht zu prüfen, da die materiellrechtliche Beurteilung unter Anwendung des § 33i I 2, II Nr. 2 und 3 GewO bzw. der jeweiligen landesrechtlichen Vorschriften, die wie die GewO allgemein auf das Bauordnungsrecht verweisen oder zumindest baurechtliche Belange in die Prüfung einbeziehen, Umstände einschließt, welche auch die Bauaufsichtsbehörde bei der Entscheidung über den Bauantrag zu prüfen hat. Zunächst entfaltet die Spielhallenerlaubnis nach Gewerbe- bzw. Glücksspielrecht keine Konzentrationswirkung. Eine Baugenehmigung ist somit weiterhin erforderlich. Zwar ist laut Sachverhalt eine Baugenehmigung noch nicht erteilt worden; die Baugenehmigungsbehörde kommt jedoch bei ihrer Prüfung zur Zulässigkeit des Vorhabens und wird sie deswegen erteilen. Mit einer positiven Bescheidung durch die Bauaufsichtsbehörde wird jedoch festgestellt, dass dem Vorhaben im Rahmen des Prüfungsumfangs keine öffentlich-rechtlichen Vorschriften entgegenstehen. Deshalb ist die Gewerbebehörde an eine erteilte Baugenehmigung insoweit gebunden, als es um eine Entscheidung von Fragen geht, deren Beurteilung in die originäre Entscheidungskompetenz der Bauaufsichtsbehörde fällt. Diese Bindungswirkung bezieht sich hingegen nicht auf die Vereinbarkeit des Vorhabens mit gewerberechtlichen Vorschriften. Solange die Baugenehmigung jedoch noch nicht erteilt worden ist, können auch die Fragen mit baurechtlichem Bezug durch die Gewerbebehörde eigenständig beurteilt werden. Dabei muss sie unter Prüfung der gleichen Aspekte zu dem Ergebnis gelangen, dass bauordnungs- und bauplanungsrechtliche Belange nicht entgegenstehen und ein Versagungsgrund iSd § 33i II Nr. 2 GewO nicht vorliegt.

7 **Berlin:** § 2 III Nr. 2 SpielhG Bln; **Brandenburg:** § 2 I 2 BbgSpielhG iVm § 33i II Nr. 2 GewO, § 2 II Nr. 2, 3 iVm §§ 3, 4 BbgSpielhG; **Bremen:** § 2 II Nr. 2 BremSpielhG; **Hamburg:** § 2 V Nr. 2 HmbSpielhG; **Hessen:** §§ 2, 9 II Nr. 4 SpielhG HE; **Sachsen-Anhalt:** § 2 VI Nr. 3 SpielhG LSA; **Schleswig-Holstein:** § 2 II, IV Nr. 2 SpielhG (ergänzend zu § 33i GewO).

1.2.2 Die Genehmigung könnte aber wegen Jugendgefährdung gem. § 33i II Nr. 3 GewO bzw. entsprechenden landesrechtlichen Regelungen[8] versagt werden. Zwar wird der durch Spielhallen hervorgerufenen Gefahr im Grundsatz durch § 6 JuSchG, der die Anwesenheit von Jugendlichen in Spielhallen untersagt, ausreichend Rechnung getragen. Für ein Versagen der Erlaubnis nach § 33i II Nr. 3 GewO bzw. Landesrecht ist daher eine darüber hinausgehende besondere Gefährdung von Jugendlichen im Einzelfall Voraussetzung. Davon kann hier angesichts von Schulnähe, täglich anreisenden Schülern, Wartezeiten und Gruppenzwang ausgegangen werden (aA vertretbar).

1.2.3 Da das Betreiben der Spielhalle ein Beruf iSd Art. 12 I GG ist, stellt die Erlaubnisversagung einen Eingriff in die Berufsfreiheit dar. Dieser ist jedoch nur dann rechtmäßig, wenn er dem Grundsatz der Verhältnismäßigkeit genügt. Bezweckt wird, eine Verleitung der Schüler zu unerwünschter und unkontrollierter Zeit- und Geldverschwendung zu verhindern. Diesem Ziel ist eine Erlaubnisversagung durchaus zuträglich, da sich dann von vornherein keine Gelegenheit zu einer derartigen Freizeitgestaltung bietet. Allerdings kann man Zweifel an der Erforderlichkeit einer Erlaubnisversagung haben. Als mildere, ebenso wirksame Alternative käme hier eine Auflage gem. § 33i I 2 GewO bzw. den entsprechenden landesrechtlichen Vorschriften[9] in Betracht. Sie müsste etwa die Pflicht zur Einlasskontrolle, zur Erhöhung der Zahl der Aufsichtspersonen und zur Einhaltung von Schließzeiten – insbesondere dann, wenn sich viele Schüler am Bahnhof aufhalten – enthalten und über die bereits teilweise in den landesrechtlichen Vorschriften vorgesehenen Pflichten hinausgehen.[10]

Ergebnis: Die Gewerbeerlaubnis ist mit einer Auflage zu erteilen.

2 Baugenehmigungsverhindernde Maßnahmen der Gemeinde

2.1 Veränderungssperre

Die Gemeinde könnte eine Veränderungssperre beschließen (§§ 14, 16 BauGB). Dadurch werden alle baulichen Vorhaben im Gebiet

8 **Berlin:** § 2 III Nr. 3 SpielhG Bln; **Brandenburg:** § 2 I 2 BbgSpielhG iVm § 33 II Nr. 3 GewO; **Bremen:** § 2 II Nr. 3 BremSpielhG; **Hamburg:** § 2 IV Nr. 3 HmbSpielhG; **Hessen:** § 9 II Nr. 5 SpielhG HE; **Saarland:** § 3 I Nr. 2 SSpielhG; **Sachsen-Anhalt:** § 2 IV Nr. 4 SpielhG LSA; **Schleswig-Holstein:** § 2 II, IV Nr. 3 SpielhG (ergänzend zu § 33i GewO); **Thüringen:** §§ 2 II, 3 II, 4 II ThürSpielhallenG.

9 **Baden-Württemberg:** § 41 V LGlüG; **Berlin:** § 2 II SpielhG Bln; **Brandenburg:** § 1 VwVfGBbg iVm § 36 I VwVfG; **Bremen:** § 2 III BremSpielhG; **Hamburg:** § 2 IV 2 HmbSpielhG; **Hessen:** § 9 III 2 Hs. 1 SpielhG HE; **Saarland:** § 2 II SSpielhG; **Sachsen-Anhalt:** § 2 III 2 SpielhG LSA; **Schleswig-Holstein:** § 2 III 2 SpielhG (ergänzend zu § 33i GewO); **Thüringen:** § 2 II ThürSpielhallenG.

10 **Baden-Württemberg:** § 43 I LGlüG; **Berlin:** § 6 II, IV SpielhG Bln; **Brandenburg:** § 2 IV Nr. 1; § 4 IV BbgSpielhG; **Bremen:** §§ 3, 4 IV BremSpielhG; **Hamburg:** § 6 II, V HmbSpielhG; **Hessen:** § 3 V SpielhG HE; **Saarland:** §§ 5, 7 SSpielhG; **Sachsen-Anhalt:** § 4 I SpielhG LSA; **Schleswig-Holstein:** § 5 II SpielhG (ergänzend zu § 33i GewO); **Thüringen:** § 4 III ThürSpielhallengesetz.

der Sperre baurechtswidrig. Ausnahmen sind nur möglich, wenn überwiegende öffentliche Interessen nicht entgegenstehen, dh wenn das Vorhaben mit der laufenden Planung im Einklang steht (§ 14 II BauGB).

Nach § 14 I Nr. 1 BauGB kann eine Veränderungssperre bestimmen, dass Vorhaben iSd § 29 BauGB nicht durchgeführt oder bauliche Anlagen nicht beseitigt werden können. Ein solches Vorhaben iSd § 29 BauGB ist auch die von A angestrebte Nutzungsänderung. Damit kann die Gemeinde durch Beschließen einer Veränderungssperre die Genehmigungserteilung verhindern. Rechtmäßigkeitsvoraussetzungen sind das Vorliegen eines Planaufstellungsbeschlusses und das Bedürfnis zur Sicherung der Planung. Beides liegt vor, insbesondere da laut Sachverhalt für den künftigen Planinhalt eine Einschränkung hinsichtlich der Spielhallen absehbar ist. Die Veränderungssperre ist somit erforderlich, um zu verhindern, dass das Planungsziel durchkreuzt wird.

Ergebnis: Die Gemeinde hat die Möglichkeit, eine Veränderungssperre zu erlassen.

2.2 Zurückstellung des Baugesuchs

Das wirkungsvolle Instrument der Veränderungssperre kann zu spät kommen, wenn der Eigentümer noch vor dem Aufstellungsbeschluss von dem neuen Plan der Gemeinde erfahren hat oder wenn die Veränderungssperre zwar vom Gemeinderat schon beschlossen, aber noch nicht im Amtsblatt veröffentlicht worden ist und daher noch nicht rechtsverbindlich ist, ein Antrag auf Erteilung einer Baugenehmigung aber bereits vorliegt. Die Gemeinde kann dann jedoch zur Sicherung der Bauleitplanung die Zurückstellung des Baugesuchs verlangen. Gemäß § 15 I 1 BauGB muss die Baugenehmigungsbehörde auf Antrag der Gemeinde die Entscheidung über die Baugenehmigung aussetzen, wenn die Voraussetzungen für eine Veränderungssperre vorliegen und zu befürchten ist, dass die Durchführung der Planung durch das Vorhaben unmöglich gemacht oder wesentlich erschwert werden würde.

Ergebnis: Sofern die Gemeinde einen Antrag stellt, kann die Entscheidung über die Baugenehmigung zurückgestellt werden. Dadurch würde zwar nicht die materielle Baurechtmäßigkeit der Spielhalle berührt, die Entscheidung kann jedoch bis zu 12 Monate lang ausgesetzt werden.

Zu 1.1.1: BVerwG NVwZ 1989, 666; VGH München BeckRS 2017, 148010; VGH Kassel NVwZ-RR 2001, 429; OVG Greifswald DÖV 1997, 553; VGH Mannheim UPR 1992, 387; VG München BeckRS 2014, 58474

Zu 1.1.2: *Guckelberger*, Die verschiedenen, insbesondere baurechtlichen Instrumente zur Steuerung des Spielhallenangebots, GewArch 2011, 231

Zu 1.1.2.2: BVerwG BauR 2013, 934; VGH Mannheim DÖV 2000, 342

Zu 1.2:	BVerfGE 145, 20 = NVwZ 2017, 1111; OVG Münster BeckRS 2018, 7027; OVG Berlin-Brandenburg BeckRS 2015, 48603; OVG Koblenz GewArch 1991, 108; VG Augsburg BeckRS 2018, 17292; *Odenthal*, Zur Reform des gewerblichen Spielrechts, GewArch 2001, 276; *Lammers*, Die Gesetzgebungskompetenz für Spielhallen vor den Landesverfassungsgerichten, GewArch 2015, 54
Zu 1.2.1:	BVerwG GewArch 1996, 240; OVG Magdeburg BeckRS 2013, 56815; OVG Münster GewArch 1995, 124
Zu 2.1:	BVerwG NVwZ 2010, 42; BVerwGE 120, 138 = BeckRS 2004, 21670; VGH München NVwZ-RR 2018, 219; OVG Münster NVwZ 1997, 598; *Hager/Kirchberg*, Veränderungssperre, Zurückstellung von Baugesuchen und faktische Bausperren, NVwZ 2002, 400
Zu 2.2:	BVerwG NVwZ 1991, 62; 1993, 473; VGH Mannheim NVwZ-RR 2001, 574

Lösungsskizze 27

1 Klage auf Aufhebung der Baugenehmigung

Die Klage des A hat Aussicht auf Erfolg, wenn sie zulässig und begründet ist.

1.1 Zulässigkeit

1.1.1 Verwaltungsrechtsweg, § 40 I 1 VwGO

Streitentscheidende Normen sind solche des Baurechts, insbesondere § 30 BauGB und §§ 1 III, 4 BauNVO, sodass es sich um eine öffentlich-rechtliche Streitigkeit handelt (s. **1**, 1.1).

1.1.2 Klageart

A begehrt die Aufhebung der Baugenehmigung als einen ihn belastenden VA, § 35 VwVfG. Damit ist die Anfechtungsklage gem. § 42 I Alt. 1 VwGO die richtige Klageart.

1.1.3 Klagebefugnis, § 42 II VwGO

Nachbar A muss geltend machen, durch die Baugenehmigung in eigenen Rechten verletzt zu sein. Dies setzt das Vorhandensein einer Norm voraus, die zumindest auch den Schutz seiner Interessen bezweckt (Schutznormtheorie). Ob und wodurch Nachbarn im Rahmen baurechtlicher Genehmigungsverfahren geschützt werden, richtet sich nach dem Genehmigungsmaßstab.

Der Zwinger soll im Geltungsbereich eines qualifizierten Bebauungsplanes errichtet werden. Für überplante Gebiete gelten hinsichtlich der Klagebefugnis des Nachbarn Besonderheiten. Ein qualifizierter Bebauungsplan enthält Festsetzungen über die Art und das Maß der baulichen Nutzung sowie die überbaubare Grundstücksfläche (vgl. § 30 I, III BauGB). Er allein entscheidet damit über die Zulässigkeit von Vorhaben im Geltungsbereich. Nachbarschützend sind die Festsetzungen, die auch und gerade dem Schutz Dritter und nicht nur dem öffentlichen Interesse an einer geordneten städtebaulichen Entwicklung dienen. Festsetzungen über die Art der baulichen Nutzung werden – anders als die Festsetzungen über das Maß und die überbaubare Grundstücksfläche – grundsätzlich als unmittelbar drittschützend angesehen.

Der qualifizierte Plan setzt die Art der Nutzung als allgemeines Wohngebiet fest. Die hiermit geltenden Anforderungen sind nachbarschützend. Damit ist die Möglichkeit einer Verletzung in eigenen Rechten für A nicht ausgeschlossen. Die Klagebefugnis ist gegeben.

1.1.4 Vorverfahren, §§ 68 ff. VwGO

Das erforderliche Vorverfahren, soweit ein solches nicht nach Landesrecht ausgeschlossen ist (s. **1**, 1.4), wurde durchgeführt.

1.1.5 Klagefrist, § 74 I 1 VwGO

Mangels gegenteiliger Angaben kann die Einhaltung der Klagefrist unterstellt werden.

1.1.6 Beteiligten- und Prozessfähigkeit, §§ 61, 62 VwGO
Für A gelten §§ 61 Nr. 1 Alt. 1, 62 I Nr. 1 VwGO, für das Land §§ 61 Nr. 1 Alt. 2, 62 III VwGO bzw. für die Bauaufsichtsbehörde § 61 Nr. 3 in Verbindung mit Landesrecht, § 62 III VwGO (s. **1**, 1.6).

1.1.7 Klagegegner, § 78 I VwGO
Die Klage ist je nach landesrechtlicher Ausgestaltung gem. § 78 I Nr. 1 VwGO gegen das Land bzw. gem. § 78 I Nr. 2 VwGO in Verbindung mit Landesrecht gegen die Behörde zu richten (s. **1**, 1.7).

Ergebnis: Die Anfechtungsklage gegen die Baugenehmigung ist zulässig. B ist in seiner Eigenschaft als Bauherr notwendig beizuladen (§ 65 II VwGO).

1.2 Begründetheit
Die Anfechtungsklage ist begründet, soweit die Baugenehmigung rechtswidrig und A dadurch in seinen Rechten verletzt ist (§ 113 I 1 VwGO).

1.2.1 Die Baugenehmigung ist rechtmäßig, wenn das Vorhaben genehmigungspflichtig und genehmigungsfähig ist. Es müsste sich zunächst um ein genehmigungsbedürftiges Vorhaben handeln. Die LBauO sehen für die Errichtung baulicher Anlagen grundsätzlich eine Genehmigungspflicht vor, von der sie bestimmte Ausnahmen zulassen (s. **26**, 1.1.1). Ein Hundezwinger ist eine mit dem Erdboden verbundene und aus Bauprodukten hergestellte bauliche Anlage. Diese überschreitet die für genehmigungsfreie Vorhaben geltenden Höchstmaße. Das Vorhaben ist daher genehmigungspflichtig.

1.2.2 Das Vorhaben müsste genehmigungsfähig sein. Die Genehmigung dürfte nicht gegen öffentlich-rechtliche Vorschriften verstoßen. In Betracht kommt ein Verstoß gegen Bauplanungsrecht. Bauplanungsrechtlicher Maßstab im Geltungsbereich eines qualifizierten Bebauungsplanes ist § 30 I BauGB in Verbindung mit den Festsetzungen des Bebauungsplans. Da das Vorhabengebiet als allgemeines Wohngebiet ausgewiesen wurde, ist hinsichtlich der Art der baulichen Nutzung gem. § 1 III 2 BauNVO die Vorschrift des § 4 BauNVO heranzuziehen.

1.2.2.1 Ein Hundezwinger entspricht nicht der in § 4 II BauNVO aufgeführten Regelbebauung und ist deshalb grundsätzlich unzulässig. Auch zählen Hundezwinger nicht zu den Ausnahmen nach § 31 I BauGB iVm § 4 III BauNVO. Zu denken ist noch an eine Befreiung nach § 31 II BauGB, doch liegen die tatbestandlichen Voraussetzungen dafür nicht vor.

1.2.2.2 Möglicherweise ist der Hundezwinger als untergeordnete Nebenanlage iSd § 14 I 1 BauNVO zulässig. Das setzt voraus, dass der Hundezwinger dem Nutzungszweck des Grundstücks dienen soll und der Eigenart des Baugebietes nicht widerspricht. Im Verhältnis zum Grundstück kommt einer Nebenanlage keine selbstständige, sondern nur eine untergeordnete, zubehörähnliche Hilfsfunktion zu. Ob der Zwinger der Größe nach als »untergeordnet« anzusehen ist, kann jedoch dahingestellt bleiben. Denn die Haltung von fünf Schäferhunden in einem offenen Zwinger widerspricht wegen der zu erwartenden Lärmsteigerung der Gebietseigenart. In dem umliegenden allgemeinen Wohngebiet ist das übliche Maß privater Hundehaltung überschritten. Der Zwinger ist nicht nach § 14 I BauNVO genehmigungsfähig.

1.2.2.3 Das Vorhaben ist nicht genehmigungsfähig wegen Verstoßes gegen Bauplanungsrecht. Die Baugenehmigung ist rechtswidrig.

1.2.3 Da es sich bei den Vorschriften über die Art der baulichen Nutzung um drittschützende Normen handelt (s. 1.1.3), verletzt die Baugenehmigung A in seinen Rechten.

Ergebnis: Die Anfechtungsklage gegen die Baugenehmigung ist begründet. Sie hat Aussicht auf Erfolg.

2 Zulässigkeit eines Antrags auf vorläufige Einstellung des Bauvorhabens

A könnte beim VG einen Antrag auf Aussetzung der sofortigen Vollziehbarkeit der Baugenehmigung gem. § 80a III 1, I Nr. 2 VwGO stellen. Fraglich ist, ob ein solcher Antrag zulässig ist.

2.1 Verwaltungsrechtsweg, § 40 I 1 VwGO

Die streitentscheidenden Normen sind hier Vorschriften des Baurechts, sodass eine öffentlich-rechtliche Streitigkeit vorliegt (s. 1, 1.1). Dies ist unabhängig von potenziellen zusätzlichen Ansprüchen aus dem Zivilrecht.

2.2 Statthafte Antragsart

A begehrt hier die Einstellung des Bauvorhabens (§ 88 VwGO). Um diese zu erreichen, muss er die Gestattungswirkung der Baugenehmigung beseitigen. Da die Zeit drängt, kommt hier nur Eilrechtsschutz in Betracht. Als Ausnahme zu § 123 I VwGO richtet sich der vorläufige Rechtsschutz gegen einen VA in der Hauptsache nach §§ 80, 80a VwGO. Grundsätzlich hat ein Widerspruch aufschiebende Wirkung (§ 80 I 1 VwGO), was auch für den Nachbarwiderspruch gilt (§ 80 I 2 VwGO). Dann könnte A allein durch Erhebung des Widerspruchs die Gestattungswirkung der Baugenehmigung beseitigen. Für diese Fälle normiert allerdings § 212a I BauGB eine Ausnahme iSd § 80 II 1 Nr. 3 VwGO von dem Grundsatz der aufschiebenden Wirkung. Danach kommt dem Widerspruch eines Dritten gegen eine bauaufsichtliche Zulassung in Form der Baugenehmigung keine aufschiebende Wirkung zu. A müsste einen Antrag auf Aussetzung der sofortigen Vollziehbarkeit der Baugenehmigung stellen. Dafür ist ein Verfahren gem. § 80a III VwGO statthaft.

2.3 Antragsbefugnis

A ist gem. § 42 II VwGO analog antragsbefugt, wenn die Möglichkeit besteht, dass er durch die an B gerichtete Baugenehmigung in

eigenen Rechten verletzt wurde. Das setzt eine Norm voraus, die zumindest auch den Schutz seiner Interessen bezweckt (Schutznormtheorie). Eine solche Norm stellen die nachbarschützenden Vorschriften des qualifizierten B-Plans dar (s. 1.1.3).
Fraglich ist jedoch, inwiefern sich A als Mieter auf die nachbarschützenden Vorschriften berufen kann. Nach gefestigter Rspr. kann im Baurecht nur der jeweilige Grundstückseigentümer Nachbarschutz in Anspruch nehmen. Das Bebauungsrecht ist grundstücks-, nicht personenbezogen. Sein Zweck liegt gerade in der Ordnung der Nutzungsformen der Grundstücke sowie der Bewältigung grundstücksbezogener Konflikte. Die Grundstücksinhaber stehen hinsichtlich des Nachbarschutzes zueinander in einem wechselseitigen Austauschverhältnis. Damit erstreckt sich auch der individuelle Nachbarschutz nur auf die dinglichen Rechteinhaber an einem Grundstück, vor allem also die Eigentümer und die eigentumsähnlich dinglich Berechtigten. Obligatorisch Berechtigte wie Mieter können aus dem Baurecht keine Abwehransprüche ableiten und ihre Interessen nur mithilfe des Privatrechts geltend machen. Hieraus kann ein Mieter mitunter verlangen, dass der Vermieter als dinglich Berechtigter die öffentlich-rechtlichen Bindungen gegenüber den Nachbarn durchsetzt. Die Ablehnung der Antragsbefugnis setzt sich auch nicht in Widerspruch zur Rspr. des BVerfG, das dem Besitzrecht des Mieters Schutz aus Art. 14 I GG gewährt, weil sich hieraus nicht zwingend ergibt, dass der Mieter Zugang zu baurechtlichen Klagerechten gegenüber Nachbarn erhalten muss. Soweit das BVerwG die Klagebefugnis obligatorisch Berechtigter bejaht hat, handelt es sich um Ausnahmekonstellationen, in denen etwa die Rechtsposition des Pächters nur aufgrund der enteignungsrechtlichen Vorwirkungen des fernstraßenrechtlichen Planfeststellungsbeschlusses besonders berücksichtigt wurde. Die Antragsbefugnis liegt hier nicht vor. Damit ist lediglich in einem Hilfsgutachten fortzufahren.

2.4 Beteiligten- und Prozessfähigkeit, §§ 61, 62 VwGO
Für A gelten §§ 61 Nr. 1 Alt. 1, 62 I Nr. 1 VwGO, für das Land §§ 61 Nr. 1 Alt. 2, 62 III VwGO bzw. für die Bauaufsichtsbehörde §§ 61 Nr. 3 VwGO in Verbindung mit Landesrecht, § 62 III VwGO (s. **1**, 1.6).

2.5 Antragsgegner
Antragsgegner ist gem. § 78 I Nr. 1 VwGO analog das Land bzw. gem. § 78 I Nr. 2 VwGO in Verbindung mit Landesrecht die Baugenehmigungsbehörde (s. **1**, 1.7).

2.6 Rechtsschutzbedürfnis
Ein allgemeines Rechtsschutzbedürfnis liegt bei Vorliegen der sonstigen Zulässigkeitsvoraussetzungen regelmäßig vor. Fraglich ist aber, ob das Rechtsschutzbedürfnis des A entfällt, weil er vor Antragstellung keinen Widerspruch in der Hauptsache erhoben hat. Im Regelfall ist es nach § 80 V VwGO, auf den § 80a III 2 VwGO

verweist, erforderlich, dass ein Widerspruch gegen den VA eingelegt wurde. Denn § 80 V VwGO setzt begrifflich voraus, dass ein erhobener Rechtsbehelf keine aufschiebende Wirkung entfaltet. Dagegen spricht jedoch das Bedürfnis nach umfassendem Rechtsschutz gem. Art. 19 IV GG. Wenn man stets einen Widerspruch in der Hauptsache voraussetzt, tritt eine faktische Verkürzung der für die Hauptsache geltenden Rechtsbehelfsfristen ein. Dies kann vermieden werden, wenn man analog der Regelung in § 123 I VwGO den Antrag auch vor Widerspruchserhebung für zulässig erachtet (str.). Der Widerspruch in der Hauptsache muss jedoch nunmehr noch fristgemäß eingelegt werden.

Fraglich ist weiterhin, ob vor Inanspruchnahme des gerichtlichen Rechtsschutzes zunächst ein behördliches Verfahren durchgeführt werden müsste, da die Behörde bislang noch überhaupt nicht mit diesem Rechtsschutzanliegen befasst war und es die Möglichkeit des behördlichen Aussetzungsverfahrens nach § 80a I Nr. 2 VwGO gibt. Unter Rechtsschutzaspekten und weil sich der Vorschrift keine Entscheidung für die Notwendigkeit eines vorherigen behördlichen Verfahrens entnehmen lässt, ist das allgemeine Rechtsschutzbedürfnis auch bei Fehlen eines behördlichen Vorverfahrens zu bejahen (str.).

Ergebnis: Ein Antrag des A auf Aussetzung der sofortigen Vollziehung der Baugenehmigung ist unzulässig.

3 Klage auf Erlass der Beseitigungsverfügung

Die Klage des A hat Aussicht auf Erfolg, wenn sie zulässig und begründet ist.

3.1 Zulässigkeit

3.1.1 Verwaltungsrechtsweg, § 40 I 1 VwGO

Streitentscheidende Normen sind solche des Baurechts, insbesondere der bauordnungsrechtlichen Eingriffsnormen, sodass es sich um eine öffentlich-rechtliche Streitigkeit handelt (s. **1**, 1.1).

3.1.2 Klageart

A begehrt Erlass einer Beseitigungsverfügung durch die Bauordnungsbehörde gegenüber B. Diese stellt einen VA gem. § 35 VwVfG dar; statthaft ist daher die Verpflichtungsklage gem. § 42 I Alt. 2 VwGO.

3.1.3 Klagebefugnis, § 42 II VwGO

A ist klagebefugt, wenn nicht auszuschließen ist, dass die Ablehnung seines Antrags rechtswidrig war und er dadurch in eigenen Rechten verletzt wurde. Die Rechtsgrundlage für den Erlass einer Baubeseitigungsverfügung enthalten die LBauO.[1] Die Eingriffs-

1 **Baden-Württemberg:** § 65 I 1 LBO; **Bayern:** Art. 76 S. 1 BayBO; **Berlin:** § 80 S. 1 BauO Bln; **Brandenburg:** § 80 I 1 BbgBO; **Bremen:** § 79 I 1 BremLBO; **Hamburg:** § 76 I 1 HBauO; **Hessen:** § 82 I 1 HBO; **Mecklenburg-Vorpommern:** § 80 I LBauO M-V; **Niedersachsen:** § 79 I 2 Nr. 4 NBauO; **Nordrhein-Westfalen:** § 82 S. 1 BauO NRW; **Rheinland-Pfalz:** § 81 S. 1 LBauO; **Saarland:** § 82 I LBO; **Sachsen:** § 80 S. 1 SächsBO; **Sachsen-Anhalt:** § 79 S. 1 BauO LSA; **Schleswig-Holstein:** § 59 II 1 Nr. 3 LBO; **Thüringen:** § 79 I 1 ThürBO.

norm ist nachbarschützend, wenn – wie vorliegend bereits im Anfechtungsprozess geklärt – die Vorschriften des Baurechts, gegen die das Vorhaben verstößt, selbst nachbarschützenden Charakter besitzen. Das ist der Fall (s. 1.1.3). Die Klagebefugnis des A ist gegeben.

3.1.4 Vorverfahren, §§ 68 ff. VwGO
Das Vorverfahren, soweit dieses nicht nach Landesrecht ausgeschlossen ist (s. 1, 1.4), wurde nicht durchgeführt. Dies führt regelmäßig zur Unzulässigkeit der Klage. Die Zulässigkeit wird jedoch dann nicht berührt, wenn die Behörde innerhalb einer angemessenen Zeit keine Sachentscheidung trifft (§ 75 VwGO; sog. Untätigkeitsklage). Hier vergingen bereits vier Monate, ohne dass dafür ein zureichender Grund iSd § 75 S. 3 VwGO vorlag. A kann somit Klage erheben, obwohl das Vorverfahren nicht durchgeführt worden ist.

3.1.5 Beteiligten- und Prozessfähigkeit, §§ 61, 62 VwGO
(s. 1.1.6)

3.1.6 Klagegegner, § 78 VwGO
(s. 1.1.7)

Ergebnis: Die Verpflichtungsklage auf Erlass der Beseitigungsverfügung ist zulässig. B ist als Bauherr notwendig beizuladen (§ 65 II VwGO).

3.2 Begründetheit
Die Klage des A ist begründet, soweit die Ablehnung des VA rechtswidrig ist und ihn in seinen Rechten verletzt sowie spruchreif ist (§ 113 V 1 VwGO). Das ist der Fall, wenn A einen Anspruch auf Erteilung des begehrten VA hat.

3.2.1 Als Anspruchsgrundlage kommt die jeweilige landesrechtliche Norm über die Beseitigung baulicher Anlagen in Betracht (s. 3.1.3). Eine Beseitigungsverfügung setzt voraus, dass es für das Vorhaben an der erforderlichen Genehmigung fehlt bzw. die Ausführung der Anlage wesentlich von der erteilten Genehmigung abweicht (sog. formelle Illegalität) und der Bau im Widerspruch zu den Anforderungen des materiellen Baurechts errichtet worden ist (sog. materielle Illegalität).
Die materielle Baurechtswidrigkeit ist bereits festgestellt worden (s. 1.2.2). Da die ursprünglich an B erteilte Baugenehmigung im Anfechtungsprozess rechtskräftig aufgehoben worden ist, ist der bauplanungsrechtlich unzulässige Hundezwinger nunmehr auch formell illegal.

3.2.2 Die meisten Bauordnungen fordern als weitere Voraussetzung einer Abrissverfügung neben der formellen und materiellen Illegalität der baulichen Anlage, dass nicht auf andere Weise ein rechtmäßiger Zustand hergestellt werden kann. Dabei handelt es sich um eine Ausgestaltung des Verhältnismäßigkeitsgrundsatzes. Durch eine positive Bescheidung des Antrags des B auf nachträgliche Genehmigung der baulichen Anlage als Geräteschuppen würden rechtmäßige Zuständе auf andere Weise hergestellt. Unabhängig von dem Erfolg des Antrags ist bis zu der Entscheidung über den nachträglichen Baugenehmigungsantrag eine Beseitigung wegen des tatbestandlichen Übermaßverbots rechtswidrig.

Ergebnis: Die Verpflichtungsklage ist unbegründet. Sie hat keine Aussicht auf Erfolg.

Zu 1: OVG Lüneburg BauR 1993, 54; VGH Mannheim BauR 1989, 697

Zu 1.1.3: BVerwG NVwZ 1996, 170; BVerwGE 101, 364 (374 f.) = NVwZ 1997, 384; *Gaentzsch*, Das Gebot der Rücksichtnahme bei der Zulassung von Bauvorhaben, ZfBR 2009, 321; *Konrad*, Gebietserhaltungsanspruch und das Gebot der Rücksichtnahme, JA 2006, 58; *Jäde*, Das bauplanungsrechtliche Rücksichtnahmegebot, JuS 1999, 961

Zu 1.2.2.2: BVerwG NVwZ 2018, 1231; BVerwG BauR 1999, 732; VGH München BeckRS 2010, 31643; OVG Koblenz BeckRS 2006, 26006; VGH Mannheim, Urt. v. 17.5.1983, 3 S 670/83; OVG Münster NJW 1981, 2714; VG München BeckRS 2015, 43585

Zu 2: *Schoch*, Der verwaltungsprozessuale vorläufige Rechtsschutz (Teil II), JURA 2002, 37

Zu 2.3: BVerfGE 89, 1 = NJW 1993, 2035; BVerwGE 105, 178 (180) = NVwZ 1998, 504; BVerwGE 82, 61 = NVwZ 1989, 1163; BVerwG NJW 1989, 2766; VGH München BeckRS 2017, 120252; OVG Lüneburg NVwZ 1996, 918 (919); VGH Mannheim NVwZ 1994, 697; VGH Mannheim, Beschl. v. 26.8.1993, 5 S 1772/93; VG Frankfurt a.M. BeckRS 2012, 58783; ausf. zu einer Erweiterung des Nachbarbegriffs bei Gesundheitsgefahren *Wahl/Schütz* in Schoch/Schneider/Bier (Hrsg.), VwGO, 37. EL Juli 2019, § 42 Abs. 2 Rn. 143 ff.; s. auch *Dürr*, Die Entwicklung des öffentlichen Baunachbarrechts, DÖV 2001, 625; *Thews*, Der »Eigentümer-Mieter« im baurechtlichen Nachbarstreit, NVwZ 1995, 224

Zu 2.6: *Gersdorf* in Posser/Wolf (Hrsg.), BeckOK VwGO, 52. Aufl. 1.10.2019, § 80 Rn. 163 f.; *Kopp/Schenke*, VwGO, 25. Aufl. 2019, § 80 Rn. 137, 139; *Hummel*, Der vorläufige Rechtsschutz im Verwaltungsprozess, JuS 2011, 413 (417); aA die wohl hM *Schoch* in Schoch/Schneider/Bier (Hrsg.), VwGO, 37. EL Juli 2019, § 80 Rn. 55, 460 f., 503, § 80a Rn. 68, 78; für die Erforderlichkeit der Einlegung eines Widerspruchs *Battis* in Battis/Krautzberger/Löhr (Hrsg.), BauGB, 14. Aufl. 2019, § 212a Rn. 2

Zu 3.2.2: OVG Lüneburg NVwZ-RR 1996, 494; *Beckmann*, Der baurechtliche Bestandsschutz – eine systematische Darstellung über das Wesen und die Reichweite desselben, KommJur 2014, 401 (405); *Lindner*, Der passive Bestandsschutz im öffentlichen Baurecht, DÖV 2014, 313 (322)

Lösungsskizze 28

Die drei zu überprüfenden Maßnahmen sind rechtmäßig, wenn sie sich auf eine wirksame Ermächtigungsgrundlage stützen lassen sowie formell und materiell rechtmäßig sind.

1 Anordnung der Baueinstellung

1.1 Ermächtigungsgrundlage

Als Ermächtigungsgrundlage für die Verfügung kommen die Vorschriften über eine Stilllegung in Betracht. Die jeweiligen Landesbauordnungen sehen vor, dass die Baueinstellung verfügt werden kann, wenn Anlagen im Widerspruch zu öffentlich-rechtlichen Vorschriften errichtet werden, insbesondere wenn ein Baubeginn trotz fehlender Genehmigung erfolgt.[1]

1.2 Formelle Rechtmäßigkeit

Zuständig für die Anordnung ist die kreisfreie Stadt G (bzw. in Hessen ihr Gemeindevorstand, in Mecklenburg-Vorpommern ihr Oberbürgermeister, in Rheinland-Pfalz die Stadtverwaltung, im Saarland der Regionalverbund Saarbrücken, in Schleswig-Holstein der Bürgermeister) als untere Bauaufsichtsbehörde.[2] Für diese handelten hier die Mitarbeiter des Bauordnungsamtes als ihre Vertreter, indem sie eine mündliche Verfügung gegenüber B aussprachen.

Hinsichtlich des Verfahrens ist umstritten, ob vor Erlass der Stilllegungsverfügung aufgrund der Eilbedürftigkeit der Maßnahme von der grundsätzlich erforderlichen Anhörung gem. den jeweiligen § 28 II Nr. 1 LVwVfG bzw. den Parallelvorschriften (Normen s. **10**, 2.2.2) abgesehen werden kann. B hatte vor Ort wie auch während des Telefongesprächs Gelegenheit zur Stellungnahme. Eine Anhörung ist damit erfolgt (bzw. wurde teilweise gem. § 45 I Nr. 3 LVwVfG bzw. den Parallelvorschriften nachgeholt), sodass eine Streitentscheidung dahinstehen kann.

1 **Baden-Württemberg:** § 64 I 2 Nr. 1 LBO; **Bayern:** Art. 75 I 2 Nr. 1 BayBO; **Berlin:** § 79 I 2 Nr. 1 BauO Bln; **Brandenburg:** § 79 I 2 Nr. 1 BbgBO; **Bremen:** § 78 I 2 Nr. 1 BremLBO; **Hamburg:** § 75 I 2 Nr. 1 HBauO; **Hessen:** § 81 S. 2 Nr. 1 HBO; **Mecklenburg-Vorpommern:** § 79 I 2 Nr. 1 LBauO M-V; **Niedersachsen:** § 79 I 2 Nr. 1 NBauO; **Nordrhein-Westfalen:** § 81 I 2 Nr. 1 BauO NRW; **Rheinland-Pfalz:** § 80 I LBauO; **Saarland:** § 81 I 2 Nr. 1 LBO; **Sachsen-Anhalt:** § 78 I 2 Nr. 1 BauO LSA; **Sachsen:** § 79 I 2 Nr. 1 SächsBO; **Schleswig-Holstein:** § 59 II 1 Nr. 1a LBO; **Thüringen:** § 78 I 2 Nr. 1 ThürBO.

2 **Baden-Württemberg:** §§ 46 I Nr. 3, II, 48 I LBO; **Bayern:** Art. 53 I BayBO; **Brandenburg:** §§ 57 I 2, 58 I 2 BbgBO; **Hessen:** § 60 I 1 Nr. 1 a, S. 3 HBO; **Mecklenburg-Vorpommern:** § 57 I Nr. 1, II 1 LBauO M-V; **Niedersachsen:** §§ 57 I 1, 58 II NBauO; **Nordrhein-Westfalen:** § 57 I 1 Nr. 3, S. 2 BauO NRW; **Rheinland-Pfalz:** §§ 58 I 1 Nr. 3, 60 LBauO; **Saarland:** §§ 58 I 2, 59 I LBO; **Sachsen:** § 57 I 1 Nr. 1, S. 2 SächsBO; **Sachsen-Anhalt:** § 56 I 1 Nr. 1, S. 2 BauO LSA; **Schleswig-Holstein:** §§ 58 I Nr. 2, 61 I 1 LBO; **Thüringen:** § 57 I 1 Nr. 1, II ThürBO. In den Stadtstaaten ergeben sich anderweitige Zuständigkeiten **Berlin:** § 58 I 1 BauO Bln, § 2 IV 1 ASOG Bln iVm Nr. 15 I Zuständigkeitskatalog Ordnungsaufgaben; **Bremen:** § 57 I 1 Nr. 2, S. 2 BremLBO; **Hamburg:** § 75 I 1 HBauO iVm Abschnitt I Anordnung über Zuständigkeiten im Bauordnungswesen. Für diesen Fall wird unterstellt, dass die jeweils zuständige Behörde gehandelt hat.

Die schriftliche Verfügung ist hinsichtlich der Stilllegung keine selbstständige Verfügung, sondern lediglich Bestätigung der mündlichen Anordnung vom Vortag. Schon hier begründen die Mitarbeiter des Bauordnungsamtes (auch ohne Rechtspflicht) die Anordnung, sodass die Formvorschriften der §§ 37 II 2, 39 I LVwVfG bzw. VwVfG in Verbindung mit einer landesrechtlichen Verweisung (Schleswig-Holstein: §§ 108 II 2, 109 I LVwG) eingehalten sind. Mit der schriftlichen Verfügung wahrt auch die Anordnung der sofortigen Vollziehbarkeit die nach § 80 III 1 VwGO erforderliche Schriftform nebst Begründungserfordernis. Diese Anordnung kann auch zeitlich nach Erlass des HauptVA erfolgen.
Die Anordnung der sofort vollziehbaren Baueinstellung erfolgte formell rechtmäßig.

1.3 Materielle Rechtmäßigkeit

Die Anordnung ist materiell rechtmäßig, wenn B eine bauliche Anlage errichtet hat, die gegen baurechtliche Vorschriften verstößt. Ein Verstoß liegt vor, wenn das Bauvorhaben genehmigungsbedürftig ist, eine Genehmigung aber nicht erteilt wurde (formelle Illegalität).

1.3.1 Tatbestand

Der Bau des Wohn- und Geschäftshauses stellt die Errichtung einer baulichen Anlage dar und ist somit grundsätzlich genehmigungsbedürftig (s. **26**, 1.1), soweit die LBauO nichts anderes bestimmen. Dies ist nicht ersichtlich. Da B keine Baugenehmigung besitzt, ist das Bauvorhaben formell illegal. Da es bei einer Stilllegungsanordnung, anders als bei der Beseitigungsverfügung, auf die materielle Illegalität nicht ankommt, sind die Tatbestandsvoraussetzungen erfüllt.

1.3.2 Rechtsfolge

Auf der Rechtsfolgenseite besteht laut Ermächtigungsgrundlage Ermessen, § 40 LVwVfG (bzw. die Parallelvorschriften). Da die Anordnung auf einer Bewertung der Situation vor Ort beruht und ausführlich begründet wird, liegt kein Ermessensausfall vor. Eine Stilllegungsanordnung ist als Rechtsfolge ausdrücklich vorgesehen, sodass eine Ermessensüberschreitung ebenfalls ausscheidet. Zu überlegen ist, ob ein Ermessensfehlgebrauch, nämlich ein Verstoß gegen das Verhältnismäßigkeitsprinzip, vorliegt. Zwar stoppt die mündliche Stilllegungsverfügung die Bauarbeiten zunächst, ist also geeignet. Erforderlich ist sie jedoch nur, wenn kein milderes Mittel zur Verfügung steht. Man könnte insofern daran denken zu prüfen, ob auch materielle Illegalität vorliegt, und bei negativem Ergebnis auf die Stilllegungsanordnung verzichten. Im Ergebnis würde dies bedeuten, dass die tatbestandlichen Voraussetzungen von Stilllegungsanordnung und Beseitigungsverfügung einander angeglichen werden. Aufgrund der Vorläufigkeit der Maßnahme ist dies aber nicht geboten. Im Gegenteil muss aus Effektivitätsgründen sofort gehandelt werden können, da die Durchführung des Baugenehmigungsverfahrens nicht abgewartet werden kann. Die Erforderlichkeit ist also zu bejahen. Hinsichtlich der Angemessenheit bestehen keine Bedenken. Ermessensfehler liegen daher nicht vor.

Ergebnis: Die Anordnung der Baueinstellung ist rechtmäßig.

2 Versiegelung

2.1 Ermächtigungsgrundlage

Die meisten Bundesländer regeln die Versiegelung – also die zwangsweise Durchsetzung der Stilllegungsverfügung – ausdrücklich.[3] In Hessen fehlt eine Norm mit besonderen baurechtlichen Zwangsmitteln. Die Lösung erfolgt hier über das HSOG.

2.2 Formelle Rechtmäßigkeit

Zuständig war die untere Bauaufsichtsbehörde (s. 1.2). Besondere Verfahrensvorschriften enthalten die jeweiligen Bauordnungen nicht. Die ergänzend anwendbaren LVwVfG sehen zwar grundsätzlich eine Anhörung vor, § 28 I LVwVfG bzw. die Parallelvorschriften (Normen s. **10**, 2.2.2). Da es sich jedoch um eine Maßnahme der Zwangsvollstreckung handelt, ist die Anhörung gem. § 28 II Nr. 5 LVwVfG (bzw. den Parallelvorschriften) entbehrlich (s. **4**, 2.2.2). Formfehler sind nicht ersichtlich.

2.3 Materielle Rechtmäßigkeit

2.3.1 Tatbestand

Fraglich ist, welche tatbestandlichen Anforderungen die Anordnung der Versiegelung erfüllen muss. Zunächst bildet die Stilllegungsverfügung den zu vollziehenden GrundVA. Dessen Wirksamkeit ist gegeben (es liegt sogar Rechtmäßigkeit vor, die nach hM nicht Voraussetzung ist, s. **4**, 2.3.2). Grundsätzlich kann ein GrundVA nur vollzogen werden, wenn er unanfechtbar ist, sein sofortiger Vollzug angeordnet wurde oder ein Rechtsmittel keine aufschiebende Wirkung hat (vgl. § 6 I VwVG). Diese Voraussetzungen beziehen sich aber auf die Standardzwangsmittel (Zwangsgeld, Ersatzvornahme, unmittelbarer Zwang), nicht auf den Sonderfall der bauordnungsrechtlich geregelten Versiegelung. Es ist umstritten, ob hier die allgemeinen Vollstreckungsanforderungen ergänzend Anwendung finden. Allein in Hessen ergeben sich mangels spezialgesetzlicher Normierung der Versiegelung die weiteren Voraussetzungen aus dem HSOG. Das Verhältnis der baurechtlichen Ermächtigungsnorm zum allgemeinen Verwaltungsvollstreckungsrecht wird unterschiedlich beurteilt. Überwiegend wird davon ausgegangen, dass das allgemeine Vollstreckungsrecht durch die baurechtliche Sonderregelung verdrängt wird. Nach anderer Ansicht ist es schon aus rechtsstaatlichen Gründen geboten, für derartig einschneidende

3 **Baden-Württemberg:** § 64 II LBO; **Bayern:** Art. 75 II BayBO; **Berlin:** § 79 II BauO Bln; **Brandenburg:** § 79 II BbgBO; **Bremen:** § 78 II BremLBO; **Hamburg:** § 75 II HBauO; **Mecklenburg-Vorpommern:** § 79 II LBauO M-V; **Niedersachsen:** § 79 II NBauO; **Nordrhein-Westfalen:** § 81 II BauO NRW; **Rheinland-Pfalz:** § 80 II 1 LBauO; **Saarland:** § 81 II 1 LBO; **Sachsen:** § 79 II SächsBO; **Sachsen-Anhalt:** § 78 II BauO LSA; **Schleswig-Holstein:** § 59 III LBO; **Thüringen:** § 78 II ThürBO.

Maßnahmen die allgemeinen Vollstreckungsvoraussetzungen, die dem Schutz des Eigentums dienen, einzuhalten. Weitgehende Einigkeit besteht jedoch darüber, dass die Baueinstellung bestandskräftig oder sofort vollziehbar sein muss. Sonst fehlt es bereits an dem in der Ermächtigungsgrundlage enthaltenen Tatbestandsmerkmal der »unzulässigen Arbeiten«. Dies ist überzeugend. Hier ordnete O die sofortige Vollziehbarkeit der Stilllegungsverfügung mit erforderlicher Begründung schriftlich an.
Ob eine vorherige Androhung der Versiegelung erforderlich ist wird uneinheitlich beurteilt. Mangels einer Anwendbarkeit der allgemeinen Vollstreckungsvoraussetzungen, wird dies wohl überwiegend abgelehnt. Somit liegen die Tatbestandsvoraussetzungen der Versiegelung vor (aA vertretbar).

2.3.2 Rechtsfolge
Die Versiegelung steht im Ermessen der Behörde. Ermessensfehler sind nicht ersichtlich.

Ergebnis: Die Versiegelung ist rechtmäßig.

3 Nutzungsuntersagung

3.1 Ermächtigungsgrundlage
Alle Bauordnungen enthalten spezielle Normen für eine Nutzungsuntersagung.[4]

3.2 Formelle Rechtmäßigkeit
Die untere Bauaufsichtsbehörde war zuständig für die Nutzungsuntersagung (s. 1.2).
B wurde aber nicht angehört, obwohl dies erforderlich war (§ 28 I LVwVfG und die Parallelvorschriften) und keiner der Ausschlussgründe des § 28 II LVwVfG vorlag. Die unterbliebene Anhörung kann aber bis zum Abschluss eines gerichtlichen Verfahrens nachgeholt werden (§ 45 I Nr. 3, II LVwVfG bzw. VwVfG in Verbindung mit landesrechtlichen Verweisungen, Schleswig-Holstein: § 114 I Nr. 3, II 1 LVwG).
Formfehler sind nicht ersichtlich.

3.3 Materielle Rechtmäßigkeit

3.3.1 Tatbestand
Die Nutzung muss im Widerspruch zu öffentlich-rechtlichen Vorschriften stehen. Der Seitenflügel auf dem Hof ist als Trockenraum und Abstellraum genehmigt. Zur Zeit des Verfügungserlasses nutzte B die Räumlichkeiten zu Wohnzwecken. Insofern liegt ein Verstoß

4 **Baden-Württemberg:** § 65 I 2 LBO; **Bayern:** Art. 76 S. 2 BayBO; **Berlin:** § 80 S. 2 BauO Bln; **Brandenburg:** § 80 I 2 BbgBO; **Bremen:** § 79 I 2 BremLBO; **Hamburg:** § 76 I 2 HBauO; **Hessen:** § 82 I 2 HBO; **Mecklenburg-Vorpommern:** § 80 II 1 LBauO M-V; **Niedersachsen:** § 79 I 2 Nr. 5 NBauO; **Nordrhein-Westfalen:** § 82 S. 2 BauO NRW; **Rheinland-Pfalz:** § 81 S. 1 LBauO; **Saarland:** § 82 II LBO; **Sachsen-Anhalt:** § 79 S. 2 BauO LSA; **Sachsen:** § 80 S. 2 SächsBO; **Schleswig-Holstein:** § 59 II 1 Nr. 4 LBO; **Thüringen:** § 79 I 2 ThürBO.

gegen die Baugenehmigung selbst vor. Die Nutzung ist nicht von der Genehmigung gedeckt und damit formell illegal.
Ob auch materielle Illegalität vorauszusetzen ist, ergibt sich nicht explizit aus dem Gesetzestext. Eine Ansicht entnimmt der systematischen Stellung der Regelung der Nutzungsuntersagung im Zusammenhang mit der Beseitigungsverfügung einen Hinweis darauf, dass Unterschiede zwischen den Anforderungen an eine Beseitigungsverfügung und an eine Nutzungsuntersagung nicht bestehen sollen, also auch Letztere materielle Illegalität voraussetzt. Dennoch setzt sich zunehmend in Rspr. und Lit. die Auffassung durch, dass bei der Nutzungsuntersagung die formelle Illegalität genügt. Als Argument wird angeführt, dass eine Nutzungsuntersagung die Vermögenssubstanz gerade nicht so intensiv und irreversibel trifft wie eine Beseitigungsanordnung und daher bereits angeordnet werden kann, wenn die Nutzung ohne erforderliche Genehmigung, dh formell illegal, erfolgt. Die Rspr. berücksichtigt dennoch die materielle Rechtslage, um sicherzustellen, dass eine offensichtlich dem materiellen Recht entsprechende Nutzung nicht untersagt wird. Jedoch erscheint es unangemessen, diesen Streit auf der Tatbestandsebene auszutragen. Eine flexible Lösung ermöglicht die Orientierung am Verhältnismäßigkeitsgrundsatz auf der Rechtsfolgenseite, da dort die Interessen zu einem angemessenen Ausgleich gebracht werden können. Somit sind die Tatbestandsvoraussetzungen aufgrund der formellen Illegalität erfüllt.

3.3.2 Rechtsfolge

Die Anordnung steht im Ermessen der Behörde. Anhaltspunkte für eine Ermessensüberschreitung iSd § 114 S. 1 Alt. 1 VwGO liegen nicht vor. Es könnte aber ein Ermessensfehlgebrauch iSd § 114 S. 1 Alt. 2 VwGO (Verstoß gegen den Verhältnismäßigkeitsgrundsatz) gegeben sein. Je nach den Folgen einer Nutzungsuntersagung für den Betroffenen ist auch die Genehmigungsfähigkeit zu berücksichtigen. Eine Nutzungsuntersagung kann unverhältnismäßig sein, wenn die Nutzung offensichtlich genehmigungsfähig ist. Im vorliegenden Fall entgehen B nur die Mieteinnahmen für die umstrittenen Räume, darüber hinausgehende Einbußen sind nicht zu erwarten. Da die Genehmigungsfähigkeit sich nicht aufdrängt, erscheint es nicht geboten, diese im Rahmen der Prüfung der Nutzungsuntersagung festzustellen.
Ermessensfehlerhaft wäre die Entscheidung aber auch dann gewesen, wenn sie gegen den Gleichheitssatz des Art. 3 I GG verstößt. Zwar gilt der Grundsatz, dass eine Behörde aufgrund der Rechtsanwendungsgleichheit nicht zu fortlaufend rechtswidrigem Handeln gezwungen werden darf (keine Gleichheit im Unrecht). Der Gleichbehandlungsgrundsatz kann aber zu einer Selbstbindung der Verwaltung führen, wenn gegen vergleichbare Verstöße nicht eingeschritten worden ist. Insbesondere darf in gleichgelagerten Fällen nicht willkürlich unterschiedlich verfahren werden. Würden also bestimmte genehmigungswidrige Nutzungen geduldet, andere aber

untersagt, so kann darin eine Verletzung des Willkürverbotes gesehen werden. Andererseits ist die Behörde wegen Art. 3 I GG nach überwiegender Ansicht nur verpflichtet, sämtliche illegalen Nutzungen zu ermitteln und ein generelles Konzept für ihr Vorgehen zu entwickeln, bevor sie gegen den einzelnen Nutzer vorgeht. Zulässig ist es daher, wenn die Bauordnungsbehörde nicht gegen alle genehmigungswidrigen Nutzer zur gleichen Zeit vorgeht, sondern zB erst den Ausgang eines Musterprozesses abwartet. Da das Vorgehen gegen B den Zweck hat, die Rechtslage in einem solchen Musterprozess zu klären, und nach dessen Ende auch systematisch gegen die übrigen illegalen Nutzer vorgegangen werden soll, wird B hier nicht willkürlich (also ohne sachlichen Grund) ungleich behandelt. Ein Verstoß gegen das Willkürverbot liegt damit nicht vor. Die Behörde hat demnach ermessensfehlerfrei gehandelt.

Ergebnis: Die Nutzungsuntersagung ist – bis auf die fehlende, aber nachholbare Anhörung – rechtmäßig.

Zu 1: *Kahl/Dubber*, Die repressive Bauaufsicht, ZJS 2015, 558; *Lindner*, Formelle und materielle Illegalität bei bauordnungsrechtlichen Eingriffen. Zur dogmatischen Struktur von Baubeseitigungsanordnung und Nutzungsuntersagung, JuS 2014, 118

Zu 1.1: *Finkelnburg/Ortloff/Otto*, Öffentliches Baurecht, Bd. II, 7. Aufl. 2018, § 12; *Muckel/Ogorek*, Öffentliches Baurecht, 3. Aufl. 2018, § 9 Rn. 40 f.; *Hoppe/Bönker/Grotefels*, Öffentliches Baurecht, 4. Aufl. 2010, § 16 Rn. 87

Zu 1.2: OVG Weimar LKV 1995, 296

Zu 1.3.1: OVG Saarlouis NVwZ-RR 2007, 581; OVG Münster BauR 2000, 1859; VGH München NuR 1991, 283; OVG Münster NVwZ 1988, 369; VG Cottbus BeckRS 2018, 27870

Zu 1.3.2: OVG Bautzen LKV 1993, 427; VG München, Urt. v. 20.3.2018, M1 K 17.2147

Zu 2.1: VGH Kassel DVBl 1984, 794

Zu 2.3.1: OVG Lüneburg NVwZ-RR 2006, 322; VGH Mannheim BRS 49 Nr. 155; OVG Lüneburg BRS 40 Nr. 227; VG Greifswald BeckRS 2016, 51729; VG Augsburg BeckRS 2008, 44526; *Decker* in Simon/Busse (Hrsg.), Bayerische Bauordnung, 135. EL Dezember 2019, BayBO Art. 75 Rn. 118 ff.; *Hornmann* in Hornmann (Hrsg.), HBO, 3. Aufl. 2019, § 81 Rn. 60, § 82 Rn. 153 ff.; *Sadler/Tilmanns* VwVG, VwZG, 10. Aufl. 2019, VwVG § 12 Rn. 48 ff.; *Reimus/Semtner/Langer*, Die neue brandenburgische Bauordnung, 2017, § 79 Rn. 10 ff.

Zu 3: *Kahl/Dubber*, Die repressive Bauaufsicht, ZJS 2015, 558; *Lindner*, Formelle und materielle Illegalität bei bauordnungsrechtlichen Eingriffen. Zur dogmatischen Struktur von Baubeseitigungsanordnung und Nutzungsuntersagung, JuS 2014, 118

Zu 3.3.1: OVG Bautzen LKV 1994, 296; OVG Bremen BRS 56 Nr. 211; VGH Kassel NVwZ 1995, 922; NVwZ-RR 1996, 487; VGH Mannheim DÖV 1996, 750; OVG Berlin DÖV 1997, 551; OVG Greifswald NordÖR 2015, 325; *Hoppe/Böker/Grotefels*, Öffentliches

Baurecht, 4. Aufl. 2010, § 16 Rn. 94; *Finkelnburg/Ortloff*, Öffentliches Baurecht, Bd. II, 6. Aufl. 2010, 197 f.; *Stollmann*, Öffentliches Baurecht, 10. Aufl. 2015, § 19 Rn. 19 f.; VGH Kassel BeckRS 2016, 115819; VGH München BeckRS 2018, 14536

Zu 3.3.2: Vgl. BVerwG BauR 1999, 360; OVG Lüneburg BeckRS 2012, 48417; OVG Saarlouis, Beschl. v. 30.9.2004, 1 R 24/03; OVG Lüneburg BauR 1994, 92 (93); VGH Kassel NVwZ-RR 1992, 346 (348); VG Cottbus BeckRS 2018, 10642; *Finkelnburg/Ortloff/Otto*, Öffentliches Baurecht, Bd. II, 7. Aufl. 2018, § 13 Rn. 57; *Ortloff*, Die Entwicklung des Bauordnungsrechts, NVwZ 2004, 934 (942)

Lösungsskizze 29

1 **Nutzungsuntersagung**

Die Nutzungsuntersagung ist rechtmäßig, wenn sie sich auf eine wirksame Ermächtigungsgrundlage stützen lässt und diese formell und materiell rechtmäßig angewandt worden ist.

1.1 Ermächtigungsgrundlage

Ermächtigungsgrundlage sind die Vorschriften über die Nutzungsuntersagung.[1]

1.2 Formelle Rechtmäßigkeit

Die Nutzungsuntersagung erfolgte laut Sachverhalt formell rechtmäßig.

1.3 Materielle Rechtmäßigkeit

Die Nutzungsuntersagung ist materiell rechtmäßig, wenn A eine bauliche Anlage entgegen der baurechtlichen Vorschriften genutzt hat. Ein Verstoß liegt vor, wenn die Umnutzung genehmigungsbedürftig ist, eine Genehmigung aber nicht wirksam erteilt wurde (formelle Baurechtswidrigkeit). Ob darüber hinaus auch eine materielle Baurechtswidrigkeit erforderlich ist, ist streitig, wird aber von der hM abgelehnt (s. **28**, 3.3.1). Die Entscheidung des Streits kann jedoch dahinstehen, wenn die Nutzung bereits formell illegal ist.

1.3.1 Formelle Baurechtswidrigkeit

Das Wasserhäuschen müsste genehmigungspflichtig sein (Normen s. **26**, 1.1.1). Es ist fest mit dem Erdboden verbunden und aus Bauprodukten hergestellt, mithin eine bauliche Anlage nach den Vorschriften der BauO. Es liegt auch eine baurechtlich relevante Umnutzung vor, da die Änderung der Nutzung (vormals »Laden«, nunmehr »Vergnügungsstätte«) eine neue bauordnungsrechtliche Beurteilung erfordert. Damit ist die Nutzungsänderung genehmigungspflichtig. Ausweislich der erteilten Baugenehmigung vom 8.11.2019 ist die Nutzung als Spielhalle genehmigt. Ist die Baugenehmigung wirksam, so entfaltet sie Gestattungswirkung, ohne dass es auf ihre Rechtmäßigkeit ankommt (vgl. auch § 212a BauGB). Damit gilt die Umnutzung als nicht in Widerspruch zu öffentlich-rechtlichen Vorschriften stehend, solange und soweit die Legalisierungswirkung der Baugenehmigung reicht. Bei einer Baugenehmigung, die im vereinfachten Verfahren erteilt wurde, erstreckt sich diese Legalisierungswirkung zumindest auf die planungsrechtliche

1 **Baden-Württemberg:** § 65 I 2 LBO; **Bayern:** Art. 76 S. 2 BayBO; **Berlin:** § 80 S. 2 BauO Bln; **Brandenburg:** § 80 I 2 BbgBO; **Bremen:** § 79 I 2 BremLBO; **Hamburg:** § 76 I 2 HBauO; **Hessen:** § 82 I 2 HBO; **Mecklenburg-Vorpommern:** § 80 II 1 LBauO M-V; **Niedersachsen:** § 79 I 2 Nr. 5 NBauO; **Nordrhein-Westfalen:** § 82 S. 2 BauO NRW; **Rheinland-Pfalz:** § 81 S. 1 Alt. 2 LBauO; **Saarland:** § 82 II LBO; **Sachsen:** § 80 S. 2 SächsBO; **Sachsen-Anhalt:** § 79 S. 2 BauO LSA; **Schleswig-Holstein:** § 59 II 1 Nr. 4 LBO; **Thüringen:** § 79 I 2 ThürBO.

Zulässigkeit des Vorhabens.[2] Die Umnutzung verstößt nur dann gegen öffentlich-rechtliche Vorschriften, wenn und soweit die erteilte Baugenehmigung nichtig ist.

1.3.1.1 Nichtigkeit der Baugenehmigung vom 8.11.2019

Es liegen keine Anhaltspunkte für die Erfüllung eines Merkmals des abschließenden Katalogs aus § 44 II LVwVfG bzw. (wie auch im Folgenden) der Parallelvorschriften vor. Deshalb kommt insoweit allein eine Nichtigkeit nach § 44 I LVwVfG in Betracht. Fraglich ist, ob die Baugenehmigung an einem besonders schwerwiegenden Fehler leidet und dies bei verständiger Würdigung aller in Betracht kommenden Umstände offensichtlich ist.

1.3.1.1.1 »Fehler«

Der Begriff des Fehlers bezeichnet jede rechtliche Fehlerhaftigkeit des VA. Fehler der Baugenehmigung vom 8.11.2019 könnten in der Mitwirkung einer ausgeschlossenen Person sowie in einem Verstoß gegen materielles Baurecht liegen. Zudem ist zu überlegen, ob gegen die Beteiligungspflichten des § 36 I 1 BauGB gegenüber der Gemeinde G verstoßen wurde.

Gemäß § 20 I Nr. 2, V Nr. 4 LVwVfG dürfen Geschwister eines Beteiligten in einem Verwaltungsverfahren nicht für die Behörde tätig werden. Dies ist jedoch vorliegend geschehen, denn As Bruder B hat für die Behörde den Bauantrag seiner Schwester bearbeitet und ihr die beantragte Baugenehmigung erteilt. Auf die Qualität des Verhältnisses kommt es nicht an. Ein Verfahrensfehler liegt damit vor. Eine Heilung ist nicht möglich, da kein Fall des insoweit abschließenden § 45 I LVwVfG in Betracht kommt.

Kein weiterer Verfahrensfehler liegt dagegen in dem fehlenden Einholen des gemeindlichen Einvernehmens gem. § 36 I 1 BauGB. Die Beteiligungspflicht nach § 36 I 1 BauGB besteht grundsätzlich immer dann, wenn die Baugenehmigungsbehörde im bauaufsichtlichen Verfahren über die Zulässigkeit eines Bauvorhabens (unter anderem) nach § 31 BauGB entscheidet. Allerdings ist die Vorschrift bei Identität von planender und genehmigender Körperschaft teleologisch zu reduzieren, denn eine fehlende gemeindeinterne Abstimmung ist eine Frage der Binnenorganisation der Gemeinde, die insoweit keines Schutzes vor staatlichen Eingriffen in ihre Planungshoheit bedarf. Hier in der kreisfreien Stadt F ist die Gemeinde untere Bauaufsichtsbehörde (Normen s. **28**, 1.2).

Die Genehmigung könnte materiell rechtsfehlerhaft sein, soweit sie gegen bauplanungsrechtliche Vorschriften verstößt. Bauplanungsrechtlicher Maßstab im Geltungsbereich eines qualifizierten Bebau-

2 **Baden-Württemberg:** § 52 II LBO; **Bayern:** Art. 59 BayBO; **Berlin:** § 63 BauO Bln; **Brandenburg:** § 63 III BbgBO; **Bremen:** § 63 BremLBO; **Hamburg:** § 61 II HBauO; **Hessen:** § 65 I HBO; **Mecklenburg-Vorpommern:** § 63 I LBauO M-V; **Niedersachsen:** § 63 I NBauO; **Nordrhein-Westfalen:** § 64 I BauO NRW; **Rheinland-Pfalz:** § 66 IV LBauO; **Saarland:** § 64 II LBO; **Sachsen:** § 63 SächsBO; **Sachsen-Anhalt:** § 62 S. 2 BauO LSA; **Schleswig-Holstein:** § 69 I LBO; **Thüringen:** § 62 I 2 ThürBO.

ungsplanes ist § 30 I BauGB. Da das Vorhabengebiet als allgemeines Wohngebiet ausgewiesen wurde, ist hinsichtlich der Art der baulichen Nutzung gem. § 1 III 2 BauNVO der § 4 BauNVO heranzuziehen.
Eine Vergnügungsstätte entspricht nicht der in § 4 II BauNVO aufgeführten Regelbebauung und ist deshalb grundsätzlich unzulässig. Auch zählen Vergnügungsstätten nicht zu den Ausnahmen nach § 31 I BauGB iVm § 4 III BauNVO. Zu denken ist an eine Befreiung nach § 31 II BauGB, doch liegen die tatbestandlichen Voraussetzungen dafür nicht vor, denn eine Vergnügungsstätte im allgemeinen Wohngebiet ist mit den Grundzügen der Planung nicht vereinbar. Die Grundzüge der Planung ergeben sich aus der planerischen Konzeption, die den Festsetzungen des Bebauungsplans zugrunde liegt und in ihnen zum Ausdruck kommt.
Dabei gilt der Grundsatz: »Je tiefer die Befreiung in das Interessengeflecht der Planung eingreift, desto eher liegt der Schluss auf eine Änderung der Planungskonzeption nahe, die nur im Wege der (Um-)Planung möglich ist.« Die planerische Konzeption war es vorliegend, ein Baugebiet auszuweisen, in dem das Wohnen die prägende Nutzungsart ist (vgl. § 4 I BauNVO) und daher alle anderen zulässigen Nutzungsarten eine dem Wohnen untergeordnete, (der Versorgung der dortigen Wohnbevölkerung) dienende und vor allem nicht störende Funktion haben (vgl. etwa § 4 II Nr. 2, III BauNVO). Vergnügungsstätten hingegen verursachen Lärmemissionen und Publikumsverkehr, die an sich schon dem vorgesehenen Ruhebedürfnis in allgemeinen Wohngebieten widersprechen; außerdem treten diese störenden Emissionen gerade zu den Zeiten auf (abends/nachts/am Wochenende), zu denen das geschützte Ruhebedürfnis am größten ist. Dies ist der Grund dafür, dass Vergnügungsstätten grundsätzlich nur in Gebieten zulässig sind, in denen die Wohnnutzung nicht die prägende Nutzungsart darstellt, wie etwa in Kerngebieten, oder (unter bestimmten Voraussetzungen) in Mischgebieten, §§ 7 II Nr. 2, 6 II Nr. 8 BauNVO. Insofern widerspricht die Zulassung einer Vergnügungsstätte im allgemeinen Wohngebiet der dahinter stehenden planerischen Konzeption und mithin den Grundzügen der Planung. Auf die weiteren Anforderungen des § 31 II BauGB kommt es nicht mehr an. Die Baugenehmigung ist damit – wegen des Verstoßes gegen § 31 II BauGB – auch materiell rechtsfehlerhaft.

1.3.1.1.2 »Besonders schwerwiegend«

Aus dem Wortlaut »besonders schwerwiegend« in § 44 I LVwVfG ergibt sich, dass selbst ein schwerer Rechtsfehler allein nicht genügen kann; vielmehr muss die Nichtigkeit eine »besonders« eng auszulegende Ausnahme sein. Dieses Regel-Ausnahme-Verhältnis wird systematisch dadurch geschärft, dass nach § 44 III LVwVfG Rückausnahmen zur Nichtigkeit bestehen und nach § 44 IV LVwVfG die Teilnichtigkeit (bei teilbaren VA) Regelfolge, die Gesamtnichtigkeit nur Ausnahmerechtsfolge schwerwiegend fehlerhafter VA ist. Nur wenn der nichtige Teil für den Gesamtverwaltungsakt wesentlich ist, verliert Letzterer ebenfalls seine rechtliche Wirkung. Aus den vorangegangenen Ausführungen lässt sich ableiten, dass der Gesetzgeber in Form des VA ergangenen hoheitlichen Entscheidungen die grundsätzliche Wirksamkeit solange und soweit wie möglich erhalten wollte. Das Regel-Ausnahme-Verhältnis zwischen Wirksamkeit (trotz Fehlerhaftigkeit) und Nichtigkeit des VA ist mithin geprägt durch eine besonders weitreichende Durchsetzungskraft der Regel grundsätzlicher Wirksamkeit von VA.

Somit ist als Maßstab für den »besonders schwerwiegenden Fehler« zu fordern, dass gegen tragende Verfassungsprinzipien – insbesondere gegen aus dem Rechtsstaatsprinzip des Art. 20 III GG folgenden Verfassungsgrundsätzen – verstoßen wurde. Diese Verfassungsgrundsätze sind unter anderem das rechtsstaatliche Willkürverbot, das rechtsstaatliche Bestimmtheitsgebot oder der rechtsstaatliche Verhältnismäßigkeitsgrundsatz. Konkret formuliert muss der VA also völlig unbestimmt, absolut unverhältnismäßig oder ein Akt reiner Willkür sein. Auf die persönliche Vorwerfbarkeit des Verhaltens kommt es insoweit nicht an.

Für die Mitwirkung ausgeschlossener Personen findet sich eine Auslegungshilfe in § 44 III Nr. 2 LVwVfG. Hiernach führt ein Verstoß gegen das Mitwirkungsverbot in der Regel nicht zur Nichtigkeit des VA. Fraglich ist, ob hier ein Ausnahmefall der Nichtigkeit vorliegt. In systematischer Zusammenschau erfasst § 48 II 3 Nr. 1 Alt. 3 VwVfG im Rahmen der Einschränkung des Vertrauensschutzes bei Rücknahme rechtswidriger VA Fälle, in denen im Einzelfall eine Gefälligkeitsentscheidung (vorsätzlich) getroffen wurde, indem der VA durch Bestechung erwirkt wurde. Dies bedeutet, dass selbst ein vorsätzlich rechtswidrig erlassener VA keinen zwingenden Nichtigkeitsgrund, sondern typischerweise einen Aufhebungsgrund ex tunc darstellt. Dann stellt auch die hier vorsätzliche Mitwirkung eines Angehörigen iSv § 44 III Nr. 2 VwVfG nicht per se einen Nichtigkeitsgrund dar. Der VA ist damit nicht schon wegen der Mitwirkung des B nichtig.

Allerdings könnte die materielle Fehlerhaftigkeit der Baugenehmigung derart schwer wiegen, dass die Rechtsfolge nicht bloße Rechtswidrigkeit, sondern Nichtigkeit sein muss. Das ist dann der Fall, wenn es sich um einen Akt reiner Willkür handelt. Reine Willkür ist anzunehmen, wenn für die Regelung kein denkbarer sachlicher Grund spricht.

Mit der Befreiung nach § 31 II BauGB wird die Rechtsbindung an die Festsetzungen des Bebauungsplans im Interesse der Einzelfallgerechtigkeit und der Wahrung der Verhältnismäßigkeit gelockert. Die Behörde soll insbesondere in solchen Situationen die Möglichkeit der Genehmigung von Vorhaben erhalten, die den planerischen Vorstellungen zwar materiell entsprechen, aufgrund einer atypischen Konstellation jedoch formal mit dem Bebauungsplan nicht ohne Planänderung vereinbart werden können. Sachliche Gründe sind damit städtebauliche Gründe, die mit der Planung in Zusammenhang stehen und dieser jedenfalls nicht diametral widersprechen.

Bei Vergnügungsstätten handelt es sich um eine Nutzungsart, die absolut unvereinbar ist mit dem Ruhebedürfnis in einem Wohngebiet. Diese natürliche Unvereinbarkeit ist rechtlich in der nicht nur grundsätzlichen, sondern absoluten Unzulässigkeit von Vergnügungsstätten in vorwiegend dem Wohnen dienenden Gebieten typisiert. Damit verengen sich sachliche städtebauliche Gründe auf solche, die der Nutzungsart »Wohnen« dienen, sie gegebenenfalls ergänzen, keinesfalls aber erheblich beeinträchtigen. Wenn nun die planende Gemeinde mit ihrem Bebauungsplan die Voraussetzungen der Sicherung dieses Ruhebedürfnisses durch Ausweisung eines allgemeinen Wohngebietes geschaffen hat und damit alle anderen Arten der baulichen Nutzung der Wohnnutzung dienend untergeordnet hat (§ 4 I BauNVO), werden diese planerischen Erwägungen durch die Genehmigung einer Spielhalle nicht nur berührt, sondern zunichte gemacht. Der Eingriff in das Interessengeflecht der Planung ist außerordentlich tief und durch keinen sachlichen Grund begründet, vielmehr liegt ein Missbrauch des Mittels der Befreiung vor. Damit ist die Befreiung ein Akt reiner Willkür.

1.3.1.1.3 »Bei verständiger Würdigung der Umstände offensichtlich«

Weiter müsste der besonders schwerwiegende Fehler bei verständiger Würdigung aller in Betracht kommenden Umstände offensichtlich sein. Offensichtlich ist ein solcher Fehler eines VA, wenn er für einen unvoreingenommenen, mit den in Betracht kommenden Umständen vertrauten, verständigen Durchschnittsbeobachter ohne weiteres ersichtlich ist.

Funktional soll dieses Merkmal das Verfahren, in dem die tatsächlichen Verhältnisse ausermittelt und juristisch bewertet werden und an dessen Ende die Wirkungslosigkeit des VA (etwa durch Aufhebung, Rücknahme oder Widerruf) steht, ersetzen. Das Merkmal erfüllt also gewissermaßen die Funktion eines ordentlichen Rechtsbehelfsverfahrens. Hierauf kann nur dann verzichtet werden, wenn der VA derart fehlerhaft ist, dass er keinen Befolgungsanspruch erhebt, wenn also dem VA die Nichtigkeit »auf die Stirn geschrieben steht«. Dabei kommt es entscheidend darauf an, dass keine Möglichkeit besteht, dass der VA trotzdem rechtmäßig ist. In Fällen reiner Willkür besteht diese Möglichkeit typischerweise nicht; die Offensichtlichkeit des Fehlers wird vielmehr vermutet. Im vorliegenden Fall sind keine Gründe ersichtlich, die diese Vermutung widerlegen. Der Fehler ist damit auch bei verständiger Würdigung der Umstände offensichtlich.

1.3.1.1.4 Teilnichtigkeit oder Gesamtnichtigkeit der Baugenehmigung

Regelrechtsfolge des § 44 LVwVfG ist ausweislich des Absatzes 4 die Teilnichtigkeit. Teilnichtig ist der VA aber nur dann, wenn er teilbar ist. Teilbarkeit setzt voraus, dass die Teile des Gesamtverwaltungsaktes auch nach ihrer Trennung eine sinnvolle und selbstständige Regelung darstellen können. Auf Baugenehmigungen trifft dies grundsätzlich nur dann zu, wenn sich eine Baugenehmigung auf mehrere Vorhaben bezieht. Dann behält die Genehmigung des einen Vorhabens als Teil der einheitlichen Baugenehmigung eine eigenständige Regelungswirkung, die unabhängig von der Nichtigkeit der Genehmigung des anderen Vorhabens bestehen bleiben kann. Hinsichtlich rechtlich unselbstständiger Teilentscheidungen eines einzelnen Bauvorhabens ist die Baugenehmigung hingegen nicht teilbar im Sinne des § 44 IV LVwVfG. Vorliegend bezieht sich die Baugenehmigung nur auf ein Vorhaben und die Nichtigkeit erfasst keine abtrennbare Teilentscheidung des Verfahrens, sondern den Kern der Regelungswirkung des Gesamtverwaltungsaktes. Damit kommt eine bloße Teilnichtigkeit nach § 44 IV LVwVfG nicht in Betracht, die Rechtsfolge ist damit Gesamtnichtigkeit der Baugenehmigung.

1.3.1.2 Somit handelt es sich bei der Umnutzung des Wasserhäuschens zur Spielhalle um eine genehmigungspflichtige, aber ungenehmigte Nutzungsänderung; das Vorhaben widerspricht damit (formellen) öffentlich-rechtlichen Vorschriften und ist formell baurechtswidrig.

1.3.2 Materielle Illegalität

Die Umnutzung ist zugleich materiell baurechtswidrig, da sie – wie inzident geprüft – gegen §§ 30 I, 31 II BauGB iVm § 1 III 2, § 4 BauNVO verstößt. Damit kommt es auch nicht mehr auf die Frage an, ob Nutzungsuntersagungen – wie Beseitigungsanordnungen – voraussetzen, dass die Nutzung sowohl formell als auch materiell illegal ist.

1.3.3 Rechtsfolge

Die Anordnung steht im Ermessen der Behörde. Anhaltspunkte für Ermessensfehler sind nicht ersichtlich.

Ergebnis: Die Nutzungsuntersagung ist rechtmäßig.

2 Beseitigungsanordnung oder Nutzungsuntersagung

Mit einer Beseitigungsanordnung kann – ausweislich des Wortlauts – als Rechtsfolge nur die Entfernung einer (baulichen) Anlage angeordnet werden. Damit kann die Stadt die Entfernung der Spielautomaten nicht durch eine Beseitigungsanordnung regeln. Spielgeräte genügen zwar grundsätzlich dem Merkmal der Verbindung mit dem Boden, insoweit ist bereits eine auf Schwerkraft beruhende Verbindung ausreichend. Sie sind allerdings weder aus Baustoffen hergestellt, noch Bauteile. Spielgeräte sind auch keine Anlagen, hierzu gehören vielmehr Ausbaukomponenten wie Einrichtungen für Lüftung, Heizung, Klima, sanitäre Anlagen oder elektrische Anlagen, die zum dauerhaften Einbau bestimmt sind. Die Spielgeräte sind vielmehr bloße Einrichtungsgegenstände, denn sie können ohne erhebliche Wertminderung abgebaut und an anderer Stelle wieder aufgebaut werden. Sie sind daher bei einer natürlichen Betrachtungsweise lediglich eng mit dem Nutzungszweck, nicht jedoch mit der baulichen Anlage selbst verbunden.

Die Nutzungsuntersagung erscheint zwar auf den ersten Blick deshalb ungeeignet, weil diese die zuständige Behörde nicht ermächtigt, ein positives Tun zu verlangen, nämlich den aktiven Abbau und Abtransport der Spielautomaten. Sie ist gleichwohl die einschlägige Ermächtigungsgrundlage für das Entfernen der Spielgeräte. Denn die Spielautomaten sind Einrichtungsgegenstände, die eng mit der (baurechtswidrigen) Nutzung als Spielhalle verbunden sind. Bereits das Vorhalten der dem Betrieb der Spielhalle dienenden Spielautomaten führt zu einer Fortsetzung dieser Nutzung. Mit der Befugnis zur Nutzungsuntersagung ergibt sich damit auch das Recht der zuständigen Behörde, die Entfernung der zur rechtswidrigen Nutzung führenden Spielautomaten anzuordnen.

Ergebnis: Die Nutzungsuntersagung ist die richtige Ermächtigungsgrundlage für die »Beseitigung« der 15 Spielautomaten.

3 Rechtmäßigkeit der Beseitigungsanordnung

Die Beseitigungsanordnung ist rechtmäßig, wenn sie sich auf eine wirksame Ermächtigungsgrundlage stützen lässt und diese formell und materiell rechtmäßig angewandt worden ist.

3.1 Ermächtigungsgrundlage

Ermächtigungsgrundlage sind die Vorschriften zur Beseitigungsanordnung.[3] Maßgebliches Kriterium für das Vorliegen einer Beseitigungsanordnung (im Unterschied zur Nutzungsuntersagung) ist die gewünschte Einwirkung auf die Integrität der baulichen Anlage.

3.2 Formelle Rechtsmäßigkeit

Die Anordnung ist laut Sachverhalt formell rechtmäßig.

3.3 Materielle Rechtmäßigkeit

3.3.1 Tatbestand

A hat das Wasserhäuschen in neongelb neu gestrichen. Gegen diesen Anstrich richtet sich die Beseitigungsanordnung. Er müsste entsprechend der Ermächtigungsgrundlage somit formell und materiell baurechtswidrig sein. Fraglich ist, ob die erteilte Baugenehmigung (die hier als wirksam zu unterstellen ist) Legalisierungswirkung hinsichtlich der Farbänderung entfaltet. Grundsätzlich wurde die Änderung wirksam genehmigt. Damit gilt das Vorhaben im Umfang der erteilten Baugenehmigung als nicht in Widerspruch zu öffentlich-rechtlichen Vorschriften stehend. Bei einer Baugenehmigung, die wie hier im vereinfachten Verfahren erteilt wurde, erstreckt sich diese Legalisierungswirkung – mangels vorangegangener Prüfung durch die Bauaufsichtsbehörde – allerdings nicht auf die bauord-

3 **Baden-Württemberg:** § 65 I 1 LBO; **Bayern:** Art. 76 S. 1 BayBO; **Berlin:** § 80 S. 1 BauO Bln; **Brandenburg:** § 80 I 1 BbgBO; **Bremen:** § 79 I 1 BremLBO; **Hamburg:** § 76 I 1 HBauO; **Hessen:** § 82 I 1 HBO; **Mecklenburg-Vorpommern:** § 80 I LBauO M-V; **Niedersachsen:** § 79 I 2 Nr. 4 NBauO; **Nordrhein-Westfalen:** § 82 S. 1 BauO NRW; **Rheinland-Pfalz:** § 81 S. 1 Alt. 1 LBauO; **Saarland:** § 82 I LBO; **Sachsen:** § 80 S. 1 SächsBO; **Sachsen-Anhalt:** § 79 S. 1 BauO LSA; **Schleswig-Holstein:** § 59 II 1 Nr. 3 LBO; **Thüringen:** § 79 I 1 ThürBO.

nungsrechtliche Zulässigkeit des Vorhabens, wenn und soweit Abweichungen von den bauordnungsrechtlichen Vorschriften nicht beantragt wurden.[4] Das Vorhaben könnte wegen eines Verstoßes gegen das objektbezogene Verunstaltungsverbot[5] formell und materiell baurechtswidrig sein und insoweit in Widerspruch zu öffentlich-rechtlichen Vorschriften stehen.

Danach müssen bauliche Anlagen unter anderem nach Farbe so gestaltet sein, dass sie nicht verunstaltet wirken. Die Wahl des Begriffs »Verunstaltung« ist abzugrenzen von der Gestaltung. Über das Verunstaltungsverbot sollen gestalterische Spitzen oder bauliche Auswüchse eingefangen werden, nicht jedoch besondere gestalterische Vorstellungen der Gemeinde durchgesetzt werden. Dafür stünde der Gemeinde (im eigenen Wirkbereich) etwa das Instrument der Ortsbildsatzungen zur Verfügung. Darüber hinaus ist ein »Geschmacksdiktat« der Behörden mit der Eigentumsgarantie des Grundgesetzes (Art. 14 I GG) nicht vereinbar. Unter Verunstaltung ist somit ein hässlicher, das ästhetische Empfinden des Beschauers nicht bloß beeinträchtigender, sondern verletzender Zustand anzusehen. Problematisch ist insbesondere die Verwendung von Signalfarben für den Außenanstrich baulicher Anlagen.

A hat das Wasserhäuschen in neongelb und damit in einer Signalfarbe gestrichen. Signalfarben sind kein gestalterisches Mittel. Damit liegt eine Verunstaltung des Gebäudes iSd Vorschriften vor, die mangels Legalisierung durch die Baugenehmigung formell und materiell baurechtswidrig ist. Somit ist der Tatbestand erfüllt.

3.3.2 Rechtsfolge

Die Wahl der konkreten Anordnung liegt im Ermessen der Behörde, § 40 LVwVfG. Die Beseitigung durch Neuanstrich ist hiervon umfasst. Ermessensfehler sind nicht ersichtlich.

Ergebnis: Die Beseitigungsanordnung ist rechtmäßig.

Zu 1.3: Nach hM genügt die formelle Illegalität OVG Saarlouis BeckRS 2014, 52722; VGH Kassel NVwZ-RR 1996, 487; OVG Koblenz BeckRS 1996, 21936; OVG Münster NVwZ-RR 1989, 344 (345); *Hornmann* in Hornmann (Hrsg.), HBO, 3. Aufl. 2019, § 82 Rn. 212 mwN; s. *Franke* in Spannowsky/Otto (Hrsg.), BeckOK Bauord-

4 **Baden-Württemberg:** §§ 52 IV, 56 LBO; **Bayern:** Art. 59 S. 1 Nr. 2, 63 BayBO; **Berlin:** §§ 63 S. 1 Nr. 2, 67 BauO Bln; **Brandenburg:** § 67 BbgBO; **Bremen:** §§ 63 S. 1 Nr. 2, 67 BremLBO; **Hamburg:** §§ 61 II 1 Nr. 3, 69 HBauO; **Hessen:** §§ 65 I 1 Nr. 2, 73 HBO; **Mecklenburg-Vorpommern:** §§ 63 I 1 Nr. 2, 67 LBauO M-V; **Niedersachsen:** §§ 63 II, 66 NBauO; **Nordrhein-Westfalen:** §§ 64 I 1 Nr. 2, 69 BauO NRW; **Rheinland-Pfalz:** §§ 66 V 4, 69 LBauO; **Saarland:** §§ 64 II 1 Nr. 4, 68 LBO; **Sachsen:** §§ 63 S. 1 Nr. 2, 67 SächsBO; **Sachsen-Anhalt:** §§ 62 S. 2 Nr. 1, 66 BauO LSA; **Schleswig-Holstein:** §§ 69 II, 71 LBO; **Thüringen:** §§ 62 I 1 Nr. 2, 66 ThürBO.

5 **Baden-Württemberg:** § 11 II LBO; **Bayern:** Art. 8 S. 1 BayBO; **Berlin:** § 9 I BauO Bln; **Brandenburg:** § 9 S. 1 BbgBO; **Bremen:** § 9 S. 1 BremLBO; **Hamburg:** § 12 I HBauO; **Hessen:** § 9 S. 1 HBO; **Mecklenburg-Vorpommern:** § 9 S. 1 LBauO M-V; **Niedersachsen:** § 10 NBauO; **Nordrhein-Westfalen:** § 9 I BauO NRW; **Rheinland-Pfalz:** § 5 I LBauO; **Saarland:** § 4 S. 1 LBO; **Sachsen:** § 9 S. 1 SächsBO; **Sachsen-Anhalt:** § 9 S. 1 BauO LSA; **Schleswig-Holstein:** § 10 S. 1 LBO; **Thüringen:** § 9 S. 1 ThürBO.

	nungsR Nds, 14. Aufl. 1.12.2019, NBauO § 79 Rn. 61 ff.; aA VGH Mannheim, Beschl. v. 22.1.1996, 8 S 2964/95
Zu 1.3.1.1.1:	Zur fehlenden Einvernehmenspflicht bei körperschaftlicher Identität BVerwG NVwZ 2005, 83 (stRspr); *Reidt* in Battis/Krautzberger/Löhr (Hrsg.), BauGB, 14. Aufl. 2019, § 36 Rn. 12; *Budroweit*, Kein gemeindliches Einvernehmenserfordernis bei Identität von unterer Baugenehmigungsbehörde und Gemeinde, NVwZ 2005, 1013; zum Merkmal »Grundzüge der Planung« BVerwG NVWZ 1999, 1110; s. auch *Reidt* in Battis/Krautzberger/Löhr (Hrsg.), BauGB, 14. Aufl. 2019, § 31 Rn. 29
Zu 1.3.1.1.2:	VG Frankfurt NVwZ-RR 2011, 810 (812) (zur Nichtigkeit wegen Missbrauchs des Instruments der Befreiung); BVerwG NJW 1985, 2658 (2659) (allgemein zur Konkretisierung des § 44 I VwVfG); instruktiv zu nichtigen VA *Maurer/Waldhoff*, Allgemeines Verwaltungsrecht, 19. Aufl. 2017, § 10 Rn. 1 ff., 85 ff.; s. auch *Sachs* in Stelkens/Bonk/Sachs (Hrsg.), VwVfG, 9. Aufl. 2018, VwVfG § 44 Rn. 103 ff.
Zu 1.3.1.1.3:	*Sachs* in Stelkens/Bonk/Sachs (Hrsg.), VwVfG, 9. Aufl. 2018, VwVfG § 44 Rn. 122 ff.
Zu 1.3.1.1.4:	*Sachs* in Stelkens/Bonk/Sachs (Hrsg.), VwVfG, 9. Aufl. 2018, VwVfG § 44 Rn. 195
Zu 2:	VGH München BayVBl 2008, 629 f.; VG Regensburg BeckRS 2012, 57375 Rn. 60; *Hornmann* in Hornmann (Hrsg.), HBO, 3. Aufl. 2019, § 82 Rn. 220; *Franke* in Spannowsky/Otto (Hrsg.), BeckOK BauordnungsR Nds, 14. Aufl. 1.12.2019, NBauO § 79 Rn. 88 f.; bei ohne erheblichen Wertverlust abbaubaren, transportierbaren und lagerbaren Gegenständen ist auch eine (Teil-)Beseitigungsanordnung mit gesenkten tatbestandlichen Anforderungen (formelle Illegalität genügt) denkbar, da solche Beseitigungsanordnungen Nutzungsverboten gleichstehen, VGH Kassel BeckRS 1991, 31362008 Rn. 28 ff.; ähnlich OVG Weimar ThürVBl 1994, 291
Zu 3.3.1:	*Hornmann* in Hornmann (Hrsg.), HBO, 3. Aufl. 2019, § 9 Rn. 26; teilweise wird eine Verunstaltung nach Farbe der umgebungsbezogenen Verunstaltung zugeordnet, so etwa *Lackner* in Spannowsky/Otto (Hrsg.), BeckOK BauordnungsR Nds, 14. Aufl. 1.12.2019, NBauO § 10 Rn. 19; differenzierend zwischen objekts- oder umgebungsbezogen *Dirnberger* in Simon/Busse (Hrsg.), Bayerische Bauordnung, 135. EL Dezember 2019, BayBO Art. 8 Rn. 85 ff.; zur Möglichkeit gemeindlicher Gestaltung durch örtliche Bauvorschriften BVerwG NVwZ-RR 1998, 486

E. Umweltrecht

Lösungsskizze 30

Die Klage des A hat Aussicht auf Erfolg, wenn sie zulässig und begründet ist.

1 **Zulässigkeit einer Klage**

1.1 Verwaltungsrechtsweg, § 40 I 1 VwGO
Streitentscheidende Normen sind §§ 8 ff. WHG sowie Vorschriften des jeweiligen Landeswasserrechts.[1] Es handelt sich um Normen des öffentlichen Rechts (s. **1**, 1.1.2).

1.2 Klageart
A begehrt die gerichtliche Feststellung, dass sein Vorhaben genehmigungsfrei ist und somit die Feststellung des Nichtbestehens eines Rechtsverhältnisses iSd § 43 I Alt. 1 VwGO. Der Begriff des Rechtsverhältnisses ist weit auszulegen und meint die sich aus einem konkreten Sachverhalt ergebende öffentlich-rechtliche Beziehung einer Person zu einer anderen Person oder einer Sache. Auch ist hier das Rechtsverhältnis durch die Meinungsverschiedenheiten zwischen A und der Behörde hinsichtlich des bevorstehenden Handelns des A hinreichend konkretisiert, sodass nicht lediglich eine abstrakte Rechtsfrage zu klären ist.
Aus § 43 II 1 VwGO folgt die Subsidiarität der Feststellungsklage gegenüber anderen Klagearten. Andere Klagearten, mit denen A sein Begehren verfolgen könnte, sind vorliegend jedoch nicht ersichtlich.

1.3 Klagebefugnis, § 42 II VwGO analog
Ob überhaupt § 42 II VwGO im Rahmen der Feststellungsklage entsprechend anzuwenden oder dies wegen des Erfordernisses des berechtigten Feststellungsinteresses überflüssig ist, ist strittig. Vorliegend kann es aber offengelassen werden, da hier A jedenfalls eine mögliche Verletzung seines Rechts auf Gemeingebrauch gem. § 25 S. 1 WHG bzw. – subsidiär – seiner aus Art. 2 I GG folgenden allgemeinen Handlungsfreiheit vorbringen kann. Letzteres Recht betont A im Sachverhalt mit seinem Verweis auf das grundrechtlich geschützte »Reiten im Walde« schon selbst.

---

1 **Baden-Württemberg:** §§ 20, 21 WG; **Bayern:** Art. 18 BayWG; **Berlin:** § 25 BWG; **Brandenburg:** §§ 43, 44 BbgWG; **Bremen:** § 14 BremWG; **Hamburg:** § 9 HWaG; **Hessen:** § 19 HWG; **Mecklenburg-Vorpommern:** § 21 LWaG; **Niedersachsen:** §§ 32, 34 NWG; **Nordrhein-Westfalen:** §§ 19, 20 LWG; **Rheinland-Pfalz:** §§ 22, 23 LWG; **Saarland:** §§ 22, 23 SWG; **Sachsen:** § 16 SächsWG; **Sachsen-Anhalt:** § 29 WG LSA; **Schleswig-Holstein:** § 18 LWG; **Thüringen:** § 25 ThürWG.

1.4 Berechtigtes Feststellungsinteresse

A müsste gem. § 43 I VwGO ein berechtigtes Interesse an der Feststellung der Genehmigungsfreiheit des fraglichen Handelns haben. Grundsätzlich genügt jedes Interesse wirtschaftlicher, rechtlicher und ideeller Art. Da A – wie eben erörtert – selbst die engeren Voraussetzungen der Klagebefugnis iSd § 42 II VwGO erfüllt, liegt ein berechtigtes Feststellungsinteresse erst recht vor.

1.5 Beteiligten- und Prozessfähigkeit

A ist als natürliche Person gem. § 61 Nr. 1 Alt. 1 VwGO beteiligtenfähig und gem. § 62 I Nr. 1 VwGO prozessfähig. Die X ist gem. § 61 Nr. 1 Alt. 2 VwGO beteiligtenfähig, für sie muss gem. § 62 III VwGO ein Vertreter handeln.

1.6 Klagegegner

Nach dem allgemeinen Rechtsträgerprinzip iSd § 78 Nr. 1 VwGO ist die Klage gegen den Rechtsträger der Behörde, der gegenüber das Nichtbestehen des streitigen Rechtsverhältnisses festgestellt werden soll, zu richten, in diesem Fall also X.

1.7 Allgemeines Rechtsschutzbedürfnis

Leichtere, ebenso effektive Möglichkeiten, Rechtsschutz zu erlangen, sind nicht ersichtlich. Insbesondere scheidet auch eine Anfrage bei der Behörde auf Bestätigung der Genehmigungsfreiheit aus, hat sie doch erkennen lassen, dass sie eine gegenteilige Auffassung vertritt.

Ergebnis: Die Klage des A ist zulässig.

2 Begründetheit

Die Klage ist begründet, soweit die fragliche Handlung des A nicht genehmigungsbedürftig ist und durch sie kein Rechtsverhältnis zwischen A und der Behörde begründet wird.

2.1 Genehmigungsbedürftigkeit

Ob die Handlung des A genehmigungsbedürftig ist, richtet sich grundsätzlich nach dem WHG, das durch landesrechtliche Vorschriften ergänzt wird. Der Anwendungsbereich des WHG erstreckt sich gem. § 2 I Nr. 1 WHG grundsätzlich auf alle oberirdischen Gewässer und damit auch auf den hier fraglichen kleinen See. Eine Ausnahme vom Anwendungsbereich über § 2 II WHG in Verbindung mit den einschlägigen Landesvorschriften des jeweiligen Bundeslandes[2] kommt schon wegen der vorliegenden natürlichen Verbindung zwischen dem See und dem Fluss N nicht in Betracht.

Gemäß § 8 I WHG bedarf die Gewässerbenutzung grundsätzlich einer präventiven Erlaubnis oder Bewilligung.

2 **Baden-Württemberg:** § 2 II WG; **Bayern:** Art. 1 II 1 Nr. 2 BayWG; **Berlin:** § 1 II Nr. 4 BWG; **Brandenburg:** § 1 IV Nr. 3 BbgWG; **Bremen:** § 2 S. 1 BremWG; **Hamburg:** § 1 II Nr. 1 HWaG; **Hessen:** § 1 II Nr. 3 HWG; **Mecklenburg-Vorpommern:** § 1 II 1 Nr. 2 LWaG; **Niedersachsen:** § 1 I Nr. 2 NWG; **Saarland:** § 1 II 1 Nr. 1 SWG; **Sachsen:** § 1 II 1 Nr. 3 SächsWG; **Sachsen-Anhalt:** § 1 II 1 Nr. 2 WG LSA; **Schleswig-Holstein:** § 1 II Nr. 2 LWG; **Thüringen:** § 1 II Nr. 4 ThürWG.

2.1.1 Benutzung iSd § 9 WHG

Was als Benutzung anzusehen ist, wird in § 9 WHG spezifiziert. § 9 I WHG enthält einen Katalog verschiedener Benutzungen. Dabei ist der Benutzungsbegriff in diesem Sinne zu verstehen als die unmittelbare Gewässerinanspruchnahme durch eine final darauf gerichtete Handlung. Maßgeblich ist dabei eine verobjektivierte Sichtweise, die Zielrichtung ist also anhand der objektiven Umstände und nicht nach der subjektiven Sicht des Handelnden zu bestimmen.

Der Katalog des § 9 I WHG nennt das Befahren von Gewässern jedenfalls nicht ausdrücklich. Nach § 9 I Nr. 4 WHG ist aber das Einbringen von Stoffen in Gewässer als Benutzung anzusehen. Für sein Vorhaben, den See mit einem Motorboot zu befahren, muss A zunächst das Boot selbst ins Wasser lassen, also als Festkörper in das Gewässer einbringen. Schon dies stellt an sich eine Benutzung dar. Allerdings wird das Einbringen von Booten in Lit. und Rspr. nur als rechtlich nicht selbstständig bewertbare Hilfshandlung zur eigentlichen Bootsnutzung angesehen und daher nicht unter § 9 I Nr. 4 WHG subsumiert. Dieser Sichtweise ist auch hier zu folgen, da es A nicht um die Klärung der Frage geht, ob er überhaupt ein Boot ins Wasser lassen kann, sondern darum, ob er damit den See befahren darf, ohne dass hierfür eine Genehmigung erforderlich ist.

Das Befahren des Sees mit dem Boot kann eine unechte Benutzung iSd § 9 II WHG darstellen, die den Benutzungen des § 9 I WHG gleichgestellt ist. Gemäß dem Auffangtatbestand des § 9 II Nr. 2 WHG gelten als Benutzung auch Maßnahmen, die geeignet sind, dauernd oder in einem nicht nur unerheblichen Ausmaß nachteilige Veränderungen der Wasserbeschaffenheit herbeizuführen. § 9 II Nr. 2 WHG ist im Zusammenhang mit § 8 I WHG zu verstehen und daher weit auszulegen. Sinn des Zusammenspiels beider Normen ist es, Gefahren für den Wasserhaushalt möglichst auszuschließen. Die im Rahmen des § 9 II Nr. 2 WHG geforderte Eignung weist eine Maßnahme schon dann auf, wenn sich der Eintritt der genannten Folgen jedenfalls nicht sicher ausschließen lässt.

Hinsichtlich der von A geplanten Bootstouren fehlen Angaben, um ihre Folgen hinreichend sicher abschätzen zu können. Für die Erfüllung des Tatbestandes des § 9 II Nr. 2 WHG ist jedoch zu bedenken, dass A ein motorbetriebenes Boot verwenden will. Die Verwendung von Bootsmotoren birgt die Gefahr, dass zu deren Betrieb erforderliche Flüssigkeiten – wie Öl – mit dem Gewässer in Kontakt kommen und dieses verschmutzen.

Die von A beabsichtigten Motorboottouren gelten also gem. § 9 II Nr. 2 WHG als Benutzungen.

2.1.2 Abgrenzung von Gemeingebrauch und Sondernutzung

Das WHG unterscheidet hinsichtlich der Benutzung oberirdischer Gewässer zwischen zulassungsfreiem Gemeingebrauch (§ 25 WHG) sowie zulassungsbedürftiger Sondernutzung (§ 8 ff. WHG). Zu klären ist daher, zu welcher der beiden Benutzungsarten die geplanten Motorbootfahrten des A zu rechnen sind.

2.1.2.1 Wie im Straßenrecht gehören diese Aspekte des Wasserrechts zum öffentlichen Sachenrecht. Eine ähnliche Abgrenzung zwischen Gemeingebrauch und Sondernutzung ist aus dem Bereich des Straßenrechts bekannt (s. **17**, 2.1.1). Im Detail bestehen jedoch bedeutende Unterschiede zwischen dem Straßen- und dem Wasserrecht: Während im Straßenrecht der Gemeingebrauch der Regelfall ist, ergibt sich für das Wasserrecht aus § 8 I WHG die umgekehrte Rechtslage. Zur Sicherstellung einer nachhaltigen Gewässerbewirtschaftung (§§ 6, 1 WHG) unter Beachtung des Vorsorgeprinzips ist der zulassungsfreie Gemeingebrauch deutlich eingeschränkt und stellt systematisch den Ausnahmefall dar. Das WHG konkretisiert allerdings nicht genauer, wann ein derartiger Gemeingebrauch vorliegt. § 25 S. 2 WHG schließt lediglich aus, dass das Einbringen und Einleiten von Stoffen in oberirdische Gewässer vom Gemeingebrauch umfasst sein kann.

2.1.2.2 Berücksichtigung des Landesrechts

Zur Konkretisierung des Gemeingebrauchs verweist § 25 WHG ansonsten auf das Landesrecht; die Zuständigkeit des Landesgesetzgebers ergibt sich vorliegend aus Art. 74 I Nr. 32 GG (konkurrierende Gesetzgebungskompetenz im Bereich des Wasserhaushalts).

Die Regelungen der Landeswassergesetze zum Gemeingebrauch[3] enthalten jedoch keine diesbezüglichen Legaldefinitionen; vielmehr finden sich hier Positivlisten, in denen Benutzungen aufgeführt sind, die zum Gemeingebrauch gezählt werden. Gemeingebrauch liegt danach vor, wenn natürlich fließende Gewässer unter anderem zum Befahren mit kleinen Fahrzeugen ohne eigene Triebkraft benutzt werden.

Das Boot des A ist motorisiert und unterfällt daher nicht dieser Klausel. Auch kommt nicht in Betracht, die landesrechtlichen Vorschriften erweiternd auszulegen und damit weitere Benutzungen als Gemeingebrauch zu qualifizieren, da nach der wasserrechtlichen Systematik der genehmigungsfreie Gemeingebrauch – wie oben dargestellt – eine Ausnahme sein soll.

Die Motorboottouren des A sind daher nicht als genehmigungsfreier Gemeingebrauch einzustufen.

2.1.2.3 Ausnahme wegen Schiffbarkeit des Gewässers

Die Zulassungsfreiheit der Bootsnutzung eröffnet sich nach den landesrechtlichen Vorschriften noch in jenen Fällen, in denen es sich um schiffbare Gewässer handelt.[4] Dies ist laut Anmerkung jedoch

3 **Baden-Württemberg:** §§ 20, 21 WG; **Bayern:** Art. 18 BayWG; **Berlin:** § 25 BWG; **Brandenburg:** §§ 43, 44 BbgWG; **Bremen:** § 14 BremWG; **Hamburg:** § 9 HWaG; **Hessen:** § 19 HWG; **Mecklenburg-Vorpommern:** § 21 LWaG; **Niedersachsen:** §§ 32, 34 NWG; **Nordrhein-Westfalen:** §§ 19, 20 LWG; **Rheinland-Pfalz:** §§ 22, 23 LWG; **Saarland:** §§ 22, 23 SWG; **Sachsen:** § 16 SächsWG; **Sachsen-Anhalt:** § 29 WG LSA; **Schleswig-Holstein:** §§ 18 LWG; **Thüringen:** § 25 ThürWG.

4 **Baden-Württemberg:** § 39 I WG; **Bayern:** Art. 28 I BayWG; **Berlin:** § 28 I, II BWG; **Brandenburg:** § 46 I BbgWG; **Bremen:** § 14 V BremWG; **Hamburg:** § 10 I 1 HWaG; **Hessen:** § 27 I HWG; **Mecklenburg-Vorpommern:** § 21 VII LWaG; **Niedersachsen:** § 32 V NWG; **Nordrhein-Westfalen:** § 19 IV LWG; **Rheinland-Pfalz:** § 42 II, I LWG; **Saarland:** § 27 I, II SWG; **Sachsen:** § 17 I, II SächsWG; **Sachsen-Anhalt:** § 32 I WG LSA; **Schleswig-Holstein:** § 19 I 1 LWG; **Thüringen:** § 25 IV Nr. 2, 3 iVm § 36 Nr. 1 ThürWG.

nicht der Fall, sodass auch diese Ausnahme nicht in Betracht kommt.

2.2 Die geplanten Motorboottouren des A bedürfen der behördlichen Zulassung.

Ergebnis: Die Klage des A ist unbegründet und wird daher keinen Erfolg haben.

Zu 1.3: BVerfGE 80, 137 = NJW 1989, 2525

Zu 2.1.1: BVerwG BayVBl 1966, 167; *Pape* in Landmann/Rohmer (Hrsg.), Umweltrecht, 91. EL September 2019, § 9 Rn. 13, 18; *Knopp* in Sieder/Zeitler/Dahme/Knopp (Hrsg.), WHG AbwAG, 53. EL August 2019, WHG § 9 Rn. 37, § 25 WHG Rn. 31 f.

Zu 2.1.2: VGH Mannheim VBlBW 2019, 194; VG Hamburg BeckRS 2010, 47913; VG Gera, Urt. v. 14.2.2006, 1 K 284/05.Ge, juris Rn. 14, 16; *Ganske* in Landmann/Rohmer (Hrsg.), Umweltrecht, 91. EL September 2019, § 25 Rn. 36

Lösungsskizze 31

Das Gericht wird der Klage stattgeben, wenn diese zulässig und begründet ist.

1 **Zulässigkeit der Klage**

1.1 Verwaltungsrechtsweg, § 40 I 1 VwGO
Streitentscheidende Normen sind §§ 4, 6, 12 BImSchG. Es handelt sich um Normen des öffentlichen Rechts (s. **1**, 1.1).

1.2 Klageart
Die statthafte Klageart bestimmt sich nach dem klägerischen Begehren, § 88 VwGO. B begehrt die Aufhebung der beiden Maßgaben. Diese sind Bestandteil einer Genehmigung, also eines VA gem. § 35 VwVfG. Statthaft könnte somit die Anfechtungsklage gem. § 42 I Alt. 1 VwGO sein. Grundsätzlich ist Klagegegenstand bei der Anfechtungsklage der ursprüngliche VA in der Gestalt des Widerspruchsbescheids (§ 79 I Nr. 1 VwGO). B begehrt jedoch nur Aufhebung der beiden ihn belastenden Maßgaben, diese müssen daher isoliert anfechtbar sein (s. **25**, 2.1.2).

1.2.1 Maßgabe 1 (Lärmschutz)
Die isolierte Anfechtbarkeit hängt von der Rechtsnatur der Maßgabe ab. Denkbar ist insofern eine Inhaltsbestimmung (keine isolierte Anfechtung) oder eine Nebenbestimmung, und zwar eine Auflage (isolierte Anfechtung str., s. **25**, 2.1.2). Differenziert wird dabei nach dem Regelungsgehalt der Maßgaben: Inhaltsbestimmungen betreffen die Regelung durch den VA und modifizieren seinen Inhalt; Auflagen enthalten eine selbstständige, neben dem VA stehende Regelung.
Hier genehmigte die Behörde die Errichtung des Zementwerkes nicht so, wie es B beantragt hatte. Schon für die Erstellung der Anlagen gab sie inhaltliche Vorgaben. Die Verschärfung der damit einhergehenden Lärmschutzanforderungen betrifft daher den Inhalt der Genehmigung selbst und ist dementsprechend Inhaltsbestimmung. Die Rspr. gebraucht in diesem Zusammenhang den Begriff der modifizierenden Auflage. Diese Rechtsfigur wird von der hL abgelehnt, da sie keine Grundlage im Gesetz finde und in ihrer Funktion entbehrlich sei. Der Streit kann hier offenbleiben, da beide Auffassungen die isolierte Anfechtbarkeit ablehnen. Somit kann B eine unbeschränkte Genehmigung nur mit der Verpflichtungsklage (§ 42 I Alt. 2 VwGO) erreichen.

1.2.2 Maßgabe 2 (Biotop)
Die naturschutzrechtliche Ausgleichsmaßnahme besitzt eigenen Regelungsgehalt, der nicht den Inhalt der Genehmigung für das Zementwerk betrifft und ist daher Auflage iSd § 12 I BImSchG. Die isolierte Anfechtung ist statthaft (str., s. **25**, 2.1.2). Klagegegenstand ist gem. § 79 II 1 VwGO nur die zusätzliche Beschwer, dh die Maßgabe.

1.3 Klagebefugnis, § 42 II VwGO
Das mit der Verpflichtungsklage geltend zu machende subjektive öffentliche Recht auf Genehmigungserteilung ergibt sich hier aus § 6 I BImSchG.
Die für die Anfechtungsklage erforderliche mögliche Verletzung in eigenen Rechten der B kann mit Blick auf ihre Rechtsposition aus §§ 6, 12 BImSchG bejaht werden. Der so ausgestaltete Genehmigungsanspruch macht einen Rückgriff auf die anwendbaren Grundrechte aus Art. 14 I, 2 I GG bzw. die Adressatentheorie nicht mehr erforderlich.

1.4 Vorverfahren, §§ 68 ff. VwGO
Der Widerspruch könnte verspätet sein, soweit ein Vorverfahren nicht ohnehin nach Landesrecht ausgeschlossen ist (s. **1**, 1.4). Nach § 70 I 1 VwGO beträgt die Frist für die Einlegung des Widerspruchs einen Monat nach Bekanntgabe des VA (zur Berechnung s. **6**, 1.1.5; **13**, 1.4). Fristbeginn ist nach §§ 31 I VwVfG, 187 I BGB der 22.8.2019; Fristende tritt gem. §§ 31 I VwVfG, 188 II Alt. 1 BGB grundsätzlich mit Ablauf des 21.9.2019 ein. Damit wäre die Einlegung am 23.9.2019 verspätet. Nach § 31 III 1 VwVfG zählen Sonnabende, Sonntage und Feiertage jedoch nicht mit; die Frist endet daher erst mit Ablauf des nächsten Werktages, hier mit Ablauf des 23.9.2019. Der Widerspruch war also noch fristgemäß.

1.5 Klagefrist, § 74 II, I 1 VwGO
Laut Sachverhalt (»alsbald«) kann von fristgemäßer Klageerhebung ausgegangen werden.

1.6 Beteiligtenfähigkeit und Prozessfähigkeit, §§ 61, 62 VwGO
Für B gelten §§ 61 Nr. 1 Alt. 1, 62 III VwGO, für das Land §§ 61 Nr. 1 Alt. 2, 62 III VwGO bzw. für die Behörde §§ 61 Nr. 3 in Verbindung mit Landesrecht, 62 III VwGO (s. **1**, 1.6).

1.7 Klagegegner, § 78 VwGO
Klagegegner ist gem. §§ 79 II, 78 II VwGO das Land als Rechtsträger der Widerspruchsbehörde gem. § 78 I Nr. 1 VwGO bzw. die Widerspruchsbehörde selbst gem. § 78 I Nr. 2 VwGO in Verbindung mit Landesrecht.

Ergebnis: Die Klage gegen Maßgabe 1 ist nur als Verpflichtungsklage auf unbeschränkte Genehmigung zulässig, gegen Maßgabe 2 als Anfechtungsklage gegen die Auflage. Beide Klagen können gem. § 44 VwGO in objektiver Klagenhäufung verbunden werden.

2 Begründetheit der Anfechtungsklage gegen Maßgabe 2 (Biotop)
Die Anfechtungsklage ist begründet, soweit die belastende Maßgabe im Widerspruchsbescheid rechtswidrig und B dadurch in eigenen Rechten verletzt ist (§ 113 I 1 VwGO).

2.1 Ermächtigungsgrundlage
2.1.1 Da auf die Genehmigung bei Erfüllung der Voraussetzungen ein Anspruch besteht (vgl. § 6 BImSchG), müsste die Nebenbestim-

mung durch Rechtsvorschrift zugelassen sein (§ 36 I Alt. 1 VwVfG). Die entsprechende Grundlage bildet § 12 BImSchG. Diese Norm ist lex specialis zu § 36 LVwVfG (bzw. den Parallelvorschriften), sodass ein Rückgriff ausscheidet.

Voraussetzung ist, dass es sich vorliegend um eine genehmigungsbedürftige Anlage iSd § 4 BImSchG handelt. Mit dem Zementwerk liegt eine vom Geltungsbereich des BImSchG erfasste und seiner Legaldefinition entsprechende Anlage vor (§§ 2 I, 3 V Nr. 1 BImSchG), die genehmigungsbedürftig ist (§ 4 I 1, 3 BImSchG iVm § 1 I 1 und Anhang 1 Nr. 2.14 der 4. BImSchV). Die Genehmigung kann daher nach § 12 I BImSchG grundsätzlich mit Nebenbestimmungen erteilt werden, wozu Auflagen gehören.

2.1.2 Eine Besonderheit besteht vorliegend darin, dass nicht die Genehmigungsbehörde, sondern erst die Widerspruchsbehörde die Nebenbestimmung als zusätzliche belastende Maßnahme erlassen hat. Diese Verböserung im Widerspruchsverfahren wird als reformatio in peius (rip) bezeichnet. Ob die Widerspruchsbehörde dazu befugt ist, wird unterschiedlich beurteilt.

2.1.2.1 Eine Verböserung ist unproblematisch zulässig, wenn sie durch Rechtsvorschrift ausdrücklich zugelassen wird. Dies ist hier nicht der Fall. Für die übrigen Fälle ist die Verböserung im Widerspruchsverfahren umstritten.

Eine Ansicht im Schrifttum, die die rip auf Grundlage der §§ 68 ff. VwGO ablehnt, sieht im Widerspruchsverfahren in erster Linie die subjektivrechtlich orientierte Rechtsschutzfunktion und erst in zweiter Linie die Funktion der objektivrechtlichen Selbstkontrolle der Verwaltung. Dagegen spricht aber, dass sich diese einseitige Ausrichtung nicht aus dem Gesetz herleiten lässt. Überzeugen kann auch nicht das Argument, dem Bund fehle es an einer Regelungskompetenz für die rip, da diese gerade nicht gesetzlich geregelt ist. Schließlich wird gegen die Zulässigkeit der rip ein allgemeiner Grundsatz des Verböserungsverbots bei Rechtsmitteln angeführt. Die Existenz eines solchen Grundsatzes ist jedoch zweifelhaft, da jedenfalls Anschlussrechtsmittel durchaus Verschlechterungen der Rechtsposition mit sich bringen können. Als Ergebnis bleibt daher festzuhalten, dass die rip grundsätzlich zulässig ist.

2.1.2.2 Fraglich ist jedoch, ob im Rahmen einer rip Vertrauensschutzgesichtspunkte zugunsten der Antragstellerin berücksichtigt werden müssen oder ob Maßstab für die Verböserung ausschließlich die ursprüngliche Rechtsgrundlage ist.

Teilweise wird die Ansicht vertreten, dass nur unter Berücksichtigung der in den §§ 48, 49 VwVfG normierten Grundsätze verböserte werden darf. Gegen eine Anwendung der §§ 48, 49 VwVfG spricht aber, dass die Widerspruchsbehörde einen rechtswidrigen Ausgangsbescheid aufheben muss, während ihr §§ 48, 49 VwVfG Ermessen einräumen.

Selbst wenn jedoch der Auffassung gefolgt wird, dass die Grundsätze zum Vertrauensschutz nach §§ 48, 49 VwVfG Anwendung zu finden haben, wird man idR die Schutzwürdigkeit des Vertrauens zu verneinen haben, weil mit der Anfechtung eines VA dieser nicht mehr Grundlage des Vertrauens sein kann. Dies ist lediglich dann anders zu beurteilen, wenn die Verböserung zu untragbaren Verhältnissen für den Betroffenen führen würde. Ein solcher Fall ist indessen hier nicht gegeben.

2.1.3 Somit ist ausschließlich die ursprüngliche Rechtsgrundlage, dh §§ 12 I, 6 I BImSchG, für die Entscheidung über die Rechtmäßigkeit der Nebenbestimmung maßgeblich.

2.2 Formelle Rechtmäßigkeit

Fraglich ist, ob die Widerspruchsbehörde zuständig war. Für den Widerspruchsbescheid folgt die Kompetenz unproblematisch aus § 73 I VwGO.

Weitere belastende Maßgaben sind von der Zuständigkeit der Widerspruchsbehörde erfasst, wenn sie mit der Ausgangsbehörde identisch ist oder wenn sie gegenüber der Ausgangsbehörde eine Weisungsbefugnis innehat (str.). Im vorliegenden Fall besteht eine Weisungsbefugnis der Widerspruchsbehörde gegenüber der Ausgangsbehörde, somit ist sie zuständig.

Verfahren und Form unterliegen keinen Bedenken. Der Widerspruchsbescheid ist daher formell rechtmäßig.

2.3 Materielle Rechtmäßigkeit

Die materiellen Voraussetzungen der Nebenbestimmung ergeben sich aus §§ 12 I, 6 I BImSchG. Auf dieser Grundlage können auch Nebenbestimmungen getroffen werden, die keine immissionsschutzrechtlichen Gesichtspunkte betreffen, sofern auf diese Weise der Widerspruch zu anderen öffentlich-rechtlichen Vorschriften beseitigt wird. Hier könnte die Nebenbestimmung dazu dienen, Widersprüche zu naturschutzrechtlichen Regelungen zu beseitigen, die einer Genehmigung gem. § 6 I Nr. 2 BImSchG entgegenstehen könnten. Einschlägig ist hier § 14 BNatSchG. Gemäß § 18 II 2 BNatSchG gelten die Einschränkungen des § 18 II 1 BNatSchG nicht für Außenbereichsvorhaben, sodass § 14 BNatSchG bei der Genehmigung des Zementwerkes beachtet werden muss.

2.3.1 Naturschutzrechtliche Ausgleichsmaßnahme

Ausgleichsmaßnahmen sind gem. § 15 II 1 Alt. 1 BNatSchG vorgesehen.

Voraussetzung ist ein Eingriff nach § 14 I BNatSchG. Die Errichtung des Zementwerks ist eine Veränderung der Gestalt und Nutzung von Grundflächen, die das Landschaftsbild und die Tierwelt im angrenzenden S-Wald erheblich und nachhaltig beeinträchtigen (Lärm durch Produktionsanlagen und Fahrzeuge). Ein Eingriff in Natur und Landschaft liegt demnach vor. Nach Art. 72 III 1 Nr. 2 GG mögliche landesrechtliche Gesetzgebung, die – soweit sie nicht die abweichungsfesten Kerne des Bundesnaturschutzrechts berührt – im vorliegenden Fall zu einer anderen Beurteilung führen würde, liegt nicht vor. Zwar nehmen einige landesrechtliche Vorschriften

bestimmte Vorhaben von einer Einstufung als Eingriff aus,[1] jedoch sind diese hier nicht einschlägig.
B ist Verursacherin des Eingriffs. Der Eingriff bedarf auch einer behördlichen Entscheidung (nach BImSchG, s. 2.1), sodass die Voraussetzung des § 17 I BNatSchG erfüllt ist. Ein Ausgleich muss stets in räumlich-funktionalem Zusammenhang zum Eingriff erfolgen. Das Anlegen des Biotops an anderer Stelle ist damit kein Ausgleich des Eingriffs »Errichtung eines Zementwerks« iSd § 15 II 2 BNatSchG.

2.3.2 Naturschutzrechtliche Ersatzmaßnahme
Ersatzmaßnahmen sind anders als Ausgleichsmaßnahmen nicht an den Eingriffsort gekoppelt. Ersatzmaßnahmen sind gem. § 15 II 1 Alt. 2 BNatSchG vorgesehen.
Ein Eingriff liegt vor (s. 2.3.1). Da die beeinträchtigten Werte oder Funktionen des Naturhaushalts an anderer Stelle wiederhergestellt werden, ist die Nebenbestimmung als Ersatzmaßnahme iSd § 15 II BNatSchG rechtmäßig. Abweichende Landesgesetzgebung (s. 2.3.1), die zu einer anderen Beurteilung führen würde, liegt nicht vor.

Ergebnis: Die Anfechtungsklage der B ist unbegründet.

3 Begründetheit der Verpflichtungsklage gegen die Maßgabe 1 (Lärmschutz)

Die Verpflichtungsklage auf Erteilung der Genehmigung ist begründet, soweit B einen Anspruch auf Erteilung der unbeschränkten Genehmigung hat (§ 113 V 1, 2 VwGO).

3.1 Anspruchsgrundlage
Der Anspruch auf Erteilung der Genehmigung ergibt sich aus § 6 I BImSchG.

3.2 Formelle Anspruchsvoraussetzungen
B hat die unbeschränkte Genehmigung bei der zuständigen Behörde beantragt (s. 1.2.1).

3.3 Materielle Anspruchsvoraussetzungen
B hat nur dann Anspruch auf Erteilung der Genehmigung, wenn die Voraussetzungen des § 6 I BImSchG erfüllt sind. Dazu müssen zunächst gem. § 6 I Nr. 1 BImSchG die Betreiberpflichten aus § 5 BImSchG erfüllt sein, insbesondere dürfen keine schädlichen Umwelteinwirkungen hervorgerufen werden (§ 5 I Nr. 1 BImSchG). Der Begriff der schädlichen Umwelteinwirkungen ist in § 3 I BImSchG definiert. Erfasst werden danach auch Immissionen. Gemäß § 3 II BImSchG gehören dazu auch Geräuschimmissionen. Diese sind schädlich, wenn sie »nach Art, Ausmaß oder Dauer geeignet sind, Gefahren, erhebliche Nachteile oder erhebliche Belästigungen […]

1 **Bayern:** Art. 6 IV, V, 11 II BayNatSchG; **Hamburg:** § 6 I, II HmbBNatSchAG; **Mecklenburg-Vorpommern:** § 12 II NatSchAG M-V; **Niedersachsen:** § 5 NAGBNatSchG; **Nordrhein-Westfalen:** § 30 II LNatSchG NRW; **Saarland:** § 27 III SNG; **Sachsen:** § 9 II SächsNatSchG; **Sachsen-Anhalt:** § 6 NatSchG LSA; **Schleswig-Holstein:** § 8 II LNatSchG; **Thüringen:** § 5 ThürNatG.

herbeizuführen« (§ 3 I BImSchG). Das Überschreiten der Erheblichkeitsschwelle wird in Bezug auf Geräuschimmissionen nach der TA-Lärm beurteilt (§§ 48 I 1 Nr. 1, 66 II BImSchG).

Die Maßgabe ist rechtswidrig, wenn der genannte Lärmpegel von 65 dB(A) tags und 50 dB(A) nachts, 0,5 m vor dem Fenster des nächstgelegenen Wohnhauses gemessen, unschädlich ist, wenn also der hier geforderte Lärmschutz »zu streng« ist. Die Grenzwerte richten sich in unbeplanten Gebieten gem. Nummer 6.6 S. 2 der TA-Lärm nach der Schutzbedürftigkeit der Umgebung. Die bestehende Bebauung in dem Gebiet, in dem B das Zementwerk errichten will, entspricht einem Gewerbegebiet iSd § 8 BauNVO. Somit gilt gem. Nummer 6.1 b) der TA-Lärm ein Lärmpegel von 65 dB(A) tags und 50 dB(A) nachts, der nicht überschritten werden darf. Die getroffene Modifizierung der Genehmigung bezüglich des Lärmschutzes entspricht diesen Grenzwerten und ist daher rechtmäßig. B hat keinen Anspruch auf eine unbeschränkte Genehmigung.

Ergebnis: Die Verpflichtungsklage der B ist unbegründet. Das Gericht wird alle Klagen abweisen.

Zu 1.2.1: BVerwG NVwZ 1984, 366; BVerwG DÖV 1974, 380; VGH Kassel BeckRS 2014, 53650 Rn. 52 ff.; VG Würzburg BeckRS 2014, 46294 Rn. 24 ff.; *Frenz*, Die Anfechtungsklage, JA 2011, 433; *Hufen/Bickenbach*, Der Rechtsschutz gegen Nebenbestimmungen zum Verwaltungsakt, JuS 2004, 867 (869 f.)

Zu 2.1.1: *Stelkens* in Stelkens/Bonk/Sachs (Hrsg.), VwVfG, 9. Aufl. 2018, VwVfG § 36 Rn. 115; *Mann* in Landmann/Rohmer (Hrsg.), Umweltrecht, 91. EL September 2019, BImSchG § 12 Rn. 44; *Giesberts* in Giesberts/Reinhardt (Hrsg.), BeckOK Umweltrecht, 53. Aufl. 1.1.2020, BImSchG § 12 Rn. 2

Zu 2.1.2.1: BVerwGE 14, 175 (178) = BeckRS 9998, 181519; BVerwGE 51, 310 (314) = NJW 1977, 1894; BVerwG BeckRS 2006, 27069; OVG Münster NuR 2012, 870; *Dolde/Porsch* in Schoch/Schneider/Bier (Hrsg.), VwGO, 37. EL Juli 2019, § 68 Rn. 47 f.

Zu 2.1.2.2: BVerwG DVBl 1987, 238; BVerwGE 67, 129 (134 f.) = NVwZ 1983, 612; OVG Koblenz DVBl 1992, 787 (788); aA BVerwGE 51, 310 = NJW 1977, 1894; BVerwG NVwZ-RR 2007, 192 (199)

Zu 2.2: BVerwG DVBl 1987, 238; VG Neustadt a.d. Weinstraße BeckRS 2017, 111924; *Dolde/Porsch* in Schoch/Schneider/Bier (Hrsg.), VwGO, 37. EL Juli 2019, § 68 Rn. 51; aA *Weides*, Die verbösernde Widerspruchsbehörde, JuS 1987, 477

Zu 2.3: BVerwGE 67, 84 = NVwZ 1985, 42; Glaser, Schwerpunktbereich – Grundstrukturen des Naturschutzrechts, JuS 2010, 209; *Hendler/Brockhoff*, Die Eingriffsregelung des neuen Bundesnaturschutzgesetzes, NVwZ 2010, 733; *Sparwasser/Wöckel*, Zur Systematik der naturschutzrechtlichen Eingriffsregelung, NVwZ 2004, 1189

Zu 3: EuGH NVwZ 1991, 868; BVerwG DVBl 1988, 539; VGH Kassel UPR 1992, 319; OVG Koblenz NVwZ 1988, 177; krit. OVG Münster NVwZ 1993, 1003

Lösungsskizze 32

1 **Formelle Rechtmäßigkeit der Genehmigung**

1.1 Zuständigkeit

Laut Sachverhalt hat die zuständige Behörde gehandelt.

1.2 Verfahren

Welche Verfahrensanforderungen gelten, hängt von der Beantwortung zweier Vorfragen ab. Zunächst ist zu klären, ob es sich bei der zu errichtenden Brauerei überhaupt um eine genehmigungsbedürftige Anlage iSd BImSchG handelt. Sodann ist zu ermitteln, ob die immissionsschutzrechtliche Genehmigung im vereinfachten oder im förmlichen Verfahren zu erteilen ist. Ob ein Vorhaben einer immissionsschutzrechtlichen Genehmigung bedarf, richtet sich gem. § 4 I 3 BImSchG nach den Bestimmungen der 4. BImSchV. Genehmigungsbedürftig sind nach § 1 I 1 4. BImSchV die im Anhang 1 zu dieser VO aufgeführten Anlagen. Unter Nummer 7.27.2 sind Brauereien mit einer Produktionskapazität von mehr als 200 Hektolitern Bier aufgeführt. Diese Menge übersteigt die Anlage der U deutlich. Es handelt sich somit um eine genehmigungsbedürftige Anlage.
Ob die Genehmigung im förmlichen Verfahren nach § 10 BImSchG zu erteilen ist, richtet sich gem. § 2 I 1 Nr. 1a 4. BImSchV wiederum danach, ob die betreffende Anlage in der Spalte c des Anhangs 1 mit dem Buchstaben G gekennzeichnet ist. Im vorliegenden Fall weist die Anlage nach den technischen Leistungsparametern eine Produktionskapazität von 4.000 Hektolitern pro Tag auf. Somit fiele sie unter Nummer 7.27.1 des Anhangs, die Brauereien mit einer Produktionskapazität von 3.000 Hektolitern oder mehr erfasst und ein förmliches Genehmigungsverfahren hätte stattzufinden (§ 2 I 1 Nr. 1a 4. BImSchV). Allerdings soll sich in der Brauerei der U das Produktionsvolumen aus betriebswirtschaftlichen Gründen auf 2.000 Hektoliter Bier pro Tag beschränken. Gemäß § 1 I 4 4. BImSchV ist jedoch für die Einordnung nicht auf den geplanten Produktionsumfang, sondern auf den aufgrund der technischen Gegebenheiten möglichen Produktionsumfang abzustellen. Somit gelten für die Genehmigung die Anforderungen an das förmliche Genehmigungsverfahren nach § 10 BImSchG sowie die über § 10 X BImSchG anwendbaren Bestimmungen der 9. BImSchV.

1.2.1 Einleitung des Verfahrens

Für die Einleitung des Verfahrens ist ein schriftlicher Antrag des Antragstellers erforderlich (§ 10 I 1 BImSchG). Diesen hat U gestellt.

1.2.2 Öffentlichkeitsbeteiligung

1.2.2.1 Öffentliche Bekanntmachung des Vorhabens

Das Vorhaben ist im öffentlichen Bekanntmachungsblatt und im Internet oder in den örtlichen Tageszeitungen bekannt zu machen

(§ 10 III 1 BImSchG). Dies ist geschehen. Da die Bekanntmachung laut Sachverhalt »ordnungsgemäß« erfolgt ist, wurden auch die Anforderungen an den Inhalt der Bekanntmachung (Inhalt des Antrags, Hinweis auf die Auslegungs- und Einwendungsfrist, zuständige Genehmigungsbehörde etc) aus § 10 IV BImSchG, § 9 I 9. BImSchV eingehalten.

1.2.2.2 Auslegung

Zwischen Bekanntmachung und Beginn der Auslegung soll mindestens eine Woche liegen (§ 9 II 9. BImSchV). Die Bekanntmachung erfolgte am 21.10.2019, die Auslegung begann am 5.11.2019. Die Mindestfrist von einer Woche ist somit eingehalten. Auch fand die Auslegung, wie in § 10 I 1 9. BImSchV vorgeschrieben, am Sitz der Genehmigungsbehörde statt. Jedoch wurden die Unterlagen nicht, wie in § 10 III 2 BImSchG gefordert, einen Monat lang ausgelegt, sondern lediglich 12 Tage lang in der Zeit vom 5. bis 16.11.2019. Somit liegt ein Verstoß gegen Verfahrensvorschriften vor. Aber auch in einer anderen Hinsicht wurde gegen § 10 III 2 BImSchG verstoßen. Danach hätten neben dem Antrag auch die weiteren Antragsunterlagen sowie, soweit vorhanden, weitere entscheidungserhebliche Berichte und Empfehlungen ausgelegt werden müssen. Nach den Sachverhaltsangaben war aber lediglich der Antrag ausgelegt worden, nicht dagegen die nachgereichten erläuternden Unterlagen und Zeichnungen. Auch insofern ist das Verfahren fehlerhaft.

1.2.2.3 Erörterungstermin

Nach § 10 VI BImSchG kann die Genehmigungsbehörde einen Erörterungstermin anberaumen, bei dem die Einwendungen mit den Antragsstellern und denjenigen, die Einwendungen erhoben haben, besprochen werden.

B hat auf einen Erörterungstermin verzichtet. Zu klären ist, ob die Behörde ihr nach § 10 VI BImSchG zustehendes Ermessen (§ 40 LVwVfG bzw. die Parallelvorschriften) fehlerfrei ausgeübt hat. Nach § 14 I 1 9. BImSchV dient der Erörterungstermin dazu, die erhobenen Einwendungen zu besprechen, die bei der Prüfung der Genehmigungsvoraussetzungen von Bedeutung sein können. Daraus folgt, dass Einwendungen, die nicht die Genehmigungsvoraussetzungen zum Gegenstand haben, unbeachtlich sind. Die Menge an Einwendungen allein spricht noch nicht für die Notwendigkeit der Anberaumung eines Erörterungstermins, sodass nicht allein aufgrund der hohen Anzahl von 400 Einwendungen ein Erörterungstermin stattfinden muss. Entscheidend ist vielmehr, ob die Einwendungen einen Bezug zur Klärung des Sachverhalts aufweisen. Im vorliegenden Fall jedoch wurden vor allem unterschiedliche strukturpolitische, moralische und rechtliche Standpunkte ohne Beitrag zur Sachverhaltsaufklärung vorgebracht. Sie können daher nicht der Information der B in Bezug auf die Genehmigung dienen.

Geht man hingegen davon aus, dass der Erörterungstermin die Funktion hat, die Akzeptanz und Transparenz der behördlichen Entscheidung zu fördern, könnte man die Notwendigkeit einer

Erörterung bejahen. Allerdings lässt der Wortlaut der Vorschriften der 9. BImSchV für eine solche Deutung keinen Raum. Andererseits jedoch erscheint ein Erörterungstermin sinnvoll, wenn dabei zu erwarten wäre, dass die sich gegenüberstehenden Parteien tatsächlich einigen könnten (str.). Die Einwendungen der Bevölkerung sind von persönlichen Ansichten der jeweiligen Person geprägt. Eine Einigung über grundsätzliche, differierende strukturpolitische, moralische und rechtliche Standpunkte wird ein Erörterungstermin nicht hervorbringen können. Daher ist absehbar, dass der Erörterungstermin fruchtlos verläuft.
Somit hat B mit dem Verzicht auf eine Erörterung ihr Ermessen rechtmäßig ausgeübt.

1.2.3 Behördenbeteiligung

1.2.3.1 Immissionsschutzrechtliches Beteiligungsverfahren
Gemäß § 10 V 1 BImSchG hat die Genehmigungsbehörde Stellungnahmen von den Behörden einzuholen, deren Aufgabenbereich durch das Vorhaben berührt wird. Der Aufgabenbereich der Stadtverwaltung von G wird durch das Vorhaben berührt, da es im Gemeindegebiet realisiert werden soll und insofern die Planungshoheit von G betroffen ist. Bestandteil eines Stellungnahmeverfahrens ist eine vorherige Information über das Vorhaben, damit die betreffende Behörde in den Stand versetzt wird, sich hierzu qualifiziert zu äußern. Eine solche Information hat im vorliegenden Fall nicht stattgefunden. Auf die Informationsmöglichkeiten im Rahmen der Auslegung muss sich die Bürgermeisterin von G nicht verweisen lassen.

1.2.3.2 Einholung des Einvernehmens der Gemeinde
Die Konzentrationswirkung der immissionsschutzrechtlichen Genehmigung (§ 13 BImSchG) erstreckt sich auch auf die baurechtliche Zulässigkeit des Vorhabens, die Genehmigung ersetzt somit die Bauerlaubnis. Da das Vorhaben im unbeplanten Innenbereich von G realisiert werden soll, bemisst sich die bauplanungsrechtliche Zulässigkeit nach §§ 29 I, 30 I, III, 34, 36 BauGB. In einem solchen Fall kann die Genehmigung nur im Einvernehmen mit der betroffenen Gemeinde ergehen (§ 36 I 1 BauGB). Dies gilt auch, wenn die Genehmigung nicht im bauaufsichtlichen Verfahren, sondern in einem Verfahren erteilt werden soll, welches die bauaufsichtliche Genehmigung ersetzt (§ 36 I 2 BauGB), also auch im immissionsschutzrechtlichen Genehmigungsverfahren. Da das Einvernehmen der Gemeinde nicht eingeholt wurde, liegt auch insofern ein Verfahrensfehler vor.

1.2.4 Entscheidung
Die Entscheidung im immissionsschutzrechtlichen Genehmigungsverfahren hat gem. § 10 VIa 1 BImSchG innerhalb einer Frist von sieben Monaten ab Antragstellung zu ergehen. Dies ist laut Sachverhalt erfolgt.

1.3 Form

Der Genehmigungsbescheid ist schriftlich zu erlassen und zu begründen (§ 10 VII 1 BImSchG). Dies ist laut Sachverhalt erfolgt. Außerdem ist er der Antragstellerin und den Personen, die Einwendungen erhoben haben, zuzustellen (§ 10 VII 1 BImSchG). Hier ist nur an die U zugestellt worden. Jedoch kann die Zustellung an die Personen, die Einwendungen erhoben haben, durch öffentliche Bekanntmachung ersetzt werden (§ 10 VIII 1 BImSchG). Es steht also im Ermessen der Genehmigungsbehörde, sich für eine der beiden Möglichkeiten zu entscheiden. Jedoch müssen für eine öffentliche Bekanntmachung hinreichende Gründe vorliegen, weil sie unter dem Gesichtspunkt der Rechtsschutzmöglichkeiten – auf den individuellen Zugang kommt es nicht an – die Personen, die Einwendungen erhoben haben, schlechter stellt als bei einer Einzelzustellung. Ein solcher Grund ist aber gegeben, wenn eine große Zahl von Personen, die Einwendungen erhoben haben, zu benachrichtigen ist. Im vorliegenden Fall hatten ca. 400 Personen Einwendungen erhoben. Eine öffentliche Bekanntmachung ist somit gerechtfertigt.

Ergebnis: Die Genehmigung ist formell rechtswidrig.

2 **Zulässigkeit eines Antrags auf einstweiligen Rechtsschutz**

Im vorliegenden Fall geht es H um die Verhinderung der Errichtung bzw. der daran anschließenden Inbetriebnahme der Anlage. Da sich B weigert, gegen die Errichtung und Inbetriebnahme einzuschreiten, kommt gerichtlicher Rechtsschutz nach § 80a III 1 Var. 3 iVm § 80a I Nr. 2 Hs. 2 VwGO in Betracht.

2.1 Verwaltungsrechtsweg, § 40 I 1 VwGO

Die streitentscheidenden Normen sind hier solche des Immissionsschutzrechts und damit öffentlich-rechtlich (s. **1**, 1.1).

2.2 Statthafte Antragsart

Maßgeblich für die Bestimmung der statthaften Antragsart ist das klägerische Begehren, §§ 122 I, 88 VwGO. H begehrt eine Maßnahme des Gerichts, mit der dem weiteren Bau und der Inbetriebnahme der Anlage Einhalt geboten wird. Hierfür kommt ein Antrag auf eine gerichtliche Maßnahme nach § 80a III 1 Var. 3 iVm § 80a I Nr. 2 Hs. 2 VwGO in Betracht. Jedoch ist zu bedenken, dass § 80a I Nr. 2 VwGO, der auf § 80 IV VwGO verweist, ausdrücklich nur jene Fälle erfasst, in denen es um die Aussetzung von VAen geht, die entweder kraft Gesetzes oder kraft behördlicher Anordnung sofort vollziehbar sind, also Fälle des § 80 II VwGO. Zu denken wäre hier an den Fall einer sofortigen Vollziehbarkeit kraft Gesetzes nach § 80 II 1 Nr. 3 VwGO iVm § 212a I BauGB. Ein solcher Fall liegt jedoch nicht vor. Denn zwar wird wegen der Konzentrationswirkung der immissionsschutzrechtlichen Genehmigung (§ 13 BImSchG) mit dieser zugleich über die baurechtliche Zulässigkeit des Vorhabens entschieden. Dies macht die immissionsschutzrechtliche Genehmigung jedoch nicht zu einer Baugenehmigung iSd § 212a I BauGB. Da weder aufgrund Gesetzes noch aufgrund einer behördlichen

Anordnung der Suspensiveffekt des Widerspruchs aufgehoben ist, ist kein Raum für eine direkte Anwendung von § 80a III 1 Var. 3 iVm § 80a I Nr. 2 Hs. 2 VwGO.
Jedoch gilt nach hM in Fällen, in denen sich die Begünstigte eines VA über den Suspensiveffekt des Widerspruchs hinwegsetzt, also in Fällen des »faktischen Vollzugs«, § 80a I Nr. 2 VwGO analog. Fraglich ist jedoch, ob hier eine die analoge Anwendung rechtfertigende Fallkonstellation überhaupt vorliegt. Denn ein Ignorieren des Suspensiveffekts kommt nur dann in Betracht, wenn der Widerspruch aufschiebende Wirkung entfaltet. Dies ist umstritten bei einem unzulässigen Widerspruch. Im vorliegenden Fall könnte der Widerspruch wegen einer fehlenden Widerspruchsbefugnis unzulässig sein. Allerdings wird auch von den Befürwortern des Wegfalls der aufschiebenden Wirkung bei unzulässigem Widerspruch gefordert, dass der Zulässigkeitsmangel offensichtlich ist. Wie jedoch zu zeigen sein wird, besteht durchaus noch Klärungsbedarf hinsichtlich der Fragen, welche Anforderungen an die Widerspruchs-/Antragsbefugnis zu stellen sind, wenn Verfahrensmängel gerügt werden, und ob diese im Falle der H gegeben sind. Somit kann von einer offensichtlichen Unzulässigkeit des Widerspruchs der H nicht ausgegangen werden (aA vertretbar). Der Widerspruch entfaltet somit aufschiebende Wirkung. Ein Antrag im vorläufigen Rechtsschutz auf Erlass einstweiliger gerichtlicher Maßnahmen zur Verhinderung der Inbetriebnahme der Anlage ist somit nach § 80a III 1 Var. 3 iVm § 80a I Nr. 2 Hs. 2 VwGO analog statthaft.

2.3 Antragsbefugnis

H ist gem. § 42 II VwGO analog antragsbefugt, wenn die Möglichkeit besteht, dass sie durch die gegenüber U ergangene immissionsschutzrechtliche Genehmigung in ihren Rechten verletzt worden ist.
H hat nicht dargelegt, durch die Verletzung materiell-rechtlicher Normen mit drittschützendem Charakter betroffen zu sein. Zwar weisen Normen des BImSchG, die materiell-rechtliche Anforderungen enthalten, in aller Regel drittschützenden Charakter auf, es fehlt jedoch an entsprechenden Anhaltspunkten im Sachverhalt bzw. an einem dahingehenden Vortrag der H, wonach sie im Einwirkungsbereich der Anlage ansässig oder aus anderen Gründen persönlich mit deren Auswirkungen konfrontiert ist. Der Umstand, dass es sich bei H um eine Einwohnerin einer Nachbargemeinde handelt, reicht hierfür nicht aus, da sich hieraus keine Hinweise auf konkrete räumliche Näheverhältnisse ergeben.
In Betracht kommt lediglich eine Rechtsverletzung aufgrund des Verstoßes gegen Verfahrensvorschriften, in diesem Fall wegen des Verzichts auf den Erörterungstermin. Unabhängig davon, wie dieser Verzicht beurteilt werden muss (s. 1.2.2.3), vermittelt dieser Umstand von vornherein keine Antragsbefugnis. Eine solche könnte sich nur aus § 4 I 1 Nr. 2 Alt. 2 UmwRG ergeben. Wie oben bereits festgestellt, handelt es sich bei der Brauerei um eine Anlage, bei der in Spalte c des Anhangs 1 der Verordnung über genehmigungs-

bedürftige Anlagen ein G eingetragen ist. Somit ergibt sich die Anwendbarkeit des UmwRG aus § 1 S. 1 Nr. 2 Alt. 1 UmwRG. Weitere Voraussetzung fur die Antragsbefugnis der H ist aber, dass die erforderliche Beteiligung der Öffentlichkeit nicht stattfand. Dies wäre aber nur zu bejahen, wenn eine Öffentlichkeitsbeteiligung insgesamt nicht stattgefunden hätte. Jedoch hatte die Bevölkerung die Möglichkeit, Einwendungen vorzubringen. Allein ein Verzicht auf den Erörterungstermin begründete keinen Fehler (aA vertretbar) iSd § 4 I 1 UmwRG. Somit ist H nicht antragsbefugt.

Ergebnis: Der Antrag der H ist unzulässig.

Zu 1: *Jarass* in Jarass (Hrsg.), BImSchG, 12. Aufl. 2017, § 10 Rn. 19 ff.; *Dietlein* in Landmann/Rohmer (Hrsg.), Umweltrecht, 91. EL September 2019, BImSchG § 10 Rn. 33 ff.

Zu 1.2.2.3: VGH Mannheim NuR 2019, 416; *Frenz*, Die Anpassung des BImSchG-Genehmigungsverfahrens an Unionsrecht und Judikatur, UPR 2012, 22; *Füßer/Kindler*, Die Möglichkeiten zur Effektivierung des Erörterungstermins im Rahmen des geltenden Rechts, UPR 2012, 168; *Dippel*, Praxisfragen der Öffentlichkeitsbeteiligung im Genehmigungsverfahren nach dem Bundes-Immissionsschutzgesetz, NVwZ 2010, 145; *Dietlein* in Landmann/Rohmer (Hrsg.), Umweltrecht, 87. EL 2018, 9. BImSchV § 14 Rn. 8 f.; gegen öffentliche Akzeptanz als Zweck der Erörterung *Jarass* in Jarass (Hrsg.), BImSchG, 12. Aufl. 2017, § 10 Rn. 97; *Dietlein* in Landmann/Rohmer (Hrsg.), Umweltrecht, 91. EL September 2019, BImSchG § 10 Rn. 210, 212

Zu 1.2.3.2: *Reidt* in Battis/Krautzberger/Löhr (Hrsg.), BauGB, 14. Aufl. 2019, § 36 Rn. 3

Zu 2.2: OVG Koblenz DVBl 1994, 809 (810); OVG Saarlouis DVBl 1992, 1110; *Schenke*, Rechtsprechungsübersicht zum Verwaltungsprozess – Teil 4, JZ 1996, 1155 (1165); *Schoch*, Der vorläufige Rechtsschutz im 4. VwGO-Änderungsgesetz, NVwZ 1991, 1121 (1125); hinsichtlich der Nichterstreckung von § 212a BauGB auf immissionsschutzrechtliche Genehmigungen OVG Magdeburg BeckRS 2010, 53072; *Hornmann* in Spannowsky/Uechtritz (Hrsg.), BeckOK BauGB, 48. Ed. 1.2.2020, § 212a Rn. 12b; *Jarass* in Jarass (Hrsg.), BImSchG, 12. Aufl. 2017, § 6 Rn. 56, 59, 82; hinsichtlich der aufschiebenden Wirkung unzulässiger Widersprüche *Schoch* in Schoch/Schneider/Bier (Hrsg.), VwGO, 37. EL Juli 2019, § 80 Rn. 78 ff.; *Koehl*, Die aufschiebende Wirkung von Widerspruch und Anfechtungsklage, JA 2016, 610; *Niedzwicki*, Aus der Praxis: Vorläufiger Rechtsschutz und faktische Vollziehung, JuS 2010, 695

Zu 2.3: VG Karlsruhe NuR 2007, 428; VG Frankfurt (Oder) BeckRS 2007, 26604; *Lecheler*, Isolierte Anfechtung von Verfahrensfehlern ohne materielle Beschwer kraft Europarechts?, NVwZ 2005, 1156; *Schmidt-Preuß*, Gegenwart und Zukunft des Verfahrensrechts, NVwZ 2005, 489 (495); letztlich wohl aA, allerdings nur bei einem sehr engen Betroffenenverständnis, OVG Koblenz DÖV 2005, 436; s. auch BT-Drs. 18/5927, 9

Lösungsskizze 33

Die Klage hat Aussicht auf Erfolg, wenn sie zulässig und begründet ist.

1 **Zulässigkeit**

1.1 Verwaltungsrechtsweg, § 40 I 1 VwGO
Die streitentscheidenden Normen stammen aus dem BImSchG und sind damit öffentlich-rechtlich (s. **1**, 1.1).

1.2 Klageart
B begehrt die Aufhebung einer behördlichen Verfügung (VA iSd § 35 VwVfG). Statthafte Klageart ist daher die Anfechtungsklage gem. § 42 I Alt. 1 VwGO.

1.3 Klagebefugnis, § 42 II VwGO
B ist als Adressatin eines belastenden VA klagebefugt, § 42 II VwGO (s. **1**, 1.3).

1.4 Vorverfahren, §§ 68 ff. VwGO
Das nach § 68 I VwGO erforderliche Vorverfahren, soweit ein solches nicht nach Landesrecht ausgeschlossen ist (s. **1**, 1.4), müsste ordnungsgemäß durchgeführt worden sein. Der Widerspruch der B müsste insbesondere fristgemäß eingelegt worden sein. Die Frist beträgt einen Monat (§ 70 I VwGO). Die Fristberechnung richtet sich hier (gem. dem Bearbeitungsvermerk) nach dem VwZG des Bundes, da die Zustellung angeordnet wurde (vgl. § 1 II VwZG Bund). Die Zustellung erfolgte mittels eingeschriebenen Briefs durch die Post, sodass dieser – da hier die Zustellung ohne Rückschein erfolgte – am dritten Tag nach Aufgabe als zugestellt gilt (vgl. § 4 II 2 VwZG Bund). Der Tag der Aufgabe war Donnerstag, der 5.9.2019; mit Ablauf des 8.9.2019 (Sonntag) galt der Brief als zugestellt. Die Regelung des § 31 III VwVfG gilt nur für das Fristende, nicht den Fristbeginn. Die Frist begann damit am 9.9.2019, 0.00 Uhr. Das Fristende war der 8.10.2019, 24.00 Uhr (zur Berechnung s. **6**, 1.1.5). Die Einlegung des Widerspruchs am 8.10.2019 war demnach fristgemäß.

1.5 Klagefrist, § 74 I 1 VwGO
Fraglich ist, ob die Klage der B fristgemäß erfolgte. Mit der Übergabe des Briefs mit dem Widerspruchsbescheid an den Nachbarn am 30.10.2019 könnte eine Zustellung an B erfolgt sein. Grundsätzlich beginnt die Monatsfrist mit Zustellung des Widerspruchsbescheids, § 74 I 1 VwGO. Dabei ist für den Widerspruchsbescheid die Zustellung durch Rechtsvorschrift angeordnet und erfolgt nach dem VwZG des Bundes, § 73 III 2 VwGO, § 1 II Alt. 1 VwZG Bund. Die Zustellung durch einfachen Brief stellt keine Art der Zustellung nach §§ 2 ff. VwZG dar. Da nur eine ordnungsgemäße Zustellung die Frist in Gang setzt und eine Zustellung an Bevollmächtigte gem. § 7 I 1 VwZG Bund mangels Vertretungsvollmacht des Nachbarn

nicht vorliegt, war somit nicht der 30.10.2019, sondern der Zeitpunkt der tatsächlichen Kenntnisnahme durch B (13.11.2019) der für die Zustellung maßgebliche Zeitpunkt (§ 8 VwZG). Die Monatsfrist beginnt demnach am 14.11.2019 und endet am 13.12.2019 (§ 57 II VwGO, § 222 I ZPO, §§ 187 I, 188 II BGB). Die Klageerhebung am 12.12.2019 war daher fristgemäß.

1.6 Beteiligten- und Prozessfähigkeit, §§ 61, 62 VwGO
Für B gelten §§ 61 Nr. 1 Alt. 1, 62 I Nr. 1 VwGO, für das Land §§ 61 Nr. 1 Alt. 2, 62 III VwGO bzw. für die Behörde §§ 61 Nr. 3, 62 III VwGO (s. **1**, 1.6).

1.7 Klagegegner, § 78 I VwGO
Die Klage ist je nach landesrechtlicher Ausgestaltung gegen das Land bzw. gegen die Behörde zu richten (s. **1**, 1.7).

Ergebnis: Die Klage ist als Anfechtungsklage zulässig. N ist gem. § 65 II VwGO notwendig beizuladen.

2 **Begründetheit**
Die Anfechtungsklage ist begründet, soweit der VA rechtswidrig und B dadurch in ihren Rechten verletzt ist (§ 113 I 1 VwGO). Problematisch ist hier allein die materielle Rechtmäßigkeit des VA.

2.1 Ermächtigungsgrundlage
B wendet sich gegen das nächtliche Betriebsverbot. Dieses könnte als Teilbetriebsuntersagung zu qualifizieren sein, sodass § 25 II BImSchG als Ermächtigungsgrundlage in Betracht kommt (lex specialis zu § 24 BImSchG). Voraussetzung ist, dass es sich bei der Tankstelle um eine vom BImSchG erfasste Anlage, und zwar um eine nicht genehmigungsbedürftige Anlage handelt. Die Tankstelle unterfällt dem Geltungsbereich des § 2 I Nr. 1 BImSchG und dem Anlagenbegriff des § 3 V Nr. 1 BImSchG. Da die Tankstelle nicht unter die genehmigungsbedürftigen Anlagen nach § 4 BImSchG iVm § 1 I 1 und den Anhang 1 der 4. BImSchV fällt, ist § 25 II BImSchG als Ermächtigungsgrundlage anwendbar.

2.2 Tatbestand

2.2.1 Vorliegen von Umwelteinwirkungen
Gemäß § 25 II BImSchG müssten von der Tankstelle schädliche Umwelteinwirkungen iSd § 3 I BImSchG ausgehen, die die Gesundheit von Menschen gefährden. Nach § 3 I BImSchG zählen dazu bestimmte schädliche Immissionen. Immissionen umfassen auch auf den Menschen einwirkende Geräusche (§ 3 II BImSchG).

2.2.2 Schädlichkeit der Umwelteinwirkungen
Umwelteinwirkungen sind schädlich, wenn sie nach Art, Ausmaß oder Dauer geeignet sind, erhebliche Nachteile oder erhebliche Belästigungen für die Allgemeinheit oder die Nachbarschaft herbeizuführen (§ 3 I BImSchG). Diese Geeignetheit stellt einen unbestimmten Rechtsbegriff dar. Konkretisiert wird die Schädlichkeitsgrenze gem. § 48 I 1 Nr. 1 BImSchG durch die Technischen Anleitungen

(TA), hier die TA-Lärm. Diese gilt für genehmigungsbedürftige wie nicht genehmigungsbedürftige Anlagen und findet auch im Rahmen der hier angeordneten Teiluntersagung Anwendung (Nr. 1 S. 2, S. 3 lit. b bb TA Lärm).

Wegen der gemischten Gewerbe- und Wohnbebauung, die die örtlichen Verhältnisse als Misch- oder Dorfgebiet qualifizieren lässt (§§ 6, 5 BauNVO), ist der Einwirkungsbereich der Tankstelle nach Nr. 6.1 S. 1 lit. d TA-Lärm einzuordnen. Daher liegen die Immissionsrichtwerte nachts bei 45 dB(A), für kurzzeitige Geräuschspitzen gem. Nr. 6.1 S. 2 TA-Lärm bei 65 dB(A). Die gemessenen Werte von bis zu 97 dB(A) liegen deutlich jenseits dieser zumutbaren Obergrenze und sind mehr als doppelt so hoch wie die nachts gewöhnlich geltenden Immissionsrichtwerte. Bei den anfallenden Geräuschen handelt es sich um allnächtlichen Lärm des An- und Abfahrtsverkehrs sowie des Autobetriebs und nicht etwa um seltene Geräuschspitzen.

Diese Lärmeinwirkungen müssten eine Gesundheitsgefahr begründen. Dies erfordert eine hinreichende Wahrscheinlichkeit, dass konkrete Gesundheitsschädigungen durch den Lärm hervorgerufen werden, reine Belästigungen werden nicht erfasst. Auch hier können die Grenzwerte der TA Lärm herangezogen werden. Ein hoher Lärmpegel zur Nachtzeit kann aufgrund der hieraus resultierenden Beeinträchtigung des Schlafs und der durch den Schall hervorgerufenen Stressreaktionen die Gesundheit der Betroffenen schädigen. Chronische Lärmbelastung kann zahlreiche gesundheitliche Langzeitfolgen hervorrufen, wie beispielsweise Herzkrankheiten und Bluthochdruck.

Fraglich ist, ob die baurechtliche Illegalität des Fensters dem N die Schutzwürdigkeit nimmt. Eine Überschreitung der Immissionsrichtwerte im Schlafzimmer des N und damit seine konkrete Gesundheitsgefährdung, wird erst dadurch begründet, dass die Geräusche durch ein nicht genehmigtes und auch nicht genehmigungsfähiges Fenster eindringen. Ohne den baurechtswidrigen Zustand, dh ohne Fenster, würde die Mauer die von dem Tankstellenbetrieb ausgehenden Geräusche abhalten. Nach Auffassung der Rspr. lässt diese fehlende Schutzwürdigkeit bereits den Tatbestand der schädlichen Umwelteinwirkungen gem. § 25 II BImSchG entfallen und ist nicht erst im Rahmen des Ermessens zu berücksichtigen. Der Grund hierfür ist, dass die Rechtsordnung gerade nicht vor Beeinträchtigungen schützen soll, die erst durch ein rechtswidriges Handeln des Betroffenen überhaupt entstehen konnten. Damit liegt keine schädliche Umwelteinwirkung vor.

2.2.3 Verwirkung des Abwehrrechts des B

Fraglich ist, ob sich B hier überhaupt auf die Baurechtswidrigkeit des Fensters des N berufen kann oder ob eine Form der Verwirkung vorliegt, indem B das baurechtswidrige Fenster über zehn Jahre hinweg unbeanstandet gelassen hat. Eine solche Verwirkung könnte nur vorliegen, wenn B ein Einschreiten der Behörde gegen den baurechtswidrigen Zustand verlangen würde, es aber versäumt hätte, rechtzeitig dagegen vorzugehen. Vorliegend verlangt B jedoch kein Einschreiten gegen das baurechtswidrige Fenster des N, sondern bestreitet die Befugnis der Behörde zum Einschreiten gegen sie selbst. Die Anerkennung einer Verwirkung, wie hier von der Widerspruchsbehörde vertreten, würde dazu führen, dass die rechtmäßige Anlagenbetreiberin als Störerin und der baurechtswidrige Nutzer als Nichtstörer dastünden.

Ergebnis: Die Teilbetriebsuntersagung gegenüber B ist rechtwidrig und verletzt die B in ihren Rechten. Die Anfechtungsklage ist begründet. Sie hat Aussicht auf Erfolg.

Zu 1.5: *Meissner/Schenk* in Schoch/Schneider/Bier (Hrsg.), VwGO, 37. EL Juli 2019, § 74 Rn. 24; *Schlatmann* in Engelhardt/App/Schlatmann (Hrsg.), VwVG/VwZG, 11. Aufl. 2017, VwZG § 8 Rn. 1

Zu 2: BVerwGE 91, 92 = NJW 1993, 342; BVerwG NVwZ 2000, 1054

Zu 2.2 *Sparwasser/Heilshorn* in Landmann/Rohmer (Hrsg.), Umweltrecht, 90. EL Juni 2019, BImschG § 25 Rn. 43 ff.

Zu 2.2.2: BVerwGE 81, 197 = NJW 1989, 1291; BVerwGE 90, 53 = NVwZ 1992, 886; BVerwGE 90, 163 = NJW 1992, 2779; OVG Münster DÖV 2008, 730 (für den Fall baurechtswidriger Nutzung)

Zu 2.2.3: OVG Münster NVwZ-RR 2006, 236; *Erfmeyer*, Die späte Geltendmachung von behördlichen Eingriffsrechten – Verjährung und Verwirkung durch Zeitablauf, VR 1999, 48

Lösungsskizze 34

1 **Erfolgsaussichten einer Klage des A**
Die Klage des A hat Aussicht auf Erfolg, wenn sie zulässig und begründet ist.

1.1 Zulässigkeit

1.1.1 Verwaltungsrechtsweg, § 40 I 1 VwGO
Die streitentscheidenden Normen des WHG und BNatSchG sind öffentlich-rechtlich (s. **1**, 1.1).

1.1.2 Klageart
Die statthafte Klageart bestimmt sich nach dem klägerischen Begehren, § 88 VwGO. A begehrt die Genehmigung seines Vorhabens oder wenigstens eine Neubescheidung. Das Anlegen von Fischteichen ist ein Ausbau eines Gewässers iSd § 67 II WHG und bedarf nach § 68 I WHG der vorherigen Durchführung eines Planfeststellungsverfahrens, das durch einen VA abgeschlossen wird (vgl. §§ 74 I, 9 VwVfG des Bundes). A begehrt einen positiven Abschluss, dh die Erteilung einer Genehmigung. Statthafte Klageart ist daher die Verpflichtungsklage gem. § 42 I Alt. 2 VwGO.

1.1.3 Klagebefugnis, § 42 II VwGO
Ein Anspruch des A auf Genehmigung seines Vorhabens erscheint nach § 68 WHG nicht von vornherein ausgeschlossen.

1.1.4 Vorverfahren, §§ 68 ff. VwGO
Ein Vorverfahren wurde (soweit erforderlich) ordnungsgemäß durchgeführt.

1.1.5 Klagefrist, § 74 II, I 1 VwGO
Die Klage ist binnen Monatsfrist nach Zustellung des Widerspruchsbescheids zu erheben.

1.1.6 Beteiligten- und Prozessfähigkeit, §§ 61, 62 VwGO
Für A gelten §§ 61 Nr. 1 Alt. 1, 62 I Nr. 1 VwGO, für das Land §§ 61 Nr. 1 Alt. 2, 62 III VwGO bzw. für die Behörde § 61 Nr. 3 in Verbindung mit Landesrecht, § 62 III VwGO (s. **1**, 1.6).

1.1.7 Klagegegner, § 78 I VwGO
Die Klage ist je nach landesrechtlicher Ausgestaltung gem. § 78 I Nr. 1 VwGO gegen das Land bzw. gegen die Behörde gem. § 78 I Nr. 2 in Verbindung mit Landesrecht zu richten (s. **1**, 1.7).

Ergebnis: Die Klage ist als Verpflichtungsklage zulässig.

1.2 Begründetheit
Die Klage ist begründet, soweit die Ablehnung der Genehmigung rechtswidrig und A dadurch in seinen Rechten verletzt war (§ 113 V 1 VwGO).

1.2.1 Rechtswidrigkeit der Ablehnung der Genehmigung

Die Genehmigung nach § 68 I, III WHG ist nicht nur dann zu versagen, wenn spezifisch wasserhaushaltsrechtliche Genehmigungsvoraussetzungen nicht erfüllt sind, sondern auch dann, wenn andere öffentlich-rechtliche Vorschriften verletzt werden würden (§ 68 III Nr. 2 WHG). Es kann damit dahingestellt bleiben, ob ein etwaiger Verstoß gegen Naturschutzbelange einen Verstoß unter dem Gesichtspunkt des Wohls der Allgemeinheit nach § 68 III Nr. 1 WHG darstellt. Die Prüfung der Einhaltung naturschutzrechtlicher Vorschriften ist nicht Gegenstand eines besonderen naturschutzrechtlichen Verfahrens, sondern in das wasserhaushaltsrechtliche Planfeststellungsverfahren zu integrieren (§ 17 I BNatSchG – sog. Huckepacklösung). Es ist somit festzustellen, ob das Vorhaben gegen das Naturschutzrecht verstößt.

1.2.1.1 Eingriff in Natur und Landschaft

Die Anlegung eines Fischteichs erfüllt die Voraussetzungen eines Eingriffs in Natur und Landschaft gem. § 14 I BNatSchG, wenn es sich dabei um eine Landschaftsveränderung handelt, von der eine erhebliche Beeinträchtigung der Leistungs- und Funktionsfähigkeit des (bestehenden) Naturhaushalts ausgeht. Dies ist bei der Anlage von Gewässern von nicht lediglich geringfügigen Ausmaßen zu bejahen; die Beeinträchtigung der Funktionsfähigkeit des Naturhaushalts ergibt sich aus dem Umstand, dass bisher dort siedelnde Vogelarten verdrängt werden würden. Das Vorliegen eines Eingriffs wird auch nicht durch die Landwirtschaftsklausel des § 14 II BNatSchG ausgeschlossen, da diese nicht die Neuherstellung bzw. Veränderung der Natur zur späteren Nutzung erfasst.

1.2.1.2 Untersagung des Eingriffs

Der Eingriff ist gem. § 15 V BNatSchG zu untersagen, wenn die mit ihm verbundenen Beeinträchtigungen nicht zu vermeiden oder nicht auszugleichen oder zu ersetzen sind und bei einer Abwägung die Belange des Naturschutzes im Range vorgehen.

1.2.1.2.1 Laut Gutachten würde die Lebensgrundlage der Vögel durch den Ausbau in diesem Tal zerstört. Ohne Zerstörung der Feuchtwiesen lässt sich der Bau der Fischteiche nicht realisieren, sodass die Beeinträchtigungen der Vogelwelt iSd § 15 I 2 BNatSchG unvermeidbar sind.

1.2.1.2.2 Ein Ausgleich iSd § 15 II 1 Var. 1, 2 BNatSchG (zB durch Schaffung anderer Feuchtwiesen am selben Ort) ist laut Gutachten geographisch nicht möglich. Ebenso wenig kommt laut Sachverhalt eine Kompensation in sonstiger Weise (Ersetzung iSd § 15 II 1 Var. 2, 3 BNatSchG: gleichwertige naturschützende Maßnahmen idR im räumlichen Zusammenhang mit dem Eingriff) in Betracht.

1.2.1.2.3 Ferner müssten die Belange des Naturschutzes und der Landespflege bei der Abwägung aller Anforderungen an Natur und Landschaft im Range vorgehen (§ 15 V BNatSchG). Eine solche Abwä-

gungsentscheidung ist – soweit, wie hier, die Entscheidung im Rahmen einer Planfeststellung getroffen wird – gerichtlich nur daraufhin überprüfbar, ob eine Abwägung überhaupt stattgefunden hat und ob sämtliche relevante Gesichtspunkte in die Abwägung eingestellt, richtig bewertet sowie in der Entscheidung in ein dieser Wertung entsprechendes Verhältnis gebracht worden sind.
Fraglich ist, ob in diese Abwägung Gesichtspunkte der wirtschaftlichen Bedeutung eines Projekts und die damit verbundenen ökonomischen Interessen des Antragstellers einzubeziehen sind. Nach dem Wortlaut des § 15 V BNatSchG sind alle »Anforderungen an Natur und Landschaft« in die Abwägung einzustellen. Ob und inwieweit damit ökonomische Gesichtspunkte und private Belange der Antragsteller erfasst sind, ist streitig. Bei der Auslegung ist zu bedenken, dass die Entscheidung der Behörde über die Zulässigkeit seines Vorhabens auch das Nutzungsrecht des A an seinem Grundstück berührt. Dadurch ist er in seinem Grundrecht aus Art. 14 I GG betroffen. Dieser mögliche Eingriff gebietet eine verfassungskonforme Auslegung des § 15 V BNatSchG, sodass in der Abwägung auch private Belange zu berücksichtigen sind. Dies folgt auch aus dem Gebot rechtsstaatlicher Planung. Welches Gewicht diese Belange dann entfalten, dh inwiefern die (regional-) wirtschaftliche Bedeutung des Vorhabens zu berücksichtigen ist, muss dem Einzelfall überlassen bleiben und kann an dieser Stelle nicht geklärt werden. Jedoch hat die Behörde diesen Belang schon von vornherein für nicht berücksichtigungsfähig erklärt und damit nicht in die Abwägung eingestellt.
Somit war die Abwägung im Rahmen des § 15 V BNatSchG fehlerhaft. Die Verweigerung der Ausbaugenehmigung ist insofern rechtswidrig.

1.2.2 Verletzung von Rechten des A
A ist durch die rechtswidrige Ablehnung der Genehmigung in seinen Rechten aus § 68 III WHG verletzt.

Ergebnis: Die Verpflichtungsklage ist begründet. Mangels Spruchreife wird das Gericht der Behörde aufgeben, A unter Beachtung der Rechtsauffassung des Gerichts neu zu bescheiden (§ 113 V 2 VwGO).

2 Erfolgsaussichten einer Klage
Die Klage des N hat Aussicht auf Erfolg, wenn sie zulässig und begründet ist.

2.1 Zulässigkeit einer Klage

2.1.1 Verwaltungsrechtsweg, § 40 I 1 VwGO
Die streitentscheidenden Normen des BNatSchG und VwVfG sind öffentlich-rechtlich (s. **1**, 1.1).

2.1.2 Klageart
Die statthafte Klageart richtet sich nach dem klägerischen Begehren (§ 88 VwGO). Bei der Genehmigung handelt es sich um einen VA (§ 35 VwVfG), sodass die Anfechtungsklage statthafte Klageart ist (§ 42 I Alt. 1 VwGO).

2.1.3 Klagebefugnis, § 42 II VwGO

2.1.3.1 Die Klagebefugnis könnte zunächst auf § 64 I iVm § 63 II Nr. 6 BNatSchG gestützt werden, da bei Vorliegen von deren Voraussetzungen die Geltendmachung eigener Rechte iSd § 42 II VwGO entbehrlich ist. Da N jedoch nicht geltend macht, dass die Genehmigung gegen materiell naturschutzrechtliche Normen verstößt (§ 64 I Nr. 1 BNatSchG), liegen die Voraussetzungen des § 64 I BNatSchG nicht vor.

2.1.3.2 Eine Verletzung eigener Rechte des N könnte jedoch wegen der Nichtbeteiligung am Genehmigungsverfahren vorliegen. Das Recht auf Beteiligung folgt aus § 63 II Nr. 6 BNatSchG. Diese Norm räumt den anerkannten Verbänden ein subjektives öffentliches Recht ein, dessen Verletzung den Verbänden auch nach Abschluss des Verwaltungsverfahrens die Klagebefugnis eröffnet. An dieser Rechtslage hat sich durch Einräumung der Klagemöglichkeit nach § 64 BNatSchG nichts geändert. Denn diese Norm ermöglicht lediglich eine altruistische Verbandsklage, die eine Verletzung eigener Rechte nicht zwingend zur Voraussetzung hat. Da mit der Festschreibung eines eigenständigen Beteiligungsrechts auch in der Neufassung des BNatSchG klargestellt wurde, dass dem Verein weiterhin ein dahingehendes subjektives Recht zustehen soll, kann gegen dessen Verletzung auch weiterhin die (egoistische) Partizipationsklage erhoben werden. Somit ist der Verband klagebefugt.

2.1.4 Vorverfahren, §§ 68 ff. VwGO
Soweit erforderlich ist ein Vorverfahren noch durchzuführen.

2.1.5 Klagefrist, § 74 I 1 VwGO
Die Monatsfrist ist zu beachten.

2.1.6 Beteiligten- und Prozessfähigkeit, §§ 61, 62 VwGO
Für den N gelten §§ 61 Nr. 1 Alt. 1, 62 III VwGO, für das Land §§ 61 Nr. 1 Alt. 2, 62 III VwGO bzw. für die Behörde §§ 61 Nr. 3 in Verbindung mit Landesrecht, 62 III VwGO (s. **1**, 1.6).

2.1.7 Klagegegner, § 78 I VwGO
Die Klage ist je nach landesrechtlicher Ausgestaltung gem. § 78 I Nr. 1 VwGO gegen das Land bzw. gegen die Behörde gem. § 78 I Nr. 2 in Verbindung mit Landesrecht zu richten (s. **1**, 1.7).

Ergebnis: Die Klage ist als Anfechtungsklage zulässig.

2.2 Begründetheit
Die Klage ist begründet, soweit die Genehmigung rechtswidrig und N dadurch in seinen Rechten verletzt ist (§ 113 I 1 VwGO).

2.2.1 Ermächtigungsgrundlage
Die Ermächtigungsgrundlage für die Genehmigung des Vorhabens ergibt sich aus § 68 I, III WHG (s. 1.1.2, 1.2).

2.2.2 Formelle Rechtmäßigkeit
Bedenken hinsichtlich Zuständigkeit und Form bestehen nicht. Da das Beteiligungsrecht des N nach § 63 II Nr. 6 BNatSchG verletzt

wurde, leidet der VA unter einem Verfahrensfehler. Er ist daher formell rechtswidrig.

Die Aufhebung der Genehmigung könnte jedoch nach § 46 LVwVfG bzw. der Parallelvorschriften[1] ausgeschlossen sein. Solange das Bundesnaturschutzrecht Naturschutzvereinen lediglich ein Beteiligungsrecht zusprach, aber nicht die Möglichkeit einer altruistischen Verbandsklage einräumte, wurde eine Verletzung des Beteiligungsrechts als absoluter Verfahrensfehler eingestuft, der die Anwendung der jeweiligen § 46 LVwVfG bzw. der entsprechenden landesrechtlichen Vorschriften ausschloss. Anderenfalls wäre das Beteiligungsrecht entwertet worden. Mit der Einführung der altruistischen Verbandsklage im BNatSchG 2002 sind die Verbände jedoch nicht mehr darauf beschränkt, die ihnen eingeräumten Verfahrenspositionen zu verteidigen, sondern können eine Verwaltungsentscheidung auch anhand der Kriterien des materiellen Rechts überprüfen lassen (s. § 64 BNatSchG). Unter dieser Rechtslage gibt es keinen Grund, einem Beteiligungsfehler ein stärkeres Gewicht zuzuerkennen als sonstigen Verfahrensmängeln. § 46 LVwVfG (bzw. die im jeweiligen Landesrecht entsprechende Vorschrift) ist somit anwendbar.

Nach den Sachverhaltsangaben hätte eine Beteiligung des N keinen Einfluss auf die Entscheidung in der Sache gehabt. Da nach der Sachverhaltsschilderung keine anderen Rechtsfehler in Betracht zu ziehen sind, kann eine Aufhebung der Genehmigung nicht beansprucht werden.

Ergebnis: Die Klage ist unbegründet. Sie hat keine Aussicht auf Erfolg.

Zu 1.1.2: *Peters*, Planfeststellung und Plangenehmigung, VR 2017, 37

Zu 1.2: *Müggenborg/Hentschel*, Neues Wasser- und Naturschutzrecht, NJW 2010, 961

Zu 1.2.1: BVerwGE 55, 220 = NJW 1978, 2308; BVerwGE 81, 347 = NVwZ 1989, 1061; BVerwGE 85, 155 = NVwZ 1991, 362; BVerwG NVwZ 2005, 84; VGH Kassel KommJur 2016, 79

Zu 1.2.1.2: *Hendler/Brockhoff*, Die Eingriffsregelung des neuen Bundesnaturschutzgesetzes, NVwZ 2010, 733 (738); *Anger*, Die neue naturschutzrechtliche Eingriffsregelung gem. §§ 18 ff. BNatSchG 2002, NVwZ 2003, 319

Zu 1.2.1.2.3: BVerwGE 85, 348 (361 ff.) = NVwZ 1991, 364; BVerwGE 128, 76 = ZUR 2007, 319; *Sparwasser/Engel/Voßkuhle*, Umweltrecht, 5. Aufl. 2003, § 6 Rn. 150; *Gellermann* in Landmann/Rohmer (Hrsg.), Umweltrecht, 91. EL September 2019, BNatschG § 15 Rn. 44

Zu 2.1.3: VGH Mannheim NVwZ-RR 2012, 268; *Michael*, Fordert § 61 Bundesnaturschutzgesetz eine neue Dogmatik der Verbandsklagen?, Verw 37 (2004), 35 (48 f.); *Wilrich*, Vereinsbeteiligung und Vereinsklage im neuen Bundesnaturschutzgesetz, DVBl 2002, 872;

1 **Berlin:** § 1 I VwVfG Bln iVm § 46 VwVfG; **Brandenburg:** § 1 I VwVfGBbg iVm § 46 VwVfG; **Niedersachsen:** § 1 I, II NVwVfG iVm § 46 VwVfG; **Rheinland-Pfalz:** § 1 I LVwVfG iVm § 46 VwVfG; **Sachsen:** § 1 SächsVwVfZG iVm § 46 VwVfG; **Sachsen-Anhalt:** § 1 I 1 VwVfG LSA iVm § 46 VwVfG; **Schleswig-Holstein:** § 115 LVwG.

	aA *Wahl/Hönig*, Entwicklung des Fachplanungsrechts, NVwZ 2006, 161 (166)
Zu 2.2.2:	BVerwG DVBl 2002, 990 (992); VGH Mannheim NVwZ-RR 2012, 268; *Stüer*, Die naturschutzrechtliche Vereinsbeteiligung und Vereinsklage, NuR 2002, 708 (711); *Schemmer* in Bader/Ronellenfitsch (Hrsg.), BeckOK VwVfG, 46. Aufl. 2020, § 46 Rn. 30

Lösungsskizze 35

1 **Rechtmäßigkeit der Beseitigungsanordnung**

Die Beseitigungsanordnung ist rechtmäßig, wenn eine Ermächtigungsgrundlage vorhanden und diese formell und materiell rechtmäßig angewendet worden ist.

1.1 Ermächtigungsgrundlage

Das Handeln der Behörde könnte auf § 9 II 1 iVm § 4 III 1 BBodSchG gestützt werden. Die Subsidiaritätsklausel des § 3 I BBodSchG schließt die Anwendung des BBodSchG allerdings aus, wenn Einwirkungen auf den Boden in anderen Gesetzen geregelt sind. Im vorliegenden Fall sollen tieferliegende Bodenschichten kontrolliert werden, um letztlich eine mögliche Verunreinigung des angrenzenden Grundwassers feststellen zu können. Insofern greift keine Subsidiaritätsregelung ein, insbesondere ist im Katalog des § 3 I BBodSchG kein Vorrang des Wasserrechts erwähnt. Andererseits ist das Ziel der Untersuchung die Überprüfung des Grundwassers. Die Sanierung von Gewässern bestimmt sich aber nach dem Wasserrecht (§ 4 IV 3 BBodSchG). Diese Vorschrift stellt zwar nicht auf Untersuchungsmaßnahmen ab, jedoch gilt für Vorfeldmaßnahmen von Sanierungen unter dem Gesichtspunkt des Sachzusammenhangs die gleiche Sichtweise, wenn Wasser- und Bodenrecht voneinander abzugrenzen sind. Bedenkt man jedoch, dass gerade die Bodenverunreinigung zu einer Gewässerverunreinigung führt und das BBodSchG auch die Sanierung von Gewässerverunreinigungen erfasst, die auf schädliche Bodenveränderungen zurückzuführen sind (§ 1 S. 2 BBodSchG), spricht der Gesetzeszweck für eine Anwendung des Bodenschutzrechts. Daher stützt die überwiegende Meinung Maßnahmen bezüglich des Grundwassers auf das BBodSchG, sofern dessen Verunreinigung Folge einer Bodenbeeinflussung ist.

Im Ergebnis kommen somit § 9 II 1 iVm § 4 III 1 BBodSchG als Ermächtigungsgrundlage in Betracht. Die grundsätzliche Zweistufigkeit der Gefährdungsabschätzung, die in den Absätzen von § 9 BBodSchG geregelt ist, wird nicht umgangen, da die konkreten Anhaltspunkte sogleich eine Anordnung nach Abs. 2 erlauben.

1.2 Formelle Rechtmäßigkeit

Die Verfügung wurde von der zuständigen Behörde erlassen. Bedenken hinsichtlich Form und Verfahren ergeben sich nicht; insbesondere hat eine Anhörung (§ 28 I LVwVfG bzw. die landesrechtlichen Parallelvorschriften) stattgefunden. Die Beseitigungsanordnung ist formell rechtmäßig.

1.3 Materielle Rechtmäßigkeit

1.3.1 Tatbestand

§ 9 II 1 BBodSchG verlangt den hinreichenden Verdacht einer schädlichen Bodenveränderung aufgrund konkreter Anhaltspunkte.

Der Verdacht ist nach den Sachverhaltsangaben zu bejahen. Fraglich ist, ob er sich auf eine schädliche Bodenveränderung bezieht. Die Legaldefinition des Bodens in § 2 I BBodSchG erfasst das Grundwasser nicht. Allerdings erfüllt der Boden nach § 2 II Nr. 1 lit. b und lit. c BBodSchG wasserbezogene Funktionen. Demzufolge lassen sich die Voraussetzungen des § 9 II 1 iVm § 2 III BBodSchG auch auf den Fall einer drohenden Gewässerverunreinigung erstrecken, wenn diese Gefahr auf einer Bodenveränderung beruht. Dies ist hier der Fall; der Gefahrentatbestand ist zu bejahen.

1.3.2 Rechtsfolge

§ 9 II 1 BBodSchG bestimmt, dass nur die in § 4 III, V und VI BBodSchG genannten Personen in Anspruch genommen werden können. Nach § 4 III 1 Alt. 3 BBodSchG ist danach auch die Grundstückseigentümerin, hier A, verpflichtet. Die Voraussetzungen von § 9 II 1 BBodSchG liegen somit vor.

Die Behörde wird nach dem Wortlaut der Norm ermächtigt, den verantwortlichen Personen die Pflicht zur Durchführung der notwendigen Untersuchungen aufzuerlegen. Vorliegend soll A die Untersuchung aber nicht selbst durchführen, sondern lediglich die Betondecke entfernen. Diese der eigentlichen Untersuchung vorgelagerte, aber notwendige Maßnahme kann als von A zu erbringende Mitwirkungshandlung ebenso auf § 9 II 1 iVm § 4 III 1 BBodSchG gestützt werden.

Die Anordnung der Maßnahme steht im Ermessen der Behörde, § 40 LVwVfG bzw. die landesrechtlichen Parallelvorschriften. Die Entscheidung ist somit auf Ermessensfehler zu überprüfen. Während die Ausübung des Entschließungsermessens keinen Bedenken unterliegt, könnte die Behörde bei der Störerauswahl ermessensfehlerhaft gehandelt haben, als sie A und nicht M herangezogen hat, die sich das Verhalten des Handlungsstörers F (§ 4 III 1 Alt. 1 BBodSchG) zurechnen lassen muss (str.).

Zur Frage der Rangfolge der Verantwortlichen gibt das BBodSchG keine Antwort; die Reihenfolge aus § 4 III BBodSchG stellt keine Rangfolge dar. Bei einem Nebeneinander von mehreren Störern steht die Inanspruchnahme mithin im pflichtgemäßen Ermessen der Behörde. Es werden verschiedene Ansichten vertreten, wie dieses Ermessen zu betätigen sei: eine jeweils nur anteilige Verantwortlichkeit, Verhaltens- vor Zustandsstörer, Doppelstörer vor einfachem Störer oder Störerauswahl nach dem Kriterium der effektivsten Gefahrenbeseitigung. Allen diesen Kriterien ist gemein, dass sie bei der Suche nach einer verhältnismäßigen Auswahlentscheidung zu berücksichtigen sind. Letztlich muss sich die Störerauswahl somit am Grundsatz der Verhältnismäßigkeit ausrichten.

Die Auswahl der A vermag die Entfernung der Betondecke zumindest zu fördern und ist daher geeignet. Ob eine Auswahl der M ein milderes und gleich wirksames Mittel wäre, lässt sich dem Sachverhalt nicht ohne Unterstellungen entnehmen. Für die Bejahung der Erforderlichkeit der Auswahl der A spricht, dass die Maßnahme auf ihrem Grundstück erfolgen soll; allerdings wohnt sie in einer anderen Stadt, sodass von ihr keine schnellere Durchführung der Maßnahme zu erwarten ist. Leichter zu beurteilen ist die Angemessenheit. A ist als Grundstückseigentümerin selbst Unfallopfer geworden. M hingegen hat den Gefahrenverdacht allein und schuldhaft verursacht. Sie ist als schadensnäher anzusehen und auch genauso gut und schnell in der Lage, die Betondecke zu entfernen. Unter Abwägung aller Aspekte erscheint die Auswahl der A als unangemessen und daher ermessensfehlerhaft.

Ergebnis: Die Beseitigungsanordnung war materiell rechtswidrig.

2 Rechtmäßigkeit der Androhung der Ersatzvornahme

Die Androhung der Ersatzvornahme ist rechtmäßig, wenn hierfür eine Ermächtigungsgrundlage vorliegt, und diese formell und materiell rechtmäßig angewendet worden ist.

2.1 Ermächtigungsgrundlage

Die Ermächtigung für die Androhung von Zwangsmitteln ist im jeweiligen Landesrecht normiert.[1]

2.2 Formelle Rechtmäßigkeit

Die Androhung ist formell unbedenklich. Die Behörde, die den GrundVA (Beseitigungsanordnung) erlassen hat, ist auch für dessen Vollzug zuständig.[2] Es wurden zudem die voraussichtlichen Kosten der Ersatzvornahme angegeben.[3]

2.3 Materielle Rechtmäßigkeit

Eine Grundverfügung liegt mit der Anordnung, die Betondecke abzutragen, vor. Sie ist auch wirksam, also bekanntgegeben und,

---

1 **Baden-Württemberg:** § 20 I 1 BWLVwVG; **Bayern:** Art. 36 I 1 VwZVG; **Berlin:** § 8 I 1 BlnVwVfG iVm § 13 I 1 VwVG Bund; **Brandenburg:** § 28 I 1 VwVGBbg; **Bremen:** § 17 I 1 BremVwVG; **Hamburg:** § 8 I 1 HmbVwVG; **Hessen:** § 53 I 1 HSOG; **Mecklenburg-Vorpommern:** § 110 VwVfG M-V iVm § 87 I 1 SOG M-V; **Niedersachsen:** § 70 I NVwVG iVm § 70 I 1 NPOG; **Nordrhein-Westfalen:** § 63 I 1 VwVG NRW; **Rheinland-Pfalz:** § 66 I 1 LVwVG; **Saarland:** § 19 I 1 SVwVG; **Sachsen:** § 20 I 1 SächsVwVG; **Sachsen-Anhalt:** § 71 I VwVG iVm § 59 I 1 SOG LSA; **Schleswig-Holstein:** § 236 I 1 LVwG; **Thüringen:** § 46 I 1 ThürVwZVG.

2 **Baden-Württemberg:** § 4 I BWLVwVG; **Bayern:** Art. 30 I 1 Hs. 1 VwZVG; **Berlin:** § 8 I 1 BlnVwVfG iVm § 7 I Hs. 1 VwVG Bund; **Brandenburg:** § 26 I Hs. 1 VwVGBbg; **Bremen:** § 12 I 1 BremVwVG; **Hamburg:** § 4 HmbVwVG iVm Ziff. I Abs. 1 Nr. 2 der Anordnung über Vollstreckungsbehörden iVm § 4 I 1 HmbBodSchG; **Hessen:** § 47 III 1 HSOG; **Mecklenburg-Vorpommern:** § 110 VwVfG M-V iVm § 82 SOG M-V; **Niedersachsen:** § 70 I NVwVG iVm § 64 III 1 NPOG; **Nordrhein-Westfalen:** § 56 I Hs. 1 VwVG NRW; **Rheinland-Pfalz:** § 4 II 1 Hs. 1 LVwVG; **Saarland:** § 14 I SVwVG; **Sachsen:** § 4 I 1 Nr. 3 SächsVwVG; **Sachsen-Anhalt:** § 71 II 1 VwVG iVm § 53 III 1 SOG LSA; **Schleswig-Holstein:** § 231 Hs. 1 LVwG; **Thüringen:** § 43 I Hs. 1 ThürVwZVG.

3 **Baden-Württemberg:** § 20 V BWLVwVG; **Bayern:** Art. 36 IV 1 VwZVG; **Berlin:** § 8 I 1 BlnVwVfG iVm § 13 IV 1 VwVG Bund; **Brandenburg:** § 28 V VwVGBbg; **Bremen:** § 17 V 1 BremVwVG; **Hamburg:** nicht ausdrücklich vorgeschrieben, § 13 II HmbVwVG sieht die Kostenfestsetzung vor; **Hessen:** § 53 IV HSOG; **Mecklenburg-Vorpommern:** § 110 VwVfG M-V iVm § 87 VI 1 SOG M-V; **Niedersachsen:** § 70 I NVwVG iVm § 70 IV NPOG; **Nordrhein-Westfalen:** § 63 IV VwVG NRW; **Rheinland-Pfalz:** § 66 IV LVwVG; **Saarland:** § 19 IV 1 SVwVG; **Sachsen:** § 20 V SächsVwVG; **Sachsen-Anhalt:** § 71 I VwVG iVm § 59 IV SOG LSA; **Schleswig-Holstein:** § 236 VI 1 LVwG; **Thüringen:** § 46 V 1 ThürVwZVG.

obgleich rechtswidrig, nicht nichtig (§ 44 I LVwVfG bzw. die entsprechenden landesrechtlichen Vorschriften[4]). Fraglich ist, ob sie auch rechtmäßig sein muss (s. **4**, 2.3.2). Diese Frage stellt sich für den Fall, dass der GrundVA sofort vollziehbar und noch nicht unanfechtbar geworden ist. Die überwiegende Meinung erachtet die Rechtmäßigkeit des GrundVA aber nicht als Voraussetzung der Rechtmäßigkeit des Vollstreckungsverfahrens. Diese Sichtweise hält das BVerfG für verfassungsgemäß.

Maßnahmen der Zwangsvollstreckung, zu denen auch die Androhung gehört, setzen ferner grundsätzlich die Vollziehbarkeit des GrundVA voraus, dh es muss Unanfechtbarkeit vorliegen oder ein Rechtsbehelf darf keine aufschiebende Wirkung entfalten.[5] Das Beseitigungsgebot ist weder unanfechtbar, noch liegt ein Fall des § 80 II 1 Nr. 1–3 VwGO vor. Es wurde auch keine sofortige Vollziehung angeordnet, § 80 II 1 Nr. 4 VwGO. Die geforderte Vollstreckbarkeit des GrundVA gilt für die Androhung der Zwangsmaßnahme jedoch nur eingeschränkt. Die Androhung kann auch mit einem noch nicht vollstreckbaren VA verbunden werden.[6] Soweit man also lediglich auf den Zeitpunkt des Ausspruches der Androhung abstellt, ist deren Rechtswidrigkeit zu verneinen, da die Behörde die Anordnung der sofortigen Vollziehung noch nachholen kann. Zumindest aber bis zu dem Zeitpunkt, zu dem die Zwangsmaßnahme, hier die Ersatzvornahme, angedroht war, hätte die Anordnung der sofortigen Vollziehung nachgeholt werden müssen. Dies hat die Behörde versäumt.

Ergebnis: Die Androhung der Ersatzvornahme war materiell und damit insgesamt rechtswidrig.

Zu 1: VGH Mannheim VBlBW 2020, 76; OVG Berlin-Brandenburg BeckRS 2014, 56080; *Kügel*, Die Entwicklung des Altlasten- und Bodenschutzrechts, NJW 2004, 1570; *Knopp*, Bundes-Bodenschutz-

4 **Bayern:** Art. 44 I BayVwVfG; **Berlin:** § 1 I BlnVwVfG iVm § 44 I VwVfG; **Brandenburg:** § 1 I VwVfGBbg iVm § 44 I VwVfG; **Niedersachsen:** § 1 I, II NVwVfG iVm § 44 I VwVfG; **Rheinland-Pfalz:** § 1 I LVwVfG iVm § 44 I VwVfG; **Sachsen:** § 1 I 1 SächsVwVfZG iVm § 44 I VwVfG; **Sachsen-Anhalt:** § 1 I 1 VwVfG LSA iVm § 44 I VwVfG; **Schleswig-Holstein:** § 113 I SchlHLVwG.

5 **Baden-Württemberg:** § 2 BWLVwVG; **Bayern:** Art. 19 I VwZVG; **Berlin:** § 8 I 1 BlnVwVfG iVm § 6 I VwVG Bund; **Brandenburg:** § 3 VwVGBbg; **Bremen:** § 11 I 2 BremVwVG; **Hamburg:** § 3 III HmbVwVG; **Hessen:** § 47 I HSOG; **Mecklenburg-Vorpommern:** § 110 VwVfG M-V iVm § 80 I SOG M-V; **Niedersachsen:** § 70 I NVwVG iVm § 64 I NPOG; **Nordrhein-Westfalen:** § 55 I VwVG NRW; **Rheinland-Pfalz:** § 2 LVwVG; **Saarland:** § 18 I SVwVG; **Sachsen:** § 2 SächsVwVG; **Sachsen-Anhalt:** § 71 I VwVG iVm § 53 I SOG LSA; **Schleswig-Holstein:** § 229 I LVwG; **Thüringen:** §§ 44 I, 19 ThürVwVZG.

6 **Baden-Württemberg:** § 20 II BWLVwVG; **Bayern:** Art. 36 II 1 VwZVG; **Berlin:** § 8 I 1 BlnVwVfG iVm § 13 II 1 VwVG; **Brandenburg:** § 28 II 1 VwVGBbg; **Bremen:** § 17 II 1 BremVwVG; **Hamburg:** nicht ausdrücklich geregelt, vgl. aber die implizite Regelung in § 8 II 1 HmbVwVG; **Hessen:** § 53 II 1 HSOG; **Mecklenburg-Vorpommern:** § 110 VwVfG M-V iVm § 87 III 1 SOG M-V; **Niedersachsen:** § 70 I NVwVG iVm § 70 II 1 NPOG; **Nordrhein-Westfalen:** § 63 II 1 VwVG NRW; **Rheinland-Pfalz:** § 66 II 1 LVwVG; **Saarland:** § 19 II 1 SVwVG; **Sachsen:** § 20 II SächsVwVG; **Sachsen-Anhalt:** § 71 I VwVG iVm § 59 II 1 SOG LSA; **Schleswig-Holstein:** § 236 III 1 LVwG; **Thüringen:** § 46 II 1 ThürVwZVG.

gesetz und erste Rechtsprechung, DÖV 2001, 441; *Pohl*, Das Bundes-Bodenschutzgesetz, JURA 2000, 225; *Peine*, Risikoabschätzung im Bodenschutz, DVBl 1998, 157

Zu 1.1: *Faßbender* in Landmann/Rohmer (Hrsg.), Umweltrecht, 91. EL September 2019, WHG § 2 Rn. 21; *Nies* in Landmann/Rohmer (Hrsg.), Umweltrecht, 91. EL September 2019, BBodSchG § 4 Rn. 4 f.; *Erbguth/Stollmann*, Zum Anwendungsbereich des Bundes-Bodenschutzgesetzes, NuR 2001, 241 (245); *Peine*, Bodenschutzrecht und Wasserrecht, UPR 1999, 361 (362); aA *Vierhaus*, Das Bundes-Bodenschutzgesetz, NJW 1998, 1262 (1264)

Zu 1.3: VGH München NVwZ-RR 2018, 606; OVG Koblenz NVwZ-RR 2009, 280; VGH München NVwZ 2001, 821; VG Karlsruhe BeckRS 2017, 133633; *Giesberts/Hilf* in Giesberts/Reinhardt (Hrsg.), BeckOK Umweltrecht, 53. Aufl. 1.1.2020, BBodSchG § 4 Rn. 4 ff.; *Steenbuck*, Lücken in der Sanierungsverantwortlichkeit für Altlasten, NVwZ 2005, 656; *Schlemminger/Friedrich*, Die bodenschutzrechtliche Verantwortlichkeit des Alteigentümers – »der dünne Draht« zwischen Ent- und Ewigkeitshaftung, NJW 2002, 2133; *Wolf*, Umweltrecht, 2002, Rn. 1199 ff.; *Buck*, Die Störerhaftung nach dem Bundes-Bodenschutzgesetz, NVwZ 2001, 51; *Erbguth/Stollmann*, Verantwortlichkeit im Bodenschutzrecht, DVBl 2001, 601; *Kothe*, Was ändert sich im Umgang mit Altlasten und Verdachtsfällen?, UPR 1999, 96 (97)

Zu 2.3: BVerfG NVwZ 1999, 290 (292); BVerwG NJW 1984, 2591 (2592); VGH München BayVBl 2018, 593; *Erichsen/Rauschberg*, Verwaltungsvollstreckung, JURA 1998, 31

F. Wirtschaftsrecht, Informations- und Datenschutzrecht

Lösungsskizze 36

1 **Erfolgsaussichten einer Klage**

Die Klage hat Aussicht auf Erfolg, soweit sie zulässig und begründet ist.

1.1 Zulässigkeit

1.1.1 Verwaltungsrechtsweg, § 40 I 1 VwGO

Ob eine öffentlich-rechtliche Streitigkeit vorliegt, richtet sich nach der Rechtsnatur der streitentscheidenden Normen. Da die Betriebsuntersagung auf öffentlich-rechtliche Normen gestützt wird (s. **1**, 1.1), nämlich Normen der HwO, ist der Verwaltungsrechtsweg eröffnet.

1.1.2 Klageart

Die Betriebsuntersagung, deren Überprüfung A anstrebt (§ 88 VwGO), stellt einen VA iSd § 35 S. 1 VwVfG dar. Allerdings hat sich dieser durch behördliche Aufhebung erledigt. Die Erledigung fand nach Klageerhebung statt. Somit ist die Fortsetzungsfeststellungsklage gem. § 113 I 4 VwGO richtige Klageart.

1.1.3 Klagebefugnis, § 42 II VwGO analog

Auch bei der Fortsetzungsfeststellungsklage ist das Vorliegen der Klagebefugnis erforderlich. Diese ist im vorliegenden Fall zu bejahen, da A Adressat eines belastenden VA war (s. **1**, 1.3).

1.1.4 Vorverfahren, §§ 68 ff. VwGO analog

Das für die Anfechtungsklage erforderliche Vorverfahren (§ 68 I 1 VwGO), soweit nicht nach Landesrecht ausgeschlossen (s. **1**, 1.4), ist ordnungsgemäß durchgeführt worden.

1.1.5 Klagefrist, § 74 I 1 VwGO analog

Die Überschreitung der für die Anfechtungsklage geltenden Frist führt nach einhelliger Ansicht auch zur Unzulässigkeit der Fortsetzungsfeststellungsklage, wenn sich der angegriffene VA nach Klageerhebung erledigt. A hat die Klage jedoch fristgerecht erhoben.

1.1.6 Fortsetzungsfeststellungsinteresse, § 113 I 4 VwGO

Das VG soll nicht über die Rechtswidrigkeit eines erledigten VA entscheiden, wenn dies für den Rechtsschutz des Betroffenen ohne Interesse ist.

Von den Fallgruppen des anerkannten Fortsetzungsfeststellungsinteresses (s. **3**, 2.6) ist nach dem Sachverhalt nur das der Vorbereitung eines Amtshaftungsprozesses oder der gerichtlichen Geltendmachung eines sonstigen Entschädigungsanspruches einschlägig. Für die Anerkennung des Fortsetzungsfeststellungsinteresses als Sachurteilsvoraussetzung in dieser Konstellation ist weiter zu fordern, dass die Erledigung nach Erhebung der Klage vor dem VG eintrat, die Möglichkeit des Schadens substantiiert vorgetragen wurde und die Geltendmachung des Amtshaftungsanspruches nicht offensichtlich aussichtslos ist. Die erste Voraussetzung ist zu bejahen. Auch hinsichtlich des Schadensumfangs kann von einer substantiierten Darstellung des A ausgegangen werden. Fraglich ist, wie weit im Rahmen der Zulässigkeit die Prüfung der Erfolgsaussichten des Schadensersatzanspruches zu gehen hat. Eine umfassende Prüfung hätte zur Konsequenz, dass letztlich die Begründetheitsprüfung in die Prüfung der Sachurteilsvoraussetzungen verlagert wäre. Das ist vertretbar, soll aber aus didaktischen Gründen unterbleiben. Wer diesen Weg wählt, muss – bei negativem Prüfungsergebnis – im Hilfsgutachten fortfahren. Hier soll es bei der Feststellung verbleiben, dass eine offensichtliche Erfolglosigkeit nicht festzustellen ist.

1.1.7 Beteiligten- und Prozessfähigkeit, §§ 61, 62 VwGO

A ist als natürliche Person gem. § 61 Nr. 1 Alt. 1 VwGO beteiligtenfähig; die Beteiligtenfähigkeit der Behörde ergibt sich aus § 61 Nr. 3 in Verbindung mit Landesrecht (s. 1, 1.6); falls die Behörde wegen fehlender landesrechtlicher Bestimmung nicht beteiligtenfähig ist, sondern ihr Rechtsträger, muss auch dessen Beteiligten- und Prozessfähigkeit geprüft werden. Dann folgt die Beteiligtenfähigkeit aus § 61 Nr. 1 Alt. 2 VwGO. Die Prozessfähigkeit folgt aus § 62 I Nr. 1 bzw. § 62 III VwGO.

1.1.8 Klagegegner, § 78 VwGO

Die Regelung des § 78 I VwGO gilt unmittelbar nur für Anfechtungsklage und Verpflichtungsklage, nicht für Fortsetzungsfeststellungsklage und Leistungsklage. Da die echte Fortsetzungsfeststellungsklage nach § 113 I 4 VwGO einen Unterfall der Anfechtungsklage darstellt, ist § 78 I VwGO auf sie anzuwenden. Demnach wäre – bei entsprechender landesrechtlicher Umsetzung – die Behörde, die den Bescheid vom 30.8.2019 erlassen hat, Klagegegnerin gem. § 78 I Nr. 2 VwGO analog. Besteht keine entsprechende landesrechtliche Regelung, ist Klagegegner der Rechtsträger der Behörde gem. § 78 I Nr. 1 VwGO analog.

1.1.9 Die Klage des A ist als Fortsetzungsfeststellungsklage gem. § 113 I 4 VwGO zulässig.

1.2 Begründetheit

Die Fortsetzungsfeststellungsklage ist begründet, soweit der Bescheid vom 30.8.2019 rechtswidrig und A dadurch in seinen Rechten verletzt gewesen ist (vgl. § 113 I 4 VwGO).

1.2.1 Ermächtigungsgrundlage

Als Ermächtigungsgrundlage kommt § 16 III 1 HwO in Betracht.

1.2.2 Formelle Rechtmäßigkeit

1.2.2.1 Laut Sachverhalt handelte die zuständige Behörde. Auch die Verbandszuständigkeit des Landkreises X ist laut Sachverhalt gegeben.

1.2.2.2 Verfahren

1.2.2.2.1 Anhörung des A

Eine Anhörung des A gem. § 28 I LVwVfG (bzw. den Parallelvorschriften) ist laut Sachverhalt erfolgt.

1.2.2.2.2 Anhörung von Handwerkskammer und Industrie- und Handelskammer/Gemeinsame Erklärung

Gemäß § 16 III 2 HwO ist die Untersagung der Fortführung des Handwerksbetriebes nur zulässig, wenn die Handwerkskammer und die Industrie- und Handelskammer zuvor angehört wurden und in einer gemeinsamen Erklärung mitgeteilt haben, dass sie die Untersagungsvoraussetzungen als gegeben ansehen. Beides ist nach dem Sachverhalt geschehen.

1.2.2.3 Form

Den Formerfordernissen ist laut Sachverhalt Genüge getan.

1.2.3 Materielle Rechtmäßigkeit

1.2.3.1 Tatbestandsvoraussetzungen

Untersagungsvoraussetzung ist gem. § 16 III 1 HwO, dass ein zulassungspflichtiges Handwerk als stehendes Gewerbe entgegen den Vorschriften der HwO ausgeübt wird.

1.2.3.1.1 Der Betrieb des A wird als stehendes Gewerbe ausgeübt. Die Zulassungspflichtigkeit ergibt sich gem. § 1 II 1 HwO aus Anlage A zur HwO. Gemäß Nr. 9 bedarf die Ausübung des Stuckateurhandwerks der Zulassung. Inwiefern Arbeiten im Bereich des Holz- und Bautenschutzes zulassungspflichtig sind, bedarf nicht der Klärung, da sich die Untersagungsverfügung nur auf Stuckateurarbeiten beschränkte. Die Zulassungspflicht ist auch nicht nach § 1 II 2 (unwesentliche Tätigkeiten) oder § 3 II HwO (unerhebliche Nebenbetriebstätigkeit) ausgeschlossen, da A die betreffenden Leistungen laut Sachverhalt in umfassenden Maßen anbietet.

1.2.3.1.2 Ein Verstoß gegen die Bestimmungen der HwO liegt vor, da der Betrieb des A nicht in die Handwerksrolle eingetragen ist (§ 1 I 1 HwO).

1.2.3.2 Rechtsfolge

Die Untersagung steht gem. § 16 III 1 HwO im Ermessen der Behörde. Im vorliegenden Fall könnte die Behörde ermessensfehlerhaft gehandelt haben, indem sie gegen das Verhältnismäßigkeitsprinzip verstoßen haben könnte. Dies wäre dann zu bejahen, wenn der Betrieb des A zwar ohne Zulassung betrieben würde, obwohl er tatsächlich zulassungsfähig wäre. Dies ist dann der Fall, wenn die Eintragungsvoraussetzungen vorlagen, sodass (auch ohne Einstellung eines Meisters als Betriebsleiter) alsbald mit der Heilung des Eintragungsmangels hätte gerechnet werden können.

Die Eintragungsvoraussetzungen nach § 7 Ia HwO liegen nicht vor, da A keine bestandene Meisterprüfung vorweisen kann. Jedoch könnten die Eintragungsvoraussetzungen nach § 7 VII HwO zu bejahen sein, wenn A Anspruch auf Erteilung einer Ausübungsberechtigung nach § 7b HwO hat. Danach ist es erstens erforderlich, dass der Betreffende eine Gesellenprüfung im einschlägigen Fach bestanden hat (§ 7b I Nr. 1 HwO). Dies ist bei A laut Sachverhalt zu bejahen. Weiter bedarf es einer Tätigkeit von mindestens sechs Jahren im betreffenden Handwerk, davon vier Jahre in leitender Stellung (§ 7b I Nr. 2 S. 1 HwO). Diese Voraussetzung liegt bei A nicht vor. Arbeitszeiten vor Ablegung der Gesellenprüfung können grundsätzlich nicht berücksichtigt werden; zudem kann dem Sachverhalt nicht entnommen werden, dass A vor Gründung seines eigenen Betriebes in einem anderen Betrieb eigenverantwortlich Entscheidungen treffen konnte, also in einer leitenden Stellung iSd § 7b I Nr. 2 S. 2 HwO gearbeitet hat. Somit lagen die Eintragungsvoraussetzungen nicht vor; die Behörde hat ermessensfehlerfrei gehandelt.

Ergebnis: Die Klage des A hat keine Aussicht auf Erfolg.

2 Statthafte Klageart

Als statthafte Klageart kommt die Anfechtungsklage (§ 42 I Alt. 1 VwGO) in Betracht. Dann müsste es sich bei der Mitteilung der Handwerkskammer um einen VA handeln. Ein VA ist gem. § 35 S. 1 VwVfG jede hoheitliche Maßnahme einer Behörde auf dem Gebiet des öffentlichen Rechts zur Regelung eines Einzelfalls mit Außenwirkung. Die Handwerkskammer ist eine Behörde (der mittelbaren Staatsverwaltung). Es handelt sich auch um eine hoheitliche Maßnahme, die ihre Grundlage im öffentlichen Recht (§ 13 III HwO) findet. Die Mitteilung betrifft auch einen Einzelfall. Ebenfalls entfaltet sie Außenwirkung. Allerdings könnte es am Regelungsgehalt fehlen, wenn es sich lediglich um einen Informationsakt handelt. Trotz des darauf hindeuteten Wortlauts (»mitzuteilen«) handelt es sich jedoch um eine Maßnahme mit Regelungscharakter. Das Löschungsverfahren ist als zweistufiges Verfahren mit verzögerter Vollzugswirkung ausgestaltet. Die Mitteilung bildet die Grundlage der Löschung, die selbst nur einen Vollzugsakt darstellt. Somit handelt es sich bei der Mitteilung um einen VA.

Ergebnis: Die Anfechtungsklage ist die statthafte Klageart.

3 Begründetheit der Klage

Die Anfechtungsklage ist begründet, soweit der Bescheid der Handelskammer rechtswidrig und A dadurch in seinen Rechten verletzt ist (§ 113 I 1 VwGO).

3.1 Ermächtigungsgrundlage

Als Ermächtigungsgrundlage kommt § 13 III HwO in Betracht.

3.2 Formelle Rechtmäßigkeit

Verfahrens- und Formfehler liegen laut Sachverhalt nicht vor.

3.3 Materielle Rechtmäßigkeit

3.4 Tatbestand der Ermächtigungsgrundlage

§ 13 III HwO statuiert selbst keine Tatbestandsvoraussetzungen, sondern verweist darauf, dass eine Löschung aus der Handwerksrolle zu erfolgen hat. Diese wiederum ist vorzunehmen, wenn die Voraussetzungen der Eintragung nicht vorliegen (§ 13 I HwO). Die die Eintragungsvoraussetzungen festsetzenden §§ 7 ff. HwO haben allerdings nur Voraussetzungen zum Gegenstand, die die Qualifikation zur Ausübung eines Handwerks betreffen. Diese stehen bei A nicht infrage. Jedoch setzt die Eintragung nach §§ 7 ff. HwO auch voraus, dass überhaupt eine Ausübung des Handwerks in Betracht kommt. Dies ist zu verneinen. A wurde die Ausübung des Handwerks untersagt. Die Untersagungsverfügung ist bestandskräftig. Daher ist auch nicht zu prüfen, ob die Voraussetzungen einer Betriebsuntersagung wegen Unzuverlässigkeit (§ 35 I 1 GewO) vorlagen. Die Tatbestandsvoraussetzungen der Löschungsmitteilung sind somit zu bejahen.

3.5 Rechtsfolge

Fehlt es an den Eintragungsvoraussetzungen, hat eine Löschung zu erfolgen (§ 13 I HwO). In einem solchen Fall besteht eine Amtspflicht der Behörde zur Löschung, ihr steht kein irgendwie geartetes Ermessen zu.

Ergebnis: Die Anfechtungsklage ist unbegründet.

Zu 1.1.4: *Schenke*, Verwaltungsprozessrecht, 16. Aufl 2019, Rn. 665; *Hufen*, Verwaltungsprozessrecht, 11. Aufl. 2019, § 18 Rn. 55; *Detterbeck*, Allgemeines Verwaltungsrecht, 17. Aufl. 2019, Rn. 1428

Zu 1.1.5: *Schenke*, Verwaltungsprozessrecht, 16. Aufl 2019, Rn. 703; *Kopp/Schenke*, VwGO, 25. Aufl. 2019, § 74 Rn. 2

Zu 1.1.6: BVerwG NVwZ-RR 2016, 362; OVG Münster NVwZ-RR 2003, 696; NWVBl 1999, 341; *Detterbeck*, Allgemeines Verwaltungsrecht, 17. Aufl. 2019, Rn. 1426; *Hufen*, Verwaltungsprozessrecht, 11. Aufl. 2019, § 18 Rn. 47

Zu 1.2.3.2: VG Ansbach GewArch 2005, 346; VG Oldenburg BeckRS 2005, 22388; zum Begriff der »leitenden Stellung« *Honig/Knörr/Thiel*, Handwerksordnung, 5. Aufl. 2017, § 7b Rn. 11 ff.; *Wiemers*, Die Unbeachtlichkeit von Zeiten befristeter Ausnahmebewilligungen für das Kriterium der leitenden Tätigkeit nach § 7b HwO, GewArch 2019, 137; *Sydow*, Auslegung des § 7b der Handwerksordnung, GewArch 2005, 456; *Detterbeck*, HwO, 3. Onlineaufl. 2016, § 7b Rn. 12 ff.; zur Anrechenbarkeit von Lehrjahren: VGH München NVwZ-RR 2005, 624; *Detterbeck*, HwO, 3. Onlineaufl. 2016, § 7b Rn. 16; *Zimmermann*, Die »Altgesellenregelung« nach § 7b HwO, GewArch 2008, 334; *Günther*, Die »Altgesellenregelung« nach § 7b HwO unter Berücksichtigung der hierzu ergangenen Rechtsprechung, GewArch 2011, 189

Zu 2: BVerwG NVwZ 1983, 673; VG Cottbus BeckRS 2015, 48648; *Honig/Knörr/Thiel*, Handwerksordnung, 5. Aufl. 2017, § 13 Rn. 16; *Stober/Eisenmenger*, Öffentliches Wirtschaftsrecht – Besonderer Teil, 17. Aufl. 2019, 105 ff.

Zu 3.4: BVerwG DVBl 1992, 1172; VGH München GewArch 2018, 43

Zu 3.5: BVerwGE 22, 73 = BeckRS 1965, 104273

Lösungsskizze 37

Der Antrag des S auf Eilrechtsschutz hat Aussicht auf Erfolg, wenn er zulässig und begründet ist.

1 **Zulässigkeit des Antrags**

1.1 Verwaltungsrechtsweg, § 40 I VwGO
Die streitentscheidenden Normen sind öffentlich-rechtlicher Natur (s. **1**, 1.1.2). Auch wenn sich Antragsteller S auf eine Verletzung von Grundrechten beruft, ist der Verwaltungsrechtsweg einschlägig. Die Ausnahme in § 40 I VwGO »nichtverfassungsrechtlicher Art« kommt nach hM nur bei Streitigkeiten zwischen Verfassungsorganen über ihre verfassungsmäßigen Rechte (sog. doppelte Verfassungsunmittelbarkeit) in Betracht. Somit ist der Zugang zum VG eröffnet.

1.2 Statthafte Antragsart, § 88 VwGO
Die VwGO kennt zwei Formen des vorläufigen Rechtsschutzes (§ 123 oder § 80 V VwGO). § 123 V VwGO normiert den Vorrang des § 80 V VwGO, sofern der Rechtsstreit einen belastenden VA betrifft, der in der Hauptsache mit der Anfechtungsklage anzugreifen ist (vgl. § 80 V 2 VwGO). Hier ist bereits fraglich, ob das Schreiben der Behörde von Mitte Februar als VA mit eigener Regelungsqualität zu qualifizieren ist. Dies ist durch Auslegung aus der Sichtweise eines verständigen Adressaten zu bestimmen. Ferner ist der Schutz des § 80 V VwGO eröffnet, wenn die Verwaltung der äußeren Form nach mittels eines VA handelt, obwohl der materielle Gehalt des § 35 VwVfG fehlt; denn auch der so gesetzte Rechtsschein muss gerichtlich beseitigt werden können.
Vorliegend wies B durch formloses Schreiben auf die zukünftige Rechtslage hin, ohne selbst gestaltend tätig zu werden. Die konkrete Rechtsfolgenanordnung der Rauchfreiheit in Gaststätten ergibt sich vielmehr direkt aus § 2 NrSchG; Ausnahmen sehen dessen Abs. 2 und 3 vor. Diese Regel-Ausnahme-Konstellation wird für S nicht besonders konkretisiert, etwa um eine unklare Sachlage verbindlich zu regeln (sog. feststellender VA): Die Nichteignung der Schiebewand als Trennwand iSd § 2 II NrSchG oder die Größe der Gaststätte (vgl. § 2 I NrSchG) wird von keinem Beteiligten ernstlich in Zweifel gezogen und daher von B auch nicht eigens geprüft. Vielmehr sind die Hinweise auf die passenden Gesetzesstellen abstrakt und unverbindlich gehalten; es wird lediglich darüber informiert, dass das NrSchG keine Ausnahmen für Raucherclubs vorsieht. B handelte demnach nicht durch VA.
Ein Eilrechtsschutz über § 80 V VwGO kommt zudem im Hinblick auf das Rechtsschutzziel des S nicht in Betracht, denn er erstrebt im Kern nicht die Anfechtung des Schreibens, sondern eine Erklärung des Erlaubtseins von zehn Raucherabenden in der Gaststätte des W. Dieses Begehren könnte – ginge man vom Vorliegen eines VAs aus –

ohnehin nur über § 123 I VwGO in Form der Regelungsanordnung als im Eilrechtsschutz geltend gemachter Verpflichtungsanspruch (zu § 42 I Alt. 2 VwGO) verfolgt werden. Die dafür erforderliche regelnde Wirkung in Form einer konkreten Versagung einer Genehmigung ist dem Inhalt des formlosen Schreibens der B allerdings gerade nicht zu entnehmen. Das NrSchG sieht eine Genehmigung gegenüber Dritten gerade nicht vor, es regelt lediglich die Beziehungen zwischen Gastwirt und Behörde.
Der Antrag des S ist somit dahingehend auszulegen, dass S das Erlaubtsein der Raucherabende generell geklärt wissen möchte. Dieses Feststellungsbegehren wird vom Auffangtatbestand des § 123 I VwGO grundsätzlich umfasst, setzt indes ein feststellungsfähiges Rechtsverhältnis iSd § 43 VwGO voraus. Es bedarf also einer sich aus dem konkreten Sachverhalt aufgrund einer öffentlich-rechtlichen Norm ergebenden rechtlichen Beziehung zwischen S und B bzw. dem Rechtsträger von B. Vorliegend geht es um die Wirkung eines zukünftigen Gesetzes auf die geplanten Raucherabende des S. Da das Gesetz am 1. März in Kraft treten wird, ist dieses Feststellungsbegehren auf einen hinreichend bestimmten, bereits überschaubaren Sachverhalt bezogen. Allerdings vermitteln die Normen des NrSchG in Bezug auf S kein konkretes Rechtsverhältnis. Denn § 3 NrSchG verpflichtet den W, nicht hingegen den S, zur Umsetzung der gesetzlichen Bestimmungen. Wirkungen gegenüber S entstehen lediglich als Reflex des gegenüber Gastwirten ausgesprochenen Verbots. Mangels Anhaltspunkten im Sachverhalt ist ein drohendes Bußgeldverfahren gegen S wegen eines Verstoßes gegen das NrSchG, woraus sich ein Rechtsverhältnis ableiten ließe, ebenfalls fernliegend. Fraglich ist bereits, ob S überhaupt Adressat eines Bußgelds nach dem NrSchG sein kann, da – jedenfalls in den vorliegenden Vorschriften – lediglich die Betreiber von Gaststätten Adressaten sind. Der Sachverhalt schweigt hierzu. Ferner würde sich B, der Systematik des § 3 NrSchG folgend, zunächst an W zu halten haben.
Der Antrag des S ist somit unzulässig.
Im Wege eines Hilfsgutachtens sind die weiteren Sachurteilsvoraussetzungen zu erörtern. Ferner müssen im Rahmen der Begründetheitsprüfung die im Sachverhalt angesprochenen materiell-rechtlichen Probleme begutachtet werden.

1.3 Antragsbefugnis, § 42 II VwGO analog
S müsste ein subjektives Recht auf Feststellung des Erlaubtseins der Durchführung der Raucherabende zustehen. Die einschlägigen Normen des NrSchG regeln aber nur das Verhältnis zwischen Verwaltungsbehörde und Gastwirt. Ein subjektives Recht Dritter lässt sich daraus nicht ableiten, zumal ersichtlich kein Drittschutz bezweckt ist.
Fraglich ist, ob der Verweis des S auf Grundrechtspositionen für das Vorhandensein eines subjektiven Rechts spricht. Läge ein Genehmigungstatbestand vor, der die grundrechtliche Position des Be-

troffenen ignoriere, käme eine grundrechtskonforme Auslegung der Genehmigungsvoraussetzungen in Betracht. Im vorliegenden Fall ließe sich an § 2 III NrSchG denken, der das Rauchen im Rahmen geschlossener Veranstaltungen gestattet. Allerdings gilt auch hier, dass diese Norm lediglich an den Gastwirt adressiert ist.
Der S ist somit auch nicht antragsbefugt.

1.4 Rechtsschutzbedürfnis
Im Gegensatz zu § 80 V VwGO knüpft die einstweilige Anordnung nach § 123 VwGO nicht an die Wirkungen des Vorverfahrens an. Die hM verlangt jedoch, dass sich der Betroffene vor Antragserhebung erfolglos an die Behörde gewandt hat (einfacher und schneller Rechtsschutz). Dies hat S mit seinem Schreiben an B getan.

1.5 Beteiligten- und Prozessfähigkeit, §§ 61, 62 VwGO
S und B sind gem. § 61 Nr. 1 Alt. 2 bzw. Nr. 3 VwGO beteiligten- und nach § 62 III VwGO prozessfähig.

1.6 Antragsgegner
Der Antrag ist gegen den anderen Teil des streitigen Rechtsverhältnisses, somit gegen B, zu richten.

2 Begründetheit des Antrags
S müsste sowohl einen Anordnungsanspruch als auch einen Anordnungsgrund glaubhaft machen können (§ 123 III VwGO iVm § 920 II ZPO). Zudem besteht ein Rechtsschutzbedürfnis nur, wenn die Hauptsache nicht vorweggenommen wird, da über den Eilrechtsschutz lediglich vorläufige Bindungswirkungen begehrt werden können.

2.1 Anordnungsanspruch
Der Anordnungsanspruch ist gegeben, wenn der Erfolg der Klage in der Hauptsache überwiegend wahrscheinlich ist. Dies ist im Wege einer summarischen Prüfung zu ermitteln, die nach streitiger Ansicht auch eine grundrechtliche Prüfung einschließt.
Festzustellen ist, ob eine rechtswidrige Untersagung des vereinsmäßig organisierten Rauchens in Gaststätten vorliegt. S kann sein Begehren dabei nicht direkt auf eine Rechtsgrundlage im NrSchG gründen: Wie bereits ausgeführt (s. 1.2), normiert das NrSchG abschließende Ausnahmetatbestände vom generellen Rauchverbot in Gaststätten. Für die Durchführung von Raucherabenden ist kein Dispens vorgesehen.
Ein Einschreiten der B gegen W wegen Durchführung der Raucherabende würde, da sich die Vorschriften des NrSchG ausschließlich an den Gaststätteninhaber richten, zunächst einen möglichen Eingriff in die Berufsfreiheit des W (Art. 12 I GG) darstellen. Die Gesetzesadressierung ändert jedoch nichts daran, dass die Verbotsrichtung auch für S gilt. Ihn treffen die Konsequenzen des Verbots insoweit unmittelbar (Abwehranspruch). Denkbar ist daher eine Verletzung des S in seinen Grundrechtspositionen aus Art. 9 I GG und Art. 2 I GG.

2.1.1 Betroffen ist vorliegend die kollektive Ausprägung der Vereinigungsfreiheit (Doppelgrundrecht). Neben den Vereinsmitgliedern ist danach auch der Verein selbst grundrechtsberechtigt iSd Art. 9 I GG (persönlicher Schutzbereich). Sachlich geschützt sind Bestand und Betätigung des Vereins. Zwar ist Schutzziel der in Art. 9 I GG verankerten Vereinigungsfreiheit auch die im Raucherclub praktizierte Kommunikation und Persönlichkeitsentfaltung in der Gruppe. Die Betätigung des Vereins wird durch Art. 9 GG aber nur in ihrem Kernbestand geschützt (hM). Soweit es sich um andere, über den Kernbestand hinausgehende, Betätigungen des Vereins handelt, kann dieser sich gegebenenfalls (beachte: Art. 19 III GG) auf spezifische Grundrechte, etwa Art. 14 GG, 12 I GG oder Art. 2 I GG, berufen. Der Verein kann daher nicht über mehr Rechte verfügen, als dass solche nach der Grundrechtsordnung den Individuen zustünden. Das geplante Abhalten solcher Raucherabende, gerade in der Gaststätte des W, ist aber eine solche übliche Vereinstätigkeit.
Sofern der S seine Existenz bedroht sieht, ist hingegen der Bestandsschutz iSd Art. 9 I GG berührt. In diesen wurde jedoch nicht eingegriffen. Zum einen ist bereits strittig, ob eine solch mittelbare, nicht final ausgerichtete Beeinträchtigung als Eingriff zu qualifizieren ist. Nach dem klassischen Eingriffsbegriff wäre die Beschränkung des S durch den Nichtraucherschutz bereits formal kein Eingriff, da der Gesetzgeber nach § 1 NrSchG die Bevölkerung vor Gesundheitsschädigungen durch Passivrauchen schützen, aber nicht die Rauchertätigkeit im Allgemeinen wie das vereinsmäßige Rauchen im Besonderen verbieten wollte. Aber selbst dann, wenn man einen erweiterten Eingriffsbegriff vertritt, wäre eine bestandsgefährdende Wirkung der gesetzlichen Regelung zu verneinen, da es ohne Weiteres möglich ist, die den Verein prägenden Raucherabende andernorts durchzuführen. Es scheidet hierfür allein ein kleiner Teil der möglichen Lokalitäten aus. Die Veranstaltungen können weiterhin in Gaststätten mit einer Fläche von weniger als 75 m² oder mit entsprechenden Nebenräumen (§ 2 NrSchG), in vereinseigenen Räumen, in Privaträumen oder im Freien durchgeführt werden. Es bestehen also verschiedene andere Möglichkeiten für die Abhaltung von Raucherabenden.

2.1.2 Die Vereinstätigkeit als solche ist an Art. 2 I GG zu messen. Die Handlungsfreiheit umfasst dabei jedwedes Verhalten ohne Rücksicht darauf, ob es unter sozialethischen Gesichtspunkten wertvoll oder gar vernünftig ist. Daher ist sowohl das Rauchen an sich als auch das »Eintrachtsrauchen« geschützt. Der Verein fördert diese Entfaltung der Mitglieder durch seine institutionalisierte Struktur, sodass eine grundrechtstypische Gefährdungslage gegeben ist (vgl. Art. 19 III GG). Die mit dem Rauchverbot in Gaststätten einhergehende Beschränkung der Veranstaltungsorte für die Raucherabende stellt daher, anders als im Kontext der Bestandsgefährdung, sofern ein weiter Eingriffsbegriff vertreten wird, einen Eingriff in die allgemeine Handlungsfreiheit des Vereins dar.

Dieser Eingriff hält sich jedoch im Rahmen der verfassungsrechtlichen Schranken (vgl. Art. 2 I aE GG). Das NrSchG stellt eine verhältnismäßige Ermächtigungsgrundlage für Beschränkungen dar. Mit dem Schutz der Bevölkerung einschließlich der Gastronomieangestellten vor Gesundheitsbeeinträchtigungen durch Passivrauchen verfolgt das Gesetz einen verfassungsrechtlich anerkannten Zweck (Art. 2 II 1 GG). Die Verankerung eines generellen Verbotes mit wenigen Ausnahmen ist geeignet und erforderlich, um dieses Ziel zu verwirklichen. Mildere, ebenso effektive Mittel sind nicht ersichtlich: Insbesondere würden freiwillige Selbstverpflichtungen von Industrie und Gastronomiegewerbe zur Einrichtung von rauchfreien Gaststätten oder Nebenräumen nicht zu der intendierten flächendeckenden und nachhaltigen Verminderung der Gesundheitsbelastung für Unbeteiligte führen. Ferner kann von den Nichtrauchern ihrerseits nicht verlangt werden, der durch den Rauch hervorgerufenen Gesundheitsgefährdung stets auszuweichen, indem keine verrauchten Gaststätten aufgesucht werden. Dem Rechtsgedanken des Verursacherprinzips folgend ist zunächst der Störer selbst in die Pflicht zu nehmen. Daher haben vornehmlich die Raucher die Einschränkung ihrer Freiheit zu dulden. Diese Beeinträchtigung ist auch nicht unangemessen. Vorliegend ist nicht ersichtlich, dass die Raucherabende zwingend an die Lokalität des W geknüpft sind. Für S besteht demnach die zumutbare Alternative des Abhaltens der Raucherabende in einer anderen Örtlichkeit.

2.2 Anordnungsgrund

Die Anordnung wäre zudem zur Abwendung von unmittelbaren Nachteilen für S nicht notwendig. Die geltend gemachte Eilbedürftigkeit ist nicht ersichtlich. Die Durchführung des »Eintrachtrauchens« wird nicht generell, sondern nur für die Räumlichkeiten des W unterbunden. Die Zeitspanne bis zu einer Entscheidung in der Hauptsache kann – wie aufgezeigt – ohne Weiteres in einem anderen Umfeld überbrückt werden. Diese marginale Beeinträchtigung des S ist gegenüber den mit einem Erlass der Regelungsanordnung einhergehenden weitreichenden Folgen für den Gesundheitsschutz der Bürger hinzunehmen.

Ergebnis: Der Antrag des S ist danach sowohl unzulässig als auch unbegründet. Das VG wird den Antrag abweisen.

Zu 1.1: VGH München NVwZ 1991, 386; *Ehlers/Schneider* in Schoch/Schneider/Bier (Hrsg.), VwGO, 37. EL Juli 2019, § 40 Rn. 136 ff. (doppelte Verfassungsunmittelbarkeit)

Zu 1.2: BVerwG JZ 1972, 625 (feststellender VA); VGH München NJW 1994, 2308 (Feststellungsbegehren im Rahmen der einstweiligen Anordnung); *Hummel*, Der vorläufige Rechtsschutz im Verwaltungsprozess, JuS 2011, 502; *von Alemann/Scheffczyk* in Bader/Ronellenfitsch (Hrsg.), BeckOK VwVfG, 2019, § 35 Rn. 37 ff. (nur formaler VA)

Zu 1.3:	*Schoch* in Schoch/Schneider/Bier (Hrsg.), VwGO, 37. EL Juli 2019, § 123 Rn. 107 (§ 42 II VwGO analog)
Zu 1.4:	*Schoch* in Schoch/Schneider/Bier (Hrsg.), VwGO, 37. EL Juli 2019, § 123 Rn. 120 ff.
Zu 2:	BayVerfGH NVwZ-RR 2010, 665; VG Neustadt a.d. Weinstraße NVwZ 2008, 812; NVwZ-RR 2010, 765
Zu 2.1:	*Breuer/Frankewitsch*, Der ordnungsbehördliche Umgang mit Shisha-Bars in NRW, DVP 2019, 466; *Ebert*, Raucherclub versus Nichtraucherschutz, NVwZ 2010, 26
Zu 2.1.1:	BVerwG NJW 1985, 2774 (2776) (faktische Eingriffe); *Scholz* in Maunz/Dürig (Hrsg.), GG, 2019, Art. 9 Rn. 33 ff. (Schutzbereich des Art. 9 I GG)
Zu 2.1.2:	BVerfG NJW 1994, 1577 (1578 f.) (Schutzbereich Handlungsfreiheit)

Lösungsskizze 38

1 **Klage des F**

Die Klage des F hat Erfolg, wenn sie zulässig und soweit sie begründet ist.

1.1 Zulässigkeit

1.1.1 Verwaltungsrechtsweg, § 40 I 1 VwGO

Streitentscheidende Normen sind hier die Vorschriften des BKAG sowie des BDSG. Diese berechtigen und verpflichten das Bundeskriminalamt und die datenverarbeitenden Stellen. Nach der modifizierten Subjektstheorie bzw. Sonderrechtslehre handelt es sich damit um Normen des öffentlichen Rechts. Eine öffentlich-rechtliche Streitigkeit liegt daher vor (s. **1**, 1.1).

1.1.2 Klageart

F strebt die Löschung seiner Daten aus der »Gewalttäterdatei Sport« an. Sein Begehren zielt also auf ein Handeln von P. Handelt es sich bei diesem um einen VA, wäre eine Verpflichtungsklage nach § 42 I Alt. 2 VwGO statthaft. Ein VA setzt jedoch gem. § 35 VwVfG eine Regelung, also die verbindliche Setzung einer Rechtsfolge voraus. Das bloße Löschen stellt aber schlichtes Verwaltungshandeln, also einen Realakt, dar. Allerdings geht diesem Löschbegehren eine Prüfung durch die jeweilige Behörde voraus, die Zulässigkeit und Erforderlichkeit der Speicherung für die Aufgabenerfüllung der jeweiligen Behörde umfasst, also in hohem Maße einzelfallabhängig ist. Gleichzeitig wird durch sie das Recht auf informationelle Selbstbestimmung des Antragsstellers unmittelbar betroffen. Der Schwerpunkt des verwaltungsrechtlichen Handelns liegt also nicht auf der Löschung als solcher, sondern in der hierdurch zum Ausdruck gebrachten vorangegangenen Entscheidung der Behörde (ähnlich wie bei einem Auskunftsanspruch). Ebenso stellt die Ablehnung der Löschung eine Willenserklärung und damit das Setzen einer verbindlichen Rechtsfolge dar. Damit sind alle Voraussetzungen eines VA erfüllt.
Statthafte Klageart ist mithin die Verpflichtungsklage nach § 42 I Alt. 2 VwGO.

1.1.3 Klagebefugnis, § 42 II VwGO

Eine Verletzung der Rechte des F durch die Ablehnung der Löschung müsste möglich sein. Dies ist dann der Fall, wenn F einen Anspruch auf die Löschung hat. Ein solcher Anspruch könnte sich hier aus § 58 II BDSG iVm § 84 I 1, 3 BKAG ergeben, nach denen die datenschutzrechtlich verantwortliche Stelle die Daten zu löschen hat, wenn deren Verarbeitung unzulässig ist, deren Kenntnis für die Aufgabenerfüllung nicht mehr erforderlich ist oder diese zur Erfüllung einer rechtlichen Verpflichtung gelöscht werden müssen. Da das Ermittlungsverfahren gegen F im Vorliegenden eingestellt wurde, ist ein Anspruch des F auf Löschung seiner Daten aus der Datei möglich und der F damit klagebefugt.

1.1.4 Ordnungsgemäß durchgeführtes Vorverfahren, §§ 68 ff. VwGO

In einigen Ländern ist im vorliegenden Fall kein Vorverfahren erforderlich;[1] in anderen ist es durchzuführen, da Ausnahmetatbestände für den Wegfall des Vorverfahrens nicht vorgesehen bzw. hier nicht gegeben sind.[2] In Baden-Württemberg, Berlin, Brandenburg, Bremen, Hamburg, Hessen, Mecklenburg-Vorpommern, Rheinland-Pfalz, Saarland, Sachsen und Sachsen-Anhalt sind Ausnahmetatbestände nicht vorgesehen. Da ein Vorverfahren nicht stattfand, muss die weitere Prüfung für diese Länder im Wege des Hilfsgutachtens erfolgen.

1.1.5 Klagefrist, § 74 VwGO

Von der Einhaltung der Monatsfrist nach § 74 II iVm I 1 bzw. 2 VwGO ist mangels gegenteiliger Angaben im Sachverhalt auszugehen.

1.1.6 Beteiligten- und Prozessfähigkeit, §§ 61, 62 VwGO

F ist als natürliche Person iSd § 61 Nr. 1 Alt. 1 VwGO beteiligtenfähig. Die Behörde ist beteiligtenfähig gem. § 61 Nr. 3 VwGO, sofern die Ermächtigung durch den Landesgesetzgeber wahrgenommen wurde,[3] ansonsten das Land gem. § 61 Nr. 1 Alt. 2 VwGO. Die Prozessfähigkeit des A ergibt sich aus § 62 I Nr. 1 VwGO; für die Behörde bzw. das Land muss gem. § 62 III VwGO ein Vertreter handeln.

1.1.7 Klagegegner, § 78 VwGO

Sofern die Ermächtigung des § 78 I Nr. 2 VwGO landesrechtlich ausgefüllt ist,[4] muss die Klage gegen die handelnde Behörde (hier also P), anderenfalls gegen das Land als Körperschaft, der die Behörde angehört (Rechtsträgerprinzip, § 78 I Nr. 1 VwGO), gerichtet werden.

Ergebnis: Die Klage des F ist zulässig.

1.2 Begründetheit

Die Klage des F ist begründet, wenn die Ablehnung der Löschung durch P rechtswidrig und F dadurch in seinen Rechten verletzt ist (§ 113 V VwGO). Dies ist der Fall, wenn F einen Anspruch auf Löschung seiner Daten hat.

---

1 **Bayern:** Art. 15 I, II AGVwGO; **Niedersachsen:** § 80 IV, I–III NJG; **Nordrhein-Westfalen:** § 110 JustG NRW; **Schleswig-Holstein:** § 137 LVwG; **Thüringen:** §§ 8a f. AGVwGO.

2 **Baden-Württemberg:** § 15 I AGVwGO; **Berlin:** § 4 II AGVwGO; **Brandenburg:** §§ 1 ff. BbgVwGG; **Bremen:** Art. 8 AGVwGO; **Hamburg:** § 6 II AGVwGO; **Hessen:** Anl. zu § 16a I AGVwGO; **Mecklenburg-Vorpommern:** §§ 13a, b AG GStrukG; **Rheinland-Pfalz:** § 18a AGVwGO; **Saarland:** §§ 7 ff. AGVwGO; **Sachsen:** §§ 22 ff. SächsJG; **Sachsen-Anhalt:** § 8a I 1 AG VwGO.

3 **Brandenburg:** § 8 I BbgVwGG; **Mecklenburg-Vorpommern:** § 14 I AG GStrukG; **Niedersachsen:** § 79 I NJG; **Nordrhein-Westfalen:** § 5 I AGVwGO; **Saarland:** § 19 I AGVwGO; **Sachsen-Anhalt:** § 8 S. 1 AG VwGO; **Schleswig-Holstein:** § 76 Nr. 3 LVwG.

4 **Brandenburg:** § 8 II 1 BbgVwGG; **Mecklenburg-Vorpommern:** § 14 II AG GStrukG; **Niedersachsen:** § 79 II NJG; **Nordrhein-Westfalen:** § 5 II AGVwGO; **Saarland:** § 19 II AGVwGO; **Sachsen-Anhalt:** § 8 S. 2 AG VwGO.

1.2.1 Anspruchsgrundlage

Als mögliche Anspruchsgrundlage kommt § 58 II BDSG iVm § 84 I 1, 3 BKAG in Betracht; ein bereichsspezifischer Löschungsanspruch gem. § 35 II BPolG ist laut Bearbeitungsvermerk ausgeschlossen. Danach sind in Dateien gespeicherte personenbezogene Daten zu löschen, wenn ihre Verarbeitung unzulässig ist, deren Kenntnis für die Aufgabenerfüllung nicht mehr erforderlich ist oder diese zur Erfüllung einer rechtlichen Verpflichtung gelöscht werden müssen. Diese Pflicht trifft bei Daten, die in Dateien des polizeilichen Informationsverbundes gespeichert sind, diejenige Stelle, die die datenschutzrechtliche Verantwortung nach § 31 II BKAG iVm § 29 V BKAG hat. Sofern der Fall nicht anhand von Bundesrecht zu lösen wäre, würde sich der Löschungsanspruch aus den bereichsspezifischen landesrechtlichen Polizeigesetzen ergeben. Aufgrund der bisher nur teilweise erfolgten landesrechtlichen Umsetzung der Richtlinie zum Schutz natürlicher Personen bei der Verarbeitung personenbezogener Daten durch die zuständigen Behörden zum Zwecke der Verhütung, Ermittlung, Aufdeckung oder Verfolgung von Straftaten oder der Strafvollstreckung sowie zum freien Datenverkehr und zur Aufhebung des Rahmenbeschlusses 2008/977/JI des Rates (JI-Richtlinie) wäre – falls ein polizeirechtlicher Löschungsanspruch nicht existiert – sodann zu prüfen, ob sich ein Anspruch entweder aus den jeweiligen Landesdatenschutzgesetzen ergeben würde oder ob ein Anspruch unmittelbar aus der JI-Richtlinie auf Löschung der personenbezogenen Daten hergeleitet werden könnte.

1.2.2 Formelle Voraussetzungen

F hat bei P einen Antrag auf Löschung der Daten gestellt. Da P die Daten des F auch in das System eingegeben hat, ist sie nach § 31 II BKAG die datenschutzrechtlich verantwortliche Stelle und damit zuständig für das Löschen der Daten (vgl. § 29 V 1 BKAG) nach § 58 II BDSG iVm § 84 I 1, 3 BKAG.

1.2.3 Materielle Voraussetzungen

Nach § 58 II BDSG iVm § 84 I 1, 3 BKAG sind die in Dateien gespeicherten personenbezogenen Daten zu löschen, wenn ihre Verarbeitung unzulässig ist, deren Kenntnis für die Aufgabenerfüllung nicht mehr erforderlich ist oder diese zur Erfüllung einer rechtlichen Verpflichtung gelöscht werden müssen.

1.2.3.1 Der Begriff der personenbezogenen Daten ist in § 46 Nr. 1 BDSG legal definiert. Danach sind personenbezogene Daten alle Informationen, die sich auf eine identifizierte oder identifizierbare natürliche Person (betroffene Person) beziehen (insbesondere mittels Zuordnung zu einer Kennung wie einem Namen, vgl. § 46 Nr. 1 BDSG). Hier wurden von P Geburtsdatum und Geburtsort, Geschlecht, Staatsangehörigkeit und Speicherungsgrund zusammen mit Name und Vorname des F eingegeben. Letztere lassen einen unmittelbaren Rückschluss auf F als Person zu, sodass die restlichen Informationen ihm als Person zugeordnet werden können und damit personenbezogene Daten darstellen.

1.2.3.2 Die Verarbeitung dieser Daten in der Gewalttäterdatei Sport müsste unzulässig sein. Dabei muss nach dem Wortlaut der Norm (»ist«) die Rechtswidrigkeit der Verarbeitung im Zeitpunkt der Entscheidung vorliegen, sodass eine in der Vergangenheit liegende Unzulässigkeit der Datenverarbeitung nicht genügt. Unter Verarbeitung ist nach § 46 Nr. 2 BDSG jeder mit oder ohne Hilfe automatisierter Verfahren ausgeführte Vorgang oder jede solche Vorgangsreihe im Zusammenhang mit personenbezogenen Daten wie das Erheben, das Erfassen, die Organisation, das Ordnen, die Speicherung, die Anpassung, die Veränderung, das Auslesen, das Abfragen, die Verwendung, die Offenlegung durch Übermittlung, die Verbreitung oder eine andere Form der Bereitstellung, den Abgleich, die Verknüpfung, die Einschränkung, das Löschen oder die Vernichtung zu verstehen.

Nach § 18 I, II BKAG kann das BKA bestimmte personenbezogene Daten (zB von Beschuldigten, Verdächtigen oder Anlasspersonen) zur Erfüllung seiner Aufgaben als Zentralstelle für einen einheitlichen polizeilichen Informationsverbund nach §§ 2 III, 29 I BKAG weiterverarbeiten. Dabei ist der Begriff der Weiterverarbeitung im BKAG weit zu verstehen und umfasst auch das Speichern von zuvor erhobenen und übermittelten personenbezogenen Daten.

Zur Eingabe und damit Übermittlung der Daten sind gem. § 29 III 1 Nr. 1, 2 BKAG neben dem BKA auch sonstige Polizeistellen der Länder berechtigt. Mit der Eingabe kommen sie ihrer Verpflichtung gem. § 32 I BKAG nach, dem BKA die für den polizeilichen Informationsverbund erforderlichen Informationen zur Verfügung zu stellen.

Im vorliegenden Fall hat die Polizeistelle, in deren Zuständigkeitsbereich sich der Zusammenstoß von Polizei und F während des Fußballspiels ereignete (Tatortprinzip), die Daten des F in die Datei »Gewalttäter Sport« eingegeben. Ausweislich des Bearbeitungsvermerks entsprechen die von P eingegebenen Daten und Informationen auch den Vorgaben des BKAG – insbesondere § 32 I BKAG – sowie der BKADV. Zudem wurde gegen F im Zusammenhang mit einer Sportveranstaltung wegen einer typischerweise verwirklichten Straftat – Landfriedensbruch – ermittelt. Im Übrigen waren die Datenerhebung durch P sowie die Übermittlung der Daten an das BKA laut Bearbeitungsvermerk rechtmäßig, wobei es hierauf auch nicht ankommen würde, da die Unzulässigkeit der Datenverarbeitung im Zeitpunkt der Entscheidung vorliegen muss und somit nur die Speicherung betrifft.

Die Weiterverarbeitung und damit insbesondere die Speicherung der Daten des F war daher nach § 18 I, II BKAG grundsätzlich zulässig.

Etwas anderes könnte sich hier jedoch aus § 18 V BKAG ergeben. Hiernach ist die Weiterverarbeitung unzulässig, wenn das Verfahren gegen den Beschuldigten nicht nur vorläufig eingestellt wird und sich aus den Gründen der Entscheidung ergibt, dass der Betroffene die Tat nicht oder nicht rechtswidrig begangen hat. Dies wird von F

geltend gemacht. Jedoch ergibt sich aus dem Sachverhalt, dass das Verfahren gegen F lediglich deshalb eingestellt wurde, weil eine Beteiligung des F an Ausschreitungen in der Menge nicht nachzuweisen war. Die Einstellung erfolgte also gerade nicht, weil F die Tat nicht begangen hat, sondern weil sie ihm nicht nachzuweisen war. Damit ist § 18 V BKAG nicht einschlägig.
Die Weiterverarbeitung und Speicherung der Daten des F in der Datei »Gewalttäter Sport« ist damit zulässig.

1.2.3.3 P rechnet zudem auch in Zukunft noch mit ähnlichen Vorkommnissen durch F. Das Verhalten des F – Überwinden einer Absperrung, Beisichführen einer Sturmhaube, Laufen an der Spitze der Gruppe – legt dies insofern nahe, als dass Fs Verhalten kein »irrgeleiteter Ausrutscher« war, sondern von einer gewissen Planung und nicht von bloßer »Mitläufer-Mentalität«. Daher ist die Kenntnis der Daten des F zur Erfüllung der Aufgaben der Polizeibehörden, insbesondere zur Verhinderung weiterer Straftaten und gewalttätiger Ausschreitungen im Zusammenhang mit künftigen Fußballspielen des Fußballvereins »Schwarzweiß 23«, erforderlich.

1.2.3.4 Schließlich sind auch keine Anhaltspunkte ersichtlich, dass die gespeicherten Daten zur Erfüllung einer rechtlichen Verpflichtung – etwa aus § 75 II BDSG – gelöscht werden müssen.

1.2.3.5 Die materiellen Voraussetzungen für eine Löschung der Daten des F liegen nicht vor.

Ergebnis: Die Klage des F ist unbegründet und hat somit keine Aussicht auf Erfolg.

2 **Berücksichtigung der Rechtsänderung**

Bei der Frage nach einem Anspruch des Klägers wie etwa bei der Verpflichtungsklage ist grundsätzlich auf die Sach- und Rechtslage zum Zeitpunkt der letzten mündlichen Verhandlung abzustellen. Maßgeblich ist insoweit allein das materielle Recht, insbesondere hinsichtlich der Frage, ob eine Rechtsänderung nach Abschluss des Behördenverfahrens im gerichtlichen Verfahren zu berücksichtigen ist. Demnach ist für die Beurteilung der Rechtslage der Zeitpunkt der Revisionsentscheidung entscheidend.
Eine abweichende Regelung – etwa durch das BKAG – ist hier nicht ersichtlich; im Gegenteil soll mit der erheblich geänderten BKADV gerade eine Präzisierung der zu speichernden Daten auch im Hinblick auf die bereits bestehenden Dateien vorgenommen und damit ältere Fälle einbezogen werden.

Ergebnis: Mithin wäre die geänderte Rechtslage hier durch das Revisionsgericht zu berücksichtigen.

Zu 1: BVerwG DVBl 2010, 1304; *Henseler*, Die Datei »Gewalttäter Sport« nach der Entscheidung BVerwGE 137, 113, NWVBl 2015, 53; *Petri*, Die Antiterrordatei, ZD 2013, 3; *Arzt*, Verbunddateien des Bundeskriminalamts – Zeitgerechte Flurbereinigung, NJW 2011, 352;

allgemein *Arzt/Eier*, Zur Rechtmäßigkeit der Speicherung personenbezogener Daten in »Gewalttäter« Verbunddateien des Bundeskriminalamts, DVBl 2010, 816; *Lampe* jurisPR-StrafR 18/2010 Anm. 1; *Seidl* jurisPR-ITR 21/2010 Anm. 6

Zu 1.1.2: Wie hier *Sodan* in Sodan/Ziekow (Hrsg.), VwGO, 5. Aufl. 2018, § 42 Rn. 176; wohl auch BVerwG NJW 1997, 2534 (2535); aA VG Karlsruhe BeckRS 2010, 48500

Zu 1.2.1: BVerwG DVBl 2010, 1304; zum Verhältnis der datenschutzrechtlichen Normen *Hornung/Spiecker gen. Döhmann* in Simitis/Hornung/Spiecker gen. Döhmann (Hrsg.), Datenschutzrecht, 2019, Einleitung Rn. 207 ff.; *Borell/Schindler*, Polizei und Datenschutz, DuD 2019, 767; *Schwichtenberg*, Die »kleine Schwester« der DSGVO: Die Richtlinie zur Datenverarbeitung bei Polizei und Justiz, DuD 2016, 605; *Johannes/Weinhold*, Das neue Datenschutzrecht bei Polizei und Justiz, 2018

Zu 1.2.3: *Nolte/Werkmeister* in Gola/Heckmann (Hrsg.), BDSG, 13. Aufl. 2019, § 58 Rn. 9 ff.; *Schwichtenberg* in Kühling/Buchner (Hrsg.), DSGVO mit BDSG, 2. Aufl. 2018, § 58 Rn. 6; *Hunzinger*, Das Löschen im Datenschutzrecht, 2018

Zu 2: BVerwG DVBl 2010, 1304; *Biermann*, Der maßgebliche Zeitpunkt für die Beurteilung der Sach- und Rechtslage in Widerspruchsverfahren und Verwaltungsprozessen. Ein Überblick anhand von Beispielsfällen, DVP 2010, 147; *Gatawis*, Der maßgebliche Zeitpunkt für die Beurteilung der Sach- und Rechtslage im verwaltungsgerichtlichen Verfahren, JA 2003, 69; *Eichberger/Buchheister* in Schoch/Schneider/Bier (Hrsg.), VwGO, 37. EL Juli 2019, § 137 Rn. 180 ff.; *Neumann/Korbmacher* in Sodan/Ziekow (Hrsg.), VwGO, 5. Aufl. 2018, § 137 Rn. 21 ff.

Lösungsskizze 39

Die Klage der A-GmbH hat Aussicht auf Erfolg, wenn sie zulässig und begründet ist.

1 **Zulässigkeit**

1.1 Verwaltungsrechtsweg
Der Rechtsweg zu dem VG müsste eröffnet sein. Das ist nach § 40 I 1VwGO der Fall, wenn keine Zuweisung zu anderen Gerichten vorliegt und es sich bei dem Streitgegenstand um eine öffentlich-rechtliche Streitigkeit handelt. Da im vorliegenden Fall keine aufdrängende Sonderzuweisung ersichtlich ist und eine Behörde einen Privaten aufgrund öffentlich-rechtlicher Normen (TKG) verpflichtet, liegt eine öffentlich-rechtliche Streitigkeit vor, (s. **1**, 1.1.2.). Eine abdrängende Sonderzuweisung ist nicht ersichtlich. Der Verwaltungsrechtsweg ist eröffnet.

1.2 Statthaftigkeit
Fraglich ist, welche Klageart statthaft ist. Dies richtet sich nach dem Klagebegehren (vgl. §§ 88, 86 III VwGO). Die A-GmbH wendet sich hier gegen das Ergebnis der Marktanalyse und die Beschränkungen durch den Zugangszwang. Allerdings ergibt sich aus § 13 V TKG, dass eine isolierte Anfechtung der Marktanalyse nicht statthaft wäre. Denn soweit der Marktanalyse eine auf konkrete Rechtsfolgen zielende Regulierungsverfügung, hier eine Maßnahme nach § 21 TKG, folgt, ist sie als Bestandteil Letzterer zu qualifizieren. Die A-GmbH strebt hier also letztendlich die Aufhebung der Zugangsverpflichtung, mithin eines VA iSd § 35 S. 1 VwVfG, an. Statthaft ist somit eine Anfechtungsklage nach § 42 I Alt. 1 VwGO.

1.3 Klagebefugnis § 42 II VwGO
Da die A-GmbH jedenfalls Adressatin eines belastenden VA ist, besteht die Möglichkeit, dass sie in ihren Rechten verletzt ist. Konkret könnte sie in ihrer Wettbewerbsfreiheit aus Art. 12 I iVm Art. 19 III GG verletzt sein, subsidiär in ihrer allgemeinen Handlungsfreiheit aus Art. 2 I GG. Sie ist nach § 42 II VwGO somit klagebefugt.

1.4 Vorverfahren
Ein Vorverfahren hat nicht stattgefunden. Fraglich ist, ob es ausgeschlossen war und somit als Zulässigkeitsvoraussetzung nicht zum Tragen kommt.
Da die BNetzA nur eine obere, aber keine oberste Bundesbehörde ist, ist § 68 I 2 Nr. 1 VwGO nicht einschlägig. Nach dieser Vorschrift war das Vorverfahren somit nicht ausgeschlossen.
Allerdings schließt § 137 II TKG das Vorverfahren in den Fällen des § 132 TKG aus. Diese Norm betrifft unter anderem Verfahren nach Teil 2 des TKG. Dieser Teil umfasst die §§ 9–43, mithin auch das Verfahren nach den §§ 10 f. und 21 TKG. Ein Vorverfahren war demnach nicht durchzuführen.

1.5 Klagefrist

Die Klagefrist von einem Monat (§ 74 I 2 VwGO) wurde eingehalten.

1.6 Beteiligungs- und Prozessfähigkeit

Die A-GmbH ist nach §§ 61 Nr. 1 Alt. 2, 62 III VwGO vertreten durch ihre Geschäftsführerin beteiligungs- und prozessfähig (§ 35 I 1 GmbHG). Der Bund ist nach §§ 61 Nr. 1 Alt. 2, 62 III VwGO beteiligungs- und prozessfähig.

1.7 Klagegegner

Der Klagegegner ist nach § 78 I Nr. 1 VwGO der Rechtsträger der Behörde, also der Bund.

1.8 Die Klage der A-GmbH ist zulässig.

2 Begründetheit

Die Klage der A-GmbH ist begründet, soweit die Regulierungsverfügung der BNetzA rechtswidrig und die A-GmbH dadurch in ihren Rechten verletzt ist (§ 113 I 1 VwGO).

2.1 Ermächtigungsgrundlage

Ermächtigungsgrundlage für die Zugangsverpflichtung ist § 21 I TKG.

2.2 Formelle Rechtmäßigkeit

2.2.1 Die Zuständigkeit der BNetzA ergibt sich unmittelbar aus § 21 I TKG.

2.2.2 Die Formvorschriften wurden eingehalten, insbesondere erfolgte eine ordnungsgemäße Publikation (§ 26 iVm § 5 TKG).

2.2.3 Verfahren

2.2.3.1 Anhörung

Für das Verfahren der Marktdefinition und -analyse ist gem. § 12 I TKG die Durchführung eines allgemeinen Anhörungsverfahrens vorgeschrieben. Für das Verfahren nach § 21 TKG ist gem. § 135 I iVm § 132 TKG eine Anhörung vorgeschrieben (lex specialis gegenüber § 28 VwVfG). Beides ist erfolgt.

2.2.3.2 Tätigkeit einer ausgeschlossenen Person

Das Verfahren könnte wegen Mitwirkung einer auszuschließenden Person fehlerhaft sein. In Betracht kommt ein Ausschluss der X nach § 20 I VwVfG. Hierfür ist zunächst zu klären, ob das Tatbestandsmerkmal »Tätigwerden für eine Behörde« vorliegt. Die BNetzA hatte hierzu vorgebracht, dass X nicht Mitglied der Beschlusskammer war, die die Entscheidung fällte. Jedoch erfasst § 20 I VwVfG nicht nur Amtswalter, die unmittelbar entscheidend tätig sind, sondern alle Personen, die behördlicherseits Verfahrensbeiträge leisten, soweit es sich nicht um unerhebliche Beiträge oder rein technische Hilfsdienste handelt. X hat als Sachbearbeiterin die Entscheidung maßgeblich vorbereitet. Die Ausschlusstatbestände des § 20 I VwVfG erstrecken sich mithin auch auf ihre Person.

Fraglich ist, welche Fallgruppe des § 20 I VwVfG im Fall der X in Betracht kommt. Einschlägig könnte der Ausschlussgrund des § 20 I 1 Nr. 4 VwVfG sein. Dann müsste X Angehörige einer Person sein, die einen Beteiligten im Verfahren vertritt. X ist Schwester (und damit Angehörige iSd § 20 V Nr. 4 VwVfG) der Geschäftsführerin der B-GmbH. Diese vertritt die B-GmbH gem. § 35 I 1 GmbHG. Jedoch ist fraglich, ob die B-GmbH Beteiligte ist. Beteiligte in Verfahren nach dem TKG – und hier gelten die Regeln des TKG als leges speciales – sind neben dem Antragsteller und dem Betreiber, gegen die sich das Verfahren richtet (§ 134 II Nr. 1 und 2 TKG), diejenigen, deren Interessen durch die Entscheidung berührt sind und die von der BNetzA auf ihren Antrag zum Verfahren beizuladen sind (§ 134 II Nr. 3 TKG). Dies geschah allerdings nicht. Die B-GmbH ist daher keine Beteiligte.

Jedoch könnte sie gem. § 20 I 2 VwVfG einer Beteiligten gleichgestellt sein, wenn sie durch die Entscheidung oder Tätigkeit einen unmittelbaren Vor- oder Nachteil erlangen konnte. Dies kann hier bejaht werden. Die B-GmbH, Marktakteurin im selben Marktsegment, ist hinsichtlich der Marktmacht der A-GmbH ebenbürtig und wäre daher potenzieller Adressat von einschränkenden Regulierungsverfügungen. Außerdem profitiert sie davon, dass der A-GmbH als Wettbewerberin Beschränkungen auferlegt werden. X wäre daher nach § 20 I 1 Nr. 4 iVm § 20 I 2 VwVfG vom Verfahren auszuschließen gewesen, was jedoch nicht erfolgt ist. Ein Verfahrensfehler liegt somit vor.

2.2.3.3 Folgen des Verstoßes

Die Folge eines Verfahrensfehlers richtet sich nach den §§ 44 ff. VwVfG. Gemäß § 44 III Nr. 2 VwVfG führt das Tätigwerden einer Person nach § 20 I 1 Nr. 2–6 VwVfG nicht zur Nichtigkeit, sondern nur zur Rechtswidrigkeit des VA. Eine Heilung nach § 45 I VwVfG ist nicht möglich. Die Frage des Anspruchs auf Aufhebung des formell rechtswidrigen VA wird erst relevant, wenn der VA nicht auch materiell rechtswidrig ist (vgl. § 46 VwVfG).

2.3 Materielle Rechtmäßigkeit

Der VA könnte auch materiell rechtswidrig sein.

2.3.1 Tatbestandsvoraussetzungen

Es müssten die Tatbestandsvoraussetzungen des § 21 I TKG vorliegen. Bei der A-GmbH müsste es sich um einen Betreiber öffentlicher Telekommunikationsnetze handeln, der über beträchtliche Marktmacht verfügt, und der Erlass der Verfügung müsste nötig sein, insbesondere weil anderenfalls die Entwicklung eines wettbewerbsorientierten Marktes behindert würde. Diese Voraussetzungen sind in ihrem Zusammenhang zu ermitteln, vor allem lässt sich die Marktmacht eines betreffenden Unternehmens nicht isoliert feststellen, sondern nur mittels einer Analyse des Gesamtgefüges des Marktes. Dies erfolgt in zwei Schritten: erstens durch die Ermittlung derjenigen Märkte, für die eine Regulierung nach dem

TKG in Betracht kommt (Marktdefinition nach § 10 TKG), und zweitens durch die Feststellung, ob auf den ermittelten Märkten ein wirksamer Wettbewerb besteht (Marktanalyse nach § 11 TKG). Die Existenz eines wirksamen Wettbewerbs wird dann verneint, wenn ein oder mehrere Unternehmen auf diesem Markt über beträchtliche Marktmacht verfügen (§ 11 I 2 TKG). Diese Feststellungen sind im Verfahren auf eine Zugangsverpflichtung zugrunde zu legen. Das bedeutet auch, dass nach §§ 10 f. TKG getroffene Feststellungen bei der Kontrolle der Rechtmäßigkeit eines VA nach § 21 TKG inzident zu prüfen sind. Fraglich ist, ob und inwiefern die dabei getroffenen Feststellungen einer gerichtlichen Prüfung zugänglich sind.

2.3.1.1 Vorliegen eines Beurteilungsspielraums

Generell, insbesondere im Hinblick auf die Garantie effektiven Rechtsschutzes (Art. 19 IV GG), ist von einer uneingeschränkten Überprüfbarkeit behördlicher Entscheidungen auszugehen. Ausnahmsweise werden jedoch Einschränkungen dieses Prinzips akzeptiert. Bei der Prüfung von Tatbestandsvoraussetzungen behördlicher Entscheidungen ist dies der Fall, wenn von einem Beurteilungsspielraum der Behörde ausgegangen werden kann. Ein solcher wird unter anderem dann anerkannt, wenn es sich um Prognoseentscheidungen im Bereich komplexer Materien handelt. In Bezug auf das Verfahren der Marktdefinition nach § 10 TKG wird ein Beurteilungsspielraum ausdrücklich zugestanden (§ 10 II 2 TKG). Die im Fall des § 10 TKG bestehende Ausgangssituation, dass Feststellungen mit Zukunftsbezug für ein vielschichtiges und dynamisches Marktgeschehen zu treffen sind, liegt aber auch bei der Marktanalyse nach § 11 TKG vor. Daher ist anerkannt, dass insbesondere hinsichtlich der Frage, ob ein Fall beträchtlicher Marktmacht vorliegt, ein Beurteilungsspielraum gegeben ist.

2.3.1.2 Beurteilungsfehler

Im Falle eines Beurteilungsspielraums der Behörde beschränkt sich die gerichtliche Überprüfung auf Beurteilungsfehler, insbesondere auf die Ermittlung und Annahme eines zutreffenden und vollständigen Sachverhalts und darauf, dass keine sachfremden Erwägungen zum Tragen kommen.

Im vorliegenden Fall hat die BNetzA bei ihrer Marktanalyse die Stellung der B-GmbH nicht berücksichtigt, obwohl es sich bei dieser um eine im Rang und in Bezug auf den Kundenstamm mit der einbezogenen A-GmbH vergleichbare, etablierte Konkurrentin handelt. Im Hinblick auf die Beantwortung der Frage, inwieweit der Markt von beträchtlicher Marktmacht bestimmter Akteure geprägt ist, ist sie somit von einem unvollständigen und insofern unzutreffenden Sachverhalt ausgegangen. Ein Beurteilungsfehler liegt somit vor. Die Verfügung war somit materiell rechtswidrig.

(Daher kommt es auch nicht mehr auf die Frage der Aufhebbarkeit des VA wegen der formellen Rechtswidrigkeit an, vgl. 2.2.3.3).

2.3.2	Der VA ist formell und materiell rechtswidrig und die A-GmbH dadurch in ihren Rechten verletzt.
Ergebnis:	Die Klage der A-GmbH ist zulässig und begründet. Sie hat Aussicht auf Erfolg.
Zu 2.2.3.2:	*v. Komorowski*, Das Betätigungsverbot des § 20 VwVfG in der Planfeststellung, NVwZ 2002, 1455; *Kopp/Ramsauer*, VwVfG, 20. Aufl. 2019, § 20 Rn. 19
Zu 2.3:	BVerwGE 131, 41 = NJW 2008, 1359 bestätigt durch BVerfG NVwZ 2012, 694; BVerwG NVwZ 2009, 653; *Kment/Vorwalter*, Beurteilungsspielraum und Ermessen, JuS 2015, 193; *Erbguth/Guckelberger*, Allgemeines Verwaltungsrecht, 10. Aufl. 2020, § 14 Rn. 26 ff.; *Maurer/Waldhoff*, Allgemeines Verwaltungsrecht, 19. Aufl. 2017, § 7 Rn. 31 ff.; *Neumann/Koch*, Telekommunikationsrecht, 2. Aufl. 2013, 83; *Arndt/Fademrecht/Fetzer* in Arndt/Fetzer/Scherer/Graulich (Hrsg.), TKG-Kommentar, 2. Aufl. 2015, § 132 Rn. 8; krit. *Sachs/Jasper*, Regulierungsermessen und Beurteilungsspielräume – Verfassungsrechtliche Grundlagen, NVwZ 2012, 649

Lösungsskizze 40

1 Entscheidung der Behörde

1.1 Bewertung des Schreibens der A

Um zu beurteilen, wie die Behörde zu entscheiden hat, ist zunächst die Rechtsnatur des Schreibens der A vom 1.5.2020 an M zu klären. In Betracht kommen ein Widerspruch und eine formlose Gegendarstellung. Hierfür wiederum ist zu klären, gegen welche Art von behördlicher Handlung sich ihr Schreiben richtete.

1.1.1 Veröffentlichung als VA

Da ein Widerspruchsverfahren gem. § 68 I Nr. 1 VwGO nur statthaft ist, wenn eine nachfolgende Anfechtungsklage gem. § 42 I Alt. 1 VwGO statthaft wäre, kommt es darauf an, ob es sich bei der Veröffentlichung um einen VA iSd § 35 VwVfG handelt. Problematisch ist hier die Regelungswirkung, also ob die Veröffentlichung auf die Herbeiführung einer unmittelbaren Rechtsfolge gerichtet ist. Die Veröffentlichung dient reinen Transparenzzwecken, soll aber keine unmittelbare Rechtsfolge bewirken. Damit ist die Veröffentlichung als solche mangels Regelungswirkung kein VA.

1.1.2 Veröffentlichung als Realakt

Somit wäre die Veröffentlichung als Realakt einzustufen. Realakten können allerdings behördliche Entscheidungen vorausgehen, die ihrerseits VA darstellen. Dies wird insbesondere angenommen, wenn der Behörde ein Ermessen zusteht (aA vertretbar). Da M hier in Bezug auf das »Ob« der Veröffentlichung kein Ermessen hat, stellt jedoch auch die der Veröffentlichung vorgelagerte Entscheidung keinen VA dar. Damit richtet sich das Schreiben der A gegen schlicht-hoheitliches Handeln und ist nicht als Widerspruch einzustufen, sondern als formlose Gegendarstellung (aA vertretbar).

1.1.3 Rechtsform der Entscheidung des M

Folglich muss das Ministerium keinen förmlichen Widerspruchsbescheid erlassen, sondern kann durch bloße Stellungnahme auf das Schreiben der A reagieren.

1.2 Rechtswidrigkeit der Veröffentlichung

M wird sich in ihrer Stellungnahme der Auffassung der A anschließen, wenn die Veröffentlichung rechtswidrig ist. Gegen die formelle Rechtmäßigkeit bestehen keine Bedenken.

1.2.1 Ermächtigungsgrundlage

Die Internet-Veröffentlichung könnte sich auf Art. 6 DSGVO stützen.

1.2.2 Tatbestandsvoraussetzungen

Damit die Veröffentlichung im Internet rechtmäßig ist, müssen zunächst personenbezogene Daten verarbeitet werden und wenigstens eine der Bedingungen nach Art. 6 I lit. a–f DSGVO erfüllt sein.

1.2.2.1 Personenbezogene Daten iSd Art. 4 Nr. 1 DSGVO

Art. 6 I iVm Art. 2 I DSGVO setzt voraus, dass es sich um personenbezogene Daten handelt. Die im Internet publizierten Informationen müssten folglich personenbezogene Daten iSd Art. 4 Nr. 1 DSGVO sein. Nach Art. 4 Nr. 1 DSGVO sind personenbezogene Daten alle Informationen, die sich auf eine identifizierte oder identifizierbare natürliche Person (betroffene Person) beziehen. Hier wurden Name und Adresse der A sowie die Höhe der an A ausgezahlten Subvention veröffentlicht. Diese lassen einen unmittelbaren Rückschluss auf A als Person zu, sodass die restlichen Informationen ihr als Person zugeordnet werden können und damit personenbezogene Daten sind.

1.2.2.2 Verarbeitung iSd Art. 4 Nr. 2 DSGVO

Gemäß Art. 6 DSGVO müssen die personenbezogenen Daten verarbeitet werden. Verarbeiten ist gem. Art. 4 Nr. 2 DSGVO jeder mit oder ohne Hilfe automatisierter Verfahren ausgeführte Vorgang oder jede solche Vorgangsreihe im Zusammenhang mit personenbezogenen Daten. Hierzu gehören das Erheben, das Erfassen, die Organisation, die Speicherung, die Anpassung oder Veränderung, das Auslesen, das Abfragen, die Verwendung, die Offenlegung durch Übermittlung, Verbreitung oder eine andere Form der Bereitstellung, der Abgleich oder die Verknüpfung, die Einschränkung, das Löschen oder die Vernichtung. Hier besteht infolge der Veröffentlichung auf der Website des M die Möglichkeit, dass Dritte den Namen der A, ihre Adresse und die Höhe der Subventionszahlung einsehen können, sodass das Ministerium die personenbezogenen Daten der A durch Verbreitung offengelegt hat und somit eine Verarbeitung iSd Art. 4 Nr. 2 DSGVO vorliegt.

1.2.2.3 Einwilligung

Gemäß Art. 6 I lit. a DSGVO ist die Verarbeitung zulässig, soweit der Betroffene eingewilligt hat. Die Einwilligung könnte hier in der Unterzeichnung des dem Antrag beigefügten »Hinweises« zu sehen sein. Die (erhöhten) Wirksamkeitsanforderungen an eine Einwilligung ergeben sich aus der Definition der Einwilligung in Art. 4 Nr. 11 DSGVO sowie aus Art. 7 DSGVO, insbesondere Art. 7 IV DSGVO. Danach muss die Einwilligung insbesondere freiwillig, also ohne Zwang, abgegeben werden. Dies kann fraglich sein, wenn der Betroffene faktisch keine andere Wahl hat und einwilligen muss, etwa um eine begehrte Leistung zu erhalten (Verhandlungsungleichgewicht). Der Subventionsantrag enthielt einen separaten Hinweis darauf, dass alle Subventionsempfänger mit Namen und Anschrift sowie der Höhe der empfangenen Subvention im Internet veröffentlicht werden. Schon die äußere Form dieses bloßen »Hinweises« spricht gegen die Annahme einer Einwilligung. Zudem hätte A ohne Unterzeichnung des Hinweises keinen Antrag stellen dürfen, sodass von einem erheblichen Verhandlungsungleichgewicht auszugehen ist. Die Anforderungen an die Wirksamkeit einer Einwilligung sind folglich nicht gewahrt. Damit handelt es sich bei dem von A unterzeichneten Dokument im Ergebnis um einen bloßen Hinweis des M an die A, nicht aber um eine wirksame Einwilligung der A. Eine Verarbeitung auf der Grundlage von Art. 6 I lit. a DSGVO scheidet somit aus.

1.2.2.4 Datenverarbeitung gem. Art. 6 I lit. c bzw. e, II, III DSGVO iVm § 3 BDSG

Art. 6 II DSGVO enthält eine zentrale Öffnungsklausel für die Mitgliedstaaten, wobei der Umfang der Öffnungsklausel auf den Anwendungsbereich der Art. 6 I lit. c und lit. e DSGVO beschränkt wird. Mit § 3 BDSG hat der Gesetzgeber hiervon Gebrauch gemacht. Nach § 3 BDSG ist die Verarbeitung personenbezogener Daten durch eine öffentliche Stelle zulässig, wenn sie zur Erfüllung der in der Zuständigkeit des Verantwortlichen liegenden Aufgabe oder in Ausübung öffentlicher Gewalt, die dem Verantwortlichen übertragen wurde, erforderlich ist.

1.2.2.4.1 Anwendungsbereich, § 1 I, V BDSG

Dazu müsste zunächst der Anwendungsbereich der Vorschriften über die Datenverarbeitung der öffentlichen Stellen gem. § 1 I, V BDSG eröffnet sein. § 1 I Nr. 1 BDSG setzt für deren Geltung voraus, dass es sich um eine öffentliche Stelle des Bundes handelt. Gemäß § 2 I BDSG sind öffentliche Stellen des Bundes die Behörden, die Organe der Rechtspflege und andere öffentlich-rechtlich organisierte Einrichtungen des Bundes, der bundesunmittelbaren Körperschaften, Anstalten und Stiftungen des öffentlichen Rechts sowie deren Vereinigungen ungeachtet ihrer Rechtsform. M ist als Ministerium eine Behörde und somit eine solche öffentliche Stelle. Der Anwendungsbereich ist gem. § 1 I, V BDSG eröffnet.

1.2.2.4.2 Verarbeitung personenbezogener Daten zur Erfüllung einer in der Zuständigkeit des Verantwortlichen liegenden Aufgabe, § 3 BDSG

Eine Verarbeitung personenbezogener Daten liegt vor (so). Die zu erfüllende Aufgabe liegt hier in der Vergabe und Verwaltung der Agrarsubventionen sowie in der gesetzlich vorgegebenen Veröffentlichung der Subventionsnehmer, unabhängig von Art und Ort der Veröffentlichung.

1.2.2.4.3 Erforderlichkeit als zentrale Verarbeitungsvoraussetzung

Schließlich müsste die Veröffentlichung der Daten von A auch erforderlich sein, wobei insbesondere dem Prinzip der Datenminimierung (Art. 5 I lit. c DSGVO) Rechnung getragen werden muss. Dieses erfordert, dass die Verarbeitung auf das für die Zwecke notwendige Maß beschränkt bleibt.

Legitimer Zweck der Internet-Veröffentlichung ist hier die Schaffung von Transparenz und die Ermöglichung der Kontrolle der Vergabe öffentlicher Mittel. Zur Durchsetzung dieses Zwecks ist die Internet-Veröffentlichung auch förderlich.

Allerdings könnten andere gleich geeignete Mittel milder sein. In Betracht kommt die Angabe statistischer Daten zu Förderhöhe und Förderzeitraum unter Auslassung von Angaben, aus denen auf die Identität der Subventionsempfänger geschlossen werden könnte.

Allerdings haben solche Daten nicht den für die Herstellung von Transparenz erforderlichen Aussagegehalt. Der zu informierenden Öffentlichkeit geht es regelmäßig gerade um die konkrete Person des Zahlungsempfängers. Ferner könnte ein anderer Weg der Veröffentlichung gewählt werden, etwa mittels eines Aushangs, der die entsprechenden Daten der Zahlungsempfänger enthält. Doch würde auf diese Weise nicht eine vergleichbare Reichweite geschaffen, die für die Schaffung adäquater Transparenz erforderlich ist. Insgesamt ist die Internetveröffentlichung daher auch erforderlich (aA mit entsprechender Begründung vertretbar).
Hinsichtlich der Angemessenheit der Maßnahme sind die Interessen der betroffenen Subventionsempfänger gegen die Interessen der Öffentlichkeit und Verwaltung abzuwägen.
Einerseits hat die Öffentlichkeit ein berechtigtes Interesse daran, zu erfahren, in welcher Höhe öffentliche Mittel an Private vergeben werden, nicht zuletzt auch, um ihrer Kontrollfunktion gerecht zu werden. Die leichte Abrufbarkeit der Informationen im Internet ermöglicht diese Kontrollfunktion in erheblichem Maße. Darüber hinaus führt ein hohes Maß an staatlicher Transparenz regelmäßig zu einer erhöhten Akzeptanz staatlicher Entscheidungen.
Bezüglich der Betroffenen ist hingegen zu berücksichtigen, dass die detaillierten Angaben Rückschlüsse auf ihre Einkünfte und gegebenenfalls ihre gesamtwirtschaftliche (Schief-)Lage ermöglichen. Zudem sind einmal über das Internet publizierte Daten nur schwer bzw. überhaupt nicht aus der Welt zu schaffen. Die personenbezogenen Daten der Betroffenen bleiben so möglicherweise auf unbestimmte Zeit und ohne eine weitere Kontrolle ihrer Verbreitung und Verwendung verfügbar. Außerdem ist fragwürdig, ob die Mechanismen der Haushaltskontrolle nicht ohnehin schon ausreichend sind, sodass es weiterer Transparenz durch Veröffentlichung nicht bedarf. Ausreichend wäre es zB auch, die vollständigen Daten nur den Kontrollbehörden zu übermitteln und im Internet hingegen nur die jeweiligen Fördersummen zu publizieren (jeweilige Auffassung mit entsprechender Begründung vertretbar).

1.2.3 Die Veröffentlichung der Daten ist demnach rechtswidrig (aA vertretbar).

Ergebnis: Nach der hier vertretenen Auffassung muss M die A in Form einer Erwiderung auf ihre Gegendarstellung darüber informieren, dass die Veröffentlichung im Internet rechtswidrig ist und die entsprechenden Angaben daher gelöscht werden. Soweit eine andere (vertretbare) Auffassung (s. oben) vertreten wird, hat M der A mitzuteilen, dass gegen die Veröffentlichung der Angaben im Internet keine rechtlichen Bedenken bestehen.

2 Zulässigkeit der Klage

2.1 Verwaltungsrechtsweg, § 40 I 1 VwGO
Mangels aufdrängender Sonderzuweisung richtet sich die Eröffnung des Verwaltungsrechtswegs nach § 40 I 1 VwGO. A wendet

sich gegen die Auskunftserteilung an C. Die (bundesrechtliche) Rechtsgrundlage für diese Auskunftserteilung ist – mangels spezialgesetzlicher Vorschriften – § 1 I IFG. Dabei handelt es sich um eine öffentlich-rechtliche Norm, da sie einen Hoheitsträger einseitig verpflichtet. Der öffentlich-rechtliche Streit ist nichtverfassungsrechtlicher Art und nicht durch eine abdrängende Sonderzuweisung einem anderen Gericht zugewiesen (s. **1**, 1.1.2).

2.2 Klageart
Die Klageart bestimmt sich nach dem Klagebegehren, vgl. § 88 VwGO (s. **3**, 2.2). A möchte gegen die Auskunftserteilung an C vorgehen.

2.2.1 Grundsätzlich ist dieses Rechtsschutzziel mit der Anfechtungsklage gem. § 42 I Alt. 1 VwGO zu verfolgen, wenn die Entscheidung über die Auskunftserteilung einen VA iSd § 35 VwVfG darstellt. Zu unterscheiden sind hier einerseits die Auskunftserteilung als solche und andererseits die Entscheidung über die Auskunftserteilung. Die Auskunftserteilung selbst ist Realakt und damit kein VA. Die vorgelagerte Entscheidung über die Auskunftserteilung hingegen steht im Ermessen der Behörde (»kann Auskunft erteilen«, § 1 II IFG) und ist daher ein VA iSd § 35 VwVfG (vgl. 1.1.2, aA vertretbar). Im vorliegenden Fall hat M allerdings schon über die Auskunftserteilung entschieden und die Auskunft erteilt. Damit hat sich der VA zum Zeitpunkt der Klageerhebung bereits erledigt (vgl. § 43 II VwVfG). Eine Anfechtungsklage entspricht nicht dem klägerischen Begehren der A.

2.2.2 Zu denken ist an eine Fortsetzungsfeststellungsklage, die einen erledigten VA zum Klagegegenstand hat (§ 113 I 4 VwGO). Hiernach muss sich der VA allerdings nach Klageerhebung erledigt haben. Somit scheidet vorliegend eine direkte Anwendung des § 113 I 4 VwGO aus. Da eine vergleichbare Interessenlage gegeben ist, wird § 113 I 4 VwGO nach hL (anders BVerwG: Zuordnung zur allgemeinen Feststellungsklage, § 43 I VwGO) analog angewendet (s. **3**, 2.2). Statthafte Klage ist hier somit die Fortsetzungsfeststellungsklage.

2.3 Klagebefugnis, § 42 II VwGO analog
Auch bei der Fortsetzungsfeststellungsklage ist das Vorliegen einer Klagebefugnis erforderlich (s. **3**, 2.3). Anders als im grundmodellhaften Zwei-Personen-Verhältnis (Bürger-Verwaltung) greift hier jedoch nicht der Adressatengedanke (mögliche Verletzung in Art. 2 I GG, s. **1**, 1.3). Denn hier ist die Entscheidung über die Auskunftserteilung an C und nicht an A gerichtet. A ist folglich nur dann gem. § 42 II VwGO analog klagebefugt, wenn die Möglichkeit besteht, dass sie durch die an C gerichtete Auskunftserteilung in eigenen Rechten verletzt wurde. Das setzt eine Norm voraus, die zumindest auch den Schutz ihrer Interessen bezweckt. Als (dritt-)schützende Norm kann hier § 5 IFG herangezogen werden (subsidiär kann auf § 3 BDSG bzw. Art. 6 DSGVO abgestellt werden),

der Schutzvorkehrungen zur Wahrung des Rechts des Betroffenen auf informationelle Selbstbestimmung enthält. A ist somit klagebefugt.

2.4 Vorverfahren, §§ 68 ff. VwGO analog
A hat kein Vorverfahren durchgeführt. Ob im Rahmen einer Fortsetzungsfeststellungklage ein Vorverfahren erforderlich ist (vgl. **3**, 2.4), kann hier dahinstehen, weil mit dem Bundesministerium eine oberste Bundesbehörde gehandelt hat und das Vorverfahren somit gem. § 68 I 2 Nr. 1 Var. 1 VwGO entbehrlich ist. Damit ist die fehlende Durchführung eines Vorverfahrens durch A hier unschädlich.

2.5 Klagefrist, § 74 VwGO analog
Wegen der Entbehrlichkeit des Vorverfahrens ergibt sich die Klagefrist nach hL aus § 74 I 2 VwGO analog. Das BVerwG dagegen lehnt in seiner Rspr. die analoge Anwendung des § 74 VwGO ab. Folgt man der hL ist die Klagefrist trotz des Umstandes, dass A erst drei Monate später Klage erhob, nicht abgelaufen. Zwar ist gem. § 70 VwGO der Widerspruch binnen eines Monats nach Bekanntgabe zu erheben. Jedoch ist die Entscheidung über die Auskunftserteilung nicht an A ergangen, sondern an C. Die Klagefrist für A wird aber nicht durch die Bekanntgabe an C in Gang gesetzt. Vielmehr ist in Drittbeteiligungsfällen, wie hier, davon auszugehen, dass die Klagefrist für den Dritten erst dann beginnt, wenn er vom Erlass des VA und seinem wesentlichen Inhalt Kenntnis erlangt. Bleibt der Dritte (Kläger) in diesen Fällen untätig, so muss er sich regelmäßig nach Treu und Glauben so behandeln lassen, als sei ihm der VA ohne Rechtsmittelbelehrung amtlich bekannt gemacht worden, sodass in diesen Fällen idR die Jahresfrist des § 58 II VwGO als äußerste Grenze in Lauf gesetzt wird. Diese Frist ist zum Zeitpunkt der Klageerhebung der A jedoch noch nicht abgelaufen.

2.6 Fortsetzungsfeststellunginteresse, § 113 I 4 VwGO analog (aA BVerwG)
Das Fortsetzungsfeststellungsinteresse ist in drei Fallgruppen regelmäßig anerkannt, unter anderem bei bestehender Wiederholungsgefahr (s. **3**, 2.6), dh bei hinreichend konkreter Erwartung, dass ein gleichartiger VA erneut erlassen wird. Hier kann eine gewisse Wahrscheinlichkeit nicht ausgeschlossen werden, dass auch anderen Konkurrenten der A eine gleichartige Auskunft erteilt werden wird.

2.7 Beteiligten- und Prozessfähigkeit, §§ 61, 62 VwGO
Für A gelten §§ 61 Nr. 1 Alt. 1, 62 I Nr. 1 VwGO, für den Bund §§ 61 Nr. 1 Alt. 2, 62 III VwGO (s. **1**, 1.6).

2.8 Klagegegner, § 78 VwGO
Die Klage ist gegen den Bund (§ 78 I Nr. 1 VwGO) zu richten (s. **1**, 1.7).

Ergebnis: Die Klage der A ist nach der hier vertretenen Auffassung als Fortsetzungsfeststellungsklage zulässig.

3 Auskunftsanspruch der A

3.1 Anspruchsgrundlage

A kann den begehrten Informationszugang erlangen, wenn sie ihr Auskunftsbegehren auf eine entsprechende Anspruchsgrundlage stützen kann. Als Anspruchsgrundlage kommt § 1 I 1 IFG in Betracht, der jedem gegenüber Behörden des Bundes einen Anspruch auf Zugang zu amtlichen Informationen gewährt. Der Anspruch der A kann daher nur unter zwei Voraussetzungen bestehen: M muss als Bundesministerium eine auskunftspflichtige Behörde und der Terminkalender sowie Einladungsliste und Einladungsschreiben müssen amtliche Informationen iSd § 1 I 1 IFG sein.

3.1.1 Behörde

Bei dem Bundesministerium M muss es sich um eine Behörde des Bundes handeln. Das IFG enthält keine eigene Definition des Begriffs Behörde. Allgemeine Orientierung bietet, unter Bezugnahme auf den gesetzgeberischen Willen, der Behördenbegriff des § 1 IV VwVfG. Nach dieser Vorschrift ist Behörde »jede Stelle, die Aufgaben der öffentlichen Verwaltung wahrnimmt«. Die Aufgaben der öffentlichen Verwaltung werden im Wege der sog. Subtraktionsmethode (oder negative Begriffsbestimmung) von anderen staatlichen Tätigkeiten abgegrenzt. Dementsprechend sind diejenigen staatlichen Tätigkeiten als öffentliche Verwaltung zu verstehen, die nicht Rechtsetzung (Legislative) und Rechtsprechung (Judikative) sind. Das Bundesministerium ist Behörde im organisationsrechtlichen Sinne und übt weder Gesetzgebung iSv Art. 76 ff. GG noch Rechtsprechung iSv Art. 92 ff. GG aus. Insoweit müsste es sich bei dem Bundesministerium um eine Bundesbehörde iSd § 1 I 1 IFG handeln. Dagegen könnte sprechen, dass dem Bundesministerium eine Doppelrolle zukommt. Es ist einerseits, als Teil der Bundesregierung, Verfassungsorgan und anderseits Behörde der unmittelbaren Bundesverwaltung. Wegen dieser Doppelrolle können die Tätigkeiten des Bundesministeriums sowohl Verwaltungsaufgaben aber auch Regierungshandeln sein.

3.1.1.1 Dem IFG liegt ein funktioneller Behördenbegriff zu Grunde, wie sich bereits an § 1 I 2 IFG zeigt. Ein organisationsrechtliches Begriffsverständnis allein genügt deswegen nicht, um zur Annahme einer informationsverpflichteten Behörde zu gelangen. Maßgeblich ist insoweit, ob die staatliche Stelle eigenverantwortlich Verwaltungsaufgaben wahrnimmt.

Der Begriff Verwaltung bestimmt sich nach materiellen Maßstäben durch das Negativkriterium (s. 3.1.1). Fraglich ist, ob die Veranstaltung des M, vor dem Hintergrund der mit dieser Veranstaltung verbundenen Ausarbeitung und Vorbereitung einer Gesetzesvorlage, eine Verwaltungsaufgabe darstellt.

3.1.1.2 Die Rspr. der Berliner VG sah in der Ausarbeitung und Vorbereitung von Gesetzesvorlagen durch ein Bundesministerium eine Regierungstätigkeit. Diese sei als politische Staatslenkung nicht der öffentlichen Verwaltung zuzurechnen (sog. »Berliner Rechtsauffassung«). Dieser restriktiven Auslegung folgend, fehlt es im konkreten Fall an der Wahrnehmung einer Aufgabe der öffentlichen Verwaltung. Somit läge keine Behörde iSd § 1 I 1 IFG vor und ein Informationszugangsanspruch der A wäre zu verneinen.

3.1.1.3 Einer solchen Auslegung steht entgegen, dass das IFG in Bezug auf die Exekutive keine Unterscheidung zwischen Regierungshandeln und Verwalten kennt. Ferner hat der Gesetzgeber in der Begründung des IFG klar zum Ausdruck gebracht, dass er die Vorbereitung von Gesetzen als wesentlichen Teil der Verwaltungstätigkeit der Bundesministerien ansieht und sich der Anwendungsbereich des IFG auch darauf bezieht. Eine Beschränkung des Behördenbegriffs des IFG auf solche Stellen, die Verwaltungsaufgaben wahrnehmen, die nicht Regierungstätigkeiten sind, lässt sich damit nicht herleiten. Überdies muss bei der Auslegung des Begriffes der Verwaltung auch das Regelungsziel des IFG in den Blick genommen werden. Sinn und Zweck des IFG ist es, die demokratischen Beteiligungsrechte der Bürger zu stärken, indem die Informationszugangsrechte verbessert werden. Dieser Zweck würde konterkariert, wenn ein wesentlicher Teil der Gesetzesvorbereitung in den Bundesministerien vom Anwendungsbereich des IFG ausgenommen wäre. Dem steht auch der Umstand, dass ein verfassungsrechtlich geschützter Kernbereich exekutiver Eigenverantwortung anzuerkennen ist, nicht entgegen. Der Informationszugangsanspruch in Bezug auf Regierungshandeln ist deswegen nicht generell vom Anwendungsbereich des IFG ausgenommen. Vielmehr spricht dies dafür, dass Regierungshandeln grundsätzlich auch vom Anwendungsbereich des IFG erfasst ist. Der Schutz des Kernbereichs der exekutiven Eigenverantwortung kann einzelfallbezogen und effektiv über die gesetzlichen Ausschluss- bzw. Versagungsgründe realisiert werden. Sollten danach noch immer Schutzlücken bestehen, kann der Informationsanspruch aufgrund verfassungsunmittelbarer Grenzen eingeschränkt werden.

3.1.1.4 Nach hier vertretener Auffassung ist die Veranstaltung im Zusammenhang mit der Ausarbeitung und Vorbereitung einer Gesetzesvorlage eine öffentliche Verwaltungsaufgabe des Bundesministeriums. Selbiges ist deswegen auch auskunftsverpflichtete Behörde iSd § 1 I 1 IFG.

3.1.2 Amtliche Information

Weiterhin muss es sich bei dem Terminkalender bzw. den Einträgen darin sowie der Einladungsliste und dem Einladungsschreiben um amtliche Informationen handeln. Der Begriff der amtlichen Information ist in § 2 Nr. 1 S. 1 IFG legal definiert. Danach ist eine amtliche Information jede Aufzeichnung, die amtlichen Zwecken dient. Auf die Art der Speicherung kommt es nicht an. Nach § 2 Nr. 1 S. 2 IFG sind Entwürfe und Notizen, die nicht Bestandteil eines Vorgangs werden sollen, ausdrücklich keine amtlichen Informationen und deswegen auch nicht vom Anwendungsbereich des IFG erfasst. Aus dieser Legaldefinition lässt sich in Zusammenschau mit der Gesetzesbegründung lediglich der Schluss ziehen, dass Informationen verkörpert sein müssen.

3.1.2.1 Der Terminkalender stellt eine Verkörperung der darin befindlichen Einträge dar. Soweit diese Einträge im Terminkalender einen dienstlichen Bezug haben liegen amtliche Informationen iSd § 1 I 1 und § 2 Nr. 1 S. 1 IFG vor. Allein rein private Eintragungen der Bundesministerin unterfallen nicht dem Auskunftsanspruch des IFG.

3.1.2.2 Die Einladungslisten und Einladungsschreiben sind ebenfalls verkörpert. Sie stehen im unmittelbaren Zusammenhang mit der Informations- und Anhörungsveranstaltung des Bundesministeriums und dienen daher amtlichen Zwecken. Somit handelt es sich bei den Einladungslisten und Einladungsschreiben auch um amtliche Informationen.

3.1.3 A steht dem Grunde nach ein Anspruch auf Zugang zu den dienstlichen Terminen aus dem Terminkalender der Bundesministerin sowie den Einladungslisten und Einladungsschreiben zu.

3.2 Keine Ausschlussgründe

Der Auskunftsanspruch der A besteht aber nicht ausnahmslos. Wegen des im Informationsrecht geltenden Grundsatzes der limitierten Transparenz dürfen dem Auskunftsanspruch der A schließlich keine Versagungs- bzw. Ausschlussgründe entgegenstehen.

3.2.1 In Bezug auf den Terminkalender der Bundesministerin kommt § 3 Nr. 1 lit. c IFG als Ausschlussgrund in Betracht. Danach ist der Informationszugang zwingend ausgeschlossen, wenn das Bekanntwerden der Information nachteilige Auswirkungen auf die Belange der inneren oder äußeren Sicherheit haben kann.

3.2.1.1 Die Belange der inneren und äußeren Sicherheit umfassen den Schutz der freiheitlich demokratischen Grundordnung, den Bestand und die Sicherheit des Bundes und der Länder sowie die Funktionsfähigkeit des Staates und seiner Einrichtungen. Angriffe auf die Bundesministerin betreffen die Funktionsfähigkeit des Bundesministeriums als staatliche Einrichtung, sodass der Schutzbereich des § 3 Nr. 1 lit. c IFG eröffnet ist.

3.2.1.2 Das Bekanntwerden muss weiterhin nachteilige Auswirkungen haben können. Dies erfordert eine prognostische Einschätzung, bei der M ein eigener Beurteilungsspielraum zukommt. Die in die Zukunft gerichtete Prognoseentscheidung ist nur sehr eingeschränkt gerichtlich überprüfbar. Der Kontrollmaßstab der VG besteht ausschließlich in der Prüfung, ob die Tatsacheneinschätzung der Behörde auf nachvollziehbaren und schlüssigen Argumenten gründet. Das Informationsbegehren der A erstreckt sich auf einen Zeitraum von knapp zwei Monaten und umfasst sämtliche Eintragungen, also einzelne Termine und regelmäßige Aufenthaltsorte. Die Bundesministerin hat aufgrund ihrer prominenten Position im Staatsgefüge eine herausgehobene Stellung und unterliegt damit auch besonderen Gefahren. Vor diesem Hintergrund erscheint die Annahme, ein Bekanntwerden des detaillierten Terminkalenders könne zur Erstellung eines Bewegungsprofils genutzt werden und erleichtere Anschläge, plausibel und nachvollziehbar. Insoweit ist kein Beurteilungsfehler erkennbar.

3.2.1.3 Damit greift der Ausschlussgrund aus § 3 Nr. 1 lit. c IFG ein. A hat keinen Anspruch auf Zugang zum Terminkalender der Bundesministerin.

3.2.2 Der Anspruch auf Zugang zu den Einladungslisten und Einladungsschreiben könnte nach § 5 I 1 IFG ausgeschlossen sein. Danach darf der Zugang zu personenbezogenen Daten nur gewährt werden, wenn der betroffene Dritte eingewilligt hat oder das Informationsinteresse des Antragstellers das schutzwürdige Interesse des Dritten am Ausschluss des Informationszugangs überwiegt.

Eine Einwilligung der Gäste liegt hier nicht vor. Allein der Hinweis auf das Recht auf informationelle Selbstbestimmung der Gäste genügt nicht zur Erfüllung des Ausschlusstatbestandes. Stattdessen ist eine umfassende Abwägung der gegenläufigen Interessen im konkreten Einzelfall vorzunehmen. Hierbei sind zu Gunsten des Antragstellers neben seinen privaten Belangen auch öffentliche Belange in die Abwägung einzustellen. Das IFG bezweckt Transparenz und die Stärkung der demokratischen Beteiligungsrechte der Bürger. Insoweit besteht ein Interesse der A und auch der allgemeinen Öffentlichkeit daran, den Kreis derjenigen Personen zu überschauen, die Einfluss auf politische und/oder gesetzgeberische Entscheidungen haben können. Die Einladungen betreffen eine Informations- und Anhörungsveranstaltung im Zusammenhang mit einem laufenden Gesetzesvorhaben zur Stärkung ökologischer Landwirtschaft. Insoweit besteht ein starkes öffentliches Informationsinteresse, das gerade durch das IFG gestärkt werden soll. Demgegenüber steht das Recht auf informationelle Selbstbestimmung aus Art. 2 I iVm Art. 1 I GG der Gäste. Der Informationszugang erstreckt sich auf die Namen und gegebenenfalls Adressdaten der Gäste. Diese haben sich jedoch, aufgrund des freiwilligen Entschlusses der Einladung zu folgen, in die Sphäre des M begeben. Sie sind damit in den Bereich des öffentlichen Meinungsaustausches eingetreten, der nicht dem Kernbereich ihrer geschützten Privatsphäre unterfällt. Überdies beschränkt sich das Informationsbegehren allein auf die Tatsache der Teilnahme an der Veranstaltung. Somit überwiegt das Interesse der Dritten (Gäste) am Ausschluss des Informationszugangs nicht das Informationsinteresse der Antragstellerin A.

Der Ausschlussgrund des § 5 I 1 IFG greift nicht ein. A hat einen Anspruch auf Zugang zur Einladungsliste und den Einladungsschreiben.

Ergebnis: Der A steht der geltend gemachte Auskunftsanspruch damit nur teilweise zu.

Zu 1.1.2: *Erbguth/Guckelberger*, Allgemeines Verwaltungsrecht, 10. Aufl. 2020, 156; *Kopp/Ramsauer*, VwVfG, 20. Aufl. 2019, § 35 Rn. 36 ff.

Zu 1.2: BVerwG BeckRS 2019, 31828; OVG Lüneburg BeckRS 2015, 56314; EuGH NJW 2011, 1338; VG Wiesbaden CR 2009, 470; *Kilian*, Subventionstransparenz und Datenschutz, NJW 2011, 1325; *Guckelberger*, Veröffentlichung der Leistungsempfänger von EU-Subventionen und unionsgrundrechtlicher Datenschutz, EuZW 2011, 126

Zu 1.2.2: *Roßnagel* in Simitis/Hornung/Spiecker gen. Döhmann (Hrsg.), Datenschutzrecht, 2019, Art. 6 Rn. 1 ff.

Zu 1.2.2.3: *Uecker*, Die Einwilligung im Datenschutzrecht und ihre Alternativen, ZD 2019, 248; *Specht-Riemenschneider/Bienemann*, Zur Zukunft der datenschutzrechtlichen Einwilligung, K&R 2018, Beilage 1, 22; *Klement* in Simitis/Hornung/Spiecker gen. Döhmann (Hrsg.), Datenschutzrecht, 2019, Art. 7 Rn. 35 ff.

Zu 1.2.2.4: *Benecke/Wagner*, Öffnungsklauseln in der Datenschutz-Grundverordnung und das deutsche BDSG – Grenzen und Gestaltungsspielräume für ein nationales Datenschutzrecht, DVBl 2016, 600; *Roßnagel* in Simitis/Hornung/Spiecker gen. Döhmann (Hrsg.), Datenschutzrecht, 2019, Art. 6 Abs. 2 Rn. 1 ff.

Zu 1.2.2.4.1: *Schmidt* in Taeger/Gabel (Hrsg.), BDSG, 3. Aufl. 2019, BDSG § 1 Rn. 5; *Gola/Reif* in Gola/Heckmann (Hrsg.), BDSG, 13. Aufl. 2019, § 1 Rn. 4 ff.

Zu 1.2.2.4.2: *Lang* in Taeger/Gabel (Hrsg.), BDSG, 3. Aufl. 2019, BDSG § 3 Rn. 1 ff.; *Starnecker* in Gola/Heckmann (Hrsg.), BDSG, 13. Aufl. 2019, § 3 Rn. 1 ff.; *Greve*, Das neue Bundesdatenschutzgesetz, NVwZ 2017, 737

Zu 1.2.2.4.3: BVerwG BeckRS 2019, 31828; EuGH CR 2011, 271; VG Wiesbaden CR 2009, 470 (472); *Lang* in Taeger/Gabel (Hrsg.), BDSG, 3. Aufl. 2019, BDSG § 3 Rn. 26 ff.; *Starnecker* in Gola/Heckmann (Hrsg.), BDSG, 13. Aufl. 2019, § 3 Rn. 26 ff.; *Petri* in Kühling/Buchner (Hrsg.), DSGVO/BDSG, 2. Aufl. 2018, § 3 Rn. 13 f.

Zu 2.2.2: *Ingold*, Die Fortsetzungsfeststellungsklage in der Fallbearbeitung, JA 2009, 711

Zu 3: Allgemein zum IFG: *Schmitz/Jastrow*, Das Informationsfreiheitsgesetz des Bundes, NVwZ 2005, 984; *Schoch*, IFG, 2. Aufl. 2016, Vorbemerkungen §§ 3–6

Zu 3.1.1: BT-Drs. 15/4493; BVerwGE 141, 122 = ZUR 2012, 183; *Dalibor*, Bundesregierung und Bundesministerien als Behörden i.S.v. § 1 Abs. 1 Satz 1 IFG Bund, DVBl 2012, 933

Zu 3.1.1.2: *Schoch*, Informationszugang im parlamentarischen Bereich, NVwZ 2015, 1

Zu 3.1.1.3: BT-Drs. 15/4493, 7; BVerwGE 141, 122, juris Rn. 15–21, 31

Zu 3.1.2: BT-Drs. 15/74493, 8 f.; OVG Berlin-Brandenburg NVwZ 2012, 1196; *Schoch*, IFG, 2. Aufl. 2016, § 2 Rn. 8–62

Zu 3.2.1: OVG Berlin-Brandenburg NVwZ 2012, 1196 (1199 f.); *Schoch*, IFG, 2. Aufl. 2016, § 3 Rn. 54–65; *Schirmer* in Gersdorf/Paal (Hrsg.), BeckOK Informations- und Medienrecht, 25. Aufl. 8/2019, § 3 Rn. 61 f.

Zu 3.2.2: OVG Berlin-Brandenburg NVwZ 2012, 1196 (1198); *Guckelberger* in Gersdorf/Paal (Hrsg.), BeckOK Informations- und Medienrecht, 25. Aufl. 8/2019, § 5 Rn. 10